COURS

DE

GÉOGRAPHIE

PAR

HENRY LEMONNIER
Professeur à la Faculté des Lettres de Paris et à l'École des Beaux-Arts.

F. SCHRADER
Directeur des travaux cartographiques de la Librairie Hachette et Cⁱᵉ.

AVEC LA COLLABORATION DE

MARCEL DUBOIS
Professeur de géographie coloniale à la Sorbonne.

COURS SUPÉRIEUR

NOTIONS GÉNÉRALES — LES CINQ PARTIES DU MONDE — LA FRANCE

TEXTE ATLAS

RÉDIGÉ CONFORMÉMENT AUX PROGRAMMES OFFICIELS DU COURS SUPÉRIEUR DES ÉCOLES PRIMAIRES
DES COURS COMPLÉMENTAIRES, DES ÉCOLES PRATIQUES DE COMMERCE ET D'INDUSTRIE ET DE L'ENSEIGNEMENT PRIMAIRE SUPÉRIEUR

Avec 267 cartes et figures en couleurs et en noir et 190 gravures

AVEC LA COLLABORATION DE

L. GALLOUÉDEC
Inspecteur de l'Académie de Paris.

HUITIÈME ÉDITION ENTIÈREMENT REFONDUE
(175ᵐᵉ mille)

PARIS

LIBRAIRIE HACHETTE ET Cⁱᵉ

79, BOULEVARD SAINT-GERMAIN, 79

COURS

DE

GÉOGRAPHIE

PAR

HENRY LEMONNIER
Professeur à la Faculté des Lettres de Paris et à l'École des Beaux-Arts.

F. SCHRADER
Directeur des travaux cartographiques de la Librairie Hachette et Cie.

AVEC LA COLLABORATION DE

MARCEL DUBOIS
Professeur de géographie coloniale à la Sorbonne.

COURS SUPÉRIEUR

NOTIONS GÉNÉRALES — LES CINQ PARTIES DU MONDE — LA FRANCE

TEXTE ATLAS

RÉDIGÉ CONFORMÉMENT AUX PROGRAMMES OFFICIELS DU COURS SUPÉRIEUR DES ÉCOLES PRIMAIRES
DES COURS COMPLÉMENTAIRES, DES ÉCOLES PRATIQUES DE COMMERCE ET D'INDUSTRIE ET DE L'ENSEIGNEMENT PRIMAIRE SUPÉRIEUR

Avec 267 cartes et figures en couleurs et en noir et 190 gravures

AVEC LA COLLABORATION DE

L. GALLOUÉDEC
Inspecteur de l'Académie de Paris.

HUITIÈME ÉDITION ENTIÈREMENT REFONDUE
(175me mille)

PARIS
LIBRAIRIE HACHETTE ET Cie
79, BOULEVARD SAINT-GERMAIN, 79

—

1911

PRÉFACE

Cette nouvelle édition a été rédigée d'après les principes recommandés à maintes reprises par les *Instructions ministérielles*.

On a supprimé les énumérations fastidieuses de noms, qui rendaient la géographie rebutante sans profit appréciable pour l'esprit, et la nomenclature a été réduite aux noms vraiment utiles à connaître. On s'est efforcé d'introduire partout l'explication raisonnée qui donne un sens aux faits géographiques et assure un caractère scientifique à la géographie.

D'une manière générale, chaque leçon est divisée en deux parties distinctes. L'une, en gros caractères, contient les notions essentielles et les noms indispensables à connaître; elle doit être, sinon apprise par cœur, du moins sue très exactement. L'autre, en petits caractères, renferme les notions complémentaires ou explicatives; on les a présentées sous forme de lectures.

En ce temps d'âpre concurrence industrielle et commerciale, on a jugé capital d'attribuer une place importante aux faits d'ordre économique. Des lectures sont consacrées aux grands produits alimentaires et aux productions minérales du globe (blé, café, sucre, vin, houille, or, argent, etc.), ainsi qu'aux conditions actuelles du commerce et de l'industrie dans les grands pays du globe.

L'illustration a été l'objet d'un soin tout spécial. On a multiplié les croquis et schémas qui permettent de se rendre compte, d'un seul coup d'œil, de faits essentiels ou importants. On a multiplié de même les gravures qui font connaître les aspects caractéristiques de la terre. Des légendes explicatives en italique commentent ces illustrations diverses et constituent, à elles seules, comme un résumé du cours.

Nous espérons avoir ainsi fait de notre cours supérieur ce que doit être toute œuvre de géographie : un exposé des divers pays, de leur aspect, de leurs ressources, de leurs habitants, de leur vie; une description pittoresque, qui parle à l'imagination; une explication raisonnée, qui parle à l'esprit.

L. G.

COURS SUPÉRIEUR DE GÉOGRAPHIE

NOTIONS GÉNÉRALES

Fig. 1, 2, 3, 4, 5.

PRINCIPAUX ASPECTS DE LA TERRE.

1. La plaine : l'allée du Loing à Cépoy, près de Montargis. — 2. La montagne : la Mer de Glace, dans le massif du Mont Blanc. — 3. La mer : rochers près de Saint-Malo. — 4. La vie sauvage : village nègre en Guinée. — 5. La nature transformée par l'homme : la ligne du Saint-Gothard (Suisse).

La plaine (photog. Bégault, à Montargis). — La mer (collection Germain fils, à Saint-Malo). La nature transformée par l'homme (photog. Goetz, à Lucerne).

OBJET DE LA GÉOGRAPHIE

1. Définition. — La géographie est une science qui se propose l'étude de la planète sur laquelle nous vivons.

Son objet est de *décrire* et *d'expliquer* ce qui existe à la surface extérieure du globe, c'est-à-dire :

1° Les éléments : la *terre* solide, les *mers* qui la recouvrent en partie, et l'*atmosphère*, qui enveloppe les terres et les mers :

2° L'action incessante et continue que ces éléments exercent les uns sur les autres ;

3° L'action de ces éléments sur la vie de l'*homme*, habitant de la Terre.

La géographie est donc la science de la terre et de l'homme.

2. Divisions de la géographie. — L'étude géographique d'une portion quelconque de la terre comprend trois parties :

1° La **Géographie physique**, qui étudie la terre telle que la nature l'a faite (situation, relief, nature du sol, climat, côtes, fleuves, ressources végétales ou animales) ;

2° La **Géographie politique**, qui étudie les habitants, leur organisation en états, leur vie en sociétés :

3° La **Géographie économique**, qui montre le parti que l'homme a tiré de la terre par les voies de communication, l'agriculture, l'industrie et le commerce.

3. — LECTURE : **La géographie décrit et explique ce qui se passe à la surface de la terre.** — Supposons que nous avons à faire la géographie physique, politique et économique de la Bretagne, par exemple.

Nous *décrirons* d'abord ses côtes découpées, son sol généralement pauvre, son climat très humide.

Nous *décrirons* ensuite ses populations rares à l'intérieur, mais abondantes sur la côte ; vivant en plus grand nombre de la pêche que de l'agriculture ; ne formant pas de grandes villes à l'intérieur, mais de nombreux villages au bord de la mer.

En les décrivant, nous *expliquerons* ces faits, car ils s'expliquent les uns par les autres : si les côtes de la Bretagne sont découpées, c'est parce que son sol est très rocheux ; si le climat de la Bretagne est très humide, c'est parce qu'elle est environnée par la mer, d'où lui viennent des vents humides. La situation maritime de la Bretagne explique pourquoi les Bretons sont en majorité marins et pêcheurs. La pêche, qui est la plus grande ressource de la Bretagne, explique pourquoi la majorité de ses habitants vit sur ses côtes.

On voit par cet exemple quel est l'objet de la Géographie. D'une part, elle décrit la surface terrestre telle qu'elle est. D'autre part, elle explique les causes de ces phénomènes, et l'influence qu'ils exercent réciproquement les uns sur les autres. La Géographie est à la fois une description pittoresque et une explication raisonnée.

Exercice. — Expliquer l'objet de la géographie — Quelles sont les divisions de la géographie ?

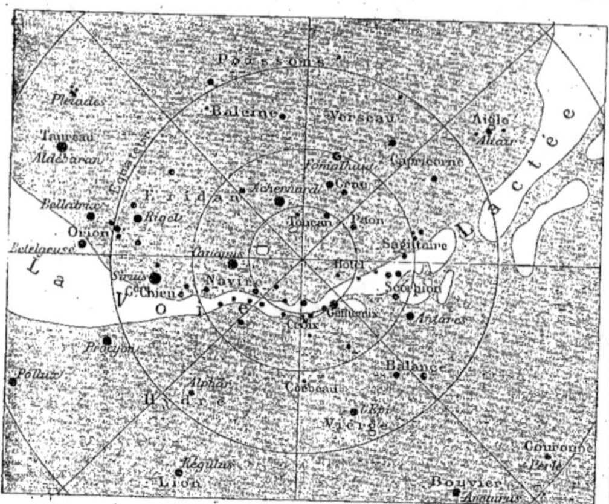

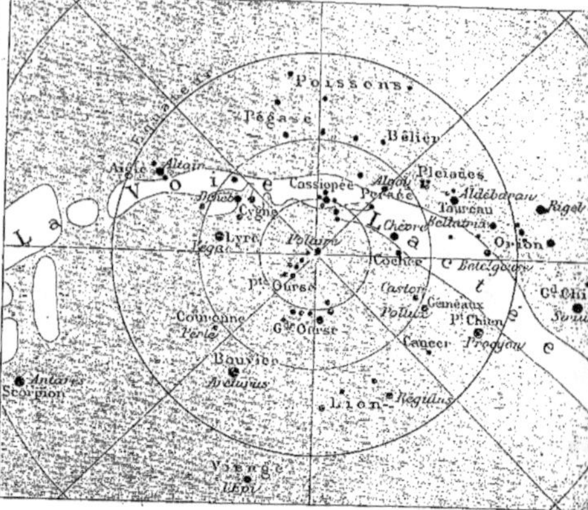

Fig. 6. — PLANISPHÈRE CÉLESTE EN 2 HÉMISPHÈRES.

Ces deux planisphères célestes indiquent les principales constellations et étoiles qu'on aperçoit dans les deux hémisphères. A gauche, sont les constellations qui brille dans l'hémisphère austral; la plus connue est la Croix du Sud, qui indique à peu près la direction du pôle sud. A droite, sont les constellations visibles dans notre hém sphère; on y remarque la Grande Ourse, ou Chariot de David, et la Petite Ourse, dont l'une des étoiles, la Polaire donne la direction du Nord.

LA TERRE DANS L'ESPACE

4. Le ciel. — La Terre n'est qu'un point dans l'immensité du ciel. Le ciel est constellé d'étoiles (voir fig. 6).

Les *étoiles* sont des masses, souvent énormes, douées d'une lumière qui leur est propre. Leur nombre est incommensurable. La plus rapprochée de nous est 225 000 fois plus éloignée que le soleil.

Certaines étoiles sont tellement éloignées de nous qu'elles se confondent pour notre vue en masses blanchâtres, qu'on appelle *nébuleuses*. La nébuleuse la mieux connue est la *Voie lactée*; avec un télescope, on distingue nettement les étoiles innombrables dont elle est composée.

Le *soleil* est une simple étoile, comme il en existe beaucoup d'autres dans le ciel ; il ne nous paraît plus gros que parce qu'il est beaucoup plus rapproché de nous que les autres étoiles.

5. Le système solaire. — La terre est une petite planète tournant autour du soleil. On appelle *système solaire* l'ensemble des planètes qui, comme la terre, se meuvent autour du soleil.

Les *planètes* sont des globes obscurs qui reçoivent leur lumière du soleil. Il y en a

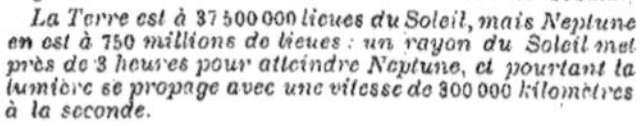

Fig. 7. — DISTANCE COMPARÉE DES PLANÈTES AU SOLEIL.

La Terre est à 37 500 000 lieues du Soleil, mais Neptune en est à 750 millions de lieues : un rayon du Soleil met près de 3 heures pour atteindre Neptune, et pourtant la lumière se propage avec une vitesse de 300 000 kilomètres à la seconde.

huit principales. Ce sont, en commençant par la plus rapprochée du soleil : *Mercure,*

Vénus, la Terre, Mars, Jupiter, Saturne, Uranus et Neptune (voir fig. 7).

Ces planètes diffèrent en grosseur : la plus petite est Mercure, qui est 18 fois moindre que la terre; la plus grosse est Jupiter, qui est 1400 fois plus volumineux que notre planète. Le soleil, lui, vaut plus de 1 million de terres (voir fig. 8).

Fig. 8. — GROSSEUR COMPARÉE DES PLANÈTES.

Jupiter vaut 1400 fois la terre et Saturne 750 fois, Uranus 80, Neptune 84; quant au soleil, il vaut 1 310 000 fois la Terre. Ainsi la Terre est une petite planète, comme Vénus, Mars et Mercure

Autour de certaines planètes tournent d'autres astres; ce sont les *satellites* de ces planètes. Ainsi la planète Jupiter a cinq satellites. La terre a un satellite : la *Lune*, qui

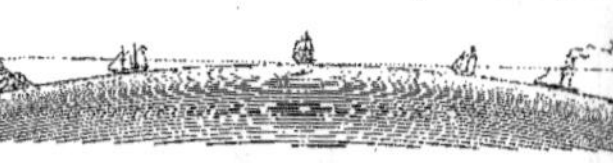

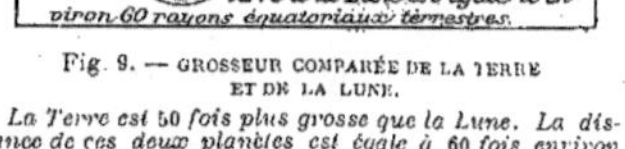

Fig. 9. — GROSSEUR COMPARÉE DE LA TERRE ET DE LA LUNE.

La Terre est 50 fois plus grosse que la Lune. La distance de ces deux planètes est égale à 60 fois environ le rayon de la terre.

est 50 fois plus petite que la terre et tourne autour d'elle en 29 jours et demi.

6. Forme de la terre. — La terre est ronde; elle a la forme d'une sphère. La courbure de la surface terrestre ne nous permet jamais d'en voir qu'une petite partie à la fois.

On nomme *horizon* la ligne où s'arrê

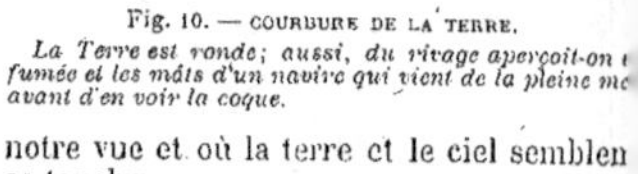

Fig. 10. — COURBURE DE LA TERRE.

La Terre est ronde; aussi, du rivage aperçoit-on fumée et les mâts d'un navire qui vient de la pleine me avant d'en voir la coque.

notre vue et où la terre et le ciel semblen se toucher.

7. Dimensions de la terre. — L terre a 40 000 *kilomètres* de tour et un superficie de 510 *millions de kilomètre carrés*. Elle a environ mille fois l'étendu de la France.

Cette étendue paraît considérable relativement à l'homme; malgré cela, la terre n'est pas, on l'a vu une des grosses planètes du système solaire.

8. Mouvements de la terre. — La terre roule dans l'espace. Elle est animée de *deux mouvements*, et tourne :

1° Sur elle-même en 24 heures.

2° Autour du soleil en une année.

On nomme *axe* le pivot imaginaire ou la ligne droite passant par le centre de la terre, autour de laquelle celle-ci semble tourner; — *pôles*, les deux points nord et sud où l'axe de la terre rencontre la surface. Le pôle nord est encore appelé *pôle arctique*; le pôle sud, *pôle antarctique*.

On nomme *équateur* la ligne imaginaire qui fait le tour de la terre à égale distance des deux pôles; — *hémisphères*, les deux moitiés de la sphère terrestre situées des deux côtés de l'équateur : l'*hémisphère boréal* est entre l'équateur et le pôle nord, l'*hémisphère austral* entre l'équateur et le pôle sud (voir fig. 18).

9. Les saisons. — En tournant autour u soleil la terre incline perpétuellement son xe vers les mêmes points de l'espace. Donc hacun des deux hémisphères reçoit plus e chaleur que l'autre pendant une partie

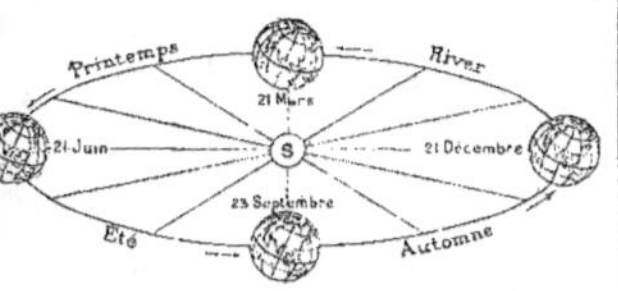

Fig. 11. — LES SAISONS.

En tournant autour du Soleil, la Terre lui présente on hémisphère boréal en juin; l'hémisphère boréal re- oit alors la plus grande quantité de lumière et de cha- ur, il a l'été. Au contraire, la Terre présente au Soleil on hémisphère austral en décembre, et, tandis que nous vons l'hiver, cet hémisphère a alors son été. Les deux émisphères ont donc toujours en même temps des sai- ons opposées.

e l'année, et moins de chaleur pendant autre partie. Aussi divise-t-on les années n *saisons*, Il y a quatre saisons : l'*été*, qui omprend les mois chauds : l'*hiver*, qui omprend les mois froids : le *printemps* et *automne*, saisons intermédiaires (fig. 11).

Dans l'hémisphère boréal, le printemps a du 21 mars au 21 juin : l'été du 21 juin u 23 septembre; l'automne du 23 septem- re au 21 décembre; l'hiver, du 21 décem- re au 21 mars.

Quand l'hémisphère boréal est en été, l'hémisphère austral est en hiver; inverse- ment, quand le premier a l'hiver, le second l'été.

10. Les zones. — Les saisons ne sont as également chaudes ou également froi- es sur tous les points de la terre.

On distingue à ce point de vue cinq randes *zones* : deux *zones polaires*, au oisinage des pôles; deux *zones tempérées*; ine *zone tropicale*, de part et d'autre de 'équateur. La figure 15 donne la répartition de ces différentes zones sur le globe ter- estre.

11. — 1ʳᵉ LECTURE : Immensité du ciel. — l y a des millions d'étoiles, donc des mil- ions de soleils dans l'Univers. La Voie lac- ée à elle seule comprend 13 millions d'étoi- es, et l'on a pu compter plus de 5000 nébu- euses qui lui sont semblables. On voit par es chiffres, qui sont énormes et défient l'ima- gination, combien la terre, qui nous paraît si vaste et dont l'homme avait fait le centre le tout le monde, est en réalité peu de chose dans l'immensité du ciel.

Une rapide réflexion nous fait comprendre l'immensité du ciel : la lumière traverse l'espace avec une rapidité de près de 300 000 ki- lomètres à la seconde; or la lumière de l'étoile si brillante que l'on nomme *étoile polaire* ne met pas moins de 33 ans à nous parvenir.

12. — 2ᵉ LECTURE : La terre est ronde. — La plupart des hommes de l'antiquité croyaient que la terre était une plate-forme circulaire entourée par l'Océan. Pourtant les preuves de la rotondité de la terre abondent. Quand un navire approche du rivage, on

aperçoit le haut de ses mâts, puis ses mâts tout entiers, avant de le voir lui-même. De même on aperçoit de loin le sommet d'une montagne avant d'en voir le pied.

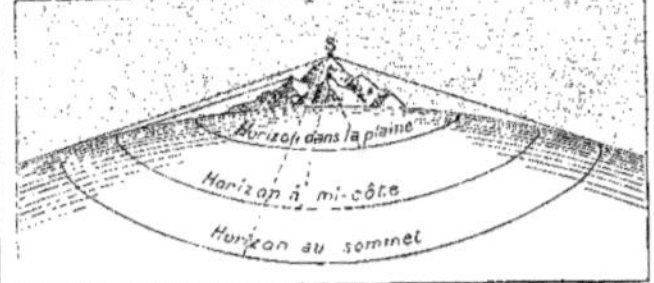

Fig. 12. — HORIZON VU A DIVERSES ALTITUDES.

Plus on s'élève et plus la vue s'étend au loin : du haut d'une montagne, on embrasse une étendue trois ou quatre fois plus grande que celle qu'on a du pied de cette même montagne.

Toutefois la rotondité de la terre resta longtemps un sujet de discussion. Elle ne fut réellement prouvée que le jour où l'expédi- tion du navigateur Magellan, au seizième siècle, en eut fait le tour, partant d'Espagne vers l'ouest et y revenant, après avoir marché constamment dans le même sens.

13. — 3ᵉ LECTURE : La terre tourne. — Les hommes de l'antiquité, qui considéraient la terre comme la masse principale et le cen- tre du monde, la croyaient immobile sous la voûte du ciel. Ce n'est qu'au XVIᵉ siècle de notre ère que *Copernic* déclara que la terre était une petite planète tournant autour d'une étoile, le soleil. Presque dans le même temps deux autres grands savants, *Képler* et *Galilée* confirmèrent cette vérité, qui cepen- dant rencontra encore longtemps après des incrédules.

La terre tourne sur elle-même de *l'ouest à l'est*. Pour nous qui habitons la terre, il semble que c'est le soleil qui tourne autour de la terre, *de l'est à l'ouest*. Nous éprou- vons la même impression que lorsque nous sommes dans un train de chemin de fer qui marche dans une certaine direction, ou dans un bateau qui descend le courant d'un fleuve : les objets que nous dépassons semblent mar- cher dans le sens inverse.

14. — 4ᵉ LECTURE : Les zones. — Dans la zone tropicale, les jours et les nuits sont

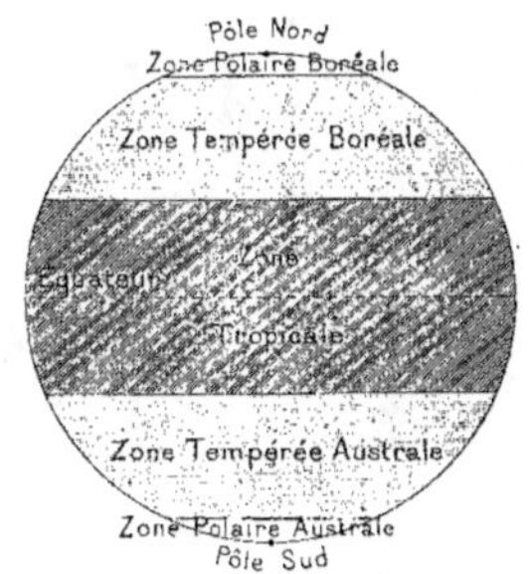

Fig. 13. — LES ZONES TERRESTRES.

On distingue cinq grandes zones : une zone tropicale, des deux côtés de l'équateur; puis deux zones tempérées, l'une boréale et l'autre australe; enfin deux zones po- laires, une aux environs de chacun des pôles.

égaux toute l'année; la chaleur est très forte. Dans les zones tempérées, les jours sont

plus longs que les nuits en été, les nuits plus longues que les jours en hiver; les jours et les nuits n'y ont à peu près égale durée que dans les saisons intermédiaires, automne et printemps, à l'époque des équinoxes (le mot *équinoxe* signifie d'ailleurs *nuit égale* au jour). La chaleur est modérée dans les deux zones tempérées.

Dans les zones polaires, il fait toujours froid. Au pôle même, la nuit règne pendant toute une moitié de l'année (hiver); et, pen- dant l'autre moitié (été), le soleil ne se cou- che jamais. Autrement dit, l'année ne s'y compose en réalité que d'un jour et d'une nuit qui durent six mois chacun.

Exercices. — Exposez quelle est la place et l'importance de la Terre dans l'Univers. — Com- ment peut-on constater que la Terre est ronde? — Expliquez pourquoi le soleil *semble* tourner autour de la terre. — Exposez en combien de sai- sons on divise l'année, — en combien de zones on divise la terre.

II

LA REPRÉSENTATION DE LA TERRE

15. Points cardinaux et collaté- raux. — Pour s'orienter et se diriger à la surface de la terre, on a choisi des direc- tions convenues : ce sont les *points cardi-*

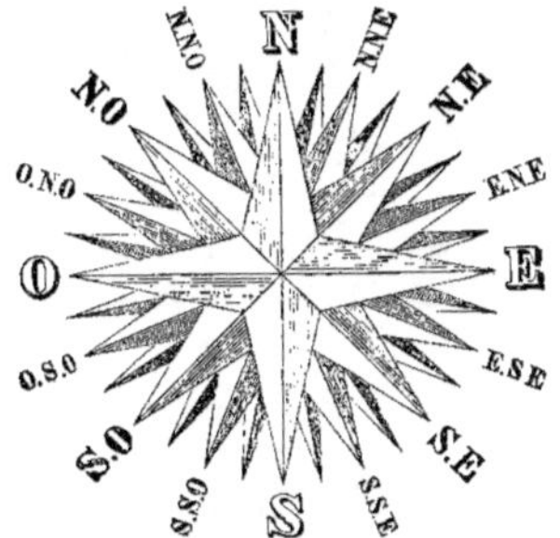

Fig. 14. — LA ROSE DES VENTS.

La rose des vents indique les points cardinaux (Nord, Est, Sud, Ouest) et les points intermédiaires ou colla- téraux.

naux et les *points collatéraux*, dont l'en- semble constitue la *rose des vents*.

Les *points cardinaux* sont au nombre de quatre, savoir : l'*est*, *levant* ou *orient*, côté où le soleil se lève; l'*ouest*, *couchant* ou *occident*, côté où le soleil se couche: le *sud*, que nous appelons aussi le *midi*, parce que dans notre hémisphère boréal le soleil passe au sud à l'heure de midi; le *nord*, à l'opposé du midi.

Les *points collatéraux* sont les points intermédiaires, c'est-à-dire les points situés entre les points cardinaux: ce sont : le *sud- est*, le *sud-ouest*, le *nord-ouest* et le *nord- est*.

De nouvelles subdivisions donnent le sud- sud-ouest, l'ouest-sud-ouest, etc.

16. Manières de s'orienter. — Il y a trois manières principales de s'orienter : 1° Le jour, on s'oriente à l'aide du *soleil* qui occupe toujours aux mêmes heures la même direction dans le ciel; le matin, il se lève à l'est; à midi, il est au sud; le soir, il se couche à l'ouest.

2° **La nuit**, on s'oriente à l'aide des *étoiles*, et spécialement dans notre hémisphère, à l'aide de l'*étoile polaire*, qui se trouve

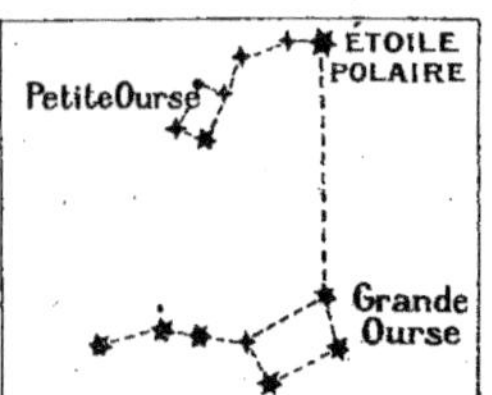

Fig. 15. — L'ÉTOILE POLAIRE.

Cette étoile qui fait partie de la Petite Ourse, et qui se trouve dans le prolongement des deux dernières étoiles de la Grande Ourse, ou Chariot, marque toujours la direction du nord.

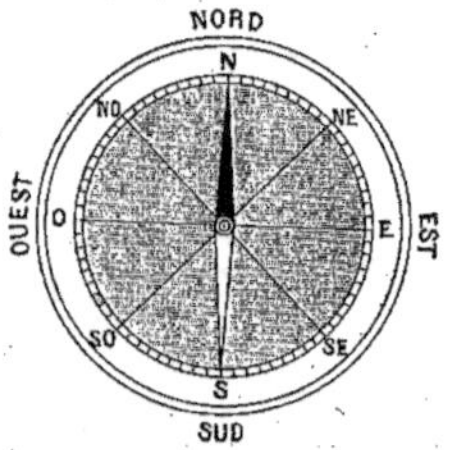

Fig. 16. — LA BOUSSOLE.

La boussole comprend une aiguille aimantée, mobile, sur un cadran; une de ses pointes marque toujours la direction du Nord.

toujours dans la direction du nord. L'étoile polaire fait partie de la constellation de la *Petite Ourse* (voir fig. 6 et 15).

3° **En tout temps**, que le soleil soit caché et que les étoiles ne soient pas visibles, on s'oriente à l'aide de la *boussole*. La boussole est un instrument composé d'une aiguille aimantée mobile autour d'un pivot;

cette aiguille tourne constamment une de ses extrémités vers le nord.

17. Méridiens et parallèles. —

Pour déterminer la position exacte d'un point sur la terre, on a imaginé des divisions idéales appelées méridiens et parallèles.

Les *méridiens* sont de grands cercles orientés du nord au sud et se rencontrant

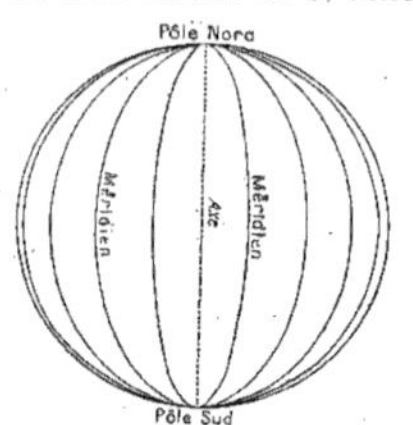

Fig. 17. — MÉRIDIENS.

Les méridiens sont des grands cercles, passant par les deux pôles et faisant le tour de la terre; tous les points situés sur un même méridien ont midi au même moment. Tous les méridiens ont même longueur.

tous aux deux pôles. Tous les points de la terre placés sur le même méridien ont midi et minuit au même moment. Tous les méridiens sont d'égale longueur.

Les *parallèles* sont des cercles tracés parallèlement à l'équateur entre celui-ci et les

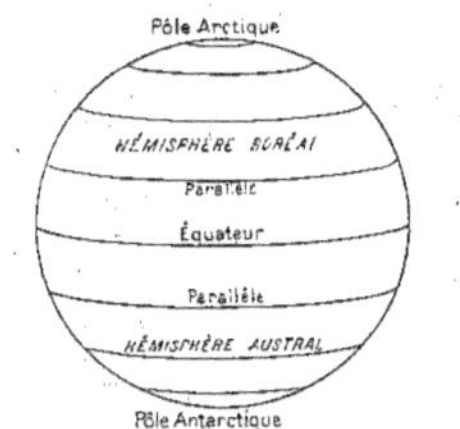

Fig. 18. — PARALLÈLES.

Les parallèles sont des cercles tracés parallèlement à l'équateur entre celui-ci et chacun des deux pôles. La longueur des divers parallèles va en diminuant progressivement de l'équateur vers les pôles.

deux pôles; ces cercles diminuent à mesure qu'on s'avance vers les pôles.

Pour mesurer toutes ces lignes circulaires, on est convenu de les partager en 360 divisions égales, qu'on nomme *degrés*; chaque degré en 60 subdivisions, qu'on nomme *minutes*; chaque minute en 60 *secondes*.

Tous les méridiens étant égaux, tous les degrés qui divisent les méridiens sont égaux. Mais un degré pris sur un parallèle voisin de l'équateur est beaucoup plus long qu'un degré pris sur un parallèle voisin du pôle.

18. Latitude et longitude. —

On appelle *latitude* d'un lieu la distance de ce lieu à l'équateur ou la longueur de méridien qui l'en sépare. Tous les degrés de latitude sont égaux. Un degré de latitude est égal à la circonférence de la terre, c'est-à-dire 40 000 kilomètres, divisée par 360 : ce qui fait 111 km. 111 m.

Dans l'hémisphère boréal, la latitude est dite *septentrionale*; dans l'hémisphère austral, elle est dite *méridionale*.

On nomme *longitude* d'un lieu, la distance ou la longueur de parallèle, qui le sépare d'un méridien convenu, appelé *méridien d'origine*. La longitude est dite *est* lorsque le lieu se trouve à l'est du méridien d'origine, — elle est dite *ouest* lorsque le lieu est à l'ouest de ce méridien.

C'est à l'aide des degrés de latitude et de longitude que l'on a pu déterminer la situation exacte de tous les points de la terre et construire les globes et les cartes géographiques.

19. Globes. —

Les *globes* ou *sphères* sont

Fig. 19.
UN GLOBE TERRESTRE.

Les globes sont des sphères en carton, en plâtre, ou en bois, sur lesquels sont figurés les détails géographiques (continents, mers, fleuves, etc.); comme les globes sont sphériques, ils donnent une représentation exacte de la forme terrestre.

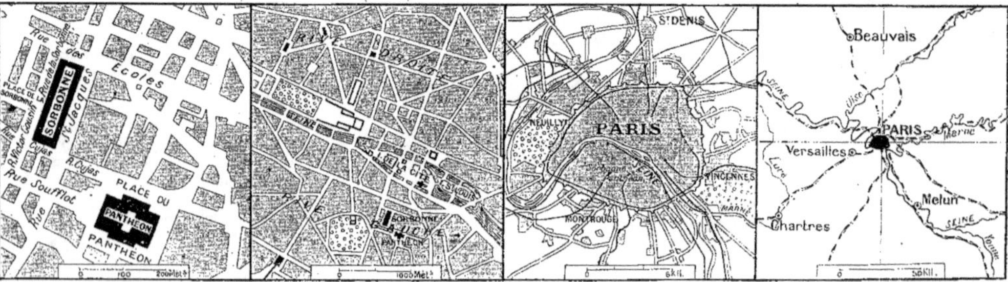

Fig. 20. — LE QUARTIER DES ÉCOLES A PARIS.   Fig. 21. — LE CENTRE DE PARIS.   Fig. 22. — PARIS ET SA BANLIEUE.   Fig. 23. — LA RÉGION PARISIENNE.

Fig. 20-21-22-23. — CARTES A DIFFÉRENTES ÉCHELLES.

Plus l'échelle d'une carte est grande, et plus la dimension de la carte se rapprochant davantage de la dimension réelle des pays représentés, on peut y faire figurer un grand nombre de détails. Les 4 cartes ci-dessus ont la même surface; mais celle de gauche, la fig. 20, qui est à une grande échelle, représente le quartier de la Sorbonne et du Panthéon, à Paris; au contraire, celle de droite, la fig. 23, représente toute la région parisienne jusqu'à 100 kilomètres autour de Paris. Aussi, tandis que la première donne jusqu'aux rues du quartier de la Sorbonne et du Panthéon, la dernière ne figure Paris que par un gros point noir qui n'est pas même, à beaucoup près, aussi étendu que le carré représentant le Panthéon dans la fig. 20.

une représentation réduite du globe terrestre. Ils donnent la forme exacte de la terre et, par conséquent, la situation, la forme et l'étendue réelles de chacune de

Fig. 24.
LA RÉGION D'ORLÉANS
CARTE PHYSIQUE.

ses parties, mers, continents, fleuves, montagnes, etc. Mais leurs dimensions sont forcément restreintes, autrement les globes ne seraient pas maniables et on ne saurait où les placer; par suite, les détails de chaque contrée n'y peuvent être indiqués qu'assez sommairement.

20. Cartes. — Les *cartes* sont des dessins qui représentent sur une surface plane une portion de notre globe.

Les cartes ne peuvent donner la forme réelle des lieux, puisqu'elles figurent en plat ce qui est dans la réalité convexe. Mais comme elles peuvent ne représenter qu'une petite partie de la terre, elles ont l'avantage d'indiquer de nombreux détails géographiques.

On appelle *échelle* d'une carte le rapport qu'il y a entre les longueurs réelles et celles qui leur sont attribuées sur la carte. Dire qu'une carte de la France est à l'échelle de 1/100000e, c'est dire que chaque millimètre de la carte y correspond à une longueur réelle de 100 000 millimètres, ou 100 mètres.

21. — 1re Lecture: La boussole. — S'orienter au moyen du soleil ou des étoiles est impossible par les temps brumeux ou nuageux. Seul l'usage de la boussole est possible à toutes les heures de la journée et par tous les temps.

Aussi l'invention de la boussole fut-elle très utile aux navigateurs; c'est à la suite de cette invention que furent accomplies les plus grandes découvertes maritimes : le tour de l'Afrique par les Portugais, la découverte de l'Amérique par Christophe Colomb, et le tour du monde par Magellan. Auparavant, dans la crainte de se perdre, les navigateurs ne se hasardaient jamais bien loin des côtes. Dans l'antiquité, on navigua presque exclusivement dans le bassin de la Méditerranée qui, étant fermé, est presque comme un lac; il n'y eut alors que quelques audacieux, en quête de gros profits, comme les Phéniciens et les Carthaginois, à s'aventurer par delà le détroit de Gibraltar, sur l'océan Atlantique.

22. — 2e Lecture : Les principales latitudes. — Le globe terrestre se divise en cinq zones. Les deux parallèles entre lesquels le soleil brille verticalement en été limitent la zone tropicale et portent le nom de *Tropiques*. Le tropique de l'hémisphère boréal est près du 23e degré de latitude septentrionale : on l'appelle aussi le *Tropique du Cancer*. Le tropique de l'hémisphère austral est près du 23e degré de latitude méridionale : on l'appelle aussi le *Tropique du Capricorne*.

Deux autres parallèles séparent, au nord et au sud, les zones tempérées des zones polaires, ceux-là portent le nom de *Cercles polaires*. Il y a donc deux cercles polaires : le *cercle polaire arctique* et le *cercle polaire antarctique*. Ils sont situés à 23 degrés de distance des pôles.

En un mot, la *zone tropicale* est comprise entre les deux tropiques du Cancer et du Capricorne, soit entre le 23e degré de latitude nord et le 23e degré de latitude sud; les *deux*

Fig. 25.
LA RÉGION D'ORLÉANS
CARTE POLITIQUE.

Fig. 26. — LA RÉGION D'ORLÉANS
CARTE ÉCONOMIQUE.

Fig. 24-25-26. — DIFFÉRENTES ESPÈCES DE CARTES.
On fait des cartes physiques, politiques ou économiques d'une région en choisissant, à l'exclusion de la plupart des autres, les traits géographiques physiques, politiques ou économiques relatifs à cette région. Ainsi dans la carte physique de la région d'Orléans, on a indiqué surtout les accidents physiques, fleuves, plateaux, val de la Loire, etc., en mettant seulement quelques noms de villes ou de gros bourgs propres à servir de points de repère; dans la carte politique, on a marqué les communes, les cantons et leurs limites; dans la carte économique on a fait figurer les forêts, les voies ferrées, le canal d'Orléans, etc.

zones tempérées sont comprises entre les deux tropiques et les deux cercles polaires, soit entre le 23e et le 67e degré de latitude; les *deux zones polaires* sont comprises entre le pôle et les deux cercles polaires, c'est-à-dire au delà du 67e degré de latitude nord ou sud.

23. — 3e Lecture : Détermination du point. — Les degrés s'indiquent par le signe °, les minutes par le signe ', les secondes par le signe ".

Déterminer le *point* d'un lieu, c'est indiquer exactement quelles sont en degrés, en minutes et en secondes la longitude et la latitude de ce lieu.

On l'écrit en disant, par exemple, que le lieu se trouve à 50 degrés 10 minutes 30 secondes de longitude Est du méridien de Paris (ce qui s'écrit : 50° 10' 30" Est Paris), et à 40 degrés 38 minutes 30 secondes de latitude septentrionale (ce qui s'écrit : 40° 38' 30" lat. N.).

Tous les peuples n'ont pas adopté le même méridien d'origine. En France, on prend pour méridien 0° celui qui passe par l'Observa-

toire de Paris; en Angleterre, celui qui passe par l'Observatoire de Greenwich. L'adoption d'un même méridien d'origine par tout le monde offrirait de nombreux avantages aux astronomes et aux géographes.

24. — 4e Lecture: Antipodes. — On donne le nom d'*antipodes* aux points de la surface du globe qui sont exactement à l'opposite l'un de l'autre, c'est-à-dire aux deux extrémités d'une ligne passant par le centre du globe et aboutissant de part et d'autre à sa surface. L'antipode d'un point situé dans l'hémisphère boréal se trouve à la même latitude dans l'hémisphère austral et à une distance de 180 degrés de longitude.

Prenons un exemple. La ville de Dieppe, port français sur la Manche, est située par 49° 55' lat. N. et 1° 15' long. O; les antipodes de Dieppe sont donc situés par 49° 55' lat. S. et 178° 45' long. E. (soit 180° moins 1° 15'), c'est-à-dire dans l'Océanie, au sud-est de l'archipel de la Nouvelle-Zélande. Précisément près de ce point se trouve un groupe de petites îles que des navigateurs anglais ont appelées les *îles antipodes*, parce qu'elles étaient placées aux antipodes de l'Angleterre méridionale.

25. — 5e Lecture: L'échelle d'une carte. — L'échelle d'une carte est d'autant plus grande que la dimension de la carte est plus voisine de la dimension réelle du pays représenté. Les détails marqués sur une carte sont d'autant plus nombreux que l'échelle de la carte est plus grande.

Dans l'ensemble de cartes du bas de la page précédente, la fig. 23, à petite échelle, représente une région d'au moins 20 000 kilomètres carrés (trois à quatre départements français), elle ne donne que peu de détails.

Au contraire, la fig. 20, à plus grande échelle, représente 36 hectares, soit environ un tiers de kilomètre carré seulement; on a pu y faire figurer des détails nombreux, même les rues et les principaux édifices.

26. — 6e Lecture : Que représente une carte. — Une carte ne peut indiquer tous les détails d'une contrée. On doit *choisir* les plus importants, les montagnes les plus hautes, les fleuves les plus longs, les villes les plus peuplées. Le choix se fait d'après l'objet qu'on veut mettre en relief.

On peut ainsi faire d'une même contrée plusieurs cartes différentes. Par exemple : une *carte physique*, laquelle représentera les montagnes, les vallées, les rivières, en un mot les principaux accidents du relief; — une *carte politique*, laquelle représentera surtout les limites des divisions administratives avec chefs-lieux et principales villes; — une *carte économique*, qui indiquera de préférence les produits, les centres industriels, les voies de communication et d'échange, tels que les canaux, les voies ferrées, etc. Si l'on faisait figurer tous ces détails à la fois sur la même carte, celle-ci serait trop chargée et deviendrait confuse (voir fig. 24-25-26).

Exercices. — Exposer quelles sont les différentes façons de s'orienter; dire la meilleure, et pourquoi elle est supérieure aux autres.
Lire sur une carte de France le *point* de Paris, de Lyon, de Bordeaux, de votre ville.
Citer sur la carte les principales villes du monde à la même latitude que Paris; citer les principales villes qui ont la même longitude. Trouver sur un globe l'antipode de Paris.
Comparer les avantages du globe et de la carte. Quelles sont les différentes espèces de cartes qu'on distingue?

III

LES ÉLÉMENTS CONSTITUTIFS DE LA TERRE

27. Origine de la terre. — La terre n'est probablement, comme les autres planètes, qu'un morceau détaché du soleil. Elle a d'abord formé une masse de gaz incandescents : puis une partie de cette masse s'est refroidie et transformée en matière solide et liquide, tandis qu'une autre partie demeurait à l'état de gaz.

Il existe donc actuellement à la surface du globe trois parties ou éléments :

1° Une partie solide : **l'écorce terrestre**, ou **terre** proprement dite ;

2° Une partie liquide : **la mer** :

3° Une partie gazeuse : **l'atmosphère**.

28. Élément solide. Continents. — Si l'écorce terrestre était parfaitement ronde et lisse, les eaux seraient répandues sur toute sa surface et la recouvriraient complètement d'une épaisseur partout uniforme. Mais l'écorce terrestre est inégale, bosselée. Certaines parties sont surélevées, en relief ; certaines autres sont déprimées, en creux. La mer s'est logée dans les creux qu'elle comble.

On nomme *continents* les grandes masses de terre qui, grâce à leur hauteur, surgissent au milieu des eaux.

On nomme *îles* les masses plus petites qui surgissent de même au-dessus du niveau des mers. Entre un continent et une île, il n'y a qu'une différence d'étendue : le continent est une très grande île ; l'île est un petit, un très petit continent.

29. Élément liquide. Océans. — Les *océans* sont les masses liquides qui recouvrent le globe, à l'exception des parties où surgissent des continents.

L'eau de la mer contient en dissolution des sels qui lui donnent une saveur amère : c'est le chlorure de sodium, ou sel marin ordinaire, qui en forme la plus importante partie. Elle est transparente et incolore ; mais, vue en grande masse, elle présente une couleur variant du bleu sombre au bleu clair et au vert pâle.

A la surface, la mer est rarement calme. Elle est animée de trois mouvements principaux :

1° Les **vagues**, qui sont des ondulations plus ou moins marquées, soulevées par les vents : les jours de tempête il y a des vagues qui atteignent quinze mètres et plus de hauteur.

2° Les **marées**, par lesquelles, deux fois par jour, la mer s'élève et s'avance vers les continents (*flux*), puis s'abaisse et recule (*reflux*) : le flux dure six heures environ, et de même le reflux dure environ six heures : il y a donc deux flux par vingt-quatre heures, à douze heures environ d'intervalle, et il y a également deux reflux dans le même temps. Les mers fermées, ou presque fermées comme la Méditerranée, n'ont point de marées, ou n'ont que des marées presque insensibles.

5° Les **courants marins**, qui forment comme des fleuves à la surface ou dans les profondeurs de la mer. Suivant qu'ils viennent de l'équateur ou des régions polaires, les courants de surface sont chauds ou froids ; par suite, ils amènent avec eux dans les continents qu'ils baignent, un supplément de chaleur ou, au contraire, plus de froid.

50. Élément gazeux. L'atmosphère. — L'atmosphère enveloppe également les terres et les mers.

On ignore son épaisseur exacte, qu'on évalue diversement de 60 à 500 kilomètres.

Mais, ce qui est sûr, c'est qu'au delà de 10 000 ou 11 000 mètres d'altitude au-dessus du niveau de la mer, l'air est tellement raréfié que l'homme n'y pourrait plus vivre. A partir de 4000 ou 5000 mètres, il commence à éprouver des malaises résultant de la raréfaction de l'air.

51. Rôle historique des divers éléments. — L'homme ne peut vivre et se développer qu'à l'air libre et sur la terre ferme. C'est donc la surface terrestre qui est son domaine.

Toutefois la mer, dont la surface est sans obstacle, a toujours facilité les communications entre les hommes, qu'arrêtent souvent de hautes montagnes ou des déserts sur le continent. La mer a favorisé l'échange des produits, des inventions, des idées. Elle a été jusqu'à ce jour le principal chemin des civilisations.

32. — 1re Lecture : L'Intérieur de la terre. — C'est le savant français *Laplace* qui a affirmé le premier, à la fin du xviiie siècle, que la terre était un morceau détaché du soleil. D'après l'explication généralement admise, la terre était à l'origine une masse de feu. Elle s'est refroidie, et continue à se refroidir, mais seulement à la surface. A l'intérieur, la masse du globe serait encore en incandescence.

L'épaisseur de la croûte terrestre ne dépasse probablement pas 60 kilomètres, c'est-à-dire à peine la 100e partie de l'épaisseur de la terre.

Ce qui permet de penser, indépendamment de tout raisonnement, que l'intérieur du globe terrestre est toujours en incandescence, c'est : d'une part, les matières en fusion que rejettent les volcans, au moment de leurs éruptions ; d'autre part, l'augmentation progressive de la température à mesure qu'on s'enfonce dans les entrailles de la terre. La température s'élève de 1 degré en moyenne par 30 ou 32 mètres de descente verticale. A 2 000 mètres, la température est de 70 degrés. Si cette augmentation progressive se maintient régulièrement, à 30 kilomètres de profondeur, le thermomètre doit marquer au moins 1 000 degrés.

33. — 2e Lecture : Importance des courants marins. — Les courants marins ont une grande importance pour la navigation. Ce sont les courants de l'Océan Indien qui ont porté les Hovas, peuple originaire de l'Océanie, vers l'île de Madagascar, qu'ils peuplent aujourd'hui. Ce sont les courants du Pacifique qui ont permis à la race polynésienne de se répandre dans presque toute l'étendue du Grand Océan. Enfin, ce sont les courants de l'équateur qui ont porté Christophe Colomb de l'Europe vers l'Amérique.

D'autre part, certains courants chauds, allant de l'équateur vers les pôles, adoucissent le climat des terres froides qu'ils baignent. Le *Gulf-Stream*, courant chaud qui vient de l'équateur et longe les côtes de l'Europe occidentale, exerce une influence bienfaisante sur le climat de cette contrée. C'est grâce au Gulf-Stream que la Norvège et l'Écosse septentrionale ont une température d'hiver aussi chaude que les États-Unis vers New-York, bien que cette ville soit de 20 degrés environ plus rapprochée de l'Équateur. Sans le Gulf-Stream, la France aurait à peu près le même climat que la Suède, et par suite elle serait beaucoup moins riche et beaucoup moins habitable.

34. — 3e Lecture : Supériorité pour les communications des voies maritimes sur les voies terrestres. — On s'imaginerait assez volontiers que la terre a été, bien plus que la mer, le grand chemin de la civilisation. Il n'en est pourtant rien.

La mer effraie par son immensité, par ses vagues, ses courants, ses tempêtes, ses périls, qu'une mystérieuse terreur grossit auprès des timides. Mais la terre a ses barrières de hautes montagnes neigeuses ; ses fleuves qu'il fallait jadis franchir à gué, souvent au prix de mille difficultés ; ses déserts et ses steppes sans eau, ses marécages, ses forêts peuplées de fauves. Plus encore que cela peut-être, elle a ses populations sauvages et carnassières qui ont la haine instinctive ou la méfiance de tout étranger et ne voient souvent en lui qu'une proie.

Il n'y a qu'à lire le récit du voyage en Chine que fit au xiiie siècle le vénitien Marco Polo et du reste maint autre voyage d'exploration en Asie ou en Afrique, le voyage de Bonvalot à travers le Thibet et l'Asie centrale, ceux de Stanley ou de Livingstone dans les ténèbres de l'Afrique, ou celui de Barth à travers le Sahara et le Soudan, pour voir les difficultés multiples que doit surmonter le voyageur qui traverse un continent. Il vaut mieux affronter une tempête, si terrible qu'elle paraisse.

Les faits parlent du reste très haut. C'est par la Méditerranée elle-même, et non par ses rivages, que, dans l'antiquité, les hommes se sont répandus dans tous les pays que baignait cette mer. On connaissait l'Inde longtemps avant le xve siècle, et l'on n'ignorait pas la route terrestre qui y menait ; mais des relations fréquentes ne s'établirent entre l'Europe et l'Inde qu'à partir du moment où Vasco de Gama eut découvert la route maritime qui y conduisait.

Jusqu'à présent, l'air n'a que peu servi comme chemin des relations humaines. Il deviendrait la route la plus fréquentée, si l'on trouvait le moyen pratique de s'y diriger à volonté à l'aide de ballons, comme il semble à présent que cela puisse devenir possible.

Exercices. — Expliquer l'origine de la terre et la formation des trois éléments. — Expliquer la formation des continents. En quoi diffèrent-ils des îles ?

Expliquer la formation de la mer. Quelle est sa nature ? Quels sont les mouvements qui l'agitent ? Les classer par importance. Indiquer l'importance des courants marins sur le globe.

Expliquer le rôle que chacun des éléments a joué dans le développement de l'homme ; d'où vient la supériorité des voies maritimes ?

Fig. 27. — LES ALPES DE MAURIENNE (ALPES FRANÇAISES).   Fig. 28. — LE CERVIN (ALPES SUISSES).   Fig. 29. — LE HOHNECK (VOSGES).

Fig. 27-28-29. — PRINCIPAUX ASPECTS DE MONTAGNES.

Les montagnes ont des formes très différentes. La fig. 27 (Alpes de Maurienne) représente des montagnes en forme de massifs ; la fig. 28 (Cervin, vu du Riffelberg) représente un des pics les plus hauts des Alpes suisses (4505 mètres) et aussi l'un des plus difficiles à escalader ; la fig. 29 (Hohneck) représente l'un des sommets principaux des Vosges : alors que les Alpes de Maurienne et le Cervin sont de hautes montagnes chargées de neiges éternelles et de glaciers, le Hohneck est une montagne moyenne, couverte de forêts et de pâturages, où les neiges d'hiver fondent dès qu'arrivent le mois de mai et les premières chaleurs d'été.

IV

LE RELIEF DES CONTINENTS

La surface de la terre présente en certains points une apparence unie, tandis qu'ailleurs elle est hérissée de boursouflures et de rugosités. Ces inégalités de niveau constituent le relief du sol.

35. Les formes du relief. — Il y a trois principales formes de relief : les *montagnes*, les *plaines* et les *plateaux*.

Les *montagnes* sont les parties nettement saillantes de l'écorce terrestre. Elles

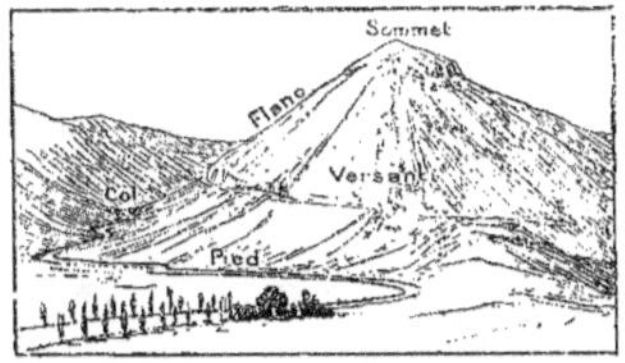

Fig. 30. — MONTAGNE.

Une montagne est un grand amas naturel de terres et de rochers. Les différentes parties d'une montagne sont : en bas, le pied ; sur les côtés, le versant, la pente ou le flanc ; en haut, le faîte, la cime, le sommet ou la crête. Les cols sont les parties déprimées qui permettent de franchir plus facilement les montagnes.

ont des formes très variées : *pics* pointus, *dents*, *dômes* arrondis, etc. Elles sont tantôt isolées, tantôt groupées en *massifs* et en *chaînes*.

Les *plaines* sont les parties peu accidentées et situées à une faible altitude.

Les *plateaux* sont des parties peu accidentées, mais situées à une altitude assez grande ou même considérable, en saillie au-dessus des régions voisines.

Dans les montagnes, les plateaux et les plaines, il y a des dépressions plus ou moins creuses : on appelle *vallées* les plus importantes, et *vallons* les moins considé-

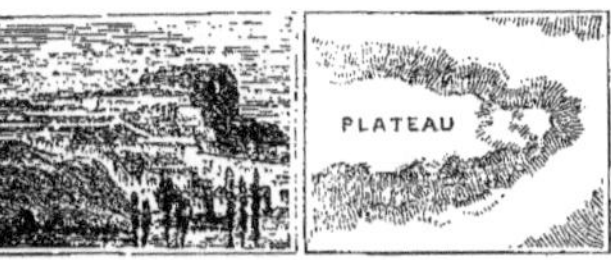

Fig. 31. — PLATEAU.

Les plateaux sont des parties du relief peu accidentées, mais nettement saillantes au-dessus des régions voisines. La carte de droite représente en plan le plateau dont la vue de gauche donne une photographie.

rables d'entre elles. Dans les montagnes, les parties les plus resserrées des vallées

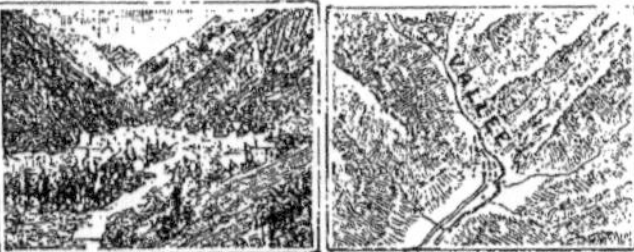

Fig. 32. — VALLÉE.

Les vallées sont les parties basses du relief encaissées entre des montagnes, des collines ou les rebords d'un plateau (voir la gravure représentant les Gorges d'Autoire, p. 16).

s'appellent *gorges* ou *défilés*. Un *col* est une dépression entre deux sommets montagneux.

Les *volcans* sont des ouvertures par où

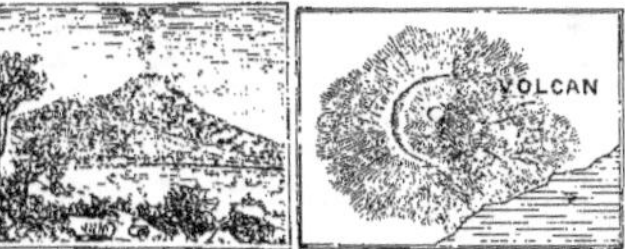

Fig 33. — VOLCAN.

Un volcan est une ouverture, située le plus souvent sur une montagne, mais parfois aussi en plaine, par où s'épanchent à la surface du sol des matières en fusion appelées laves, des cendres, des vapeurs et des fumées.

s'épanchent à la surface du sol des matières en fusion appelées *laves*, des cendres, des vapeurs et des fumées. Presque tous les volcans sont au voisinage de la mer. (Voir carte, p. 22.)

36. Origine du relief. — Le relief terrestre est le résultat de deux causes : l'une intérieure, l'autre extérieure.

1° A l'intérieur, l'enveloppe terrestre en se refroidissant se contracte et se plisse. Elle présente ainsi une série de parties en relief : c'est une première espèce de montagnes. — D'autre part, les matières en fusion rejetées par les volcans forment parfois en se solidifiant des amas énormes : c'est une seconde espèce de montagnes.

2° A l'extérieur, toutes sortes de causes dégradent la terre. La chaleur et le froid font éclater les roches qui sont en relief. L'air et l'humidité les décomposent. Ainsi les rochers les plus durs se fragmentent et s'émiettent, les sommets des montagnes s'éboulent sur les pentes ; des vallées s'y creusent ainsi que dans les plateaux, tandis que des creux qui existaient auparavant

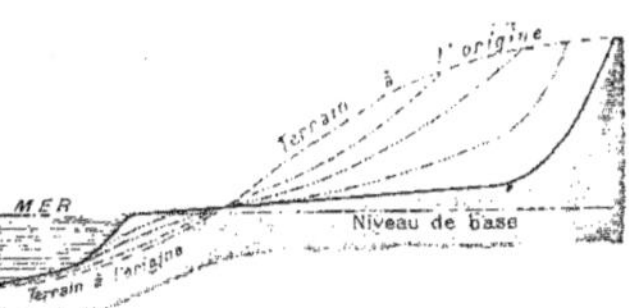

Fig. 34. — TRAVAIL DES EAUX DANS LE RELIEF.

L'eau est un des principaux agents qui modèlent le relief, elle creuse des vallées de plus en plus profondes, ravine les montagnes et entraîne vers la mer leurs débris qui comblent peu à peu les régions littorales. Les lignes en pointillé figurées ci-dessus indiquent les profils successifs que prend un même cours d'eau en creusant de plus en plus sa vallée.

à leur pied sont comblés peu à peu par les débris des roches.

En somme, on peut dire que l'action intérieure *construit* les montagnes et que l'action extérieure tend à les *détruire*.

Fig. 35. — PAYSAGE DE LA SOLOGNE.

Fig. 36. — LES GORGES D'AUTOIRE (LOT).

Fig. 35-36. — PLAINES, PLATEAUX ET VALLÉES.

La Sologne est une plaine au relief presque horizontal, mais une plaine humide : aussi c'est un pays de mares, de pâturages et de bois ; la fig. 36 montre une vallée étroite dans un pays de plateaux horizontaux, le Quercy français ou pays de Cahors.

57. Importance du relief. — Les diverses formes du relief n'ont pas toutes, pour l'homme, la même importance.

1° Dans une même région, les montagnes et les hauts plateaux sont moins chauds que les plaines ; ils ont moins de terre végétale sur leurs pentes, sont moins riches en ressources végétales. La vie y est donc moins facile : les populations sont moins nombreuses et leurs mœurs sont plus rudes. Les montagnes et les plateaux sont des *régions de dispersion.*

Au contraire, la plupart des plaines sont riches et très peuplées : les plaines forment des *régions de peuplement.* Il faut faire exception, bien entendu, pour les plaines marécageuses, infertiles et malsaines.

2° Les montagnes, malgré leurs vallées, rares et trop étroites, opposent souvent un obstacle au passage des hommes : ce sont des barrières qui gênent les relations.

Dans les plaines, au contraire, la circulation est facile ; elles sont favorables aux migrations et aux échanges : les vallées forment des *régions de commerce.*

3° D'un autre côté, les montagnes, à cause même de la difficulté qu'elles présentent pour les communications, constituent des régions de refuges : quand les invasions se produisirent en France, c'est dans le Massif central et, d'une manière générale, dans les montagnes que se retirèrent les populations anciennes, où elles sont restées jusqu'à ce jour ; les conquérants s'établirent dans les plaines plus faciles à conquérir et plus riches en ressources, n'osant forcer les vaincus dans les montagnes où la résistance eût été facile et dont la pauvreté tentait moins leur cupidité.

Aux époques troublées, comme au moyen âge, c'est sur la montagne que se sont établis les villes et les châteaux forts pour avoir plus de sécurité. Aux époques de paix, les maisons et les villes s'établissent de préférence dans la plaine, vers la rivière, le canal ou la voie ferrée, par où se fait le commerce.

38. — 1re Lecture : Age des montagnes. — L'action de la chaleur, du froid, de l'air et de l'humidité sur le relief s'appelle l'*érosion*. Dès qu'une montagne existe, l'érosion se met à la ronger. Or, il s'est formé des montagnes à toutes les époques, depuis que la terre existe : il y a donc des *montagnes*

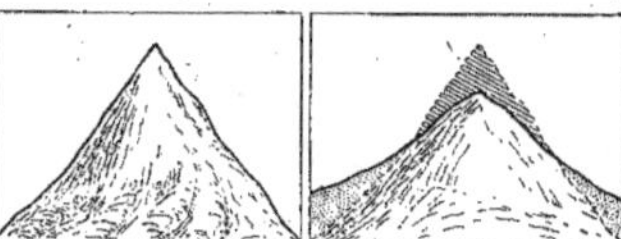

Fig. 37. — MONTAGNES JEUNES ET MONTAGNES VIEILLES.

Les montagnes sont soumises à une usure de tous les instants. Les parties supérieures de leurs sommets se désagrègent et tombent sur leurs pentes, à leur pied. Les montagnes jeunes ont un profil élancé (Alpes, Pyrénées) ; les montagnes vieilles ont une base plus large, des sommets moins proéminents et sont plus massives. (Massif central, Vosges, Monts de Bretagne.)

vieilles et des *montagnes jeunes.* Les montagnes vieilles soumises depuis longtemps à l'érosion, ont eu leurs sommets peu à peu usés, leurs pics arrondis, leur masse parfois ramenée à l'horizontale. Tels sont en France la plus grande partie du Massif central, la Bretagne et les Vosges.

Les montagnes jeunes ont au contraire des formes élancées, des pentes plus raides ; leurs sommets se terminent en forme de *pointes*, de *cornes*, de *pics*, et de *dents*. Telles sont en France les Alpes et, à un degré moindre, les Pyrénées.

39. — 2e Lecture : Les zones de végétation dans la montagne. — Dans les montagnes, là température décroît rapidement avec l'altitude. C'est ainsi que, même dans la région torride de l'équateur, des montagnes de 5000 mètres ont leurs sommets éternellement couverts de neige. Du pied d'une montagne jusqu'au sommet, on peut passer par toutes les variétés de climat.

De même, on peut passer par toutes les formes de végétation. Dans les Alpes, on trouve des oliviers au pied de la montagne et sur les pentes inférieures, des vignes et des champs de blé jusqu'à 700 mètres ; jusqu'à 1600 mètres poussent l'orge, le seigle, la pomme de terre, les forêts de bouleaux

et de sapins. Plus haut on trouve des pins et des mélèzes ; plus haut encore des prairies et des lichens qui croissent jusqu'aux approches des neiges persistantes ; enfin, sur

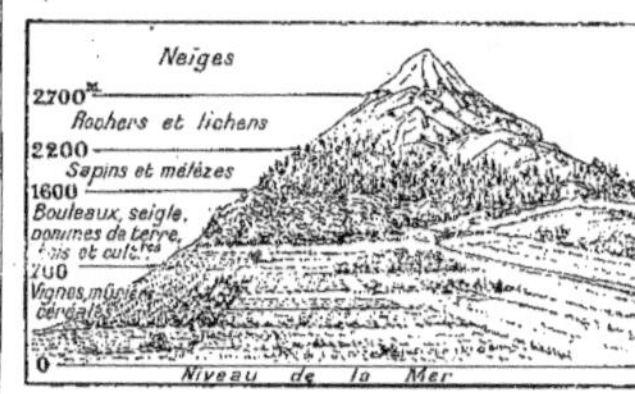

Fig. 38. — LES ZONES DE VÉGÉTATION DANS LES ALPES.

A mesure que l'on s'élève sur une montagne, la température décroît ; aussi les plantes qui poussent au pied de la montagne, ne peuvent-elles pousser sur les pentes supérieures. Dans les Alpes, on trouve des vignes et des mûriers jusqu'à 700 mètres, de l'orge jusqu'à 1600 ; des mélèzes jusqu'à 2200 ; puis on ne rencontre plus que des lichens, des rochers, et enfin, à partir de 2600 ou de 2700 mètres, des neiges qui ne fondent jamais entièrement.

les sommets qui dépassent 2600 mètres, le roc est absolument nu sous la neige qui le recouvre toujours.

Au reste, il ne faut pas croire que ces différentes zones de végétation se succèdent en couronnes régulières sur le flanc de la montagne ; elles se mêlent et se pénètrent. Cela dépend de l'exposition. Les cultures et les forêts montent moins haut sur les versants septentrionaux, ou versants de l'ombre, que sur les versants méridionaux, qui sont plus ensoleillés et plus chauds. Aussi, la plupart des villages sont-ils bâtis sur le flanc exposé au soleil.

Exercices. — Quels sont les traits communs du plateau et de la montagne ? du plateau et de la plaine ?

Expliquer comment une montagne peut se former et comment elle peut être détruite.

Quelle est la forme de relief la plus favorable à la vie humaine et pourquoi ?

Expliquer comment on peut trouver en certains points de l'équateur les mêmes formes de végétation que près des pôles. — Citer des montagnes jeunes et des montagnes vieilles. — Indiquer quelle est, sur les versants des Alpes, la succession des diverses zones de végétation ?

V

LES DIFFÉRENTS TERRAINS

Les terrains ou roches qui constituent l'écorce terrestre sont très variés. Ils diffèrent les uns des autres par leur *origine*, par leur *âge*, par leur *nature* et par leurs *propriétés*.

40. Origine des divers terrains. — D'après l'origine, on distingue :

1° Les *roches d'origine interne*. Elles sont le produit de la matière incandescente qui se trouve au centre de la terre et qui est amenée à la surface par les volcans. En se refroidissant, cette matière se cristallise : on appelle ces roches *roches cristallines* ou *éruptives*.

2° Les *roches d'origine externe*. Elles sont dues au dépôt des matières qui se trouvent en dissolution dans la mer, — ou à l'érosion des terrains en saillie, dont les débris ou *sédiments*, entraînés par les eaux, le vent, etc., se sont accumulés en couches ou en bancs parallèles sous l'influence de la pesanteur. On nomme cette seconde variété de roches *roches sédimentaires*.

41. Âge des terrains. — On distingue, depuis la formation de la croûte primitive du globe, quatre grandes époques géologiques. Chacune comprend un nombre immense de siècles, au cours desquels ont sans cesse agi l'action interne et l'action externe. Ces quatre époques sont : l'*époque primaire*, l'*époque secondaire*, l'*époque tertiaire* et l'*époque quaternaire*.

On distingue donc, d'après leur âge, outre les *terrains primitifs* représentant la première croûte qui se forma par refroidissement à la surface du globe, quatre sortes de terrains : les *terrains primaires, secondaires, tertiaires et quaternaires*.

Il existe des terrains éruptifs et des terrains sédimentaires formés à toutes les époques.

42. Nature des terrains. — Les roches peuvent avoir une origine identique et un aspect ou une composition très différente.

On distingue parmi les roches éruptives : le *gneiss*, le *porphyre*, le *schiste cristallin*, le *micaschiste*, le *granit*, le *basalte*, la *lave*, etc.

On distingue parmi les roches sédimentaires : le *sable*, le *grès*, la *craie*, le *calcaire*, l'*argile*, la *marne*, les *limons*, les *boues*, etc.

43. Propriétés des divers terrains. — Certains terrains sont très durs (porphyre, granit, calcaire, marbre), d'autres très friables (craie, sable). Certains sont perméables, c'est-à-dire facilement traversés par l'eau (sable, grès, calcaire, craie). — d'autres imperméables (schiste, argile).

Certains terrains, riches en chaux et en phosphore, sont bons à la culture du blé et de la vigne (calcaire); d'autres, pauvres en chaux et en phosphore, sont moins fertiles (granit).

Enfin, certains terrains offrent à l'homme des ressources dont les autres sont dépourvus : *métaux précieux* (or, argent), *minéraux utiles* (fer, houille), ou *matériaux de construction* (pierre de taille).

44. Importance de la géologie. — La connaissance de la géologie explique pourquoi certaines roches ont résisté à l'érosion (granit dur), tandis que d'autres sont rapidement détruites (craie tendre), — pourquoi sur certains terrains l'eau séjourne sous forme d'étangs (argile imperméable), tandis qu'elle filtre rapidement à travers certains autres (calcaire perméable). Elle explique pourquoi un pays contient des cultures de blé, de la vigne, des forêts; pourquoi un autre, riche en minerai, a une industrie prospère.

En un mot, *la géologie explique en partie la géographie d'un pays*.

45. — 1re LECTURE : La vie aux époques géologiques. — La vie est apparue sur notre globe dès l'époque primaire; elle est apparue d'abord sous la forme de végétaux, puis d'animaux. Les traces de certains végétaux et de certains animaux sont demeurées dans l'intérieur des terrains sédimentaires. C'est ce qu'on nomme des *fossiles*.

46. — 2e LECTURE : La terre se transforme sans cesse. — Il n'y a pas de séparation entre les époques géologiques et l'époque où nous vivons. Aujourd'hui encore les volcans projettent des matières qui, en se solidifiant, forment des masses en relief; la pluie, la chaleur et le froid brisent les roches, les rivières en roulent les débris jusqu'à la mer où ils se dissolvent et se déposent. Ainsi le sol du fond des océans s'exhausse insensiblement, tandis que des morceaux de la côte, minés par les eaux, s'écroulent. Cette transformation est lente, mais elle se continue et se continuera pendant des siècles.

Exercices. — Distinguer les terrains d'après leur origine et d'après leur âge. — Quelle différence y a-t-il entre un granit primaire et un calcaire secondaire, entre un calcaire secondaire et un grès tertiaire? — Quelles sont les propriétés du calcaire? du granit? — En quoi la géologie sert-elle à expliquer la géographie?

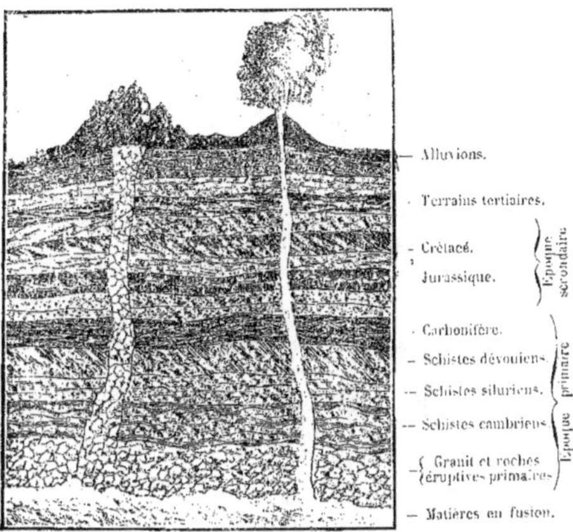

Fig. 41. — COUPE IDÉALE DE L'ÉCORCE TERRESTRE INDIQUANT L'ORDRE DE SUPERPOSITION DES DIVERS TERRAINS.

Les terrains les plus anciens sont les plus rapprochés du centre de la terre; là où ils forment la surface, on ne trouve donc pas de terrains plus récents. Les terrains secondaires et tertiaires recouvrent toujours des terrains plus anciens.

Fig. 39. — LA VALLÉE DES TRAÏEROU, PRÈS DE PERROS-GUIREC (CÔTES-DU-NORD).
Photog. Lespinasse.

Photog. Neurdein.

Fig. 40. — LA ROUTE DE LA CORNICHE, PRÈS DE CONSTANTINE (ALGÉRIE).

Fig. 39-40. — ROCHES CRISTALLINES ET ROCHES STRATIFIÉES.

Les différents terrains présentent des aspects très divers. La vallée du Traïérou représente un pays de roches granitiques ; les blocs accumulés en chaos dans cette gravure sont des roches de granit. Au contraire, la route de la Corniche est tracée dans un pays de roches calcaires; ces roches sont disposées sous forme d'assises parallèles superposées.

VI

LE CLIMAT

Le climat d'un pays est déterminé par trois éléments : la *température*, le *vent* et les *pluies*.

47. Température. — Les causes qui font varier la température sont :

1° La *latitude*. La chaleur diminue généralement de l'équateur vers les pôles.

2° L'*altitude*. Plus on s'élève sur une montagne, plus il fait froid.

3° L'*orientation*. Un pays exposé aux vents chauds du midi a une température plus élevée qu'un pays situé à la même latitude, mais exposé au nord.

4° La *situation par rapport à la mer*. A la même latitude, la mer est moins chaude que la terre en été, elle est moins froide en hiver. Les parties de la terre qui sont voisines de la mer et qui reçoivent les vents marins ont, par suite, des étés moins chauds, des hivers moins froids.

48. Vents. — Les vents sont des courants qui agitent l'atmosphère. On distingue plusieurs sortes de vents :

1° Les **vents réguliers**. Ils soufflent pendant toute l'année dans la même direction. Les plus connus sont l'*alizé* et le *contre-alizé*. L'alizé souffle de part et d'autre de l'équateur dans les parties basses de l'atmosphère. La direction est du Nord-Est au Sud-Ouest dans l'hémisphère boréal, du Sud-Est au Nord-Ouest dans l'hémisphère austral. Le contre-alizé souffle aussi de part et d'autre de l'équateur, mais dans les parties hautes de l'atmosphère. Sa direction est opposée à celle de l'alizé.

2° Les **vents périodiques**. Ils soufflent sur une contrée pendant une saison de l'année ou à une heure fixe du jour. Telles sont les *moussons* de l'Inde, qui soufflent de la mer vers la terre en été, et de la terre vers la mer en hiver : — les *vents étésiens*, qui soufflent du Nord au Sud sur la Méditerranée pendant toute la saison chaude : — les *brises* qui, sur nos côtes, soufflent de la mer vers la terre pendant la journée et de la terre vers la mer à la nuit.

3° Les **vents variables**. Ils soufflent dans nos régions tempérées.

49. La pluie. — La pluie est le résultat de deux phénomènes :

1° Sous l'action de la chaleur du soleil, une partie de l'eau qui se trouve à la surface du globe (mers, lacs, fleuves, etc.) s'élève dans l'air à l'état de vapeur. C'est ce qu'on appelle l'*évaporation*.

2° La vapeur d'eau ainsi suspendue dans l'air se refroidit, soit en gagnant les hautes régions de l'atmosphère qui sont froides, soit en touchant un corps plus froid qu'elle, par exemple la terre en hiver. Alors elle se transforme en liquide ou, comme on dit, elle *se condense*. Puis elle retombe.

Selon que le lieu où elle se condense est plus ou moins froid, elle tombe sous forme de *pluie*, de *brouillard*, de *neige*.

La pluie dépend donc :

1° *De la température*. Dans les régions chaudes, l'évaporation est considérable et la pluie très abondante.

2° *Des vents*. Ils amènent ou éloignent la pluie selon qu'ils soufflent de la mer ou de la terre.

3° *De la situation par rapport à la mer*. Les côtes sont en général plus arrosées que l'intérieur des continents.

4° *Du relief*. Les montagnes étant plus froides que les plaines, l'eau s'y condense plus abondamment.

50. Différentes sortes de climats. — La terre comprend plusieurs sortes de climats variant avec la latitude. On distingue :

— Le *climat équatorial, très chaud et très*

Fig. 42. — PRINCIPALES ZONES DE CLIMAT.

En allant de l'équateur vers chacun des pôles, on trouve successivement une zone tropicale humide (par exemple le Soudan), une zone tempérée sèche (Sahara) ou un peu humide (région méditerranéenne), une zone tempérée humide (France, Angleterre, Europe centrale) et une zone polaire naturellement glaciale.

humide, qui règne de part et d'autre de l'équateur jusqu'à 15° de latitude.

— Le *climat tropical, chaud et sec*, qui règne entre 15° et 30°.

— Le *climat tempéré peu humide*, entre 30° et 40°.

— Le *climat tempéré humide*, entre 45° et 60°.

— Le *climat glacial* dans les régions polaires.

Mais on distingue aussi, par suite de l'influence de la mer sur le climat :

— Les *climats maritimes* qui règnent

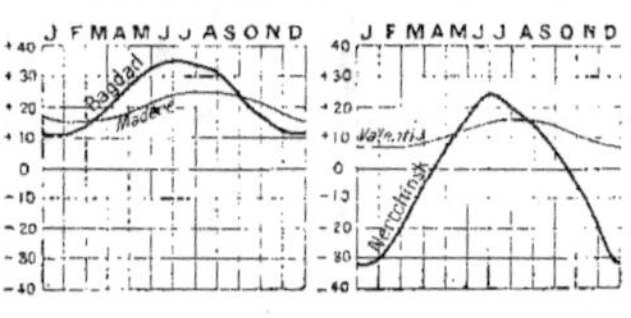

Fig. 43. — CLIMATS MARITIMES ET CONTINENTAUX.

Les climats maritimes présentent peu de variations d'un bout à l'autre de l'année : ainsi ceux de l'île Madère et de Valentia (Irlande). Les climats continentaux, au contraire, sont très variables ; ils ont des hivers froids ou glacés et des étés chauds ou torrides ; tels les climats de Bagdad (Mésopotamie) et de Nertchinsk (Sibérie).

dans toutes les régions exposées aux vents marins. Les étés y sont frais, les hivers tièdes. Les pluies sont abondantes et tombent régulièrement pendant la saison froide.

— Les *climats continentaux*, plus rudes, aux étés très chauds, aux hivers très froids, aux pluies moins abondantes et tombant surtout pendant la saison chaude.

51. Importance du climat. — Du climat d'un pays dépend sa végétation. Un climat chaud et pluvieux donne une végétation luxuriante. Un climat humide, mais froid, donne un pays de marécages et de prairies. Un climat trop sec ne permet aucune végétation.

Du climat d'un pays dépend la vie que l'homme peut y trouver. L'homme, en effet, est sensible au climat : il ne peut agir sous un climat trop chaud ou trop froid. Il se développe surtout sous un climat tempéré.

52. — 1ʳᵉ LECTURE : Thermomètre et lignes isothermes. — Le *thermomètre* est l'instrument qui sert à observer les températures. En notant la température d'un lieu, heure

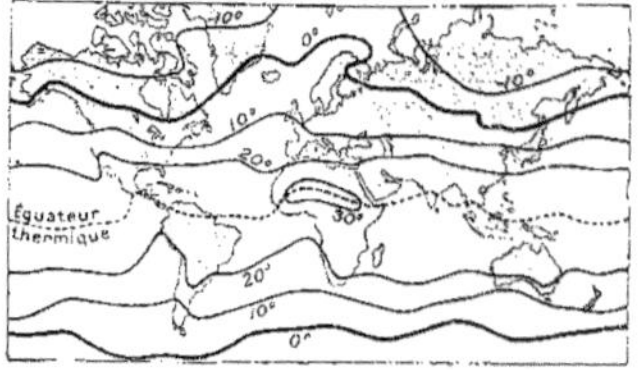

Fig. 44. — LIGNES ISOTHERMES DU GLOBE.

Les lignes isothermes, ou d'égale chaleur, indiquent les points du globe qui ont la même température moyenne. L'équateur thermique qui indique les points les plus chauds du globe se trouve, non sous la ligne équatoriale, mais au nord de cette ligne, dans l'hémisphère boréal qui est le plus chaud des deux hémisphères.

par heure, pendant des années, on peut déterminer la *température moyenne* de ce lieu au cours d'une année, d'une saison, d'un mois, d'un jour. Si, sur une carte, on joint par un trait continu tous les points qui ont la même température moyenne, on obtient une **ligne isotherme**, ou ligne d'égale chaleur.

53. — 2ᵉ LECTURE : Avantages du climat tempéré. — L'Esquimau des régions polaires est engourdi par le froid. Le nègre des régions équatoriales est déprimé par la chaleur. Dans le climat tempéré, au contraire, la fraîcheur modérée des hivers excite l'activité de l'homme, que n'entrave jamais la chaleur des étés.

La pluie trop abondante des régions équatoriales fait pousser une végétation trop touffue, où la marche et la culture sont difficiles. La sécheresse absolue cause des déserts où la culture est impossible. Au contraire, les régions tempérées sont assez arrosées pour que la culture soit possible et facile.

Exercices. — Quelles sont les causes qui font varier la température ? Expliquez le phénomène de la pluie ? — Exposez quelle influence exerce la mer sur le climat d'un pays. — Quelles sont les différentes sortes de vents ? — Comparez les avantages et les désavantages des différents climats pour l'homme.

VII

FLEUVES ET COURS D'EAU

La surface du globe est sillonnée par des cours d'eau petits, moyens ou grands. On les nomme, suivant leur importance, *ruisseaux*, *rivières* ou *fleuves*.

54. Origine des cours d'eau. — Les cours d'eau proviennent de trois origines :

1° Les **pluies**. La pluie, quand elle tombe sur un terrain imperméable, ou sur un terrain perméable dont la pente est assez forte, descend cette pente en contournant les obstacles qu'elle ne peut renverser. Peu à peu, elle se concentre dans les régions les plus déprimées, où en coulant elle creuse à la longue le *lit* d'une rivière.

2° Les **sources**. La pluie, quand elle tombe sur un terrain perméable sans forte pente, s'infiltre en partie dans l'intérieur du sol : elle traverse alors les couches de terrain perméable jusqu'à ce qu'elle rencontre une couche imperméable, où elle s'arrête. Elle forme ainsi des nappes d'eau souterraines qui s'écoulent par des sources.

3° Les **neiges** et les **glaciers** des hautes montagnes. Ces neiges et glaces couvrent entièrement les montagnes pendant l'hiver. Quand arrivent les premières chaleurs, les parties les plus basses des neiges des montagnes fondent d'abord. Puis, tant que la chaleur augmente pendant l'été, les neiges des parties supérieures se mettent à fondre à leur tour. De même les glaciers ont toujours à leur extrémité inférieure une portion qui est en train de fondre. La fusion de ces neiges et de ces glaces donne ainsi naissance à des cours d'eau permanents.

55. Caractère des cours d'eau. — Trois caractères sont à considérer dans un cours d'eau :

— Sa *pente*, qui est plus ou moins forte;

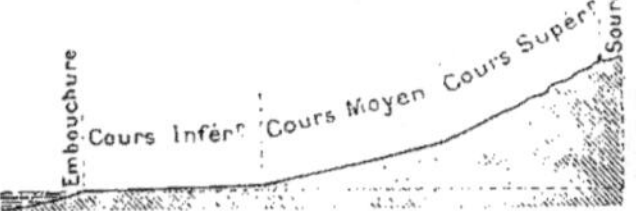

Fig. 46. — PENTE D'UN FLEUVE.

Les fleuves sont d'autant plus navigables que leur pente est plus faible. En général, cette pente est très forte dans le cours supérieur, près de la source, où le fleuve ressemble à un torrent ; elle s'atténue dans le cours moyen, où il commence à devenir navigable ; elle est très faible dans le cours inférieur, aux approches de l'embouchure.

— Son *volume*, qui est plus ou moins abondant;

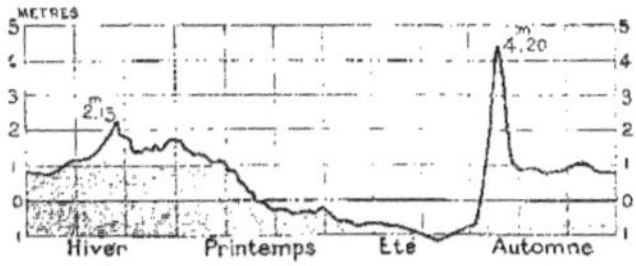

Fig. 47. — VARIATIONS DU NIVEAU DE LA LOIRE A ORLÉANS.

— Son *régime*, qui est plus ou moins régulier.

Tout fleuve a des périodes où son débit augmente : ce sont les périodes de *crues*. Tout fleuve a des périodes où son débit décroît, devient plus faible : ce sont les périodes de *basses eaux* ou de *maigres*. Mais ces variations de débit peuvent être faibles ou grandes, progressives ou soudaines. Si les variations sont fortes et très rapides, on dit que le régime est *irrégulier* ; si les variations sont lentes et peu considérables, on dit qu'il est régulier.

Les différents caractères des fleuves dépendent :

1° **Du relief.** Plus le relief est accidenté, plus la pente est forte et plus le courant est rapide. Sur une pente forte, lorsqu'une pluie abondante tombe brusquement, elle détermine une crue soudaine et considérable. Tel est le régime des torrents des montagnes qui ont le plus souvent très peu d'eau, mais grossissent parfois énormément pour quelques heures ou quelques jours.

2° **Du climat.** Si le climat est continûment pluvieux ou continûment sec, les cours d'eau sont régulièrement abondants ou pauvres pendant toute l'année; si le climat comprend une saison très pluvieuse et une saison très sèche, les cours d'eau sont alternativement abondants ou maigres. C'est ainsi que les fleuves des régions équatoriales, où les pluies sont quotidiennes et très abondantes pendant la saison chaude, ont d'énormes crues pendant cette saison, pour redescendre à un niveau très bas pendant la saison froide qui est sèche.

Photog. Tairraz, à Chamonix.

Fig. 45. — LES GLACIERS DU MONT BLANC.

Les glaciers et les neiges qui blanchissent les sommets des hautes montagnes forment comme un immense réservoir d'humidité où s'alimentent, par leur fusion, un grand nombre de fleuves. Les glaciers sont d'ailleurs eux-mêmes de vrais fleuves, formés de neiges solidifiées ; ils glissent lentement sur les pentes des montagnes, en usant le fond de leur lit (voir page 3, la gravure représentant la mer de Glace).

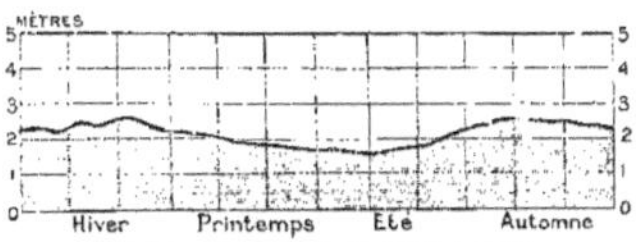

Fig. 48. — RÉGIME DE LA SEINE A PARIS.

Le régime d'un fleuve comprend ses alternatives régulières de hautes eaux et de basses eaux. Les fleuves à pente accentuée et coulant sur des terrains imperméables ont un régime très inégal (la Loire à Orléans). Les fleuves à pente douce et coulant dans des terrains perméables ont un régime très égal (la Seine à Paris).

3° **De la nature du sol.** La pluie qui tombe sur un terrain imperméable va tout de suite au fleuve, qui a alors une grande crue : si la sécheresse survient, le sol n'ayant point gardé d'eau, le fleuve devient très maigre. Au contraire, les terrains perméables laissent filtrer une partie de la pluie et la conservent dans les sources d'où elle alimente le fleuve, même pendant la saison sèche. Les rivières des terrains imperméables ont en général un régime irrégulier (notre Loire, dont le niveau peut s'élever de 4 à 5 mètres en quelques jours); les rivières des terrains perméables ont au contraire le plus souvent un régime régulier (exemple la Seine, qui est très lente dans ses mouvements de crue et de décrue).

Pour que la perméabilité du terrain exerce toute son influence, il faut qu'il soit peu incliné : si ce terrain a des pentes très fortes, les eaux ruissellent vers l'aval et ne peuvent pénétrer dans l'intérieur du sol.

56. Utilité des cours d'eau. — Les cours d'eau fournissent aux hommes les ressources de la pêche. Ils arrosent et fertilisent les terres qu'ils baignent. Enfin, ils facilitent les relations commerciales : ce sont des « chemins qui marchent ». Les transports par eau sont plus économiques que les transports par terre. Aussi de nombreuses villes sont-elles bâties sur leurs rives pour profiter des avantages qu'ils offrent.

Mais l'utilité des cours d'eau varie avec leurs caractères. Certains d'entre eux, qui ont un cours paisible et régulier, sont navigables en tout temps et valent les canaux creusés par l'homme : la Seine est ainsi très favorable à la navigation. Certains autres, telle la Loire, tumultueux et irréguliers, sont inutiles et leurs inondations font courir de grands dangers aux pays qu'ils traversent.

Les fleuves ne servent pas seulement pour l'agriculture et pour le commerce. En coulant, ils développent une force motrice qui peut être utilisée pour mettre en mouvement des moulins, des usines : cette force, c'est ce qu'on nomme parfois la *houille blanche*. A cet égard, les torrents des montagnes, ayant bien plus de force, en raison de leur rapidité, que les cours d'eau des plaines, peuvent rendre d'inappréciables services.

57. — 1re Lecture : Les neiges éternelles et les glaciers. — Sur les hautes montagnes dont les sommets s'élèvent dans un air très froid, l'eau ne tombe pas en pluie mais en neige. Aussi les hautes montagnes sont-elles couvertes d'épaisses nappes de neige qui ne peuvent jamais fondre en entier. On les désigne sous le nom de *neiges persistantes* ou de *neiges éternelles*.

L'altitude à laquelle la neige ne fond jamais entièrement varie avec la chaleur des étés, donc avec la latitude. Dans nos régions tempérées on trouve des neiges persistantes à partir de 2600 ou 2700 mètres d'altitude ; dans les pays chauds, il faut monter jusqu'à 5000 mètres pour en trouver et dans la région polaire elles descendent jusqu'au niveau de la mer. Une partie de la neige qui s'entasse au sommet des montagnes fond le jour et regèle la nuit. Elle se transforme ainsi peu à peu en glace et forme un glacier. Les glaciers sont de vrais fleuves solidifiés. Comme les fleuves, *ils marchent* : ils glissent lentement sur les pentes des montagnes en suivant de préférence les vallées. C'est ce qui explique pourquoi leur extrémité, qui fond, est toujours alimentée par de la glace nouvelle.

Les glaciers, en se déplaçant, frottent et usent le fond de leur lit. Ils roulent des cailloux et des graviers qu'ils déposent sur leurs bords et à leur extrémité. Ils forment ainsi des amas que l'on nomme *moraines*.

58. — 2e Lecture : Histoire d'un fleuve. — Le plus grand fleuve commence par être un petit ruisseau ; le fleuve le plus calme commence souvent par être un torrent.

On distingue trois parties dans le cours de presque tous les fleuves.

1° A sa naissance, le fleuve est un torrent, roulant dans des gorges étroites et profondes, sur une pente très forte. Son lit est encombré de rocs et de grosses pierres, qu'il arrache à ses bords et qu'il entraîne.

2° Arrivé dans la plaine, le fleuve devient plus large, plus profond et plus lent. Il reçoit des affluents qui accroissent son volume : le torrent est devenu rivière. Il arrose une vaste vallée, enserre des îles ; des villes importantes s'établissent sur ses bords. Le fleuve ralenti, décrit alors parfois des coudes ou *méandres* : tels ceux que dessine la Seine dans la région parisienne.

Une partie des blocs qu'il roulait dans la montagne s'est déposée dans son lit, usée, transformée en sables et en graviers. Le fleuve devient navigable, *il se civilise*.

3° Enfin, la pente devient insensible. Le fleuve dépose tous les galets, les graviers et les sables qu'il ne peut plus traîner. Ceux-ci forment des *bancs* qui encombrent son lit. Parfois il se divise en plusieurs bras autour de ces dépôts et forme à son embouchure une grande plaine d'alluvions qu'on nomme *delta*. D'autres fois, il se termine par une vaste embouchure, où pénètrent la mer et les marées, et qu'on nomme *estuaire*. En France, le Rhône se termine par un delta, la Loire se termine par un estuaire.

Fig. 49-50-51-52. — HISTOIRE D'UN FLEUVE.

La source du Lison. — Le Golo dans les gorges de la Scala Santa di Regina (Corse). — La Seine à Rouen. — La Garonne à Bordeaux.

Le fleuve ne naît pas toujours, comme le Lison, tout formé par une source déjà puissante ; parfois ce n'est d'abord qu'un mince filet d'eau qui ne se grossit que lentement par l'apport de filets analogues. Mais presque tous les fleuves ont un aspect torrentiel dans les montagnes de leur cours supérieur ; ils s'élargissent dans les plaines de leur cours inférieur, et deviennent à leur embouchure assez larges et profonds pour porter de grands navires.

59. — 3e Lecture : Les fleuves et les villes. On dit souvent : tel fleuve arrose telle ville ; par exemple la Loire arrose Nevers, Orléans, Tours et Nantes, comme si les fleuves dirigeaient leur cours de manière à passer par des villes importantes.

Ce sont les hommes qui sont venus, au contraire, vers les rivières pour y fonder des agglomérations et des villes dans l'intention de profiter des avantages qu'offre le voisinage des cours d'eau. Sans doute, ce voisinage peut présenter parfois des inconvénients ; les fleuves débordent et ruinent alors les villes de leurs bords. Mais ces inconvénients sont rares et passagers, tandis que les fleuves navigables constituent d'excellentes voies de commerce et d'échange. Quand il n'y avait pas encore de routes, les fleuves étaient les seules voies existantes. Plus tard, quand on fit des chemins, ils desservirent les villes qui s'étaient créées le long des fleuves, et suivirent en conséquence les cours d'eau. De même, par cette raison et aussi parce que les bords des rivières sont généralement plats et exigent moins de travaux d'art, les chemins de fer empruntent souvent les vallées des fleuves. C'est pourquoi l'on trouve si fréquemment côte à côte une rivière, une route et une voie ferrée.

Exercices. — Comparer la formation et le régime d'un cours d'eau sur une montagne de granit et sur un plateau de calcaire. — Comment un glacier peut-il donner naissance à une rivière permanente ? — De quoi dépend le régime d'un fleuve ? — Développer les avantages que l'homme trouve à habiter dans le voisinage des fleuves. — Raconter l'histoire d'un fleuve.

VIII

LES CÔTES

On nomme ligne des côtes la ligne où la terre disparaît sous la mer. L'aspect des

Photog. Villard, à Quimper.

Fig. 53. — LES ROCHERS DE DINANT, PRÈS DE BREST.

Type de côte rocheuse découpée, riche en anses et en abris divers, favorable à la navigation.

côtes varie suivant le relief et la nature du sol. On peut distinguer trois principaux types de côtes.

60. Les côtes rocheuses et découpées. — Elles abondent en *baies*, *golfes*, *détroits*, *caps*, *îles*, *isthmes*, *presqu'îles*. Les abris que l'homme y trouve sont nombreux; la mer y est calme et profonde. Elles sont donc riches en bons ports et la population qui les habite fournit en général d'excellents marins.

61. Les côtes rocheuses non découpées. — Elles sont formées par des *falaises*, c'est-à-dire par de longues murailles rocheuses qui s'étendent en ligne droite. Les falaises dominent le rivage de plusieurs dizaines et parfois de plus d'une centaine de mètres. Elles n'ont d'autre ouverture que l'embouchure des rivières qui viennent de l'intérieur.

62. Les côtes alluviales. — On les appelle ainsi parce qu'elles sont formées par les alluvions, c'est-à-dire par les sables et les graviers apportés soit par la mer, soit par les rivières.

Les côtes alluviales sont plates et basses. Sur certains points de véritables collines de sable, appelées *dunes*, y ont été amoncelées par le vent. Sur d'autres points s'étendent des *lagunes* d'eau salée, des *marais salants*, des *étangs* d'eau douce, qui sont séparés de la mer par de minces flèches de sable et communiquent avec elle par des passages étroits.

Les côtes alluviales sont peu découpées: elles n'ont que des ports rares et peu sûrs.

D'autre part, la présence des lagunes et des étangs les rend malsaines.

63. — 1re Lecture : Les côtes se modifient. — La mer attaque sans cesse les côtes, y creuse lentement des golfes, y découpe des caps, en détache des îles. Cette attaque de la terre par la mer est d'autant plus rapide que le terrain attaqué est plus tendre.

C'est ainsi que les falaises

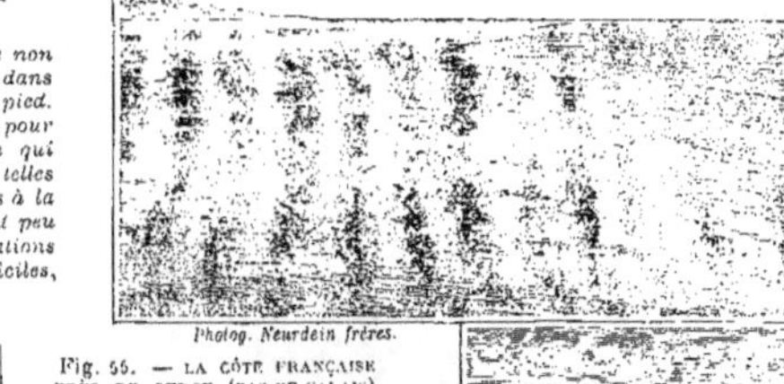

Fig. 54. — LA CÔTE DE L'ÎLE D'HÉLIGOLAND (ALLEMAGNE).

Type de côte rocheuse non découpée, tombant à pic dans la mer qui en baigne le pied. Il n'y a point de contact, pour ainsi dire, entre l'île qui surplombe et la mer. De telles côtes sont peu favorables à la navigation, car elles ont peu d'abris et les communications avec l'intérieur sont difficiles, sinon impossibles.

Photog. Neurdein frères.

Fig. 55. — LA CÔTE FRANÇAISE PRÈS DE BERCK (PAS-DE-CALAIS).

Type de côte basse, plate, bordée de dunes de sables. On aperçoit dans le fond à gauche des dunes formées d'un sable blanc très fin que le vent pousserait vers l'intérieur si on ne les avait fixées à l'aide de plantations diverses.

du pays de Caux, en Normandie, taillées dans la craie tendre, reculent en moyenne de 2 mètres par an devant la mer.

Mais les roches plus dures ne sont pas épargnées. Il y a 200 ans, le rocher dit *la Demoiselle de Fontenailles*, qui est situé à 60 mètres en avant de la côte rocheuse du Calvados, faisait partie de cette côte dont il était une simple presqu'île.

D'autre part, les galets, graviers et sables apportés par les fleuves comblent les baies et les estuaires et tendent à avancer les côtes au détriment de la mer. La ville d'Aigues-Mortes, dans le delta du Rhône, était jadis un port sur la mer; elle est aujourd'hui à plusieurs lieues dans l'intérieur des terres.

Cette lutte de la terre et de la mer est très lente. Mais comme elle ne s'arrête jamais, elle donne d'importants résultats à quelques siècles de distance.

64. — 2e Lecture : Importance de la situation maritime. — C'est par la mer que se sont faites les grandes découvertes; c'est par la mer que se font encore la plupart des échanges commerciaux.

Fig. 57. — LA DEMOISELLE DE FONTENAILLES (CALVADOS).

C'était un rocher ayant vaguement la forme d'une tête humaine, que la mer avait isolé de la falaise dont elle faisait d'abord partie. En 1901, une tempête l'abattit. C'est ainsi que les falaises reculent sans cesse plus ou moins sous l'assaut des flots.

Un pays baigné par la mer a donc une situation privilégiée, mais à la condition qu'il ait des côtes où l'établissement des hommes soit facile.

Les *côtes rocheuses et découpées* offrent les meilleurs abris pour embarquer et débarquer les marchandises, pour abriter les navires, sans crainte des tempêtes.

Fig. 56. — LA CÔTE DE L'ÎLE DE RÉ.

Type de côte marécageuse, bordée de marais salants; les jours de grande marée, on laisse entrer l'eau de mer dans ces marais, où elle s'évapore bientôt, laissant se déposer le sel dont elle était chargée.

Les estuaires des fleuves présentent les mêmes avantages. En outre, ils se trouvent naturellement placés au point d'aboutissement de ces grandes voies commerciales que sont les grands cours d'eau. C'est pourquoi un grand port s'est établi sur presque tous les estuaires : tels sont Londres, sur l'estuaire de la Tamise ; Hambourg, sur l'estuaire de l'Elbe ; le Havre, sur l'estuaire de la Seine.

Exercices. — Rappeler ce que c'est qu'un golfe, un cap, une île, une presqu'île, un isthme, un détroit.
Comparer les avantages d'une côte rocheuse découpée, d'une falaise et d'une côte alluviale.

IX

L'HOMME ET LA NATURE

65. L'homme sur la terre. — La terre est le domaine de l'homme. Il en utilise les ressources pour se procurer sa nourriture, son vêtement, son habitation et pour y obtenir la plus grande somme de bien-être.

Toutes les régions de la terre n'offrent pas le même nombre de ressources : la vie est facile pour l'homme dans certaines contrées, difficiles dans certaines autres.

Tous les hommes n'ont pas su tirer le même parti des richesses de la terre. L'humanité s'est, selon les lieux, inégalement développée : ici elle est restée à l'état de *sauvagerie* ; là, elle s'est élevée à l'état de *civilisation*.

Fig. 58. — INTÉRIEUR D'UNE HUTTE D'ESQUIMAUX.

66. L'homme sauvage. — L'homme absolument sauvage est devenu de plus en plus rare, mais il existe encore aujourd'hui.

L'homme sauvage vit au jour le jour, sans se préparer des ressources pour l'avenir. Il vit de la chasse et de la pêche, mais il se sert d'engins primitifs, qu'il ne sait guère perfectionner ; il vit aussi des fruits naturels et du produit des troupeaux ; pour vêtement, il se contente de la dépouille de quelque animal. Sa maison n'est souvent qu'une grotte naturelle.

En somme, l'homme sauvage se sert de la nature telle qu'il la trouve. Il ne sait pas la *transformer* avec intelligence pour y trouver un plus grand bien-être.

67. L'homme civilisé. — Il sait transformer les produits naturels.

1° Par l'agriculture. Il cultive le sol, défriche les forêts, transforme par *l'irrigation* et par les *engrais* la terre stérile en terre féconde.

2° Par l'industrie. Il sait se bâtir des maisons, transformer le lin, le coton et la laine en tissus pour des vêtements. Il invente des *machines* qui remplacent la main de l'homme et centuplent sa force pour travailler le sol et fabriquer les objets qui lui sont nécessaires. Pour mouvoir ces machines, il emploie des forces naturelles (force des cours d'eau, chutes d'eau, vent), ou il emprunte au sol des combustibles (bois, houille, pétrole, alcool).

3° Par le commerce. Les hommes échangent entre eux les richesses que produit leur sol ou qu'ils ont produites par leur industrie. Il y a des régions dont le sol est favorable à la culture des céréales, mais ne contient aucun minerai ; d'autres dont le sol est riche en minerais de toutes sortes, mais ne produit pas assez de céréales pour nourrir la population qu'il porte. Les premières vendent aux autres leur excès de production de céréales, et les secondes échangent contre des aliments leur excès de minerais ou les produits de leur industrie. De là, dans tout pays civilisé,

une série d'*importations* et d'*exportations*, qui constituent ce qu'on appelle le *commerce*.

Le monde est devenu un grand marché, où les échanges ont été rendus plus faciles par l'amélioration des voies d'eau, par la création de chemins de fer, et par la navigation à vapeur.

4° L'organisation des états. Formes de gouvernement. Les hommes se sont civilisés en s'unissant, en mettant en commun leurs forces et leurs intelligences, en formant des *sociétés*. Dans une société, l'ordre est garanti par les *lois*. On nomme *état*, une société dont les hommes obéissent aux mêmes lois.

L'état est administré par un *gouvernement*. Il y a plusieurs formes de gouvernements fonctionnant dans les états civilisés du globe. Les principales sont :

— Le gouvernement *monarchique*, où tous les hommes sont gouvernés par un seul.

— Le gouvernement *aristocratique*, où tous les hommes sont gouvernés par quelques-uns d'entre eux, choisis d'après leur naissance ou d'après leur richesse.

— Le gouvernement *démocratique*, où tous les citoyens participent au gouvernement.

68. — LECTURE : Quelles sont les conditions géographiques les plus favorables à la civilisation ? — Ce qui fait la civilisation d'un peuple, c'est le perfectionnement de son agriculture, de son commerce et de son industrie. Or, il y a des régions dont la géographie est spécialement favorable à ce perfectionnement. Telles sont :

— les plaines vastes, bien arrosées, au sol fertile, où l'agriculture est facile, où les habitants sont nombreux ;

— les régions sillonnées par des fleuves larges et navigables ;

— les côtes découpées et riches en ports ;

— les régions où les mines sont abondantes.

Au contraire la sauvagerie persiste dans les régions où le climat n'est pas favorable à la vie humaine (terres polaires, déserts torrides, forêts tropicales), — et dans celles où la difficulté des communications ne permet pas aux habitants d'entrer facilement en contact avec les autres hommes et de profiter de leurs inventions.

Exercices. — Comparer la vie de l'homme sauvage et celle de l'homme civilisé.
En quoi la géographie d'un pays (situation, relief, climat, productions) peut-elle avoir une influence sur sa civilisation.

Photog. Guy

Fig. 59. — LES GRANDS BOULEVARDS DE PARIS.   Fig. 60. — VILLAGE NÈGRE AU CONGO.   Fig. 61. — UN SAUVAGE CHASSANT.

Fig. 59-60-61. — TABLEAUX DE LA VIE SAUVAGE ET DE LA VIE CIVILISÉE.

L'homme sauvage (Esquimau ou Nègre) se sert de la nature telle qu'il la trouve : point de vêtements ou presque, pour demeures des huttes incommodes, sans modifier ; il vit surtout de la chasse ou de la pêche. L'homme civilisé a transformé la nature avec intelligence pour se créer plus de bien-être ; il a constitué des états, discipliné les forces naturelles qu'il oblige à travailler pour lui.

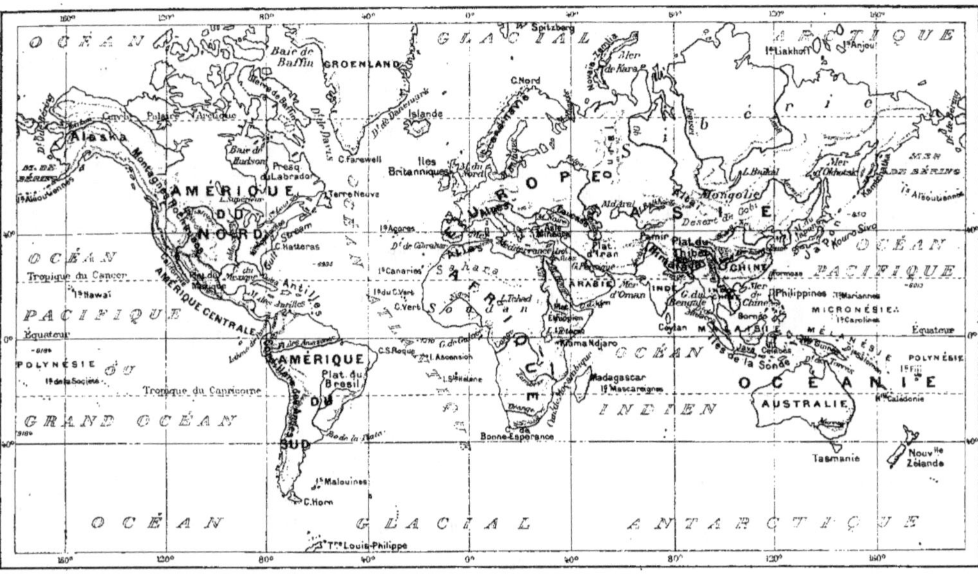

FIG. 62. — PLANISPHÈRE PHYSIQUE.

DEUXIÈME PARTIE

LES CINQ PARTIES DU MONDE

I. GÉOGRAPHIE GÉNÉRALE DU GLOBE

I

GRANDES DIVISIONS DE LA TERRE

La surface de la terre est occupée par les *continents* et par les *océans*.

69. Superficie de la terre, des continents et des océans. — La terre a une superficie totale de 510 mil-

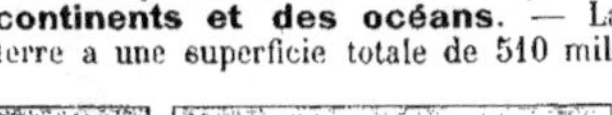

136 100 000 Kmq.   373 800 000 Kmq.

Fig. 63. — ÉTENDUE COMPARÉE DES TERRES ET DES MERS SUR LE GLOBE.

Les terres couvrent 136 100 000 kilomètres carrés, soit 27 pour 100 de la superficie totale du globe; les mers occupent 373 800 000 kilomètres carrés, soit 73 pour 100.

lions de kilomètres carrés, environ 1000 fois l'étendue de la France. La surface des continents s'élève à 136 millions environ; celle des océans, à 374 millions.

70. Étendue et répartition des éléments. — Les continents occupent un quart de la surface de la terre; les océans en occupent trois quarts.

On peut voir sur le planisphère que les continents occupent beaucoup plus de place dans l'hémisphère boréal que dans l'hémi-

HÉMISPHÈRE BORÉAL

TERRES   MERS

HÉMISPHÈRE AUSTRAL

TERRES   MERS

Fig. 64. — PROPORTION DES TERRES ET DES MERS DANS CHAQUE HÉMISPHÈRE.

Fig. 65. — HÉMISPHÈRE CONTINENTAL ET HÉMISPHÈRE MARITIME.

Fig. 64-65. — RÉPARTITION DES TERRES ET DES MERS DANS LES DEUX HÉMISPHÈRES.

Les terres sont beaucoup plus étendues dans l'hémisphère boréal que dans l'hémisphère austral; aussi appelle-t-on l'hémisphère boréal hémisphère continental, et l'hémisphère austral hémisphère maritime.

sphère austral. Les terres sont presque continues sous le cercle polaire boréal,

tandis que, dans l'hémisphère austral, elles semblent perdues au milieu des océans.

C'est pourquoi on nomme parfois l'hémisphère boréal *hémisphère continental* et l'hémisphère austral *hémisphère maritime.*

71. — LECTURE : Les terres dans l'hémisphère boréal. — Les continents occupent les 2/5es de l'hémisphère boréal, et seulement un septième de l'hémisphère austral.

L'hémisphère boréal est donc le plus riche en terres. Or, la terre est l'élément sur lequel l'homme se développe. C'est donc dans l'hémisphère boréal que la civilisation s'est surtout développée. On y trouve tous les pays qui, jadis comme aujourd'hui, ont été à la tête de la civilisation générale.

En outre, la plus grande partie des terres de l'hémisphère boréal est située dans les latitudes tempérées, entre 30° et 50° de latitude, c'est-à-dire dans les régions où l'activité de l'homme n'est entravée ni par un froid rigoureux ni par une chaleur torride. Au contraire la plus grande partie des terres de l'hémisphère austral est comprise entre 0° et 30° de latitude, c'est-à-dire sous le climat accablant de l'équateur.

Exercices. — Comparer la superficie totale de la terre, la superficie des continents et celle des mers? — Comment sont réparties les terres sur le globe et quelles en sont les conséquences pour l'homme? — Quel est l'hémisphère le plus favorable au développement de la civilisation?

2

II

MERS ET OCÉANS

72. Les cinq océans, leur étendue.
— Les eaux qui recouvrent la surface de la terre ne forment qu'une seule étendue liquide, au milieu de laquelle les continents apparaissent comme des îles.

Mais, pour plus de commodité, on divise cette étendue unique en cinq océans, qui sont : l'*océan Glacial arctique*, l'*océan Glacial antarctique*, l'*océan Atlantique*, l'*océan Indien* et l'*Océan Pacifique*.

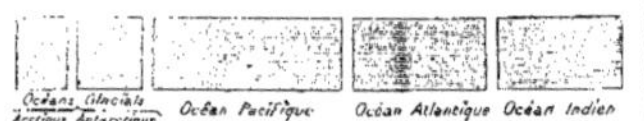

Fig. 66. — SUPERFICIE COMPARÉE DES CINQ OCÉANS.

L'océan Pacifique est le plus étendu des cinq océans ; il comprend à lui seul environ 48 pour 100 de la superficie totale des océans. Les deux plus importants sont ensuite l'océan Atlantique (27 pour 100) et l'océan Indien (20 pour 100).

73. Les océans Glacials. — Les océans Glacials sont situés l'un autour du pôle nord, l'autre autour du pôle sud. Ils sont presque toujours gelés ou embarrassés par des glaces flottantes appelées *banquises* et *icebergs* ou montagnes de glace (voir grav. 94, p. 27).

Des *courants froids* partent de ces deux océans vers les mers chaudes de l'équateur.

Il faut remarquer que, si l'*océan Glacial arctique* est assez bien délimité par les continents américain, asiatique et européen, qui ne le laissent communiquer avec les autres océans, au sud, que par des passages peu nombreux et relativement étroits, au contraire, l'*océan Glacial antarctique* n'est séparé par aucune barrière des autres océans avec lesquels il communique largement et librement.

74. L'océan Atlantique. — Il sépare l'Europe et l'Afrique de l'Amérique. Il renferme peu d'îles, mais forme de nombreuses *mers secondaires*, dont la principale est la *Méditerranée*.

Le principal courant qui le traverse est, dans l'hémisphère boréal, le *Gulf Stream*.

L'océan Atlantique, avec sa forme allongée du nord au sud, apparaît comme une grande vallée séparant l'Europe et l'Afrique du continent américain ; des deux côtés de cette vallée, les bords opposés sont presque régulièrement parallèles.

75. L'océan Indien. — Il s'étend entre l'Afrique, l'Asie et l'Australie. Il contient de *grandes îles* (Ceylan, Madagascar, etc.) ; il est sujet à de violentes tempêtes.

Des courants traversent l'océan Indien : l'un, entre autres, longe les côtes de la Malaisie, de l'Inde et de Madagascar : c'est ce courant qui a porté à Madagascar le peuple des Hovas, originaire de la Malaisie.

76. L'océan Pacifique. — L'océan Pacifique, ou *Grand Océan*, s'étend entre l'Amérique, l'Asie et l'Australie. C'est le plus vaste des océans ; il couvre plus d'un tiers de la surface du globe. Il a la forme d'une immense fosse circulaire, dont les bords sont presque partout retroussés en chaînes montagneuses d'une grande élévation. L'océan Pacifique renferme les plus grandes profondeurs océaniques connues (plus de 9 000 mètres).

Cet océan doit son nom de *Pacifique* à la rareté de ses tempêtes. Il est pauvre en îles et en mers intérieures.

Son principal courant est le *Kourosivo*, ou courant noir, analogue au Gulf-Stream, qui remonte le long des côtes du Japon, puis baigne la côte occidentale de l'Amérique du Nord.

77. La vie dans les mers. — Dans les mers vivent des végétaux et des animaux.

Les *végétaux* sont nombreux, mais peu variés. Ils comprennent surtout des *goémons* qui vivent sur les rochers, des *algues*, qui se développent dans l'eau. Comme les plantes ont besoin de la lumière pour vivre et que les grandes profondeurs de la mer sont obscures, les végétaux marins n'existent que dans les régions voisines de la surface ; au-dessous de 400 ou 500 mètres, il ne s'en rencontre plus guère.

Les *animaux* marins sont très nombreux et très variés. Il en existe jusqu'au fond des mers. Les espèces varient avec la profondeur. Les animaux marins peuvent atteindre des dimensions formidables : on a mesuré des baleines ayant 30 mètres de long et pesant 200 tonnes, c'est-à-dire le poids d'une armée de 3000 hommes. D'autres espèces vivent amoncelées en bancs si nombreux qu'ils rendent la mer presque vivante : tels les harengs et les sardines, dont les bancs sont formés de centaines de milliers d'animaux.

La flore des mers est beaucoup moins riche que celle des continents ; mais les animaux marins sont bien plus nombreux que les animaux terrestres.

78. — 1ʳᵉ Lecture : Les mers intérieures. — On appelle *mers intérieures* des mers secondaires qui sont formées par les Océans, mais qui ne communiquent avec eux que par des passages étroits et pénètrent profondément dans l'intérieur des terres. Ils présentent ainsi presque l'apparence de grands lacs.

L'océan Atlantique est particulièrement riche en mers intérieures. La plus connue d'entre elles est la mer Méditerranée qui s'ouvre seulement par le détroit de Gibraltar, large de 12 à 13 kilomètres. La mer Baltique forme une autre mer intérieure. En Amérique, le golfe du Mexique et la mer des Antilles sont séparés également du reste de l'océan Atlantique par l'archipel des Antilles, et ne communiquent avec lui que par les détroits ouverts entre les différentes îles.

Les mers intérieures facilitent les communications et les échanges dans les régions où elles pénètrent ; elles favorisent l'éclosion de la civilisation et son expansion sur leurs bords. C'est la Méditerranée qui a été longtemps le centre du monde ancien, des relations et du commerce. Les continents qui possèdent des mers intérieures jouissent donc par là même d'un sérieux avantage.

79. — 2ᵉ Lecture : Le fond des mers. — Le fond des mers n'est pas plat : il contient des montagnes, des plateaux et des plaines, comme la surface des continents. Les îles qui se succèdent en traînées dans certains océans, par exemple les archipels de l'Océanie dans l'océan Pacifique, ne sont en réalité que les sommets culminants de longues chaînes de montagnes, dont la mer recouvre le pied et les parties basses.

La profondeur des mers a été recherchée avec un instrument qu'on appelle la *sonde*. De nombreuses expéditions ont été faites dans le dernier quart du dix-neuvième siècle pour reconnaître la forme et la vie des océans : elles ont permis de constituer une science nouvelle qu'on nomme l'océanographie.

La profondeur des mers varie beaucoup de l'une à l'autre. Certaines mers, comme la mer Baltique, la mer du Nord et la Manche n'ont pas 200 mètres de profondeur au maximum, ce qui est très peu relativement à l'épaisseur de la croûte terrestre : elles ne sont que le prolongement des plaines continentales qui les bordent. Les plus grandes profondeurs actuellement connues ont été trouvées dans le Pacifique : plus de 9400 mètres, au sud de l'Australie. Les montagnes les plus hautes n'atteignent pas cette altitude ; la plus haute montagne connue, le Gaourisankar, ne s'élève qu'à 8840 mètres.

Les plus grandes profondeurs ne sont pas toujours au centre des Océans. C'est ainsi que dans l'océan Atlantique, les plus grands fonds sont voisins de l'Amérique et de l'Afrique, où ils atteignent parfois 7000 m., tandis qu'au centre l'épaisseur de l'eau ne dépasse guère 1000 mètres sur beaucoup de points.

80. — 3ᵉ Lecture : La température des mers. — La température dans les mers se modifie, d'une saison à l'autre, beaucoup plus lentement que celle des continents : en hiver, elle est plus chaude ; en été, elle est plus froide. Néanmoins, on peut dire qu'à la surface, la température de la mer varie avec celle de l'air qui la domine : ainsi la surface des mers équatoriales est chaude, celle des mers polaires est froide.

Il n'en est pas de même à mesure qu'on descend dans la profondeur des eaux. A partir d'une profondeur suffisante, la température de la mer reste presque partout et toujours à peu près la même, indépendamment de la latitude et de la saison de l'année.

A mesure que l'on descend vers le fond de la mer, cette température diminue. Dans les grands fonds, c'est-à-dire au-dessous de 1000 à 1200 mètres, la masse d'eau est invariablement à une température voisine de 0° centigrade.

Exercices. — Quel est l'Océan le plus étendu, le plus profond, le plus riche en îles, en mers intérieures, le plus calme et le plus troublé ?

Quel Océan vous semble le plus favorable au développement de l'homme et de la civilisation, et pourquoi ?

Quels sont les caractères de la flore et de la faune marines ?

III

CONTINENTS ET PARTIES DU MONDE

81. Les continents. — Les terres émergées forment trois masses principales que l'on nomme continents. Ce sont :

L'*ancien continent*, ainsi appelé parce qu'il est longtemps resté le seul connu des peuples dont nous descendons. C'est le continent le plus étendu. Il se développe surtout de l'ouest à l'est.

Le *nouveau continent*, ainsi appelé parce que sa découverte est relativement récente (1492). Il est moins étendu que l'ancien continent et se développe surtout du nord au sud.

Le *continent austral*, ainsi appelé parce qu'il s'étend tout entier dans l'hémisphère austral. C'est de beaucoup le plus petit des trois continents. A l'exception de l'Australie, il ne se compose que d'îles et d'îlots parfois infimes.

82. Les parties du monde. — On divise aussi la terre en cinq *parties du monde*, qui sont :

L'*Europe*.
L'*Asie*.
L'*Afrique*.
L'*Amérique*, qui comprend l'Amérique

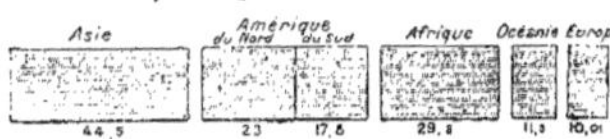

Fig. 67. — ÉTENDUE COMPARÉE DES CINQ PARTIES DU MONDE.

L'Asie est la plus étendue des cinq parties du monde ; avec la Malaisie et les Philippines, elle couvre 44 millions et demi de kilomètres carrés, soit 1/3 des terres émergées. La moins étendue est l'Europe, près de quatre fois et demie plus petite que l'Asie.

du Nord et l'Amérique du Sud.

L'*Océanie*.

Ces cinq parties du monde sont d'étendues très inégales. Par ordre de grandeur, elles se classent ainsi : 1° l'*Asie*, 44 500 000 kilomètres carrés, y compris l'Insulinde : 2° l'*Amérique*, près de 41 millions de kilomètres carrés ; 3° l'*Afrique*, 29 800 000 kilomètres carrés ; 4° l'*Océanie*, 11 500 000 kilomètres carrés ; 5° l'*Europe*, qui a 10 010 000 kilomètres carrés et est quatre fois et demie moins étendue que l'Asie, quatre fois moindre que l'Amérique, trois fois plus petite que l'Afrique.

L'ancien continent comprend trois parties du monde, l'Europe, l'Asie et l'Afrique : le nouveau continent est constitué par l'Amérique ; le continent austral est formé par l'Océanie.

L'*Europe* est la moins étendue des cinq parties du monde. Elle est située à l'ouest de l'Asie, dont elle ne semble être qu'une péninsule. Elle a une configuration très découpée et abonde en presqu'îles et en mers intérieures.

L'*Asie* est la partie du monde la plus vaste. Elle est beaucoup plus massive que l'Europe et n'a que peu de mers intérieures et de péninsules. Nulle part sur le globe, on n'est plus éloigné de la mer qu'au centre de l'Asie.

L'*Afrique*, séparée de l'Europe par la Méditerranée, ne se rattache à l'Asie que par l'étroit *isthme de Suez*, aujourd'hui traversé par un canal. Elle est la plus massive des parties du monde.

L'*Amérique* comprend l'Amérique du nord et l'Amérique du sud, séparées par la *mer des Antilles* et le *golfe du Mexique*, et réunies à la fois par une série d'isthmes qui forment l'*Amérique centrale* et par une série d'îles qui forment l'archipel des Antilles. Toutes deux ont la forme du triangles dont la pointe est tournée vers le sud. Leurs contours sont également peu découpés.

L'*Océanie* comprend une infinité d'îles dispersées à la surface de l'océan Pacifique. Une d'entre elles, l'*Australie* est deux fois plus étendue que toutes les autres réunies ; l'Australie est aussi massive que l'Afrique avec des dimensions moindres ; elle égale environ les trois quarts de l'Europe.

83. La vie sur les continents. —

Les continents sont, bien plus que les océans, le domaine de l'homme, de l'histoire et de la civilisation.

La végétation y est plus abondante que dans les mers. Elle y est surtout beaucoup plus variée, car elle est en relation étroite avec le climat et la nature du sol ; or, les continents comprennent plusieurs zones de climats fort diverses et des terrains également fort différents.

L'élément animal est, par contre, moins abondant sur les continents que dans les mers. Mais c'est sur les continents que vivent les animaux qu'on appelle supérieurs, et notamment les *mammifères*, dont l'homme a domestiqué le plus grand nombre.

Les continents fournissent ainsi à l'homme bien plus de ressources de toute sorte. D'ailleurs, si l'homme peut vivre sur la mer, ce n'est qu'exceptionnellement et pour un temps. Il ne peut fonder d'établissements stables et durables que sur la terre ferme. L'homme est par excellence un être terrien.

84. — 1ʳᵉ LECTURE : La forme des continents n'a pas toujours été la même. — Au

Fig. 68. — FORME PROBABLE DES TERRES ET DES MERS À LA FIN DE L'ÉPOQUE PRIMAIRE.

La forme des continents n'a pas toujours été la même : à la fin de l'époque primaire, un vaste continent semble avoir occupé la majeure partie de l'océan Atlantique, reliant l'Amérique à l'Europe et à l'Asie ; la mer couvrait certaines régions aujourd'hui continentales (Europe centrale, Amérique du Nord Ouest, etc.).

cours des époques géologiques, la forme des terres émergées a varié plusieurs fois. Des plissements se sont produits à toutes les époques : ils ont fait surgir de nouvelles terres. De même à toutes les époques certaines terres se sont effondrées et ont disparu sous la mer.

C'est ainsi qu'à l'époque primaire l'Amérique du Sud, l'Afrique et l'Australie ne formaient qu'un seul continent, dont certaines parties se sont écroulées depuis, laissant la place à l'Océan Atlantique et à l'Océan Indien. A cette époque une grande partie des îles de l'Océanie n'existaient pas : elles furent formées plus tard par des éruptions volcaniques. De même, à cette époque primaire, il existait un continent à la place où s'étend aujourd'hui la partie septentrionale de l'océan Atlantique.

En étudiant la forme de la terre aux différentes époques géologiques, on verrait que cette forme s'est successivement modifiée un grand nombre de fois : il est certain d'ailleurs qu'elle se modifiera encore dans l'avenir.

85. — 2ᵉ LECTURE : — Importance de la forme des continents. — On a vu (§ 34, p. 8), que la mer est le principal chemin suivi par le commerce, et, d'une manière générale, par la civilisation. Les communications et les échanges sont donc d'autant plus faciles que les continents sont plus étroits et plus découpés par la mer.

L'Europe, étroite et découpée, tient la tête

Fig. 69. — FORME PROBABLE DES TERRES ET DES MERS DANS LA DEUXIÈME MOITIÉ DE L'ÉPOQUE SECONDAIRE.

Si l'on compare la forme probable de la surface de la terre vers la deuxième moitié de l'époque secondaire avec celle qu'elle avait à la fin de l'époque primaire, on voit les changements qui se sont opérés dans l'intervalle. Au lieu de deux grandes masses continentales, il en existe maintenant trois. D'un autre côté, d'anciennes parties immergées émergent (la péninsule Scandinave, toute la partie nord-est de l'Asie), tandis que la mer occupe l'emplacement de plusieurs parties qui étaient auparavant émergées (région de la mer Caspienne).

de la civilisation. Au contraire l'Afrique, dont les bords étaient très anciennement connus, mais qui est très massive, n'a été pénétrée que tout récemment par les explorateurs. Elle est un des derniers domaines de la sauvagerie. De même, l'Australie dont le centre est encore complètement inexploré.

L'Asie, déjà connue des anciens, mais très massive, s'ouvre seulement de nos jours, et rien que sur quelques points de son pourtour, à notre civilisation. Au contraire l'Amérique du Nord, découverte récemment, mais plus facilement pénétrable, est vite devenue un foyer de la civilisation moderne.

Exercices. — Quelle est la partie du monde la plus massive, la plus découpée, la plus étendue, la plus riche en îles ?

Comparer les deux parties du monde dont la configuration vous paraît *le plus* et *le moins* favorable à la civilisation.

La forme des continents a-t-elle changé dans le cours des âges ? En pouvez-vous citer des exemples ?

2*

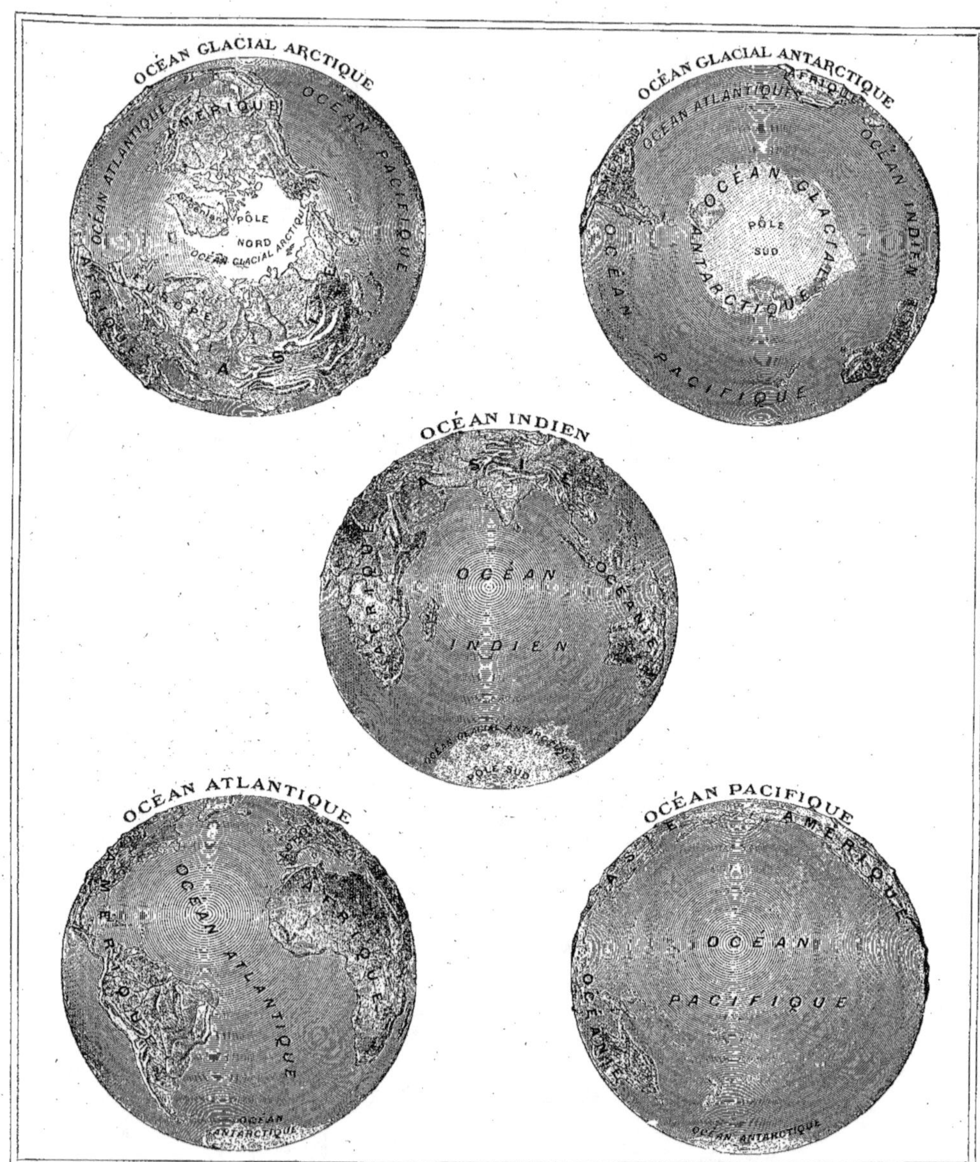

Fig. 70. — LES CINQ OCÉANS SUR LE GLOBE TERRESTRE.

Les cinq océans sont : l'Océan Glacial Arctique, presque partout enserré dans une ceinture de terres, et ne s'ouvrant assez largement vers l'océan Atlantique qu'entre le Groënland et l'Europe ; — l'Océan Glacial Antarctique, qui communique largement et librement avec les autres océans ; — l'Océan Indien, large fosse entre l'Asie, l'Afrique et l'Océanie ; — l'Océan Atlantique, qui apparaît comme une longue vallée allongée du nord au sud, entre l'Europe et l'Afrique, d'une part, les deux Amériques, de l'autre ; — enfin, l'Océan Pacifique, immense fosse circulaire, aux bords montagneux, qui couvre plus d'un tiers de la surface du globe, entre l'Océanie, l'Asie et l'Amérique.

Fig. 71. — LES CINQ PARTIES DU MONDE SUR LE GLOBE TERRESTRE.

Chacune des cinq parties du monde a sa physionomie particulière, ses formes et son relief distinct : l'Europe, petite simple péninsule de l'Asie, mais toute découpée, frangée de mers intérieures et de péninsules qui ont favorisé grandement son développement ; — l'Asie, énorme, massive, avec des mers qui mordent ses contours, mais peu profondément, et avec une bordure d'archipels à l'est ; — l'Afrique et l'Australie, dont les contours sont à peine découpés, ce qui explique certainement qu'elles n'aient encore qu'une civilisation primitive ; — enfin les Amériques, triangulaires, avec leurs pointes tournées vers le sud, et le long cordon d'isthmes et la suite d'îles qui les relient.

IV

GRANDES MONTAGNES DU GLOBE.

86. Principaux traits du relief. — Les grands plissements qui ont donné naissance aux montagnes se sont formés d'une façon irrégulière. Ils se sont répartis au hasard sur notre globe.

Toutefois ces plissements se sont produits, en général, de l'est à l'ouest dans l'ancien continent, du nord au sud dans le nouveau continent. En Océanie, ils sont le plus souvent orientés, suivant une direction intermédiaire, du nord-ouest au sud-est. C'est ce qui explique la direction des chaînes de montagnes.

L'*Europe* contient surtout des montagnes et des plaines. Les montagnes sont en général au sud (*Alpes, Pyrénées*), les plaines au nord : une immense plaine ininterrompue couvre le nord de la France, les Pays-Bas, l'Allemagne et la Russie, allant ainsi de

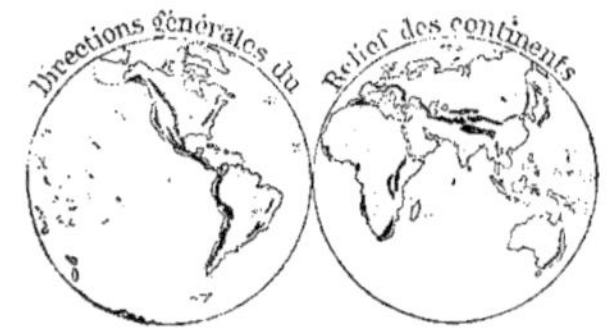

Fig. 72. — DIRECTIONS GÉNÉRALES DU RELIEF DES CONTINENTS.

Dans le Nouveau-Monde les plissements montagneux ont la direction du nord au sud ; au contraire, en Europe et en Asie les plissements sont orientés de l'ouest à l'est.

l'océan Atlantique jusqu'aux frontières de l'Asie.

L'*Asie* comprend, dans sa moitié méridionale, d'énormes massifs montagneux, hauts, épais, enchevêtrés, impénétrables, et d'immenses plateaux qui couvrent plus de la moitié de sa superficie : on peut marcher pendant des semaines entières sur ces plateaux sans descendre au-dessous de 4000 mètres. Sur le pourtour s'étendent des plaines.

Les principaux plateaux sont ceux du *Thibet*, de l'*Iran*, de l'*Asie-Mineure* : les principales montagnes sont l'*Himalaya*, le *Karakoroum*, l'*Hindou-Kouch*, le *Thian-Chan* ou *Monts Célestes*. Une vaste plaine, celle de Sibérie, couvre tout le nord de l'Asie.

L'*Afrique* est surtout composée de plaines et de plateaux. Les montagnes, peu nombreuses, sont sur le pourtour (Atlas au nord-ouest, monts d'Abyssinie, Kilima-Ndjaro et Kénia, au nord et à l'est). La disposition générale du continent africain rappelle ainsi à peu près celle d'une cuvette.

L'*Amérique* comprend sur son bord occidental une ligne continue de montagnes (Montagnes Rocheuses), et une autre moins continue sur le bord oriental. Au centre sont les plaines : une immense plaine forme tout le centre de l'Amérique du Nord depuis l'océan Glacial arctique jusqu'au golfe du Mexique ; une autre plaine semblable s'étend à travers l'Amérique du Sud depuis la mer des Antilles jusqu'au sud de Rio de la Plata.

L'*Australie*, comme l'Afrique, comprend surtout des plateaux et des plaines. Elle présente, à l'est, un bourrelet montagneux dont l'altitude est du reste assez médiocre.

87. Principales montagnes du globe. — Le plus haut sommet connu du globe se trouve en Asie : c'est le

Fig. 73. — PRINCIPALES MONTAGNES DU GLOBE.

C'est l'Asie qui renferme les plus hautes montagnes du globe (Himalaya 8 340 m. ; Karakoroum). Viennent ensuite : l'Amérique (Andes 6953 m., Montagnes Rocheuses), l'Afrique (Kilima-Ndjaro 6010 m). L'Europe dont le point culminant, le Mont Blanc, a 4 810 mètres, vient la dernière.

Gaourisankar, dans l'Himalaya : il atteint 8840 mètres.

Les plus hauts massifs sont en Asie (*Himalaya, Karakoroum, Hindou-Kouch, Thian-Chan, Kouen-Lun,* etc.) et en Amérique (*Andes, monts du Mexique, Montagnes Rocheuses, Sierra Nevada*). Ce sont là les montagnes les plus jeunes du globe.

Les hauts sommets sont plus rares en Afrique (*Kilima-Ndjaro, Kénia*), et en Europe (*Mont Blanc*).

Outre la hauteur, il faut considérer dans un massif l'*épaisseur* et la *pénétrabilité*. Certains massifs sont hauts et épais, mais comprennent de nombreux cols qui les rendent facilement pénétrables ; d'autres massifs, au contraire, quoique moins élevés, sont peu faciles à franchir parce qu'ils ont l'aspect d'une muraille et n'offrent que des passages rares et peu praticables. Les massifs de l'Asie sont les plus épais et les plus impénétrables. Ceux de l'Europe sont les moins hauts, les moins larges, les plus découpés : ils n'ont jamais opposé une barrière infranchissable à l'homme. Les Alpes ont été traversées à diverses reprises, et dès l'antiquité, par de nombreuses expéditions armées (Annibal, Charlemagne, François Ier, Napoléon).

88. Principaux volcans du globe. — On compte sur la terre un très grand nombre de volcans éteints, mais il reste encore environ 330 volcans en activité. Les principaux sont :

En Europe : le *Vésuve* et l'*Etna*, dans la région méditerranéenne ; l'*Hecla*, en Islande, dans l'océan Glacial.

En Amérique : le *Popocatepetl* et l'*Orizaba*, dans le sud de l'Amérique du Nord ; le *Chimborazo* et l'*Aconcagua*, dans l'Amérique du Sud.

En Asie : le *Fouzi Yama*, dans l'archipel japonais.

En Océanie : le *Krakatau*, dans les îles de la Sonde.

Presque tous les volcans se trouvent dans des îles ou sur les continents, au voisinage de la mer. En particulier l'océan Pacifique est entouré par une immense ceinture de volcans, qu'on nomme le *cercle de feu du Pacifique*.

89. Principales plaines du globe. — Les principales plaines du monde sont :

En Europe : une vaste plaine beaucoup plus large à l'est qu'à l'ouest, qui s'étend depuis la Manche jusqu'à l'Asie en portant des noms différents : *bassin parisien, Pays-Bas, plaine germanique, plaine russe.*

En Asie : la *plaine de Sibérie*, qui n'est que la continuation de la plaine européenne au delà des monts Ourals ; la *plaine chinoise*, à l'est ; la *plaine indo-gangétique* au sud de l'Himalaya.

En Amérique : les *prairies* de l'Amérique du Nord, qui s'étendent depuis le cercle polaire jusqu'aux tropiques ; la *plaine de l'Amazone* et les *pampas de l'Argentine*, dans l'Amérique du sud.

En Afrique : le *Sahara*, qui est un désert, et la grande *plaine du Congo*, sous l'équateur.

Fig. 74. — CARTE DES VOLCANS.

Presque tous les volcans sont situés au voisinage de la mer : ainsi le Vésuve et l'Etna près de la Méditerranée, en Europe. En particulier, l'océan Pacifique est entouré par une immense ceinture de volcans, qu'on nomme le cercle de feu du Pacifique.

90. — 1re LECTURE : **Où sont les montagnes sur les continents.** — Dans un corps humain tous les os se rattachent à l'épine

dorsale qui est le centre du corps. Or, dans les continents, les massifs montagneux, qui

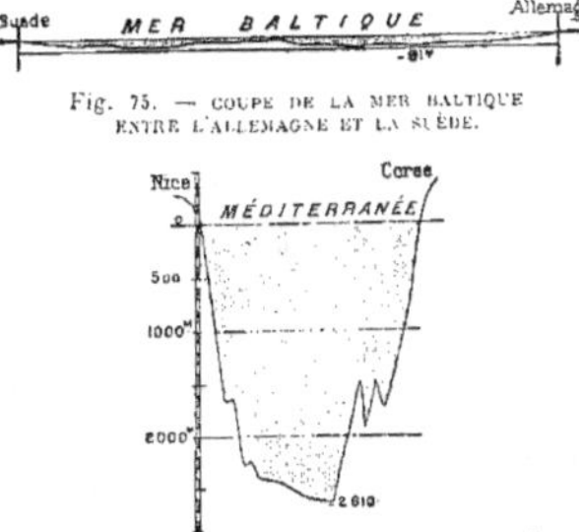

Fig. 75. — COUPE DE LA MER BALTIQUE ENTRE L'ALLEMAGNE ET LA SUÈDE.

Fig. 76. — COUPE DE LA MÉDITERRANÉE ENTRE LA PROVENCE ET LA CORSE.

Fig. 75-76. — COTES ET MERS.

A côte élevée, mer profonde; à côte basse, mer sans profondeur. Entre la montagneuse Provence et la montagneuse Corse, se creuse la fosse méditerranéenne qui s'abaisse à plus de 2 600 mètres. On pourrait citer de même les grandes profondeurs du Pacifique au pied du gigantesque rempart des Andes. Entre la plaine allemande et la plaine suédoise, qui sont plates, presque horizontales, la mer Baltique n'atteint nulle part 100 mètres de profondeur; de même, la mer du Nord entre les Pays-Bas et la plaine britannique de la Tamise.

sont comme l'épine dorsale des terres, ne sont jamais ou presque jamais situés au centre. En Europe et en Asie, ils sont pour la plupart au sud; en Amérique, à l'ouest; en Afrique et en Australie à l'est.

Les montagnes sont donc généralement voisines de la mer. Il est à remarquer qu'en général une mer bordée par les montagnes est profonde, tandis qu'une mer bordée par une plaine a très peu de profondeur. En Europe, la Méditerranée, que bordent les Pyrénées, les Alpes et les Balkans, atteint rapidement une profondeur de 2500 à 3000 mètres; au contraire, la mer Baltique, entre la plaine russe et la plaine suédoise, la mer du Nord, que bordent les Pays-Bas, la Manche, entre la plaine de France et la plaine d'Angleterre, atteignent difficilement 100 mètres.

91. — 2ᵉ LECTURE : Les volcans éteints. — Il existe environ 350 volcans en activité; mais il y en a un bien plus grand nombre qui sont éteints. Les plus hautes montagnes de l'Afrique, le *Kénia* et le *Kilima-Ndjaro*, sont d'anciens volcans éteints. De même, dans notre France, les plus hauts sommets du Massif Central (*Cantal, Mont-Dore, Puy-de-Dôme*) sont d'anciens volcans; on voit encore sur leurs flancs les coulées de laves qu'ils rejetèrent autrefois, et l'on distingue plusieurs des cratères par où ces laves s'épanchèrent au dehors.

Certains volcans ont longtemps paru éteints et ont eu des réveils terribles. Le Vésuve, en l'an 79 de notre ère, engloutit deux villes qui s'étaient bâties sur ses flancs : Herculanum et Pompéi. En 1883, l'éruption du Krakatau, éteint depuis 1680, fit de la même façon des milliers de victimes. Enfin, en mai 1902, l'éruption de la Montagne-Pelée, qui était depuis longtemps assoupie, dans notre colonie de la Martinique, détruisit la ville de Saint-Pierre.

92. — 3ᵉ LECTURE : Importance de la situation des plaines. — Nous avons vu que les plaines sont les points du globe où la culture et les communications sont le plus faciles. Les populations s'y groupent de préférence. D'autre part, la mer est le débouché naturel d'un pays vers le monde. Une mer qui borde des plaines fertiles est donc sillonnée par un commerce important.

Tel est l'Océan Atlantique. C'est vers l'Atlantique que l'Amérique et l'Europe ouvrent

Fig. 77. — LE FOUZI-YAMA, VOLCAN DU JAPON.
Le Fouzi-Yama ou montagne de Feu, situé un peu à l'ouest de Tokio, a la forme classique des volcans; c'est un cône presque parfait; il est assez élevé (3700 mètres) pour porter des neiges éternelles.

leurs vastes plaines. Aussi le commerce de l'Atlantique est-il particulièrement important.

Mais si la mer est avantagée par le voisinage de la plaine, la plaine gagne à s'ouvrir sur la mer un climat plus doux. La plaine européenne, ouverte sur l'Océan, a en grande partie un climat maritime; — la plaine de Sibérie séparée de l'Océan Pacifique par de hautes montagnes, a un climat continental très rigoureux.

L'influence du climat peut du reste amoindrir beaucoup l'importance que les plaines tirent de la médiocrité du relief. Le Sahara est une plaine, et pourtant c'est un désert parce que l'eau y fait défaut. La plaine de l'Amazone a très peu d'habitants parce que, chaude et humide, elle est malsaine et possède une végétation trop puissante de forêts presque inextricables.

Exercices. — Comparer la disposition, la hauteur et l'épaisseur des massifs montagneux dans les différentes parties du monde? — Énumérer les principales plaines du globe et comparer les avantages de leur situation. — Où se trouvent, en général, les volcans actifs ou éteints; prouver votre réponse par des exemples pris dans toutes les parties du monde.

Fig. 78.
SAINT-PIERRE (MARTINIQUE)
AVANT L'ÉRUPTION.

Fig. 79. — SAINT-PIERRE (MARTINIQUE) APRÈS L'ÉRUPTION.

Fig. 78-79. — SAINT-PIERRE AVANT ET APRÈS L'ÉRUPTION.

Saint-Pierre était la ville la plus florissante de l'île de la Martinique (Antilles françaises); elle s'y élevait au pied d'un volcan qu'on croyait éteint ou apaisé, la Montagne-Pelée. Elle comptait 25 000 habitants. Soudain la Montagne-Pelée se réveilla au mois de mai 1902; une pluie de cendres et une coulée de laves brûlèrent et détruisirent Saint-Pierre en quelques instants.

V

GRANDS FLEUVES DU GLOBE

95. Principaux fleuves du globe.
— Les principaux fleuves du globe sont :
En Europe : la *Volga*, le *Danube* et le *Rhin*.
En Asie : l'*Ob* ou *Obi*, l'*Amour*, le *Hoang-*

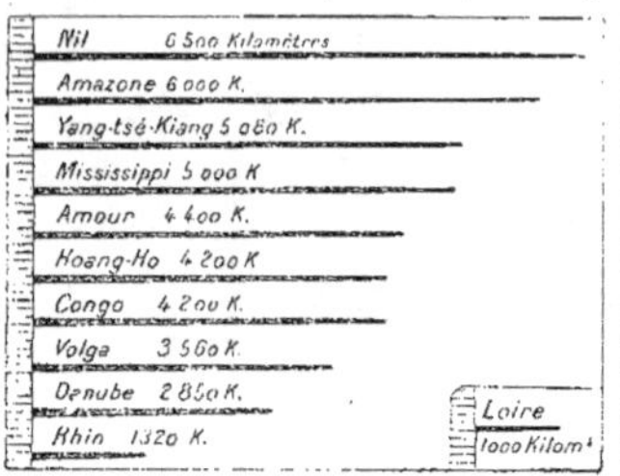

Fig. 80. — LONGUEURS COMPARÉES DE QUELQUES
GRANDS FLEUVES.

*Le Nil est le plus long fleuve du globe ; il est six fois
et demie plus long que notre Loire ; viennent ensuite
l'Amazone, le Yang-tsé-Kiang, etc. Les fleuves de l'Europe, Volga, Danube, sont beaucoup moins longs ; l'Europe est, d'ailleurs, la moins étendue de toutes les parties du monde.*

Ho ou Fleuve-Jaune, le *Yang-tsé-Kiang* ou
Fleuve-Bleu, le *Gange* et l'*Indus*.

En Afrique : le *Nil*, le *Congo*, le *Niger*, le
Zambèze.

En Amérique : le *St-Laurent*, le *Mississippi*,
le *Marañon* ou *Fleuve des Amazones*, le *Rio
de la Plata*.

Fig. 81. — LA CHUTE DU NIAGARA.
*La chute du Niagara, dont une rive appartient aux États-Unis et
l'autre au Canada, est une des chutes les plus fameuses du monde ;
elle est située entre les lacs Érié et Ontario ; elle a la forme d'un fer à
cheval, la rivière Niagara, origine du Saint-Laurent, s'y précipite
d'une hauteur de 47 mètres.*

94. Longueur des fleuves. — L'Europe, peu étendue, n'a pas de très longs
fleuves : le plus long est la *Volga*, qui a
5 560 kilomètres ; c'est environ trois fois et
demie la longueur de la Loire, le plus long
des fleuves français. Mais c'est beaucoup
moins que les principaux fleuves des autres
parties du monde.

L'Asie comporte quatre fleuves qui ont
une longueur considérable : l'*Ob* et l'*Amour*,
qui arrosent la vaste plaine de Sibérie, le
Hoang-Ho et le *Yang-tsé-Kiang*, qui arrosent
la plaine chinoise.

L'Amérique a, comme plus long fleuve,
le *Marañon* ou *Amazone*, qui les dépasse
et atteint 6000 kilomètres.

L'Afrique renferme le fleuve le plus long
du monde : c'est le *Nil*, qui s'étend sur
6 500 kilomètres et a six fois et demie la
longueur de la Loire.

95. Débit et régime des fleuves.
— Les fleuves les plus abondants sont ceux
qui coulent en entier ou en partie dans les
régions tropicales, où les pluies sont abondantes, régulières, et tombent quotidien-
nement pendant une moitié ou même pendant deux tiers de l'année. Tel est le *Congo*,
qui envoie dans la mer 60000 mètres cubes
d'eau par seconde. L'*Amazone* en envoie

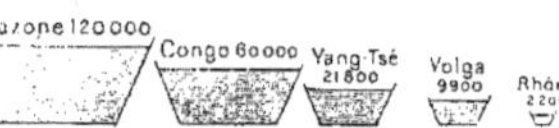

Fig. 82. — DÉBITS COMPARÉS DE QUELQUES
GRANDS FLEUVES.

*Les deux fleuves les plus abondants du monde sont
l'Amazone et le Congo, qui coulent l'un et l'autre dans
la région équatoriale où les pluies sont extrêmement
importantes : ils roulent respectivement 120000 et 60000
mètres cubes d'eau par seconde. Le Rhône, notre fleuve
le plus abondant, qui en débite seulement 2 200, paraît
bien modeste à côté.*

deux fois plus, soit 120000 *mètres cubes
à la seconde.*

Le débit des fleuves des régions tempérées est beaucoup moins abondant. Le
fleuve le plus abondant de l'Europe, la
Volga, ne roule pas la dixième partie du
volume d'eau que roule le fleuve des *Amazones*.

Le régime des fleuves des régions tropicales est régulier, comme les saisons des
pluies. A chaque saison de pluie correspond
une crue régulière, à laquelle les populations sont préparées. Certaines de ces crues
déterminent des inondations qui fertilisent
les régions riveraines du fleuve : telles
sont les crues du Nil.

Le régime des fleuves des régions
tempérées est, comme le climat,
beaucoup plus varié.

96. Grands lacs. —
Les lacs sont très nombreux
à la surface du globe. On
peut les diviser en trois
groupes.

1° Partout où le lit d'un
fleuve s'élargit, le fleuve
s'étale et se ralentit : il
forme ainsi une sorte de ré-

servoir naturel qui constitue un lac. Les
lacs, ainsi formés, sont d'une étendue
relativement minime.

Tels sont le lac Léman ou de Genève, et
d'une manière générale, la plupart des lacs
d'Europe.

2° Il existe d'autres lacs beaucoup plus
vastes et plus profonds, qui se sont logés
dans des creux gigantesques de la surface
terrestre, et qui forment de véritables mers
à l'intérieur des continents.

Les principaux de ces lacs sont :

En Afrique : les lacs *Victoria*, *Albert*,
Albert-Edouard, *Tanganyika* et *Nyassa*, que
l'on réunit sous le nom de *Grands lacs
africains*, et qui sont tous situés sur le
plateau qui avoisine la côte orientale, sous
l'équateur et près de l'océan Indien. Le
lac Victoria couvre le septième environ de
la superficie de la France.

En Asie : le *lac Baïkal*.

En Amérique : les cinq grands lacs canadiens qui communiquent entre eux et se
déversent par le fleuve Saint-Laurent qui
leur doit son importance : ce sont les lacs
Supérieur, *Michigan*, *Huron*, *Erie*, *Ontario*.
Ils forment la plus vaste nappe d'eau douce
qui existe au monde, et couvrent près de
la moitié de la superficie de la France.

3° On trouve
aussi, princi-
palement en
Asie et en Afri-
que, certains
lacs dont l'eau
est salée. Ces
lacs, sans écou-
lement vers la
mer, sont ali-
mentés par les
eaux d'un bas-
sin plus ou
moins étendu :
leurs eaux qui
ont leur sur-
face maximum
à la saison des

Fig. 83. — SUPERFICIE COMPARÉE
DES LACS CANADIENS ET DE LA
FRANCE.

*Les cinq grands lacs canadiens,
que déverse le fleuve Saint-Laurent, forment le groupe lacustre le
plus important du monde entier ;
ils ont environ la moitié de la
superficie de la France.*

pluies, s'évaporent rapidement pendant la
saison sèche ; les bords de ces lacs apparaissent alors couverts de grandes plaques
de sel. D'une manière générale, l'étendue
de ces lacs diminue sans cesse. On peut
citer **parmi** les plus étendus :

En Afrique, le lac *Tchad*, au sud du
Sahara central.

En Asie, le lac *Balkach*, la *mer d'Aral* et
la *mer Caspienne*, dont une évaporation
très forte a abaissé le niveau de 26 mètres.

**97. — 1ʳᵉ LECTURE : Le fleuve des Ama-
zones.** — Le *Marañon* ou *fleuve des Amazones* n'est pas le fleuve le plus long de la
terre, puisque le Nil à 500 kilomètres de plus
que lui ; mais il est le fleuve qui roule de beaucoup la plus grosse quantité d'eau. C'est que
le Nil n'a que sa source dans la région équatoriale aux pluies abondantes, son cours
moyen se trouvant au contraire à la hauteur
du Sahara dans une zone terrestre où il ne
pleut, pour ainsi dire, presque jamais, tandis
que le *Marañon* a tout son cours dans la
zone des pluies fréquentes et abondantes.

Dans son cours moyen, la largeur du fleuve des Amazones est déjà telle que d'un bord on n'aperçoit pas l'autre. Quand vient l'époque des pluies, le fleuve grossit considérablement; son niveau s'élève de 10 mètres et plus; ses eaux débordent alors sur ses deux rives, qu'elles recouvrent sur une largeur de 100 à 200 kilomètres : c'est alors moins un fleuve qu'une véritable mer d'eau douce. Au temps de ces crues le fleuve des Amazones verse dans l'océan Atlantique une masse d'eau si considérable qu'en face de l'embouchure la surface de la mer est couverte d'eau douce jusqu'à plus de 20 kilomètres, au large de la côte.

98. — 2e Lecture : Étendue des bassins fluviaux. — Le débit d'un fleuve dépend en partie de l'étendue de terrain qu'il parcourt et dont il peut recueillir les eaux. Mais il dépend aussi de l'étendue de terrain que parcourent ses affluents.

Le *bassin* d'un fleuve est la portion du globe ainsi drainée par le fleuve et par ses affluents. Le bassin du fleuve des Amazones, le plus vaste au monde, s'étend sur 7 millions de kilomètres carrés, ce qui représente 13 fois la superficie de la France et près des trois quarts de l'étendue de l'Europe; celui du Congo, sur 3 700 000 kilomètres carrés, ce qui est encore considérable.

99. — 3e Lecture : Les cataractes. — Les fleuves coulent sur une pente plus ou moins

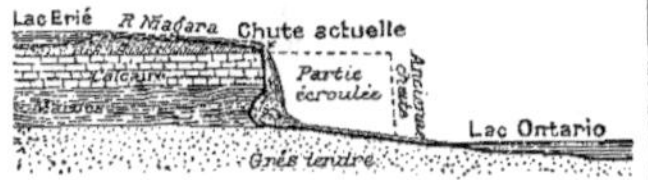

Fig. 84. — COUPE DE LA CHUTE DU NIAGARA.

La rivière Niagara, entre le lac Érié et le lac Ontario, coule sur un lit de roches dures qui forment barrage du côté du lac Érié. Elle l'a déjà rongé, usé sur une grande longueur, et la chute du Niagara recule peu à peu vers l'amont.

raide, mais qui généralement ne comporte pas d'accidents de terrain. Toutefois lorsqu'un fleuve en creusant son lit rencontre, dans une certaine portion de son cours, un banc de roches dures qu'il ne peut entamer, il creuse plus vite le terrain plus tendre qui se trouve en aval, et il se produit sur ce point de son lit une différence de niveau qui cause une *chute d'eau*, appelée encore *rapide*, *cascade*, ou *cataracte*. Telle est en Amérique la *chute du Niagara* (47 mètres de hauteur) entre le lac Érié et le lac Ontario. Le banc rocheux est peu à peu usé par l'eau, qui a une force considérable, de sorte que la chute recule peu à peu vers l'amont.

Les cataractes sont un grand obstacle pour la navigation, parce qu'elles interrompent toute communication par eau entre la partie du fleuve située en amont de cette cataracte et la partie du fleuve située en aval. Pour permettre aux bateaux de remonter de la mer jusqu'aux grands lacs canadiens, il a fallu leur construire un canal qui contourne la chute du Niagara. La plupart des fleuves africains (Nil, Niger, Congo, Orange, Zambèze) ont de nombreuses cataractes, et généralement assez près de la mer, ce qui explique en partie pourquoi les communications sont si difficiles de la mer vers l'intérieur de cette contrée.

100. — 4e Lecture : Estuaires et deltas. — Les fleuves se terminent par des estuaires ou par des deltas.

Les estuaires les plus vastes se trouvent en Amérique. Celui du fleuve des Amazones dépasse 250 kilomètres de largeur : c'est un véritable golfe marin; l'estuaire du Rio de la Plata et celui du Saint-Laurent sont également très vastes. En France, l'estuaire de la Gironde n'a pas plus de 12 kilomètres en son point le plus large, et celui de la Seine n'en a que 7 ou 8.

Fig. 85. — ESTUAIRE DE LA LOIRE.

Un estuaire est une vaste embouchure par laquelle les eaux du fleuve se déversent dans la mer; l'estuaire de la Loire forme ainsi comme un golfe marin entre Saint-Nazaire et Nantes.

Les plus vastes deltas se trouvent en Asie : le *delta du Hoang-Ho* dépasse 250 000 kilomètres carrés, la moitié de la superficie de la France; le *delta du Gange* a 83 000 kilomètres carrés. En Amérique, le delta du Mississippi en a plus de 60 000. En Afrique, le *delta du Nil* a 22 000 kilomètres carrés. Le delta du Rhône, le seul grand fleuve français terminé par un delta, n'en a que 750.

101. — 5e Lecture : Rôle des lacs. — Les grands lacs ont un rôle géographique considérable. D'une part, ils exercent, comme la mer, une grande influence sur le climat des régions qu'ils baignent. D'autre part, comme la mer, ils favorisent les communications et les échanges. Les grands lacs canadiens, qu'on appelle quelquefois la Méditerranée canadienne, ont une importance commerciale analogue à celle de la Méditerranée proprement dite. Toutes les céréales et les salaisons que l'on exporte du centre des États-Unis vers l'Europe empruntent, pour gagner le port de New-York, la voie des Grands-Lacs de préférence à la voie ferrée. Le prix du transport par eau est en effet plus modique. C'est donc en partie grâce aux Grands-Lacs canadiens que les blés américains peuvent être

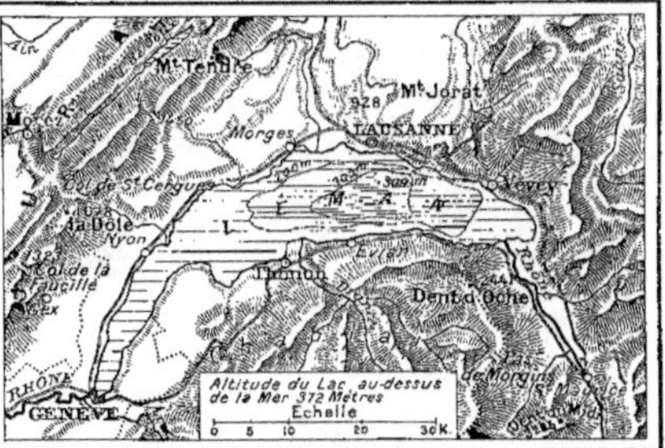

Fig. 87. — CARTE DU LÉMAN OU LAC DE GENÈVE.

Le lac de Genève égalise le débit du Rhône et il en épure les eaux. Le fleuve y arrive charriant d'énormes masses d'alluvions qui se déposent dans le lac dont elles ont comblé tout le fond. Jadis le Léman se prolongeait jusqu'à Saint-Maurice. La disposition des lignes de profondeur montre que le comblement se poursuit.

offerts à un très bas prix sur les marchés d'Europe.

Les lacs les plus petits peuvent jouer aussi un rôle important. D'une manière générale, ils égalisent le débit et épurent les eaux des fleuves qui les traversent.

Ils en égalisent le débit : si le fleuve est en crue, la masse énorme d'eau qu'il jette dans le lac s'étend sur une surface beaucoup plus considérable du lac et en élève relativement peu le

Fig. 86. — DELTA DU MISSISSIPPI.

On nomme delta la masse des alluvions qu'embrassent, près de l'embouchure, les différentes bouches d'un fleuve. Ces alluvions forment des plaines boueuses, basses, souvent semées de marécages et d'étangs, que traversent un lacis de rivières et de bras, dont le plus souvent deux ou trois seulement sont assez profonds pour être navigables. Le delta du Mississippi, qui a plus de 60 000 kilomètres carrés d'étendue, a la forme d'une patte d'oiseau. Sur la passe principale, qui jette à la mer à la fois et le plus d'eau et le plus d'alluvions, le Mississippi gagne annuellement de 160 à 180 mètres sur la mer.

niveau; le fleuve, qui s'y était précipité tumultueux comme un torrent, en ressort assagi, à peine plus haut qu'à son état ordinaire, propre à la navigation; les eaux emmagasinées dans le lac s'écouleront peu à peu, en soutenant pendant longtemps le débit du fleuve en aval : grâce au lac, la crue s'est trouvée beaucoup atténuée vers l'aval, de même que le débit du fleuve s'est trouvé renforcé au moment des basses eaux. C'est ainsi que le lac de Constance régularise le débit du Rhin : le lac Léman celui du Rhône.

Ils en épurent les eaux. Entrant dans l'immense nappe presque horizontale du lac, le fleuve laisse se déposer les boues et les graviers qu'il entraînait et qui rendaient ses eaux jaunâtres, sales; à la sortie du lac, débarrassé de ses impuretés, il est merveilleusement limpide. En entrant dans le lac de Genève, le Rhône est terreux, il en sort avec des eaux d'un bleu profond : les boues dont il se débarrasse dans le lac en ont déjà comblé toute la partie orientale; leur dépôt, qui se continue, fait reculer graduellement le lac au profit de la terre.

Exercices. — Dans quelles régions se trouvent les fleuves les plus longs? les plus abondants? les plus réguliers? Donnez-en les raisons. — Comparer le fleuve des Amazones avec un fleuve français, le Rhône, par exemple. — Quels sont les principaux lacs, leurs caractères et leurs rôles?

VI

LES GRANDES RÉGIONS TERRESTRES

La terre comprend plusieurs zones de climat, où la chaleur et l'humidité se combi-

Fig. 88. — PRINCIPALES ZONES DE VÉGÉTATION SUR LE GLOBE.

Les zones terrestres de végétation sont en rapport complet avec la distribution des climats à la surface du globe. La zone tropicale humide est caractérisée par des forêts touffues, des variétés d'arbres puissants (bassins de l'Amazone et du Congo). La zone tropicale sèche est occupée par des déserts (nord du Mexique, Sahara, Arabie, Australie centrale). La zone tempérée sèche et la zone tempérée humide ont des cultures (vignes, maïs, blé), des prairies, des forêts, mais beaucoup moins touffues que celles de l'équateur et formées d'essences moins puissantes : telle est la végétation des pays méditerranéens, de l'Europe occidentale et centrale; de la Chine du Nord, des États-Unis et du Canada méridional. La zone polaire n'a que des toundras, prairies neigeuses et glacées en hiver, marécageuses, inondées pendant l'été, parce que l'eau y séjourne à la surface sur le sous-sol gelé.

nent différemment de plusieurs manières. Chacune de ces zones climatiques possède une végétation qui lui est spéciale et qui impose aux hommes un genre de vie particulier.

102. La zone tropicale humide. — C'est une zone de *végétation puissante et fougueuse*, produite par les pluies abondantes et par la chaleur continue.

Elle est caractérisée par des essences d'arbres énormes et vigoureux (*palmiers, cocotiers, baobabs*) et par l'abondance des lianes. Cette végétation est groupée en forêts immenses et très épaisses, appelées forêts vierges. Ces *forêts vierges* contiennent une faune très abondante, mais elles opposent au passage de l'homme un obstacle qu'il peut difficilement franchir. Il ne peut les défricher qu'avec peine et sur un espace très restreint. Aussi l'habitant des forêts vierges vit-il, en général, isolé et sauvage, uniquement du produit de la chasse. Les principales forêts vierges sont celles du bassin de l'Amazone, du bassin du Congo et des îles de la Sonde.

103. La zone tropicale sèche. — C'est une *zone de déserts*.

Ces déserts se retrouvent à la même latitude dans toutes les parties du monde. Tels sont: dans l'hémisphère boréal, le *Sahara*, en Afrique; l'*Arabie*, l'*Iran*, les déserts de l'*Asie centrale*, en Asie; les déserts du *Mexique*, en Amérique; — dans l'hémisphère austral, le *Kalahari*, en Afrique, et le désert de l'*Australie occidentale*, en Océanie.

La végétation des déserts est excessive-

ment maigre; à l'exception des *oasis*, qui, placés autour d'une source, ont de l'eau, des arbres et des cultures, elle ne comprend que des chiendents et quelques pauvres buissons épineux. La faune se compose surtout de fauves et ne comprend qu'un animal utile, le *chameau*, qui, pouvant rester plusieurs jours sans boire, rend les plus grands services pour voyager en ces pays.

L'homme ne peut vivre dans cette zone qu'à l'état de *nomade*, en poussant ses troupeaux à la recherche de l'herbe, ou en faisant le commerce par *caravanes*.

104. La zone tempérée sèche. — C'est une *zone de végétation médiocrement abondante*.

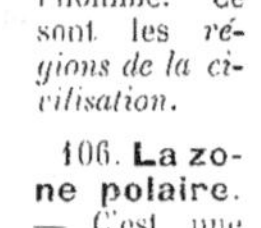

Fig. 89. FORÊT TROPICALE A JAVA. — Fig. 90. DUNES DE SABLE DANS LE SAHARA.

Fig. 89-90. — PAYSAGES DES PAYS CHAUDS.

La chaleur est indispensable pour permettre aux végétaux de vivre et de se développer, mais l'humidité n'est pas moins nécessaire à leur existence. Aussi, tandis que la zone tropicale humide est caractérisée par une végétation aussi puissante que touffue, par des forêts impénétrables ou forêts vierges, et par des essences d'arbres énormes (voir fig. 168, p. 60), la zone tropicale sèche est un désert presque continu où aucune végétation ne voile l'aridité des roches et des sables.

Dans cette zone, la forêt est remplacée par le *maquis* ou *fourré*. On y voit peu de prairies. Comme arbres, elle possède surtout l'*olivier*, l'*oranger*, le *citronnier*, arbres au feuillage peu fourni, mais toujours vert, épais et coriace.

L'homme y vit du produit de ces arbres, de la culture de la *vigne* et du *mûrier*, et de quelques *céréales* dans les parties humides. Mais sur bien des points l'eau manque et la culture nécessite l'usage de l'*irrigation*. L'élevage y est difficile, à cause de la rareté des prairies; les troupeaux passent l'hiver dans les plaines qui ont alors de l'herbe; mais dès qu'arrive l'été avec les chaleurs et les sécheresses, il faut les emmener dans les montagnes plus fraîches et plus humides, d'où ils redescendront à l'automne : ces migrations périodiques des troupeaux de la plaine vers la montagne, puis de la montagne vers la plaine, s'appellent la *transhumance*.

Le type de ces régions se trouve dans les pays littoraux de la Méditerranée.

105. La zone tempérée humide. — C'est une *végétation forestière et herbeuse*.

Les forêts y sont nombreuses, mais moins fournies que les forêts équatoriales. L'homme peut s'y diriger, les défricher, les utiliser. Les essences principales sont le *chêne*, l'*orme*, le *frêne*, le *tilleul*, le *hêtre*, arbres à feuilles caduques, c'est-à-dire qui tombent chaque année à l'automne. On y trouve aussi le *pin* et le *sapin*, arbres à feuillage persistant.

Les prairies y sont nombreuses; elles y restent vertes toute l'année et sont très favorables à l'élevage des bestiaux, qui y forme une des principales ressources des habitants.

Les cultures qui rapportent le plus sont le *maïs* et la *vigne* au sud, le *blé*, la *pomme de terre*, la *betterave*, au nord.

Ces régions sont celles dont l'exploitation est la plus facile pour l'homme. Ce sont les *régions de la civilisation*.

106. La zone polaire. — C'est une *zone de toundras*. Les toundras sont d'immenses plaines couvertes de neige et de glace pendant plus de la moitié de l'année. Le reste du temps, elles forment de grandes étendues marécageuses, où la seule végétation possible est celle des *mousses* et des *lichens*.

Le sous-sol étant toujours gelé, les régions polaires ne peuvent être cultivées. Les hommes y sont rares et vivent de la chasse ou de l'élevage des animaux des régions glacées, *phoques*, *ours*, *rennes*, etc.

107. — 1ʳᵉ Lecture : Les plantes s'adaptent au climat. — Une plante a besoin, pour vivre, de *chaleur*, d'*humidité* et de *lumière*. Or, la chaleur, l'humidité et la lumière varient avec le climat dont elles sont les facteurs principaux. Il en résulte que les plantes varient de puissance, de forme et de nature avec les climats. Dans les pays où la chaleur est continue, la végétation est toujours verte; dans nos pays, où il y a une saison chaude et une saison froide, le feuillage se renouvelle à chaque été, pour tomber avec chaque hiver.

Dans les régions très humides, le feuillage des plantes est très abondant. Au contraire dans les régions sèches, le feuillage des plantes est presque nul; il est épais, lisse, coriace; les plantes à épines sont très nombreuses.

108. — 2ᵉ Lecture : La forêt vierge. — Les forêts de nos pays ne nous donnent qu'une idée très imparfaite des forêts tropicales. Dans ces dernières, les arbres atteignent 25 à 50 mètres de haut. Ils sont si rapprochés, si feuillus, si bien liés les uns aux autres par des rameaux et des lianes qu'on n'y peut voir ni le ciel ni le soleil. Le voyageur qui y pénètre y marche dans une demi-obscurité étouffante qui donne l'impression

Fig. 91.
LES ÎLES BORRO-
MÉES, DANS LE LAC
MAJEUR (ITALIE).

d'une prison. La végétation y a une telle intensité qu'on ne peut s'y frayer passage qu'une hache à la main et que le chemin qu'on s'est ainsi ouvert ne tarde pas à se refermer.

Toute la faune tropicale s'agite sous la forêt vierge : singes cynocéphales, lions, éléphants, hippopotames, rhinocéros, crocodiles, serpents gigantesques, insectes innombrables et redoutables, tels que les scorpions et les termites. Ces termites, qui élèvent pour demeure des pyramides hautes de 12 mètres, rongent entièrement les campements qu'on a eu l'imprudence d'établir près d'eux.

109. — 3ᵉ Lecture : Savanes, steppes, llanos, pampas. — Les régions moins arrosées que les pays équatoriaux ont une végétation moins exubérante. Leur aspect et leur nom varient suivant le degré d'humidité qu'elles reçoivent et suivant les divers pays.

Une *savane* est une plaine où les arbres sont rares et où l'herbe existe, plus ou moins haute, et plus ou moins drue, pendant toute l'année.

Une *steppe* est une plaine où les pluies sont moins régulières, et où l'herbe pousse après chaque époque de pluie, pour disparaître rapidement avec la sécheresse. Les *llanos* sont les savanes que l'on trouve au nord de l'Amérique du Sud; les *pampas* sont les steppes que l'on trouve dans la République Argentine.

Fig. 92.
PAYSAGE JAPONAIS DANS
L'ÎLE DE HONDO.

Fig. 94-95.
PAYSAGES
DE LA
ZONE POLAIRE.

Le froid est toujours très vif dans la zone polaire, et surtout pendant l'hiver, où le soleil reste plusieurs mois au-dessous de l'horizon. Aussi la mer y est-elle presque toujours couverte de bancs de glaces ou banquises, au milieu desquels se dressent des montagnes de glaces ou icebergs. La terre, qui reste également toujours glacée, n'y porte aucune végétation.

Fig. 93. — PAYSAGE DE NORMANDIE.

Fig. 91-92-93. — PAYSAGES DE LA ZONE TEMPÉRÉE.

La zone tempérée, moins chaude et moins humide que la zone équatoriale, n'a pas de forêts aussi puissantes, mais elle a des arbres nombreux et des pâturages, un aspect en général frais et verdoyant. Dans les îles Borromées, au milieu du lac Majeur, au pied des Alpes apparaît la végétation méditerranéenne, orangers, citronniers. Le Japon a des arbres différents de la végétation naturelle de l'Europe, (catalpa, paulonia); mais c'est aussi, du moins dans Hondo, un pays à la végétation plus pittoresque que puissante. Plus humide et plus fraîche, la Normandie est connue par ses herbages ombragés de pommiers.

Parfois, au milieu d'une steppe sèche, un cours d'eau forme une ligne plus humide. Les arbres peuvent pousser sur les deux rives et former une forêt large tout au plus de quelques centaines de mètres. C'est ce qu'on appelle une *forêt-galerie*.

Exercices. — Caractériser la végétation des différentes zones et le parti que l'homme peut en tirer.

Comparer les forêts tropicales et les forêts de nos régions. — Comparer la savane et la steppe, la steppe et le désert.

Faire une carte des différentes zones de végétation.

VII

LA POPULATION DU GLOBE

110. Population de la terre. — Actuellement 1640 *millions* d'hommes environ vivent sur la terre.

Cette population s'accroît rapidement, sans qu'il soit facile de dire avec précision quel est le taux de l'accroissement annuel. En 1810, on évaluait à 680 millions seulement le nombre des habitants du globe. Il aurait donc plus que doublé en cent ans.

Si les hommes étaient répartis également sur toute la surface du globe, on trouverait 11 habitants par kilomètre carré de superficie.

111. Répartition de la population entre les parties du monde. — En

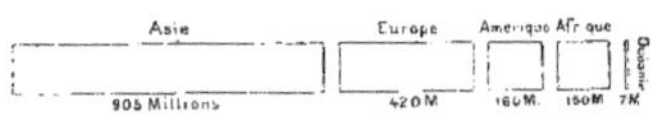

Fig. 96.

POPULATION COMPARÉE DES CINQ PARTIES DU MONDE.

L'Asie, qui est la plus étendue des cinq parties du monde, en est aussi la plus peuplée quand au chiffre total de sa population. L'Europe, qui vient au dernier rang pour l'étendue, est la seconde pour la population, parce qu'elle a une densité très forte (voir fig. 97). L'Afrique et l'Amérique, beaucoup plus étendues que l'Europe, mais couvertes de déserts, d'immenses forêts et encore très insuffisamment colonisées, n'ont qu'un assez petit nombre relatif d'habitants.

réalité, les hommes sont très inégalement répartis à la surface de la terre. Certaines régions possèdent un nombre d'habitants très considérable, tandis que d'autres sont presque désertes.

La population du globe se répartit ainsi entre les cinq parties du monde :

Asie . . .	905	millions d'habitants.
Europe. .	420	—
Amérique.	160	—
Afrique. .	150	—
Océanie .	7	

Si l'on compare le nombre d'habitants de chaque partie du monde avec sa superficie, on voit que c'est en Europe qu'il y a le plus

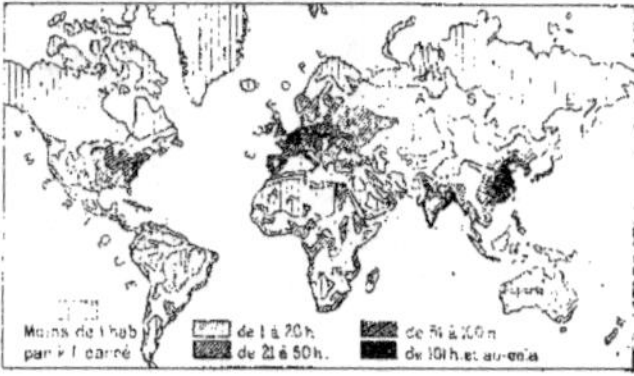

Fig. 97. — DENSITÉ DE LA POPULATION DES DIVERSES PARTIES DU MONDE.

L'Europe (42 hab. par kilom. carré) est la partie du monde qui a de beaucoup la plus forte densité de population. L'Asie vient ensuite (20 habitants). Quant à l'Afrique, l'Amérique et l'Océanie, elles sont très peu peuplées relativement à leur étendue. — Chaque petit carré des figures ci-dessus représente une population de 1 million d'habitants.

d'habitants par kilomètre carré, ou, comme on dit, que la population est la plus dense. Les cinq parties du monde se classent ainsi pour la densité de la population :

Europe. .	42	habitants au kil. carré
Asie . . .	20	—	—
Afrique. .	5	—	—
Amérique.	4	—	—
Océanie .	0,7	—	—

112. Pays peuplés et pays déserts. — Dans chaque partie du monde, la population n'est pas partout également dense :

1° On y trouve des régions qui sont très peuplées, de véritables fourmilières d'hommes. Ce sont :

Les régions où la culture est le plus facile et rapporte la plus grande somme de profits, c'est-à-dire les plaines fécondes, tièdes et bien arrosées ;

Les régions où l'industrie est favorisée par l'abondance des ressources du sol et du sous-sol, c'est-à-dire les environs des mines de houille, de fer, etc. ;

Fig. 98.

RÉPARTITION DES HOMMES A LA SURFACE DE LA TERRE.

Il y a quatre principaux centres de peuplement à la surface de la terre, l'Europe occidentale, la Chine, l'Inde et la partie orientale des États-Unis : tous se trouvent à peu près dans la zone tempérée. Les régions très peu peuplées sont surtout les pays désertiques (Sahara, Asie centrale) ainsi que les régions glacées qui avoisinent les pôles.

Les régions que leur situation destine au commerce, c'est-à-dire les côtes s'ouvrant sur des mers très fréquentées et bordant des pays productifs.

Les quatre centres les plus peuplés du monde sont : l'*Europe occidentale* ; la *Chine* et l'*Inde*, en Asie ; les *États-Unis* de l'est, en Amérique. Dans la Belgique, la Hollande, la France du nord, les régions industrielles de l'Allemagne et de l'Angleterre, c'est plus de 200 ou 500 habitants qu'on trouve par kilomètre carré d'étendue.

2° Certaines régions ont, par contre, très peu d'habitants. Ce sont les régions trop sèches et par conséquent désertiques, les régions trop froides et par suite également sans ressources, les hautes montagneuses, les plaines marécageuses et malsaines.

Dans le Sahara ou dans les terres polaires, on ne compte pas en moyenne 1 habitant par 10 kilomètres carrés d'étendue.

115. Principales races. — Il y a quatre grandes races humaines :

La race blanche	780	mill. d'hommes.
La race jaune .	700	—
La race noire .	150	—
La race rouge .	10	—

La *race blanche* ou *caucasique* comprend deux groupes principaux de peuples :

1° Le *groupe aryen* (Hindous, Persans, Celtes, Grecs, Latins, Germains, Slaves) ;

Fig. 99. — TYPES DES DIFFÉRENTES RACES HUMAINES.

Les diverses races humaines présentent des types physiques très différents ; la forme de la tête, la barbe, la nature des cheveux, la coupe des yeux, la forme des lèvres diffèrent de l'une à l'autre comme le teint. Ainsi, les blancs seuls ont de la barbe ; les nègres ont les cheveux laineux, crépus et les lèvres épaisses ; les jaunes ont les yeux bridés et les pommettes saillantes.

2° Le *groupe sémitique* (Arabes, Juifs, Berbères, Kabyles).

La race blanche occupe presque toute l'Europe, l'Asie occidentale, le nord de l'Afrique, et les parties de l'Amérique et de l'Océanie qu'elle a colonisées.

La *race jaune* ou *mongole* comprend les Chinois, les Japonais, les Barmans, les Thibétains et les Mongols. Certains peuples européens, les Turcs, les Magyars et les Lapons leur sont apparentés.

La race jaune occupe donc toute l'Asie orientale, la partie septentrionale de l'Océanie et quelques cantons de l'Europe. Avec les Japonais et les Chinois, elle commence à se répandre dans la plupart des pays de l'Océan Pacifique.

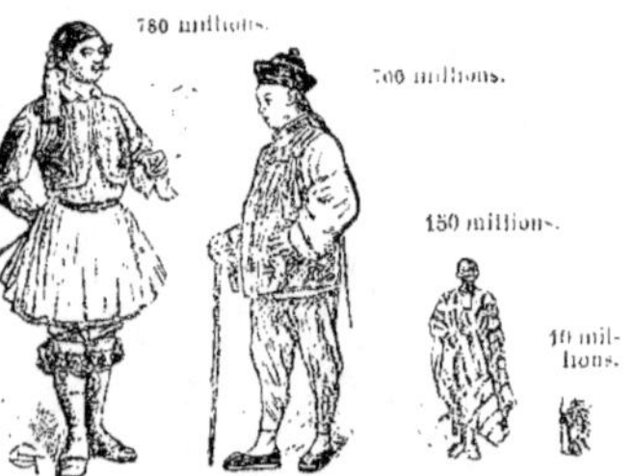

Fig. 100. — IMPORTANCE NUMÉRIQUE DES QUATRE GRANDES RACES HUMAINES.

La race blanche et la race jaune, la première un peu plus nombreuse que la seconde, comprennent, à elles deux, neuf dixièmes de la population totale du globe. La race rouge ou américaine décimée par les conquérants européens du seizième siècle, n'a qu'un petit nombre de représentants (près de 10 millions environ).

La *race noire* occupe l'Afrique équatoriale et australe : c'est là son berceau. On la trouve aussi dans l'Amérique équatoriale (Brésil, Antilles, États-Unis du sud) où les nègres furent jadis importés comme esclaves par la traite et où ils forment maintenant une portion non négligeable de la population.

La *race rouge* n'est représentée qu'en Amérique. Avant l'arrivée des Européens,

Fig. 101. — RÉPARTITION DES QUATRE PRINCIPALES RACES A LA SURFACE DU GLOBE.

La race blanche occupe presque toute l'Europe et une partie de l'Asie occidentale; en outre, elle a envahi l'Amérique, les régions tempérées de l'Afrique, l'Australie, en un mot la plupart des pays qu'elle a colonisés. La race jaune occupe principalement toute l'Asie orientale. La race noire n'occuperait que l'Afrique équatoriale et australe, si la traite ne l'avait dispersée aux États-Unis et dans toute l'Amérique équatoriale. La race rouge, d'ailleurs très peu nombreuse, n'existe que dans une seule partie du monde, l'Amérique.

elle était compacte principalement dans les hautes terres du Mexique, du Pérou et de la Bolivie. Décimée par les conquérants européens, elle ne compte plus qu'un assez petit nombre de représentants purs. Mais de son mélange avec les peuples européens est issue une importante population de métis.

114. Principales religions. — Les principales religions sont : le *christianisme* (catholicisme, protestantisme, église orthodoxe), le *judaïsme*, le *mahométisme*, le *brahmanisme*, le *bouddhisme* et le *fétichisme*. On évalue ainsi leur importance numérique :

		Millions.
Christianisme	Catholiques. 240 Protestants. 180 Orthodoxes. 150	550
Judaïsme		11
Mahométisme		210
Brahmanisme		210
Bouddhisme		520
Fétichisme		140

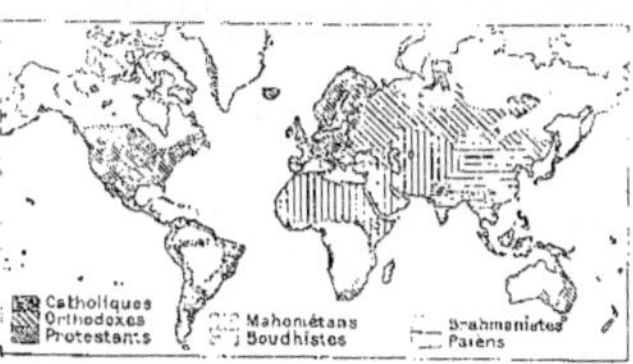

Fig. 102.
DISTRIBUTION DES PRINCIPALES RELIGIONS SUR LA TERRE.

Le christianisme domine dans l'Europe et dans les pays peuplés par les Européens (Amérique, Le Cap, Australie); le brahmanisme et le bouddhisme dominent dans l'Inde et l'Asie orientale; le mahométisme domine dans la zone des déserts de l'ancien monde (Sahara, Arabie, Turkestan, Perse). On ne trouve plus de fétichistes ou de païens que dans les régions encore primitives ou sauvages.

115. — 1re LECTURE : Où se trouvent les grands centres de population ? — Les hommes vivent en des habitations dispersées dans les campagnes, ou agglomérées en hameaux, bourgs, villes. Or, ni les maisons isolées n'ont été établies au hasard, ni les agglomérations qui sont devenues importantes n'ont prospéré au hasard.

Pour établir sa maison, l'homme recherche de préférence un emplacement sain et abrité, à proximité de son champ ou de son travail, à proximité d'une source ou d'une eau courante, indispensable à son alimentation ainsi que pour mille usages domestiques. Sur nos côtes atlantiques, le pêcheur tourne sa maison vers l'est, à l'encontre des vents violents. Ailleurs, la maison s'ouvrira vers le midi, vers le soleil. Dans la montagne, le paysan établit souvent sa maison à mi-côte, en un endroit non exposé aux ravages du torrent et au-dessus des gorges encaissées où le soleil ne pénètre pas. Dans un pays humide où les sources et les ruisselets abondent, comme la Bretagne ou le Limousin, on rencontre des fermes isolées à chaque pas; au contraire, dans les pays secs, toutes les habitations sont groupées en hameaux autour des sources rares.

Si certaines villes prospèrent, tandis que d'autres ne se développent pas, c'est que les premières sont mieux placées, sur des voies ou à des points d'échanges, à des carrefours de routes commerciales, à proximité de gisements miniers favorables à la création d'industries diverses.

Dans une région de hautes montagnes, les principaux centres de population sont situés dans les vallées des cours d'eau, grandes voies de circulation, au débouché des cols ou aux points de convergence de plusieurs vallées.

Dans les plaines, si l'on excepte les villes qui se sont développées à proximité d'un centre minier, les villes principales s'élèvent sur les bords des grands fleuves qui furent d'abord les seules voies d'échanges et qui sont en outre longés aujourd'hui par les routes et les chemins de fer. Sur les fleuves, les points les plus particulièrement favorables sont les confluents, ou encore les sommets des coudes par lesquels un fleuve se rapproche le plus d'un fleuve voisin. Paris doit sa fortune à sa situation au point de convergence des plus grandes rivières qui arrosent la plaine du nord de la France. Orléans doit son importance à sa situation au sommet du coude où la Loire se rapproche le plus de la Seine.

116. — 2e LECTURE : Où trouve-t-on des sauvages? Où trouve-t-on des civilisés? — On trouve surtout des *sauvages* :

Dans les forêts équatoriales (Afrique centrale, plaine de l'Amazone), où l'homme est comme perdu au milieu des immenses forêts vierges;

Dans les déserts (Sahara, Kalahari; désert de Gobi; Australie centrale; désert mexicain), où la nature est ingrate et ne fournit presque rien à l'homme;

Dans les contrées glacées de la zone polaire (Esquimaux, Lapons, etc.);

Dans les petites îles qui sont restées longtemps isolées, sans pouvoir profiter des inventions et du commerce des autres hommes (Océanie).

Tous ces peuples n'ont qu'une industrie et une organisation sociale rudimentaires; ils ne savent point cultiver le sol ou ne connaissent qu'une culture primitive; ils vivent de fruits, de racines, des produits de la chasse et de la pêche. Les nègres d'Afrique ont des huttes, et les peuples de la zone polaire se construisent des cabanes en pierres à demi enfoncées dans le sol; mais les sauvages de l'Australie centrale n'ont pour demeures que des buissons.

Les *civilisés* se trouvent partout où le climat a permis à l'homme de déployer librement son activité et son intelligence. Ils sont donc surtout nombreux dans les régions tempérées. C'est là que sont nées la plupart des civilisations, celles de la Chine, de l'Inde, de l'Égypte, de la Grèce, de Rome et, de nos jours, la civilisation de l'Europe dont dérive la civilisation des États-Unis.

De nos jours on trouve de nombreux civilisés dans les régions dont les populations indigènes sont encore à l'état sauvage. En effet la rapidité des moyens de transport et la nécessité de trouver de nouvelles terres à exploiter ont poussé les hommes civilisés à se transporter dans les pays sauvages, où ils introduisent avec eux leur civilisation, et à y fonder des *colonies*.

117. — 3e LECTURE : Les colonies. — Une colonie est un pays qui n'a pas de gouvernement propre, mais qui est soumis à la tutelle d'un état étranger. Les principaux États européens ont de nombreuses colonies. Une colonie peut rendre trois sortes de services à l'État qui l'a fondée :

1° Elle permet à l'État, s'il est trop peuplé, et si son climat se prête à l'acclimatement des étrangers, d'y établir une partie de sa population : telles sont les *colonies de peuplement*;

2° Elle permet à l'État d'y importer les produits manufacturés qu'il fabrique;

3° Elle permet à l'État de se procurer certains produits agricoles ou miniers qu'il ne possède pas sur son propre territoire : telles sont les *colonies d'exploitation*.

118. — 4e LECTURE : Émigration et immigration. — Certains États trop peuplés ne peuvent plus suffire à l'entretien de leur population. Une partie de cette population *émigre*, c'est-à-dire qu'elle va chercher sa vie dans d'autres pays plus riches ou moins peuplés.

D'autres États, au contraire, sont encore peu peuplés et renferment de nombreuses richesses inutilisées. Ils attirent les émigrants. Ce sont des États où l'on *immigre*.

Les principaux foyers d'émigration sont, à notre époque, l'*Angleterre*, l'*Allemagne* et l'*Italie*, dont la population est très dense; les Français n'émigrent guère.

Les principaux pays d'immigration sont les États-Unis, l'Amérique du Sud (Brésil, Uruguay, République Argentine), l'Australie et l'Afrique australe, depuis la découverte des mines d'or.

Il y a quelques années un grand mouvement d'émigration s'est produit parmi les Chinois. Ce mouvement était tellement fort et inquiétant que plusieurs gouvernements, entre autres les États-Unis et l'Australie, ont pris des mesures pour enrayer l'immigration des Chinois sur leur territoire. Les Japonais, qui sont de plus en plus à l'étroit dans leur archipel, commencent également à émigrer sérieusement.

Exercices. — Comment est répartie la population à la surface du globe? Quels sont les quatre centres les plus peuplés de la terre?

Comment sont réparties les différentes races à la surface du globe? — les principales religions? Comment sont répartis les sauvages et les civilisés?

Indiquer quelles sont les raisons qui guident le choix de l'emplacement d'une maison. — Où sont situées les villes les plus importantes dans un pays de montagne? sur un fleuve?

VIII

LES PRINCIPALES PUISSANCES CIVILISÉES DU GLOBE

119. Il y a à notre époque, dans les diverses parties du monde, un certain nombre d'États qui occupent sans contredit le premier rang dans l'ensemble, et qui exercent une influence prédominante sur toute l'histoire contemporaine : ce sont les grandes puissances du globe. Ils doivent ce rang et cette influence :

1° A leur étendue et au nombre de leurs habitants.

2° *Surtout* aux produits de leur sol, à leur industrie, au commerce qu'ils entretiennent avec le monde entier, en un mot à leur richesse.

120. Les grandes puissances européennes.

— Il existe quatre principales puissances européennes, savoir : l'*Angleterre*, la *France*, l'*Allemagne* et la *Russie*.

1° L'*Angleterre* doit surtout son importance à son industrie et à son commerce.

Elle produit à elle seule un tiers de la houille qui sort chaque année des entrailles de la terre. Elle fabrique la moitié du fer, de la fonte et de l'acier produits chaque année en Europe. Elle a les deux tiers des broches de coton qui y sont en mouvement. Sa puissance industrielle est donc considérable.

Le commerce de l'Angleterre s'élève à 28 milliards de francs par an, presque autant que l'Allemagne et que la France réunies. La flotte marchande de l'Angleterre est de beaucoup la plus importante qui existe sur le globe, et il n'est point de pays qui ne soit plus ou moins tributaire du commerce anglais.

En outre, l'Angleterre est la première puissance coloniale du monde. Son empire (non compris l'Archipel Britannique lui-même) a 28 millions de kilomètres carrés, c'est-à-dire plus du huitième de l'étendue totale des terres émergées, et il renferme 355 millions d'habitants, c'est-à-dire plus du cinquième de la population totale du globe.

2° La *France* doit son importance à l'égal développement de ses ressources agricoles qui lui permettent de nourrir sa population sans demander beaucoup à l'étranger, et de ses ressources industrielles, qui l'ont poussée à se chercher des débouchés en créant des colonies.

Au point de vue commercial sa situation est privilégiée, car elle est baignée par les deux mers où le commerce est le plus actif, l'océan Atlantique et la Méditerranée.

La France possède le plus grand empire colonial du monde, après celui de l'Angleterre. Il a une superficie de 9 100 000 kilomètres (17 fois la France) et renferme plus de 46 millions d'habitants. Cet empire,

quoique le second, est donc de toute manière bien moins important que l'empire colonial britannique.

3° L'*Allemagne* s'est surtout développée depuis qu'elle forme un seul État, c'est-à-dire depuis 1871. Son agriculture est assez médiocre et ne suffit pas, à beaucoup près, à nourrir ses habitants. Mais son industrie, favorisée par une grande abondance de

Fig. 103. — POPULATION DES GRANDES PUISSANCES EUROPÉENNES Y COMPRIS LEURS COLONIES.

Il y a quatre grandes puissances européennes : l'Angleterre, la Russie, la France et l'Allemagne. Elles ne sont pas seulement étendues et peuplées en Europe ; elles possèdent en outre des dépendances extérieures et des colonies. L'Angleterre vient de beaucoup au premier rang ; elle règne sur plus du cinquième de la population totale du globe. La Russie, dont l'empire est presque aussi vaste, compte beaucoup moins de sujets. A cet égard, la France et l'Allemagne viennent très loin derrière l'Angleterre et assez loin derrière la Russie.

houille et de minerais divers, est très florissante et fait chaque année d'énormes progrès. Son commerce extérieur (plus de 18 milliards de francs) dépasse sensiblement aujourd'hui celui de la France.

L'empire colonial de l'Allemagne est encore peu développé. Devenue puissance coloniale quand déjà l'Angleterre et la France avaient pris les pays les plus riches et les plus avantageux, elle n'a que des territoires peu peuplés, sans grandes ressources et, semble-t-il, sans grand avenir. Mais, surpeuplée et entretenant une émigration nombreuse, elle possède des comptoirs de commerce et des nationaux dans toutes les parties du monde.

L'Allemagne est aujourd'hui une des plus grandes puissances de l'Europe et du monde entier.

4° La *Russie* est encore au début de son développement économique. Mais elle est déjà une puissance de premier ordre :

Par l'étendue de son territoire : plus de 22 millions de kilomètres carrés (plus de 40 fois l'étendue des terres françaises) et presque autant que l'empire britannique ;

Par le nombre de ses habitants : plus de 140 millions, ce qui est beaucoup moins que l'empire britannique, mais pourtant encore considérable.

Occupant une portion considérable de l'Europe et de l'Asie, elle est destinée à jouer un rôle de plus en plus important dans la vie économique de ces deux contrées. Elle abonde, du reste, en ressources

agricoles, minières et industrielles, qui en feront un pays de premier ordre le jour où, plus avancée dans la civilisation, elle pourra ou saura mettre en valeur toutes ses richesses naturelles. On peut dire qu'elle possède des réserves considérables.

121. La puissance des États-Unis.

— Pays nouveau, né d'hier, les États-Unis sont aujourd'hui une puissance de premier ordre.

Leur étendue est presque égale à celle de l'Europe entière. Leur population s'élève à 92 millions d'habitants et augmente rapidement, d'année en année, par suite d'une immigration considérable qui amène chaque jour des masses de nouveaux venus partis des pays européens.

Leur agriculture est très prospère. Ils possèdent en abondance, à la fois les produits des régions tropicales (épices, coton, canne à sucre) et ceux des régions tempérées (blé, bestiaux). L'étendue de leurs terres cultivables leur permet d'être sans peine le premier pays du monde pour la richesse agricole.

Ils sont plus riches encore en produits miniers, viennent au premier rang des États du monde pour la production des minerais précieux (or, argent), ainsi que pour la production des minerais utiles (houille, pétrole, fer, cuivre, etc). Ainsi favorisés par une rare abondance de ressources naturelles, les États-Unis ont accompli de remarquables progrès industriels, et déjà, dans plus d'une branche, ils font une concurrence couronnée de succès aux pays les plus avancés de l'Europe.

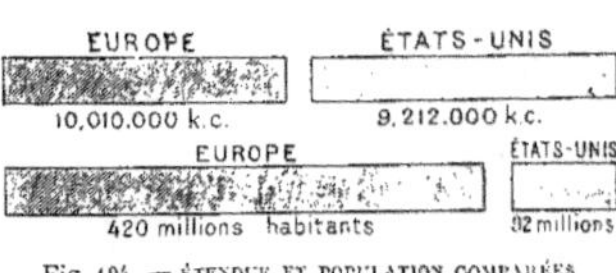

Fig. 104. — ÉTENDUE ET POPULATION COMPARÉES DE L'EUROPE ET DES ÉTATS-UNIS.

L'Europe et les États-Unis ont à peu de chose près la même étendue, mais la population de l'Europe est quatre à cinq fois plus nombreuse que celle des États-Unis, bien que les États-Unis soient un centre d'immigration très important.

Leur commerce, qui augmente d'année en année, dépasse 17 milliards de francs. Naguère encore les clients de l'Europe, les États-Unis tendent de nos jours à diriger le commerce des deux Amériques et à remplacer l'Europe sur tous les marchés du Nouveau Monde, ou même sur ceux de l'Extrême-Orient. Ils deviennent pour un certain nombre de produits les concurrents des grands pays européens en Europe.

122. La Chine.

— En face des grandes puissances modernes d'Europe et d'Amérique, la Chine représente dans l'Asie orientale une puissance du passé. Sa civilisation date, en effet, de 3000 ans avant notre ère : c'est une des plus anciennes qui existent sur le globe. Mais, depuis lors, elle n'a point progressé, et elle a refusé jusqu'à ces derniers temps de s'ouvrir à la civilisation moderne.

La Chine possède une agriculture extrêmement riche ; elle produit : au nord, le blé ; au sud, le riz, le thé, la canne à sucre, la soie et le coton. La terre y est d'ailleurs remarquablement travaillée ; les Chinois passent pour les agriculteurs les plus habiles qui soient.

La Chine possède, en outre, des gisements miniers nombreux et d'une grande

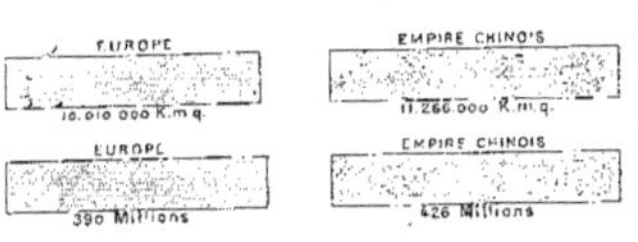

Fig. 105. — ÉTENDUE ET POPULATION COMPARÉES DE L'EUROPE ET DE LA CHINE.

L'Europe est une partie du monde, et la Chine ne forme qu'une partie de l'Asie. Pourtant la Chine est plus étendue et plus peuplée que l'Europe. On voit quelle rivale elle pourrait devenir pour notre monde si, renonçant à son isolement, la Chine adoptait les procédés de notre civilisation.

abondance, en particulier des gisements de houille plus riches que les plus riches gisements de l'Europe. Mais tout cela est encore peu exploité ; la Chine n'a point encore de grande industrie, et son commerce extérieur, qui est fait presque exclusivement par des navires étrangers, reste peu important.

Toutefois, recélant des richesses qui attirent l'attention de toutes les grandes puissances, contenant à elle seule plus de 400 millions d'hommes, plus du quart de la population du globe, la Chine est destinée à une grande prospérité économique, le jour où elle renoncera à son isolement et adoptera la civilisation moderne.

123. Le Japon. — Comme la Chine, le Japon est une puissance asiatique, et elle resta longtemps aussi opiniâtrément fermée au commerce et à la civilisation des Européens. Mais, ceux-ci l'ayant obligé à ouvrir ses portes, le Japon a embrassé tout d'un coup nos usages, nos lois, notre organisation, nos procédés économiques. Puis, comme les États-Unis d'Amérique, le Japon s'est affranchi de la tutelle de l'Europe en se rendant semblable à elle.

Il possède maintenant un gouvernement, une armée, une flotte, des écoles, imités de l'Europe : à côté d'une agriculture florissante, l'industrie se développe, principalement les industries textiles.

Non seulement le Japon tend à fabriquer lui-même la majeure partie des produits dont il a besoin, mais, en outre, il fait déjà concurrence, dans presque tout l'Extrême-Orient, au commerce européen et américain.

Enfin, trop serré dans son archipel, et stimulé par de grands succès militaires remportés successivement sur les Chinois et sur les Russes, le peuple japonais tend à fonder un empire colonial dans cette région : déjà il a placé la Corée sous son protectorat et s'est établi en Mandchourie, après en avoir chassé les Russes.

124. — 1re LECTURE : Le commerce du Monde. — Aujourd'hui, grâce à l'extension des chemins de fer et de la navigation à vapeur, qui ont rendu les échanges faciles et rapides, les états ne peuvent plus vivre isolés, enfermés derrière leurs frontières. Chacun d'eux va chercher dans le monde entier ce que son territoire produit difficilement ou en quantité insuffisante et ce qu'il ne produit pas du tout.

C'est ainsi que l'Angleterre va chercher aux États-Unis le blé, qu'elle ne produit presque plus, et le coton qui lui est indispensable pour ses usines ; en Australie, la laine dont elle tisse des lainages ; aux Indes, le thé dont la consommation est d'un usage courant en Angleterre ; en Allemagne et en France, le sucre, etc., vendant en échange à ces divers pays, des machines, des cotonnades et des lainages qu'elle confectionne en quantités considérables.

Tous les États civilisés, Allemagne, France, États-Unis, font un commerce analogue. Jadis, on se passait de beaucoup de produits qui sont devenus maintenant d'une consommation courante, et dont on ne peut plus se passer (café, thé, sucre), et qu'il faut faire venir des pays plus ou moins éloignés qui les produisent.

Ainsi le monde forme une sorte de vaste marché, qui englobe les pays civilisés et les

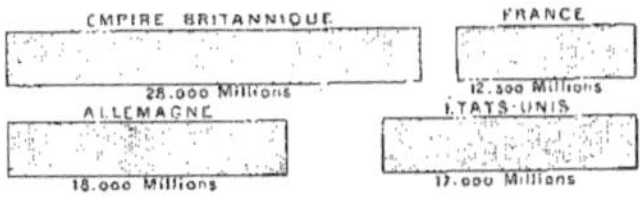

Fig. 106.
COMMERCE EXTÉRIEUR COMPARÉ DES GRANDES PUISSANCES.

Le commerce du monde appartient principalement à quatre grandes puissances : Empire Britannique, Allemagne, États-Unis, France. L'Allemagne et les États-Unis, dont le développement ne date que de la deuxième moitié du dernier siècle, ont devancé la France, qui les avait d'abord précédés, et approchent de l'Empire Britannique.

contrées sauvages. Le commerce entre nations atteint des proportions considérables. Entre l'Angleterre et la France seules, l'échange de marchandises atteint par an plus de 2 *milliards de francs*.

125. — 2e LECTURE : Pays vieux et pays neufs. — Parmi les grandes puissances du globe, il y en a qui sont depuis longtemps déjà civilisées : telles sont l'Angleterre et la France. D'autres, au contraire, se sont surtout développées dans le cours du siècle dernier : tels sont les États-Unis, l'Australie, l'Afrique australe, quelques pays de l'Amérique du Sud. Les premiers sont des *pays vieux*, les seconds des *pays neufs*.

Les pays vieux ont généralement une population très dense. Pour subvenir à ses besoins, cette population est obligée de faire produire au sol tout ce qu'il peut produire, par des moyens perfectionnés : amendements, engrais, culture à la machine. Ils pratiquent ce qu'on appelle la culture intensive. Les pays vieux fournissent presque tous une *émigration* abondante.

Dans les pays neufs, la terre est loin de porter tous les habitants qu'elle pourrait nourrir. Ceux-ci se contentent de lui demander de fait les rendements qui suffisent à leur nourriture et leur permettent même d'exporter. Ils sont des centres d'*immigration*.

En Angleterre, pays vieux, où la culture du blé se fait d'une manière intensive, scientifiquement et avec un outillage perfectionné, on est arrivé à faire rendre au sol 23 à 24 hectolitres de blé en moyenne à l'hectare et même jusqu'à 30 ou 32 hectolitres. En France, le rendement moyen est d'environ 17 hectolitres à l'hectare. Aux États-Unis, pays neuf, où la population est encore relativement clairsemée et dispose d'étendues cultivables considérables, le rendement moyen ne dépasse pas 10 ou 11 hectolitres. C'est qu'on y pratique la *culture extensive* ou en étendue. On ensemence la même terre pendant plusieurs années consécutives sans lui donner le moindre engrais ; puis, quand le rendement devient trop faible pour donner du profit, on abandonne la terre à elle-même pendant cinq ou dix ans, pour cultiver un peu plus loin d'autres étendues vierges. Cultivés avec les mêmes méthodes que l'Europe les États-Unis pourraient produire au moins deux fois autant de céréales qu'ils ne donnent.

126. — 3e LECTURE : La valeur des états se modifie. — Les états qui tiennent actuellement le premier rang dans le monde ne l'ont pas toujours tenu et ne le tiendront pas toujours.

Jadis l'Espagne était la plus grande puissance commerciale et coloniale du monde ; elle n'est plus aujourd'hui qu'un état secondaire. Ces changements tiennent à de multiples raisons, dont quelques-unes peuvent être d'ordre géographique.

L'homme recherche les régions qui possèdent les ressources les plus nombreuses et les plus propres à satisfaire ses besoins. Or ces ressources s'épuisent ou ses besoins se modifient. Si la science apprend à utiliser des matières longtemps réputées sans valeur, les hommes affluent dans les régions qui les possèdent : c'est ce qui est arrivé au XIXe siècle pour les régions houillères. Si l'on découvre dans un désert des mines précieuses, le désert se peuple : c'est ce qui est arrivé au XIXe siècle pour les mines d'or du Colorado, de l'Australie et de l'Afrique du Sud.

Il suffit encore du percement d'un isthme ou de l'établissement d'une voie ferrée pour modifier du tout au tout la valeur d'un pays comme l'importance d'une ville. Dans une ville, quand on ouvre une voie nouvelle, il se produit parfois des déplacements d'activité qui nuisent souvent au commerce des autres rues. De même, la Méditerranée, délaissée pour l'océan Atlantique parce qu'elle était une impasse tandis qu'il menait vers l'Amérique et vers les Indes, a repris plus d'importance que jamais quand le percement de l'isthme de Suez lui a rendu la route des Indes et de l'Extrême-Orient.

Exercices. — Quelles sont les plus grandes puissances du globe ; quelles sont les causes de l'importance de chacune d'entre elles ? — Comparer l'Angleterre et la France avec les États-Unis. — Comparer la Chine avec le Japon.

Essayer de rendre compte de l'importance variable de la Méditerranée depuis l'antiquité jusqu'à nos jours. — Citer des pays dont la valeur s'est modifiée beaucoup avec le temps, des villes qui ont gagné ou perdu en importance.

Pourquoi les États-Unis sont-ils un pays neuf et un centre d'immigration ?

Pourquoi l'Europe est-elle, au contraire, un centre d'émigration ?

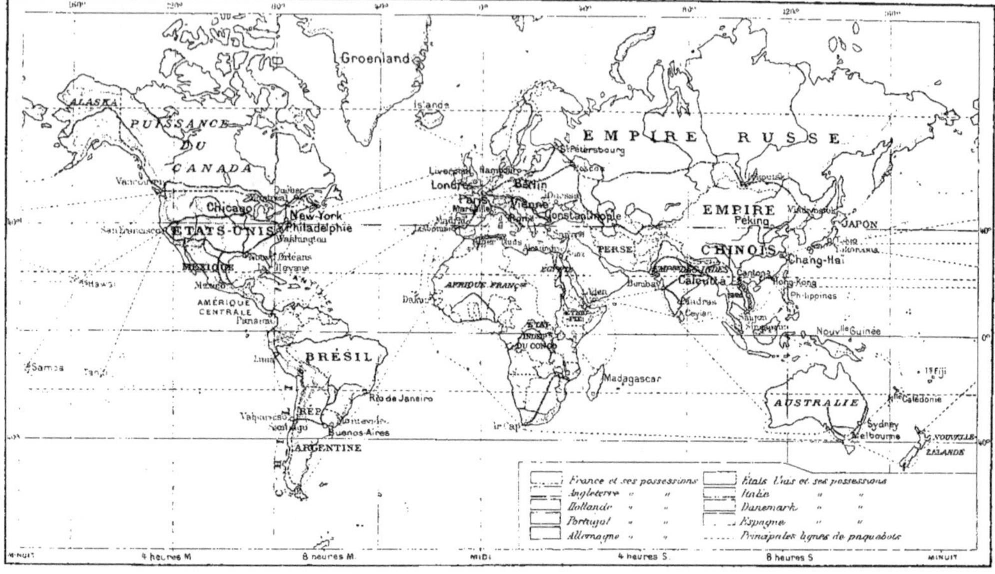

France et ses possessions
Angleterre " "
Hollande " "
Portugal " "
Allemagne " "
États-Unis et ses possessions
Inde " "
Danemark " "
Espagne " "
Principales lignes de paquebots

MINUIT   4 heures M   8 heures M   MIDI   4 heures S   8 heures S   MINUIT

Fig. 107. — PLANISPHÈRE POLITIQUE ET ÉCONOMIQUE.

IX

LES GRANDES VOIES DE COMMUNICATION

C'est grâce au développement des chemins de fer et de la navigation à vapeur que les rapports commerciaux se sont accrus entre les états du monde entier.

127. Les grandes lignes ferrées. — L'Europe possède un réseau de chemins de fer déjà développé, et qui se complète graduellement chaque jour.

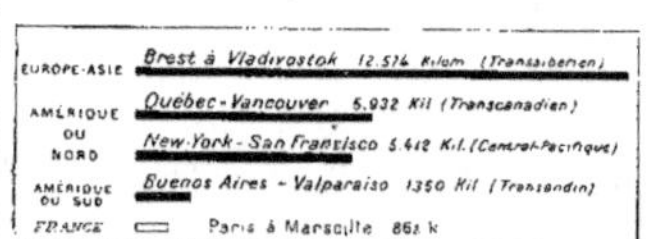

Fig. 108. — PRINCIPAUX RÉSEAUX FERRÉS DE L'EUROPE.

Les chemins de fer datent de 1830 à 1840 seulement, mais leur réseau n'a cessé de se développer rapidement depuis lors. L'immense Russie, qui occupe la moitié de la surface de l'Europe, arrive péniblement au premier rang. L'Allemagne, la France et l'Angleterre ont des réseaux beaucoup plus étendus qu'elle, proportionnellement à leur superficie.

D'un autre côté, toutes les parties du monde sont traversées maintenant par de grandes voies ferrées *transcontinentales* qui vont d'un océan à l'autre. Ce sont :

En Asie : *le Transsibérien*, qui unit la Russie à l'océan Pacifique à travers toute la Sibérie. Il se termine à Vladivostok et à Port-Arthur.

Au Canada : *le Transcanadien*, qui traverse tout le Canada, depuis Halifax, sur l'océan Atlantique, et Québec, sur le Saint-Laurent, à Vancouver, sur le Pacifique.

Aux Etats-Unis : *quatre* grandes lignes continentales unissent l'Atlantique au Pacifique, en particulier New-York à San-Francisco.

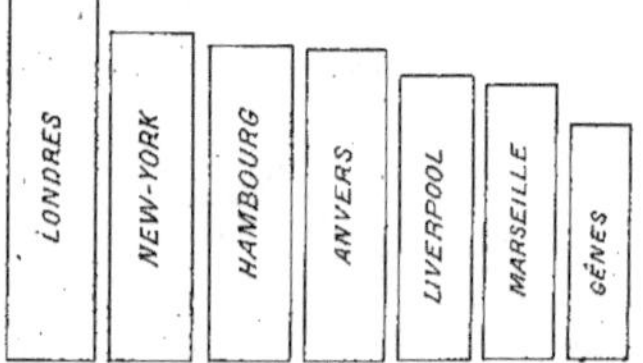

Fig. 109. — LONGUEURS COMPARÉES DES PRINCIPAUX TRANSCONTINENTAUX.

Il existe actuellement des voies ferrées transcontinentales qui, traversant les continents d'un océan à l'autre, forment les principales artères de circulation autour de la terre. On peut citer la ligne qui unit Brest à Moscou pour se prolonger jusqu'au Pacifique par le transsibérien ; — le transcanadien, de Québec à Vancouver, le Central Pacifique, de New-York à San-Francisco, et le transandin, de Buenos-Aires à Valparaiso, qui unissent l'Atlantique au Pacifique à travers le Canada, les Etats Unis et l'Amérique du Sud (République Argentine-Chili).

Dans l'Amérique du Sud : le *Transandin*, récemment achevé, relie Buenos-Aires et Valparaiso à travers les Andes.

Le tracé de ces lignes a coûté des sommes énormes et nécessité des travaux gigantesques (viaducs, tunnels, etc.).

En Afrique et en Australie, certains projets de chemins de fer transcontinentaux ne sont pas encore exécutés complètement, mais le seront avant longtemps.

128. Les grandes lignes de navigation. — La grande navigation s'est développée grâce à la vapeur et à de grands travaux, comme le percement d'isthmes (isthme de Suez et bientôt isthme de Panama), l'approfondissement de ports, etc.

Les grandes lignes de navigation sont surtout nombreuses :

1° Dans l'océan Atlantique, où elles relient les états de l'Europe occidentale à l'Amérique du Nord, à l'Amérique du Sud, et aux colonies européennes de l'Afrique occidentale (Sénégal, Congo, Cap) :

2° Dans la Méditerranée, où se font les échanges entre produits de l'Europe occidentale et du Levant. En outre, depuis le percement de l'isthme de Suez, la plupart

Fig. 110. — TONNAGE COMPARÉ DES PRINCIPAUX PORTS.

C'est encore par la mer que se fait la majeure partie du commerce mondial. Les principaux ports sont Londres, New-York, Hambourg, Anvers, Liverpool, Marseille, Gênes. C'est là qu'aboutissent les grandes lignes de navigation et que s'entreposent les marchandises, denrées alimentaires, matières premières venues d'outre-mer.

des navires qui vont de l'Europe occidentale en Extrême-Orient et en Océanie, passent par la Méditerranée.

3° Dans l'océan Indien, où passent aussi les lignes unissant l'Europe à l'Extrême-Orient et à l'Océanie.

Dans l'océan Pacifique la navigation est moins intense. Pourtant elle commence à devenir assez active entre les États-Unis et l'Extrême-Orient.

129. Les grands ports du monde. — Les plus grands ports du monde sont :

— *New-York*, aux États-Unis ;

— *Londres* et *Liverpool*, dans les Îles Britanniques ;

— *Hambourg* et *Brême*, en Allemagne ;

— *Anvers*, en Belgique ;

— *Marseille* et *Le Havre*, en France ;

— *Gênes* et *Naples*, en Italie ;

— *Rotterdam*, en Hollande ;

— *Melbourne*, en Australie.

Huit de ces ports sont sur l'Atlantique et trois dans la Méditerranée. Dix d'entre eux se trouvent en Europe.

130.— 1ʳᵉ Lecture : La vitesse des moyens de transport. — La rapidité des moyens de transport a une grande importance pour le commerce. Elle permet entre états lointains l'échange de produits qui ne pourraient subir une traversée de plusieurs mois. Tels sont les fromages et les beurres que l'on exporte aujourd'hui d'Australie en Angleterre, les fruits des régions tropicales, qui arrivent frais sur les marchés européens, la viande que nous expédient les États-Unis, la République Argentine et l'Australie, etc., etc.

La vitesse des chemins de fer a considérablement augmenté pendant les dernières années du XIXᵉ siècle. Les premiers trains faisaient à peine 40 kilomètres à l'heure, ce qui était d'ailleurs un grand progrès sur les antiques diligences. Aujourd'hui, certains trains rapides de France, d'Allemagne, d'Angleterre et des États-Unis atteignent ou dépassent la vitesse de 100 kilomètres à l'heure en moyenne. Toutefois, les trains des grandes lignes transcontinentales sont loin d'avoir de pareilles vitesses : ou bien ils traversent des régions de relief

difficile et les longues rampes qu'ils gravissent limitent leur vitesse; ou bien, ils ont été établis d'une manière provisoire, dans des conditions un peu défectueuses parce qu'on songeait d'abord à les faire vite, quitte ensuite à les améliorer. La plupart d'entre eux ne dépassent pas 35 à 40 kilomètres à l'heure. Cette rapidité relative permet néanmoins d'aller de l'Europe occidentale en Chine en une vingtaine de jours. Des voyages qui jadis semblaient presque impossibles et que très peu pouvaient effectuer, sont maintenant communs, à la portée de beaucoup.

Les grands navires transatlantiques atteignent aujourd'hui des vitesses de 35 et même de 40 kilomètres à l'heure. Ils mettent en moyenne 6 à 7 jours pour aller des États-Unis du Nord aux principaux ports de l'Europe occidentale.

Il ne faut plus un an et plus pour faire le tour du monde, il suffit de 50 jours, ou moins même peut-être.

131. — 2ᵉ Lecture : Tunnels et viaducs. — Les chemins de fer passent parfois à des altitudes considérables et franchissent des rampes

Fig. 111.
CHEMIN DE FER A CRÉMAILLÈRE DU PILATE (SUISSE).

Fig. 112. — ENTRÉE DU TUNNEL DU MONT-CENIS.

Fig. 113. — VIADUC DE GARABIT (CANTAL).

Fig. 111-112-113.
TUNNELS ET VIADUCS.

Ces différentes vues montrent les difficultés que l'homme a dû vaincre pour pouvoir établir partout des chemins de fer. Rien ne l'arrête plus; ses tunnels franchissent les plus hautes montagnes ; ses chemins de fer à crémaillère les escaladent ; et ses viaducs enjambent les plus creuses vallées, des abîmes. Le chemin de fer du Pilate, en Suisse, mène de 441 mètres à 2070 mètres d'altitude. Le tunnel du Mont-Cenis, long de 13 kilomètres, mène de France en Italie à travers les Alpes françaises qui ont là plus de 3000 mètres d'élévation. Le viaduc de Garabit, dans le Massif central français, franchit la Truyère à 122 mètres de hauteur.

Fig. 114. — LE CANAL DE SUEZ.
Creusé entre la Méditerranée et la mer Rouge, long de 160 kilomètres, le canal de Suez est la route la plus fréquentée pour aller de l'Europe dans l'Inde et l'Extrême-Orient : avant pour aller dans ces pays, il fallait contourner l'Afrique par le sud. La traversée entre deux rives sablonneuses, brûlées de soleil et désertes, est souvent pénible.

très fortes. Les chemins de fer transcontinentaux des États-Unis s'élèvent en certains points jusqu'à plus de 2400 mètres d'altitude.

Dans les régions trop accidentées, il a fallu percer les montagnes par des *tunnels* et jeter sur les précipices des ponts appelés *viaducs*. En Europe, les tunnels les plus célèbres sont ceux des Alpes : le *tunnel du Mont-Cenis*, long de 13 kilomètres, le *tunnel du Saint-Gothard*, qui a 15 kilomètres, et le *tunnel* tout récemment percé *du Simplon*, qui a une longueur de 20 kilomètres.

Parmi les viaducs, on peut citer en France le *viaduc de Garabit* qui a 122 mètres de haut, et en Écosse le *pont du Forth* qui traverse un bras de mer large de un kilomètre et demi. Il a fallu bâtir près de 50 kilomètres de ponts pour le transsibérien. Le progrès des constructions métalliques a facilité beaucoup l'établissement de ces grands viaducs modernes; les premiers avaient été faits en maçonnerie, comme celui de Morlaix et celui de Chaumont en France.

132. — 3ᵉ Lecture : Le canal de Suez. — L'isthme de Suez, qui séparait la Méditerranée de la mer Rouge, a été percé, de 1859 à 1869, sous la direction d'un ingénieur français, *M. Ferdinand de Lesseps*. Le canal a 160 kilomètres de long, 100 mètres de large, 8 mètres de profondeur. Il est éclairé à l'électricité, ce qui permet aux navires d'y circuler aisément le jour et la nuit.

L'importance du transit qui s'y fait est énorme. Les neuf dixièmes des navires allant d'Europe en Extrême-Orient passent par cette voie. Près de 4000 grands navires, portant plus de 200 000 passagers et plus de 12 millions de tonnes de marchandises, y passent chaque année. C'est aujourd'hui l'une des principales voies de circulation qui existent à la surface du globe.

Exercices. — Quelles sont les grandes voies transcontinentales, leur rôle et leur utilité?

Quelles sont les voies maritimes les plus fréquentées, et pourquoi?

Où sont situés la plupart des grands ports?

Quelles voies emprunteriez-vous pour aller de France en Extrême-Orient? — de France à la côte occidentale des États-Unis ?

Quelle est l'importance du canal de Suez? Quelle est la voie ferrée qui est en concurrence avec lui pour les communications de l'Europe avec l'Extrême-Orient ?

Fig. 115. — AMÉRIQUE DU NORD PHYSIQUE.

II. LE CONTINENT AMÉRICAIN

1° NOTIONS GÉNÉRALES

153. Étendue. — Le continent américain s'étend du nord au sud, entre l'*océan Arctique* et l'*océan Antarctique*, et de l'est à l'ouest entre l'*océan Atlantique* et l'*océan Pacifique*. Sa plus grande longueur est dans le sens du méridien.

L'Amérique ne mesure pas moins de 14000 kilomètres depuis l'Alaska, sur l'Océan glacial arctique, au nord, jusqu'au cap Horn, à son extrémité méridionale, près de l'Océan glacial antarctique.

Sa superficie (41 *millions de kilomètres carrés*) égale presque celle de l'Asie et vaut 4 fois celle de l'Europe.

154. Divisions. — Le continent améri-cain est divisé, vers le centre de sa lon-gueur, en deux grandes masses presque séparées, que relient une suite d'isthmes

AMÉRIQUE DU NORD	AMÉRIQUE DU SUD
23 Millions de K.m.q	17 800 000 K.m.q

Fig. 116. — ÉTENDUE COMPARÉE DES DEUX AMÉRIQUES.

L'Amérique du Nord est plus étendue que l'Amérique du Sud. La première représente 58 pour 100, et la seconde 42 pour 100 de la superficie totale du continent américain.

(l'Amérique centrale) et une suite d'archi-pels (les Antilles). Il forme ainsi :

— l'Amérique du Nord (23 millions de kilomètres carrés).

— l'Amérique du Sud (17.800.000 kilo-mètres carrés).

Toutes deux ont la forme de triangles aux côtes peu découpées, et se terminent en pointes vers le sud.•

135. — 1re LECTURE : Impor-tance de la forme allongée du continent américain. — De tou-tes les parties du monde, l'Amé-rique est de beaucoup celle qui est la plus allongée du Nord au Sud. Elle dépasse au nord le cercle polaire arctique, et elle se ter-mine au sud non loin du cercle polaire antarctique.

Pour ce motif, l'Amérique est de toutes les parties du monde celle qui comprend le nombre le plus varié de climats. Elle est en effet traversée par la zone équa-toriale, par les deux zones tropi-cales sèches, les deux zones tem-pérées sèches, les deux zones tem-pérées humides et une des deux zones glacées. Un voyageur qui partant du nord du continent amé-ricain le traverserait jusqu'au sud dans toute sa longueur, passerait deux fois par tous les climats con-nus au monde.

136. — 2e LECTURE : La décou-verte de l'Amérique. — On appelle l'Amérique le Nouveau Monde, parce qu'elle a été décou-verte par les Européens, il y a seulement un petit nombre de siècles.

Déjà vers le xe siècle, des aven-turiers normands, poussés par les courants marins, avaient abordé au Groenland, puis sur une côte située à la fois plus à l'ouest et plus au sud qu'ils avaient nommée *Vinland*, parce que la vigne y poussait à l'état naturel : ils étaient arrivés sans doute jusqu'à la côte orientale du Massachusetts (États-Unis actuels). Mais le souvenir de ces premiers voyages se perdit vite.

L'Amérique fut découverte véri-tablement par Christophe Colomb en 1492. Il aborda d'abord dans une des îles Bahama, aux Antilles, puis découvrit successivement Cuba, les autres Grandes Antilles et la Colombie ; il croyait se trou-ver dans l'Asie orientale ; d'autres explorateurs reconnurent bientôt qu'on était en présence d'un continent nou-veau. Des conquérants, Fernand Cortez, Pizarre, découvrirent ensuite la majeure partie de l'intérieur du continent. Les bassins du Saint-Laurent et du Mississippi, dans l'Amérique du Nord, ont été explorés par des Français, Jacques Cartier et Cavelier de la Salle.

A l'arrivée des Européens, les grandes plaines du nord et du sud ne renfermaient qu'un petit nombre d'habitants à peu près sauvages. Mais sur les plateaux du Mexique, de l'Amérique centrale et des Andes (Pérou, Bolivie) vivaient des populations déjà civili-sées, que malheureusement les nouveaux venus traquèrent et décimèrent, surtout pour se procurer les richesses dont regorgeait leur pays.

Exercices. — Quelle est la forme et l'étendue du continent américain?
Raconter comment fut découverte l'Amérique. Les Européens y trouvèrent-ils des populations indi-gènes? Que sont devenues celles-ci?

2° L'AMÉRIQUE DU NORD

GÉOGRAPHIE PHYSIQUE

137. Étendue, limites. — L'Amérique du Nord mesure 25 millions de kilomètres carrés. Elle s'étend tout entière dans l'hémisphère boréal.

Ses limites sont : au nord, l'océan *Glacial*, qui comprend la *baie de Hudson* et de nombreuses îles, immenses et glacées (*Groenland, terre de Baffin*, etc.)

A l'ouest : l'océan *Pacifique*, dont la côte est très découpée au nord (archipel des *Aléoutiennes*, île *Vancouver*, etc.) et, au contraire, très peu découpée au sud, où

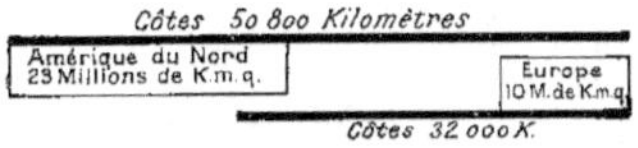

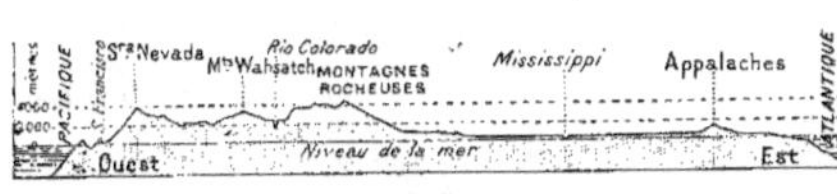

Fig. 117. — LONGUEUR COMPARÉE DES CÔTES DE L'AMÉRIQUE DU NORD ET DE L'EUROPE.

L'Amérique du Nord est presque deux fois et demie grande comme l'Europe ; mais elle n'a qu'une fois et demie plus de côtes : la découpure des côtes étant un gros avantage, l'Europe jouit sur ce point d'une supériorité marquée sur l'Amérique.

elle ne forme qu'un grand golfe allongé : le *golfe de Californie*.

A l'est : l'océan *Atlantique*, dont la côte est également découpée au nord (*baie du Saint-Laurent*, île de *Terre-Neuve*, etc.) et plate au sud, vers la *presqu'île de Floride* et autour de l'immense *golfe du Mexique*.

138. Relief. — L'Amérique du Nord comprend à l'ouest et à l'est deux chaînes de montagnes, et au centre une vaste plaine.

La chaîne de l'ouest s'étend sans interruption du nord au sud depuis la *péninsule de l'Alaska* jusqu'aux isthmes du centre. Elle comprend plusieurs chaînons parallèles, qui entourent de vastes plateaux. Le plus haut chaînon porte le nom de *Montagnes Rocheuses* ; il porte des sommets de plus de 4000 mètres. Plusieurs hautes montagnes sont des volcans actifs, notamment le *Popocatepetl*, au Mexique.

La plaine centrale s'étend de l'Océan arctique au golfe du Mexique. Elle comprend, au nord, un grand nombre de cavités où se sont logés des lacs. Les plus étendus sont les *Grands-Lacs canadiens*.

La chaîne de l'est est moins haute et moins épaisse que celle de l'ouest. Elle n'existe qu'entre la baie du Saint-Laurent et le golfe du Mexique, où elle forme les *Monts Appalaches* (max. 2000 mètres).

139. Climat. — S'étendant surtout du sud au nord, l'Amérique du Nord comprend toutes les zones de climat, depuis la zone tropicale jusqu'à la zone arctique. En général son climat est plus rude que celui de l'Europe aux mêmes latitudes. Il y a à cela deux raisons :

1° les côtes de l'Amérique ne sont pas baignées par un courant chaud comme le Gulf-Stream ;

2° les vents partent le plus souvent de la terre vers la mer, et n'apportent que rarement l'humidité adoucissante de celle-ci.

Seule, la côte du Pacifique est exposée aux vents marins et jouit d'un climat tiède.

Les pluies sont abondantes sur les côtes, mais rares à l'intérieur où le climat est continental.

140. Hydrographie. — Sur le versant

Fig. 118. — COUPE TRANSVERSALE DE L'AMÉRIQUE DU NORD.

L'Amérique du Nord présente une disposition remarquablement simple : 1° du côté de l'ouest, une région de hautes montagnes et de plateaux (Sierra Nevada, Montagnes Rocheuses) allant jusqu'à 4000 mètres ; 2° du côté de l'est, une région de petites montagnes, les Appalaches ou Alléghanys ; 3° au centre, une région de vastes plaines où coule le Mississippi.

du Pacifique, où les montagnes sont très voisines de la mer, les rivières sont courtes et ont le régime des torrents. Les principales sont le *Rio-Colorado*, le *Rio-Sacramento*, et le *Columbia*.

De même, sur le versant de l'Atlantique, il n'y a qu'un fleuve important, le *Saint-Laurent*, au nord des monts Appalaches.

C'est *vers le sud*, au golfe du Mexique, que vont presque toutes les eaux de la plaine centrale, recueillies par l'immense fleuve du *Mississippi* et ses énormes affluents (*Missouri, Ohio*, etc.)

141. Ressources naturelles — Elles sont très nombreuses.

1° Les *ressources végétales* de l'Amérique du Nord sont variées comme le climat. Au nord, dans la zone arctique, il n'y a que des toundras. Dans la zone tempérée, on trouve de grandes *forêts* dans les régions septentrionales, — des champs propres à la culture des *céréales* dans les régions humides voisines de l'Atlantique et des Grands-Lacs, — des prairies propres à l'*élevage* dans les régions plus sèches de l'intérieur, — enfin les produits méditerranéens (*vigne*, etc.) sur la côte du Pacifique (Californie).

Dans la zone tropicale, poussent le *coton*, le *cacao*, la *canne à sucre*, le *café*.

2° Les *ressources minérales* sont très abondantes. Elles se groupent surtout :

Dans les montagnes de l'ouest, où l'on trouve principalement des minéraux précieux : *or, argent*, etc.

Et dans les régions montagneuses de l'est, où l'on trouve surtout des minéraux utiles : *houille, pétrole, fer, plomb*, etc.

142. — 1ʳᵉ LECTURE : Influence du relief sur le climat de l'Amérique du Nord. — C'est le vent qui vient de la mer qui donne la pluie et adoucit la température. Si ce vent est arrêté par une haute montagne, la région qui est située en arrière de la montagne est privée du vent marin et par conséquent de la pluie : et son climat est rude.

Or, l'Amérique du Nord est bordée sur la côte de l'Atlantique et sur la côte du Pacifique par deux chaînes de montagnes. L'intérieur de l'Amérique du Nord est donc, en général, sec. Toutefois, à l'ouest du côté du Pacifique, les Montagnes Rocheuses sont hautes et continues ; elles privent complètement le pays qui se trouve en arrière de l'influence bienfaisante de la mer. Au contraire, à l'est, du côté de l'Atlantique, les Appalaches sont moins hauts et moins continus ; ils ne privent pas absolument la contrée qu'ils dominent des vents marins. Voilà pourquoi, dans l'intérieur de l'Amérique du Nord, la région occidentale a un climat plus rigoureux et plus sec que la région orientale.

143. — 2ᵉ LECTURE : Quelles sont les régions fertiles de l'Amérique du Nord ? — L'Amérique du Nord comprend un assez grand nombre de régions improductives : au nord, les pays glacés des toundras ; au sud, les déserts du Mexique ; à l'ouest, les Montagnes Rocheuses et la partie de la plaine centrale qui se trouve à leur pied.

Les régions véritablement fertiles de l'Amérique du Nord sont celles qui environnent les grands lacs et surtout le bassin du Mississippi jusqu'au golfe du Mexique.

Donc l'Amérique du Nord possède un nombre de régions fertiles relativement inférieur à celui que possède l'Europe. Mais ce

Fig. 119. — ZONES DE VÉGÉTATION DE L'AMÉRIQUE DU NORD.

Des toundras au nord et quelques déserts au centre ; ailleurs trois zones de végétation, prairies, forêts et céréales de nos pays, produits tropicaux.

qui lui donne un avantage sur celle-ci, c'est qu'elle est un *pays neuf* et un pays encore peu peuplé. La terre, ayant moins d'acheteurs qui la désirent, coûte beaucoup moins cher qu'en Europe ; aussi, quoiqu'elle produise beaucoup moins, elle donne un bénéfice plus considérable.

Exercices. — Faire la carte physique de l'Amérique du Nord, en indiquant la direction et l'altitude des massifs montagneux. — Définir et expliquer les différentes espèces de climats de l'Amérique du Nord. Montrer quels rôles ils jouent dans la distribution des richesses naturelles.

GÉOGRAPHIE POLITIQUE

1° **Populations et États.**

144. — L'Amérique du Nord est encore très peu peuplée : elle ne compte que 115 millions d'habitants environ, soit 4 seulement par kilomètre carré.

Cette population comprend :

Peaux-Rouges . . 10 millions.
Européens. . . . 96 —
Nègres . . . . . 9 —

Les *Indiens Peaux-Rouges* sont les descendants des anciennes populations indigènes ; parmi les *Européens*, dominent surtout les Anglais, au nord, et les Espagnols, au sud ; les *Nègres*, qui vivent principalement dans la région voisine du golfe du Mexique, descendent d'esclaves importés d'Afrique pour cultiver les plantations.

145. — L'Amérique du Nord comprend des États indépendants et des colonies européennes.

Les États indépendants sont : les *États-Unis*, le *Mexique*, les républiques de l'*Amérique centrale* et des *Antilles*.

Les colonies les plus importantes appartiennent à l'Angleterre ; la principale est le *Canada* ; les Anglais possèdent, en outre, un certain nombre d'îles dans les Antilles.

2° **Le Pôle Nord et les terres polaires.**

146. — Une partie de la région du pôle nord est encore inconnue. De nombreux

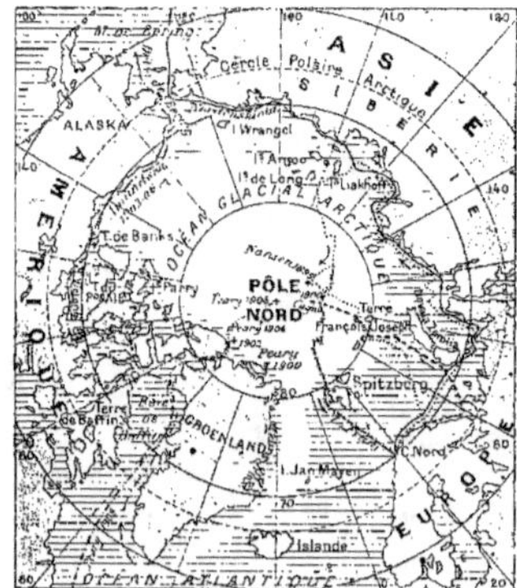

Fig. 120. — LA RÉGION POLAIRE BORÉALE.

La région polaire boréale est encore incomplètement reconnue. Il semble qu'un océan toujours glacé occupe l'emplacement du pôle. Cet océan est limité au sud par les parties septentrionales de l'Europe, de l'Asie et de l'Amérique. Il renferme de vastes terres au climat rude, à la terre glacée, aux habitants très rares ; la principale est le Groenland.

voyages ont été entrepris pour l'explorer (Nansen, Cagny, Peary) L'Américain Peary a atteint ou presque atteint le pôle (1908).

147. — Les terres polaires arctiques sont nombreuses. Les principales sont :

Au nord de l'Europe : la *Novaia Zemlia* (Nouvelle Terre), le *Spitzberg* et la *Terre de François-Joseph* ;

Au nord de l'Asie : les îles *Liakhoff*, *Anjou*, de *Long* et *Wrangel* ;

Au nord de l'Amérique : la *Terre du Prince Albert*, la *Terre de Banks*, les *îles Parry*, la *Terre de Baffin* et l'immense *Groenland*. Ces dernières sont les plus importantes.

148. — Dans ces contrées au climat rude, à la terre glacée, la population est très rare. La terre la plus peuplée, le Groenland, n'a que 10 000 habitants sur 2 millions de kilomètres carrés. Le Groenland est une colonie du Danemark.

149. — LECTURE : **La nature polaire.** — Le climat des régions polaires est excessivement rude. Pendant la nuit hivernale, à peine interrompue de loin en loin par des aurores boréales, le thermomètre reste des semaines entières à 20 degrés et souvent au-dessous. En été, avec le jour revient un peu de chaleur ; mais les rayons du soleil, trop obliques, ne chauffent guère ; les températures maxima de juin et juillet dépassent rarement 6 à 8 degrés. Dès août, il recommence à geler.

Très peu de plantes vivent dans cette froidure. Les arbres les plus chétifs ne dépassent pas le 70° degré de latitude. La flore polaire n'offre que de petites plantes blotties dans les fissures ou groupées sur les talus exposés au soleil.

La faune est moins misérable. Elle comprend des ours blancs, des bœufs musqués, des rennes, et aussi divers animaux aquatiques, baleines, phoques, morues.

Les hommes, peu nombreux, de ces régions vivent uniquement de la chasse et de la pêche. Ce sont des *Esquimaux*, des *Samoyèdes*, des *Koriaks*, des *Lapons*. En été, ils campent sous des tentes ; en hiver, ils campent sous des huttes de terre et de pierres à moitié enfouies dans le sol (voir grav. p. 16 et 27).

3° **Le Canada ou Dominion of Canada.**

150. — La superficie du Canada, que les Anglais appellent *Dominion of Canada*, c'est-à-dire *Puissance du Canada*, est presque égale à celle de l'Europe ; mais une immense partie en est peu utilisable : d'une part, tout le nord, situé au delà du cercle polaire, est occupé par des lacs, des étangs, et des toundras ; d'autre part, tout l'ouest est occupé par de hautes montagnes glacées.

La région du Saint-Laurent et des grands lacs canadiens, ou Canada proprement dit, est la partie fertile par excellence de ce pays, la seule qui se prête largement à la culture : les quatre cinquièmes des habitants y vivent groupés. La région située au centre, ou Manitoba, est également une région agricole et se peuple peu à peu.

151. — Le Canada a une population de 7 000 000 habitants dont 6 100 000 dans les pays du Saint-Laurent et la majeure partie du reste dans le Manitoba.

Trois races constituent la population :

Les *Indiens*, qui vivent dans le *Grand Nord* et dans les Montagnes Rocheuses, où ils sont nomades, chassent et font le commerce des fourrures ;

Les *Français* (1 900 000), descendant des colons qui s'y établirent quand le Canada nous appartenait. Ils habitent surtout le Bas-Canada, sur le cours inférieur du Saint-Laurent, et sont bûcherons ou agriculteurs ;

Les *Anglo-Saxons* et autres immigrants se groupent surtout dans la région maritime et autour des Grands-Lacs. Ils vivent de l'agriculture et de l'industrie.

152. — Le Canada appartient à l'Angleterre, qui lui laisse d'ailleurs beaucoup de liberté.

La plupart des grandes villes se trouvent dans la région du Saint-Laurent. Les principales sont : *Halifax*, port sur l'Atlantique ; *Quebec*, sur le Saint-Laurent, dans le Canada français ; *Montréal* (267 000 h.), sur le Saint-Laurent, également dans le Canada français ; *Toronto* (208 000 h.), principale ville du Canada anglais ; *Ottawa*, capitale fédérale, mais petite ville.

Le centre n'a qu'une grande ville : *Winnipeg*, dans le Manitoba ; l'ouest en a deux : *Victoria* et *Vancouver*, ports sur le Pacifique.

153. — *Le Canada est surtout un pays agricole.* Il vit d'abord de l'exploitation de ses *bois*, de l'exportation de ses *céréales* et de ses *bestiaux* (viandes, produits de laiterie).

L'industrie s'y développe, surtout la *papeterie*, à cause du bois, les fabriques de conserves de viandes, la préparation des beurres et des fromages. Mais elle est encore, en somme, peu active.

154. — On rattache au Canada un certain nombre d'îles, dont la principale, *Terre-Neuve* (210 000 h.) est un centre pour la pêche à la morue.

La France possède, au sud de Terre-Neuve, les petits îlots de Saint-Pierre et de Miquelon.

155. — 1re LECTURE : **La situation du Canada.** — On verra qu'à peu de chose près le Canada possède les mêmes avantages que les États-Unis : vastes étendues, mines dans les Montagnes Rocheuses, sol fertile, grands lacs et grand fleuve, bons ports sur l'Atlantique. Mais le Canada a un grand désavantage par rapport aux États-Unis : *il est situé plus au Nord*. De ce désavantage résulte que :

1° Le climat est plus rigoureux, et que les régions septentrionales (près des deux tiers du pays) sont inutilisables à la culture ;

2° L'homme y vit moins à l'aise et l'immigration y est moins abondante ;

3° Le grand fleuve, le Saint-Laurent, est gelé une partie de l'année et ne peut servir au commerce que pendant sept à huit mois ;

4° Les ports de l'embouchure du Saint-Laurent sont gelés en même temps et arrêtent le commerce extérieur.

156. — 2e LECTURE : **Constitution du Canada.** — Ancienne colonie française découverte par Jacques Cartier au seizième siècle, et mise en valeur par Champlain au dix-septième, acquis par les Anglais au XVIIIe siècle, le Canada est aujourd'hui partagé en un certain nombre de provinces. Chacune a son ministère spécial qui l'administre. Les affaires qui intéressent la totalité des provinces sont gérées par une assemblée composée de députés nommés par les habitants de toutes les provinces. On y parle anglais et français.

L'Angleterre est représentée dans le gouvernement par un gouverneur général qui a le droit de s'opposer aux décisions de l'assemblée. Mais il use très rarement de ce droit et l'on peut dire que la Puissance du Canada est libre sous le contrôle et sous la protection de l'Angleterre.

Exercices. — Dessiner une carte du Canada où vous indiquerez : 1° les principaux traits du relief et de l'hydrographie ; 2° les régions situées dans la zone arctique ; 3° les régions cultivables ; 4° l'emplacement des principales villes ; 5° les régions où se trouve la majorité des Indiens, des Français et des Anglo-Saxons.
Quelle est la constitution du Canada? — Comparer la situation du Canada avec celle des États-Unis.

4° Les États-Unis.

157. Ressources qu'ils offrent à l'homme.
— Un peu plus étendus que le Canada, les États-Unis offrent, grâce à leur situation plus méridionale, beaucoup plus de ressources à l'homme.

Ce sont : dans la *région atlantique nord*, qui a le climat de l'Europe occidentale et méridionale : les forêts et les céréales, la houille, le fer et le pétrole ; — dans la *région atlantique sud*, qui a le climat chaud et humide des régions équatoriales : le coton, le sucre, le café, le tabac ; — dans le *centre*, grande plaine au sol fertile, mais où il faut craindre la sécheresse : les céréales et les bestiaux ; — dans les *Montagnes Rocheuses* naturellement rudes et peu propres à l'agriculture : les métaux précieux ; — en *Californie*, où le climat rappelle celui de la Méditerranée : le blé et la vigne.

158. Populations.
— Les États-Unis, habités auparavant par des Indiens peu nombreux et à moitié sauvages, ont reçu de nombreux émigrants, surtout au cours du xix° siècle : on évalue leur nombre à plus de 20 millions de 1820 à 1900.
La population actuelle est de 92 000 000 habitants. Elle comprend des *Indiens*, des *Nègres*, des *Chinois*, et surtout des *Blancs*

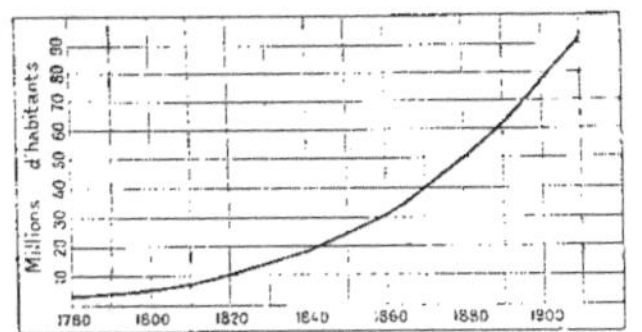
Fig. 121. — ACCROISSEMENT DE LA POPULATION DES ÉTATS-UNIS.
La population des États-Unis s'est accrue considérablement au XIX° siècle ; elle est devenue 20 fois plus considérable depuis 1800, moins par accroissement naturel que par une immigration considérable venue principalement de l'Europe.

qui sont venus de tous les pays d'Europe, mais sont pour la plupart d'origine anglaise, allemande ou française. Les Anglais ont la majorité ; leur langue est la langue officielle.
L'importance numérique de ces différentes races est la suivante :

Blancs . . . . 82 000 000 89 p. 100
Nègres . . . . 9 200 000 10 —
Peaux-Rouges . 266 000 0,4 —
Chinois . . . . 205 000 0,5 —

La population est inégalement répartie. Elle est très dense dans les pays de l'Atlantique, par où sont venus les émigrants. Elle diminue vers l'intérieur, est presque nulle dans les Montagnes Rocheuses et redevient un peu plus dense en Californie.

159. Grandes villes.
— Les grandes villes sont très nombreuses et s'accroissent très rapidement. La plupart des suivantes comptent près de 500 000 habitants.
Les plus anciennes et les principales se trouvent dans la région atlantique, qui fut colonisée la première et qui, placée en face de l'Europe, concentre naturellement la majeure partie du commerce. Ce sont : *Boston*, grand port d'exportation de céréales ; *New-York* (4 113 000 hab.), principal port et principale ville de tous les États-Unis ; *Philadelphie* et *Baltimore*, autres grands ports et villes industrielles ; *Washington*, capitale fédérale, où siègent le Président de la République et le parlement des États-Unis ; *Pittsburgh* et *Cincinnati*, plus loin de la côte atlantique, villes industrielles ; enfin la *Nouvelle-Orléans*, grand port au sud, sur le golfe du Mexique, à l'embouchure du Mississippi, dans notre ancienne colonie, la Louisiane.
Au centre, se trouvent : *Chicago* (qui n'existait pas en 1830 et qui compte aujourd'hui 2 049 000 habitants) ; située sur les grands lacs, au milieu d'une riche région de cultures et d'élevage, elle exporte beaucoup de grains et fait un grand commerce d'animaux et de viandes ; *Saint-Louis*, près du confluent du Mississippi et du Missouri. — Sur le Pacifique se trouve *San Francisco*, centre des relations avec l'Extrême-Orient.

160. Développement économique.
— Le développement économique des États-

Unis a été et continue à être merveilleusement rapide. Les voies de communication naturelles, par le réseau du Mississippi, par les Grands Lacs et le fleuve Hudson, sont nombreuses et faciles : à lui seul,

Fig. 123. — RÉSEAUX FERRÉS COMPARÉS DES ÉTATS-UNIS ET DE L'EUROPE.
Les États-Unis, qui sont un peu moins vastes que l'Europe, ont cependant une plus grande longueur de voies ferrées ; il est vrai d'ajouter qu'ils manquent presque complètement de bonnes routes dont l'Europe est, au contraire, très bien pourvue.

l'ensemble du réseau navigable du Mississippi a un développement total de 25 000 kilomètres. Quant aux voies ferrées, les États-Unis en possèdent plus à eux seuls que tous les États d'Europe réunis.

L'agriculture est florissante et variée. Les États-Unis sont le premier pays du monde pour la production des céréales (blé et maïs) ainsi que pour la production du coton. En outre, ils ont une richesse animale considérable : ils élèvent par millions les bœufs et les porcs, dont les viandes préparées sont envoyées en Europe sous forme de conserves ou même comme viandes fraîches, grâce à des bateaux réfrigérents.

L'industrie, favorisée par l'abondance de métaux de toute sorte, s'est développée principalement dans le nord-est, région de la houille. Ses progrès, depuis un tiers de siècle, ont été considérables. Les États-Unis tendent à fabriquer eux-mêmes tous les produits dont ils ont besoin, et ils commencent à exporter dans les autres pays du globe, et jusqu'en Europe où ils font concurrence aux produits allemands ou anglais. Ce sont surtout les industries mécaniques (machines diverses) et certaines industries textiles (en particulier les cotonnades) qui sont particulièrement actives. L'industrie des États-Unis est maintenant une des premières du monde.

Le *commerce* dépasse maintenant 17 milliards de francs par an et croît d'année en année. Les États-Unis *importent* surtout certains produits alimentaires qu'ils ne produisent pas (thé, café, vin, sucre) et des produits bruts pour leur industrie (soie). Ils *exportent* surtout des céréales, des cuirs et des viandes salées, de la houille, du pétrole, et certains produits industriels (cotonnades, etc.). Ils sont au premier rang pour la production de l'or et au second rang pour celle de l'argent.

161. L'impérialisme des États-Unis. — A mesure que leur industrie se développait et que leur commerce prenait de l'extension, les États-Unis ont senti la nécessité de se créer des débouchés plus nombreux. C'est ainsi que cette puissance, jadis toute pacifique, a été amenée à une politique d'expansion et de conquêtes, qu'on appelle l'*impérialisme américain*, ou des *États-Unis*. Depuis 1892, ils ont ainsi successivement annexé divers territoires, les uns par l'établissement d'un protectorat, les autres à la suite de guerres, notamment avec l'Espagne.

Ils possèdent actuellement comme territoires annexes ou comme colonies : au nord-ouest de l'Amérique du Nord, le *territoire d'Alaska*, immense, mais glacé, peu peuplé, sans ressources, à l'exception des fameuses mines d'or du Klondyke; dans les Antilles, *Porto-Rico*, riche en sucre, enlevé à l'Espagne; en Océanie, l'archipel des *Hawaï*, qui est à la fois une escale pour leur commerce et une immense usine de sucre; dans l'Extrême-Orient, sur les côtes de l'Asie, les *îles Philippines*, enlevées à l'Espagne, riches et peuplées de 7 millions d'hommes.

Les États-Unis exercent leur domination commerciale sur toute l'Amérique et aspirent à en fermer l'accès au commerce européen; en outre, depuis plusieurs années, ils entretiennent avec l'Extrême-Orient un commerce de plus en plus actif.

162. — 1ʳᵉ Lecture: Constitution politique des États-Unis. — Les États-Unis comprennent 44 états et 4 territoires. L'ensemble des états forme une république fédérative.

La différence entre une république fédérative comme les États-Unis et une république unitaire comme la nôtre, c'est que dans la première chaque province ou chaque état a son gouvernement propre, tandis que dans la seconde, il n'y a qu'un seul gouvernement pour tout le pays.

Pourtant, aux États-Unis, outre les gouvernements des états, il y a un gouvernement central qui s'occupe des affaires intéressant l'ensemble des états (guerre, paix, commerce extérieur, etc.).

Ce gouvernement comprend un Président, un Sénat et une Chambre des Représentants. Le Président est nommé pour quatre ans, en même temps qu'un vice-président, qui le remplace jusqu'à la fin de ses pouvoirs s'il vient à mourir. Le suffrage universel est à la base de toute l'organisation politique des États-Unis, qui est donc démocratique.

163. — 2ᵉ Lecture : Les grandes villes des États-Unis. — Les grandes villes des États-Unis sont assez différentes des nôtres par leur origine et par leur aspect.

La plupart d'entre elles se sont développées très rapidement. C'est ainsi que la ville de Chicago, qui a aujourd'hui près de deux millions d'habitants, n'était, il y a quarante ans, qu'une infime bourgade. On pourrait citer d'autres exemples analogues, comme Saint-Louis, San Francisco, etc.

Il suffit que, dans un endroit désert, la découverte d'une mine ou l'installation d'une industrie se produise pour qu'aussitôt les émigrants arrivent en foule. A leur suite des marchands de produits alimentaires et de boisson s'installent. une usine électrique se monte, un chemin de fer se construit, et voilà la nouvelle ville fondée. Quelques années plus tard elle est une grande ville, si toutefois la mine est vraiment abondante et si l'industrie qu'on y avait créée prospère.

Les principaux caractères de ces *villes-champignons*, accrues à vue d'œil, sont l'*énormité* des constructions et l'*animation*

Fig. 125. — DENSITÉ DE LA POPULATION AUX ÉTATS-UNIS.

Les premiers colons venus aux États-Unis occupèrent les côtes de l'océan Atlantique, à l'est. C'est seulement quand elles commencèrent à être bien peuplées que les immigrants allèrent se fixer plus avant dans l'intérieur. Aussi la densité est-elle forte surtout à l'est, et diminue-t-elle de l'est à l'ouest, sauf aux abords du Pacifique, où elle redevient un peu plus grande.

des rues. Chicago a des maisons de vingt étages et plus. Les omnibus, tramways, chemins de fer aériens innombrables donnent l'impression d'une activité que ne possèdent pas nos villes européennes. En revanche, on

n'y trouve point ces vieux quartiers et ces vieilles maisons, qui racontent pour ainsi dire l'histoire du passé et donnent à la plupart de nos villes d'Europe un cachet de pittoresque et l'attrait de la curiosité. Les villes américaines sont d'une uniformité un peu monotone.

La plupart de ces villes vivent surtout de l'industrie qui a été la cause de leur naissance ; beaucoup d'entre elles portent un surnom qui l'indique : c'est ainsi que dans l'ouest, Kansas-City est le grand marché des éleveurs; que Cincinnati est la *ville des porcs*, d'ailleurs détrônée aujourd'hui par Chicago, que Pittsburgh est la *ville de l'acier*, etc.

164. — 3ᵉ Lecture : Grande culture et grand élevage aux États-Unis. — Les États-Unis sont un *pays de grande culture*. Les habitants étant peu nombreux, une grande partie de la terre n'appartient encore à personne et peut s'acquérir à vil prix. Aussi les propriétés de plusieurs centaines d'hectares y sont très nombreuses, surtout dans la région des plaines intérieures entre le Mississippi et les Montagnes Rocheuses.

Le sol neuf produit suffisamment sans amendements et sans engrais. La semence est jetée un peu au hasard, à la volée, sur ces vastes espaces et pousse sans soins. Il y a loin de là à la *petite culture* de nos pays, où la terre coûte très cher, où les propriétés sont peu étendues et où la culture doit être soignée pour que les rendements donnent au propriétaire un bénéfice suffisant. Le paysan français aime la terre dans l'intimité de laquelle il vit: de là son âpreté à en acquérir pour accroître l'étendue du domaine primitif. Celui des États-Unis *exploite* la terre et, quand elle ne rend plus assez, il va en exploiter une autre étendue plus loin.

De même l'élevage se fait en grand. Dans les immenses espaces de l'ouest (le *Grand-Ouest* ou le *Far-West*) les troupeaux de 10 000 bœufs ne sont pas rares. Ils paissent en liberté, surveillés par des bergers à cheval, les *cow-boys*, jusqu'à ce qu'on les mène vers Kansas-City, Chicago, les grandes villes de la boucherie et des usines de conserve.

En 1900, les États-Unis exportèrent 329 millions de livres de bœuf frais, 55 millions de livres de bœuf conservé, 49 millions de livres de bœuf salé, soit ensemble 433 millions de livres de viande de bœuf, valant 187 millions de francs. Ils exportèrent, d'autre part, 1530 millions de livres de viandes de porc, sous différentes formes, représentant une valeur de 560 millions de francs. La majeure partie de ces viandes exportées vient de Chicago, qu'on a surnommé *Porcopolis*.

C'est ainsi qu'aux États-Unis tout se fait en grand sur une échelle et par des procédés inconnus en Europe. Aucun pays ne donne une pareille impression de fébrilité et en même temps de puissance.

Exercices. — Faites une carte des États-Unis où vous distinguerez les principales régions et où vous marquerez l'emplacement des principales villes.

Quelles sont les principales ressources des États-Unis? Comment sont-elles réparties? utilisées ?

La population des États-Unis. Comment se compose-t-elle? Comment est-elle répartie? Décrire une ville des États-Unis.

Qu'est-ce que l'impérialisme des États-Unis? — Quelles sont les annexes et les colonies des États-Unis en Amérique, en Océanie, en Extrême-Orient?

Fig. 126. — AMÉRIQUE DU NORD POLITIQUE.

5° Le Mexique.

165. — Le Mexique, 2 000 000 kmq., qui occupe toute la partie méridionale de l'Amérique du Nord, n'est pas une région riche. Tout le nord, trop sec, est un désert.

C'est dans les montagnes et sur les plateaux du sud que se trouvent les principales richesses végétales : *bois précieux, canne à sucre, cacao, coton et tabac*. Il faut y ajouter de très abondantes richesses minérales, *or* et surtout *argent*.

Dans ces montagnes, on distingue d'après l'altitude, trois grandes régions principales : les *Terres chaudes*, situées au-dessous de 1000 mètres : les *Terres tempérées*, situées de 1000 à 2000 mètres : enfin les *Terres froides* situées au-dessus de 2000 mètres. Ces dernières, où la température est encore plus chaude que dans la France centrale, sont les plus saines et les plus peuplées; elles ont des orangers, des citronniers, et d'une manière générale, la végétation de nos pays méditerranéens.

166. — La population n'est pas très nombreuse : elle s'élève à 13 607 000 habitants, ce qui donne une moyenne de 7 par kilomètre carré. Les *blancs* n'entrent dans ce nombre total que pour 1/5. La majorité se compose de *métis*, issus de mariages entre Espagnols et Indiennes. Le souvenir des Espagnols, qui colonisèrent le pays et le possédèrent longtemps, se retrouve dans la langue espagnole, prédominante au Mexique.

Les villes sont rares au Mexique. Les principales sont, dans les *Terres froides* : *Mexico* (345 000 habitants), la capitale, à 2200 mètres d'altitude, et *Puebla*. Les deux ports principaux sont : *Acapulco*, sur le Pacifique, et *Vera-Cruz*, sur le golfe du Mexique.

167. — République fédérative ayant une constitution analogue à celle des Etats-Unis, le Mexique n'a encore qu'un développement économique médiocre, longtemps contrarié par d'incessantes révolutions, en progrès actuellement. L'immigration y est rare.

Les ressources du sol sont peu exploitées, sauf l'argent, qui diminue de valeur. Le Mexique est le pays du monde qui produit le plus d'argent (voir page 45, une lecture sur l'*Argent*).

Exercices. — Quelles sont les différentes régions du Mexique? quelles sont celles où se concentrent les populations et les villes (que vous énumérerez)? Pourquoi?
Quel est le principal produit du Mexique?

6° L'Amérique centrale.

168. — On nomme Amérique centrale la suite des isthmes qui relient l'Amérique du Nord à l'Amérique du Sud, en séparant l'océan Pacifique du golfe du Mexique et de la mer des Antilles, c'est-à-dire de l'océan Atlantique. Cette région d'isthmes n'a pas moins de 2500 kilomètres de longueur du nord au sud.

Les deux principaux de ces isthmes sont l'*isthme de Nicaragua*, large de 220 kilomètres, et l'*isthme de Panama*, large seulement de 56 kilomètres.

169. — Constituée physiquement comme le Mexique méridional, l'Amérique centrale possède les mêmes ressources, c'est-à-dire les *produits tropicaux* (surtout le café) et les *métaux précieux*, mais ceux-ci en moindre quantité que le Mexique.

Elle est relativement presque aussi peuplée que l'immense Mexique: elle a, en effet, sur une étendue trois fois moindre, plus de 4 000 000 d'habitants, Blancs, Indiens et Métis.

170. — Malheureusement l'Amérique centrale qui ne formait qu'un seul Etat au temps de la domination espagnole, est maintenant politiquement divisée en six petits états, naturellement peu peuplés et peu puissants chacun :

Le *Guatémala* (1 840 000 habitants), capitale *Guatémala*;

Le *Salvador* (1 116 000 habitants), capitale *San Salvador*;

Le *Honduras* (587 000 habitants), capitale *Tegucigalpa*;

Le *Nicaragua* (500 000 habitants), cap. *Managua*;

Le *Costa-Rica* (570 000 habitants), capitale *San José*;

Le *Panama*, ancienne province de la Colombie, devenu état indépendant en 1904, capitale *Panama*.

Il faut y ajouter la colonie du *Honduras Britannique* (37 000 habitants), capitale *Belize*.

On a fait plusieurs tentatives de confédération pour unir les états indépendants; elles ont toujours échoué et les rivalités sont incessantes.

171. — Ces rivalités ont toujours gêné le développement économique de la région; les mines sont à peine exploitées. Seule la culture du café est assez bien développée, dans l'état de Guatémala.

Pourtant la situation de l'Amérique centrale entre les deux océans, lui donne une importance économique spéciale. Celle-ci se décuplera, le jour où l'isthme de Panama sera percé par un canal qui sera une des grandes voies de commerce du globe.

172. — 1ʳᵉ Lecture : **Où cultive-t-on le café dans l'Amérique centrale.** — Le café est une des principales productions de l'Amé-

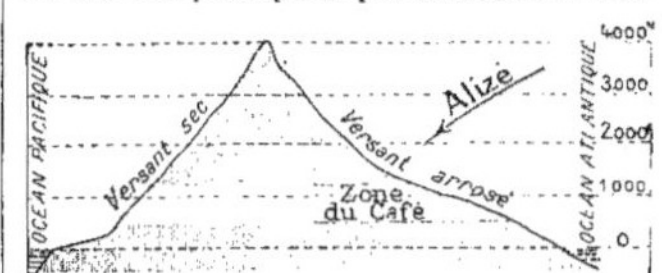

Fig. 127. — LA ZONE DU CAFÉ DANS L'AMÉRIQUE CENTRALE.
Le café aime la chaleur tempérée et l'humidité. La zone du café, dans l'Amérique centrale, s'étend de 600 à 1200 mètres d'altitude, sur les versants orientaux qui sont exposés aux pluies qu'amène le vent alizé.

rique centrale. Il a remplacé certaines plantes tinctoriales qui furent jadis la grande richesse de ces pays, richesse ruinée par la découverte des couleurs dérivées de la houille.

Le café, pour pousser, a besoin d'une chaleur assez forte mais relativement tempérée et d'humidité. Or, dans l'Amérique centrale, c'est le vent alizé, soufflant du nord-est, qui apporte la pluie. Les plantations de café sont donc situées sur le versant des montagnes qui est exposé au nord-est. L'autre versant,

plus sec, n'en possède pas. D'autre part, le café pousse surtout aux altitudes moyennes, c'est-à-dire dans les *terres tempérées*, qui ne sont ni trop chaudes, ni trop fraîches, à peu près de 600 à 1200 mètres d'altitude.

Fig. 128. — TRAVAUX DU CANAL DE PANAMA.
On a projeté d'unir l'Atlantique au Pacifique par un canal traversant l'isthme de Panama. Il éviterait aux navires allant d'un océan à l'autre d'avoir à contourner l'Amérique du Sud par son extrémité méridionale ce qui constitue un très long détour. Les travaux sont en voie d'exécution et doivent être achevés vers 1915. C'est une compagnie française, formée par M. Ferdinand de Lesseps, qui les avait commencés. Les Etats Unis ont acheté ces premiers travaux et les continuent.

173. — 2° Lecture : **Le projet de canal de Panama.** — L'importance de l'Amérique centrale tient à sa situation au point de contact des deux plus grands océans. La traversée de l'Amérique centrale permet d'éviter de longs détours par le détroit de Magellan, au sud de l'Amérique du Sud. Aussi parla-t-on dès le lendemain de la découverte de l'Amérique d'établir un canal reliant les deux principaux océans du globe à travers l'un des isthmes de l'Amérique centrale. Jusqu'à présent le canal n'est point ouvert. Seule, une voie ferrée unit *Colon*, sur l'Atlantique, et *Panama* sur le Pacifique.

Vers 1880, le succès du percement de l'isthme de Suez donna l'idée de construire un canal analogue dans l'un des isthmes de l'Amérique centrale. Deux projets furent mis successivement en avant, l'un passant à travers l'isthme de Nicaragua, l'autre à travers l'isthme de Panama. C'est ce dernier qui a prévalu. Il est actuellement en construction.

Tous les états du monde ont intérêt au creusement de ce canal. Mais les Etats-Unis surtout y ont, un avantage majeur, à la fois *commercial* et *stratégique*; à l'heure actuelle une flotte allant de New-York à San Francisco ou aux Philippines (colonie américaine) devrait contourner toute l'Amérique du sud, et s'aventurer très loin des côtes qu'elle aurait à défendre. C'est pour cela que les Etats-Unis ont racheté les travaux du Panama, qui avaient été commencés par une compagnie française, et sont occupés à les poursuivre.

Exercices. — Énumérer les états de l'Amérique centrale, les avantages qu'ils possèdent grâce à leur situation et la cause qui les empêche d'en tirer parti.
Que savez-vous du projet de canal de Panama? Quels avantages présentera ce canal? A qui surtout profiterait-il?

pour cette raison sans arbres, que le défrichement transforme peu à peu en champs de céréales.

2° *Des ressources minérales également* abondantes : or, argent, cuivre, dans les Andes (Pérou, Bolivie, Chili); diamants, dans le Brésil. La houille et le fer semblent peu abondants.

La plupart de ces richesses, à l'exception des mines d'or et d'argent, sont du reste peu exploitées.

183. — 1re Lecture : **Les Andes.** — On a vu que les mers profondes ont souvent des bords très élevés : c'est le cas dans l'Amérique du Sud, sur le versant du Pacifique. Cet Océan a des profondeurs de 4 000 à 5 000 mètres au bord même du continent américain, et parallèlement au rivage se dresse le haut rempart des Andes avec des sommets de 6 000 à 7 000 mètres d'élévation.

Les Andes sont, après l'Himalaya, la chaîne la plus haute du monde entier. Longue de 7 000 kilomètres environ du nord au sud, elles portent de nombreux volcans en activité ; on n'en compte pas moins d'une soixantaine autour du plateau de Quito sous l'équateur ; en outre, il en existe un grand nombre d'autres sur les plateaux du Pérou et de Bolivie, ainsi que dans les Andes chiliennes ; l'Aconcagua, point culminant de l'Amérique du Sud, est un volcan. Les tremblements de terre sont fréquents dans toute la région des Andes ; c'est une des régions du globe où l'écorce terrestre paraît le moins consolidée.

Les Andes sont très difficiles à franchir pour deux raisons : 1° parce qu'elles dressent leur muraille près de la mer dont elles ne sont séparées que par une zone de plaines larges en général d'une soixantaine de kilomètres seulement ; 2° parce que leurs cols, très élevés, s'ouvrent souvent à 3 500 ou 4 000 mètres d'altitude, au voisinage des neiges éternelles et dans des régions où l'air est déjà assez raréfié pour provoquer de violents maux de tête et des étourdissements, symptômes du mal des montagnes.

Et pourtant les Andes ne sont point une région déserte. Elles enserrent des plateaux peuplés, bien qu'à 2 000 mètres et plus de hauteur. C'est que ces plateaux, placés sous l'équateur ou dans la zone intertropicale, ont encore un climat tempéré, presque méditerranéen, comme les Terres Froides du Mexique. C'est aussi qu'ils renferment des gisements d'or et d'argent qui ont fait longtemps la renommée du Pérou. Quand les Européens arrivèrent sur ces plateaux des Andes, ils y trouvèrent une population nombreuse et civilisée qui savait depuis longtemps tirer parti des ressources variées du pays.

184. — 2e Lecture : **Les ressources qu'offre l'Amérique du Sud.** — On peut dire qu'à certains points de vue l'Amérique du Sud offre à l'homme plus de ressources que l'Amérique du Nord. L'étendue des terres cultivables y est relativement plus considérable que dans l'Amérique du Nord : en effet l'Amérique du Sud n'a presque pas de déserts; elle n'a pas de zone arctique. Les pampas de la Patagonie et de l'Argentine, qui sont peu arrosées, fournissent un sol excellent pour l'élevage et pour la culture des céréales. Sur le plateau du Brésil s'étend une terre rouge (la *terra rossa* comme disent les habitants) qui est très favorable à la culture des produits tropicaux et particulièrement à la culture du café. De grands fleuves, comme l'Amazone et le Rio de la Plata, favorisent les communications. Les métaux précieux enfin abondent dans les plateaux des Andes, et constituent une ressource extrêmement importante.

Pourtant l'Amérique du Sud est désavantagée par trois circonstances :

1° Elle est moins découpée encore que l'Amérique du Nord et, par conséquent, plus difficilement pénétrable.

2° Elle est située dans l'hémisphère sud, dans l'*hémisphère maritime*, et elle s'y trouve beaucoup plus éloignée que l'Amérique du Nord de l'Europe ; par suite, le transport de ses produits coûte plus cher et les émigrants d'Europe sont moins attirés et y viennent moins naturellement.

3° Enfin l'Amérique du Sud est divisée en un trop grand nombre d'États. Si l'on excepte les petites républiques de l'Amérique centrale, l'Amérique du Nord ne compte que *trois* grands États, Canada, États-Unis et Mexique. L'Amérique du Sud en compte *dix*. Ce morcellement a été, depuis un siècle, une source de guerres incessantes et a empêché la mise en valeur de la plupart des ressources de l'Amérique du Sud.

Ces États sont, d'ailleurs, souvent troublés à l'intérieur par les rivalités des partis rivaux : nulle part, les guerres civiles ne sont plus fréquentes que dans l'Amérique du Sud, et c'est encore là une raison qui gêne le développement de ce riche pays.

Exercices. — Faites une carte physique de l'Amérique du Sud.

Quels sont les avantages que l'Amérique du Sud tire de sa situation, de son relief, de son hydrographie, de son climat et des ressources de son sol ?

Comparer à cet égard l'Amérique du Sud avec l'Amérique du Nord.

Décrire les Andes.

Quels sont leurs principaux sommets ?

Que savez-vous de leurs cols ? Pourquoi leurs plateaux sont-ils relativement bien peuplé quoique situés très haut ?

Fig. 134. — AMÉRIQUE DU SUD PHYSIQUE.

GÉOGRAPHIE POLITIQUE

1° Populations et États.

185. Presque aussi étendue que l'Amérique du Nord, l'Amérique du Sud est beaucoup moins peuplée. Elle ne compte, en effet, que 45 millions d'habitants, à peine autant que la France, bien qu'elle soit plus de trente fois plus étendue.

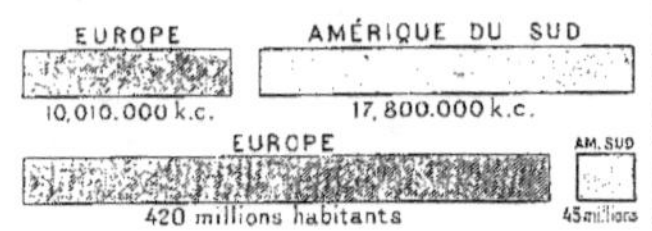

Fig. 135. — SUPERFICIE ET POPULATION COMPARÉES DE L'AMÉRIQUE DU SUD ET DE L'EUROPE.

L'Amérique du Sud est près de deux fois plus étendue que l'Europe, mais elle est très peu peuplée et renferme dix fois moins d'habitants.

Cette population augmente lentement. L'Amérique du Sud attire moins les émigrants que l'Amérique du Nord, pour deux raisons :

1° Elle est plus éloignée de l'Europe que l'Amérique du Nord ;

2° Par la faute des habitants, l'industrie est encore en enfance.

Toutefois, l'émigration s'y porte un peu plus depuis une vingtaine d'années, notamment dans le Brésil méridional et sur l'estuaire du Rio de la Plata. A mesure que les États-Unis se remplissent, l'émigration européenne cherche d'autres débouchés : elle se porte bien plus que jadis vers l'Amérique du Sud.

186. — La population de l'Amérique du Sud comprend : des *Indiens*, encore nombreux sur les hauts plateaux ; — des *Blancs*, venus d'Europe ; — des *Nègres*, amenés d'Afrique par la traite ; — quelques *Chinois*, et surtout des *Métis*, nés du croisement de toutes ces diverses races.

Les blancs sont exclusivement des *Espagnols* et des *Portugais*, descendants des anciens conquérants du pays. Ils y ont imposé leurs mœurs, leur langue et leur religion (catholicisme). Comme ces peuples sont de race latine, on appelle quelquefois l'Amérique du Sud l'*Amérique latine*, par opposition à l'Amérique du Nord qui est principalement une *Amérique anglo-saxonne*.

187. — Affranchie de la domination européenne entre 1820 et 1850, l'Amérique du Sud forme aujourd'hui 10 états indépendants, sans cesse troublés par des guerres et des luttes intestines. En outre l'Angleterre, la Hollande et la France y possèdent trois petits territoires : les trois Guyanes.

Par leur situation, leurs ressources et leur civilisation, ces états forment trois groupes :

1° Les États du Pacifique : *Équateur, Pérou, Bolivie, Chili* ;

2° Les États du Nord : *Colombie, Venezuela, Guyanes* ;

3° Les États de l'Atlantique : *Brésil, Paraguay, Uruguay, République Argentine.*

188. — LECTURE : **Les Espagnols dans l'Amérique du Sud.** — Ce sont les Portugais et surtout les Espagnols qui ont découvert, conquis et peuplé l'Amérique du Sud. La conquête date du XVIe siècle, et les principaux conquérants furent *Pizarre* et *Fernand Cortès*.

La conquête des Espagnols fut brutale. Ils n'essayèrent pas de se concilier les populations indigènes, qui étaient pourtant pacifiques. notamment les Incas qui avaient fondé une grande domination sur les hauts plateaux des Andes du Pérou. Au contraire, ils les décimèrent et régnèrent dans le pays par la terreur.

L'exploitation du pays par les Espagnols fut maladroite. Ils s'occupèrent fort peu de défricher et de mettre en culture le sol qui pourtant était riche. Ils songèrent surtout à extraire des mines les plus grandes quantités d'or ou d'argent.

Les effets de la conquête espagnole se font sentir encore aujourd'hui, bien que l'Amérique du Sud soit indépendante depuis 80 ans. En effet :

1° Malgré les progrès très considérables qui ont été accomplis récemment, une grande partie du territoire n'a pas encore été mise en culture ;

2° La population d'Espagnols, de Portugais et de métis est indolente et inexpérimentée : la plupart des populations indigènes sont moins civilisées aujourd'hui qu'elles ne l'étaient au moment de la conquête européenne. Les meilleurs travailleurs de l'Amérique du Sud sont ceux qui y émigrent de nos jours : c'est à ces nouveaux venus que sont dus presque tous les défrichements qui ont été faits.

Exercices. — De quels éléments se compose la population de l'Amérique du Sud ? — Quelle est la principale race blanche que l'on y trouve ? Quelle a été l'action des conquérants espagnols sur le développement de l'Amérique du Sud ?

2° Les États du Pacifique.

189. — Les États du Pacifique sont les États les moins prospères de l'Amérique du Sud pour plusieurs raisons :

1° Parce que, situés à cheval sur la Cordillère des Andes, ils ont une grande partie de leur sol inutilisable ;

2° Parce que les Andes dressent entre leur partie maritime et les autres États de l'Amérique du Sud une barrière presque infranchissable ;

3° Parce que, tant qu'un isthme de l'Amérique centrale ne sera pas percé, les communications avec l'Europe et avec les États-Unis de l'Atlantique, principaux centres actuels du rayonnement de la civilisation, seront très longues.

190. **Équateur.** — L'Équateur est situé, comme son nom le donne à penser, sous l'équateur. C'est un petit État ; il n'a que 299 000 kilomètres carrés d'étendue.

L'Équateur comprend trois zones : au centre, les montagnes et les hauts plateaux des Andes, qui, dans leurs parties basses, donnent les produits de l'Europe ; — à l'est et à l'ouest, deux régions basses, la côte et la plaine de l'Amazone, où poussent les produits tropicaux.

Malgré cette variété de ressources, l'Équateur n'a que 1 400 000 habitants, dont la plus grande partie vit groupée sur les plateaux frais et salubres des Andes, où se trouvent les principales villes.

La République de l'Équateur a pour capitale *Quito* (80 000 habitants), sur un haut plateau, entouré de volcans ; le port principal est *Guayaquil*.

191. **Pérou.** — Le Pérou, situé au sud de l'Équateur, est beaucoup plus étendu ; il a, en effet, 1 769 000 kilomètres carrés.

Il comprend lui aussi trois régions : à l'ouest, la *côte*, qui est sèche et aride ; au centre, la *montagne* qui a des terres tempérées et renferme de riches mines d'argent ; à l'est, la *haute plaine du Marañon*, qui a un climat chaud et humide, et possède des forêts avec tous les produits tropicaux.

Malgré ces ressources, la population est relativement peu nombreuse et ne dépasse pas 4 560 000 habitants. Le Pérou est, en somme, peu prospère.

Les principales villes sont : *Lima* (113 000 habitants), la capitale, dans la région de la côte, et son port *Callao* ; — *Cerro de Pasco* et *Puno*, sur le plateau, dans la région des mines d'argent : celles-ci sont en décadence ; l'argent a subi, par suite de son abondance, une très grande dépréciation.

192. **Bolivie.** — La Bolivie, au sud du Pérou, était jadis très importante. Mais, à la suite d'une guerre malheureuse avec le Chili, elle a dû céder à ce pays, en 1885, ses provinces maritimes. Elle n'a plus que 1 334 000 kilomètres carrés d'étendue, et ne possède plus aucun débouché à elle sur la mer, ce qui lui constitue un grand désavantage.

N'ayant plus de côtes, la Bolivie ne comprend plus que deux régions principales, une région montagneuse et une région de plaines intérieures. Elle a des mines d'argent et des produits tropicaux, dont le principal est le café.

La Bolivie a 2 200 000 habitants. Ses villes sont : **La Paz** (57 000 habitants), la capitale actuelle ; *Sucre*, l'ancienne capitale ; *Potosi*, célèbre par ses mines d'argent.

193. **Chili.** — Enserré entre les Andes et la mer, le Chili ne comprend qu'une étroite bande de terrain, longue de 4000 kilomètres, large tout au plus de 200 ; il a une superficie totale de 776 000 kilomètres.

Au contraire des précédents pays, les différentes régions du Chili ne sont pas juxtaposées de l'ouest à l'est : elles le sont du nord au sud. Ici, ce n'est pas l'altitude qui crée des différences entre les diverses parties du pays, c'est la latitude. Le *nord*, chaud et sec, n'est qu'un désert ; le *centre*, région tiède et moyennement arrosée, rappelle les régions méditerranéennes dont il a les produits, céréales, vignes, fruits ; le *sud*, région humide et froide, est couverte de forêts et de pâturages.

Les richesses minérales (salpêtre, argent,

Fig. 136. — ARÉQUIPA ET LE VOLCAN MISTI (PÉROU).

cuivre, houille) sont abondantes et groupées principalement dans la région du centre.

De toute manière, le centre est la région la mieux douée, et par suite il forme la partie vivante du Chili, celle où se groupent les villes et la plus grande partie de la population.

Cette population s'élève à 3 249 000 habitants ; elle augmente lentement, malgré l'abondance des ressources du Chili, à cause de l'éloignement de l'Europe et des États-Unis. Presque toute l'émigration européenne s'arrête sur la côte orientale, près de l'océan Atlantique, et le Chili reçoit fort peu d'immigrants. Aucun pays de l'Amérique du Sud n'a plus à gagner au percement de l'isthme de Panama.

La capitale est *Santiago* (378 000 habitants), dont le port est *Valparaiso* (180 000 habitants), qui est le plus actif de toute la côte Pacifique de l'Amérique du Sud. Autres villes : les ports de *Coquimbo*, *Concepcion* et *Valdivia*. Toute la partie méridionale est froide, pauvre et sans ville notable.

194. — LECTURE : **L'argent.** — L'argent est un

Fig. 139. — PRINCIPAUX ÉTATS PRODUCTEURS D'ARGENT.

L'argent est un métal précieux et recherché ; bien qu'il ait perdu beaucoup de sa valeur, par suite de son abondance, c'est un grand avantage que d'en posséder des gisements. Les deux principaux États qui en produisent sont le Mexique et les États-Unis. Viennent ensuite la Bolivie et le Pérou, dans l'Amérique du Sud. Presque tout l'argent en circulation dans le monde vient donc du continent américain.

métal précieux, blanc et brillant. Il se trouve

généralement mêlé dans le minerai à ou fer, du plomb, du mercure ou de l'or, dont on doit le séparer par un certain nombre de manipulations.

C'est le continent américain qui, à notre époque, produit presque la totalité de l'argent que l'on extrait des mines.

Les principaux États producteurs d'argent sont en effet : le *Mexique*, les *États-Unis* (pays du Colorado), la *Bolivie*, le *Pérou* et le *Chili*. Le Mexique produit à lui seul plus de 390 millions de francs d'argent par an.

Les mines d'argent sont uniquement situées dans la bande montagneuse qui limite le continent à l'ouest, c'est-à-dire dans les Montagnes Rocheuses de l'Amérique du Nord et dans la Cordillère des Andes de l'Amérique du Sud.

Aujourd'hui, l'argent est très abondant dans le monde. Aussi

Fig. 138. — UNE HACIENDA, FERME DANS LES ANDES ORIENTALES DU PÉROU.

Fig. 136-137-138. — PAYSAGES ANDINS.

Les montagnes des Andes, en grande partie volcaniques, embrassent d'immenses plateaux qui forment des régions tempérées en ces pays tropicaux, et sur lesquels on trouve la plupart des villes et des habitants. On trouverait un grand nombre de villes bâties, comme Aréquipa, au pied d'un volcan. Le lac de Titicaca, entre le Pérou et la Bolivie, est à 3 854 mètres d'altitude : des ruines de temples sur ses bords rappellent l'antique civilisation des Incas, qui les habitaient avant la conquête espagnole. Le versant oriental des Andes est le plus arrosé ; aussi est-il couvert d'immenses forêts qui se prolongent ensuite par des forêts semblables dans les grandes plaines du centre.

a-t-il beaucoup moins conservé sa valeur que l'or, qui est plus rare. Les États qui produisent beaucoup d'argent et très peu d'or ont donc vu la valeur de leurs mines baisser. Or, c'est le cas des États de l'Amérique du Sud et du Mexique. Au contraire, les États-Unis sont beaucoup plus riches en or qu'en argent.

Exercices. — 1° Carte politique des États du Pacifique.

2° Énumérer les États du Pacifique et leurs villes principales.

3° Quelles sont, pour les États du Pacifique, les conséquences de leur situation et de leur relief ?

4° Dans quelle région se trouve concentrée la population, dans chaque État du Pacifique ?

5° Quel est le plus important des États de l'Amérique du Sud sur le Pacifique ? Que savez-vous du Chili ?

3° États du Nord.

195. Colombie. — La Colombie, au nord de l'Amérique du Sud, a 1 530 000 kilomètres carrés d'étendue.

Elle comprend : à l'ouest une région montagneuse, fraîche, dont les vallées, chaudes et humides, sont couvertes de cultures tropicales ; — à l'est, une région de plaines, propres à l'élevage. Les mines sont abondantes dans la montagne.

La population est peu nombreuse ; elle compte 3 878 000 habitants. Cette population est surtout groupée sur les pentes de la région montagneuse, d'où elle exploite les produits tropicaux des vallées et les mines.

La capitale, *Bogota* ou *Santa-Fé de Bogota* (120 000 habitants), est située à 2600 mètres d'altitude, où la température est à peu près celle de nos plaines. Autre ville : *Medellin*, centre minier.

196. Vénézuéla. — Le Vénézuéla, situé sur la mer des Antilles, a 1 027 000 kilomètres carrés.

Il comprend : sur la côte de l'Atlantique, des montagnes et des hauts plateaux dont les vallées produisent des cultures tropicales (café, cacao, sucre) ; — à l'intérieur, dans le bassin de l'Orénoque, une région de llanos propres à l'élevage.

La population (2 millions 444 800 habitants) se répartit surtout dans les hautes régions du littoral, où elle a le triple avantage du climat, des produits et du voisinage de la mer.

C'est là que se trouve la capitale, *Caracas* (72 000 habitants) ; son port est *La Guaira*, qui est relié à Caracas par une voie ferrée.

197. Les Guyanes. — Au contraire du Vénézuela, les Guyanes comprennent sur la côte une plaine basse, chaude, humide et malsaine, mais riche en cannes à sucre, en cacao, café, caoutchouc, etc., — et dans l'intérieur, une région montagneuse inexploitée. Toutes trois sont peu peuplées et peu prospères.

1° La *Guyane anglaise*, qui est la plus septentrionale, est la mieux cultivée et la plus peuplée. L'industrie sucrière y est assez active.

Fig. 140. — AMÉRIQUE DU SUD POLITIQUE.

La Guyane anglaise ne compte pas plus de 295 000 habitants. Sa capitale, *Georgetown*, en a 50 000.

2° La **Guyane hollandaise**, au centre, produit surtout du cacao. Elle n'a que 82 000 habitants.

Sa capitale est *Paramaribo* (31 000 habitants).

3° La **Guyane française**, au sud, est, malgré quelques gisements miniers, la moins prospère et la moins peuplée des trois Guyanes.

Elle n'a que 50 000 habitants, dont près de la moitié est contenue dans la capitale, *Cayenne* (12 500 habitants), dans une île littorale.

La Guyane française renferme un pénitencier.

Exercices. — Carte politique des États du nord.

Comparer la région de la côte du Vénézuela et celle des Guyanes.

Quelle est la plus prospère des trois Guyanes? La moins prospère?

Quelles sont les principales villes de la Colombie, du Vénézuela, des trois Guyanes? Quels sont les principaux produits?

4° États de l'Atlantique.

Les quatre États de l'Atlantique sont, grâce à leur situation et à leurs produits, les États les plus prospères de l'Amérique du Sud.

198. Brésil. — Le Brésil occupe à peu près la moitié de l'Amérique du Sud. Il a une étendue de 8 550 000 kilomètres carrés. Il comprend trois régions distinctes :

La *côte*, plus découpée au sud qu'au nord;

La *plaine de l'Amazone*, couverte par la *Selva*, immense forêt, grande comme les trois quarts de l'Europe, riche en caoutchouc et en bois précieux, mais malsaine, enchevêtrée, et difficilement pénétrable, sauf par les rivières;

Le *plateau*, au climat plus tempéré et plus sain, riche en mines de diamant, cultivé en céréales, en coton, en canne à sucre, en tabac, en cacao et surtout en café. C'est la partie riche et vivante du Brésil, de beaucoup la plus peuplée, la seule civilisée.

La population s'élève à 19 000 000 habitants. Elle augmente assez rapidement par suite de l'immigration qui se porte principalement vers les côtes méridionales, dont le climat se rapproche le plus de celui de l'Europe. Ces immigrants sont principalement des Italiens et des Allemands : ils ont remplacé, comme travailleurs agricoles, les nègres, qui, depuis la suppression de l'esclavage, ne travaillent plus guère dans les plantations.

La capitale, *Rio de Janeiro* (811 000 habitants), est un grand port, sur une excellente rade. Excepté *São Paulo*, la ville du café, située sur le plateau, toutes les grandes villes sont des ports : *Pernambuco, Bahia, Santos*.

Ancienne colonie portugaise, affranchie vers 1820, le Brésil forma d'abord un empire; il a, depuis 1889, adopté la forme républicaine, mais des tentatives de fédéralisme en diverses provinces, et surtout au sud, ont un peu paralysé le développement économique du Brésil qui pourrait être très brillant.

199. Paraguay. — Le Paraguay est, avec la Bolivie, le seul État de l'Amérique du Sud qui ne touche pas à la mer. Amoindri par des guerres contre le Brésil, l'Uruguay et la République Argentine, il n'a que 253 100 kilomètres carrés d'étendue; mais il ne comprend que des plaines, presque toutes riches en tabac et en café.

Ce petit État, en voie de renaissance, renferme 635 000 habitants. La capitale est *Asuncion* (55 000 h.).

200. Uruguay. — L'Uruguay (178 700 kilomètres carrés), au sud du Brésil, est formé par un plateau au climat tempéré, riche en tabac, en vignes et en mines de métaux précieux. Il est baigné par le Rio de la Plata dont l'estuaire constitue un port excellent.

L'Uruguay est très prospère. Sa population, relativement dense, s'élève à 1 039 000 habitants.

Il a pour capitale *Montevideo* (282 000 hab.), qui est un grand port.

201. République Argentine. — La République Argentine comprend, au sud-est du continent américain, tout le versant oriental de la chaîne des Andes : elle mesure une étendue de 2 885 000 kilomètres carrés.

Très allongée du nord au sud, la République Argentine possède : au nord, des cultures tropicales : — au centre, des pampas propres à la culture des céréales et à l'élevage : — au sud, des terres plus froides, le plateau de Patagonie, mais qui servent à l'élevage et possèdent quelques mines.

La variété de ces ressources et leur utilisation intelligente attirent un grand nombre d'émigrants. Aussi la population augmente-t-elle assez rapidement. Elle s'élève aujourd'hui à 7 100 000 habitants.

La capitale, *Buenos-Aires* (1 000 000 h.), sur la rive droite du Rio de la Plata, est un port très prospère; elle a eu un développement très rapide, analogue à celui des grandes villes des États-Unis. Les autres villes sont les ports de la *Plata*, de *Rosario*; et les marchés agricoles de *Cordoba* et de *Tucuman*.

La République Argentine est avant tout un pays agricole. L'industrie commence à peine à s'y développer. Son commerce est florissant; elle exporte principalement des céréales et des conserves de viande. Elle possède 17 000 kilomètres de voies ferrées, c'est-à-dire la moitié de ce que possède l'Amérique du Sud.

202. — 1re Lecture : Le café. — Le café est aujourd'hui un grand produit de consommation. L'usage en est, en effet, répandu dans toute l'Europe, dans toute l'Amérique et dans une grande partie de l'Afrique. En particulier, les États-Unis, l'Allemagne et la France sont de grands consommateurs de café.

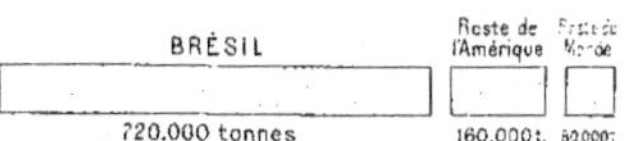

Fig. 141. — PRINCIPAUX PAYS PRODUCTEURS DE CAFÉ.

Le Brésil est de beaucoup le plus important pays du monde comme producteur de café; il fournit, à lui seul, plus des trois quarts du café produit. Toutefois, certains cafés sont plus renommés que ceux du Brésil; ils ont plus d'arôme, sont plus fins : tels le café de Java et celui d'Arabie ou moka.

La graine du café est donnée par un arbrisseau qui exige pour pousser de grands soins et des conditions de climat et de sol très spéciales : chaleur tempérée, mais ne s'abaissant jamais au-dessous de 15 degrés; humidité ni trop ni trop peu abondante; sol meuble, riche en argile et bien abrité du vent. Aussi les régions productrices de café sont-elles assez rares. Jadis, l'Arabie surtout produisait le café. Mais aujourd'hui les pays les plus riches en café sont situés en Océanie (îles de la Sonde) et surtout sur le continent américain.

Le Brésil à lui seul produit plus des deux tiers du café qui se consomme chaque année dans le monde. Les plantations de café y sont situées sur le plateau, dans la terre rouge qui lui convient tout spécialement. La province la plus riche est la province de São Paulo qui contient plus de 15 000 plantations, dont certaines ont plus de 50 000 arbres.

Les autres États producteurs sont, en Amérique, le Vénézuela, le Guatémala, le Mexique et les Antilles.

203. — 2e Lecture : L'immigration dans l'Amérique du Sud. — Les seuls États qui attirent un grand nombre d'émigrants dans

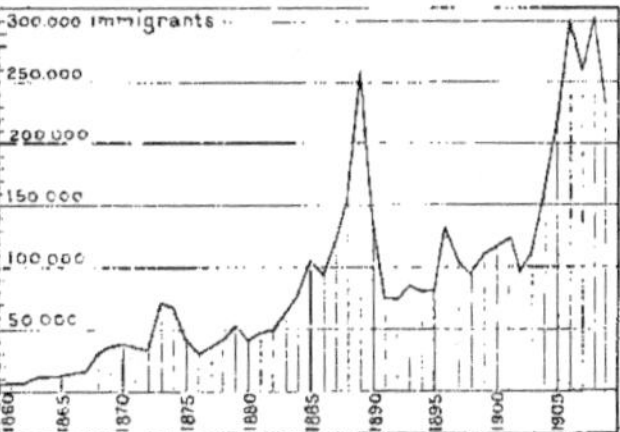

Fig. 142. — L'IMMIGRATION DANS LA RÉPUBLIQUE ARGENTINE

L'Amérique du Sud attire moins les émigrants que l'Amérique du Nord, sans doute parce qu'elle est moins riche et en même temps plus éloignée de l'Europe. Dans l'Amérique du Sud, c'est surtout vers l'Argentine que se portent les émigrants : il y est venu jusqu'à 250 000 personnes en une année; en général, le nombre des nouveaux venus varie de 80 000 à 100 000. Parmi eux, il y a un assez grand nombre de Français, pour la plupart originaires du pays basque.

l'Amérique du Sud sont : le Brésil, le Paraguay, l'Uruguay et la République Argentine. Les émigrants viennent surtout pour cultiver le café au Brésil, et pour vivre de la culture des céréales et de l'élevage dans la République Argentine.

Le Brésil reçoit surtout les émigrants d'Allemagne et d'Italie; l'Uruguay, d'Espagne, de France et surtout du pays Basque; la République Argentine, d'Allemagne, de France et d'Italie.

Cette population nouvelle modifie l'ancienne race presque uniquement portugaise et espagnole. Elle est très active et constitue un élément de prospérité pour ces pays.

Exercices. — Carte politique des États de l'Atlantique.

Quelles sont les différentes régions du Brésil? Comment s'y groupe et comment y vit la population?

La République argentine.

Comparer la situation des États du Pacifique et des États de l'Atlantique dans l'Amérique du Sud.

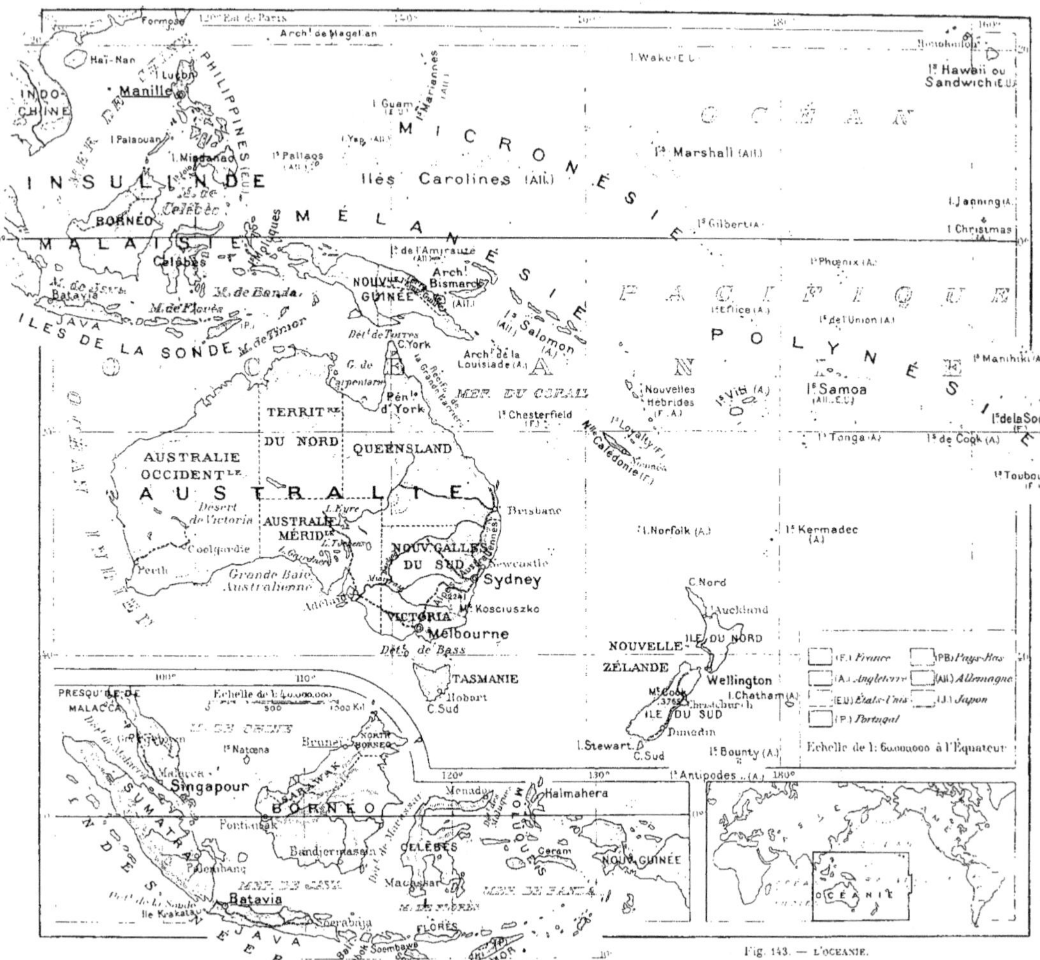

Fig. 143. — L'OCÉANIE.

III. — L'OCÉANIE

1° Description générale.

204. Étendue. Divisions. — L'Océanie comprend l'ensemble des terres répandues sur la portion du globe que recouvrent presque en entier l'océan Indien et le Grand Océan.

Ces terres, dont les dimensions sont très inégales, représentent dans leur ensemble une superficie de 11 500 000 kilomètres carrés, c'est-à-dire un peu plus que l'Europe. Mais la principale d'entre elles, l'*Australie*, n'en a pas moins de 7 650 000 : et plusieurs autres îles en ont plus de 400 000.

Le plus grand nombre des terres océaniennes se compose donc d'îles infimes, perdues, pour ainsi dire, à la surface du Grand Océan.

En comprenant dans l'Océanie l'Insulinde, qu'on rattache aussi souvent à l'Asie, on peut diviser les terres océaniennes en quatre groupes : l'*Australie*, avec l'île voisine de la Tasmanie; — la *Nouvelle-Zélande*; — l'*Insulinde*, qui comprend les archipels de la Malaisie, des Célèbes et des Philippines; — les *archipels secondaires* : Mélanésie, Micronésie, Polynésie.

205. Géographie physique. — L'Océanie résulte en grande partie de l'affaissement d'un grand continent dont certains fragments sont demeurés émergés. Aussi toutes ces terres ont-elles certains traits communs dans leur géographie physique.

a) Relief. — Les grandes îles sont constituées soit par de vastes plateaux, comme l'Australie, soit par des massifs montagneux, découpés par des vallées profondes et entourés de plaines côtières, comme la Nouvelle-Zélande, la Nouvelle-Guinée et les îles de la Sonde.

La plupart des petites îles sont formées, soit par des volcans sous-marins, soit par des récifs de coraux : elles portent dans ce dernier cas le nom d'*atolls*. Beaucoup d'entre elles forment à la surface du Grand Océan comme des traînées orientées du nord-ouest au sud-est : ce sont les sommets d'une chaîne de montagnes dont la mer recouvre la base et la partie inférieure des versants.

b) *Climat et hydrographie*. — Si l'on excepte la Nouvelle-Zélande, située dans la zone tempérée, et l'intérieur de l'Australie, situé dans la zone des déserts, toute l'Océanie est comprise dans la zone tropicale et jouit d'un climat chaud et humide.

Les vents alizés, qui soufflent du nord-est dans l'hémisphère boréal et du sud-est dans l'hémisphère austral, déversent dans chaque île leurs pluies sur le versant qui les regarde (versant *au vent*) tandis que le versant opposé (versant *sous le vent*) est plus sec. Les rivières sont abondantes et ont des crues torrentielles.

c) *Ressources*. — La plus grande partie de l'Océanie est couverte par la forêt vierge et fournit en abondance les produits tropicaux : coton, canne à sucre, café, tabac, etc. Font seules exception à la règle, l'*Australie*, qui comprend des zones de végétation très variées, et la *Nouvelle-Zélande* qui n'est propre qu'à la culture des céréales et à l'élevage.

L'Australie contient des mines de métaux précieux et la Nouvelle-Zélande des mines de houille.

206. Population. — Les populations de l'Océanie sont très peu nombreuses. Elles ne comprennent pas plus de 45 millions d'habitants, y compris l'Insulinde, et pas plus de 7 millions seulement sans l'Insulinde.

Les *indigènes* appartiennent à deux races différentes : Les *Mélanésiens*, qui ont la

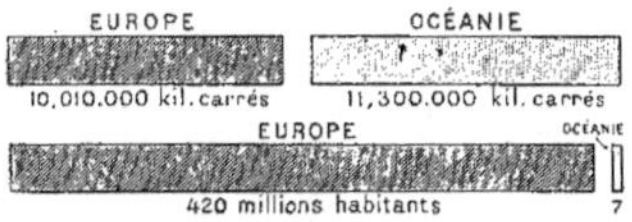

Fig. 144. — SUPERFICIE ET POPULATION COMPARÉES DE L'OCÉANIE ET DE L'EUROPE.

L'Océanie, sans même y comprendre l'Insulinde, qu'on rattache souvent à l'Asie, est un peu plus étendue que l'Europe ; par contre, elle est infiniment moins peuplée puisqu'elle compte 50 à 60 fois moins d'habitants ; l'Insulinde porte sa population de 7 à 45 millions d'habitants.

peau noire, les cheveux crépus et laineux, et les *Polynésiens*, qui ont la peau claire, les cheveux lisses et ondulés.

Les *Européens* les remplacent graduellement. Ils se sont établis dans les îles où la modération du climat leur permet le mieux de s'acclimater. Enfin, les *Chinois* et les *Japonais* sont de plus en plus nombreux en Océanie.

207. Partage politique. — L'Océanie ne comprend pas d'État indépendant. Elle est actuellement partagée entre plusieurs puissances civilisées, qui sont principalement l'Angleterre, la Hollande et les États-Unis.

1° L'*Angleterre*, possède l'Australie, la Tasmanie, la Nouvelle-Zélande, etc.

2° La *Hollande*, possède la majeure partie de l'Insulinde.

3° Les *États-Unis*, possèdent les îles Philippines et Hawaii.

4° L'*Allemagne*, la *France*, le *Japon* et le *Chili*, ont aussi quelques possessions, mais bien moins importantes.

L'établissement des Européens a transformé la majeure partie de l'Océanie. La culture s'y est développée et perfectionnée. Diverses lignes de paquebots mettent en communication les principaux ports, Batavia, Manille, Melbourne, Sydney, avec l'Europe, l'Asie et l'Amérique.

208. — 1re LECTURE : La découverte de l'Océanie. — Notre connaissance de l'Océanie ne remonte pas au delà du XVIe siècle : elle est postérieure même à la découverte de l'Amérique. Les Espagnols y parurent les premiers avec *Magellan*, qui, en 1521, traversa l'océan Pacifique en venant du cap Horn et toucha aux îles Mariannes. Quelques années plus tard, les Portugais découvrirent la Nouvelle-Guinée. Puis, l'exploration ne s'arrêta plus : les terres de l'océan Pacifique furent reconnues une à une par de hardis navigateurs. Les principaux sont : Torrès, Tasman, Cook, Bougainville et Dumont d'Urville.

Chacun de ces navigateurs prenait possession au nom de sa patrie des terres qu'il découvrait. L'Espagne, qui fut la première puissance européenne établie en Océanie, n'y possède plus aucune terre depuis qu'elle a cédé les Philippines aux États-Unis (1898) et vendu à l'Allemagne les Carolines et les Mariannes. Mais les autres puissances y ont gardé leurs positions.

209. — 2e LECTURE : Les atolls. — La plupart des petites îles de l'Océanie sont formées par un volcan ou par des coraux. Les îles volcaniques dominent dans la Mélanésie ; les îles coralliennes dans la Micronésie ; la Polynésie en contient des deux sortes.

Les îles coralliennes sont aussi nommées *atolls*. Elles doivent leur origine au travail des petits animaux appelés *polypes* qui construisent le corail. Ces polypes ne construisent leurs coraux que dans les mers chaudes de la zone torride. Partout où le fond de la mer n'est pas à plus de 50 mètres au-dessous de la surface, ces petits animaux commencent leurs constructions. Si le sol où ils bâtissent s'exhausse, elles atteignent la surface. Alors les vagues y accumulent des débris qui émergent bientôt. Il s'y forme à peu une mince couche de terre végétale, sur laquelle germent les graines de plantes apportées par le vent.

200 grandes îles du Pacifique, ayant une superficie totale de 50 000 kilomètres carrés et une quantité innombrable de petites îles, n'ont pas une autre origine. La côte nord-est de l'Australie est bordée par une barrière de récifs, la *Grande Barrière*, qui sont aussi l'œuvre de ces polypes.

Beaucoup de ces îles présentent l'apparence de couronnes circulaires entourant un bassin intérieur, ou *lagon* (lagune), et communiquant parfois avec la mer par un étroit goulet.

Exercices. — Quels sont les principaux traits de la géographie physique de l'Océanie?
Quelles sont les races qui peuplent l'Océanie?
Quelle est la situation des Européens?
Qu'est-ce qu'un atoll? Comment sont construites les îles coralliennes?

2° L'Australie.

L'Australie forme par sa masse un véritable continent qui, avec ses 7 650 000 kilomètres carrés, a les trois quarts de l'étendue de l'Europe.

210. Géographie physique. — L'Australie a une forme très massive.

1° Son *relief* est constitué par un vaste plateau, déprimé dans sa partie centrale où se sont logés des lacs : lacs *Torrens, Eyre, Gairdner*, etc. À l'est, l'Australie est bordée par un massif montagneux qui domine la mer, les *Alpes australiennes*, qui n'atteignent pas 2300 mètres au maximum, dans le massif du Kosciuszko (mont Town-

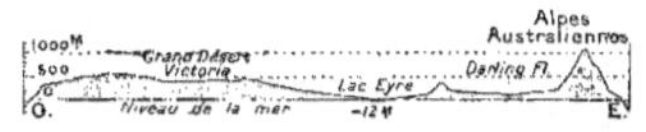

Fig. 145. — UN ATOLL.

On nomme atolls les îles bâties par les coraux. Ces îles ont souvent la forme d'une couronne circulaire de terres entourant une lagune intérieure.

send, 2241 m.). À l'ouest, au nord et au sud, le plateau s'enfonce visiblement dans la mer.

Les côtes sont peu découpées. Elles

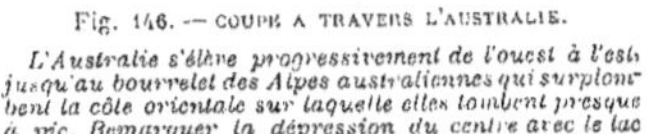

Fig. 146. — COUPE A TRAVERS L'AUSTRALIE.

L'Australie s'élève progressivement de l'ouest à l'est jusqu'au bourrelet des Alpes australiennes qui surplombent la côte orientale sur laquelle elles tombent presque à pic. Remarquer la dépression du centre avec le lac Eyre (12 mètres au-dessous du niveau marin).

n'offrent de bons ports qu'à l'est, dans la région montagneuse ; au nord-est, la Grande Barrière y gêne la navigation avec ses écueils qu'on n'aperçoit pas toujours de loin.

2° Le *climat* de l'Australie est tout continental. Très massive, l'Australie n'est pas ouverte aux influences marines. Son climat, toujours très sec, est très chaud ou très froid, suivant les saisons.

Seule, la région montagneuse de l'est, exposée aux vents alizés, a des pluies suffisantes. Dans cette région coule le seul fleuve notable de l'Australie : le *Murray*. Les autres rivières ont un débit pauvre et irrégulier.

3° La *flore* de l'Australie est peu variée et comporte surtout les espèces des pays secs.

Les forêts n'existent que sur la côte septentrionale et dans l'est. Tout l'intérieur

Fig. 147. — RELIEF DE L'AUSTRALIE.

L'Australie est un continent très massif, grand comme les trois quarts environ de l'Europe. C'est un plateau sillonné de dépressions où s'étendent des lacs. Les principales montagnes longent la côte occidentale; c'est la Cordillère australienne, ou les Alpes australiennes, (mont Townsend, 2 241 mètres dans le massif Kosciuszko).

est occupé par des steppes, par des fourrés épineux, et par des déserts.

Les produits ne sont abondants que dans la région montagneuse de l'est : produits tropicaux au nord (coton, canne à sucre),

Fig. 148. — VÉGÉTATION DE L'AUSTRALIE.

L'Australie appartient à la zone tropicale humide par sa côte septentrionale, à la zone tropicale sèche au centre, et à la zone tempérée au sud. Par suite, le nord a des forêts; le centre est un désert; le sud, et surtout le sud-est, ont des prairies, des cultures diverses, des vignes.

produits méditerranéens au sud (céréales, vignes, fruits). À l'intérieur, l'élevage est seul possible).

4° Les *richesses minérales* abondent en Australie, principalement dans les montagnes de l'est et sur plusieurs points des déserts de l'ouest.

Ce sont surtout des gisements d'or : c'est la découverte de l'or qui a contribué le plus au peuplement de l'Australie. Mais les minéraux utiles à l'industrie ne manquent pas, notamment la houille, le cuivre et le fer.

211. Populations. — L'Australie possède 4 007 000 habitants dont 250 000 indigènes seulement.

Ces indigènes, qui vivent presque exclusivement dans les déserts du centre, sont encore à un état tout à fait primitif et représentent un des derniers échelons de l'humanité; certaines tribus ne savent point se bâtir de huttes, et vivent en s'abritant derrière des buissons. Ils disparaissent peu à peu.

La population européenne s'est considérablement accrue depuis une cinquantaine d'années, grâce à l'immigration qui devint nombreuse

Fig. 149. — INDIGÈNE AUSTRALIEN.

Les indigènes australiens, du reste en voie de disparition, représentent un type physique presque bestial; ils sont très certainement au dernier degré de l'humanité.

après la découverte des premières mines d'or. De nos jours le mouvement d'immigration s'est ralenti.

Cette population est très inégalement répartie. Plus des quatre cinquièmes des habitants sont groupés dans la région du sud-est. L'ouest et le centre, qui sont déserts, n'ont en moyenne que 1 habitant par 10 kilomètres carrés, c'est-à-dire 700 fois moins que la France.

212. Villes. — L'Australie forme un ensemble de cinq États qui s'administrent eux-mêmes sous le contrôle très peu sévère de l'Angleterre. Ils forment les États-Unis d'Australie.

Les principales villes sont toutes situées dans l'Australie orientale. Ce sont : *Brisbane*, à l'est; *Sydney* (488 000 h.), sur une baie profonde, ramifiée, très bien abritée, qu'on nomme Port-Jackson, et *Melbourne* (494 000 h.), bâtie de même sur la baie de Port-Phillip, au sud-est : enfin *Adélaïde*, qui est bâtie au sud de l'Australie.

Il n'y a qu'une ville notable dans l'Australie occidentale : c'est *Perth*, qui s'est beaucoup développée depuis 1890, époque où furent découverts des gisements aurifères dans cette partie de l'Australie.

213. Développement économique. — Les colons australiens ont fait des efforts remarquables pour tirer parti des ressources que contient leur sol.

Ils ont suppléé à l'insuffisance des voies navigables en créant des chemins de fer, surtout dans l'Australie orientale. L'Australie possède 21 500 kilomètres de voies ferrées, nombreuses surtout dans la région du sud-est. Un transaustralien est en construction du nord au sud, à travers le centre de l'île, et on a commencé également une grande ligne transversale reliant Perth à la côte sud-est.

L'*agriculture* est la principale branche de l'activité australienne, la source des principaux revenus. Les produits en sont variés : canne à sucre, vigne, céréales. Mais c'est surtout l'élevage qui a pris des proportions considérables : l'Australie élève environ 80 millions de moutons dont la laine est très fine et constitue un objet d'exportation très important. Aucune région du monde n'est meilleure pour la production de la laine fine que les plaines d'herbes sans arbres, au climat sec, au sol salin, qui bordent le Murray et ses tributaires.

L'*industrie* fut longtemps à peu près nulle. L'Australie préférait vendre les matières premières dont elle est abondamment pourvue. Cette situation commence à se modifier, et l'Australie a des usines, surtout de produits alimentaires.

L'exploitation de l'*or* a pris un essor extraordinaire, soit dans les provinces orientales, où elle est déjà ancienne, soit dans les provinces occidentales où la découverte de mines d'or a attiré depuis 1890 de nombreux émigrants.

Le *commerce* extérieur s'accroît graduellement. Les principaux produits d'exportation sont : les produits de l'élevage (laines, peaux, viandes, beurre, etc.) et les minerais (or, plomb, argent). Le commerce se fait pour la plus grande partie avec l'Angleterre.

214. Tasmanie. — À l'Australie se rattache la *Tasmanie*. C'est une île de 67 000 kilomètres carrés, aussi grande que l'Irlande. Elle est séparée de l'Australie par le détroit de Bass. Très montueuse, elle a un climat doux et humide. Elle renferme surtout des prairies.

La Tasmanie compte 177 000 habitants. Capitale : *Hobart*.

La Tasmanie fait partie de la confédération australienne dont elle forme le sixième État.

215. — 1ʳ LECTURE : La Grande-Barrière. — La Grande-Barrière forme une suite de récifs de coraux comme on n'en voit nulle part ailleurs, sur une pareille longueur : elle s'étend sur 2 500 kilomètres. Sa plus grande largeur se trouve au sud où elle mesure plus de 150 kilomètres de l'ouest à l'est. C'est également au sud qu'elle est le plus éloignée de la côte; vers le nord, il n'y a pas plus de 15 à 20 kilomètres entre la Grande-Barrière et les promontoires avancés du continent. À marée basse, la surface des récifs qui forment la Grande-Barrière est juste au niveau de la surface de l'eau; à marée haute, la place en est indiquée par des bourrelets d'écume.

La Grande-Barrière n'est pas continue...

Nombre de chenaux profonds la traversent, quelques-uns étroits, d'autres ayant jusqu'à 20 ou 25 kilomètres de largeur. Ces détroits sont très utiles, car ils ouvrent des passages faciles pour la navigation.

La navigation peut se faire, soit à l'intérieur, soit à l'extérieur de la Grande-Barrière. La route située entre les récifs et la côte a l'avantage d'une mer calme et belle; c'est celle que prennent de préférence les bateaux à vapeur qui sont, plus que les bateaux à voiles, maîtres de leur route. On ne peut, en effet, s'avancer sur cette route qu'avec une grande précaution, surtout la nuit, parce qu'alors il est impossible d'apercevoir la Barrière à plus de un kilomètre. Le jour, on l'aperçoit bien plus loin, jusqu'à 12 kilomètres.

La Grande-Barrière n'est pas un phénomène particulier à l'Australie. Des rangées de récifs analogues entourent à une distance plus ou moins grande, et d'une manière plus ou moins continue, un grand nombre d'îles océaniennes, en particulier notre Nouvelle-Calédonie.

216. — 2ᵉ Lecture : Comment s'est peuplée l'Australie. — Au commencement du xixᵉ siècle, l'Australie contenait à peine quelques milliers d'Européens. Le gouvernement fit de cette colonie un lieu de déportation pour les malfaiteurs condamnés, ou *convicts*. Beaucoup d'entre eux se sont amendés et sont demeurés dans le pays comme colons. Aujourd'hui l'Australie n'est plus un lieu de déportation.

L'émigration des hommes libres a été considérable dès la première moitié du siècle. Les émigrants y étaient attirés par les vastes étendues de terre que le gouvernement britannique donnait *gratis* aux colons qui s'engageaient à y pratiquer la culture ou l'élevage. Mais l'immigration devint surtout très forte lorsque, vers 1850, des mines d'or furent découvertes dans l'Australie orientale.

Plus récemment, la découverte de mines d'or dans les déserts de l'Australie occidentale y a attiré les immigrants, en proie à la *fièvre de l'or*. Des villages et des villes se sont élevés dans le désert; pour nourrir ces agglomérations un important commerce de produits alimentaires se fait sur la côte occidentale, par Perth. Et même on essaie, par l'irrigation, de faire produire quelques céréales à cette terre aride. Ainsi, la découverte du précieux métal a grandement transformé cette région de l'Australie.

217. — 3ᵉ Lecture : L'élevage en Australie. — On nomme *squatters* les fermiers qui se livrent à l'élevage dans les vastes espaces de l'intérieur du continent.

La terre y est trop sèche et l'herbe trop maigre pour que les squatters élèvent du gros bétail (bœufs et vaches), que l'on trouve seulement dans l'Australie du sud-est. Les squatters élèvent surtout les moutons. L'Australie est le pays du monde le plus riche en moutons : elle en élève environ 80 millions.

Les produits de l'élevage donnent lieu à une véritable industrie : la fabrication des beurres, fromages, laits condensés, et l'emploi d'appareils frigorifiques pour permettre l'exportation de ces produits et aussi de la viande vers l'Angleterre. Plus de 100 navires sont aménagés pour opérer le transport des viandes d'Australie en Angleterre. La viande y est soumise, dans des appareils spéciaux, à un froid intense qui lui permet d'arriver dans un état complet de fraîcheur sur le marché de Londres.

Exercices. — Carte physique de l'Australie : marquer les régions cultivables, les régions où l'élevage est possible, et les déserts.
La population de l'Australie, sa densité, sa répartition : l'expliquer par la géographie physique du continent.
Le développement économique de l'Australie.

3° La Nouvelle-Zélande.

218. — Située au sud-est de l'Australie, la Nouvelle-Zélande se compose de deux îles séparées par un détroit peu large, hérissées de très hautes montagnes d'origine volcanique et couvertes de glaciers. Le point culminant est le mont *Cook* (3 765ᵐ).

Le climat est humide et doux, sauf dans les hautes régions.

Fig. 150. — LA BAIE DE SYDNEY.

Les côtes de l'Australie sont peu découpées; on n'y trouve de bonnes baies qu'au sud-est, telles celle de Melbourne, ou Port-Phillip, et celle de Sydney, ou Port-Jackson, sur les bords de laquelle fut débarqué, à la fin du XVIIIᵉ siècle, le premier transport de convicts, ou déportés anglais.

Les ressources principales consistent en forêts, en pâturages et en métaux précieux (or, argent).

219. — La Nouvelle-Zélande renferme 960 000 habitants. Les indigènes, les *Maori*, qui appartiennent à la race polynésienne, diminuent rapidement. Les blancs (environ 910 000) sont presque tous des Anglais ou des Écossais.

Les principales villes sont : dans l'île du nord, *Auckland* et *Wellington* : dans l'île du sud, *Dunedin* et *Christchurch*.

220. — Lecture : Prospérité de la Nouvelle-Zélande. — La Nouvelle-Zélande est très prospère. On y a construit 4 000 kilomètres de voies ferrées. Les terres cultivées couvrent une superficie de 540 000 hectares; sur les pâturages vivent 15 millions de têtes de bétail, principalement des moutons, dont la laine est moins fine que celle des moutons d'Australie.

L'industrie est peu développée. On ne trouve guère en Nouvelle-Zélande que des usines alimentaires pour la préparation des viandes, des beurres et des fromages. La laine et les produits de l'élevage constituent ses principales ressources.

Exercice. — Carte de la Nouvelle-Zélande.

4° L'Insulinde.

221. Notions générales. — On nomme *Insulinde*, ou Inde insulaire, la suite d'îles qui flanquent l'Asie au sud-est, entre l'Indo-Chine et le continent de l'Australie. Ces îles sont si voisines de l'Asie, comme le Japon, qu'on les rattache souvent à cette partie du monde.

Les principales sont : les *îles de la Sonde* (Sumatra, Java, etc.), *Bornéo*, les *Célèbes*, les *Moluques* et les *Philippines*. Quelques-unes comptent parmi les plus étendues du globe.

Toutes les îles de l'Insulinde sont montagneuses, volcaniques et agitées par de fréquents tremblements de terre. Leur sol, formé d'éléments volcaniques et leur climat, constamment chaud et humide, à cause de la proximité de l'équateur, permettent à la forêt vierge d'y étendre ses bambous, ses palmiers et ses lianes.

Tous les produits tropicaux y prospèrent : café, riz, canne à sucre, tabac, coton, arbres à épices. Aussi, malgré leur pauvreté en ressources minérales, les îles de l'Insulinde ont-elles toujours attiré l'attention des puissances colonisatrices.

Deux pays possèdent actuellement presque la totalité de l'Insulinde : ce sont la Hollande et les États-Unis.

222. Les Indes Néerlandaises. — On comprend sous ce nom toutes les colonies hollandaises de l'Insulinde : c'est-à-dire *Sumatra*, *Java*, les *petites îles de la Sonde*, dont Socmbawa et Flores, les trois quarts de l'étendue de *Bornéo*, les *Célèbes* et les *Moluques*. Les Indes hollandaises occupent les trois quarts de la superficie de l'Insulinde. Elles ont été longtemps connues sous le nom des *Îles à épices*, parce qu'elles produisaient la majeure partie des épices consommées en Europe.

Ces îles renferment 38 millions d'habitants. Le gouverneur général réside à Batavia.

L'île la mieux cultivée et la plus peuplée est l'île de *Java*, grande 14 fois comme la Corse. Elle a 28 millions d'habitants, soit environ 200 par kilomètre carré. Les principales villes sont les ports de *Batavia* (105 000 h.) et de *Soerabaja* (118 000 h.). Des voies ferrées sillonnent cette île qui est très civilisée.

Les îles de Sumatra et de Bornéo, plus étendues, sont beaucoup plus arriérées et beaucoup moins peuplées. Elles ont encore peu de cultures et sont couvertes principalement d'immenses et puissantes forêts.

Fig. 151. — LA VÉGÉTATION DE JAVA.

Java est située dans le voisinage de l'équateur; son climat est humide et chaud. Aussi, la végétation en est-elle luxuriante; elle consiste en forêts et en cultures des pays chauds, café, thé, riz, etc.

225. Les Philippines. — Les Philippines comprennent deux grandes îles, *Mindanao* et *Luçon*, et de nombreuses îles petites ou moyennes.

Luçon est la mieux cultivée et la plus peuplée. Toutes les cultures tropicales y prospèrent, surtout le tabac.

La population des Philippines est de 7 millions d'habitants. La capitale, *Manille* (154 000 h.), dans l'île de Luçon, est un port important, mais dévasté souvent, comme tout l'archipel, par les tremblements de terre.

Les Philippines, découvertes par l'Espagne au seizième siècle, lui ont appartenu jusqu'en 1898 : à cette date, elle fut obligée, à la suite d'une guerre au sujet de Cuba, de les céder aux États-Unis qui ont déjà fait beaucoup pour leur développement économique. C'est pour eux

une importante station à portée des marchés de l'Extrême-Orient.

224. — 1re LECTURE : Les Indes hollandaises. — Les Indes hollandaises constituent aujourd'hui la seule colonie importante de la Hollande. Les Hollandais ont merveilleusement exploité cette colonie de premier ordre, et surtout l'île de Java, qui en est le joyau. Ce qui fait la valeur de l'archipel des Indes hollandaises c'est :

1° *Leur riche végétation.* Les plus belles forêts tropicales du monde se trouvent à Java. Le sol, savamment aménagé par les colons et les indigènes qu'ils soumettent à une sévère discipline, produit en abondance du café d'excellente qualité, la canne à sucre, le coton et les épices (poivre, gingembre, cannelle, etc.). Récemment, on y a introduit avec succès la culture du thé.

2° *Leur situation.* Elles se trouvent situées sur la route que prennent les vaisseaux d'Europe pour aller en Extrême-Orient. Le détroit de Malacca, entre l'île de Sumatra et la péninsule de Malacca, est une route maritime très fréquentée.

225. — 2e LECTURE : Les Américains aux Philippines. — Les États-Unis ont pris, en 1898, l'archipel des Philippines à l'Espagne après une guerre malheureuse, où celle-ci perdit également Cuba et Porto-Rico, c'est-à-dire ses dernières grandes colonies.

Pendant deux ans, le gouvernement américain a été occupé à réprimer une insurrection. L'exploitation de l'archipel par les États-Unis commence donc à peine, et néanmoins ses résultats sont déjà appréciables.

Les États-Unis tirent

de cette possession un double avantage.

1° Les produits de l'île de Luçon (café, sucre, tabac) sont très abondants.

2° L'archipel, riche en ports, offre aux États-Unis une situation très forte dans cette région de l'Extrême-Orient, voisine de la Chine et du Japon, où, comme nous le verrons, toutes les puissances civilisées revendiquent une place pour leur commerce et leurs nationaux.

Exercices. — Carte de l'Insulinde.
Quels avantages l'Insulinde offre-t-elle aux puissances qui s'y sont établies?
Quelles sont les principales îles appartenant aux Hollandais? Qui possède les Philippines?

5° Mélanésie, Micronésie et Polynésie.

226. — A l'exception de la Nouvelle-Guinée, énorme, montagneuse, sauvage et mal connue, les archipels de la Mélanésie, de la Micronésie et de la Polynésie comprennent une infinité d'îles, petites ou très petites, par suite sans grandes ressources. Elles ont surtout de l'importance comme ports d'escale en temps de paix ou comme points d'appui et d'approvisionnement des flottes en temps de guerre.

227. — On peut citer principalement :
Parmi les possessions de l'Angleterre : la partie sud-est de la *Nouvelle-Guinée*, les îles *Fiti* ou *Fidji*, les îles *Cook*;
Parmi les possessions de la France : la *Nouvelle-Calédonie* (65 000 h.), colonie pénitentiaire, cap. Nouméa; *l'archipel de la Société*, dont la principale île est Tahiti;
Parmi les possessions de l'Allemagne : la partie nord-est de la *Nouvelle-Guinée*, l'archipel *Bismarck*, les *Carolines* et les *Mariannes* (ces deux derniers archipels achetés à l'Espagne);
Parmi les possessions des États-Unis : les îles *Sandwich* ou *Hawaii*, cap. *Honoloulou*, qui, grâce à sa situation entre l'Asie, l'Aus-

Fig. 152. — LA RIVIÈRE WANGANI.

Fig. 153. — LA TONTE DES MOUTONS.

Fig. 152-153. — PAYSAGES DE LA NOUVELLE-ZÉLANDE.

La Nouvelle-Zélande est un pays très pittoresque avec ses volcans, ses lacs, ses fiords et ses rivières profondes, ombragées d'arbres. Sa principale ressource est l'élevage du mouton mérinos, qui y fournit une laine un peu moins fine toutefois que le mouton d'Australie.

tralie et l'Amérique, est un grand port d'escale, et dont l'importance s'accroîtra encore par le percement du canal de

Fig. 154. — TYPES POLYNÉSIENS (TAHITI).
Les Polynésiens sont une race intelligente et douce; ils occupent tous les archipels disséminés dans la partie orientale de l'Océanie.

Panama. Les îles Hawaii sont très riches comme productrices de sucre.

228. — Lecture : Les races océaniennes. — On distingue deux grandes races océaniennes, les Papous et les Polynésiens.

Les *Papous* sont les plus nombreux dans les îles de l'ouest, notamment dans la Nouvelle-Guinée. Leur taille est égale, sinon supérieure, à celle des peuples européens; leur peau varie du brun foncé au noir; ils ont la chevelure crépue et la barbe abondante.

Au moral, le Papou est vif, démonstratif en paroles et en actions; il a un certain goût artistique, et orne de sculptures les objets dont il se sert ou qui l'entourent, sa case, ses canots, ses ustensiles, ses armes.

Les *Polynésiens* habitent les archipels orientaux du Pacifique. On les dépeint toujours comme une race très sympathique. Sans doute ils pratiquent le cannibalisme et d'autres coutumes barbares, mais ils sont anthropophages par nécessité : point de cultures, ni d'élevage possibles; la pêche et la chasse... au rat fournissent quelques ressources, ainsi que le cocotier, l'arbre à pain, le taro, l'igname : quand tout cela est insuffisant, le Polynésien demande à l'anthropophagie le supplément de nourriture dont il a besoin.

Les Polynésiens sont doux et intelligents. Ils ont parcouru depuis plusieurs siècles toute l'étendue du Pacifique, montés sur des pirogues à balanciers, en se guidant d'après des étoiles et des cartes de leur confection. Ils ont une littérature populaire, des légendes, des poèmes; dans quelques-unes de leurs îles on a retrouvé d'intéressantes statues : celles de l'île de Pâques sont particulièrement curieuses.

Exercices. — Nommer les principales possessions des puissances colonisatrices en Océanie.
Montrer les bénéfices que chaque puissance colonisatrice peut tirer de ses possessions dans toute l'Océanie.
Quelles sont les populations de l'Océanie? Que savez-vous des Polynésiens?

6° Le pôle sud

229. Importance de l'océan Antarctique. — L'océan Antarctique n'est

pas, comme l'océan Arctique, une mer distincte, presque séparée des autres. C'est un océan immense, s'étendant autour du pôle sud sur un cercle de 25 000 kilomètres, et communiquant largement avec les océans Pacifique, Indien et Atlantique, qui sont comme des golfes gigantesques formés par lui.

L'Amérique du Sud, l'Afrique australe et l'Australie ont leurs extrémités méridionales plus rapprochées de l'équateur que du pôle sud.

On a vu que l'hémisphère austral est par excellence l'hémisphère maritime.

230. Les explorations. — Cette immensité de la mer et cet éloignement des terres habitées sont causes du mystère qui enveloppe encore le pôle sud beaucoup plus que le pôle nord.

Les explorations qui se portèrent d'abord de ce côté furent inspirées par la croyance très répandue qu'il existait un vaste continent austral, faisant équilibre aux terres de l'hémisphère boréal. A la fin du xviii° siècle, on ne connaissait que quelques terres australes, qui avaient été aperçues pour la plupart par l'anglais *Cook*, dans ses voyages à travers le Pacifique. Toutefois, il en avait assez vu pour être certain qu'il n'existait point de grand continent austral.

Au xix° siècle, les premières explorations importantes furent menées par le Français *Dumont-d'Urville* et l'Anglais

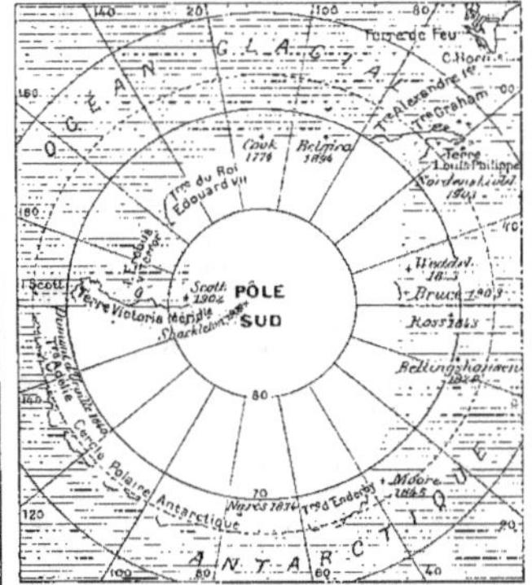

Fig. 155. — LA RÉGION POLAIRE AUSTRALE.
L'exploration du pôle sud est beaucoup moins avancée que celle du pôle nord. Il semble qu'un grand continent occupe l'emplacement du pôle sud, mais on ne connaît encore qu'une partie des contours de ce continent, on a donné aux différents points atteints des noms distincts comme s'il s'agissait de terres isolées.

James Ross. Celui-ci atteignit 78° 9' 30" latitude sud.

Depuis quelques années, de nombreuses expéditions polaires se sont portées de ce côté, notamment celles de la *Belgica*, de la *Discovery* (commandant Scott), du *Pourquoi-*

Pas? (Charcot), du *Nimrod* (Shackleton), etc. En janvier 1909, l'Anglais Shackleton atteint 88°23' de latitude sud, à une distance de 179 km du pôle. D'une manière générale, l'exploration des régions antarctiques est beaucoup moins avancée que celle des régions arctiques.

251. Terres australes. — Bien qu'il n'y ait dans l'hémisphère austral aucun continent comparable aux masses de l'Ancien Monde et de l'Amérique du Nord, il semble aujourd'hui probable qu'une terre immense occupe les environs du pôle sud. Mais de cette grande terre, on ne connaît que quelques points, îles ou fragments de continents. On a dénommé ces terres comme si elles formaient des îles distinctes.

Les principales sont : la *terre Alexandre Ier*, la *terre Louis-Philippe*, et la *terre Victoria*, dominée par les deux grands volcans Erebus (5 765ᵐ) et Terror, qui complètent au sud le cercle de feu de l'océan Pacifique.

232. — 1ʳᵉ Lecture : Pôle nord et pôle sud. — Le pôle sud est plus froid que le pôle nord. Au pôle nord, la période de jour polaire est plus longue de 128 heures environ que la période de nuit; au pôle sud, au contraire, c'est la nuit qui l'emporte de 128 heures environ sur le jour.

Aussi les glaces sont-elles plus abondantes au pôle sud qu'au pôle nord; dans l'hémisphère austral, elles s'avancent à 400 kilomètres plus près de l'équateur que dans l'hémisphère boréal. Elles arrivent jusqu'auprès de l'Afrique australe et jusqu'auprès de la Terre de Feu, qui sont pourtant situées à des latitudes relativement très basses.

Les glaces des mers australes ont aussi des dimensions plus considérables que celles des mers boréales. On a vu dans l'océan Antarctique des *icebergs* dépassant 100 mètres de hauteur au-dessus des flots, ce qui suppose une profondeur immergée du double au moins. C'est la grande étendue des glaces qui rend particulièrement difficiles les approches du pôle sud (voir grav. p. 27).

233. — 2ᵉ Lecture : Le continent austral. — On suppose qu'un vaste continent s'étend autour du pôle sud. Les sondages pratiqués au fond de la mer australe ont ramené de nombreux fragments de granit, de schiste et de calcaire, récemment brisés : ces fragments ne peuvent provenir que de l'usure de roches des terres australes. Certains explorateurs ont cru distinguer à travers la brume le profil de hauts massifs montagneux.

Ce qu'on sait avec certitude, c'est que ce continent austral, s'il existe, est enseveli sous des neiges et des glaces éternelles. Aucune des terres australes n'est habitée. La vie animale y semble aussi beaucoup plus rare que dans les terres polaires boréales. Les voyageurs y ont aperçu des oiseaux, et notamment des troupes de pingouins.

Exercices. — Expliquer l'importance de l'océan Antarctique et le peu d'importance qu'ont pour nous les terres australes.
Citer les principales des terres australes. Comparer le pôle nord et le pôle sud.

IV. — L'AFRIQUE

234. Notions générales. — L'Afrique forme la partie sud-ouest de l'ancien continent, auquel elle fut rattachée jusqu'au percement de l'isthme de Suez. Elle est à peine séparée de l'Europe par le *détroit de Gibraltar* et de l'Asie par le *canal de Suez* et le *détroit de Bab-el-Mandeb*. C'est la plus grande péninsule du globe.

L'Afrique est traversée par l'équateur et par les deux tropiques. Sa superficie (29 800 000 kmq) vaut trois fois celle de l'Europe. Elle a la forme d'un grand triangle dont la pointe est tournée vers le sud.

L'Afrique est baignée par quatre grandes mers :

Au nord : la *Méditerranée*, dont la côte est rocheuse et découpée à l'ouest, plate et rectiligne à l'est ; elle ne forme en Afrique que deux petits enfoncements, dont l'un est le *golfe de Gabès*.

A l'ouest : l'*océan Atlantique*, dont la côte est peu découpée, à l'exception du *golfe de Guinée*, dont les côtes à angle droit sont, du reste, très largement ouverts. Il y baigne un certain nombre de petites îles. Les principales sont les *Açores*, l'île de *Madère*, les *Canaries*, les îles du *Cap-Vert* ; quelques-uns de ces archipels sont, du reste, assez éloignés de la côte africaine ;

A l'est : la *mer Rouge*, et, communiquant avec elle par le *golfe d'Aden*, l'*océan Indien*, qui baigne quelques petits archipels et la grande île de *Madagascar*, au delà du canal de Mozambique.

L'Afrique n'a presque ni presqu'îles, ni mers secondaires. C'est le plus massif de tous les continents, et par suite de sa masse, le moins facilement pénétrable.

I° Géographie physique.

255. Relief. — La plus grande partie de la surface de l'Afrique est formée de plaines et de plateaux plus élevés au sud qu'au nord, et séparés le plus souvent de la mer par une bordure de montagnes littorales. A l'intérieur de ces plaines et de ces plateaux, on trouve quelques dépressions où se sont logés des lacs, comme le lac Tchad, au nord.

Les **montagnes** de l'Afrique se dressent principalement sur le pourtour, au voisinage de la mer. Les principaux massifs montagneux sont : au nord, l'*Atlas* ; à l'est, le *massif Abyssin*, le *Kenia*, le *Kilima N'djaro* (6010^m) ; au sud, les *Drakensberge* ; à l'ouest,

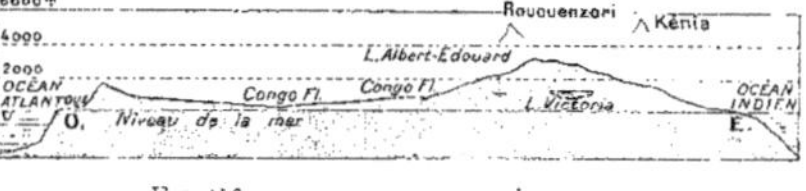
Fig. 156. — COUPE A TRAVERS L'AFRIQUE.

Une coupe à travers l'Afrique équatoriale d'un océan à l'autre, montre que l'Afrique comprend, au centre, une grande région déprimée, séparée de l'Atlantique, à l'ouest, par une barrière de montagnes médiocres, et séparée de l'océan Indien, à l'est, par une zone bien plus large et plus importante de plateaux et de hautes montagnes. Le voyageur anglais Livingstone comparait l'intérieur de l'Afrique à un chapeau de feutre déprimé au milieu.

les massifs du *Cameroun* (4005 m.) et du *Fouta-Djalon*. Les massifs du sud sont sensiblement moins élevés que ceux de l'est et du nord.

Enfin, au pied des montagnes, le long des rivages, se déroule une bande de plaines étroites et discontinues, qui sont des lisières littorales plutôt que de véritables plaines.

Cette disposition générale du relief de l'Afrique a pour conséquence de rendre assez difficiles les relations entre l'intérieur du pays et les mers qui le baignent.

256. Climat. — Située de part et d'autre de l'équateur, l'Afrique comprend cinq zones de climat, qui se correspondent deux à deux de part et d'autre de la zone centrale.

Au centre, la *zone équatoriale*, constamment chaude, d'une chaleur égale, avec deux saisons de pluies très abondantes ;

Au nord et au sud de la zone tropicale, deux *zones subtropicales*, constamment sèches, et de température très variable, avec des jours brûlants, et des nuits fraîches, parfois même froides ;

Aux deux extrémités septentrionale et méridionale : deux *zones relativement tempérees*, à la température tiède, aux pluies limitées à l'hiver, rares mais suffisantes. Ce sont les seules zones de l'Afrique où l'Européen peut vivre aisément. Partout ailleurs, soit par suite de l'atmosphère trop humide, soit au contraire par suite de l'absence complète d'humidité, il est obligé de prendre les plus grandes précautions et ne peut subsister que temporairement.

257. Hydrographie. — Quatre de ces zones sur cinq sont peu arrosées. Aussi les fleuves de l'Afrique sont-ils peu nombreux. Pourtant elle en comprend quatre qui, prenant leur source et s'alimentant dans la région tropicale, sont très longs et très abondants. Ce sont :

1° Sur le versant de la Méditerranée : le *Nil*, le plus long fleuve du monde (6500 km.), qui reçoit le *Bahr-el-Ghazal* et le *Nil Bleu*. Les pluies d'été, très abondantes dans son bassin supérieur, le font déborder chaque année ; pendant plusieurs mois ; il inonde alors et fertilise ses bords. Son delta est considérable.

2° Sur le versant de l'Atlantique : le *Niger*, dont l'affluent principal est la *Bénoué* ; et le *Congo*, qui, ainsi que ses nombreux affluents (*Oubanghi*, *Kassaï*, etc.), coule tout entier dans la région équatoriale. Il y a toute l'année des pluies abondantes, soit au nord, soit au sud de son bassin ; aussi, son débit est-il énorme.

3° Sur le versant de l'océan Indien : le *Zambèze*, terminé par un delta.

Tous les grands fleuves africains sont coupés de *cataractes*, qui les divisent en bassins, entre lesquels la navigation est impossible.

Dans les zones sèches de l'Afrique, on trouve des rivières temporaires, c'est-à-dire qui n'ont de l'eau qu'à certaines époques de l'année et se perdent souvent dans le sable avant d'atteindre la mer ou des mares d'eau salée.

L'Afrique contient de très grands lacs : le *lac Tchad*, qui reçoit le fleuve *Chari*, et surtout, dans la zone équatoriale, sur le plateau que dominent Kénia et le Kilima-Ndjaro, les **grands lacs africains** : lacs *Victoria*, *Albert*, *Albert-Édouard*, *Tanganyika* et *Nyassa*.

258. Ressources diverses. — Les ressources *minérales* ne manquent pas en Afrique. Elle a de la *houille* au sud-est, du

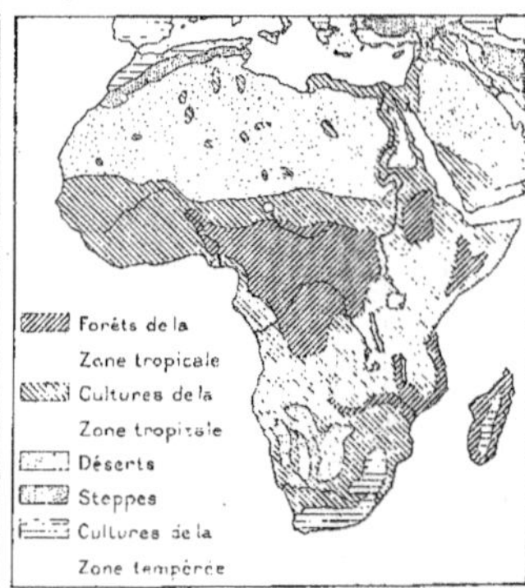

Fig. 158. — LES ZONES DE VÉGÉTATION EN AFRIQUE.

Les zones de végétation en Afrique sont disposées d'une manière symétrique par rapport à l'équateur. On trouve : 1° des deux côtés de l'équateur, dans la région humide et chaude, une zone de forêts et de savanes propres aux cultures tropicales ; 2° vers les tropiques, où les pluies font défaut, deux zones de déserts, Sahara au nord, Kalahari au sud ; 3° enfin, tout au nord près de la Méditerranée, et tout au sud, dans la région du Cap, deux zones ayant les cultures des pays chauds et modérément humides : oliviers, vignes, céréales, etc.)

Fig. 157. — LES PLUIES DE L'AFRIQUE.

Les pluies sont réparties en Afrique suivant des bandes parallèles à l'équateur. Au centre, sous l'équateur, se trouve une zone où les pluies sont très abondantes et sont partout supérieures à 1^{m}30 annuellement ; sous les tropiques, sont deux zones où la pluie est rare, presque nulle (moins de 0^{m}20) ; aux deux extrémités nord et sud sont deux zones d'humidité moyenne (0^{m}60). La carte de la répartition des pluies en Afrique présente, avec celle des zones de végétation, un rapport très remarquable.

fer partout, du *plomb*, de l'*or*, des *diamants* dans le sud. Pourtant, jusqu'à présent, elle semble moins bien partagée à ce point de vue que les autres parties du monde. Il est vrai qu'elle est encore imparfaitement connue.

Les *ressources végétales* varient avec l'humidité, donc avec les zones de climat (comparer les fig. 157 et 158).

La *zone équatoriale* a d'immenses forêts vierges, aux arbres gigantesques comme le baobab, le bombax fromager, le tamarinier, etc. On en tire du caoutchouc, des graines à huiles, des gommes, des bois précieux. Dans cette zone vivent des éléphants, des rhinocéros, des hippopotames ; les crocodiles pullulent dans les rivières. Les cultures, peu étendues, sont celles qui demandent une humidité tiède (coton, etc.).

Les deux *zones subtropicales sèches* sont des déserts de sables et de pierres, où ne végètent que de maigres arbustes, des chiendents et quelques herbes. Au milieu des sables, autour des sources, on trouve quelques oasis verdoyantes : le dattier en est l'arbre le plus précieux. Le dromadaire est, en raison de sa sobriété, l'animal domestique le plus utile de cette zone, qu'il permet de traverser.

Les deux *zones chaudes tempérées*, aux extrémités nord et sud du continent africain, produisent les fruits et les plantes de la région méditerranéenne, c'est-à-dire l'olivier, la vigne, le maïs et le froment. Les plateaux nourrissent des troupeaux, principalement des moutons. Quelques animaux sauvages : lions, panthères, hyènes, s'y rencontrent encore ; mais leur nombre diminue chaque jour.

239. — LECTURE : Difficulté de la pénétration en Afrique. — Il y a très longtemps que l'existence du continent africain est connue ; mais c'est depuis quelques années seulement que les explorateurs ont pu y pénétrer dans l'intérieur. L'Afrique est en effet de toutes les parties du monde celle où le voyageur rencontre le plus grand nombre d'obstacles.

D'abord, l'Afrique est très massive. On n'y voit ni golfes ni baies, mordant profondément ses contours, et les ports y sont rares.

D'un autre côté, son climat est trop sec dans les zones subtropicales, trop humide dans la zone équatoriale.

Dans les premières, le voyageur est exposé à souffrir de la faim, de la soif.

Dans la seconde, qui est d'ailleurs mal-

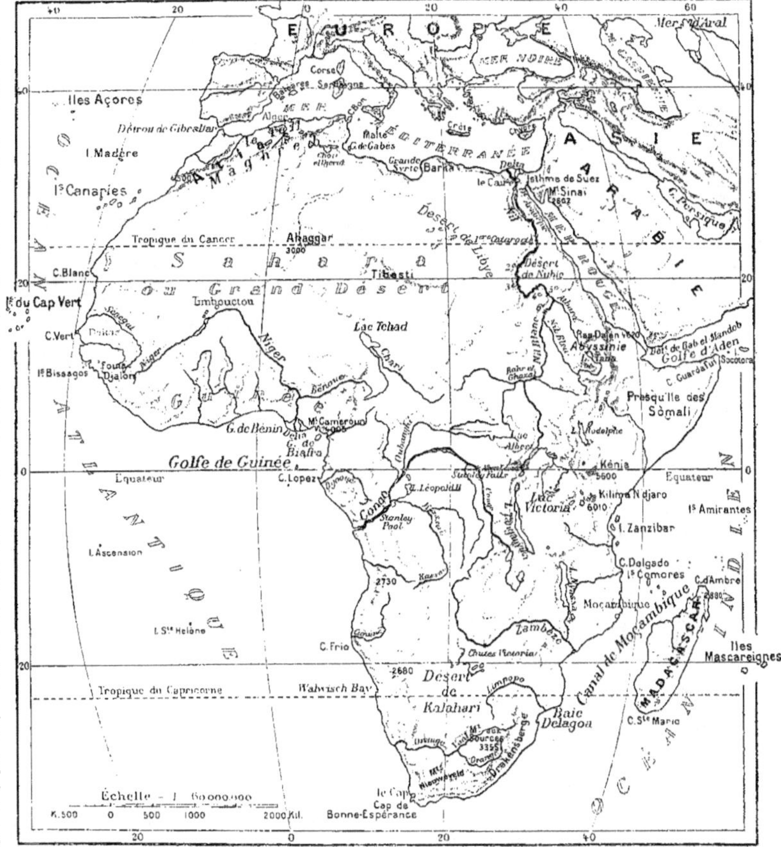

Fig. 159. — AFRIQUE PHYSIQUE.

saine pour lui, il se dirige avec peine, en se servant de la hache et du sabre d'abatis, parmi le fouillis inextricable de la forêt vierge.

Les rivières lui offrent fort peu de ressources comme voies de navigation. Celles qui ont de l'eau toute l'année sont rares dans les régions tempérées, complètement absentes dans les déserts. Et, quant aux grands fleuves, ils sont barrés par de nombreux rapides ou même de véritables chutes qui empêchent de les remonter d'une manière continue.

Enfin, dans ce pays où les ressources sont souvent peu abondantes, où l'explorateur doit emporter sa subsistance avec lui, il y a fort peu d'animaux porteurs. Le désert a le dromadaire.

Mais dans les régions équatoriales, aucune bête de somme, dromadaire, bœuf ou mulet, ne peut vivre, à cause de la présence d'un insecte terrible, la mouche tsétsé, dont la piqûre cause la mort de ces animaux. Les transports doivent s'effectuer à dos d'hommes, ce qui est fort gênant de multiples manières.

Exercices. — Carte physique de l'Afrique. — L'eau en Afrique (pluies, cours d'eau, lacs, etc.). — Indiquer la valeur et la répartition des ressources minérales, végétales et animales de l'Afrique.

Tracer une coupe de l'Afrique en partant de l'océan Atlantique jusqu'à l'océan Indien sous l'équateur.

Comparer la carte des pluies en Afrique avec celle des zones de végétation dans le même pays, et montrer la ressemblance qui existe entre elles.

Indiquer quelles ont été les difficultés principales qu'a présentées la reconnaissance du continent africain.

2° Géographie politique.

240. Population. — La population totale de l'Afrique ne peut être évaluée avec précision, car il n'existe de recensements réguliers que dans un très petit nombre de pays africains. Les estimations varient entre 130 et 200 millions. Dans tous les cas, cette population est très peu dense. Il faut en accuser la pauvreté d'une grande partie du sol et la traite des nègres, qui a longtemps ravagé ce pays et n'est pas encore complètement supprimée.

La majeure partie de cette population se compose de *Nègres*, qui occupent les régions humides et chaudes, c'est-à-dire le bassin du Congo, du Tchad et du Niger ; de *Cafres* et de *Hottentots*, dans l'Afrique australe ; de *Berbères* et d'*Arabes*, au nord, dans toute la région qui avoisine la Méditerranée.

Les trois religions pratiquées sont : le *fétichisme*, au centre et au sud ; le *mahométisme*, au nord et à l'est ; le *christianisme*, en Abyssinie et par les colons européens.

La plupart des peuples africains sont encore sauvages, et ne forment presque pas d'États organisés. En général, les Africains vivent, soit en familles isolées dans les forêts, soit en tribus. Ils sont *sédentaires* quand ils vivent de l'agriculture sur les points fertiles, et *nomades* quand ils vivent comme pasteurs dans le désert.

241. Le partage de l'Afrique. — L'Afrique a été explorée et colonisée très tard : ce n'est guère que depuis 1880 qu'on en peut considérer l'ensemble comme connu dans ses grandes lignes. Aujourd'hui, les Européens se sont partagé presque tout son territoire.

L'Afrique ne comprend en effet que trois États indépendants : le *Maroc*, la *République de Liberia* et l'*empire d'Éthiopie*.

Les empires coloniaux les plus importants sont ceux de la *France* et de l'*Angleterre*. Les autres États possédant des colonies en Afrique sont : l'*Allemagne*, le *Portugal*, l'*Italie*, l'*Espagne*, l'*empire turc* et la *Belgique*.

242. — Lecture : **Les Européens en Afrique.** — Les anciens ne connaissaient que l'Afrique voisine de la Méditerranée. A partir du xiv° siècle on explora les côtes et le pourtour de l'Afrique. L'intérieur ne fut exploré qu'au xix° siècle. Les explorations furent alors déterminées par la curiosité scientifique, le désir philanthropique de réprimer la traite des esclaves, et aussi le désir de trouver de nouveaux débouchés pour l'industrie et le commerce.

Les principaux voyageurs sont : Mungo-Park, Caillié, Rohlfs, Barth, Nachtigal, Binger, Monteil, qui ont exploré le Sahara et le Soudan ; Speke, Grant, Baker, Lejean, qui ont découvert les sources du Nil ; Livingstone et Stanley, qui nous ont révélé l'Afrique australe, les régions du Congo et du Zambèze, ainsi que le plateau des Grands-Lacs.

Les Européens se sont en outre partagé l'Afrique. Leur organisation puissante leur a permis de triompher sans peine de peuples sauvages et sans cohésion. Les colonies européennes en Afrique sont plus des colonies *d'exploitation* que de *peuplement*, c'est-à-dire que les États européens en tirent les ressources végétales et minières, mais y envoient fort peu de nationaux, qui s'y acclimateraient assez difficilement, surtout dans

Fig. 160. — LA VALLÉE DU NIL PENDANT L'INONDATION.

L'Égypte serait un désert, comme le Sahara, parce qu'il y pleut insuffisamment ; mais le Nil, qui naît dans les régions équatoriales où les pluies d'été abondent, lui donne l'eau que le ciel lui refuse. Chaque été, de mai à novembre, il déborde, recouvre sa vallée, humecte profondément la terre et la laisse, en se retirant, couverte de boues riches en principes fertilisants. L'Égypte est « un présent du Nil », disait l'historien grec Hérodote. Cette gravure représente un des paysages les plus intéressants de la vallée du Nil, le temple de Philæ, près de la première cataracte.

l'Afrique équatoriale, en raison du climat. Ils ne prospèrent que dans les pays tempérés du nord (Algérie-Tunisie) et du sud (Le Cap).

Exercices. — Les populations de l'Afrique (races, religions, genre de vie).
Les Européens en Afrique.

3° L'Afrique méditerranéenne.

L'Afrique méditerranéenne comprend l'Éthiopie, l'Egypte, la Tripolitaine et le Maghreb.

243. Éthiopie. — L'Éthiopie est un massif formé de montagnes qui atteignent plus de 4 500 mètres, et de hauts plateaux découpés par des vallées très profondes, où coulent des rivières torrentielles.

Les pluies et les eaux des rivières y sont abondantes. La principale rivière est le *Nil Bleu*, qui prend sa source au milieu même du plateau, dans un lac, et qu'on regarde comme l'une des sources du Nil, plus souvent que comme un affluent.

La température, et par suite la végétation, varient avec l'altitude. On trouve dans les régions basses les produits tropicaux (surtout le café) ; dans les régions moyennes, la vigne et le thé ; dans les régions hautes, des pâturages.

La population est d'environ 4 600 000 habitants. Elle se compose d'*Abyssins* et de *Gallas*, peuples sémitiques. Divisée auparavant en petits royaumes, l'Éthiopie forme

aujourd'hui un empire unifié qui a pour souverain l'empereur Ménélik Ier. La capitale est *Addis-Ababa*.

Le débouché naturel de l'Éthiopie est vers la mer Rouge. Aussi les puissances européennes ont-elles établi des comptoirs, le long des côtes de cette mer ou sur le golfe d'Aden qui lui fait suite : l'Italie à *Massaouah*, la France à *Djibouti*, l'Angleterre à *Berbera*. Un chemin de fer unit Djibouti à Harrar et doit se prolonger jusqu'à Addis-Ababa ; à l'est, se trouve la ville d'*Harrar*, qui est un marché important.

244. Égypte. — La vice-royauté d'Egypte occupe une étendue considérable, mais composée surtout de déserts : *désert de Libye* à l'ouest, *désert Arabique*, à l'est : ce n'est en réalité que le prolongement oriental du Sahara. La seule région productive et vivante est formée par la *vallée* et le *delta du Nil*, qui, fécondés par les débordements et les boues du Nil, produisent le blé, le coton et la canne à sucre.

Toute la population de l'Egypte est concentrée dans cette région. Elle s'élève à 9 821 000 habitants, ce qui fait pour la vallée

Fig. 161. — LA DEUXIÈME CATARACTE DU NIL.

Les fleuves ont servi presque partout pour pénétrer dans l'intérieur des continents, mais non en Afrique où ils sont en général coupés de cataractes à une distance peu considérable de la mer. Les cataractes du Nil sont connues. A la deuxième cataracte, un banc de roches barre presque entièrement le lit du fleuve qui s'éparpille autour des roches en chenaux étroits et peu profonds.

du fleuve une densité énorme de 200 à 500 habitants par kilomètre carré ; peu de régions du globe sont aussi peuplées. Cette population se compose surtout de *Fellahs* établis de toute antiquité dans le pays.

La capitale est **Le Caire** (654 000 hab.) près de la tête du delta du Nil : villes principales : *Alexandrie* (532 000 h.), principal port de la Méditerranée orientale : *Damiette, Tanta*, dans le Delta : *Assiout*, dans la vallée du fleuve : *Port-Saïd* et *Suez*, aux deux extrémités du canal.

L'Égypte doit son importance à ses productions, à la vallée du Nil qui est le débouché naturel du Soudan oriental, et au canal de Suez, qui est la grande route des échanges entre l'Europe et l'Extrême-Orient.

Placée nominalement sous la suzeraineté du Sultan de Turquie et sous l'autorité d'un vice-roi ou *Khédive*, elle est réellement gouvernée et exploitée par les Anglais, qui l'occupent depuis 1880 et ont, du reste, beaucoup amélioré sa situation générale.

245. Tripolitaine. — La Tripolitaine, à l'ouest de l'Egypte, est en grande partie formée par des déserts : c'est, peut-on dire, la bordure du Sahara sur la Méditerranée. Étendue deux fois comme la France, elle n'a que 1 million d'habitants.

Toutefois, grâce au golfe des Syrtes, sa côte est la moins éloignée du Soudan central. De nombreuses caravanes venant du lac Tchad y aboutissent.

La capitale, *Tripoli* (50 000 h.), est surtout un entrepôt pour les caravanes. La régence de Tripoli est administrée par le gouvernement turc.

246. Le Maghreb. — Le Maghreb, ou *pays de l'Occident*, forme un seul groupe physique, qui doit son unité au massif de l'*Atlas*. Ce massif comprend deux chaînes parallèles, qui vont de l'ouest à l'est, et divisent le Maghreb en trois régions :

1° Au nord de la première chaîne, le *Tell*, baigné par la Méditerranée, au climat tiède et assez humide, aux produits méditerranéens (céréales, vigne, olivier, fruits);

2° Entre les deux chaînes, les *Hauts Plateaux*, frais et secs, dont la production principale est l'alfa, sorte de jonc dont on fait du papier, des cordages, etc.

3° Au sud de la deuxième chaîne, le *Sahara*, chaud et sec, désert, mais semé d'oasis nombreuses où croissent en grande abondance les palmiers-dattiers.

La population est composée de *Berbères* et d'*Arabes*. Les Européens y vivent facilement et sont nombreux, surtout dans le Tell algérien et tunisien. Les Italiens dominent à l'est : les Français, au centre ; les Espagnols à l'ouest.

247. — Au point de vue politique, le Maghreb se divise en trois parties :

1° La **Tunisie**, à l'est (2 100 000 hab.) : capitale *Tunis* (188 000 hab.) : autres villes : *Bizerte*, excellent port ; *Kairouan* et *Sfax*. La Tunisie est, depuis 1881, sous le protectorat de la France.

2° **L'Algérie**, au centre (5 254 000 hab.),

capitale *Alger* (154 000 h.) ; v. p. *Constantine, Bône, Oran*. L'Algérie est une colonie française depuis 1830.

3° Le **Maroc**, à l'ouest. Il renferme 8 à 9 millions d'habitants. Capitale : *Fez* ; villes principales : *Maroc*, les ports de *Tanger* et de *Mogador*.

État indépendant, le Maroc est troublé par des guerres continuelles de tribu à tribu ; une partie seulement du pays reconnaît l'autorité du sultan ; ces luttes entravent la prospérité du Maroc qui, aux portes de l'Europe, forme un pays mal connu et où l'on circule difficilement.

248. — 1ʳᵉ Lecture : **Richesse de l'Éthiopie.** — L'Éthiopie est un pays qui doit plusieurs avantages à sa constitution physique et à la nature de ses habitants.

1° Elle est composée en majeure partie de roches volcaniques, qui, en se décomposant sous l'action de l'eau et de la chaleur, fournissent un humus très fertile.

2° Les hautes montagnes qui la composent sont arrosées par des pluies abondantes.

3° L'Éthiopie contient toutes sortes de cultures. Au pied des massifs se trouvent des cultures tropicales, coton, maïs, riz, café. Plus haut, la température moins élevée permet la culture des céréales de nos pays et de la vigne. Enfin au-dessus de 3000 mètres, la température est constamment fraîche et de belles prairies permettent l'élevage.

4° A côté des Abyssins, l'Éthiopie comprend surtout dans sa région méridionale la population des Gallas, soumis aux Abyssins. Les Gallas sont actifs, travailleurs et excellents agriculteurs.

Aussi toute la partie montagneuse de l'Éthiopie est très riche et très peuplée. Le commerce extérieur est actif : Addis-Ababa et Harrar sont les plus grands marchés de cette région. Les exportations consistent surtout en café. La plus grande partie du café dit *moka* ne vient plus de Moka en Arabie, mais d'Éthiopie.

On comprend dès lors l'importance du chemin de fer en construction pour unir notre port de Djibouti aux villes éthiopiennes.

249. — 2ᵉ Lecture : **L'aménagement du Nil.** — Le Nil a une grande crue chaque été, de mai à novembre. Il déborde et inonde toute sa vallée sur une largeur de plusieurs kilomètres, apportant sur la terre un limon qui la fertilise.

Mais ces inondations, trop abondantes, causent parfois de grands dégâts. D'autre part, de novembre à mai, les eaux du Nil sont trop basses. Il y a donc intérêt à créer des réservoirs ou des barrages qui retiennent le trop plein des eaux pendant la crue et permettent de déverser ce trop plein dans le fleuve pendant la période de sécheresse. Les anciens Égyptiens avaient déjà installé à cet effet un réservoir qui régularisait le

débit du Nil : c'était le fameux lac Mœris. De nos jours, les Anglais ont créé à Assouan un

Photog. Marques, à Assouan.
Fig. 162. — LE GRAND BARRAGE DU NIL A ASSOUAN.

Pour régulariser le débit du Nil, qui parfois a trop d'eau et parfois n'en a pas assez, les Anglais ont construit à Assouan une grande digue en maçonnerie qui barre complètement le cours du Nil. Cette digue emmagasine une masse d'eau qui peut fournir au fleuve en aval, de février à mai, au moment des basses eaux, un supplément quotidien important. Il est question d'en augmenter encore la capacité en l'exhaussant de 5 mètres : ce supplément de travail coûterait 65 millions de francs, mais assurerait à l'ensemble des terres cultivables de la vallée du Nil, une plus-value d'au moins 1 milliard de francs. Des barrages analogues ont été construits à Assiout et à la tête du Delta, près du Caire.

immense barrage qui rend les plus grands services à l'agriculture. Grâce à lui, on inonde seulement les terres qui en ont besoin et les inondations ne durent que le temps nécessaire à la culture.

Enfin, les Anglais ont installé dans le delta un réseau de canaux d'irrigation qui en fait une des régions du monde les plus riches en céréales, en riz, en coton et en canne à sucre.

250. — 3ᵉ Lecture : **Les ressources du Maghreb.** — Le Maghreb doit plusieurs avantages à sa géographie physique :

1° Il contient en abondance les principaux produits alimentaires de notre pays : blé, vigne, moutons, etc.

2° Par son climat, il ne répugne pas, comme la plus grande de partie de l'Afrique. aux Européens.

3° Par sa situation, il est l'intermédiaire naturel entre l'Europe et l'Afrique, il fut une des premières régions où les Européens fondèrent des colonies.

Malheureusement, la population est

Fig. 163. — UN ARABE.
La population du Maghreb est composée en partie d'Arabes. Les Arabes appartiennent à la race blanche. Ils sont en général musulmans fanatiques et se plient difficilement à notre civilisation.

surtout formée par des Arabes, qui sont encore musulmans fanatiques et se plient difficilement à notre civilisation. Les Berbères et les Kabyles, descendants de l'ancienne population indigène, bien que convertis par les conquérants arabes au mahométisme, sont plus accueillants et plus dociles.

Exercices. — Cartes de l'Éthiopie, du bassin du Nil, du Maghreb. A quels traits de sa géographie physique l'Éthiopie doit-elle son importance ? — Quelle est l'importance du Nil pour l'Égypte ? — Quelles sont les ressources du Maghreb ? Convient-il à la colonisation européenne et pourquoi ?

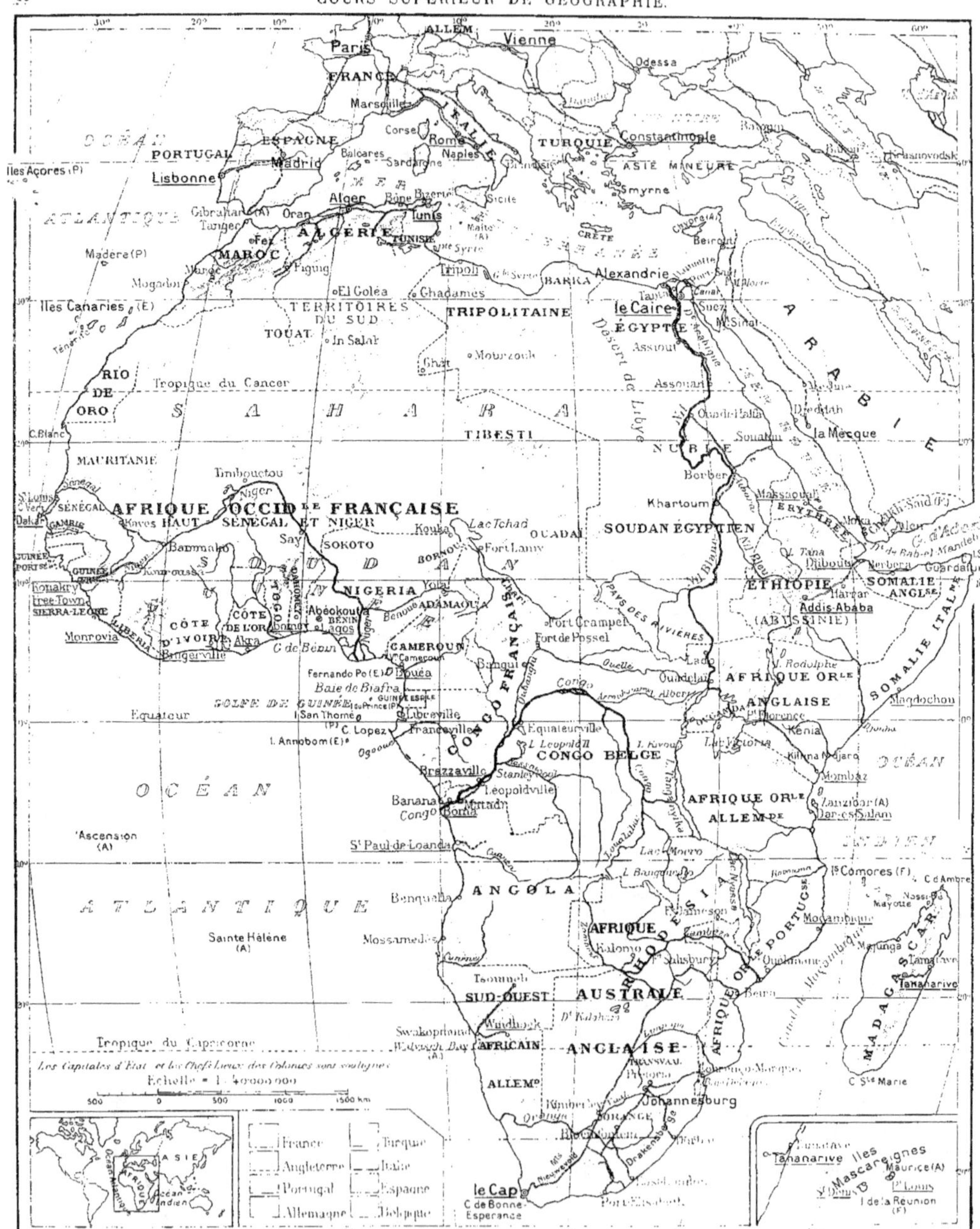

Fig. 164. — AFRIQUE POLITIQUE.

4e L'Afrique intérieure.

L'Afrique intérieure comprend deux zones humides, le Soudan et le Congo, flanquées au nord et au sud de deux zones sèches, le Sahara et l'Afrique australe.

251. Sahara. — Étendu de l'Atlantique à l'Égypte, dans la partie la plus vaste de l'Afrique, le Sahara a un relief composé de montagnes, de plateaux et de rares vallées, de tous points semblable à tous les autres pays du monde; mais, ce qui le rend si profondément dissemblable, il n'y pleut presque jamais. Aussi, le Sahara est-il un désert, comportant seulement quelques *oasis* et quelques rivières aux eaux intermittentes qu'on appelle *oueds*.

Il ne renferme que 500 000 habitants environ. La plupart d'entre eux, groupés en tribus, vivent surtout du pillage des caravanes qui vont du Soudan à la Méditerranée. Les plus connus sont les *Touareg*.

Le Sahara est situé dans la zone d'influence de la France. On parle d'y construire une voie ferrée transsaharienne allant de la Méditerranée dans le Soudan.

252. Soudan. — Situé dans la zone chaude et humide, le Soudan, au contraire du Sahara, est un pays de végétation luxuriante. Il possède des produits abondants : maïs, riz, sorgho, coton, dans les endroits découverts; arbre à beurre et lianes à caoutchouc, dans les forêts.

Le Soudan est très peuplé et possède de grandes villes. La population se compose surtout d'*Arabes* et de *Nègres*.

Fig. 165.
UNE HUTTE DE NÈGRE DANS LE SOUDAN.

Des murs de boue desséchée, une couverture de bambous ou de feuillage : telle est la hutte du nègre soudanais, tantôt ronde et tantôt carrée, suivant les tribus, mais toujours très primitive.

Le Soudan comprend trois parties :

1° Le **Soudan oriental**, arrosé par le haut Nil et par ses affluents. Il est peuplé de nègres, qui sont encore décimés par la traite. La capitale est *Khartoum*, au confluent des deux Nils.

Le Soudan oriental relève de l'Égypte.

2° Le **Soudan central**, sur les bords du lac Tchad et du Chari. Il est très riche. Il est divisé entre un certain nombre de royaumes indigènes : le *Ouadaï*, le *Bornou*, le *Sokoto*, l'*Adamaoua*. Les capitales de ces États sont des marchés florissants. La capitale du Bornou, *Kouka*, a peut-être 50 000 habitants.

Trois peuples européens se partagent le Soudan central, Angleterre, France, Allemagne.

3° Le **Soudan occidental** est encore plus riche, grâce à la proximité de la mer et à la présence d'un grand fleuve, le *Niger*.

La population, très mêlée, comprend des blancs (*Arabes*, *Maures*), des noirs (*Mandingues*, etc.) et des métis (*Toucouleurs*). Cette population est très active; elle vit du commerce des produits agricoles, de l'ivoire et de la poudre d'or. *Tombouctou*, la ville principale, est un marché de premier ordre.

La France exerce son influence sur la plus grande partie du Soudan occidental.

253. Le pays du Congo. — Situé de part et d'autre de l'équateur, le pays du Congo est bien arrosé par les pluies tropicales et par un des réseaux hydrographiques les plus importants du monde.

Il possède la même végétation et les mêmes produits que le Soudan : ivoire et caoutchouc, dans la forêt; maïs, sorgho, coton, café, dans les clairières. La mouche tsétsé rend l'élevage impossible.

Malgré la traite, la population est nombreuse. Elle se compose surtout de *Nègres Bantous* qui, pour la plupart, chassent l'éléphant et recueillent le caoutchouc pour le compte d'Européens. Malgré ses rapides, qui sur beaucoup de points interrompent complètement la circulation, le Congo facilite les relations commerciales.

Fig. 166.
UN TOUAREG DU SAHARA.

Presque tout le pays est compris dans l'*État du Congo*, colonie belge depuis 1908. Il renferme approximativement 17 millions d'habitants, et possède des comptoirs commerciaux florissants : *Equateurville*, *Léopoldville*, *Banana*.

Un chemin de fer unit le Congo maritime au Stanley-Pool, pour contourner des rapides et des chutes dans le cours inférieur. C'est un des pays d'Afrique les mieux développés.

254. Afrique aus-
trale intérieure. — L'Afrique australe intérieure est en grande partie couverte par des déserts. Le principal est le désert de *Kalahari*, beaucoup moins étendu, mais presque aussi stérile que le Sahara.

Elle compte peu d'habitants, *Cafres*, *Hottentots* et *Boers*, descendants d'anciens colons hollandais et de Français huguenots qui s'y réfugièrent après la révocation de l'édit de Nantes.

Les Anglais y ont fait en ces derniers temps de vastes annexions, et ils y ont construit une grande voie ferrée aboutissant au Cap, vers le sud.

255. — 1re Lecture : Les habitants du désert. — Le désert offre peu de ressources à l'homme. Seules, quelques oasis possèdent de l'eau toute l'année, du millet et des dattes. Elles abritent quelques plantations, cultivées par des tribus d'agriculteurs sédentaires, qui sont périodiquement pillés par les nomades.

Ceux-ci sont la grande majorité de la population. Ils vivent dans le désert même. Ils possèdent quelques troupeaux de chameaux et de moutons qu'ils déplacent sans cesse à la recherche de mares vite épuisées. Mais ils vivent surtout du pillage des caravanes, qui vont du Soudan à la côte, ou de la protection payée qu'ils leur imposent.

Ces tribus de nomades sont farouches et sanguinaires. Ici l'homme, ne pouvant vivre de la terre improductive, vit aux dépens de son semblable. La cruauté de la nature le rend lui-même cruel. Les Nomades comme les Touareg ont été un des plus grands obstacles à l'exploration du Sahara.

256. — 2e Lecture : Le commerce du Soudan. — Le commerce

Fig. 167. — LES BORDS D'UNE RIVIÈRE DANS LE CONGO FRANÇAIS.

Fig. 166-167. — PAYSAGES AFRICAINS.

On a vu que la végétation en Afrique dépend étroitement de la quantité de pluie. Pas de pluie, et c'est le désert, le Sahara, pays de sables ou de pierres, que l'on franchit grâce au chameau, l'animal sobre par excellence. Beaucoup de pluie, et c'est une végétation puissante, touffue, la forêt vierge, remarquable autant par les dimensions colossales des espèces que par l'enchevêtrement des arbres qu'unit un fouillis de lianes. Une immense forêt couvre ainsi presque toute l'Afrique équatoriale de l'océan Indien jusqu'à l'océan Atlantique à travers le bassin du fleuve Congo.

6***

intérieur du Soudan est très actif. La meilleure preuve de cette activité est la prospérité des villes-marchés comme Tombouctou et comme Kouka. En outre, de tout temps le Soudan a exporté vers l'Europe certains de ses produits : graines oléagineuses, ivoire, parfums, gommes, caoutchouc, etc.

L'exportation vers l'Europe se fait par deux voies : 1° à travers le Sahara, vers l'Égypte, la Tripolitaine ou le Maghreb, par caravanes ; 2° par les ports de l'Atlantique, pour le Soudan central et occidental. La première voie est encore de nos jours la plus fréquentée. Pourtant l'exportation par mer, par Saint-Louis et Dakar (Sénégal) est de plus en plus abondante.

C'est surtout pour faciliter les relations commerciales entre le Sahara et le Soudan qu'on a projeté une voie ferrée transsaharienne qui aboutirait, soit au lac Tchad, soit à Tombouctou, sur le Niger. Sans doute ce serait une œuvre difficile et coûteuse ; mais elle mettrait le Soudan et ses produits à six jours seulement de l'Europe. D'autre part, elle consoliderait beaucoup la puissance de la France dans le Soudan occidental et central.

257. — 3e Lecture : Le caoutchouc. — Le caoutchouc est de plus en plus employé aujourd'hui dans l'industrie. Il est le produit du suc de certains arbres et lianes qui ne poussent que dans les régions tropicales.

L'Amérique du Sud (surtout le Brésil) produit actuellement les plus grandes quantités de caoutchouc. Mais la récolte du caoutchouc dans le Soudan et l'État du Congo est en progrès chaque année. Dans ce dernier pays, elle se fait par les soins des indigènes, sous le contrôle des fonctionnaires de l'État. L'exportation de cet État, en caoutchouc, dépasse maintenant des millions de francs par an, et elle ne cesse d'augmenter.

Exercices. — Décrire le désert du Sahara et la vie de ses habitants. — Carte du pays du Congo. — Quelles sont les principales villes de l'intérieur de l'Afrique? Expliquer leur petit nombre et leur rôle.

Fig. 168. UN BOMBAX FROMAGER.
Type de ces arbres géants de l'Afrique équatoriale auprès desquels les hommes et même les arbres de la grandeur de ceux de nos pays paraissent infimes.

5° L'Afrique littorale de l'est et de l'ouest.

Presque toutes les côtes de l'Atlantique et de l'océan Indien, ainsi que les principales îles africaines de ces deux mers, sont entre les mains des Européens.

258. Colonies françaises. — Outre le Maghreb et le Sahara français, la France possède en Afrique trois grands centres de colonisation :

1° Le Sénégal. Le territoire du Sénégal embrasse actuellement le bassin du fleuve *Sénégal* et une notable partie de celui du *Niger*. Il faut ajouter plusieurs comptoirs sur la *côte de Guinée*, sur la *côte d'Ivoire* et l'ancien royaume indigène du *Dahomey*.

Cette vaste colonie a : au nord, la végétation du Sahara; au sud, celle du Soudan. Ses produits, localisés dans le sud, la région la plus humide, sont les gommes, l'arachide, les graines oléagineuses, la noix de kola, l'huile de palme.

Les villes principales de la colonie sont *Saint-Louis*, sur le Sénégal; le port de *Dakar*, un peu au sud de Saint-Louis, et la ville d'*Abomey* en Dahomey. Une voie ferrée unit le Sénégal au Niger, et fait du port de Dakar un des débouchés principaux du Soudan occidental.

2° Le Congo français. Encore peu exploitée, la colonie du Congo français possède les mêmes produits que l'État indépendant du Congo (ivoire, caoutchouc, etc.) sans avoir les avantages commerciaux d'un grand fleuve.

Des explorations l'ont étendue au nord jusqu'au lac Tchad. On évalue sa population à 10 millions d'habitants.

Les villes principales sont *Libreville*, *Brazzaville* et *Franceville*.

3° Madagascar. L'île de Madagascar est une colonie française depuis 1895. Elle comprend deux parties bien distinctes : à l'intérieur, de hauts plateaux et quelques montagnes, dont le climat est frais et salubre; sur le pourtour, des plaines basses, chaudes, humides et malsaines, couvertes par la forêt tropicale.

Les principales productions sont le riz, le café, le coton, les épices. On y trouve quelques gisements miniers.

Madagascar compte 5 millions d'habitants : *Sakalaves*, de race noire, et *Hovas*, de race jaune. Les Français ne s'acclimatent guère dans les plaines du pourtour qu'on a surnommées le « cimetière des Européens » : au contraire, ils prospèrent sur les plateaux de l'intérieur, où ils retrou-

Fig. 169. UN NÈGRE DU CONGO.
Les nègres du Congo sont fort arriérés; ils habitent des huttes primitives et ne savent point se confectionner de vêtements; ils ont un goût très marqué pour la verroterie et tout ce qui brille.

vent un climat analogue à celui des régions méditerranéennes. Madagascar peut être ainsi une colonie d'exploitation et une colonie de peuplement.

La capitale est *Tananarive* (57 000 h.), sur un plateau de l'intérieur; les villes principales sont les ports de *Tamatave*, sur la côte orientale, et de *Majunga*, sur la côte occidentale.

259. Colonies anglaises. — Outre l'Égypte, l'Angleterre possède en Afrique trois grands centres de colonisation.

1° Le golfe de Guinée. L'Angleterre possède dans cette région l'embouchure de la *Gambie*, le *Sierra-Leone*, un certain nombre de comptoirs sur les côtes de l'Or et du *Bénin*, et surtout le *bassin inférieur du Niger*.

Par ce fleuve et par son affluent, la Bénoué, l'Angleterre étend, comme la France, sa zone d'influence jusqu'au lac Tchad.

2° L'Afrique orientale anglaise. Elle s'étend sur la partie orientale du plateau des Grands Lacs jusqu'au haut Nil et jusqu'à l'Éthiopie.

Cette région est riche en produits tropicaux. Un chemin de fer pénètre aujourd'hui de la côte vers l'intérieur jusqu'au lac Victoria.

La capitale est *Mombaz*, sur la côte. Le sultanat de *Zanzibar*, dans l'île du même nom, est placé sous le protectorat anglais.

3° L'Afrique australe anglaise, vaste colonie accrue par des empiétements successifs vers l'intérieur. Les plus récents ont amené en 1902 l'annexion de la *République du Transvaal* et de l'*État libre d'Orange*, qui étaient peuplés en grande majorité par les Boers.

Dans cette immense colonie, on peut, comme dans le Maghreb, distinguer, du sud au nord, plusieurs régions :

Sur le versant sud des monts Drakensberg et Nieuweweld, s'étagent des terrasses exposées aux vents de la mer, tièdes et suffisamment arrosées. Elles sont riches en céréales et en vignobles, comme le Tell algérien : c'est la *région du Cap*. La capitale est la **Ville du Cap** (51 000 h.), excellent port.

Vers l'intérieur, s'étendent de *hauts plateaux*, au climat continental et sec. À l'exception du *fleuve Orange*, les cours d'eau sont rares. Seul, l'élevage y est possible. Mais le pays possède des mines de diamants dans la région de *Kimberley*, et surtout des mines d'or très riches groupées autour de *Johannesburg*, dans le Transvaal.

De nombreuses voies ferrées sillonnent cette colonie prospère, où la seule question délicate est l'opposition qui existe entre les Boers, anciens détenteurs du sol, et les Anglais. La voie ferrée principale franchit le Zambèze et s'avance jusqu'au plateau des Grands Lacs à la rencontre de la voie ferrée qui remonte le cours du Nil : c'est là le futur transafricain qui unira le Cap au Caire.

260. Colonies allemandes. — Les Allemands possèdent :

1° Le *Cameroun*, ainsi nommé d'un grand

volcan qui domine la colonie. Situé au fond du golfe de Guinée, il se prolonge jusqu'au lac Tchad par l'Adamaoua ;

Le *Sud-Ouest africain*, qui est presque un désert, prolongement du Kalahari ;

L'*Afrique orientale allemande*, située au sud de l'Afrique orientale anglaise. Elle touche aux Grands Lacs et constitue la partie la plus riche de l'empire allemand en Afrique. La capitale est *Dar-es-Salam*, port sur l'océan Indien.

261. **Colonies portugaises et espagnoles.**

— Les *Portugais* possèdent les iles *Açores* et *Madère*, riches en cannes à sucre et en céréales; les *iles du cap Vert*, sèches et peu productives ; la *Guinée portugaise* et certaines iles dans le golfe de Guinée.

Ils possèdent, en outre, une partie de la côte occidentale de l'Afrique, l'*Angola*, avec les villes de St-Paul-de-Loanda et de Benguella; et une partie de la côte orientale, le *Moçambique*, avec les ports de Moçambique et de Quélimane. Mais les régions de l'intérieur, et notamment les fertiles pays du Zambèze, sont aux mains de l'Angleterre.

Les *Espagnols* ne possèdent que l'*archipel des Canaries* et quelques iles dans le golfe de Guinée.

262. — 1ʳᵉ Lecture : Tananarive.

— Toutes les villes de Madagascar, sauf une, sont situées sur la côte. Il y a à cela deux raisons : 1° les avantages de la situation au bord de la mer; 2° la richesse végétale d'une région basse, chaude et humide, malsaine mais abondante en produits tropicaux, céréales, café, canne à sucre, etc. Le haut pays de l'intérieur est de climat plus tempéré, par suite plus sain, mais sec, pauvre et d'accès difficile.

Seule, la ville de Tananarive est située dans ce haut pays, sur un plateau à 1300 mètres d'altitude. L'existence de cette ville s'explique par la fertilité et l'humidité des environs de Tananarive. Il existe en effet sur ce point du plateau une dépression où les eaux se sont concentrées et où la culture du riz est possible. Cette rizière suffit à nourrir une population de plus de 50 000 âmes, alors que dans presque tout le haut pays la pauvreté du sol empêche les villes de se fonder.

Position militaire importante, dominant le pays, difficile d'accès, Tananarive était la capitale naturelle du gouvernement des Hovas. Ceux-ci, en effet, qui sont en minorité dans le pays, dominaient, avant la conquête fran-

çaise, les populations Sakalaves par leur force militaire, par une cohésion et une administration bien centralisée.

Depuis que les Français occupent Tananarive, ils l'ont transformée à l'européenne. La ville a maintenant des promenades, un kiosque à musique, des bibliothèques et des musées, des hôpitaux, un champ de courses. Une voie ferrée unit même Tananarive au port de Tamatave sur l'océan Indien, et une route conduit à Majunga. Tananarive reste ainsi de plus en plus le centre de la civilisation, la capitale stratégique et administrative de Madagascar.

263. — 2ᵉ Lecture : L'or.

— L'or est un

Fig. 170 : UNE VUE DES HAUTS PLATEAUX, PRÈS DE TANANARIVE. — Fig. 171 : UNE BROUSSE A CAOUTCHOUC, SUR LA CÔTE ORIENTALE.

Fig. 170-171. — PAYSAGES DE MADAGASCAR.

Madagascar comprend deux parties très distinctes : à l'intérieur, des plateaux, moins riches comme végétation, mais plus salubres et propres aux cultures de la région méditerranéenne et de l'Europe; la colonisation française pourra y prospérer; — sur le pourtour, une ceinture de terres basses, chaudes et humides, couvertes de riches forêts, mais malsaines et peu favorables à l'établissement des colons; on a surnommé cette zone basse du pourtour le cimetière des Européens. Le caoutchouc en est un des principaux produits, et il constitue un des principaux articles d'exportation de Madagascar.

métal jaune, brillant et inaltérable. L'or existe le plus souvent à l'état de *minerai*, mêlé à la roche dans laquelle il forme des sortes de veines nommées filons. Il faut alors l'en extraire par des procédés mécaniques et chimiques. Mais quelquefois le travail des eaux a brisé et décomposé la roche où l'or était inclus, et celui-ci se trouve alors pur de tout

élément, à l'*état natif*. Il se forme alors des blocs assez gros, que l'on appelle *pépites*, ou des grains fins mêlés au sable des rivières.

Souvent la rivière, qui a ainsi roulé du sable et de l'or, s'est tarie ou a pris une autre route. Le sable et l'or demeurés à sec et parfois recouverts d'une couche de terre végétale forment ce qu'on appelle un *placer*.

Les principaux pays producteurs d'or sont aujourd'hui l'Afrique australe, les Etats-Unis

Fig. 172. — PRINCIPAUX PAYS PRODUCTEURS D'OR.

Les quatre cinquièmes de l'or actuellement produit dans le monde viennent de trois pays, l'Afrique australe, les Etats-Unis et l'Australie. Ensuite viennent la Russie-Sibérie et le Canada.

et l'Australie; ils produisent les quatre cinquièmes de l'or extrait dans le monde entier. La production atteint, pour ces trois Etats, 1700 millions de francs d'or par an. Viennent ensuite la Sibérie et le Canada; mais ces deux pays produisent beaucoup moins d'or que les trois pays précédents.

La découverte des mines d'or et des mines de diamant dans l'Afrique australe a complètement transformé le pays. Jadis, les habitants, presque exclusivement composés de Boers, vivaient uniquement de l'élevage. Les rares villes n'étaient que de modestes marchés agricoles. Telles sont encore aujourd'hui *Prétoria*, capitale du Transvaal, et *Bloemfontein*, capitale de l'Etat d'Orange.

La découverte de minéraux précieux amena une population nouvelle composée d'aventuriers venus de partout et surtout d'Angleterre. Des villages et des villes s'édifièrent alors très rapidement comme aux Etats-Unis. Les constructions sont modernes, l'industrie active, la vie fiévreuse et agitée. Telles sont *Johannesburg*, la ville de l'or, et *Kimberley*, la ville des diamants, qui forment le plus violent contraste avec Bloemfontein et Prétoria.

Ce sont les réclamations de ces nouveaux venus qui voulaient avoir les mêmes droits que les anciens habitants du pays, contrairement à la volonté des Boers, qui provoquèrent la grande guerre anglo-boer de 1899 à 1902. A la suite de cette guerre, l'Angleterre annexa les anciennes républiques indépendantes des Boers, Orange et Transvaal; elle règne seule depuis lors sur toute l'Afrique australe, qui forme ainsi un vaste empire britannique.

Exercices. — Comparer l'empire colonial de la France et de l'Angleterre en Afrique. — Quel est le relief de Madagascar, son influence sur la répartition des richesses végétales, des villes et de la population? — Distinguer les différentes régions de l'Afrique australe anglaise. — Que savez-vous sur le caoutchouc? — Quelle a été pour l'Afrique australe la conséquence de la découverte des mines d'or du Transvaal et des mines du diamant de Kimberley?

V. — L'ASIE.

1° Géographie physique.

264. Étendue et limites. — L'Asie a pour bornes : au nord, l'*océan Glacial arctique*; — à l'est, l'*océan Pacifique*; — au sud, l'*océan Indien* et la *mer Rouge*; — à l'ouest, la *Méditerranée*, la *mer Noire*, le *Caucase*, la *mer Caspienne* et l'*Oural*.

Séparée en certains points de l'Amérique et de l'Océanie par des détroits, touchant à l'Europe et à l'Afrique, elle forme en quelque sorte le *centre des terres habitées.*

Elle en est aussi la *masse principale.* Sa superficie s'élève à 44 millions et demi de kilomètres carrés (y compris l'Insulinde), et forme ainsi un quart de la surface des terres émergées.

L'Asie est située tout entière dans l'hémisphère boréal.

265. Mers. — L'Asie est un continent très massif.

On y trouve quelques grands golfes; mais ils ne mordent pas profondément les contours de l'Asie, et les échancrent seulement. Les principaux de ces golfes sont : au nord, les golfes de l'*Ob* et du *Iénisëï*; — à l'est, le golfe du *Petchili*; — au sud, le golfe du *Bengale*, le golfe d'*Oman*, le golfe *Persique*, le golfe d'*A en*; — à l'ouest, le golfe d'*Alexandrette.*

De nombreuses îles entourent l'Asie. Les principales sont : l'île *Sakhalin*, l'*archipel Japonais*, *Formose* et *Haï-Nan*, à l'est; *Ceylan*, au sud; *Chypre* et *Rhodes*, à l'ouest.

Certaines des îles asiatiques sont disposées en cordons et enferment, entre elles et la côte, des mers intérieures, qui forment de véritables golfes. Telles sont dans l'Océan pacifique :

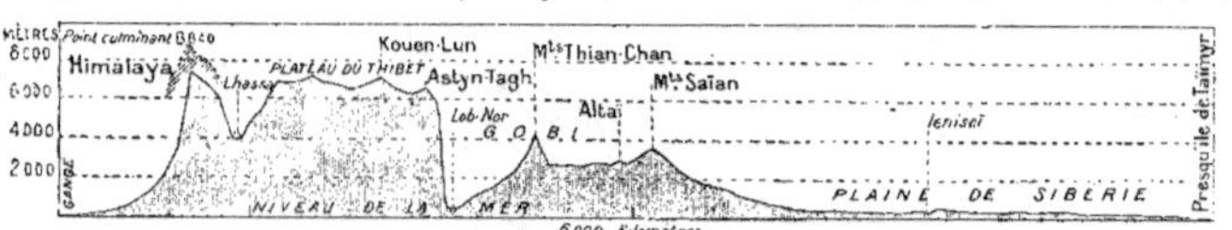

Fig. 173. — COUPE DE L'ASIE DU NORD AU SUD.

Les grands reliefs de l'Asie sont au sud, où se dressent de l'est à l'ouest, dans la direction des Pyrénées et des Alpes, la grande chaine de l'Himalaya, le Karakoreum et l'Hindou-Kouch. Le plateau le plus immense du globe, le plateau du Thibet, en occupe le centre. Puis l'Asie s'abaisse vers l'océan Glacial par des monts moins élevés (Altaï, Saïan) et l'immense plaine basse de Sibérie.

la mer *de Béring*, la mer *d'Okhotsk*, la mer *du Japon*, la mer *Jaune*, la mer *de Chine orientale* et la mer *de Chine méridionale.*

266. Relief. — L'Asie renferme d'énormes montagnes et de très hauts plateaux. Les unes et les autres sont situés dans l'intérieur du continent, mais plus au sud qu'au nord.

Au centre de cette région montagneuse est le *plateau de Pamir*, peu étendu mais très élevé, « toit du monde », comme on l'appelle. Les autres montagnes et plateaux sont : à l'est, le *plateau du Thibet*, les massifs de l'*Himalaya*, *Kouen-Lun*, *Thian-Chan*,

qui ont la forme d'arcs dirigés du sud-ouest au nord-est; au sud, le *plateau du Dekkan* : à l'ouest, les plateaux de l'*Iran*, d'*Asie Mineure* et d'*Arabie.*

Autour de cette masse montagneuse s'étendent des plaines, plus étendues au nord qu'au sud. Ce sont : au nord, l'immense plaine de *Sibérie*, inclinée du sud vers le nord; — à l'est, la *plaine de Chine*, plus accidentée; — au sud, la plaine *indo-gangétique*, c'est-à-dire arrosée par l'Indus et le Gange; — à l'ouest, la *Mésopotamie.*

267. Climat. — S'étendant sur plus de 60 degrés de latitude, l'Asie possède une grande variété de climats. Mais nulle part le climat n'est vraiment tempéré. Il est équatorial au sud, c'est-à-dire excessivement chaud et humide; il est continental au nord, c'est-à-dire excessivement chaud ou excessivement froid, selon les saisons.

Les pluies sont très inégalement réparties. Les régions du sud-est (Inde, Indo-Chine, plaine de Chine) reçoivent, pendant la saison chaude, des ondées abondantes apportées par la mousson. Au contraire, les plateaux de l'intérieur et de l'ouest, séparés de la mer par de très hautes montagnes, sont très secs.

268. Hydrographie. — Le centre de l'Asie, peu arrosé, possède des rivières au débit pauvre et irrégulier, qui se perdent dans les sables et dans les lacs. Tels sont le *Syr Daria* et l'*Amou Daria*, qui se jettent dans la *mer d'Aral*, — le *Tarim* qui se perd dans le *Lob Nor*, au nord du Thibet.

Les versants extérieurs, bien arrosés, ont,

joué un grand rôle dans l'histoire de la formation des États de l'Asie : la Chine doit sa fortune au Fleuve Bleu et au Fleuve Jaune; l'Inde la doit au Gange et à l'Indus; dans l'antiquité, l'Assyrie et la Chaldée

Fig. 174. — ZONES DE VÉGÉTATION DE L'ASIE.

L'Asie s'étend de la zone équatoriale jusqu'au delà du cercle polaire; elle a donc beaucoup de climats et aussi des zones végétales fort diverses. Ces zones peuvent se ramener à trois principales : 1° au sud-est, dans l'Asie des moussons (Inde, Indo-Chine, Chine méridionale, Japon), une zone de riches cultures tropicales, riz, thé, coton, canne à sucre, etc.; 2° à l'ouest et au centre, région de pluies faibles ou très rares, une zone de petites cultures, de steppes ou de déserts; 3° au nord, région froide, des terres à céréales, puis plus au nord des forêts et des toundras.

durent la leur au Tigre et à l'Euphrate.

269. Ressources diverses. — On peut distinguer en Asie trois zones de végétation :

1° L'*Asie septentrionale*, dont tout le nord est glacé, est surtout riche en forêts, habitées par un grand nombre d'animaux aux fourrures précieuses (ours, renne, renard bleu, etc.);

2° L'*Asie occidentale et centrale* est une région de steppes ou de déserts (Gobi) qui ne convient qu'à la vie des pasteurs nomades. Toutefois les vallées de la région méditerranéenne, mieux arrosées, produisent des fruits en abondance;

3° L'*Asie du Sud-Est*, arrosée par la mousson, est couverte d'une végétation exubérante, rappelant celle de l'Afrique équatoriale : forêts, ou savanes d'herbes très hautes, appelées *jungles*. C'est par excellence une région agricole. Les principaux produits sont les céréales, le riz, le thé, le sucre, l'opium, le coton, l'indigo, en un mot ceux qui demandent à la fois chaleur et humidité.

Les *richesses minérales* de l'Asie sont nombreuses, mais encore peu exploitées. Elles se trouvent surtout en Sibérie (métaux précieux, houille), dans le Caucase (pétrole), dans l'Inde, l'Indo-Chine, la Chine et le Japon.

270. LECTURE : Le relief de l'Asie. — L'Asie

Fig. 175. — ASIE PHYSIQUE

possède les massifs montagneux les plus hauts et les plus épais qui existent sur le globe. Ceux-ci forment entre les plaines du sud-est et celles du nord-ouest une barrière qui fut longtemps infranchissable. Encore aujourd'hui, les communications entre la plaine indo-gangétique et la plaine chinoise par les hauts plateaux du Thibet sont très difficiles. Quelques explorateurs ont seuls traversé le Thibet; et ce n'est que tout récemment qu'une expédition anglaise partant du sud a réussi à étendre l'influence britannique sur ces régions.

Les montagnes et les plateaux de l'Asie exercent une influence importante sur le climat du continent. Les unes et les autres sont situés dans la partie méridionale. Or la température diminue avec l'altitude. Il en résulte qu'à la même latitude que notre Méditerranée on trouve des climats très rigoureux en Asie. Les plaines du sud-est, abritées par ces hautes montagnes des vents froids du nord, bien arrosées par l'eau qui en descend, ont tous les avantages du climat tropical. Les plaines du nord-ouest, séparées par les montagnes de l'océan Pacifique et s'ouvrant uniquement sur l'océan Glacial, sont au contraire très froides.

Enfin le relief de l'Asie exerce son influence sur l'hydrographie. A l'intérieur des plateaux asiatiques, on trouve des dépressions formant de gigantesques cuvettes où les eaux se concentrent, au lieu d'aller à la mer. Elles forment des lacs analogues au lac Tchad en Afrique. Tels sont en Asie *la mer d'Aral*, le lac *Balkhach*, le *Lob Nor*. Les rivières qui y aboutissent ne rendent pas les mêmes services que celles qui se jettent dans la mer et sont des voies naturelles de pénétration vers l'intérieur des continents.

Exercices. — Carte physique de l'Asie.
Expliquer le climat de l'Asie et la répartition de ses richesses végétales.
Montrer l'influence du relief de l'Asie sur les relations, sur le climat et sur l'hydrographie.

2° Géographie politique.

271. Populations de l'Asie. — L'Asie renferme plus de la moitié de la population totale du globe. Elle compte, en effet, 905 millions d'habitants (y compris l'Insulinde), c'est-à-dire 20 en moyenne par kilomètre carré. Après l'Europe, c'est la partie du monde qui a de beaucoup la population la plus dense.

Cette population est très inégalement répartie. L'Asie du sud-est, très fertile, renferme d'énormes masses d'habitants, plus des cinq sixièmes de la population totale de l'Asie. Les hauts plateaux, stériles, contiennent de rares nomades. Vers les régions glacées de la Sibérie septentrionale, les populations sont aussi rares que dans le Sahara.

272. Races. — Les habitants de l'Asie

Fig. 176. — TYPES HINDOUS.
Les Hindous sont les représentants les plus nombreux de la race blanche, l'une des deux grandes races qui peuplent l'Asie : la race blanche est appelée, en effet, race indo-européenne parce qu'elle occupe à la fois l'Inde et l'Europe.

appartiennent à deux races principales :
— la race *blanche* : tels sont les *Hindous, Persans, Caucasiens, Grecs* de la côte d'Asie Mineure, *Juifs, Arabes*; ils dominent surtout à l'ouest;
— la race *jaune* ou *mongole* : tels les *Japonais, Chinois, Annamites, Thibétains, Turcs*, et les rares populations indigènes de la Sibérie; ils dominent à l'est.

273. Religions. — Les trois religions principales sont :
— le *Mahométisme*, qui compte 80 millions de fidèles, dans l'Asie méditerranéenne, l'Arabie, l'Iran et l'Inde;
— le *Brahmanisme*, qui compte 200 millions de fidèles dans l'Inde et l'Indo-Chine;
— le *Bouddhisme*, qui compte 520 millions de fidèles, dans l'Indo-Chine, la Chine et le Japon.

L'Asie a été jadis le foyer d'antiques civilisations : civilisations japonaise, chinoise, hindoue, persane, arabe. Mais ces civilisations sont déchues, et la plupart des populations asiatiques sont restées jusqu'à ce jour réfractaires à notre civilisation.

274. Partage politique de l'Asie. — L'Asie compte un petit nombre d'États, presque tous très étendus. Quelques-uns

sont indépendants. Les autres ont été soumis par trois États européens : l'*Angleterre*, la *France* et la *Russie*.

Les principaux États asiatiques sont :
1° Dans l'Asie septentrionale ou russe : la *Sibérie*, le *Turkestan caspien* et la *Caucasie*;
2° Dans l'Asie occidentale : la *Turquie d'Asie*, la *Perse*, l'*Afghanistan* et le *Baloutchistan*;
3° Dans l'Asie méridionale : l'*Inde*, l'*Indo-Chine anglaise*, le royaume de *Siam* et les États de l'*Indo-Chine française* (Cambodge, Cochinchine, Annam, Tonkin);
4° Dans l'Asie orientale : l'*Empire Chinois*, l'Empire japonais et la *Corée*.

275. — LECTURE : L'Asie dans l'histoire. — L'Asie semble avoir été le point de départ des migrations du genre humain. Il est probable que les populations actuelles de l'Europe sont parties des plateaux occidentaux de l'Asie, et spécialement de l'Iran. De même les populations sémitiques qui peuplent le nord de l'Afrique (Abyssins, Arabes, etc.) viennent d'Asie.

L'Asie a vu naître la plupart des religions : le judaïsme, le christianisme, le mahométisme, qui se sont répandus dans les autres parties du monde; le brahmanisme et le bouddhisme qui n'en sont pas sortis, mais comptent des centaines de millions d'adhérents.

Ainsi l'Asie a jadis exercé une grande influence sur l'Europe. Aujourd'hui, c'est l'Europe qui reflue sur l'Asie. Les premiers voyages d'Européens en Asie furent exécutés au moyen âge. Le plus célèbre est celui du vénitien *Marco Polo*, qui gagna la Chine par le plateau de l'Iran, le Pamir et les déserts de l'Asie centrale. Toutefois les explorations ne devinrent fréquentes qu'après le voyage du portugais *Vasco de Gama* qui, en 1498, découvrit la route maritime des Indes par le sud de l'Afrique et le cap de Bonne-Espérance. Depuis cette époque les Européens se sont répandus dans l'Asie, y fondant des comptoirs et des colonies, et travaillant à y faire prédominer leur civilisation.

Exercices. — Carte politique de l'Asie.
La population de l'Asie; sa densité et sa répartition; races et religions; rôle qu'elle a joué dans l'histoire jadis et aujourd'hui.

3° L'Asie russe.

276. La Russie est une puissance asiatique autant qu'une puissance européenne. La portion de l'Asie gouvernée par les Russes couvre environ 16 millions et demi de kilomètres carrés, soit plus du tiers de la superficie de l'Asie.

Mais composée surtout de régions gla-

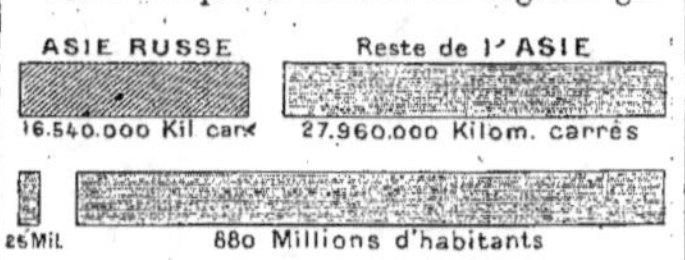

Fig. 177. — SUPERFICIE ET POPULATION COMPARÉES DE L'EMPIRE RUSSE ET DU RESTE DE L'ASIE.
Les possessions russes en Asie occupent plus du tiers de cette partie du monde; mais composées surtout de régions glacées, de steppes ou de déserts, elles ne renferment que 1/37 seulement de la population de l'Asie.

cées, de steppes ou de déserts de sa[ble], elle n'a que 25 millions d'habitants, 1/37 seulement de la population de l'A[sie].

L'Asie russe se compose de trois pa[rties] : la *Sibérie*, le *Turkestan caspien* et la C[au]casie.

277. Sibérie. — Plus étendue que l'[Eu]rope, la Sibérie est surtout formée par [une] immense plaine, qui part des massifs sud-est asiatique pour aboutir à l'oc[éan] Arctique, en s'inclinant doucement du s[ud]-est vers le nord-ouest. Elle est donc ouv[erte] aux vents glacés du nord et privée [des] vents tièdes du Pacifique. Son climat [est] continental : hivers longs et rudes, [étés] courts mais chauds.

La Sibérie a de très longs fleuves ([Obi,] Iénisséi, Léna), qui seraient d'excelle[ntes] voies de communication, s'ils n'étaient [ge]lés une grande partie de l'année.

La Sibérie ne manque pas de richess[es] :

Fig. 178. — TYPES MONGOLS.
La race mongole occupe toute la moitié orien[tale] de l'Asie. Les Mongols diffèrent des Hindous par [leur] teint jaune et non blanc, par l'absence de barbe, par [la] forme de leurs yeux qui sont bridés. Les Chinois et [les] Japonais appartiennent à la race mongole.

elle a, au nord et au centre, de grandes [fo]rêts, au sud, de grandes étendues de te[rre] noire, propres à la culture des céréal[es]. Enfin, dans les régions montagneuses [du] pourtour (monts Oural, Altaï, Saïan), [les] richesses minérales abondent (or, arge[nt], platine, cuivre, houille, pétrole). La Si[bé]rie est une des régions les mieux pourvu[es] de richesses minérales.

La Sibérie renferme 5 700 000 habitan[ts] indigènes nomades dans le nord (*Samoyè[des,]* etc.), Européens déportés ou colons lib[res] dans le sud. La population est surto[ut] groupée dans le sud, région de la cultu[re] et des mines. Cette population s'accr[oît] assez rapidement depuis la construction [du] *transsibérien*.

Les principales villes sont : *Tobol[sk,] Omsk, Tomsk* (52 000 habitants), dans [la] Sibérie occidentale; *Irkoutsk* (51 000 ha[bi]tants), *Nertchinsk* et le port de *Vla[di]vostok*, dans la Sibérie orientale.

278. Turkestan caspien. — Si[tué] entre la mer Caspienne et les monts Thia[n-] Chan, le Turkestan caspien comprend de[ux] régions : à l'ouest, une plaine de ste[ppes,] riche, mais de climat sec, fertile seule[ment] sur le bord des rivières, *Syr-Dar[ia]* et *Amou-Daria*; — à l'est, une régi[on]

Fig. 179. — ASIE POLITIQUE.

montagneuse, aux vallées chaudes et bien arrosées, riches en vignes, en mûriers, en coton, en céréales et en gisements minéraux.

La plus grande partie de la population (7 500 000 habitants) est groupée au pied des monts et dans les vallées des fleuves. Là se trouvent les principales villes : *Tachkent*, *Samarkand*, *Merv*, centres agricoles et marchés importants.

Les Russes possèdent la plus grande partie du pays et exercent leur suzeraineté sur le reste, c'est-à-dire sur les États de *Khiva*

et de *Bokhara*. Ils ont favorisé l'agriculture par des travaux d'irrigation, et le commerce par la construction du chemin de fer *transcaspien*, qui part de la mer Caspienne, dessert Samarkand et Tachkent, et doit être relié au Transsibérien.

279. Caucasie. — La Caucasie comprend trois régions : au centre, la haute barrière du massif du *Caucase* (*mont Elbrous*, 5617 mètres); — au nord, une plaine formée de steppes, au climat con-

tinental ; — au sud, un ensemble de vallées chaudes et fertiles, produisant le riz, le coton, le maïs, le tabac. En outre, le Caucase est l'un des deux plus grands pays producteurs de naphte et de pétrole du monde entier.

Les principales villes sont : la capitale, *Tiflis* (160 000 habitants); les ports de *Batoum*, sur la mer Noire, et de *Bakou*, sur la mer Caspienne, unis par le chemin de fer *transcaucasien*.

La population (9 700 000 habitants) est surtout groupée dans les vallées du sud

6****

280. — 1ʳᵉ Lecture : Quelles ressources offre l'Asie russe ? — La Sibérie et le Turkestan ont les mêmes traits physiques. Les gisements minéraux abondent dans les parties montagneuses. Dans les plaines le sol est fertile. En particulier l'épaisse couche de *tchernoziom*, ou terre noire, que l'on trouve dans le sud de la Sibérie et dans certaines parties du Turkestan, constitue un humus très riche. Mais deux choses manquent à l'Asie russe :

1° Dans les plaines, et surtout dans le Turkestan, *l'eau*, qui est plus nécessaire encore que la richesse du sol pour la production des céréales ;

2° Partout, une *population* assez nombreuse pour exploiter ses richesses minérales et végétales.

Pour peupler ses possessions, l'État russe a envoyé en Sibérie ses déportés de droit commun ou ses déportés politiques, qui travaillent dans les mines et défrichent la terre. Parmi les premiers, beaucoup restent dans le pays, leur peine achevée. D'autre part, la construction de grands chemins comme le *Transsibérien* et le *Transcaspien* favorise le peuplement des contrées qu'ils traversent.

Un grand nombre de paysans russes sont venus, principalement à partir de 1892 ou 1894, s'établir dans toute la région méridionale de la Sibérie, dont ils poursuivent la colonisation et la mise en valeur.

Pour suppléer à la disette d'eau, les Russes ont commencé dans le Turkestan des travaux d'irrigation : dans ce pays si sec et si chaud, on peut dire que chaque goutte d'eau est une goutte de vie. Mais il y a là encore beaucoup à faire.

281. — 2ᵉ Lecture : Le chemin de fer transsibérien. — Le manque de communications faciles et rapides a été longtemps l'obstacle principal au développement de la Sibérie.

Les fleuves sibériens sont larges et lents, très propres par conséquent à la navigation, mais ils coulent du sud au nord, menant non pas vers l'Europe, mais vers l'océan Glacial Arctique qui est couvert de glaces neuf ou dix mois sur douze. Le climat sibérien est,

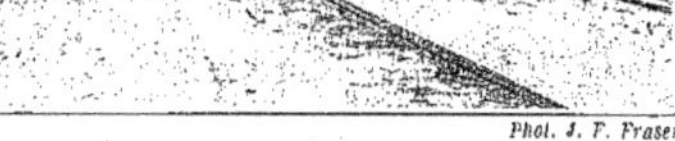

Phot. J. F. Fraser.

Fig. 181. — UNE STATION DU TRANSSIBÉRIEN.

Comment on traverse aujourd'hui la Sibérie : une machine sans élégance traîne un train sur une voie établie un peu vite où les vitesses ne dépassent guère 20 kilomètres à l'heure ; mais les wagons, aménagés pour des voyages de plusieurs jours, sont confortables. Les stations sont souvent espacées de 30, 40 kilomètres, ou même davantage.

d'ailleurs, si rude que les fleuves restent gelés, par suite inutiles, pendant la moitié environ de l'année.

Naguère, les communications de l'ouest à l'est n'étaient assurées que par la route postale qui, par Tobolsk, Tomsk et Irkoutsk, menait jusqu'à Vladivostok, sur l'océan Pacifique. On circulait sur cette route, mal entretenue et coupée de fondrières, à cheval ou au moyen de traîneaux l'hiver, de véhicules assez primitifs, nommés *tarantass*, pendant la belle saison. Il ne fallait pas moins de 50 ou 60 jours pour traverser la Sibérie, voyage aussi long que fatigant.

Aujourd'hui, les Russes y ont construit un chemin de fer, le *Transsibérien*. Il n'a pas moins de 7500 kilomètres de longueur. Commencé en 1893, il a été achevé en 1903, après dix années seulement d'efforts, bien que la gelée empêchât tout terrassement pendant près de la moitié de l'année. Le Transsibérien dessert toute la Sibérie méridionale par Omsk et Irkoutsk. Prolongé par une voie ferrée qui traverse la Mandjourie jusqu'à la mer Jaune et jusqu'à Pékin, il n'aidera pas seulement au développement de la Sibérie ; il est une des grandes voies de circulation générale sur le globe. Grâce à lui, on peut se rendre maintenant de Paris à Pékin en 15 ou 16 jours, et de Paris au Japon en 16 ou 17 jours.

Le Transsibérien a été établi d'une manière un peu hâtive ; la voie, dont la solidité est insuffisante, n'admet que des vitesses qui nous paraissent très faibles, environ 20 à 25 kilomètres à l'heure. Il y aura lieu de la refaire d'une manière meilleure, et alors l'on obtiendra des vitesses bien plus grandes qui diminueront encore la longueur actuelle du voyage.

282. — 3ᵉ Lecture : Le pétrole. — Le pétrole est une huile minérale combustible qui existe en abondance dans certains points du sol. Elle s'y concentre sous forme de nappes souterraines, d'où on la fait généralement jaillir par le procédé des puits artésiens. Elle sert à l'éclairage, au chauffage et à la production de la force motrice. Son emploi est très répandu dans le monde civilisé.

Les deux grands pays producteurs de pétrole sont les États-Unis et la Russie. Les pétroles produits par les États-Unis représentent une valeur bien supérieure aux pétroles fournis par la Russie ; mais c'est parce que les pétroles américains, mieux raffinés et de qualité meilleure, se vendent beaucoup plus cher que les pétroles russes. Comme quantité, la production totale des deux pays n'est pas très différente.

Presque tout le pétrole russe vient de la Caucasie et surtout de la région de Bakou, sur les bords de la mer Caspienne. Tout le sous-sol de la presqu'île où est bâtie la ville de Bakou, ne forme qu'un immense réservoir de pétrole. On transporte ces pétroles en Europe par des bateaux-citernes qui remontent la Caspienne et la Volga, ou encore par des wagons-citernes qui empruntent la voie ferrée de Bakou à la mer Noire. L'exploitation de ces pétroles a fait la fortune de la ville de Bakou, jadis petit village, aujourd'hui grande ville de 125 000 habitants.

Exercices. — Comparer la géographie physique et les ressources de la Sibérie et du Turkestan caspien. — Que savez-vous du Transsibérien ? Quelle est son importance générale ?

Qu'est-ce que le pétrole ? Comment s'appelle la région de l'Asie où il abonde ?

Fig. 180. — UNE TARANTASS SIBÉRIENNE.

Comment on traversait la Sibérie avant le Transsibérien : sur la tarantass, sorte de traîneau, monté sur des roues en bois, sans ressorts, dans lequel les voyageurs s'accommodaient de leur mieux pêle-mêle parmi leurs bagages ; de distance en distance, un relais sur la route postale, jalonnée des poteaux du télégraphe transsibérien, fournissait les chevaux de rechange.

Fig. 182. — PUITS DE PÉTROLE A BAKOU (CAUCASIE).

Le pétrole forme de grandes nappes souterraines d'où on le fait jaillir par le procédé des puits artésiens. La région de Bakou, au pied du Caucase, sur la mer Caspienne, est la plus riche région pétrolifère de l'empire russe.

4° L'Asie turque.

Les Turcs possèdent toute l'Asie occidentale, soit 2 millions de kilomètres carrés. Mais ce pays, généralement pauvre, ne renferme que 19 à 20 millions d'habitants.

283. Asie Mineure. — L'Asie Mineure est une vaste presqu'île, à laquelle on rattache les îles de *Mytilène, Chio, Samos, Rhodes, Chypre*. Cette dernière appartient à l'Angleterre.

L'intérieur de l'Asie mineure est formé par un haut plateau bordé de montagnes, dont la principale est le *Taurus*. Le climat est sec et excessif, les productions maigres : on n'y trouve que des steppes et de mauvais pâturages, sauf le long des rivières.

Sur le pourtour s'étendent des vallées et des plaines bien arrosées, qui, comme les îles, jouissent du climat méditerranéen. Elles sont riches en vignes, en céréales, en oliviers et en fruits : le raisin sec est l'un des principaux produits de l'Asie mineure.

La population (9 500 000 h.), composée de *Grecs* et de *Turcs*, est surtout groupée dans la région maritime. Les principales villes sont : sur la côte, *Trébizonde, Scutari* (faubourg de Constantinople), *Brousse. Smyrne* (201 000 h.), principal port de toute l'Asie turque ; à l'intérieur, *Angora, Kaïsarieh, Koniah*, étapes des caravanes qui traversent le plateau.

284. Arménie. — Massif montagneux très haut (*Mont Ararat*, 5157 m.), et de climat excessif, l'Arménie est peu riche et peu peuplée. Toutefois sa population, composée de chrétiens, est active et industrieuse. Elle a souvent lutté contre le gouvernement despotique des Turcs.

La capitale est *Erzeroum*.

285. Mésopotamie. — Grande plaine située entre le *Tigre* et l'*Euphrate*, la Mésopotamie, comprend : 1° les vallées des deux fleuves, riches en riz, en fruits, en coton, en céréales ; 2° une région aride, l'intérieur, composé de steppes.

Le population (1 500 000 h.), comprend de nombreux agriculteurs dans les vallées et de rares pasteurs nomades dans la steppe.

La principale ville est *Bagdad* (145 000 h.), sur l'Euphrate. On peut citer encore la ville de *Mossoul*, sur le Tigre, et le port de *Bassorah*, sur le Chat-el-Arab.

La Mésopotamie fut jadis très riche et posséda la grande ville de Babylone qui compta plusieurs millions d'habitants. Aujourd'hui, Babylone n'est plus qu'un monceau de ruines près de l'Euphrate.

286. Syrie et Palestine. — Au sud de l'Asie Mineure, parallèlement à la côte, s'allonge la chaîne du Liban. Sur le versant qui regarde la mer s'étend une étroite plaine côtière, au climat et aux produits méditerranéens : c'est la *Syrie*. Plus au sud, et en partie sur le versant qui regarde l'intérieur, s'étend une plaine au climat plus rude et plus sec, mais fertilisée en partie par le fleuve *Jourdain* : c'est la *Palestine*.

La population (2 700 000 h.), comprend des *Arabes*, des *Turcs*, des *Druses* et des

Fig. 183. — L'ASIE TURQUE.

Maronites. Ces derniers sont les plus industrieux et les plus actifs.

Les principales villes sont *Antakieh* et *Beïrout*, sur la côte ; *Alep, Damas* et *Jérusalem*, à l'intérieur.

287. Arabie. — Péninsule vaste et massive, entourée de montagnes qui la privent des vents de la mer, l'Arabie est un désert. Seule, la région du sud-ouest appelée l'*Arabie Heureuse*, est arrosée un peu par la mousson et produit la vigne, la myrrhe, l'encens, le tabac et surtout le café.

L'Arabie a 4 millions d'habitants tous *Arabes*, et la plupart nomades. Les principales villes sont *La Mecque*, métropole religieuse des Arabes, *Médine* et *Moka*.

Au sud, le port d'*Aden* (35 000 h.), appartient aux Anglais, qui y ont attiré presque tout le commerce de la région.

288. — Lecture : **La côte de l'Asie Mineure.** — La côte de l'Asie Mineure a toujours été le foyer d'un commerce important. Au point de contact des mondes asiatique et européen, c'est par elle que se sont faits les échanges entre l'un et l'autre, tant que l'isthme de Suez n'a pas été percé. Elle a décliné depuis le percement de l'isthme de Suez, et il faudrait achever son réseau de voies ferrées pour lui rendre sa prospérité.

Les ports de l'Asie Mineure, connus sous le nom d'*Échelles du Levant*, exportaient et exportent encore vers l'Europe les produits asiatiques : parfums, soieries, tapis d'Orient,

cuivre, armes de luxe, raisins secs, café, vin des îles.

Leur population porte le nom de *Levantins* ; c'est un mélange de Turcs, de Grecs et de Sémites. Ils sont très actifs et aptes au commerce.

Exercices. — Carte de l'Asie turque.

Comparer la côte de l'Asie Mineure et celle de la Syrie.

5° L'Iran.

289. Le grand plateau de l'Iran, entre l'Arménie et le Thibet, au sud de la mer Caspienne, est encadré de tous côtés par de hautes montagnes (*Hindou Kouch*, 7500 m. ; *Elbours*, 5465 m., etc.). L'intérieur forme une dépression sans issue, dont les eaux se concentrent dans une région marécageuse : le *Hamoun*. Le climat est sec et excessif.

L'Iran est couvert de déserts, dont le principal est le désert de *Lout*. Les cultures ne sont possibles qu'au pied des montagnes, et notamment sur les bords de la mer Caspienne.

290. Étendu 5 fois comme la France, l'Iran n'a que 14 millions d'habitants. Il renferme trois états :

1° La *Perse* est le plus étendu et le plus peuplé. La population se concentre dans la région montagneuse et fertile du nord-ouest. Là sont les villes : *Téhéran* (250 000 h.), la capitale, *Tabriz, Ispahan*. Dans le désert vivent des populations nomades, à peu près indépendantes.

La Perse forme une monarchie dont le souverain, est appelé *chah*.

2° L'*Afghanistan* (5 millions d'habitants) à l'angle nord-est du plateau, est divisé en tribus qui forment autant de républiques. Il comprend trois villes, *Hérat, Kaboul* et *Kandahar*, qui doivent leur importance à leur situation commerciale et stratégique.

3° Le *Baloutchistan* (400 000 h.), cap. *Kélat*, n'est qu'une dépendance de l'Angleterre.

291. — Lecture : **Importance de la Situation de l'Iran.** — Le plateau de l'Iran n'a que des ressources assez limitées ; mais sa situation lui vaut une certaine importance. Il sépare, en effet, le Turkestan caspien, qui est aux Russes, et l'Inde, qui est aux Anglais. L'Angleterre a donc intérêt à empêcher les Russes d'y prendre une trop grande influence, parce que, de là, ils pourraient menacer, ou du moins inquiéter sa domination dans l'Inde.

L'Angleterre et la Russie sont donc rivales sur le plateau de l'Iran, et elles se disputent âprement l'influence prédominante en Perse comme en Afghanistan. C'est pour s'assurer une des avenues de l'Inde, que les Anglais ont placé le Baloutchistan sous leur protectorat en 1876. Ils ont cherché aussi, mais sans succès, à s'étendre sur l'Afghanistan.

Exercice. — Carte de l'Iran.

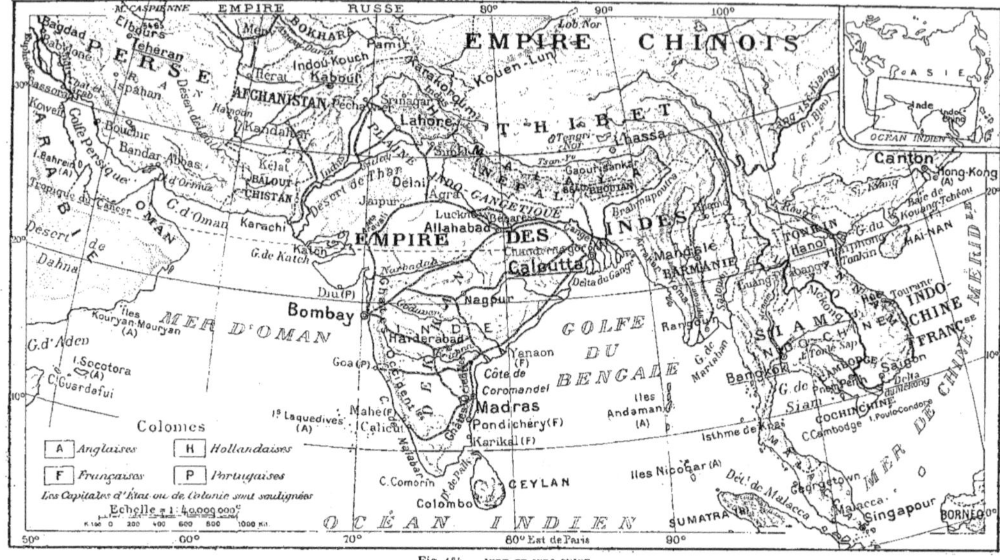

Fig. 184. — INDE ET INDO-CHINE.

6° L'Inde.

L'Inde ou Hindoustan est une grande péninsule triangulaire, dominée au nord par l'*Himalaya* et baignée par la *mer d'Oman*, le *golfe du Bengale* et l'*océan Indien*, dans lequel elle se prolonge par l'île de Ceylan.

292. Le sol. — L'Inde comprend : 1° au nord, la *plaine indo-gangétique*, constituée par des alluvions très fertiles ; 2° au sud, le haut *plateau du Dekkan*, formé de roches volcaniques et cristallines, et dominant de toutes parts une étroite bande de plaines côtières.

Le climat réunit les deux traits caractéristiques des climats tropicaux : la chaleur et l'humidité. Les pluies, apportées par la mousson, sont presque partout abondantes ; elles le sont particulièrement sur la côte occidentale du plateau et dans le nord du golfe du Bengale.

Les fleuves sont remarquables par leur longueur et par leur débit, dans la plaine indo-gangétique : ce sont l'*Indus* et le *Gange*, qui, uni au *Brahmapoutra*, forme un immense delta. Dans le Dekkan les rivières sont plus courtes et moins abondantes.

Chaude et humide, l'Inde possède une végétation luxuriante, forêts et jungles. Les cultures principales sont le coton, le tabac, le café, le thé, l'opium, le riz, les céréales. L'Inde renferme des gisements de houille, des mines d'or et des pierres précieuses. C'est un des plus riches pays du monde.

293. La population. — L'Inde fut de bonne heure le centre d'une civilisation remarquable. Actuellement, elle renferme 294 millions d'habitants, 80 en moyenne par kilomètre carré. La région la plus peuplée est celle du Gange inférieur.

La race la plus nombreuse est la *race hindoue*, qui est une race blanche. On parle dans l'Inde 120 dialectes différents et l'on y pratique presque toutes les religions. Mais la principale est le *brahmanisme*, dont la capitale est Bénarès.

L'Inde compte près de 700 000 villes, villages ou hameaux. Les villes principales sont : *Calcutta* (860 000 h.), *Bénarès*, *Allahabad* et *Dehli*, dans le bassin du Gange ; *Lahore*, dans le bassin de l'Indus ; *Bombay* (821 000 h.), sur la côte occidentale du Dekkan ; *Madras* (457 000 h.), sur la côte orientale ; *Colombo*, dans l'île de Ceylan.

294. Organisation politique. — Au point de vue politique, l'Inde comprend : 1° les provinces britanniques, divisées en 3 gouvernements dont les chefs-lieux sont Calcutta, Bombay et Madras ; 2° Quelques états protégés par le gouvernement britannique ; 5° Quelques états indépendants ; 4° Enfin 3 territoires portugais et 5 territoires français (*Pondichéry*, *Chandernagor*, *Karikal*, *Yanaon*, *Mahé*) de minime importance.

295. État économique. — L'*agriculture* a fait de grands progrès. La culture des céréales (mil, riz) s'est surtout développée et rend de plus en plus rares les grandes famines qui ont désolé le pays.

L'*industrie* se développe lentement : la principale est l'industrie des cotonnades.

Le *commerce* est très important. Il se fait surtout avec l'Angleterre et avec la Chine où l'Inde exporte l'opium, le riz, le thé et le coton.

Fig. 185. — EXTÉRIEUR D'UN TEMPLE HINDOU

Ce temple est situé sur le mont Abou, dans les monts Avavali ; c'est un remarquable spécimen de l'architecture hindoue que caractérise une profusion de sculptures d'une rare délicatesse.

296. — 1ʳᵉ Lecture : Comment sont réparties les richesses de l'Inde. — L'Inde est une immense péninsule, qui comprend des régions très différentes au point de vue du relief, du climat, de la nature du sol et de l'hydrographie. Aussi la nature des productions varie-t-elle avec les régions.

Les grands produits de l'Inde sont : le riz, le blé et le millet, la canne à sucre, les bois précieux, le coton, le café, le thé et les épices.

Le *riz*, qui a besoin de chaleur et surtout d'un sol très humide, pousse surtout dans le delta formé par le Gange et le Brahmapoutra; — Le *blé et le millet*, qui demandent une terre moins détrempée et un climat moins chaud, poussent surtout dans le nord-ouest de la plaine indo-gangétique au pied de l'Himalaya; — La *canne à sucre*, qui veut autant d'humidité et plus de chaleur, pousse au sud de la région à blé; — Les *bois précieux* se trouvent dans les grandes forêts tropicales situées entre le delta du Gange et le plateau du Dekkan; — Le *coton* pousse surtout dans le nord-ouest du plateau du Dekkan, parce qu'il s'y trouve un humus spécial, favorable au coton, le regur, et que le coton a besoin pour pousser d'une saison humide (celle où il germe), et d'une saison absolument sèche (celle où il mûrit). Or les pluies de mousson sont très régulières dans cette partie du Dekkan; — Enfin le *café*, le *thé*, les *épices* (poivre, muscade, bétel, etc.) et l'*opium* poussent dans les régions méridionales. Le thé est surtout produit par l'île de Ceylan.

Une seule région de l'Inde ne produit rien. C'est le *désert de Thar*, à l'est de l'Indus.

Il faut remarquer que de tous ces produits, dont le commerce est si rémunérateur, deux seulement sont des produits alimentaires : le *riz* et le *blé*. Or, une partie du riz hindou est exporté, ainsi que le thé, par caravanes vers la Chine. L'Hindou mange fort peu de riz, mais surtout du blé et du mil. Or, si grande que soit la quantité de céréales produite par les terres du nord, elle est insuffisante à nourrir près de 300 millions d'hommes. De là les grandes famines qui, les années de mauvaise récolte, ont souvent désolé l'Inde, et notamment de 1896 à 1900.

297. — 2ᵉ Lecture : Les Anglais dans l'Inde. — Les Anglais se sont établis dans l'Inde au xviiiᵉ siècle et ils ont étendu leur domination sur la majeure partie de la péninsule et sur les pays avoisinants, « les avenues de l'Inde », pendant le dix-neuvième. C'est pour eux, non une colonie de peuplement, — car le climat de l'Inde, humide et chaud, convient mal aux Anglais qui n'y sont pas plus de 80 000 en tout, — mais une admirable colonie d'exploitation, qui leur fournit d'importantes matières premières, et qui constitue un immense débouché pour leurs industries.

Les Anglais ont transformé l'Inde. Ils ont adouci les mœurs et fait disparaître quelques usages barbares, comme celui qui obligeait les veuves à se faire brûler vives en même temps que le corps de leur mari. Ils ont créé des écoles, construit des routes et des voies ferrées, amélioré les rivières par de grands travaux de digues, établi des canaux d'irrigation pour augmenter l'étendue des cultures et faire disparaître les famines.

Néanmoins, les Anglais ne sont pas très aimés dans l'Inde. Il existe un parti national

Photog. Bourne et Shepherd

Fig. 186. — DHOBIES AU TRAVAIL, A CALCUTTA.

Les dhobies sont les blanchisseurs hindous. Le fleuve représenté est le Gange aux environs de Calcutta, dans le delta. Ce delta formé de terres alluviales, constamment humides sous un soleil très chaud, a la végétation des régions équatoriales, une profusion d'espèces végétales puissantes qui en font une région très riche et très peuplée, quoique malsaine.

indigène qui réclame pour l'Inde le droit de s'administrer. Des journaux ont été créés pour manifester ces revendications. Ils reprochent notamment aux Anglais de songer, quand ils font des réformes, plutôt à leur intérêt qu'à

Fig. 187. — SIMLA, DANS L'HIMALAYA.

Cette ville, située au pied de l'Himalaya, est la résidence du gouvernement anglais pendant l'été. Le climat des plaines de l'Inde, brûlant et humide, anémierait les Anglais s'ils n'allaient passer les mois chauds à des hautes altitudes. Des sanatoriums ont été ainsi aménagés dans beaucoup de montagnes de la péninsule.

celui de l'Inde; ils les comparent « aux chenilles qui épuisent la sève des arbres sur lesquels elles vivent ».

Ce qui malgré tout assure la force de la domination britannique dans l'Inde, c'est le manque d'unité et de cohésion entre les indigènes : les Hindous et les musulmans se haïssent plus entre eux qu'ils ne détestent les Anglais; il existe parmi les Hindous des rivalités de castes qui les empêchent de s'unir contre l'étranger.

Exercices. — Carte de l'Inde.
Les richesses de l'Inde.
La population de l'Inde; les villes.

7° L'Indo-Chine.

L'Indo-Chine est une presqu'île limitée à l'est par la *mer de Chine méridionale* et le *golfe de Siam*, à l'ouest par le *golfe du Bengale*. Elle se prolonge au sud par la péninsule de *Malacca*.

298. Le sol. — Le sol de l'Indo-Chine est sillonné du nord au sud par une série de chaînes montagneuses qui divergent comme les doigts d'une main ouverte. La chaîne est formée, à l'est, par les *monts d'Annam* (2750 m.).

Entre les chaînes s'allongent d'étroites vallées qui s'élargissent seulement au voisinage de la mer.

Les fleuves qui y coulent sont le *Song-Koï* ou *fleuve Rouge*, le *Mékong*, la *Ménam*, le *Salouen*, l'*Irraouaddi*. Ces fleuves sont longs et volumineux, mais coupés de rapides qui morcellent leur navigation.

Le Song-Koï, le Mékong et l'Irraouaddi se terminent par des deltas aux alluvions fertiles.

Le climat est chaud et humide dans les vallées, frais sur les montagnes. Celles-ci sont couvertes de belles forêts. Dans les régions basses on trouve toutes les cultures tropicales : mil, thé, tabac, bétel, dans les parties sèches; riz et coton, dans les parties très humides (deltas).

En outre, l'Indo-Chine possède de riches gisements miniers (houille, cuivre, or, étain); le Tonkin en est surtout pourvu.

299. Population. — La population est relativement peu nombreuse : elle n'est que d'environ 35 millions d'habitants. Elle se groupe surtout dans les vallées et dans les deltas.

La majeure partie des habitants appartient à la *race annamite*, apparentée à la race chinoise, mais modifiée par l'influence hindoue.

300. Divisions politiques. — Au point de vue politique, l'Indo-Chine se divise de l'est à l'ouest en trois régions.

1° A l'est, l'*Indo-Chine française*, renferme 20 millions d'habitants. Elle comprend le *Tonkin*, cap. *Hanoï*; l'*Annam*, cap *Hué*; la *Cochinchine*, cap. *Saïgon*; le *Cambodge*, cap. *Pnom-Penh*.

Le Tonkin a les richesses les plus importantes et les plus variées : il renferme plus de la moitié des habitants de l'Indo-Chine française.

2° Au centre, le *royaume de Siam* (6500000 h.), a pour capitale *Bangkok*, grande ville, port très fréquenté sur la Ménam inférieure.

3° A l'ouest, l'*Indo-Chine anglaise* comprend : la *Barmanie* (8000000 h.), villes principales. *Bhamo, Mandalay* et *Rangoun*, grand port; — le *gouvernement des détroits*, dont la partie la plus importante est l'île de Singapour, où se trouve le grand port de *Singapour*, qui commande le détroit de *Malacca*, entre la péninsule du même nom et l'île de Sumatra, sur la grande route de l'Extrême-Orient.

301. — 1re LECTURE : **Le riz**. — Le riz est, avec le blé, la céréale dont l'usage est le plus répandu. C'est le *blé des races jaunes*. Le riz a besoin pour pousser de chaleur et d'humidité. Il prospère surtout dans les deltas et les régions où des inondations périodiques apportent sans cesse des alluvions très riches et très humides. Les étendues cultivées en riz s'appellent des *rizières*.

On trouve des rizières en Amérique, en Europe (bassin du Pô), en Afrique (Madagascar, delta du Nil). Mais les grandes régions productrices de riz se trouvent dans l'Asie tropicale : dans l'Inde, dans l'Indo-Chine, en Chine et dans le sud du Japon.

Dans l'Indo-Chine française, c'est dans les deltas du Song-Koï et du Mékong que se trouvent les principales rizières.

Rien n'est plus curieux que ces rizières, si différentes des champs où se cultivent nos céréales. Pour pouvoir inonder facilement les terres semées en riz, il faut qu'elles soient horizontales.

La rizière est un terrain plat, bordé de petits murs de terre, hauts tout au plus d'un demi-mètre. Des canaux y conduisent l'eau de la rivière voisine. C'est dans l'eau que germe le riz. A une certaine époque de la maturité, on fait écouler l'eau par des ouvertures pratiquées dans les petits murs, et le riz achève de mûrir à sec. Les rizières montent ainsi en gradins sur le flanc des vallées.

L'humidité rend très malsaines les régions de rizières. Mais elles sont toujours très peuplées, et même surpeuplées, car le riz est très nourrissant. A surface égale, un champ de riz peut nourrir trois fois plus de personnes qu'un champ de blé.

302. — 2e LECTURE : **Les routes de pénétration vers la Chine**. — Les puissances de l'Indo-Chine (France, Angleterre, Siam) auraient un grand intérêt à drainer vers leurs ports, bien plus rapprochés de l'Europe, une partie du commerce de la Chine du sud-ouest, qui autrement s'écoule par le fleuve Bleu et le port de Chang-Haï. Les trois voies de pénétration principales vers la Chine sont l'Irraouaddi, le Mékong et le Song-Koï. Mais ces trois fleuves sont rendus en partie inutilisables par des rapides. De grands travaux ont été commencés pour les aménager, notamment le Mékong et le Song-Koï.

En attendant, leurs vallées peuvent servir à la construction de chemins de fer. A ce point de vue, la vallée du Song-Koï est la voie la plus courte. Un chemin de fer la parcourt déjà en partie. Aussi le Tonkin aura-t-il peut-être un bel avenir commercial, comme débouché de la Chine méridionale

Exercices. — Carte de l'Indo-Chine.
Expliquer le relief de l'Indo-Chine et son influence sur le climat, la végétation et les relations commerciales.

8° La Chine.

La Chine proprement dite s'étend du Tonkin à la Mandjourie, du Thibet et de la Mongolie aux mers Jaune et de Chine. Elle a environ 4 millions de kilomètres carrés, c'est-à-dire presque la moitié de la superficie de l'Europe.

303. **Le sol**. — Au point de vue physique, la Chine comprend deux parties très différentes :

1° La **Chine septentrionale** est formée par une plaine basse, à la terre jaune et friable, qui se termine par une côte plate. Elle est traversée par le *Peï-Ho* et le *Hoang-Ho* ou *fleuve Jaune*, qui se termine par un immense delta.

Son climat est excessif : les hivers en sont longs et rudes; mais les étés courts et chauds, permettent la culture en grand des céréales, grâce à la fertilité remarquable

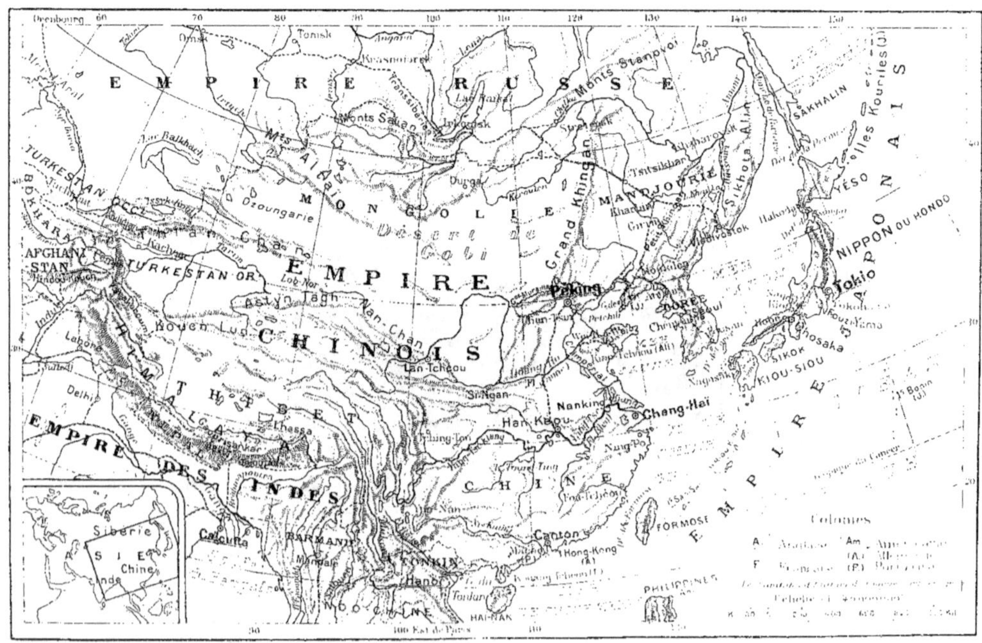

Fig. 188. — CHINE ET JAPON.

de la *terre jaune*, qui porte sans aucun engrais d'abondantes moissons.

2° La **Chine méridionale** est couverte de montagnes, coupées de vallées profondes

Fig. 189.
LE REPIQUAGE DU RIZ.

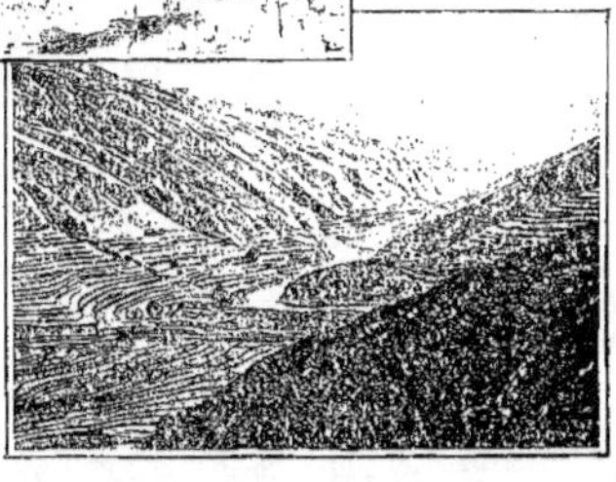

où coulent les fleuves : *Si-Kiang* et *Yang-tsé-Kiang* ou *fleuve Bleu* : ce dernier est un fleuve immense, accessible aux bateaux de mer jusqu'à Han-Kéou, à 900 kilomètres de la mer. La Chine méridionale se termine par une côte rocheuse, découpée, bordée d'îles : îles de *Formose*, de *Hong-Kong*, de *Macao*, de *Haï-Nan*.

La Chine méridionale a d'abondantes ressources. Ses montagnes sont riches en houille. Ses vallées, chaudes et humides, produisent le thé, le coton, la canne à sucre, l'opium, le mûrier et surtout le riz : c'est une des régions les plus fertiles de l'Asie et de la terre entière.

Fig. 190. — RIZIÈRES DANS LES MONTAGNES DE CHINE.

Fig. 189-190. — LA CULTURE DU RIZ

Le riz exige beaucoup d'eau ; pour faire germer le grain, on le plante dans la boue liquide, puis, quand les grains ont germé, on prend les pieds et on les repique, également dans un terrain inondé. Comme il faut donc pouvoir inonder facilement les rizières, leur sol doit être nivelé : d'où, dans les pays de rizières, une physionomie particulière, caractérisée par la rareté des pentes douces ; les fonds des vallées, au lieu de s'élever graduellement, montent par ressauts horizontaux, semblables à des marches d'escaliers.

304. La population. — La Chine proprement dite renferme une population énorme : 407 millions d'habitants, soit plus de 100 habitants en moyenne par kilomètre carré.

Elle a plus d'habitants que l'Europe entière, bien qu'elle n'ait que deux cinquièmes environ de son étendue.

Les Chinois sont tous de race jaune, mais se divisent en deux familles : la famille *tartare* ou *mandjoue*, qui compose la classe militaire, et la famille *chinoise* qui compose la classe agricole et industrielle.

La population est surtout agglomérée dans les vallées de la Chine méridionale et sur la côte. Les grandes villes sont toutes situées dans la région maritime ou dans les vallées. Aucun pays au monde n'en compte un plus grand nombre d'aussi considérables. Ce sont : *Péking* (500 000 habitants), dans le bassin du Péi-Ho, et *Tien-Tsin*, à l'embouchure de ce fleuve ; *Tching-Tou*, *Han-Kéou*, et *Nan-King*, dans le bassin du fleuve Bleu ; — *Chang-Haï*, principal centre du commerce de la Chine avec les pays étrangers, et *Fou-Tcheou*, port de guerre important, sur la côte méridionale ; — enfin *Canton* (1 800 000 habitants) sur le Si-Kiang, principal centre de la Chine méridionale. Toutes ces villes dépassent, quelques-unes de beaucoup, 500 000 habitants.

Les Anglais possèdent le port de *Hong-Kong*, dans une petite île de la côte méridionale ; c'est un entrepôt commercial d'une extrême importance, à l'entrée de la rivière de Canton.

305. État économique. — La Chine possède une des plus anciennes civilisations du monde. Mais elle est demeurée isolée et s'est refusée jusqu'à ce jour à adopter, même en partie, notre civilisation occidentale. Les fleuves sont d'admirables voies de commerce ; mais elle a encore très peu de chemins de fer, bien qu'on ait construit depuis quelques années des lignes importantes. Son agriculture est très perfectionnée (amendements, irrigations, etc.) ; mais l'industrie est presque nulle.

Malgré ses richesses exceptionnelles, la Chine a un commerce extérieur peu florissant. Le commerce n'est permis aux étrangers que dans une vingtaine de ports, dont le principal est *Chang-Haï*. La Chine exporte surtout de la soie et du thé, et importe de l'opium et des cotonnades.

306. Dépendances de la Chine. — Outre la Chine proprement dite, l'Empire chinois comprend tout le plateau central de l'Asie (7 000 000 kmq.), c'est-à-dire le Thibet, le Turkestan oriental, la Mongolie et la Mandjourie.

1° Le **Thibet**, couvert d'énormes montagnes, de climat rude et d'accès difficile, est pauvre en végétation et en population.

Sa principale ville, *Lhassa*, est le centre religieux du bouddhisme.

2° Le **Turkestan oriental**, encadré par de hautes montagnes, forme en son centre une dépression où coule le fleuve *Tarim*. Les bords seuls du fleuve sont fertiles et habités. Le reste est un désert.

3° La **Mongolie** est un pays de sable, sec et stérile, couvert de dunes et n'ayant que quelques oasis fertiles.

4° La **Mandjourie**, plus accidentée, voisine de la mer, a un climat plus tempéré et plus humide. Elle est arrosée par le *Soungari*, affluent de l'Amour.

Malgré sa fertilité, elle est peu peuplée et ne

Fig. 192. — CHINOIS.

Les Chinois appartiennent à la race jaune, caractérisée par la couleur de la peau, la forme des yeux, l'absence de barbe, ils portent une longue queue de cheveux dans le dos.

renferme que deux villes importantes : *Moukden* et *Girin*. Elle est traversée par un embranchement du Transsibérien qui aboutit à *Port-Arthur*, à l'entrée du golfe de Petchili, et qui contribuera certainement à hâter la transformation du pays.

307. — 1re Lecture : Les villes chinoises. — La population de la Chine proprement dite est en grande partie agglomérée dans des villes.

Ces villes sont très différentes des villes de nos contrées. Elles sont composées d'une infinité de maisons basses et fragiles où s'entasse une population grouillante. Lorsque la ville se trouve sur un fleuve, il n'est pas rare de voir une partie de la population entassée dans des bateaux-maisons. Les rues sont étroites, tortueuses, mal entretenues. Il y a loin de là à la grande ville moderne, telle qu'on la trouve dans l'Europe ou aux États-Unis, avec ses rues droites et larges, ses usines, le confort de ses maisons et ses moyens de transport.

La misère de certains quartiers des villes chinoises dépasse ce que l'on peut voir dans

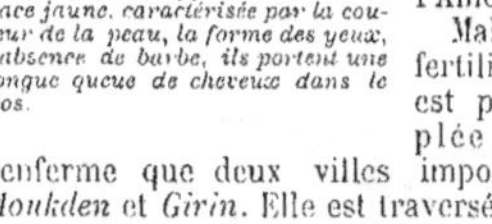

Fig. 191. — UNE RUE DE PÉKIN.

Les rues des villes chinoises sont presque toujours étroites, tortueuses, mal entretenues ; elles sont bordées en général de maisons basses, où s'entasse une population grouillante. Cette rue de Pékin fait exception : elle est large, droite, bordée de maisons hautes et assez décoratives : c'est une des grandes rues de Pékin. Mais elle n'est point pavée, n'a point de trottoirs ; on y voit de profondes ornières qui, à la moindre pluie, en feront un cloaque.

les quartiers pauvres de nos grandes villes. Elle est causée par l'excès de la population et | édicter des lois interdisant l'immigration des jaunes.

Fig. 193. — LA MURAILLE DE LA CHINE.

La Chine s'est obstinément fermée, jusqu'à notre époque, à la civilisation des peuples occidentaux. Pour empêcher toute pénétration par terre sur son territoire, elle bâtit jadis une grande muraille qui en fermait complètement l'accès. Cette muraille, assez épaisse pour donner passage à des voitures, était seulement percée de loin en loin par des portes bien gardées.

son inactivité, résultat du manque d'industrie.

308. — 2ᵉ Lecture : L'émigration chinoise. — L'accroissement incessant de la population chinoise est très rapide. L'accroissement de ses ressources par l'effet de l'absence de l'industrie, est très lent. Aussi la Chine produit-elle un nombre de plus en plus grand d'émigrants.

Le Chinois est très sobre; il vit d'une poignée de riz et d'un morceau de poisson sec. Aussi peut-il se contenter de salaires qui ne pourraient suffire à la subsistance d'un blanc. Partout où ils émigrent les ouvriers chinois font le plus grand tort aux ouvriers blancs. C'est ainsi que naguère à San Francisco l'arrivée incessante des émigrants chinois, qui formaient déjà tout un quartier de la ville, donna de telles inquiétudes aux ouvriers américains, que le gouvernement des États-Unis dut

Photog. Underwood et Underwood.

Fig. 194. — LA RUE DU THÉÂTRE A OHOSAKA.

Les rues des villes japonaises sont extrêmement animées, surtout dans une ville comme Ohosaka, qui est devenue le centre de l'industrie cotonnière au Japon, et qui a crû remarquablement vite, puisqu'elle n'avait que 480 000 habitants en 1880 et qu'elle en a aujourd'hui près d'un million. Après la révolution de 1868, le port du costume européen fut rendu un moment obligatoire; on voit par cette photographie que presque toute la population a repris le costume national, avec quelques simplifications seulement.

Aujourd'hui, l'émigration chinoise se porte surtout vers les Philippines et l'Océanie, où du reste elle commence à provoquer les mêmes protestations qu'aux États-Unis.

309. — 3ᵉ Lecture : Ce que nous donne la Chine: la soie et le thé. — Les produits chinois qui s'exportent surtout dans nos pays sont la soie et le thé. La Chine produit presque toute la soie employée dans le monde entier. Une partie de cette soie sert à sa propre industrie ; mais la plus grande partie est exportée vers les grands centres de la soierie (Lyon en France, Zurich en Suisse, Milan en Italie), par les ports de Chang-Haï et de Canton.

Le thé qui se consomme dans le monde est surtout produit par la Chine, le Japon, l'Inde, Ceylan et Java. C'est la Chine qui en exporte la plus grande quantité. Le thé se transportait jadis de Chine en Europe presque uniquement par voie de terre. Des caravanes le transportaient, à dos de chameau sous forme de briquettes, jusqu'aux marchés de Russie. Aujourd'hui, une partie du thé se transporte par voie de mer ou par le Transsibérien. Le thé de Chine est le plus répandu dans le monde; toutefois les Anglais lui préfèrent le thé de Ceylan, et les Américains achètent surtout le thé du Japon bien qu'il soit plus âcre.

Exercices. — Carte de la Chine.

Les régions de la Chine. — Où se trouve concentrée et comment vit la population chinoise.

Que savez-vous de l'émigration chinoise? — Quels sont les pays qui fournissent le thé?

9ᵉ Le Japon.

310. L'empire japonais comprend : au nord-est, les îles *Kouriles* et la moitié méridionale de l'île *Sakhalin* ; au centre, les grandes îles, *Yeso*, *Hondo* ou *Nippon*, *Sikok* et *Kiou-Siou* ; au sud-ouest, les îles *Riou-Kiou* et l'île

Formose. Il forme ainsi un vaste archipel, en forme d'arc tourné vers la Chine, s'étendant sur 425 000 kmq. de superficie et sur 31 degrés de latitude.

311. Le sol. — L'archipel japonais présente un relief très tourmenté. De hautes montagnes comme le *Fouzi-Yama* (3 750 m.), occupent la plus grande partie de sa surface. La plupart sont d'origine volcanique (voir fig. 77, p. 23). Les vallées sont nombreuses, mais courtes. Le climat est maritime. Il est frais au nord, chaud au sud, partout humide.

Les *ressources minérales* sont assez abondantes, surtout le cuivre et la houille. Mais les *ressources végétales* sont de premier ordre. Très étendu en latitude, le Japon possède à la fois les produits des régions tempérées et ceux des tropiques : céréales, fruits, tabac, mûrier, coton, canne à sucre, riz, bois précieux; mais l'élevage y est peu développé, et on y trouve une petite quantité de bétail.

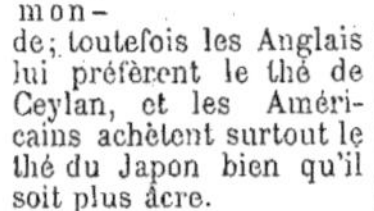

Fig. 195. — LE PORT DE HONG-KONG.

Le port de Hong-Kong, dont les Anglais ont fait un immense entrepôt commercial, est situé dans une petite île de la Chine méridionale, dans l'estuaire de la rivière de Canton, qui est la plus peuplée des villes chinoises. C'est par lui que les Anglais inondent la Chine méridionale de leurs produits. C'est un des trois plus grands ports du monde entier.

312. La population. — Le Japon renferme 50 000 000 habitants, plus de 111 au kilomètre carré. La population est surtout groupée dans les îles de Hondo, Sikok et Kiou-Siou. Elle augmente rapidement, d'environ 400 000 personnes par an.

Elle comprend deux races : 1° les *Aïnos*, ancienne race indigène demeurée sauvage, aujourd'hui décimée et refoulée dans l'île d'Yéso et les Kouriles ; — 2° les *Japonais*, de race jaune.

La capitale est *Tokio* (1 819 000 h.), sur la côte orientale de l'île de Hondo. Les villes principales sont : *Hakodaté*, port de l'île d'Yéso; *Kioto*, l'ancienne capitale, le port de *Yokohama* et les villes industrielles de *Nagoïa* et d'*Ohosaka* (996 000 h.), dans l'île de Hondo; *Nagasaki*, port de l'île de Kiou-Siou.

La grande île de Formose en face de la Chine méridionale, appartient au Japon depuis 1895.

313. Développement économique. — Longtemps fermé aux étrangers, le Japon s'est organisé à l'européenne à partir de 1868. Il possède actuellement plus de 8 000 km. de chemin de fer. L'agriculture y est florissante. L'industrie se développe rapidement ; la principale est celle des étoffes de soie, de coton et de laine.

Le commerce extérieur devient de plus en plus actif. Le Japon exporte surtout de la soie grège, du thé et des métaux ; il importe surtout des machines, du coton et de la laine. Il achète à l'Angleterre, aux États-Unis et à la Chine ; vend surtout à la France, aux États-Unis et à la Chine.

Très peuplé, actif et productif, le Japon est naturellement porté à chercher des débouchés au dehors, et spécialement sur le continent asiatique qui lui fait face : de là, l'acquisition de la Corée et leur établissement en Mandjourie.

314. La Corée. — Pays montagneux à peu près grand comme l'Italie, au climat rude, aux cultures rares, aux mines abondantes, la Corée renferme 7 500 000 habitants. Elle a comme capitale *Séoul* (200 000 habitants), et comme principal port *Tchémoulpo*.

La Corée, jadis vassale de la Chine, était indépendante depuis 1895 ; le Japon s'en fit reconnaître le protectorat après la guerre russo-japonaise, en 1905, et se l'est annexée définitivement en 1910.

315. — 1ʳᵉ Lecture : Comment le Japon s'est ouvert à la civilisation moderne. — Le Japon était resté longtemps fermé aux étrangers, comme la Chine. C'est à contrecœur que, de 1854 à 1862, il avait ouvert quelques-uns de ses ports au commerce européen et américain. Il avait une constitution politique qui rappelait celle des États de l'Europe à l'époque de la féodalité : la terre et le pouvoir appartenaient à un certain nombre de grands seigneurs ou samouraï, au profit desquels la masse du peuple travaillait dans la servitude. Au-dessus des seigneurs, l'empereur, ou *mikado*, n'était qu'une espèce de roi fainéant sans aucun pouvoir réel. Les samouraï considé-

Fig. 197. — JAPONAISE.
Les costumes des Japonaises sont fort pittoresques ; chignons très compliqués, longues robes aux manches flottantes, couleurs claires, broderies pleines de fantaisie et d'un goût très sûr. Après avoir adopté un moment les modes de l'Europe, les Japonaises sont presque toutes revenues à leur ancien costume national qui leur sied infiniment mieux.

raient qu'il était dans leur intérêt de maintenir le pays dans ses anciens usages et d'en interdire l'accès aux Européens et aux inventions modernes.

Tout d'un coup, en 1868, une révolution éclata au Japon. L'empereur Mutsu-Hito chassa les samouraï qui le conseillaient et décida d'adopter les coutumes gouvernementales des pays d'occident. Pour marquer ce

Fig. 196. — LE PORT DE NAGASAKI.
Le port de Nagasaki est l'un des deux ports que le Japon ouvrit d'abord au commerce étranger ; l'autre était Yokohama, port de Tokio, la capitale. Nagasaki est situé au sud de l'île de Kiou-Siou. Placé au fond d'une baie profonde et admirablement abritée, il doit son importance à sa position à l'extrême pointe du Japon, en face du grand port chinois de Chang-Haï.

changement, il transporta sa capitale de Kioto à Tokio.

Depuis lors, le Japon est organisé à l'européenne. La terre est devenue la propriété des anciens serfs. Le territoire est divisé en *ken* ou départements. Le gouvernement est partagé entre l'empereur et un parlement, composé de députés élus par la nation. Le Japon possède un code calqué sur le code Napoléon, une armée, une marine et des écoles, qui ont eu des Européens pour instructeurs et professeurs. Le costume national lui-même a été remplacé, pour une partie de la population non ouvrière des villes, par le costume européen.

Le Japon est ainsi devenu une puissance nouvelle. Il a aujourd'hui une grande industrie (métallurgie, tissus, soieries), son commerce extérieur est important. A côté de villes, situées dans l'intérieur, comme Kioto, qui ont gardé l'aspect des anciennes villes japonaises, il possède de grandes villes modernes : Tokio, Yokohama, Ohosaka, Nagasaki.

Fort et riche, le Japon est devenu ambitieux. Situé par rapport à l'Asie comme le Royaume-Uni par rapport à l'Europe, il prétend exercer dans les mers orientales la prépondérance maritime. Pourvu d'une population qui augmente rapidement et ne trouve plus dans les terres de l'archipel des ressources suffisantes, il affirme la prétention de se créer sur le continent qui lui fait face des comptoirs, des territoires et des colonies. Il a pu, en 1894-1895, triompher presque sans peine de l'immense empire de Chine. Il a contribué avec les puissances européennes à y rétablir en 1900 l'ordre troublé par des brigands, nommés *Boxers.* Il a entrepris contre l'immense empire russe une lutte où il s'est révélé puissance militaire de premier ordre, et qui lui a valu, avec la cession de la Corée, l'acquisition de Port-Arthur, en Mandjourie. Le Japon est aujourd'hui un des grands États civilisés.

316. — 2ᵉ Lecture : L'Extrême-Orient. — On comprend sous le nom d'*Extrême-Orient* l'ensemble des riches terres qui bordent le Pacifique, Japon, Chine et Indo-Chine. Elles forment, avec l'Inde, la partie vraiment riche de l'Asie.

Longtemps l'Extrême-Orient a été trop éloigné et trop barbare, pour que ses richesses pussent être exploitées par les Européens ou par ses habitants eux-mêmes.

Aujourd'hui, il n'en est plus ainsi. Le percement de l'isthme de Suez, a raccourci les communications par mer entre l'Europe et l'Extrême-Orient. Plusieurs lignes de navigation anglaises, françaises et allemandes les unissent l'une à l'autre. Elles passent par Aden, Bombay, Colombo, Madras, Calcutta, Singapour, Saïgon, Hong-Kong, Chang-Haï, Nagasaki, Yokohama, et mettent l'Europe à 40 ou 50 jours du Japon.

D'autre part le transsibérien pénètre aujourd'hui en Chine et met Pékin à une vingtaine de jours de Paris.

Ces relations nouvelles ont transformé ou transforment peu à peu l'Extrême Orient. Comme l'Inde, l'Indo-Chine est devenue colonie européenne ; le Japon s'est européanisé ; la Chine, plus lentement, entre peu à peu dans la même voie.

Il y a peut-être là un danger futur pour l'Europe. Les populations jaunes sont actives, industrieuses, intelligentes, et surtout extrêmement nombreuses ; elles peuvent fournir à très bon marché une main-d'œuvre abondante. Quand elles seront en possession de nos inventions, elles pourront nous disputer les marchés asiatiques et faire ce que font en Amérique les États-Unis. Déjà le Japon a donné l'exemple. L'Extrême-Orient pose une des plus graves questions politiques et économiques qui doivent préoccuper l'esprit du citoyen du xxᵉ siècle.

Exercices. — Carte du Japon.

Quels sont les avantages qu'offrent à la population du Japon la situation et le climat de ce pays ?

Supposez-vous sur un paquebot venant de France et allant de Suez à Yokohama avec les escales ordinaires : décrivez sommairement les régions et les populations que vous visitez et les produits que votre navire peut exporter et importer.

Fig. 198.
GUERRIER JAPONAIS.
Ce costume, qui nous apparaît comme celui d'un guerrier de fantaisie, représente le costume des Samouraï, ou guerriers japonais d'autrefois. Il a complètement disparu. Les soldats japonais, qui ont vaincu la Chine en 1895, et les Russes en 1905 portaient des costumes plus simples et plus pratiques analogues à ceux des soldats européens.

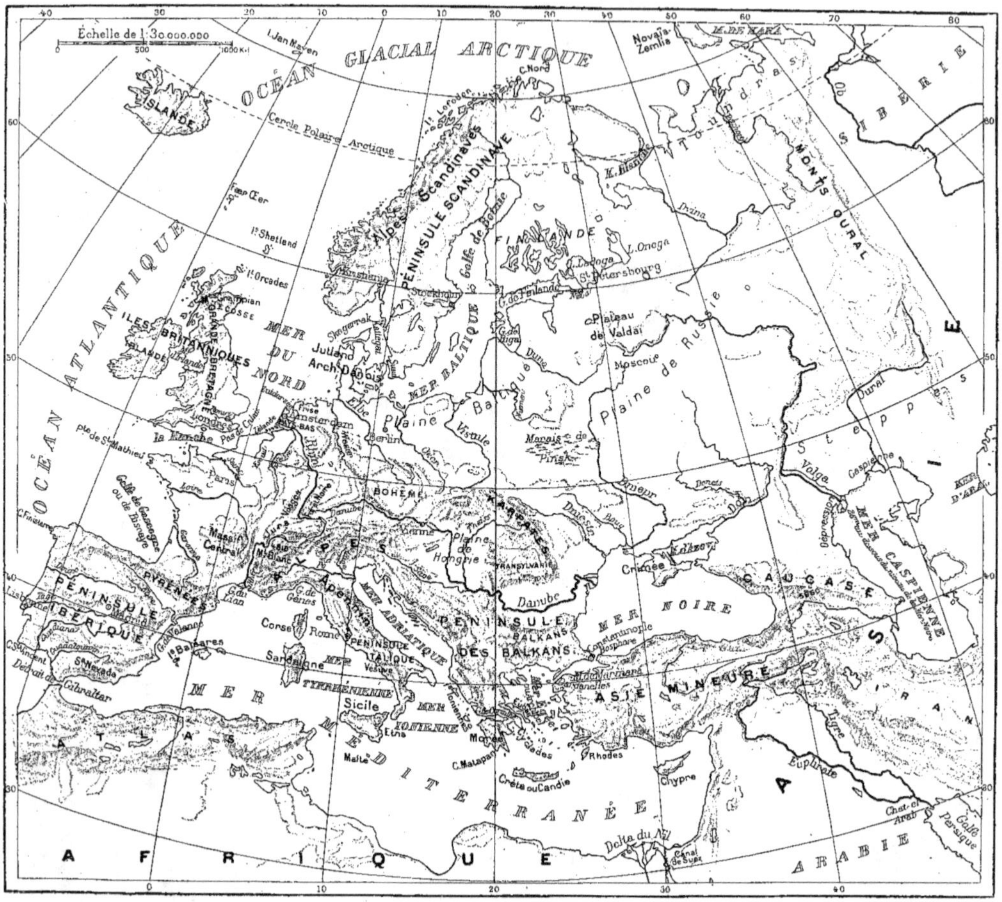

Fig. 199. — EUROPE PHYSIQUE.

VI. — L'EUROPE.

317. — L'Europe tient par tout son côté oriental à l'Asie. Elle est quatre fois plus petite que cette dernière. Malgré cela, elle n'est pas une dépendance de l'Asie. Elle s'en distingue par sa forme plus découpée, par son relief plus varié, par son climat plus tempéré, par ses ressources et par le rang qu'elle occupe dans la civilisation.

1° Géographie physique.

318. Forme et étendue.— L'Europe a pour limites : au nord, *l'océan Glacial Arctique*; à l'ouest, *l'océan Atlantique* et les mers secondaires qu'il forme; au sud, la *Méditerranée* et la *mer Noire*; à l'est, le

Fig. 200. — L'EUROPE AU MILIEU DES TERRES ÉMERGÉES.
L'Europe, située dans l'hémisphère boréal ou continental, prolonge l'Asie, touche presque à l'Afrique, fait vis-à-vis à l'Amérique du Nord, la plus peuplée et la plus prospère des deux Amériques.

Caucase, la *mer Caspienne* et les *monts Oural.*

L'Europe mesure environ 4000 kilomètres du nord au sud, 5600 de l'ouest à l'est. C'est la plus petite partie du monde. Mais comprise toute entière dans l'hémisphère boréal et dans la zone tempérée, elle est celle qui convient le mieux à l'homme.

L'Europe est pénétrée par de nombreuses mers intérieures. Elle est, de toutes les parties du monde, la plus riche en presqu'îles, en caps, en golfes et en baies, la moins massive et la plus maritime. Cet avantage, qui a rendu l'Europe très facilement pénétrable, y a contribué beaucoup au développement rapide de la civilisation.

319. Mers de l'Europe.— L'Europe est baignée par trois mers principales, l'océan Glacial arctique, l'océan Atlantique et la Méditerranée ; en outre, une mer fermée, la mer Caspienne la baigne au sud-est.

— **L'océan Glacial Arctique** entoure, dans le voisinage de l'Europe, l'archipel du *Spitzberg* et la *Novaïa Zemlia* ou *Nouvelle-Terre*. Il forme en Europe la *mer Blanche*, qui est gelée huit mois de l'année.

Ses côtes, souvent basses et marécageuses ou glacées, sont inhospitalières.

— **L'océan Atlantique** découpe en Europe trois grandes presqu'îles : la péninsule *Scandinave*, la presqu'île du *Jutland* et, sur les confins de la Méditerranée, la péninsule *Ibérique*. Il forme un grand archipel : les *Îles Britanniques*. Il a d'importantes mers secondaires.

1° La *mer du Nord*, peu profonde et semée de bancs de sable, forme un seul grand golfe, le *Zuidersee*, et quelques îles plates (archipels de la *Frise*, de la *Zélande*). Sa situation entre des pays très commerçants et des pêcheries, en font une des mers les plus fréquentées du globe. Ses côtes sont en général basses, marécageuses ou bordées de dunes, situées en partie au-dessous du niveau des hautes mers, dont il a fallu les mettre à l'abri.

2° La *mer Baltique* est presque une mer fermée. Elle ne communique avec la mer du Nord que par cinq détroits qui s'ouvrent entre le Jutland, les îles de l'archipel danois et la Scandinavie. Ce sont le *Skager-rak*, le *Kattegat*, le *Sund*, le *grand Belt* et le *petit Belt*. Elle comprend quelques îles basses et les golfes de *Riga*, de *Finlande* et de *Botnie*.

Mer sans marée, comme toutes les mers fermées, la Baltique reste gelée en moyenne de trois mois à cinq mois.

3° La *Manche* est une sorte de long détroit entre la France et l'Angleterre, entre l'Atlantique et la mer du Nord, avec laquelle elle communique par le *Pas-de-Calais*.

Grâce à sa situation, elle est la mer la plus fréquentée du globe. Elle voit passer, en effet, tous les navires qui circulent entre l'Europe septentrionale, et la France, l'Amérique et l'Extrême-Orient.

4° La *mer d'Irlande* sépare, dans l'archipel britannique, la Grande-Bretagne de l'Irlande.

5° L'Atlantique proprement dit baigne l'Europe : au nord, où il découpe dans les côtes de Scandinavie et d'Écosse des baies longues, étroites et profondes appelées *fjords* ; au sud, où il creuse, entre la France et la péninsule ibérique le grand golfe de *Gascogne* ou de *Biscaye*.

L'océan Atlantique, largement ouvert, est agité par des vagues longues et hautes ; il est aussi par de grandes tempêtes qui presque toujours viennent de la direction de l'ouest.

— La **Méditerranée** communique avec l'océan Atlantique par le *détroit de Gibraltar*, qui n'a que 12 kilomètres, et avec la mer Rouge par le canal artificiel de Suez. C'est presque une mer fermée. Elle forme de grandes péninsules : la péninsule *ibé-*

rique, la péninsule *italique*, la péninsule des *Balkans*. Elle forme deux bassins, la *Méditerranée occidentale*, comprise entre les deux premières péninsules, et la *Méditerranée orientale*, comprise entre l'Italie

Fig. 201. — COUPE A TRAVERS L'EUROPE.

Cette coupe à travers l'Europe est prise du nord au sud, entre l'Océan Glacial et la Méditerranée. Elle fait ressortir deux choses : 1° le nord de l'Europe est régulièrement plat (sauf les Alpes scandinaves), alors que le sud est beaucoup plus tourmenté avec de hautes montagnes et de rares plaines ; 2° le trait essentiel de l'ossature de l'Europe, c'est la chaîne des Alpes qui sépare le nord du sud.

et l'Asie Mineure. La Méditerranée, qui a près de 800 kilomètres de largeur dans son bassin occidental, n'en a que 158 entre la Sicile et la Tunisie, au point de séparation des deux bassins.

La Méditerranée occidentale ne forme que trois golfes, très ouverts : les golfes de *Valence*, du *Lion* et de *Gênes*. Elle comprend peu d'îles, mais très étendues : les *Baléares* et la *Corse*, la *Sardaigne*, la *Sicile*, encadrent la mer Tyrrhénienne.

La Méditerranée orientale est plus découpée et plus riche en îles. Elle forme la mer *Adriatique*, la mer *Ionienne*, le golfe de *Corinthe*, entre l'Italie et les Balkans ; la mer *Égée* ou *Archipel* entre les Balkans et l'Asie Mineure. Les principales îles sont les îles *Ioniennes*, les *Cyclades* et l'île de *Crète* ou *Candie*.

La Méditerranée se prolonge par le détroit des *Dardanelles*, la mer de *Marmara* et le détroit du *Bosphore*, qui conduisent dans la mer Noire. La mer Noire forme la péninsule de *Crimée* et la mer *d'Azov*.

Le long de la Méditerranée, on distingue deux principaux types de côtes : le type alluvial et marécageux, qui se reproduit vers les estuaires des grands fleuves ou des fleuves côtiers ; le type rocheux découpé, qu'on trouve au pied des montagnes qui se dressent souvent comme un rempart tout auprès de la mer. Les côtes du premier type sont malsaines : les côtes du second type abritent de nombreux ports.

— La **mer Caspienne**, qui se dessèche de plus en plus, n'est aujourd'hui qu'un immense lac salé, assez peu profond. Son niveau est à 26 mètres au-dessous du niveau des océans.

520. Relief. — Les deux tiers de l'Europe sont formés de plaines, le reste est couvert par des montagnes et par des plateaux. Les hauteurs dominent dans le centre

et dans le sud, les plaines dans le nord et dans l'est.

On trouve en Europe des montagnes très anciennes et des montagnes relativement jeunes. Parmi les premières on peut citer : les *monts de la Grande-Bretagne*, le *Massif Central* français, les *Alpes scandinaves*: parmi les secondes : les *Pyrénées*, les *Alpes*, les *Karpates*.

Les *Alpes* forment le principal massif européen. Leur plus haut sommet est le *Mont-Blanc* (4810 mètres) ; très élevées, larges sur certains points de plus de 270 kilomètres, couvertes d'immenses glaciers, les Alpes sont pourtant relativement faciles à franchir, grâce à des cols placés très bas et à des vallées qui les sillonnent en longueur et en largeur.

Les principaux cols sont le *Mont-Cenis*, le *Simplon*, le col du *Saint-Gothard*, les cols du *Brenner*, de *Tarvis* et d'*Adelsberg*, qui sont aujourd'hui traversés par des chemins de fer(*).

Les autres montagnes sont : à l'ouest les *Pyrénées*, moins hautes que les Alpes, mais plus massives et plus difficiles à fran-

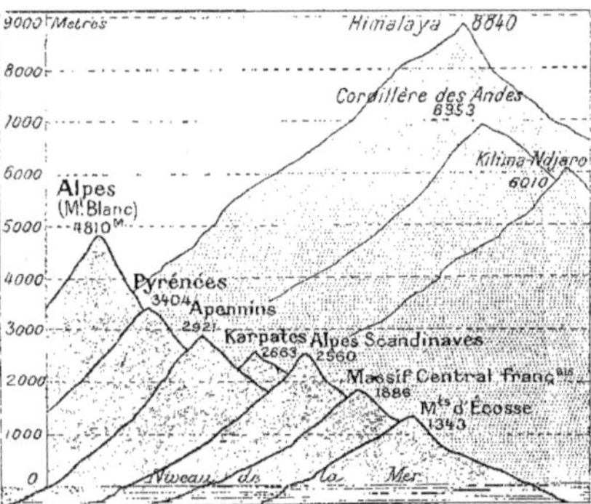

Fig. 202. — HAUTEUR COMPARÉE DES PRINCIPALES MONTAGNES D'EUROPE.

Deux chaînes de montagnes seulement dépassent 3000 mètres et sont vraiment de grandes montagnes. Les autres, sauf celles de l'Europe septentrionale n'ont, par suite de leur faible altitude, ni neiges ni glaciers. On voit d'ailleurs combien les plus hautes montagnes de l'Europe restent inférieures aux sommets principaux des autres parties du monde.

chir, les *Sierras* espagnoles, le *Massif central* français, le *Jura* ; au nord, les *Vosges* et la *Forêt Noire* ; à l'est, les *Karpates* et les *Balkans* ; au sud, les monts de *Corse*, l'*Apennin* et les monts de *Sicile*.

Les plaines sont rares et peu étendues dans le sud et dans le centre. Les principales sont le *bassin Aquitain* en France, la *plaine du Pô* en Italie, et la *plaine de Hongrie*.

En revanche presque tout le nord est occupé par une immense plaine. Elle s'étend depuis la France (*bassin parisien*) et même au delà de la mer du Nord, depuis

(*) Voir *Europe Centrale*, fig. 240.

7*

l'Angleterre (*bassin de Londres*) jusqu'à l'Oural, par les *Pays-Bas*, la *plaine baltique* et la *plaine de Russie*.

321. Climat. — Grâce à sa situation dans la zone tempérée et à l'influence du Gulf-Stream, à la mer qui la pénètre de toutes parts et à son relief modéré, l'Europe jouit d'un climat tempéré, ni trop froid, ni trop chaud, ni trop humide, ni trop sec.

On distingue toutefois en Europe trois zones qui participent inégalement à ces avantages :

1° La *zone méditerranéenne*, au sud, a des hivers tièdes, des étés chauds et secs, une lumière éclatante. Les pluies y sont rares, mais torrentielles.

2° La *zone atlantique*, à l'ouest et au nord-ouest, jouit d'un climat maritime : pluies fréquentes, étés relativement frais, hivers rarement rigoureux.

3° La zone de *l'Europe orientale*, peu humide, a des hivers longs et rudes, des étés chauds, même sous le cercle polaire. On passe brusquement d'une saison à l'autre.

322. Hydrographie. — L'Europe n'a pas de fleuves très longs ni très volumineux. On peut, d'après leur régime, les diviser en trois groupes, correspondant aux trois zones de climats :

1° Les *fleuves méditerranéens* ont un cours rapide, un débit irrégulier.

2° Les *fleuves de l'Europe atlantique* sont généralement plus réguliers, plus modérés, utiles au commerce.

3° Les *fleuves de l'Europe orientale* sont longs et coulent dans des vallées plates.

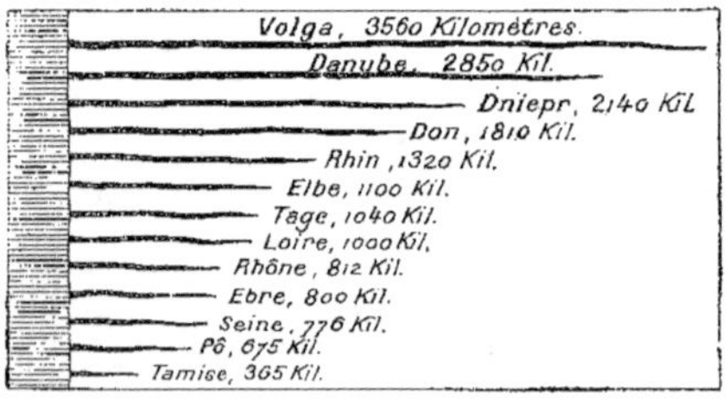

Fig. 203. — LONGUEUR COMPARÉE DES PRINCIPAUX FLEUVES EUROPÉENS.

La Volga et le Danube sont les deux plus longs fleuves de l'Europe ; ils sont, l'une trois fois et demie, l'autre trois fois plus longs que la Loire, le plus long fleuve français. Mais ils sont médiocres comparés au Nil (6 500 kil.) et au Marañon ou fleuve des Amazones (6 000 kil.), les deux plus longs fleuves du monde.

Ils sont donc utiles à la navigation, sauf pendant l'hiver, où ils sont gelés.

La plupart des fleuves européens descendent soit du *plateau de Valdaï*, qui domine faiblement la plaine russe, à l'est, soit des *Alpes*, qui sont le grand réservoir de l'Europe centrale : le plateau de Valdaï et les Alpes sont donc les deux principaux centres de dispersion des eaux en Europe.

323. — L'océan Glacial reçoit la *Petchora* et la *Drina*.

La mer Baltique reçoit la *Néva*, la *Duna*, le *Niémen*, la *Vistule* et l'*Oder*.

La mer du Nord reçoit l'*Elbe*, le *Weser*, le *Rhin*, la *Meuse*, l'*Escaut*, et, en Angleterre, la *Tamise*.

La Manche reçoit la *Seine*.

L'océan Atlantique reçoit directement la *Loire*, la *Garonne*, le *Douro*, le *Tage* et le *Guadalquivir*.

La Méditerranée reçoit directement l'*Ebre* et le *Rhône*. Dans la mer Adriatique se jettent l'*Adige* et le *Pô* ; dans la mer Noire, le *Danube*, le *Dniestr* et le *Dniepr* ; dans la mer d'Azov, le *Don* ; dans la mer Caspienne, la *Volga* et l'*Oural*.

324. — L'Europe possède des lacs nombreux, mais relativement peu étendus. Ils se répartissent surtout sur la bordure des Alpes (lacs de Constance, de Genève, de Côme, de Garde, lac Majeur), autour du golfe de Finlande ou dans la péninsule Scandinave.

325. Ressources diverses. — La *végétation* européenne ne présente pas la variété et l'abondance de pays plus arrosés et plus chauds. Mais l'Europe présente une surface relativement plus étendue aux cultures utiles à l'homme. Elle n'a de déserts que dans la région de la mer Caspienne et vers l'extrême nord. Les cultures sont possibles, grâce au Gulf Stream, beaucoup plus loin vers le nord que dans les autres parties du monde.

On distingue en Europe trois zones de végétation, analogues aux trois zones de climat.

1° La *zone méditerranéenne* fournit surtout des oliviers, des orangers, des citronniers. La vigne y prospère. C'est le pays du buisson ou du maquis.

2° La *zone atlantique* comprend des prairies et des forêts, où dominent le hêtre, le chêne, le tilleul, l'orme et le frêne. C'est la région la plus propre à l'élevage et à la culture. On y cultive la vigne et le maïs dans les parties chaudes, le blé et les autres céréales, la pomme de terre, la betterave, le houblon, la pomme à cidre, etc.

3° La *zone de l'Europe continentale* renferme, au sud-est, des steppes où la végétation n'est que temporaire ; au centre, des régions de culture et des forêts d'arbres divers ; au nord, les *toundras*, où ne croissent que des lichens et des mousses.

Les *ressources minérales* sont nombreuses, mais ne peuvent soutenir la comparaison avec celles de l'Asie et de l'Amérique. Elles consistent surtout en pétrole, en fer et en houille. Les mines de houille ne sont pas les plus abondantes, mais elles sont très bien exploitées, et c'est l'Europe qui en produit actuellement la plus grande quantité.

Fig. 204. — ZONES DE VÉGÉTATION DE L'EUROPE.

On peut distinguer en Europe trois grandes zones de végétation : 1° la zone méditerranéenne (Espagne, France méridionale, Italie, Balkans), pays des oliviers et des orangers ; — 2° la zone moyenne, comprenant la France, les Îles Britanniques, l'Allemagne, l'Autriche-Hongrie et la Russie centrale : c'est principalement une zone de céréales ; vers l'Asie, la pluie devenant rare, cette zone se continue par des steppes ; — 3° la zone septentrionale (nord de la Scandinavie et de la Russie), occupée par des forêts, puis, sur les bords de l'Océan glacial, par des toundras, ou grandes prairies marécageuses ou glacées, couvertes de mousses ou de lichens.

326. — 1ʳᵉ Lecture : **Le sol de l'Europe.** — La géologie de l'Europe est, comme son relief, beaucoup plus variée que celle des autres pays. Certains traits de cette géologie (nature du sol et zone des plissements) doivent être retenus, parce qu'ils ont une influence sur la répartition des richesses végétales dans cette partie du monde.

Les terrains anciens, qui comprennent surtout du gneiss, du granit et du schiste, sont les moins fertiles et les moins propres à la culture. Or, si l'on excepte la péninsule ibérique qui en est formée, on constate que ces terrains se trouvent surtout, en Europe, dans la région septentrionale (Écosse, Scandinavie, nord de la plaine russe), c'est-à-dire dans la région que son climat condamne à la stérilité.

Au contraire, les régions de climat tempéré ou chaud sont, pour la plus grande partie, composées de terrains sédimentaires fertiles par eux-mêmes, comme les calcaires, les marnes et les argiles, ou recouverts de limons très riches. La nature du sol s'unit donc à la douceur du climat pour augmenter les ressources végétales de l'Europe.

Il en va de même pour les plissements. L'Europe comprend en effet deux zones où des plissements se sont produits. Le nord a été plissé dès l'époque primaire. Il fut alors couvert de hautes chaînes de montagnes. Mais l'âge a peu à peu usé, aplani et fragmenté ces chaînes, qui laissent seulement aujourd'hui, comme témoins de leur ancienne importance, des massifs relativement bas et peu étendus (montagnes d'Écosse, Alpes scandinaves).

Au sud de l'Europe, d'autres plissements se sont produits à une époque beaucoup plus récente, à l'époque tertiaire. Ils ont donné naissance à des massifs qui, jeunes encore, ont une altitude et une épaisseur considérables. Ce sont les principales montagnes de l'Europe.

(Pyrénées, Alpes, etc.). Or ces montagnes, étant situées au sud, se trouvent dans la zone méditerranéenne, la plus sèche de toute l'Europe. Elles réussissent à condenser le peu

Fig. 205. — EUROPE GÉOLOGIQUE.

Les terrains anciens, qui sont les moins fertiles et les moins propres à la culture, occupent surtout l'Europe septentrionale (la péninsule ibérique exceptée), que son climat condamne à une complète ou demi-stérilité. Les régions de climat tempéré ou chaud, sont, au contraire, formées pour la plus grande partie de terrains calcaires ou tertiaires, beaucoup plus riches. La nature du sol s'unit donc à la douceur du climat pour augmenter les ressources végétales de l'Europe.

d'humidité qui se trouve dans l'air et qui y resterait en suspension sans elles. Elles produisent ainsi des cours d'eau de débit irrégulier, mais qui permettent à l'homme d'irriguer les plaines naturellement sèches de la zone méditerranéenne, et par suite de les fertiliser. On verra plus loin que c'est le voisinage des Alpes qui fait ainsi la richesse de la plaine du Pô.

327. — 2ᵉ Lecture : Les fleuves de l'Europe Atlantique. — Les fleuves de l'Europe Atlantique sont loin d'avoir la longueur et le volume des fleuves de l'Asie, de l'Afrique, de l'Amérique, ou même de l'Europe orientale. Mais, si l'on excepte les fleuves de la péninsule ibérique, tous ont des avantages qui les rendent particulièrement précieux à l'homme :

1° Ils coulent en plaine et ont une pente assez faible ;

2° Ils ont un débit relativement régulier, sans crues extraordinaires, sans inondations et sans baisses excessives.

3° Ils traversent tous des régions riches en produits agricoles ou en produits industriels.

4° Ils débouchent tous sur des mers très fréquentées, sur des grandes voies de commerce du globe.

5° Presque tous ont des estuaires commodes et profonds, où peuvent s'installer les ports.

De ces qualités, il résulte que les fleuves de l'Europe atlantique comptent de nombreuses populations et de grandes villes sur leurs bords. Avec peu d'aménagements, ils constituent des voies commerciales faciles et fréquentées. Ils sont comme les artères de ce grand corps si vivant qu'est l'Europe atlantique.

328. — 3ᵉ Lecture : Où sont situées les grandes régions houillères de l'Europe ? —

Pour qu'une mine de houille rende de véritables services à l'industrie, il ne suffit pas que la houille soit abondante, de bonne qualité, et s'extraie facilement. Il faut aussi que la mine se trouve, soit dans une région où l'on puisse installer une industrie, soit dans une région où, grâce aux moyens de transport, l'on puisse exporter la houille avec facilité et sans trop de frais.

Or, la plupart des gisements houillers de l'Europe se trouvent dans l'Europe atlantique, dans la région des anciens plissements primaires. Les principaux sont le groupe des gisements anglais, le bassin franco-belge, et les bassins allemands. Les deux premiers groupes sont très voisins de la mer ; les autres sont au voisinage de fleuves navigables et fréquentés. Les matières premières nécessaires à l'industrie (fonte, textiles, betterave, etc.) peuvent être facilement importées jusque-là ; de même, la houille peut en être facilement exportée vers les pays qui en ont besoin.

Cette situation des gisements houillers de l'Europe contribue au moins autant que leur abondance à leur prospérité. Il y a, dans les autres parties du monde, beaucoup de gisements qui contiennent plus de houille ; il n'y en a pas d'où l'on en tire autant.

Exercices. — Carte physique de l'Europe.
Décrire la configuration et le relief de l'Europe ; en montrer les avantages.
Le climat de l'Europe ; son influence sur l'hydrographie et sur la végétation.
Nommer les fleuves de l'Europe atlantique, les décrire et faire ressortir leurs divers avantages.
Faire la carte des principales zones de végétation en Europe.

2° Géographie politique.

329. Population de l'Europe. — On connait, à peu de chose près, la population de l'Europe, parce que les pays civilisés qui en font partie possèdent presque tous des recensements périodiques et sérieux.

L'Europe renferme environ 420 millions d'habitants. Elle contient donc près du quart de la population du globe, alors qu'elle n'occupe que la dix-septième partie de la superficie des terres émergées.

Elle compte en moyenne 42 habitants pour 1 kilomètre d'étendue. Mais la moitié orientale de l'Europe a beaucoup moins d'habitants que la moyenne, et, au contraire, la moitié occidentale en possède beaucoup plus, surtout dans les régions industrielles.

330. Races, langues et religions. — L'Europe renferme quelques populations de race jaune, d'ailleurs plus ou moins mélangées : les *Hongrois* ou *Magyars*, les *Turcs* ou *Ottomans*, les *Finnois*, les *Lapons* et les *Samoyèdes* ; ces peuples constituent une exception en Europe.

Autrement, tous les Européens appartiennent à la race blanche. Il se divisent en trois grands groupes :

1° Les **Gréco-Latins**, qui comptent en Europe pour 140 millions d'habitants. Ils habitent surtout l'ouest, le sud-ouest et le sud. La Méditerranée est leur domaine. Ils parlent les langues dites *latines :* français, italien, espagnol, etc. La religion *catholique* domine parmi eux.

2° Les **Germains** comptent aussi pour 140 millions. Ils peuplent le centre, le nord-est et le nord. Ils parlent les langues dites *germaniques :* allemand, hollandais, flamand, anglais, danois, norvégien, suédois. Ils sont en majorité *protestants*.

3° Les **Slaves** comptent pour 120 millions. Ils peuplent surtout l'Europe orientale. Ils parlent les langues dites *slaves :* russe, tchèque, etc. Ils pratiquent en majorité la religion grecque ou orthodoxe.

Enfin, on trouve disséminés en Europe environ 8 millions de *Juifs*, qui appartiennent au rameau sémitique de la race blanche. Les Juifs sont surtout nombreux en Russie et en Autriche-Hongrie.

331. États de l'Europe. — L'Europe compte 20 États et 4 petits territoires indépendants. Les États sont :

1° Dans l'Europe méridionale : les six États des Balkans (*Turquie, Roumanie, Serbie, Montenegro, Bulgarie, Grèce*), puis l'*Italie*, l'*Espagne* et le *Portugal* ;

2° Dans l'Europe occidentale : la *France*, le *Royaume-Uni de Grande-Bretagne et d'Irlande*, la *Belgique* et les *Pays-Bas* ;

3° Dans l'Europe centrale : la *Suisse*, l'*Allemagne* et l'*Autriche-Hongrie* ;

Fig. 206. — RÉPARTITION DE LA POPULATION EN EUROPE

Il faut distinguer en Europe deux parties qui sont très inégalement peuplées : 1° l'Europe orientale qui, à l'exception des deux ou trois petites régions industrielles, est très peu peuplée (Russie, Scandinavie, péninsule des Balkans) ; 2° l'Europe occidentale qui, à exception de l'Espagne et des régions montagneuses (Alpes), renferme une population très dense, surtout dans les régions industrielles (Angleterre, Flandres, Allemagne rhénane, Italie du Nord, etc.), qui ont plus de 100 habitants par kilomètre carré.

4° Dans l'Europe septentrionale et orientale : le *Danemark*, la *Norvège*, la *Suède* et la *Russie*.

Les quatre territoires indépendants sont : le duché de *Luxembourg*, la principauté de *Monaco*, les républiques de *Saint-Marin* et d'*Andorre* ; tous sont très petits.

332. Systèmes de gouvernement.
— Les États d'Europe ont trois formes principales de gouvernement :

1° Le *régime absolu*, conservé en Russie, où le souverain commence cependant à être contrôlé.

2° Le régime de la *monarchie constitutionnelle ou parlementaire*, adopté aujourd'hui dans la plupart des États d'Europe, où le souverain applique les lois, mais où les lois sont faites par une ou plusieurs Chambres représentant la nation ;

3° La *forme républicaine* qui régit la France, la Suisse et le Portugal.

333. — 1ʳᵉ Lecture : Peuplement de l'Europe.
— L'Europe est habitée depuis une époque très reculée. Bien avant l'époque géologique actuelle, des hommes vivaient dans la France, le Portugal et l'Italie. Ils habitaient des cavernes naturelles ou des cités bâties sur les lacs pour être à l'abri des bêtes ; leurs premières armes furent des silex polis et taillés, jusqu'au jour où ils commencèrent l'usage des métaux. De cette époque primitive datent ces amas de terre qu'on nomme *tumuli*, et ces blocs énormes de pierres, *dolmens, menhirs* et *cromlechs*, qu'on rencontre en grand nombre dans l'Europe occidentale.

Ces populations primitives furent absorbées ou détruites par des hordes venues d'Asie à diverses époques, et attirées vers l'Europe occidentale par un climat plus doux et plus régulièrement humide, par une végétation plus riche, par un sol plus fertile. Les unes arrivèrent par la vallée du Danube, les autres par la grande plaine de Russie et de l'Allemagne du Nord. Ainsi arrivèrent les Celtes, puis les Gaulois, les Germains, les Slaves, les Finnois, plus tard encore les Huns, les Mongols, les Turcs.

Ces races se sont naturellement heurtées ; elles se sont partagé le sol après de longues et terribles luttes ; puis, elles se sont fondues dans une certaine mesure. Aujourd'hui, sauf des exceptions, on trouve en Europe moins de races distinctes que de nationalités groupées plus ou moins logiquement par des événements politiques. En France, par exemple, le peuple français comprend des Celtes (Bretons), des populations latines (au sud), des Gaulois et autres éléments germaniques (notamment au nord-est et à l'est), etc.

334. — 2ᵉ Lecture : Répartition de la population en Europe.
— L'Europe est celle des parties du monde dont la population est le plus également répartie. N'ayant pas de très grandes étendues incultes, elle n'a pas d'espaces complètement inhabités. Seuls les bords de la mer Caspienne, trop secs, et ceux de l'Océan glacial, trop glacés, font exception et n'ont qu'une population très raréfiée.

C'est l'Europe occidentale — surtout dans ses régions industrielles — qui a la plus forte densité de population. Certaines régions industrielles ont plus de 300 ou 400 habitants par kilomètre carré. Pour 1 kilomètre

carré d'étendue, la Belgique a 228 habitants ; la Hollande, 156 ; le Royaume Uni, 132 ; l'Italie, 113 ; l'Allemagne, 119 ; la France, 73.

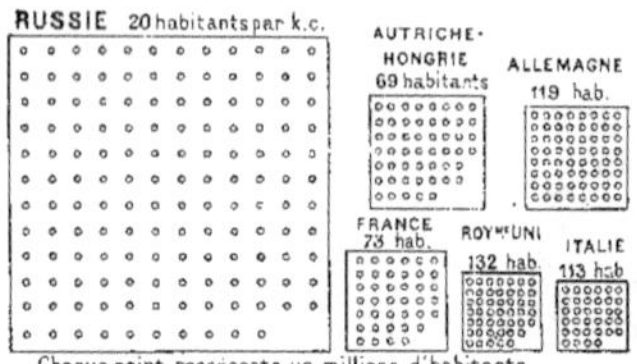

Fig. 207. — DENSITÉ DE POPULATION DES PRINCIPAUX ÉTATS.
La densité moyenne de l'Europe est de 42 habitants par kilomètre carré. Si l'on excepte la Belgique et la Hollande qui sont peu étendues, les États qui ont la densité de population la plus forte sont le Royaume-Uni, l'Italie et l'Allemagne. La France et l'Autriche-Hongrie viennent ensuite assez loin derrière, bien qu'ayant une densité près de deux fois plus forte que la moyenne. L'immense Russie, qui compte le plus d'habitants grâce à son énorme étendue, n'a que 20 habitants par kilomètre carré (4 fois moins que la France, 7 fois moins que le Royaume-Uni). — Chaque petit carré ci-dessus représente 1 million d'habitants.

La Russie n'a en moyenne que 20 habitants au kilomètre carré. Mais sa population s'accroît rapidement et son infériorité à cet égard tend de plus en plus à disparaître.

Exercices. — Quelles sont les principales races de l'Europe ? — Quelles régions habitent-elles ?

3° La péninsule des Balkans.

335. La péninsule des Balkans occupe l'angle sud-est de l'Europe. Elle doit son nom à l'un des massifs montagneux qui la couvrent. Sa forme est triangulaire. Elle se prolonge au sud par la presqu'île de *Morée* qui lui est rattachée par l'*isthme de Corinthe*, large seulement de 4 à 5 kilomètres.

Ses limites sont : au nord, sur le continent, la Save, le Danube et les Alpes de Transylvanie ; sur tous les autres côtés, la mer (Adriatique, Ionienne, mer Égée, Dardanelles, mer de Marmara, Bosphore et mer Noire).

336. Le sol. — 1° Par sa *situation*, la péninsule des Balkans, baignée sur les trois quarts de son pourtour par la mer, est un pays maritime.

2° Son *relief* est accidenté et compliqué. Des chaînes de montagnes la parcourent dans tous les sens, se prolongeant dans la mer par des presqu'îles et par des îles. Elles découpent le pays en un certain nombre de compartiments isolés les uns des autres. Ainsi s'est trouvé favorisé le morcellement politique du pays.

Les principales chaînes sont les *Alpes Dinariques*, le *Rhodope*, les *Balkans*, le *Pinde* et les *monts de Morée*. Très peu de sommets atteignent 3 000 mètres d'altitude.

3° Les *côtes* sont, par suite, rocheuses et très découpées. Elles comprennent un nombre infini de presqu'îles (*Morée, Attique, Chalcidique*, presqu'île de *Gallipoli*), de caps, de baies et de golfes (golfes de *Corinthe*, de *Nauplie*, d'*Égine*, de *Salonique*). De nombreuses îles les bordent : îles

Ioniennes, Crète ou *Candie, Eubée* ou *Négrepont, Cyclades* et *Sporades*.

Les côtes sont beaucoup plus découpées au sud, dans la Grèce, qu'au nord, dans la Turquie. La côte de la mer Noire est plate et basse.

4° Le *climat* est partout sec, mais il varie du nord au sud et de la montagne à la plaine. Au nord, c'est le climat continental, aux étés brûlants, aux hivers longs et rudes. Au sud, les côtes jouissent du climat méditerranéen, chaud en été, tiède en hiver, sauf quand souffle le vent du nord, refroidi par les neiges des montagnes.

5° Les *cours d'eau* sont nombreux, mais la plupart sont courts, rapides, irréguliers et méritent le nom de torrents.

Les plus longs et les plus réguliers sont ceux qui vont au Danube, comme la *Save* et son affluent la *Bosna*, la *Morava* et l'*Isker* ; les rivières si fameuses de la Grèce, le Céphise d'Athènes et l'Eurotas de Sparte ne sont que des cours d'eau insignifiants.

6° Les *ressources végétales* varient du nord au sud. Le pays du Danube, au sol meuble et enrichi par les alluvions du fleuve, est propre à la culture des céréales. Au sud, on trouve les produits méditerranéens : olivier, vigne, oranger ; mais la sécheresse y gêne la culture.

7° Les *richesses minérales* sont abondantes, mais encore peu connues. On n'exploite guère que les mines de plomb argentifère du *Laurion*, près d'Athènes. En somme, la péninsule des Balkans n'offre à ses habitants que des ressources médiocres. La côte seule, avec sa dentelure et ses abris, favoriserait l'essor du commerce. C'est donc en dehors de leur pays que les habitants des Balkans, et surtout de la Grèce, ont depuis l'antiquité cherché leur vie.

337. Les populations. — Placée entre l'Asie et l'Europe, la péninsule des Balkans a été traversée par de nombreuses invasions. On y trouve des populations de races fort diverses : *Albanais*, descendants d'anciens indigènes ; *Grecs* ; *Roumains*, descendants d'anciens colons romains ; *Slaves*, *Juifs*, et enfin *Turcs*. Tous sont de race blanche, sauf les Turcs, qui sont des jaunes.

La plupart des religions sont pratiquées dans la péninsule ; elle renferme en effet des juifs, des mahométans, des chrétiens catholiques et orthodoxes.

Cette population si mêlée forme un ensemble de 19 à 20 millions d'habitants. Elle a souvent été divisée par des guerres intestines.

338. Divisions politiques. — La péninsule des Balkans renferme six états :

1° La *Turquie d'Europe* n'est plus aujourd'hui qu'une infime partie de l'empire ottoman. Elle comprend quatre provinces, *Albanie, Macédoine, Chalcidique* et *Roumélie méridionale*, ainsi que les îles de *Thasos* et de *Crète* ou *Candie*.

Fig 208. — LES BALKANS ET L'ITALIE

Le pays est montagneux à l'ouest et plat à l'est. Partout le climat est plus rude, sauf

Fig. 209. LA MOSQUÉE DU SULTAN AHMED, A CONSTANTINOPLE.

Type de l'architecture turque qui est remarquable par ses minarets et, comme l'architecture byzantine, par ses coupoles.

dans certaines vallées abritées et sur le bord de la mer où poussent les produits méditerranéens (oliviers, orangers, vignes).

C'est là que se trouvent les principales villes : **Constantinople**, à l'entrée du Bosphore (1 125 000 habitants), le port de *Salonique*, au débouché de la Macédoine, la ville d'*Andrinople*, dans la vallée de la Maritza. La seule ville importante de la région montagneuse est *Monastir*.

Le gouvernement est une monarchie constitutionnelle depuis 1908.

2° La **Roumanie** comprend deux pays très différents : la *Valachie*, grande plaine arrosée par le Danube et riche en céréales, où se trouve la capitale **Bukarest** (296 000 habitants); — et la *Moldavie*, plus accidentée et moins riche, dont la principale ville est *Iassi*.

La Roumanie compte 6 900 000 habitants.

3° La **Serbie** est un grand quadrilatère qui ne touche pas à la mer. Elle comprend beaucoup de montagnes et peu de vallées. Assez pauvre, elle n'a que 2 500 000 habitants, groupés surtout sur le Danube, qui la traverse.

La capitale est **Belgrade** (70 000 habitants), au confluent du Danube et de la Save.

4° Le **Montenegro** est une petite principauté, très montagneuse et très pauvre. La population (227 000 habitants) se compose surtout de pâtres et de pêcheurs.

La capitale, *Cettinye*, est un bourg de 2900 habitants.

5° La **Bulgarie et la Roumélie orientale** forment un royaume traversé d'est en ouest par les Balkans. Le versant nord, plus froid, est propre à la culture des céréales; la capitale, *Sofia* (82 000 habitants), y est située. Le versant sud, plus chaud, possède les produits méditerranéens: la principale ville en est *Philippopoli*.

6° La **Grèce** comprend la région la plus méridionale et la plus découpée de la péninsule, avec la presqu'île de Morée et un certain nombre d'îles.

La partie de la péninsule proprement dite est très montueuse et ne comprend que quelques plaines peu étendues : *Thessalie, Béotie, Attique*. Les cultures sont rares. On n'y trouve qu'une seule grande ville : *Athènes*, la capitale (167 000 habitants), avec son port le Pirée.

La *Morée* est encore plus âpre, plus montueuse et moins riche. La principale ville est *Patras* (52 000 habitants).

La seule richesse de la Grèce lui vient de sa situation et de sa configuration découpée, qui y ont de tout temps favorisé le développement d'un commerce très florissant.

Fig. 210. — ATHÈNES.

Capitale de la Grèce moderne. Athènes est surtout connue pour les monuments de l'antiquité qu'elle renferme, et notamment pour ses temples. La plupart de ceux-ci s'élèvent sur une colline qui s'élève au milieu de la plaine, l'Acropole. On y voit en particulier l'ancien temple de Pallas Athéné, ou Parthénon, et le temple de la Victoire Aptère.

7° L'île de **Crète ou Candie**, encore soumise à la suzeraineté turque, se gouverne elle-même depuis quelques années, sous la protection des puissances européennes.

Les principales villes sont *La Canée* et *Candie*.

339. — LECTURE : **Pourquoi la péninsule des Balkans ne forme-t-elle pas un seul état?** — Ce qui caractérise le relief de la péninsule des Balkans. c'est qu'il est formé de chaînes de montagnes se coupant à angles droits, se prolongeant jusque dans la mer par des traînées d'îles, et entourant des plaines absolument isolées les unes des autres.

Les montagnes sont peu habitées. Les populations se concentrent dans les plaines. Chaque plaine forme ainsi un canton, un véritable petit état, sans aucun rapport avec les autres. Non seulement la péninsule des Balkans comprend de nombreux états; mais à l'intérieur de chacun de ces états, chaque plaine, chaque vallée forme une province isolée. Dans le royaume de Grèce, par exemple, il y a peu de rapports et beaucoup de rivalités entre la Thessalie et la Béotie, entre l'Attique (pays d'Athènes) et la Morée. Il est plus facile d'aller de Thessalie en Attique par mer qu'à pied sur la terre ferme.

C'est la mer qui unit les diverses provinces de la Grèce; c'est la vie maritime qui est le trait commun de toutes ses populations.

Exercices. — Carte de la péninsule des Balkans.

Décrire le relief de la péninsule des Balkans et expliquer son influence sur la vie des populations.

Quelles sont les principales régions de la Roumanie? de la Bulgarie? de la Grèce?

Indiquer quelle est l'importance de la mer dans la péninsule des Balkans.

4° L'Italie.

540. — L'Italie est une péninsule qui a pour limites les *Alpes*, la mer *Adriati-*que, la mer *Ionienne* et la mer *Tyrrhénienne*. La *Sardaigne*, la *Sicile* et quelques îles moins importantes en dépendent.

La superficie des terres italiennes vaut seulement un peu plus de la moitié de la France, exactement 55 centièmes de son étendue.

341. **Le sol.** — La *situation* de l'Italie est nettement maritime : l'Italie est bordée par la mer sur les cinq sixièmes de son pourtour. Elle a l'avantage de se trouver au centre de la Méditerranée. Mais l'Italie est trop allongée : elle n'a pas de centre, ce qui a retardé longtemps la formation de son unité.

Pour le *relief* et la **nature du sol**, il faut distinguer : 1° l'**Italie septentrionale**, formée par la *plaine du Pô ou Lombardie*, vaste étendue plane formée d'alluvions et de terrains de transports ; — 2° l'**Italie méridionale**, formée de terrains calcaires et volcaniques, traversée du nord au sud par la chaîne de l'*Apennin*, comprenant des volcans comme le *Vésuve*, et n'ayant que d'étroites plaines en bordure le long de la mer. La Sardaigne et la Sicile sont également montagneuses. La Sicile possède un grand volcan : l'*Etna*, qui comme le Vésuve est encore en activité.

Les *côtes* sont rocheuses et découpées au sud et au nord-ouest (golfe de Gênes); elles sont alluviales et plates le long de la mer Tyrrhénienne et au fond de l'Adriatique où s'étendent les *lagunes de Venise*, et celles des bouches du Pô.

Le *climat* varie du nord au sud. Au nord, les étés sont chauds mais les hivers sont rudes. Le sud, au contraire, a le climat méditerranéen, que caractérise surtout la sécheresse des étés.

Les *cours d'eau* sont longs, volumineux et réguliers dans le nord. Les principaux sont le *Pô*, l'*Adige* et la *Brenta*. — Le *Pô* qui descend des Alpes, reçoit de nombreux affluents, le *Tessin*, l'*Adda* et le *Mincio*, qui descendent également des Alpes : aussi le fleuve formé par la réunion de tous ces cours d'eau est-il considérable.

Dans le sud, il n'y a que des torrents courts et irréguliers. Tel est le *Tibre* qui passe à Rome.

Les *richesses végétales* sont abondantes au nord. La fécondité du sol et l'abondance de l'eau permettent la culture du blé, du maïs et du riz. Au sud, on ne trouve que les produits méditerranéens : olivier, vigne, fruits.

Les *ressources minérales* sont presque nulles ; en particulier la houille fait complètement défaut.

342. **La population.** — L'Italie renferme 52 400 000 habitants, soit 115 au kilomètre carré. Elle est beaucoup trop peuplée pour les ressources qu'elle offre. Aussi l'émigration est-elle chaque année très abondante. La population se concentre surtout dans les riches régions du nord qui offrent le plus de ressources.

La population italienne est de race latine. Elle est presque tout entière catholique.

343. **Régions et villes.** — L'Italie comprend des régions très distinctes par leur nature, leurs ressources, et par la vie de leurs habitants.

Au nord sont : le **Piémont**, bien abrité par les Alpes, riche en vignes, en maïs, en mûrier, doué d'une industrie prospère: ville principale, *Turin* (559 000 habitants); — la **Lombardie**, grande plaine admirablement féconde au débouché des voies commerciales qui traversent les Alpes centrales; v. pr. *Milan* (492 000 habitants); — la **Vénétie**, fertile, mais malsaine, v. pr. *Venise* (157 000 habitants), jadis port très important, aujourd'hui en déclin; — l'**Emilie**, v. pr. *Bologne*; — la **Ligurie**, montagneuse, infertile, mais riche grâce à sa situation maritime et à des ports, qui lui permettent d'entretenir une population de

Fig. 211 — NAPLES ET LE VÉSUVE.

Naples est la ville la plus peuplée de l'Italie; elle est située au sud-ouest de l'Italie, sur une baie que domine le volcan du Vésuve : c'est ce volcan, presque toujours en activité, qui engloutit dans l'antiquité les villes d'Herculanum et de Pompéi dont on a exhumé les ruines de nos jours.

pêcheurs et de commerçants, v. pr. *Gênes* (254 000 habitants), grand port qui a fait depuis 1885 des progrès considérables.

Au centre sont : la **Toscane**, v. pr. *Florence* (204 000 habitants) et le *pays romain*, v. pr. *Rome* (465 000 habitants), la capitale de l'Italie. — La Toscane est un plateau, le pays romain est surtout formé par

Fig. 212. — UN CANAL A VENISE.

Venise est bâtie à pilotis sur une lagune de la côte Adriatique, c'est-à-dire que les maisons y sont construites sur des pieux en bois très longs et très solides qui reposent sur la couche de terrain dur qu'ont recouverte les boues de la lagune. A Venise, les canaux servent de rues et les gondoles de voitures. La ville, qui fut au moyen âge une république très prospère et très riche, abonde en monuments, en palais et en maisons particulières d'un grand caractère.

une plaine et par l'Apennin ; tous deux sont également pauvres. Florence doit son importance à ses richesses artistiques ; Rome, à sa situation centrale et à ses souvenirs historiques et religieux ; elle est à la fois la capitale de l'Italie et la capitale du monde catholique.

Tout le sud est occupé par *l'ancien royaume de Naples*, qui comprend des régions montagneuses et incultes comme la *Calabre*, et des régions riches comme la *Campanie*, au pied du Vésuve. La ville principale, *Naples* (563 000 habitants), est la plus populeuse de toute l'Italie.

Des deux grandes îles, la *Sardaigne*, montagneuse et sauvage, abrite une maigre population de pâtres et de pêcheurs, tandis que la *Sicile*, riche en céréales et en vignobles, renferme 3 600 000 habitants (139 au kilomètre carré) et possède de grandes villes comme *Palerme, Messine* et *Catane*, qui sont tous trois des ports importants.

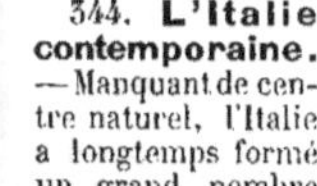

Fig. 213.
PAYSANNE DE LA CAMPAGNE ROMAINE.

344. L'Italie contemporaine.

— Manquant de centre naturel, l'Italie a longtemps formé un grand nombre d'Etats distincts, comme la péninsule des Balkans. Elle ne forme un seul Etat que depuis la deuxième moitié du xixᵉ siècle : l'occupation de Rome en 1870 fut le dernier acte de l'unité italienne. Cet Etat compte aujourd'hui parmi les six grandes puissances européennes.

Son agriculture est assez développée ; mais, manquant de houille, elle a peu d'industrie ; son commerce languit ; son empire colonial se borne à quelques comptoirs sur la mer Rouge (*colonie d'Erythrée*). L'Italie ne peut nourrir sa population, qui augmente rapidement ; c'est ce qui explique l'importance de l'émigration.

345. — 1ʳᵉ LECTURE : L'Italie a-t-elle une unité ? — L'Italie est beaucoup plus allongée du nord au sud que de l'ouest à l'est. Elle a près de 1200 kilomètres du nord au sud ; elle n'en a que 500 de l'est à l'ouest dans la plaine du Pô, et 100 à 150 dans la région péninsulaire. L'habitant de la Lombardie est une fois et demie plus éloigné de l'habitant de la Sicile que, chez nous, le Flamand ne l'est du Provençal.

L'Italie comprend des régions très différentes : la plaine de Lombardie, grasse et fertile, très peuplée, industrieuse ; l'Italie péninsulaire, pauvre, à la population misérable et indolente ; l'Italie insulaire, qui comprend la Sardaigne et la Sicile, très différentes l'une de l'autre. Les populations de ces différentes régions ont des façons de vivre très diverses et des intérêts qui souvent se contrarient.

Le seul lien commun qui existe entre toutes les populations de l'Italie est formé par la communauté de la race et par le souvenir des luttes menées en commun pour la conquête de l'indépendance.

346. — 2ᵉ LECTURE : La plaine du Pô. — Cette plaine a toujours été et est encore la partie riche et vivante de l'Italie. Malgré son climat relativement rude, elle est beaucoup plus peuplée que l'Italie péninsulaire, parce qu'elle est plus productive.

La fertilité de la plaine du Pô est l'œuvre de la nature et de l'homme.

Grâce au voisinage des Alpes, cette plaine reçoit de nombreuses rivières qui se concentrent toutes dans le grand fleuve qui est l'artère centrale de la plaine. Le fleuve a constitué le sol de la plaine avec ses alluvions fertiles. Ses eaux permettent à l'homme d'en tirer de riches moissons.

La plaine du Pô a en effet un climat sec. Pour rendre productif ce sol excellent, les habitants ont dû dériver dans tout le pays les eaux du fleuve par des canaux d'irrigation. Déjà les anciens Romains en avaient établi tout un réseau qui distribuait à toute la campagne l'eau abondante qui vient de la fusion des neiges et des glaciers alpestres pendant l'été. Aussi aujourd'hui la plaine du Pô contient-elle des rizières et des champs de maïs, dans les régions abritées et très humides, des céréales, des champs de tabac, des mûriers, etc.

Le Pô, qui est le bienfaiteur de la contrée, est aussi pour elle un danger. Il a en effet des crues et des inondations terribles. Contre elles les habitants se sont garantis par la construction de digues, qui forment une double ligne parallèle au cours du fleuve.

347. — 3ᵉ LECTURE : L'émigration italienne. — La population italienne est très

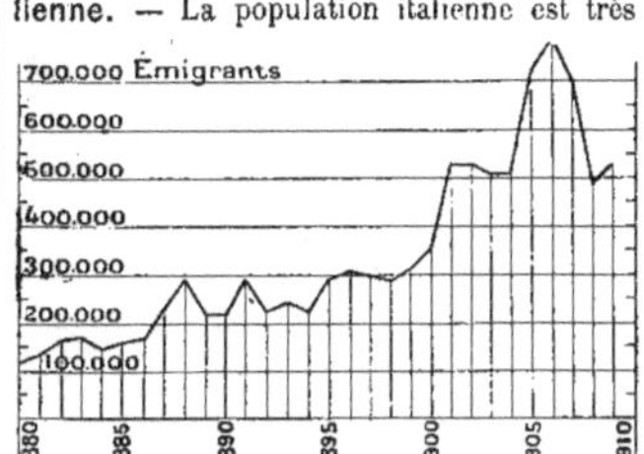

Fig. 214. — L'ÉMIGRATION ITALIENNE.

Le mouvement d'émigration est très important en Italie ; de 300 000 à 600 000 Italiens quittent chaque année leur pays pour aller s'établir à l'étranger. Les uns reviennent après avoir gagné quelque aisance (manœuvres, terrassiers, ouvriers agricoles, qui vont en France, en Suisse, etc.). D'autres partent sans idées de retour : ceux-ci s'en vont surtout aux Etats-Unis, au Brésil, au Rio de la Plata. On compte 1 200 000 Italiens aux Etats-Unis, 1 500 000 au Brésil, etc.

nombreuse, et les ressources de l'Italie sont limitées. Il en résulte des misères et parfois des révoltes. La misère est la principale cause de l'émigration italienne.

L'émigration italienne enlève annuellement à l'Italie 500 000 habitants et plus. Parmi les émigrants, il faut distinguer ceux qui partent temporairement, ceux qui partent sans espoir de retour. Parmi les premiers, on voit des terrassiers et des ouvriers d'usines qui s'en vont en France ou en Allemagne où la main-d'œuvre est plus chère, des garçons d'hôtel qui s'en vont en Suisse.

Ceux qui partent pour ne plus revenir vont s'établir en Tunisie et principalement en Amérique. Il y a des colonies d'Italiens très nombreuses dans les provinces centrales des Etats-Unis, dans le sud du Brésil et dans les Etats voisins du Rio de la Plata. Il n'y a pas moins d'un million et demi d'Italiens établis au Brésil ; ils y ont remplacé comme ouvriers agricoles les nègres qui ne travaillent plus guère dans les plantations depuis leur affranchissement.

Les provinces italiennes qui fournissent le plus d'émigrants sont les provinces surpeuplées du Nord, Piémont, Lombardie, Ligurie, et les provinces pauvres du sud, en particulier la Calabre. La Sicile, envoie aussi beaucoup d'émigrants, notamment en Tunisie.

Exercices. — Carte de l'Italie. — Distinguer par la géographie physique les diverses régions de l'Italie. — Comparer la Lombardie et le Pays Romain. — Parler de l'émigration italienne.

Fig. 215.
PAYSAN DE LA CAMPAGNE ROMAINE.

Fig. 216. — ESPAGNE ET PORTUGAL.

5° La péninsule ibérique.

348. — On nomme ainsi la péninsule qui termine l'Europe au sud-ouest. Elle est limitée par les *Pyrénées*, le *golfe de Gascogne*, l'*océan Atlantique* et la *Méditerranée*. On lui rattache les îles Baléares.

Sa superficie égale 588 000 kilomètres carrés et dépasse légèrement celle de la France.

349. Le sol. — La *situation* de l'Espagne est maritime. Mais sa forme est trop massive pour que cette situation exerce une heureuse influence sur son climat et sur la vie de ses populations. De plus, elle est trop éloignée du centre de l'Europe.

Le *relief* de l'Espagne est caractérisé par de grands plateaux, qui forment le socle de la péninsule : plateaux de la *Vieille-Castille*, de la *Nouvelle-Castille*, etc.

Ces plateaux sont sillonnés d'est en ouest par de grandes rides montagneuses. Les principales sont : les *Pyrénées* (pic d'Aneto, 3404 mètres) au

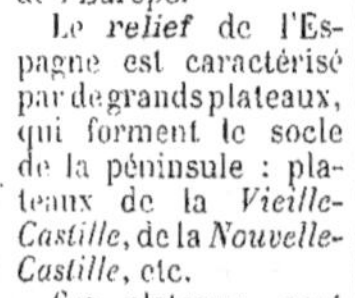

Fig. 217.
UNE ESPAGNOLE.

nord, et la *Sierra Nevada* (Mulahacen, 3481 mètres) au sud ; mais entre ces deux rides extrêmes il en existe bien d'autres, moins élevées, qui rendent les communications assez difficiles à travers le pays. Plateaux et montagnes occupent environ les deux tiers de la péninsule.

Les plaines, assez étroites, sont sur le pourtour : *plaine de l'Ebre, plaine de Valence et de Murcie, plaine d'Andalousie, plaine du Portugal.*

Les *côtes* sont rocheuses et découpées dans les régions où les montagnes bordent la mer, c'est-à-dire au nord-ouest, le long du golfe de Gascogne, et au sud-est, jusqu'au *rocher de Gibraltar*. Elles sont alluviales et plates partout où la mer baigne les plaines, c'est-à-dire à l'ouest, au sud-ouest et au nord-est.

Le *climat* est méditerranéen, presque africain, dans toutes les régions basses. Mais il est continental, c'est-à-dire très chaud ou très froid, sur les montagnes et les plateaux. Un proverbe espagnol caractérise le climat de Madrid : « Trois mois d'hiver et trois mois d'enfer. » Le climat de l'Espagne est partout sec, sauf au nord-ouest ; au centre, il est très sec.

Les *cours d'eau* sont pauvres : ils ont une pente inégale et un débit irrégulier. Ils n'ont de l'eau qu'en hiver et au printemps. Un seul d'entre eux, le Guadalquivir, est navigable, parce qu'il coule dans la plaine d'Andalousie et reçoit les eaux des neiges de la Sierra Nevada. Leurs eaux

servent surtout à l'irrigation. Les principaux sont : le *Douro*, le *Tage*, la *Guadiana* et le *Guadalquivir*, qui vont à l'Atlantique ; l'*Ebre*, qui va à la Méditerranée.

Les *aptitudes végétales* sont médiocres sur le plateau, en raison du climat et de la nature du sol. Mais les plaines du pourtour, plus arrosées et plus chaudes, ont de riches cultures : cannes à sucre, orangers, vignes. Les vins sont une des richesses principales de l'Espagne.

Les *ressources minérales* sont très abondantes et très variées. Elles comprennent la houille, le cuivre, le fer, le plomb, l'argent. On trouve même d'abondants gisements de mercure, métal rare en Europe.

350. La population. — La population totale de la péninsule s'élève à 23 millions d'habitants, soit 39 habitants par kilomètre carré. Cette population est beaucoup plus dense dans les plaines du pourtour que dans l'intérieur.

Traversée jadis par de nombreuses invasions, la péninsule ibérique a abrité des représentants de races fort diverses : Ibères, Celtes, Romains, Vandales, Arabes, etc. Du mélange de ces races est né le peuple espagnol. Ce peuple est en totalité catholique.

Au point de vue politique, la péninsule ibérique est divisée en deux États : l'Espagne et le Portugal.

351. L'Espagne. — L'Espagne, de beaucoup plus grande que le Portugal, occupe les cinq sixièmes de la péninsule ibérique. Elle compte 18 millions d'habitants. C'est un pays généralement pauvre. Elle comprend pourtant des régions assez différentes les unes des autres.

1° Au centre, s'étendent les plateaux des *Castilles, Vieille-Castille, Nouvelle-Castille.* Ils sont élevés, ont un climat sec et extrême, sont peu fertiles et peu peuplés. C'est là pourtant que se trouve la capitale *Madrid* (512 000 h.), qui doit son importance à sa situation centrale. Les autres villes, *Tolède*, *Burgos*, *Léon*, rappellent des souvenirs historiques ; ce sont d'anciennes cités fameuses ; mais aujourd'hui elles n'ont qu'une importance minime.

2° Au nord s'é-

Fig. 218.
UN ESPAGNOL.

tendent : la **Galice** et les **Asturies**, régions montagneuses, voisines de la mer, bien

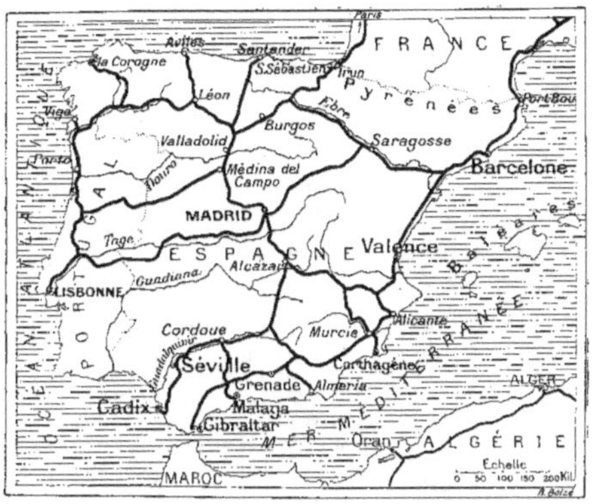

Fig. 219. — PRINCIPALES VOIES FERRÉES DE LA PÉNINSULE IBÉRIQUE.
Si le développement économique de l'Espagne et du Portugal est relativement très peu avancé, cela tient en partie à l'insuffisance des voies de communication. La péninsule, qui n'a pas de voies navigables, ne possède encore que les principales voies ferrées, celles qui unissent Madrid, au centre, avec les grandes villes du pourtour.

arrosées et verdoyantes, comprenant de bons ports, comme le *Ferrol* et *Santander* ; — les **Provinces basques**, avec *Bilbao*, et la **Navarre**, avec *Pampelune*, autres provinces au sol rugueux, au climat rude, — l'**Aragon**. moins montagneux, mais plus sec et plus aride, sauf le long des rivières, où se groupent les populations et les villes, comme *Saragosse*, sur l'Ebre : — enfin la **Catalogne**, qui est à la fois agricole, industrielle et commerçante : c'est la province la plus prospère de tout le pays ; v. pr. *Barcelone* (509 000 h.), sur la Méditerranée, la première cité industrielle et le premier port de l'Espagne.

5° À l'est et au sud, on trouve : les *provinces de Valence et de Murcie*, avec les villes du même nom, riches régions de cultures méditerranéennes (orangers et vignobles), et l'**Andalousie**, la plus belle région de l'Espagne, dont les villes principales sont *Grenade, Cordoue, Cadix* et *Séville* (146 000 h.), grand port sur le Guadalquivir ; l'Andalousie fut le principal centre de la domination des Arabes en Espagne : des palais fameux rappellent leur souvenir à Séville et à Grenade.

4° Si l'on excepte les plaines du pourtour, l'Espagne manque de populations et de voies de communications ; seules les principales voies ferrées, celles qui unissent Madrid aux grandes villes côtières, sont encore construites. Son agriculture est médiocre, son commerce ne se développe pas, son industrie, malgré ses mines, est presque nulle.

Elle a jadis possédé un immense empire colonial, qui la nourrissait. Elle l'a presque complètement perdu aujourd'hui, à l'exception de quelques territoires au Maroc et sur différents points de l'Afrique. Il semble que depuis quelques années le peuple espagnol se préoccupe de mettre en exploitation les richesses de son sol. En attendant, l'Espagne n'est plus qu'un État secondaire en Europe.

352. Le Portugal. — Le Portugal, qui renferme 5 millions d'habitants, est beaucoup plus petit et moins peuplé que l'Espagne, mais il comporte moins de régions inutilisables. Ses limites ne s'étendent pas aux plateaux arides de l'intérieur. Néanmoins, comme l'Espagne, il souffre du manque d'argent et de voies de communication.

Il produit principalement des vins renommés, des céréales et des fruits.

Sa capitale est **Lisbonne**, sur le Tage (357 000 h.) ;

Photog. Biel.
Fig. 220.
LE DOURO DANS LE PLATEAU DE VIEILLE-CASTILLE.

autre ville, *Porto*, ville industrielle et commerçante, près de l'embouchure du Douro.

353. — 1re Lecture : Le peuple espagnol. — Le peuple espagnol a été formé de races multiples, qui longtemps sont demeurées assez distinctes les unes des autres. Il n'a

véritablement pris conscience de lui-même que dans sa lutte contre les Arabes, qui séjour-

Fig. 222. — LE CHATEAU DE LA PEÑA DE CINTRA, RÉSIDENCE DES ROIS DE PORTUGAL, AU NORD DE LISBONNE.

nèrent en Espagne pendant huit siècles, du huitième siècle à la fin du quinzième.

Le peuple formé par ces luttes est grand et viril. Il a l'amour ardent de sa patrie et de ses croyances. Mais il est souvent fanatique, ignorant et rude.

Il y a, du reste, des différences sensibles entre les Espagnols du nord et ceux du sud. Ceux du nord, Galiciens, Basques, Aragonais, Catalans, sont plus robustes, plus actifs et plus âpres : on nomme parfois les Galiciens « les Auvergnats de l'Espagne » et un proverbe espagnol dit qu'un Aragonais, peut enfoncer des clous avec sa tête. Ceux du sud, en particulier les Andalous, sont plus paresseux et plus superstitieux, mais plus aimables et plus artistes : c'est l'Andalousie qui a fourni à l'Espagne le plus grand nombre de ses poètes et de ses peintres.

354. — 2e Lecture : **La Huer**-

Fig. 221. — LE CHATEAU DE L'ESCURIAL, AU PIED DE LA SIERRA DE GUADARRAMA, UN PEU À L'OUEST DE MADRID.
Fig. 220-221. — PAYSAGES D'ESPAGNE.
L'Espagne a un relief très tourmenté ; elle est formée de plateaux nombreux, sillonnés de montagnes dentelées et arides, creusés de gorges étroites et profondes, où les rivières coulent profondément encaissées. Le palais de l'Escurial, bâti au seizième siècle par le roi Philippe II, est le plus importante des résidences royales d'Espagne.

ta de Valence. — Les plaines du pourtour de l'Espagne ont un sol riche et fécond. Malheureusement, elles sont pauvres en pluie. Les habitants ont dû y suppléer par des travaux d'irrigation. Nulle part ils ne l'ont fait avec tant d'ardeur et tant de succès que dans la plaine ou *huerta* (jardin) de Valence.

Les moyens dont ils ont tiré parti des rivières venues du plateau intérieur sont multiples. Ils ont installé sur les rivières des barrages et des digues pour retenir les eaux ; ces eaux, ainsi enlevées à la mer, sont distribuées dans tout le pays par un réseau de canaux ou dérivées dans des réservoirs, d'où elles sortiront aux époques des sécheresses. Chaque canal appartient au propriétaire de la terre qu'il traverse ; car il est une propriété aussi précieuse que la terre elle-même ; mais l'État veille à ce que le propriétaire maintienne le canal en bon état.

Grâce à cette irrigation, les jardins se succèdent sans interruption sur plus de 100 kilomètres malgré la sécheresse implacable du ciel. Le riz, le maïs, le blé, les légumes, le lin et le chanvre sont les cultures des régions irriguées ; la vigne et l'olivier sont réservés pour les collines que l'irrigation n'atteint pas.

355. — 3e LECTURE : **Gibraltar.** — Par son extrémité méridionale, l'Espagne touche presque à l'Afrique, au Maroc ; elle en est séparée par un détroit large de 12 à 13 kilomètres, le détroit de Gibraltar, qu'on appelait dans l'antiquité *les Colonnes d'Hercule.* Ce détroit fait communiquer l'Océan Atlantique avec la Méditerranée, qui, sans cela, serait une mer complètement fermée.

La ville de Gibraltar, un peu à l'est du détroit, garde le passage. Elle s'élève sur un

Fig. 223. — LE DÉTROIT DE GIBRALTAR.

Le détroit de Gibraltar mesure 12 à 13 kilomètres en son point le plus resserré, à la hauteur de Tarifa ; il en a une vingtaine à l'est, entre la pointe de l'Europe, qui porte la forteresse anglaise de Gibraltar, et la punta de la Alma, qui porte la ville espagnole de Ceuta.

rocher presque inaccessible, la Pointe de l'Europe.

Les Anglais possèdent Gibraltar depuis le commencement du dix-huitième siècle. Ils en ont fait une forteresse redoutable qui commande tout le détroit.

Les Espagnols possèdent sur la rive africaine du détroit de Gibraltar la ville de Ceuta.

Exercices. — Carte de la péninsule Ibérique. Influence du relief de l'Espagne sur le climat, sur la végétation et sur la population. — L'eau dans la péninsule ibérique (pluies, rivières, irrigation).

6° Les Pays-Bas.

556. — Les Pays-Bas forment l'extrémité occidentale de la grande plaine européenne. C'est bien avec raison qu'on les appelle les Pays-Bas, car une partie de leur étendue est située au-dessous du niveau des plus hautes mers.

Ils comprennent deux petits États : la *Belgique* et la *Hollande.*

557. **Belgique.** — La Belgique, comprise entre la France, l'Allemagne et la Hollande et la mer du Nord, est le plus petit État de l'Europe, après le Monténégro ; elle n'a guère que l'étendue de la Bretagne française, mais elle est très importante.

Située entre des pays aussi riches qu'actifs et une mer très fréquentée, elle est elle-même pourvue de richesses naturelles variées et abondantes.

558. **Le sol.** — Le *relief* établit en Belgique une division : 1° au sud-est s'étend un *plateau* schisteux, haut de 500 à 800 mètres, coupé de vallées profondes, soumis à un climat continental, c'est l'**Ardenne**, dont la partie méridionale s'étend en France ; — 2° au nord-est s'étend une *plaine* qui s'abaisse doucement vers la mer ; son sol est couvert d'un limon fertile sauf dans la région maritime, qui est couverte de sable. Le climat y est très doux et très humide. La côte, plate et basse, bordée de dunes, est peu hospitalière.

La Belgique est arrosée par deux fleuves : la **Meuse** qui vient de France, traverse l'Ardenne et reçoit la *Sambre* ; l'*Escaut*, qui vient également de France, traverse la plaine belge et reçoit la *Lys.* Une de ses embouchures forme le seul bon port de la Belgique, celui d'Anvers.

Les *ressources végétales* sont maigres sur le plateau ardennais, qui n'a guère que des prairies et des forêts : elles sont très abondantes dans la plaine. La partie centrale, aux limons fertiles, est propre à la culture des céréales et de la betterave : la partie maritime, plus humide, est propre à l'élevage.

Les *ressources minérales* constituent la richesse principale de la Belgique. Elle possède surtout, le long du sillon où coulent la Sambre et la Meuse, une bande de gisements houillers, qui sont parmi les plus riches au monde. Le plus fameux est le *Borinage*, près de la frontière française.

559. **Les populations.** — La Belgique a 6 744 000 habitants, soit 228 au kilomètre carré. C'est le pays de l'Europe qui possède la population la plus dense.

Cette population comprend deux races : les *Wallons*, à l'est, et les *Flamands*, à l'ouest. Les Wallons parlent le français ; les Flamands parlent la langue flamande qui est d'origine germanique. Les deux races ont à peu près la même importance.

Le catholicisme est la religion dominante en Belgique.

560. **Régions et villes.** — L'*Ardenne*, pauvre et triste, renferme peu d'habitants, sauf dans les vallées : la majeure partie de la population vit dans la vallée de la Meuse : celle-ci abrite les villes de *Namur*, de *Liége* (171 000 h.) et de *Verviers.*

A l'ouest de l'Ardenne s'allonge l'étroite région houillère, très active et très peuplée, dont les grandes villes sont *Mons* et *Charleroi.*

La partie centrale de la plaine comprend plusieurs provinces agricoles très riches : le *Hainaut*, la *Hesbaye*, le *Brabant* ; c'est là que se trouve **Bruxelles** (550 000 h.), capitale de la Belgique. Aucune région d'Europe ne renferme un aussi grand nombre de champs de ba-

Fig. 224. — HÔTEL DE VILLE DE BRUXELLES.

La Belgique est un pays riche, et depuis longtemps ; dès le moyen âge, les Flandres étaient renommées pour leur richesse. Aussi y trouve-t-on des monuments remarquables, hôtels de ville, beffrois. Les bourgeois flamands se plaisaient à construire, pour leur vie publique, des monuments attestant leur prospérité. L'hôtel de ville de Bruxelles est un des plus fameux de cette région.

taille que le pays situé au sud de Bruxelles : on y trouve notamment les champs de bataille de Fleurus et de Waterloo.

La partie maritime de la plaine forme la *Flandre*, pays d'élevage et de textiles (lin, chanvre). L'industrie du tissage est florissante. Le commerce est très actif. Les villes principales sont le grand port d'*Anvers* (272 000 h.), à l'embouchure de l'Escaut ; la ville manufacturière de *Gand*, et le port d'*Ostende*, port de passage pour l'Angleterre et plage mondaine.

561. **État actuel.** — Pays petit, mais possédant des ressources de toute espèce, la Belgique forme un État très prospère. Son agriculture est florissante ; son industrie l'est encore plus ; son commerce égale celui de l'Autriche-Hongrie, qui est sept fois plus peuplée qu'elle.

La Belgique possède en Afrique le Congo belge, immense et riche territoire de plus de 2 millions de kmq, et de 17 millions d'habitants (voir ci-dessus, p. 59).

362. Hollande. — Située entre la Belgique, l'Allemagne et la mer du Nord, la Hollande est à peine plus étendue que la Belgique.

363. Le sol. — Le sol de la Hollande n'a pas de relief. Il est formé par une plaine très basse, constituée par les alluvions qu'apportent l'*Escaut*, la *Meuse* et le *Rhin*. Certaines parties de ce sol fragile ont été séparées du continent par la mer et forment les archipels de la *Zélande* et de la *Frise*; d'autres ont complètement disparu sous les flots et laissé la place à des golfes, notamment au *golfe du Zuiderzée*.

Le climat de la Hollande est maritime, c'est-à-dire relativement tempéré et très humide.

La nature a peu fait pour la Hollande. Menacée sans cesse par les inondations de la mer et des fleuves, formée d'un sol vaseux, dépourvu de minerais, et impropre à la culture, elle a dû être l'objet d'un aménagement savant de la part de la population qui s'y est installée.

364. La population. — Cette population (5 139 000 h.) est d'origine germanique et de religion protestante.

Elle a véritablement transformé le sol de la Hollande, le garantissant de la mer et des fleuves par des digues, le desséchant au moyen de canaux et le fertilisant par des amendements : on nomme *polders* les riches terrains de culture qui ont été gagnés ainsi sur la mer. C'est le Hollandais qui a fait la Hollande.

Celle-ci est surtout peuplée dans la partie occidentale. C'est là que se trouvent les principales villes : *La Haye* (220 000 h.), la capitale politique, et les deux grands ports d'*Amsterdam* (523 000 h.) sur le Zuiderzée, et de *Rotterdam*, à l'embouchure d'un des bras du Rhin : Amsterdam avait autrefois la plus grande importance ; mais Rotterdam, mieux situé pour communiquer avec l'Europe centrale, tend à le supplanter.

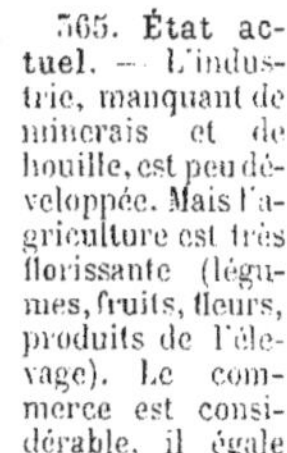

Fig. 225.
HOLLANDAISE.

365. État actuel. — L'industrie, manquant de minerais et de houille, est peu développée. Mais l'agriculture est très florissante (légumes, fruits, fleurs, produits de l'élevage). Le commerce est considérable, il égale presque celui de la France, pourtant beaucoup plus peuplée.

La Hollande possède un empire colonial important notamment dans les *Indes néerlandaises*, en Océanie, où ils ont la riche et populeuse île de Java.

C'est un petit État très riche et prospère

366. — 1re Lecture : **La Flandre.** — La

Fig. 226. — PAYSAGE HOLLANDAIS.

Pays formé d'alluvions, plat et au niveau de la mer, couvert de prairies et de pâturages, humide et vert; rivières larges et lentes, bordées de digues pour mettre le pays à l'abri de leurs inondations; villages nombreux très propres; moulins à vent qui pompent nuit et jour l'humidité provenant des infiltrations des rivières et de la mer : telle est la Hollande.

Flandre est la partie occidentale et maritime de la plaine belge. Tandis que la partie orientale et intérieure de cette plaine (Brabant, Hesbaye, etc.) est couverte d'un limon favorable à l'agriculture, la Flandre possédait jadis un sol ingrat, composé de sables, d'argiles et de marécages.

Ce sont les Flamands qui ont transformé la Flandre. Peuple industrieux et actif, ils ont, pendant des siècles, amendé leur sol par des engrais, ils en ont drainé les eaux par tout un système de canalisation. Ils ont installé des cultures de chanvre et de lin dans les vallées des fleuves, de belles prairies d'élevage jusque sur le bord de la mer.

Aujourd'hui le sol de la Flandre, asséché et engraissé, est très fertile. Ce que les Flamands ont fait jadis pour la Flandre, ils l'entreprennent aujourd'hui pour la Campine, pays de landes et de graviers situé au nord, sur les confins de la Hollande, et dont ils feront peu à peu un pays de culture.

367. — 2e Lecture : **La lutte des Hollandais contre l'eau.** — L'eau menace continuellement la Hollande d'un double danger.

1° La mer, plus haute que la terre aux grandes marées, menace sans cesse d'envahir celle-ci.

2° Les fleuves menacent les basses terres de leurs vallées d'inondations redoutables.

Contre ce double danger, les Hollandais ont bâti une double série de digues : digues maritimes, qui forment une muraille continue contre la mer;

digues intérieures qui bordent les rives des fleuves, des rivières et des moindres canaux. L'embouchure même des fleuves, où la mer pourrait envahir la terre au moment des marées, est barrée par de fortes écluses ouvertes seulement à marée basse.

Un vieux proverbe dit : « C'est Dieu qui a fait la mer; c'est le Hollandais qui a fait les côtes. » Rien n'est plus vrai. Sans les Hollandais, la Hollande serait depuis longtemps sous les flots.

Rien n'est plus curieux que ce pays avec ses canaux, ses digues où sont bâties les maisons, et ses pâturages demi-noyés, qui sont souvent en contre-bas des rivières. On a dit que ces terres étaient des « terres amphibies » parce qu'elles semblent participer aux deux éléments qui forment notre globe.

La majeure partie des communications se fait en Hollande par les rivières et les canaux qui sillonnent le pays de part en part. En hiver, lorsque les cours d'eau sont glacés, c'est en patinant qu'on les utilise.

Exercices. — Carte des Pays-Bas. Distinguer les régions de la Belgique (relief, climat, production, population).

L'eau en Hollande.

Importance de la région houillère belge;

Fig. 227. — LES PARTIES DE LA HOLLANDE QUE MENACE LA MER.

Toute une partie de la Hollande est située au dessous du niveau des hautes mers, entre autres la Zélande, ou pays de la mer, et la Hollande proprement dite, ou terre creuse. Ces provinces sont ceintes d'une ligne ininterrompue de digues. Elles étaient jadis marécageuses : on a réussi à les dessécher et à créer des polders (jardins maraîchers ou cultures de fleurs) à la place qu'occupait l'eau jadis. La province de Hollande est de beaucoup la plus peuplée de toutes les provinces hollandaises. On parle depuis longtemps de dessécher le Zuiderzée presque tout entier.

quelles sont les principales industries de la Belgique ?

7° Le Royaume de Grande-Bretagne et d'Irlande.

568. Le Royaume Uni de Grande-Bretagne et d'Irlande comprend :

1° La **Grande-Bretagne** (Angleterre, Pays de Galles, Écosse) avec quelques îles littorales : *Wight*, îles *Anglo-Normandes*, *Scilly* ou *Sorlingues*, *Anglesea* et *Man*, *Hébrides*, *Orcades*, *Shetland*.

2° **L'Irlande**, plus à l'ouest.

La superficie totale de l'archipel (514 000 kmq.) vaut les 3/5 de celle de la France.

569. Le sol. — Il importe de distinguer entre la Grande-Bretagne et l'Irlande.

1° **Grande-Bretagne.** — Sa *situation* insulaire et maritime lui a permis de consacrer presque toutes ses ressources au commerce et à l'industrie.

La *nature de son sol* varie selon les régions. Au *nord* et à l'*ouest* elle est composée de terrains anciens (granit, schiste) peu favorables à l'agriculture, mais riches en minerais. A l'*est* elle est formée de terrains plus récents (calcaires, argile, craie), dépourvus de minerais, mais propres à la culture.

Le *relief* est accidenté au nord et à l'ouest où l'on trouve les montagnes d'Écosse ou *Highlands* (Grampians), les monts *Cheviot*, la chaîne *Pennine*, les monts *Cambriens* et les *monts de Cornouailles*. Les seules plaines importantes sont : la *plaine d'Écosse*, étroit sillon au milieu des Highlands, et surtout le *bassin de Londres*, vaste plaine fertile au sud de la Grande-Bretagne.

Les *côtes* sont peu découpées le long de la plaine du sud-est; la principale découpure est l'*estuaire de la Tamise*. Mais, sur tout le reste du pourtour, les golfes et les baies abondent. La côte d'Écosse, en particulier, est aussi découpée que celle de Norvège.

Le *climat* est très maritime. Il pleut trois jours sur cinq en Angleterre. Le ciel est constamment brumeux. La température y est très modérée : étés frais, hivers tièdes.

Les *fleuves* sont nombreux et réguliers, mais courts. Les principaux sont la *Tamise*, la *Severn*, la *Mersey* et la *Clyde*.

Les *ressources végétales* sont variées. Les montagnes, très arrosées et très vertes, sont surtout propres à l'élevage. Le bassin de Londres est à la fois favorable à l'élevage et à la culture des céréales. Enfin, sur la côte de Cornouailles, plus chaude grâce au Gulf-Stream, on trouve en abondance des légumes et des fleurs.

Les *ressources minérales* sont considérables. La houille abonde, et les bassins houillers sont situés à proximité de la mer, grand avantage pour l'exportation. On trouve en outre du fer, du plomb, du cuivre et de l'étain dans la région montagneuse.

2° **L'Irlande.** — L'Irlande est beaucoup moins favorisée par sa *situation*, trop éloignée du continent ; par son *sol*, uniquement composé de terrains anciens et pauvres et de tourbières ; par son *relief*, dont tous les accidents, situés sur le pourtour, empêchent l'écoulement régulier des eaux vers la mer ; enfin par son *climat*, beaucoup plus humide encore que celui de l'Angleterre.

Elle n'a aucune richesse minérale. Ses aptitudes végétales sont médiocres. L'Irlande n'a que quelques pâturages, des champs de lin et de pommes de terre.

Photog. Wilson d'Aberdeen.

Fig. 228. — LONDRES, LA TAMISE ET LA TOUR.

Londres est la plus grande ville du monde. Elle eut pour origine une forteresse construite par les Romains et sur l'emplacement de laquelle s'élève aujourd'hui la Tour. Elle doit sa prospérité à la Tamise qui amène sans cesse d'innombrables navires de mer. Londres est le premier port du monde entier.

370. Populations et constitution politique. — Les richesses de la Grande-Bretagne ont attiré dans l'archipel britannique des populations nombreuses et variées. Ces populations se rattachent à deux races :

1° Les *Celtes*, premiers possesseurs du pays, refoulés jadis par les envahisseurs et cantonnés dans les régions les moins riches et les plus éloignées de l'Europe : Cornouailles, Pays de Galles, Écosse, Irlande.

2° Les *Anglo-Saxons*, qui peuplent surtout la région riche de la Grande-Bretagne, c'est-à-dire l'Angleterre.

Cette population comprend 41 605 000 habitants, soit 132 au kilomètre carré.

Cette population est en grande majorité protestante, anglicane en Angleterre, presbytérienne en Écosse. Seule l'Irlande est catholique.

Le Royaume-Uni forme depuis longtemps un seul État, gouverné par un roi et par un parlement uniques. Toutefois, la tradition y distingue trois pays : l'Angleterre, l'Écosse et l'Irlande. La première possède à elle seule les trois quarts de la population totale.

571. Régions et villes. — 1° L'**Angleterre** comprend deux régions très différentes.

L'*Angleterre de l'est*, ou *bassin de Londres*, est surtout agricole. La population, composée surtout de fermiers, est assez disséminée. La seule grande ville est *Londres*, la capitale du Royaume-Uni (4 540 000 h.), la plus grande ville du monde et le premier port de l'Europe. Les autres villes sont des villes universitaires et savantes, des évêchés, des ports commerçants ou militaires, comme *Southampton* et *Portsmouth*. Une seule ville industrielle : *Hull*.

L'*Angleterre de l'ouest*, au contraire, grâce aux mines de houille, est une région industrielle. La population y est très dense, l'industrie métallurgique et cotonnière très active, les villes très populeuses. Les principales sont *Liverpool* (684 000 h.), port et grand marché du coton : *Manchester*, centre de l'industrie cotonnière : *Birmingham*, la ville du fer : *Sheffield*, la ville de l'acier : *Newcastle*, la ville du charbon.

2° **L'Écosse** comprend aussi deux régions. Au nord et au sud s'étendent les *Highlands*, hauts pays peu fertiles, dont les populations (*Highlanders*) vivent surtout de l'élevage du mouton. Au centre, la *plaine*, ou *Lowlands*, plus basse, plus chaude et plus fertile, possède de la houille et forme comme un couloir naturel entre la mer du Nord et l'Atlantique. De là son importance industrielle et commerciale.

Les villes principales sont : *Edimbourg*, la capitale : *Dundee* et *Aberdeen* à l'est : *Glasgow* (754 000 h.) à l'ouest, grande cité industrielle et commerçante.

3° **L'Irlande** forme une seule région, très peu prospère. Les famines y sont nombreuses. La population diminue rapidement, elle a baissé de moitié en un demi-siècle.

La région la plus peuplée est celle de l'est, qui regarde l'Angleterre. C'est là que se trouvent les deux villes principales : *Dublin*, la capitale, et le port de *Belfast*.

572. La puissance britannique. — Le Royaume-Uni est la première puissance économique du monde :

1° *Par son agriculture*, dont la ressource principale est l'élevage, bœufs et vaches, chevaux, moutons.

2° *Par son industrie*, industrie métallurgique, industrie du coton et des toiles :

3° *Par son commerce*, le commerce intérieur est facilité par le réseau de chemins de fer le plus complet qui existe au monde. Le commerce extérieur égale celui de la France et de l'Allemagne réunies. L'Angleterre possède une flotte marchande d'environ

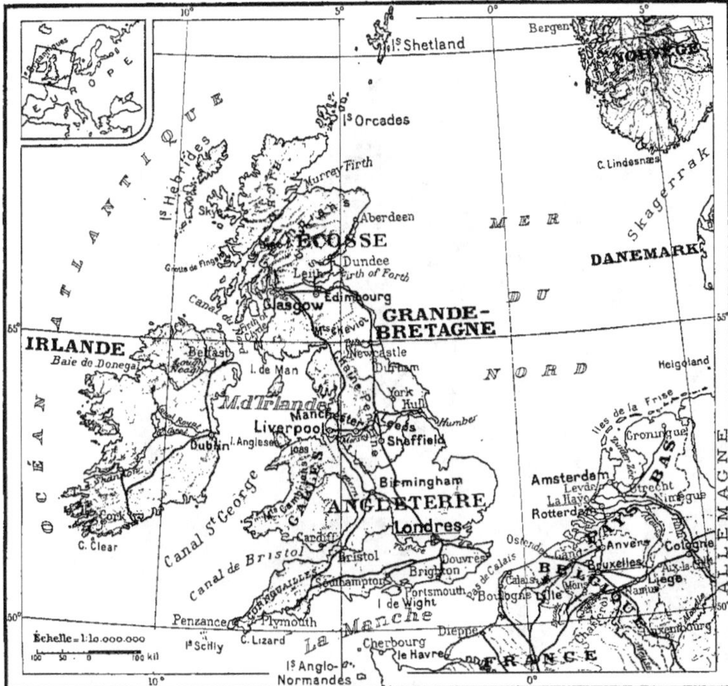

Fig. 229. — ARCHIPEL BRITANNIQUE.

tgneux de l'Angleterre était presque désert. Le charbon de terre anglais n'était extrait de la terre que dans la région de Newcastle, d'où on le transportait *par mer* à Londres, pour le chauffage. On l'appelait pour cela le « charbon de mer ».

Quand la houille fut employée à la production de la vapeur et que l'industrie se transforma par l'emploi des machines, c'est-à-dire au commencement du xixᵉ siècle, les environs des gisements houillers commencèrent à attirer fabricants et ouvriers. Aujourd'hui l'Angleterre de l'ouest est la région la plus peuplée et la plus riche en villes du Royaume-Uni.

Les principales industries sont l'industrie métallurgique et l'industrie cotonnière. La première est favorisée par la présence du minerai de fer auprès de la houille. Quant à la seconde, elle s'est développée plus tard. Les Anglais ont d'abord fabriqué des tissus de laine, grâce à la matière première que leur offraient les moutons, si abondants dans les maigres pâturages des montagnes. Puis, quand ils se furent emparés de l'Inde, qui était alors le pays du monde le plus riche en coton, ils commencèrent à importer ce coton dans la métropole, et celui-ci se substitua en grande partie à la laine. Aujourd'hui l'Angleterre est le premier pays pour la production des cotonnades. Elle les exporte en Europe, dans ses colonies et dans presque tous les pays sauvages.

375. — 3ᵉ Lecture : Les Anglo-Saxons. — Les Anglo-Saxons constituent la majeure partie du peuple anglais.

L'Anglo-Saxon a des qualités remarquables : le sang-froid, la patience, l'esprit d'initiative et d'invention, le goût des aventures et une grande activité. On lui reproche son égoïsme et sa rapacité. Il faut ajouter que nulle part plus qu'en Angleterre la liberté individuelle n'est respectée.

Ce caractère a beaucoup contribué à la grandeur de la nation britannique; il a fait la

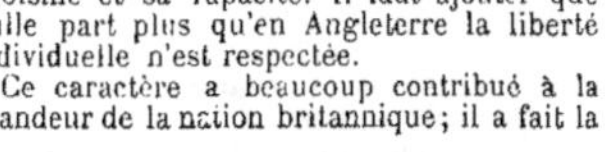

ANGLETERRE   48 Millions de Broches

Reste de l'EUROPE   34 Millions

ÉTATS-UNIS   22 Millions

Fig. 231. — L'INDUSTRIE DU COTON EN ANGLETERRE ET DANS LE MONDE.

L'Angleterre eut longtemps presque le monopole de l'industrie cotonnière. Elle vient encore de beaucoup au premier rang pour cette industrie; toutefois les progrès de l'Allemagne et de la France, ceux des États-Unis qui sont très rapides, font que la production de l'Angleterre pour les cotonnades ne représente plus même la moitié de la production totale du globe.

grandeur de son industrie et la puissance de son empire colonial.

Les Anglo-Saxons n'hésitent pas en effet à s'expatrier; ils pensent qu'ils emportent partout la patrie avec eux puisqu'ils emportent ses usages; ils les ont imposés à tous les pays qu'ils ont colonisés. Ils les ont presque tous

---

24 000 navires et deux des cinq plus grands ports du monde sont sur son territoire.

4ᵉ *Par son empire colonial* : Elle possède des régions immenses et très riches, comme l'Inde, la Barmanie, l'Australie, l'Afrique australe, l'Égypte et le Canada; des postes stratégiques ou commerciaux sur toutes les routes du monde : Gibraltar,

ROY^{me}-UNI   EMPIRE BRITANNIQUE
4.605.000 h.   355.997.000 habitants

Population totale 397.602.000 habitants.

Fig. 230. — POPULATION DU ROYAUME-UNI ET DE SON EMPIRE COLONIAL.

Le Royaume-Uni de Grande-Bretagne et d'Irlande ne compte que 41 millions d'habitants, un peu plus que la France; mais, avec son empire britannique, il commande à 397 millions d'hommes, le quart de la population du globe.

Malte et Chypre, dans la Méditerranée; Aden, à la sortie de la mer Rouge, Hong-Kong en Chine, ainsi que de nombreuses îles en Océanie.

373. — 1ʳᵉ Lecture : Le bassin de Londres. — Il y a deux régions nettement distinctes en Angleterre; l'une est agricole, l'autre industrielle. La région agricole, c'est le bassin de Londres. Plaine à peine ondulée, au sol riche et bien arrosé par la Tamise et ses affluents, le bassin de Londres contient de gras pâturages et peut se prêter, malgré l'humidité, à la culture des céréales.

Jusqu'au xviiiᵉ siècle, le bassin de Londres fut la région la plus peuplée de l'Angleterre. La houille n'était pas encore employée dans l'industrie et l'Angleterre était dans ce temps-là surtout une puissance agricole. Londres était alors la seule grande ville du royaume.

Au xixᵉ siècle, le bassin de Londres s'est en partie dépeuplé au profit de la région minière. Mais c'est encore une région très riche. La culture des céréales a été presque abandonnée pour l'élevage que favorise l'humidité du climat. C'est là que l'on trouve des races d'animaux renommées, bœufs de Durham, chevaux d'York. L'élevage des moutons se fait dans les pâturages plus maigres de l'Écosse, dans les monts Cheviot.

Quant à la ville de Londres, elle s'est développée de plus en plus, grâce à son admirable situation sur la Tamise. Mais c'est la seule des très grandes villes de l'Angleterre que l'on trouve dans le bassin de Londres.

374. — 2ᵉ Lecture : L'Angleterre industrielle. — Avant que l'usage de la houille se fût généralisé dans l'industrie, l'ouest mon-

peuplés à un point que les indigènes ne forment plus qu'un élément négligeable dans la population totale. D'immenses pays comme l'Amérique du Nord et l'Australie ont été anglicisés. L'Afrique australe s'anglicise à son tour.

Exercices. — Carte des îles Britanniques.
Comparer la géographie physique de la Grande-Bretagne et de l'Irlande. — Distinguer les différentes régions de l'Écosse et les caractériser par leurs traits physiques et par la vie de leurs habitants. — Même exercice pour l'Angleterre.

8° La Suisse.

576. La Suisse est un petit pays entièrement continental, situé entre la France, l'Italie, l'Autriche-Hongrie et l'Allemagne.

577. **Le sol**. — Par sa *situation*, la Suisse occupe le centre de l'Europe.

Le *relief* de la Suisse est particulièrement montagneux. Au nord-ouest s'allongent les chaînes du *Jura* ; au sud-est elle est occupée par la partie la plus massive et la plus épaisse des **Alpes**. On y trouve de très hauts sommets, le *Cervin* et le *Mont Rose*, d'énormes glaciers et des neiges éternelles.

Entre les deux massifs montagneux s'étend une plaine longue et étroite qui joint le lac Léman au lac de Constance : c'est la *plaine suisse*.

Le *climat* est très rude dans les régions montagneuses. Il est beaucoup plus doux dans la plaine. Les pluies sont fréquentes.

Les *cours d'eau* descendent pour la plupart des Alpes. Ce sont : le *Tessin* qui se jette dans le Pô, l'*Inn* qui se jette dans le Danube, le *Rhône* qui traverse le lac Léman avant de se diriger vers la Méditerranée, et le *Rhin* qui traverse le lac de Constance et reçoit ensuite l'*Aar*. Cette rivière qui traverse la plaine suisse a un débit assez régulier et rend des services au commerce.

Les *ressources végétales* consistent, dans les montagnes, en forêts et en pâturages, en céréales et même en vignes dans les vallées du sud exposées au soleil. Les *ressources minérales* sont presque nulles.

578. **Populations et constitution politique**. — La Suisse a 5 525 000 habitants, 80 par kilomètre carré, ce qui est énorme étant donnée l'étendue des montagnes. Ses habitants se répartissent suivant la langue en quatre groupes inégaux :

Fig. 232-233-234. — PAYSAGES SUISSES.
Fig. 232. UN DES HÔTELS DE SAAS-FÉE (VALAIS). — Fig. 233. CASCADE DU REICHENBACH, A MEIRINGEN. — Fig. 234. VALLÉE DE LAUTERBRUNNEN (OBERLAND).

Ses paysages pittoresques, ses montagnes, ses pâturages, ses cours d'eau à cascades sont la principale source de fortune pour la Suisse. Des centaines de mille de voyageurs et de touristes y viennent chaque année de tous pays. Aussi, l'industrie des hôtels y est-elle très prospère ; elle représente, dit-on, un capital de 400 millions de francs et rapporte annuellement de 75 à 80 millions.

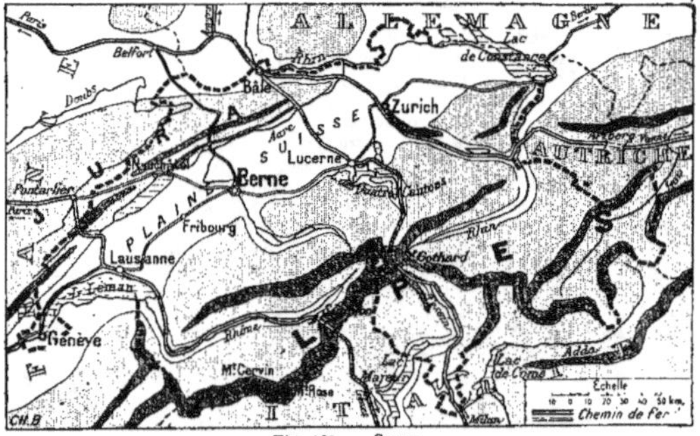

1° La *Suisse allemande*, qui occupe l'est, le nord et le centre, soit les 7/10 du pays ;

2° La *Suisse française*, à l'ouest, qui occupe les 2/10 du pays ;

3° La *Suisse italienne*, qui comprend la vallée du Tessin ;

4° La *Suisse romande*, uniquement montagneuse.

La Suisse forme une république fédérative de 22 cantons.

379. **Régions et villages**. — La *région des Alpes* offre peu de ressources ; elle comprend une population assez rare de paysans pratiquant l'élevage.

La *région du Jura* est un peu plus peuplée ; les populations s'adonnent à l'élevage, à l'industrie du bois et de l'horlogerie.

C'est la *plaine suisse* qui est le plus peuplée. On y pratique l'élevage et les industries laitières (fromage, beurre, lait condensé) au sud, et l'industrie des tissages (cotonnades et soieries) au nord. De grandes voies ferrées sillonnent cette plaine. La population y est très dense. On y trouve les quatre plus grandes villes de la Suisse : *Berne* (74 000 h.) la capitale fédérale, au centre ; *Zurich* (150 000 h.), grande ville industrielle, au nord ; *Genève* et *Bâle*, aux deux extrémités de la plaine, *Lausanne*, *Lucerne*, *Fribourg*, *Neuchâtel*.

380. — LECTURE : **Les chemins de fer en Suisse**. — Grâce à sa position centrale, la Suisse est traversée par d'importantes voies ferrées. De l'ouest à l'est, elle est traversée par une ligne qui passe par Bâle et Zurich et unit l'Europe occidentale à Vienne et à l'Orient. Du nord au sud, elle est traversée par deux grandes voies qui traversent par des tunnels le Saint-Gothard et le Simplon et mettent en rapport l'Europe germanique et l'Europe méditerranéenne.

Enfin la plaine suisse comprend de nombreuses lignes intérieures qui permettent l'importation, dans la région industrielle de Zurich, de la houille venue d'Allemagne ou de Belgique et des textiles (coton, soie) apportés par la Méditerranée.

Fig. 235. — SUISSE.
La Suisse (41 000 kmq.) est un pays essentiellement montagneux : les Alpes au Sud et à l'Est, le Jura au Nord-Ouest, couvrent les deux tiers de sa superficie. Le point le plus élevé de la Suisse est le Mont Rose (4638 m.).

Exercices. — Carte de la Suisse.
La plaine suisse (relief, hydrographie, climat, productions, populations, vie économique).

9° Allemagne.

381. L'Allemagne est bornée au nord par la *mer du Nord* et la *mer Baltique*, au sud par les *Alpes* et le *massif de Bohême*. Elle est séparée des Pays-Bas à l'ouest, et de la Russie à l'est, par des frontières toutes conventionnelles.

L'Allemagne est un peu plus étendue que la France. Elle a 540 000 kmq.

582. Le sol. — Par sa *situation*, l'Allemagne placée au centre de l'Europe a été sur la route de toutes les grandes guerres européennes. Elle est aujourd'hui sur les plus grandes routes commerciales de l'Europe.

Le *relief* de l'Allemagne est simple. Il comprend une région accidentée au sud et une région plate au nord.

L'Allemagne du Sud est encadrée par divers massifs importants : au sud, les *Alpes*; à l'ouest, les *Vosges*, la *Forêt-Noire* et l'*Eifel*; au nord le *Harz*; à l'est, le *Thüringer-Wald* et la série des chaînes qui bordent le plateau de Bohême. Entre ces massifs s'étendent des plateaux; le plateau de *Bavière*, la *Souabe*, la *Franconie*, la *Thuringe* et la *Hesse*. Les plaines sont rares; la principale est la plaine d'Alsace.

L'Allemagne du Nord, au contraire, ne forme qu'une immense plaine formée d'alluvions. Certaines régions de cette plaine sont couvertes de limons très fertiles : ce sont la *Saxe*, le *Hanovre* et la *Westphalie*. D'autres ne contiennent que des sables, des graviers, et sont marécageuses : ce sont le *Brandebourg*, la *Poméranie* et la *Prusse*.

Les *côtes* sont généralement marécageuses, basses et incertaines. La plaine allemande s'enfonce doucement dans la mer. Les échancrures y sont rares et forment de vastes étangs, ou *Haff*, séparés de la mer par des cordons de sable. Les seuls bons ports sont les embouchures des fleuves.

Le *climat* varie de l'ouest à l'est. A mesure qu'on s'éloigne de l'Atlantique, il devient continental, c'est-à-dire sec et sujet à de brusques variations de température. Le climat de l'ouest rappelle celui de la France : le climat de l'est prépare celui de la Russie.

Les *fleuves* de l'Allemagne sont très nombreux. A l'exception du *Danube*, qui coule vers l'est, tous vont au nord : le *Rhin*, le *Weser* et l'*Elbe* vont à la mer du Nord; l'*Oder*, la *Vistule* et le *Niemen* vont à la

Fig. 236. UNE VALLÉE DANS LA FORÊT-NOIRE. — Fig. 237. UN VIEUX CHATEAU SUR LES BORDS DU RHIN. — Fig. 238. LE RHIN A ST-GOAR, ENTRE MAYENCE ET BONN.

Fig. 236-237-238. — PAYSAGES D'ALLEMAGNE.

L'Allemagne du Nord est une grande plaine presque sans relief, mais l'Allemagne centrale et l'Allemagne du Sud sont formées de plateaux et de montagnes moyennes fort pittoresques. Si elles ne portent ni neiges persistantes, ni glaciers, elles ont leurs flancs couverts de vastes forêts de sapins; aussi la plupart d'entre elles sont-elles appelées wald ou forêts (Forêt-Noire ou Schwarzwald, forêt de Thuringe ou Thüringer Wald, etc.). Le Rhin traverse des plateaux de ce genre entre Mayence et Bonn; il coule alors dans une vallée resserrée entre deux murailles de rochers que dominent de vieux châteaux souvent en ruines; les bords du Rhin sont vantés comme un des pays les plus pittoresques de l'Europe.

mer Baltique. Sauf le Weser, aucun de ces fleuves n'a tout son cours en Allemagne.

Tous ces fleuves ont deux parties très nettes dans leur cours : une partie montagneuse, où ils sont rapides, violents et irréguliers, et une partie de plaines, où ils s'attardent longtemps avant de se diriger vers la mer; ils y sont lents et assez réguliers. Augmentés de quelques canaux, ils constituent un admirable réseau de navigation intérieure.

Les *ressources végétales* de l'Allemagne sont en général assez médiocres. Les montagnes et les plateaux du sud conviennent aux forêts et aux prairies. La partie septentrionale et sableuse de la plaine contient surtout des landes et des marais : certaines régions, tels le Brandebourg, rappellent notre Sologne. Seuls les limons fertiles de la Saxe, du Hanovre, de la Westphalie et de l'Alsace sont favorables à la culture des

céréales et de la betterave. Partout ailleurs, l'homme a dû s'ingénier pour rendre le sol fertile.

Les *ressources minérales* abondent sur la bordure de l'Allemagne du Sud. Elles forment quatre bassins : le *bassin de la Lorraine allemande*, le *bassin de Westphalie*, le *bassin de Saxe* et le *bassin de Silésie*. Tous produisent en abondance la houille et le fer; le bassin de Westphalie est de beaucoup le plus riche en houille.

383. Les populations. — L'Allemagne comprend 64 500 000 habitants, soit 119 au kilomètre carré. Cette population augmente rapidement malgré une émigration qui fut considérable, et reste importante.

Les régions les plus peuplées sont les bassins miniers; on y trouve un très grand nombre de villes importantes, et ces villes se touchent presque par endroits. Les moins peuplées sont les côtes plates et marécageuses de la Baltique.

La grande majorité de la population est de la race *germanique*. Toutefois, l'empire allemand s'est annexé sur ses frontières des populations de race différente : *Français* à l'ouest, *Danois* au nord, *Polonais* à l'est. D'un autre côté, l'Allemagne ne renferme pas tous les Allemands d'Europe; un grand nombre d'entre eux sont sujets de l'Autriche.

L'Allemagne du Nord est en majorité protestante; l'Allemagne du Sud, est principalement catholique.

Photo Stengel a Dresde

Fig. 239. — LE MARIENPLATZ, A MUNICH.

Munich, la capitale de la Bavière, renferme un grand nombre de monuments, construits au dix-neuvième siècle sur le modèle des monuments grecs ou romains. Mais, en même temps elle possède de vieilles maisons du moyen âge qui attestent sa gloire passée : c'est ainsi une ville très intéressante.

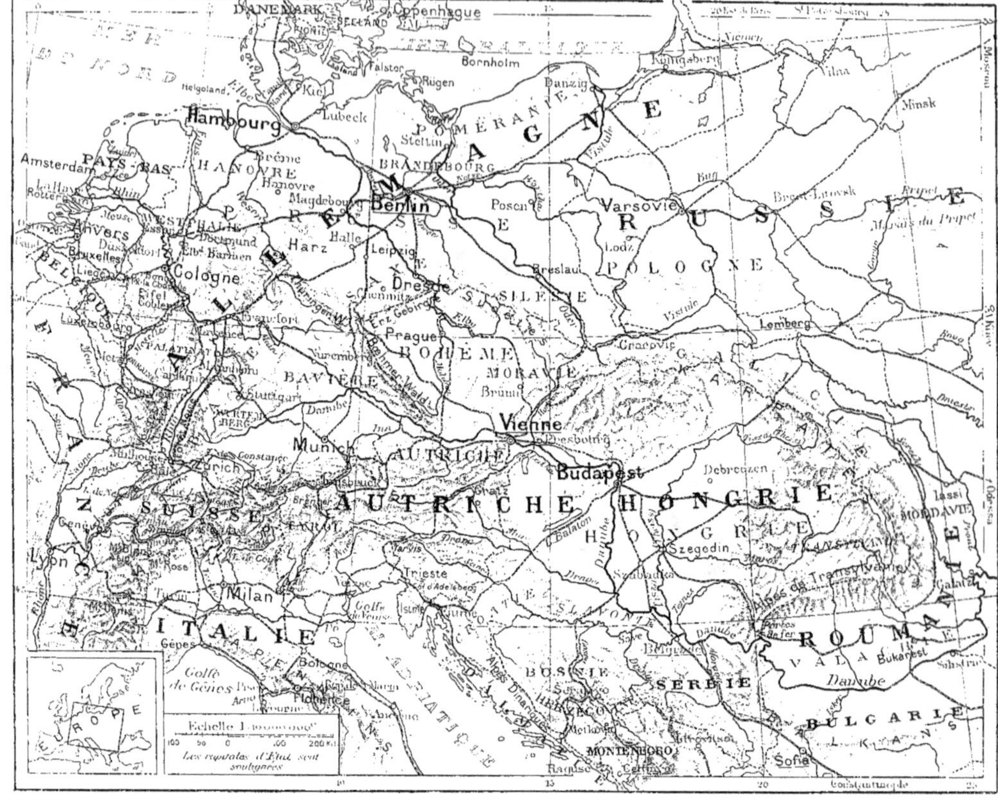

Fig 240. — EUROPE CENTRALE.

384. Organisation politique de l'Allemagne. — Jusqu'en 1871, l'Allemagne formait une confédération d'États indépendants les uns des autres. C'est à cette date que s'est fondé *l'empire allemand*. Dans l'empire allemand, chacun des États conserve son gouvernement propre. Mais tous obéissent pour les affaires d'intérêt général (guerre, paix, relations diplomatiques, tarifs douaniers, grands travaux, etc.), à un *empereur*, qui est toujours le roi de Prusse, et à un *parlement*.

L'empire allemand comprend ainsi 4 royaumes, 6 grands duchés, 5 duchés, 7 principautés, 3 villes libres et une terre d'empire, soit 26 États : la terre d'empire est l'Alsace-Lorraine.

Les principaux sont les suivants :

1° Le royaume de Prusse occupe les trois cinquièmes de l'étendue de l'Allemagne et de sa population. Il s'étend à travers la grande plaine du nord et contient à la fois des parties riches et des parties pauvres.

La capitale est *Berlin* (2 040 000 h.) entre l'Elbe et l'Oder, centre politique de tout l'empire.

Les principales villes sont situées sur la mer et sur les fleuves. Ce sont *Königsberg* et *Danzig*, à l'est, cette dernière à l'embouchure de la Vistule ; *Breslau* et *Stettin*, sur l'Oder ; *Hanovre* ; *Francfort-sur-le-Main* ; le port de *Kiel* sur la Baltique ; enfin les villes de la région du Rhin : *Coblentz*, *Cologne, Dusseldorf, Elberfeld, Barmen*, qui constituent la plus forte agglomération industrielle de toute l'Allemagne, et l'une des plus importantes de l'Europe entière. Près de la frontière se dresse l'antique cité d'*Aix-la-Chapelle*, à l'ouest du Rhin.

2° Le royaume de Bavière s'étend dans l'Allemagne du Sud. Il est surtout formé de plateaux (plateau bavarois, Franconie, Palatinat) que découpe la vallée du Danube.

Principales villes : *Munich* (538 000 h.) sur le plateau bavarois, et *Nuremberg*.

3° Le royaume de Saxe comprend une région montagneuse riche en mines et une région de plaines très fertiles. C'est le pays le plus riche et relativement le plus peuplé de toute l'Allemagne. Il a 301 habitants au kilomètre carré.

Villes principales, *Dresde* (514 000 h.), la capitale, sur l'Elbe ; *Leipzig* et *Chemnitz*, grandes villes de commerce ou de manufactures.

4° Le royaume de Wurtemberg, pays accidenté et boisé, n'a qu'une partie vivante, la vallée du Neckar, affluent du Rhin, où se trouve la capitale *Stuttgart*.

5° Le grand-duché de Bade comprend un versant de la Forêt-Noire et la partie de la plaine du Rhin qui s'étend à ses pieds. Dans la plaine s'étendent la capitale *Karlsruhe* et *Mannheim*, grand port fluvial.

6° L'Alsace-Lorraine, terre d'empire, comprend de même un versant des Vosges et la partie de la plaine du Rhin qui s'étend à ses pieds. Les villes principales sont : *Strasbourg, Mulhouse* et *Metz*.

7° Les trois *villes libres* sont trois grands ports : *Hambourg* (805 000 h.), *Brême* et *Lubeck*.

385. Développement économique de l'Allemagne. — L'Allemagne est aujourd'hui une des grandes puissances du globe.

L'*agriculture* qui n'est prospère que dans certaines régions de la plaine, ne peut nourrir une si énorme population, et la vie est difficile en certaines provinces, notamment l'est, quand la récolte des pommes de terre manque ou est insuffisante.

L'*industrie* y supplée; elle est très variée. L'industrie textile et sucrière se rencontre surtout dans les régions agricoles (Silésie, Saxe, Hanovre, Westphalie); l'industrie métallurgique est développée autour des quatre bassins miniers.

Le *commerce extérieur* de l'Allemagne atteint 18 milliards de francs; il est supérieur à celui de la France, qui atteint seulement 12 milliards et demi.

L'Allemagne a encore peu de colonies, et la plupart de ces colonies sont des ressources et de populations médiocres. Mais l'émigration des Allemands fut longtemps importante. L'Allemagne compte aujourd'hui des nationaux et des comptoirs de commerce dans toutes les régions productives du globe. Les colonies allemandes s'étendent en Afrique (Cameroun, Sud-Ouest africain allemand, Est-africain allemand), et en Océanie (partie de la Nouvelle-Guinée, archipels Bismarck et Salomon, Carolines et Mariannes).

386. — 1re LECTURE : Les fleuves allemands. — Les fleuves allemands ont tous les avantages des fleuves de l'Europe atlantique : pente douce, débit assez régulier, estuaires commodes et profonds. En outre, sauf le Rhin qui d'ailleurs n'appartient à l'Allemagne que dans son cours moyen, tous ces fleuves présentent, par le tracé même de leur cours, un avantage spécial.

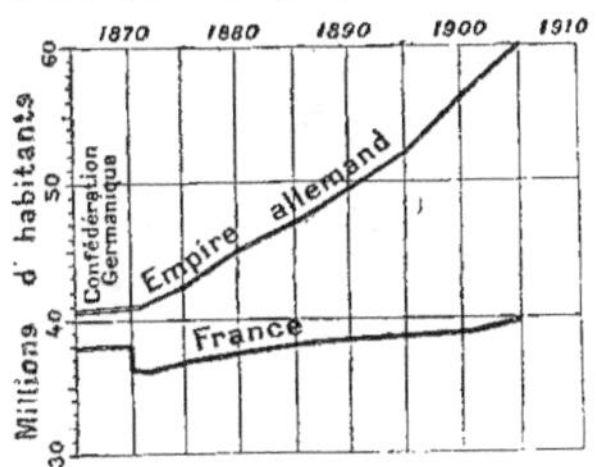

Fig. 242. — ACCROISSEMENT DE LA POPULATION DE L'ALLEMAGNE.

La population de l'Allemagne s'accroît très rapidement : ainsi, tandis que de 1871 à 1910, la France n'a gagné que 2 millions d'habitants, l'Allemagne en a gagné 23 millions. Actuellement l'accroissement moyen annuel est d'environ 800 000 habitants.

Tous, après être sortis des montagnes du sud et avant de se diriger, au nord, vers les mers du Nord et Baltique, coulent sur un long espace de l'est à l'ouest dans une espèce de sillon qui traverse dans ce sens toute la plaine allemande. Ils forment ainsi, au centre de la plaine, une grande voie d'eau discontinue, mais dont il a été facile de raccorder les tronçons par de courts canaux. Aujourd'hui une péniche de rivière peut passer de la Vistule dans l'Oder, de l'Oder dans l'Elbe, et porter ainsi les produits de la Pologne ou de la Silésie jusqu'à Hambourg. Cette disposition a contribué d'une manière remarquable à la prospérité de ce dernier port.

Photo Levy

Fig. 241. — UN CANAL A HAMBOURG.

Hambourg est aujourd'hui le premier port du continent européen (l'Angleterre mise à part). Des navires à vapeur y arrivent chaque jour en provenance des pays les plus divers; les marchandises débarquées, céréales, matières premières, sont chargées ensuite sur des chalands qui par l'Elbe, les canaux allemands et l'Oder, les transportent en Saxe, en Bohême, en Silésie, etc., d'où ils rapportent des produits fabriqués de toute sorte à destination de l'étranger. Le port de Hambourg centralise la majeure partie du commerce de l'Allemagne centrale. Aussi, c'est un mouvement incessant dans son port et sur l'Elbe.

Les fleuves allemands ont eu leur cours amélioré par toutes sortes de travaux : dragages, creusement de chenaux, construction de digues, etc. Un service très important d'ingénieurs est attaché à chacun de ces fleuves, qui portent la richesse de l'Allemagne.

387. — 2e LECTURE : Le port de Hambourg. — La grandeur du port de Hambourg s'explique d'abord par la valeur du port lui-même, bien abrité dans l'estuaire de l'Elbe, qui forme en cet endroit plusieurs bassins; il peut y étendre ses docks et ses magasins presque à l'infini.

D'autre part, la région qui se trouve en arrière de Hambourg est une des régions industrielles les plus riches du monde. Ce port est en effet à égale distance des pays rhénans et de la Saxe, qui étant très peuplés ont beaucoup de besoins, et qui, ayant à la fois une riche agriculture et des minerais, sont des centres très actifs de production industrielle.

Enfin Hambourg a, sur des ports comme Lubeck, Dantzig et Stettin, l'avantage de s'ouvrir sur la mer du Nord, et non point sur une mer fermée comme la Baltique. Cet avantage est si grand que même les produits de la Silésie s'exportent de préférence par Hambourg, après y avoir été apportés par voie d'eau.

De Hambourg les navires emportent surtout des émigrants et des produits fabriqués (métallurgie, étoffes, etc.). A Hambourg les pays étrangers importent surtout des produits alimentaires et des matières premières pour l'industrie.

388. — 3e LECTURE : La colonisation allemande. — Malgré le développement de son industrie, de son commerce et même de son agriculture, l'Allemagne produit plus d'enfants qu'elle n'en peut nourrir. Sa population augmente d'environ 800 000 personnes par an ce qui est considérable. Aussi l'émigration des Allemands est-elle assez forte.

Les Allemands émigrent fort peu dans leurs colonies, qui sont peu nombreuses et généralement pauvres. Ils vont partout dans le monde établir des comptoirs commerciaux, en Afrique, en Océanie, en Extrême-Orient. Mais leurs principaux centres d'immigration sont l'Europe et l'Amérique.

En Europe, les Allemands émigrent : 1° dans les vallées minières des Alpes, où ils établissent des industries; 2° en Russie, dans les provinces baltiques; 3° surtout en Autriche-Hongrie, dans la région minière de Transylvanie et en Bohême.

En Amérique, les Allemands émigrent : 1° aux États-Unis, où on les trouve principalement dans les provinces centrales du Mississippi, notamment vers Saint-Louis; 2° au Guatemala, où la plupart des factoreries de café sont dans leurs mains; 2° au Brésil, dans la province de Sao-Paulo, au sud de Rio-de-Janeiro.

Cette émigration des Allemands est une véritable *colonisation* : car ils se groupent dans les pays où ils ont immigré et forment des communautés ayant leurs administrateurs et leurs écoles. Ainsi ils gardent leur langue, leurs usages, et restent en contact avec la mère patrie, pour l'industrie et le commerce de laquelle ils sont des pionniers, de véritables rabatteurs.

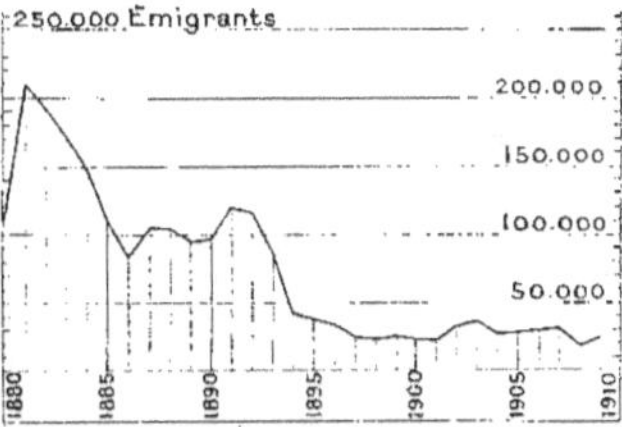

Fig. 243. — L'ÉMIGRATION ALLEMANDE DEPUIS 1885.

Les Allemands sont très nombreux pour l'étendue et les ressources de leur pays; aussi émigrent-ils beaucoup. L'émigration, très considérable de 1890 à 1895, se ralentit ensuite par suite des progrès industriels de l'Allemagne. Elle tend depuis ces dernières années à reprendre un peu plus d'importance.

Exercices. — Carte de l'Allemagne.

Comparer la géographie physique de l'Allemagne du Sud et celle de l'Allemagne du Nord. — Les fleuves de l'Allemagne (régime et importance économique). — Les régions industrielles de l'Allemagne. — Quelles sont les différentes régions de la Prusse? de la Saxe? de l'Alsace-Lorraine et du grand-duché de Bade?

Comment s'explique la fortune du port de Hambourg? — Que savez-vous de la colonisation allemande; quels sont les pays où elle se porte et comment aide-t-elle à la prospérité de l'Allemagne? Nommer les principales colonies allemandes.

10° Autriche-Hongrie.

389. L'Autriche-Hongrie a pour limites l'Italie, la Suisse, l'Allemagne, la Russie et la péninsule des Balkans. Toutes ses frontières sont continentales, sauf une petite étendue de côtes sur l'Adriatique.

Elle a une étendue de 676 000 kilomètres carrés : elle est donc sensiblement plus grande que l'Allemagne et que la France.

390. Le sol. — Par sa *situation*, l'Autriche est au centre de l'Europe : elle est traversée par de grandes voies de communication ; mais il lui manque une sortie plus étendue sur la mer, et sur une mer plus fréquentée que l'Adriatique.

La *nature du sol* et *le relief* sont très variés. L'Autriche comprend sur son pourtour de hautes montagnes : *Alpes-Orientales* à l'ouest, *Karpates* au nord-est, massifs de *Transylvanie* à l'est, et monts de *Bosnie-Herzégovine*, au sud. Elle comprend un vaste plateau, le *plateau de Bohême*, encadré par des chaînes de montagnes et communiquant mal avec le reste du pays. Elle comprend enfin des plaines nombreuses, mais séparées les unes des autres. Les principales sont la *plaine de Vienne*, et surtout la *plaine de Hongrie*, vaste et formée d'alluvions fertiles.

Le *climat* est plus froid dans les montagnes, plus chaud dans les plaines, mais il est partout continental, extrême, rude et sec. Seule la côte de l'Adriatique a un climat plus modéré.

Le seul *fleuve* véritablement autrichien est le *Danube* qui entre en Autriche en sortant du plateau de Bavière, dans l'Allemagne du Sud, traverse tout le pays, sur une longueur de 1500 kilomètres, et relie tant bien que mal ses régions si disparates. Il reçoit sur la rive droite la *Leitha*, qui est toute petite, la *Drave* et la *Save*, qui descendent des Alpes orientales ; sur la rive gauche, la *Morava* et la *Tissa* ou *Theiss* qui arrose la plaine de Hongrie.

Les *ressources végétales* sont restreintes aux forêts dans les régions montagneuses. Mais dans les plaines, et surtout dans l'humus fertile de la Hongrie, poussent toutes les céréales et des prairies propres à l'élevage (chevaux). Dans les régions méridionales poussent le maïs et la vigne.

Les *ressources minérales* sont abondantes et variées dans les roches anciennes de la Bohême et de la Transylvanie. On y trouve de la houille, des métaux utiles et des métaux précieux.

391. Population. — L'Autriche-Hongrie renferme 48 500 000 habitants. 71 au kilomètre carré. La population est surtout dense dans les régions industrielles (plaine de Vienne, Bohême, Silésie) et dans la région maritime (Istrie).

Cette population comprend des races très diverses : des *indo-européens* (Allemands, Slaves, Italiens, Roumains), des *Sémites* (Juifs), et même des *Jaunes* (Magyars de Hongrie). La plupart sont catholiques. La diversité des races s'ajoutant à la diversité du sol marque bien que l'Autriche-Hongrie ne doit pas son unité à la géographie, mais à des circonstances historiques.

392. Organisation politique et villes. — L'empire d'Autriche-Hongrie est gouverné par un seul souverain, mais il se divise en deux États, l'Autriche et la Hongrie. Chacun a son ministère et son parlement.

1° **L'Autriche** comprend elle-même des pays assez différents : au nord, la *Bohême*, cap. *Prague* ; la *Moravie* et la *Silésie autrichienne*, qui vivent surtout de l'industrie ; la *Galicie*, qui est agricole et peu peuplée ; — au centre, les *provinces alpestres*, où la population se concentre dans les vallées de la Drave et de la Save, et *l'Autriche* plus riche, plus peuplée et plus industrielle, où se trouve la capitale, *Vienne* (1 662 000 habitants) : — enfin au sud les *provinces maritimes*, avec le grand port autrichien, *Trieste*.

2° **La Hongrie** comprend la plaine agricole de la *Hongrie*, avec la capitale, *Budapest* (763 000 habitants), la *Transylvanie* et la *Bosnie-Herzégovine*, qui ont une population de montagnards assez dispersée.

393. État actuel. — Le développement

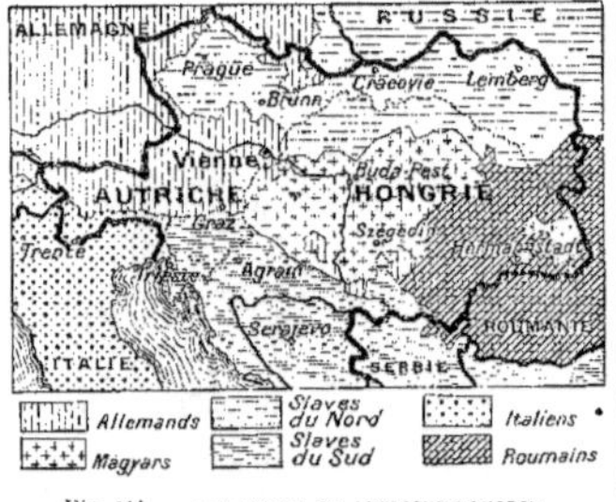

Fig. 244. — LES RACES EN AUTRICHE-HONGRIE.

L'Autriche-Hongrie est habitée par un grand nombre de races fort distinctes et jalouses les unes des autres. En laissant de côté les Roumains de Transylvanie et les Italiens des bords de l'Adriatique, dont le nombre est comparativement secondaire, on trouve parmi eux trois grandes races principales : les Allemands (12 millions), sur le haut Danube et dans les Alpes ; les Magyars ou Hongrois (8 millions), dans la grande plaine de Hongrie ; enfin les Slaves (22 millions), qui sont les plus nombreux, mais sont séparés en deux groupes, Slaves du Nord (Tchèques de Bohême et Polonais) et Slaves du Sud (Croates, Serbes), entre lesquels les Hongrois et les Allemands sont interposés.

économique de l'Autriche-Hongrie est assez lent. L'industrie prospère seulement en Bohême, l'agriculture en Hongrie. Le commerce extérieur n'atteint pas quatre milliards.

De plus l'Autriche souffre de la diversité

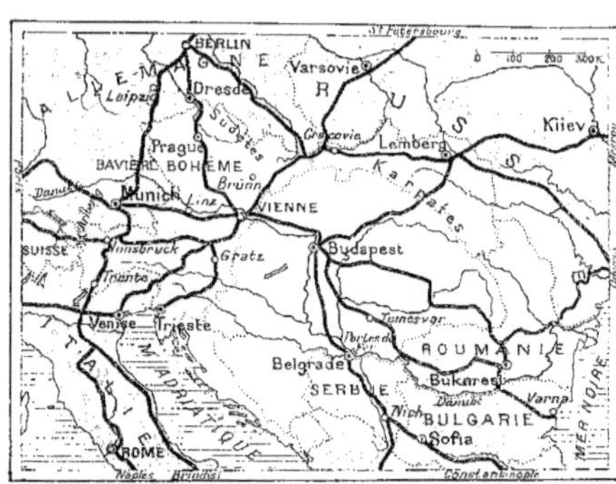

Fig. 245. — PRINCIPALES VOIES FERRÉES DE L'AUTRICHE-HONGRIE.

L'Autriche-Hongrie occupe une position centrale en Europe. Elle est donc traversée par quelques-unes des grandes voies transeuropéennes. On peut citer : 1° celles qui unissent Paris et Berlin à Constantinople ; 2° celles qui unissent Saint-Pétersbourg et Moscou à Trieste et à l'Italie. — Ces lignes se croisent à Vienne qui est ainsi comme le centre du continent européen.

des races qui la peuplent et dont les intérêts sont en conflit.

394. LECTURE : **Qu'est-ce que l'Autriche-Hongrie ?** — *L'Autriche Hongrie n'est pas une unité géographique* comme la Péninsule ibérique ou les Pays-Bas. Elle comprend des régions très dissemblables et qui ont plus de rapports avec certains pays de l'extérieur qu'entre elles-mêmes. La Bohême forme un plateau nettement séparé du reste ; la région alpestre a plus de rapports avec les Alpes centrales qu'avec l'Autriche ; la région maritime communique plus facilement avec Venise qu'avec Vienne ; la Bosnie-Herzégovine est une région montagneuse absolument analogue à la Serbie ; au nord, la Galicie n'est qu'une partie arbitrairement détachée de la grande plaine européenne. Toutes ces régions se rattachent mal aux plaines centrales de la Hongrie et de l'Autriche.

L'Autriche-Hongrie n'est pas une nation comme la France ou l'Italie. Elle comprend des races très différentes, qui ne sont pas fondues ensemble. De ces races, deux seulement sont représentées dans le gouvernement du pays : les *Allemands* d'Autriche et les *Magyars* de Hongrie. Les autres aspirent à se séparer de l'empire. Les *Tchèques* de Bohême détestent les Allemands et prétendent former un État autonome ; — les *Roumains* de Transylvanie voudraient s'annexer à la Roumanie ; — les *Italiens* de l'Adriatique désirent être rattachés à la mère-patrie. Surtout les *Slaves* qui sont très nombreux et répandus en Galicie, en Transylvanie, en Bosnie, en Croatie, etc., demandent un gouvernement autonome comme les Magyars ou menacent de faire appel à la grande puissance slave, la Russie.

Tous ces pays ne sont unis par aucun intérêt économique. L'Autriche-Hongrie est un contresens dans l'Europe moderne.

Exercice. — Distinguer les principales régions et les principales races de l'Autriche-Hongrie.

11° Les États scandinaves.

595. L'Europe septentrionale comprend les trois États scandinaves, le Danemark, la Suède et la Norvège. Ils sont habités par la même race et formèrent jadis un seul État.

596. **Le Danemark.** — Très peu étendu, le Danemark comprend une presqu'île, le *Jutland*, et plusieurs îles de la

Fig. 246. — DANEMARK.

Le Danemark est un des plus petits États de l'Europe (environ 14 fois moins étendu que la France). C'est un pays très peu accidenté dont l'agriculture et l'élevage du bétail constituent les principales ressources.

Baltique : *Fionie, Laaland, Falster, Seeland, Bornholm*, que l'on réunit sous le nom d'*archipel danois*.

Toutes ces terres ont des traits physiques communs : sol bas et plat, côtes généralement sableuses et peu découpées, climat doux et très humide, ressources végétales consistant surtout en prairies propres à l'élevage. Mais la véritable importance du Danemark lui vient de sa situation sur les détroits qui mènent de la Baltique dans la mer du Nord.

La population du Danemark s'élève à 2 510 000 habitants (60 par kmq), presque tous protestants. Elle comprend des paysans vivant de l'élevage et surtout des marins, pêcheurs ou commerçants.

La capitale est *Copenhague* (427 000 h.); elle est située dans l'île de Seeland, sur le détroit du Sund, principale porte de la mer Baltique; v. pr. *Odense*, dans l'île Fionie.

Le Danemark possède dans les régions polaires le *Groenland*, l'*Islande* et les *Far-Œer*, îles glacées et très peu peuplées.

597. **La péninsule scandinave.** — La péninsule scandinave comprend deux États, la Suède et la Norvège, mais elle constitue un ensemble physique d'une unité bien marquée.

598. **Le sol.** — La péninsule scandinave est traversée du nord au sud par les *Alpes scandinaves*, hautes de 2500 mètres au maximum, mais chargées de neiges persistantes et de glaciers en raison de la latitude déjà élevée du pays. Elles surplombent de très près la côte de l'Atlantique, tandis qu'elles s'inclinent doucement par des plateaux et des plaines vers la Baltique.

Les *côtes* sont bordées d'îles et d'écueils, découpées en fjords étroits et profonds dans la région atlantique. Elles sont basses et plates sur la Baltique.

Le *climat* est maritime, humide et relativement doux sur le versant occidental. Sur le versant oriental, au contraire, il est continental, beaucoup plus sec et très rude.

Les *fleuves* sont nombreux mais courts. Ils traversent presque tous des lacs allongés et vont tous à la Baltique. Dans la région du sud-est, on trouve les lacs *Venern* et *Vettern*, qui sont parmi les plus étendus de l'Europe.

Les *ressources végétales* sont rares dans cette région de terrains anciens et de climat glacial. Les plus importantes sont les forêts de sapins et des prairies d'élevage : les céréales n'arrivent jamais à maturité que dans la partie méridionale de la péninsule. Mais les *ressources minérales* abondent, notamment le fer et le cuivre, qui sont d'excellente qualité.

599. **Population.** — Grande une fois et demie comme la France, la péninsule scandinave ne possède que 7 500 000 habitants : c'est que dans les forêts et dans les régions glacées du nord, la population est rare ou manque même presque complètement.

La plupart appartiennent à la *race scandinave*, d'origine germanique, et à la religion protestante. Seuls quelques *Lapons*, dans le nord, font exception.

La population est divisée en deux États, la *Suède* et la *Norvège*.

400. **La Suède.** — La Suède, située sur le versant oriental des Alpes scandinaves, comprend le bas pays au climat continental. Admettant la culture des céréales et l'élevage dans sa partie méridionale, elle est relativement plus peuplée que la Norvège.

C'est au sud que se trouvent les populations et les grandes villes : *Stockholm*, la capitale (302 000 h.), le port de *Göteborg* et la ville universitaire d'*Upsala*.

Le nord est très peu peuplé et ses principales agglomérations ne sont que des bourgades.

401. **La Norvège.** — Située sur le versant occidental, la Norvège comprend la région montagneuse au climat maritime. Son sol rugueux ne se prête pas à la culture, mais ses côtes riches en poissons et ses fjords favorisent la vie maritime.

La plus grande partie de la population norvégienne se compose de marins, commerçants ou pêcheurs. Les principales villes sont : *Kristiania*, la capitale (226 000 h.) et le port de *Bergen*, sur un fjord.

402. LECTURE : **Les fjords et leur population.** — Les *fjords* sont des golfes très longs, très étroits et très profonds. Ils n'ont pas été creusés par la mer aux époques géologiques antérieures. Les régions où l'on trouve des fjords émergeaient au-dessus des flots. Comme toutes les terres émergées, celles-ci subirent l'action de l'érosion, et des vallées s'y formèrent. Puis, à l'époque glaciaire, ces régions furent recouvertes par d'immenses glaciers.

Ceux-ci pénétrèrent dans les vallées et, en frottant contre leurs parois, les usèrent et les approfondirent. Plus tard, les glaciers ont fondu et le sol s'est affaissé. Les fjords ne sont autre chose que d'anciennes vallées remplies par l'eau de la mer.

Ils constituent des ports profonds, bien abrités, excellents. Un grand nombre de petites villes de marins s'y sont donc installées.

Ceux-ci exportent vers les régions tempérées les produits de leur pays : bois, goudron, huile de foie de morue, etc. Ou bien ils vont pêcher la baleine et la morue dans les mers du Nord. Les principaux ports de pêche sont *Hammerfest* et *Tromsö*.

Fig. 247. — LE FJORD DE GUDVANGEN.

Les fjords sont des bras de mer profonds et étroits qui pénètrent souvent fort avant dans les terres, entre deux hautes murailles de roches d'où tombent des cascades.

Exercice — Distinguer, au point de vue physique, la Suède de la Norvège.

12° La Russie d'Europe.

403. La Russie d'Europe (5 500 000 kil. carrés) a pour limites : au nord, l'*océan Glacial*; à l'ouest, la *Suède-Norvège*, la *Baltique*, l'*Allemagne*, l'*Autriche-Hongrie* et la *Roumanie*; au sud, la *mer Noire* et le *Caucase*; à l'est, la *Caspienne*, le *fleuve Oural* et les *monts Oural*.

Elle forme la moitié orientale de l'Europe, qui est de forme très massive et de relief uniforme.

404. Le sol. — La *situation* de la Russie n'est pas favorable. Ses côtes sont

Fig. 248. — ZONES AGRICOLES DE LA RUSSIE.
Les zones végétales de la Russie se succèdent régulièrement du nord au sud. On trouve dans ce pays : 1° à l'extrême nord, sur les bords de l'océan Glacial, une zone de toundras ; 2° au sud de cette zone, une zone d'immenses forêts qui, vers Moscou, sont coupées de champs de seigle et de chanvre ; 3° en Pologne et le long de la mer Baltique, une zone de cultures industrielles, lin, pomme de terre, betterave ; 4° la zone de la Terre-Noire, zone par excellence du blé et des riches cultures ; 5° au sud-est, vers la mer d'Azov et la mer Caspienne, une zone de steppes.

peu étendues pour une superficie si considérable, et bordent, soit un océan qui est gelé huit mois de l'année, soit des mers fermées.

Le *relief* est peu accentué. Sur le pourtour, on trouve les *monts de Crimée*, le *Caucase* et l'*Oural*. Tout le reste forme une immense plaine à peine ondulée, dont la partie la plus élevée, le *plateau de Valdaï*, atteint à peine 350 mètres.

Le *climat* est partout continental. La Russie est tellement étendue, que ce climat varie avec la latitude. Mais partout il est sec, chaud en été et très froid en hiver. Ainsi les étés sont aussi chauds que ceux de la France, tout au nord, sur les bords de l'océan Glacial, tandis que, tout au sud, la mer Noire reste gelée en moyenne un ou deux mois chaque hiver.

Les *côtes* sont plates et encombrées par les glaces dans l'océan Arctique. Dans la Baltique, elles sont découpées au nord, mais encombrées par les glaces pendant la moitié de l'année: au sud, la mer est beaucoup plus longtemps libre, mais les côtes

sont plates et basses. La mer Noire n'a de côtes découpées que dans la région de la Crimée : c'est là que sont les meilleurs ports. Les côtes de la Caspienne sont plates, sablonneuses et encombrées de roseaux, sauf aux abords du Caucase.

Les *fleuves* russes sont très nombreux. La plupart descendent du plateau de Valdaï et divergent vers les quatre mers qui baignent la Russie. Comme les fleuves sibériens, les fleuves russes sont longs et abondants. Ils sont donc favorables à la navigation fluviale. Gelés en hiver, ils servent encore au transport par traîneaux. Malheureusement, la moitié d'entre eux, et les plus importants, conduisent aux régions improductives et demi-désertes de l'océan Glacial ou de l'Asie centrale.

Les principaux fleuves russes sont : la *Petchora* et la *Dvina*, tributaires de l'océan Glacial ; la *Duna*, la *Néva*, le *Niémen* et la *Vistule*, qui vont à la Baltique ; le *Dniestr*, le *Boug*, le *Dniepr* et le *Don*, qui vont, les trois premiers à la mer Noire, le dernier à la mer d'Azov ; l'*Oural* et la *Volga*, qui se jettent dans la Caspienne : la Volga, qui mesure 3 500 kilomètres de longueur est le plus long fleuve de toute l'Europe.

Les *ressources végétales* diffèrent du nord au sud. On distingue quatre zones :

1° Au nord, sur les bords de l'océan Glacial, la *zone des toundras*, marais au sous-sol glacé et improductif;

2° Au sud de la région des toundras, vers le centre de la Russie, la *zone des forêts* (sapins, bouleaux, hêtres, etc.) ;

3° Plus au sud encore, la *zone agricole* formée, comme en Sibérie, de la *terre noire* ou *tchernoziom*, sorte de terreau très riche en éléments fertilisants ;

4° Vers le sud-est, dans la région de la Caspienne, la *zone des steppes*, où, l'humidité étant faible, l'herbe n'est pas permanente.

Les *ressources minérales* sont très importantes.

Les principales sont la houille du *bassin du Donets* au nord de la mer d'Azov : le pétrole du Caucase : l'or, le platine, le cuivre, le fer et le nickel des monts Oural. La Russie est une des nations d'Europe les plus riches en minéraux.

405. Les populations. — La Russie d'Europe renferme 105 millions d'habitants, soit 20 au kilomètre carré. C'est relativement très peu, et la Russie est le pays d'Europe le plus peuplé d'une manière absolue, le moins peuplé relativement à son étendue. La population russe s'accroît d'ailleurs de près de 2 millions d'habitants par an.

La population n'est vraiment dense qu'en Pologne, autour de Moscou et dans la zone agricole.

Cette population comprend des races assez variées : *Finnois* au nord, *Tatars* et *Mongols* au sud-est, *Juifs* surtout en Pologne et au sud-ouest, *Allemands* sur les bords de la Baltique, enfin *Russes* proprement dits. Ces derniers appartiennent à la race slave. Ils se divisent en *Grands-Russiens*, *Petits-Russiens* et *Blancs-Russiens*.

406. Organisation politique. — La Russie est le seul grand État d'Europe qui ait gardé jusqu'au début du vingtième siècle la forme d'une monarchie absolue. A sa tête était un empereur ou tsar, maître absolu et propriétaire de tout l'empire.

L'expansion des idées libérales toutefois se fait sentir en Russie; un parti de plus en plus nombreux réclame l'établissement d'un gouvernement représentatif et d'une constitution analogues à ceux qui existent dans les États de l'Europe occidentale. Le gouvernement s'est engagé dans la voie des concessions.

La Russie est divisée en six grands gouvernements. La société russe se compose d'une aristocratie très riche et très brillante et de la masse du peuple qui vit dans la misère et l'ignorance.

407. Divisions et villes. — L'immense et monotone plaine russe ne comporte pas de régions naturelles distinctes.

Fig. 249. — UNE STEPPE RUSSE.
Les steppes sont de grandes plaines sans relief et à végétation maigre. Comme les pluies sont assez faibles dans une partie de la Russie, principalement au sud-est, et surtout n'y tombent que pendant une saison, les plaines se couvrent d'herbes à la saison des pluies et ont l'aspect des prairies, puis, dès qu'arrivent les sécheresses, ces herbes se fanent et la steppe prend l'apparence d'un désert.

Les seules divisions qu'on y connaisse sont des divisions politiques et administratives.

1° La *Russie* proprement dite comprend les provinces de la Baltique, maritimes, industrielles et commerciales; la zone des toundras presque déserte; la zone des forêts, peu peuplée: la zone agricole, très riche et très peuplée: la zone des steppes, habitée par des nomades.

La capitale est *Saint-Pétersbourg* (1 267 000 h.), sur la Néva, ville moderne,

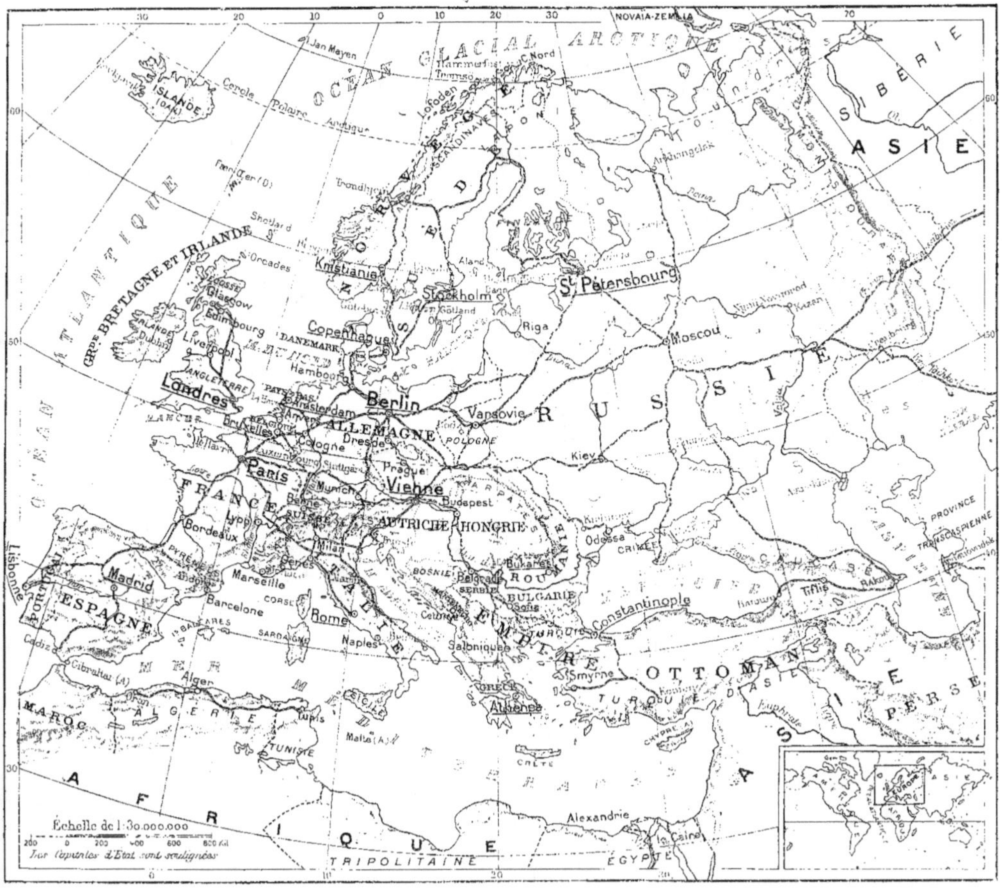

Fig. 250 — L'EUROPE POLITIQUE.

bâtie en 1703 par le tsar Pierre le Grand pour rapprocher la Russie de l'Europe occidentale. L'ancienne capitale est *Moscou* au centre de la grande plaine : c'est une ville antique et une métropole religieuse, mais elle est devenue aussi une ville moderne active, industrielle et commerçante.

Les autres principales villes russes sont : au nord, *Arkhangelsk*, port sur la mer Blanche; au centre, *Nijni-Novgorod*, dont les foires sont fameuses, et *Kazan*, marché et ville universitaire : au sud, *Astrakhan*, près de la mer Caspienne. *Kharkov*, *Kiev* et *Kichinev*, villes industrielles ou grands marchés de la zone de la Terre Noire ; *Odessa* sur la mer Noire, grand port exportateur de blé : — à l'ouest, le port de *Riga*, sur la mer Baltique.

2° La **Pologne**, à l'ouest, est annexée à la Russie depuis la fin du dix-huitième siècle. C'est aujourd'hui un pays prospère par l'agriculture et par l'industrie ; il forme une des parties les plus peuplées de la Russie.

Les villes principales sont : **Varsovie**, la capitale (638 000 h.), sur la Vistule, et *Lodz*, ville industrielle très active (filatures).

5° La **Finlande**, annexée depuis le commencement du dix-neuvième siècle, est un pays de tourbières, de lacs et de landes. Elle est très peu peuplée.

Sa capitale est *Helsingfors*.

408. État économique. — Longtemps inactive et arriérée, la Russie a fait de rapides progrès depuis la deuxième moitié du dernier siècle.

Dans cet immense pays, les voies de transport et de circulation étaient de première nécessité : il fallait vaincre la distance. La Russie avait d'excellentes voies navigables, mais gelées une partie de l'année ; elle n'a que de mauvaises routes, où l'on circule en traîneaux en hiver et en *ta-*

rantass ou en *troïka* en été. La Russie a aujourd'hui 52000 kilomètres de voies ferrées.

L'*agriculture* est prospère dans la région du tchernoziom. La Russie exporte de grandes quantités de blé par Odessa. Parmi les autres cultures importantes on peut citer la betterave à sucre, le lin et le chanvre : la Russie est le premier pays pour la production du lin. L'élevage y est également très florissant.

L'*industrie* est encore à ses débuts. Néanmoins, l'industrie métallurgique se développe ; l'industrie textile est active, notamment dans la région de Moscou et en Pologne ; l'industrie sucrière a pris beaucoup d'extension dans la région de la Terre Noire, vers Kiev et Kharkov.

Le *commerce*, jadis presque nul, atteint aujourd'hui 5 milliards de francs.

En résumé, la Russie est un pays jeune. Elle s'ouvre à la civilisation ; sa population augmente rapidement ; les ressources de son sol commencent à peine à être exploitées. Elle a ainsi des réserves très importantes. C'est, semble-t-il, une des grandes puissances de l'avenir.

409. — LECTURE : L'empire russe. — La Russie d'Europe n'est qu'une partie de l'empire russe. Celui-ci comprend en outre le *Caucase*, le *Turkestan caspien* et l'immense *Sibérie*. Il s'étend de la Baltique au Pacifique, de l'Allemagne à la Chine. On peut, sans le quitter, parcourir le quart de la circonférence de la terre.

Par sa situation, l'empire russe est autant une puissance asiatique qu'une puissance européenne. Il a autant de rapports économiques avec la Chine, où il achète d'énormes quantités de thé et de soieries, qu'avec l'Europe occidentale, à laquelle il achète des vins et des objets manufacturés en échange de son blé.

Exercices. — Carte de la Russie.
Les zones de végétation de la Russie.
Rôle économique de la Russie en Europe et en Asie.
Les principales villes de Russie.

13ᵉ La civilisation de l'Europe.

410. — Les États de l'Europe se sont développés chacun d'une façon spéciale. Toutefois, ils sont unis par des rapports commerciaux et intellectuels qui leur donnent une sorte de civilisation commune.

411. Voies de communication européennes. — Les États de l'Europe doivent ces rapports incessants à des voies de communication internationales.

Parmi celles-ci il faut mettre au premier rang les grands fleuves internationaux.

1° Le **Rhin**, qui unit la Suisse, l'Allemagne occidentale, les Pays-Bas et débouche en face de l'Angleterre.

2° Le **Danube**, qui traverse l'Allemagne du sud, l'Autriche-Hongrie et la péninsule des Balkans.

Mais ce sont les grands chemins de fer

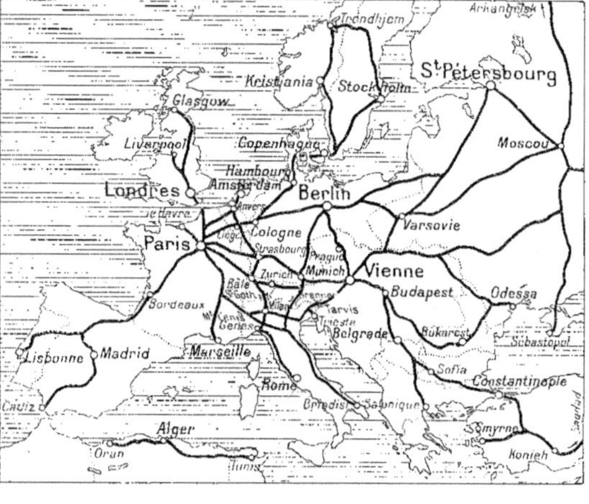

Fig. 252. — PRINCIPALES VOIES TRANSEUROPÉENNES.

Il y a maintenant une civilisation européenne et les aristocraties d'argent ou d'intelligence des grands pays européens se mêlent de plus en plus. Cela tient surtout aux voies ferrées qui traversent l'Europe de part en part. Remarquer : 1° du nord au sud, la voie Berlin-Rome par le col du Brenner ; la voie Saint-Pétersbourg à Vienne et l'Italie par le col de Tarvis ; 2° de l'ouest à l'est, la voie ferrée Lisbonne et Madrid à Pétersbourg par Paris, Cologne, Berlin ; la voie de l'Express-Orient qui unit Londres et Paris à Vienne et Constantinople ; la voie Paris-Vienne par Zurich.

internationaux qui rendent les plus grands services. Les principaux sont :

1° Du nord au sud : les trois voies qui unissent Londres à Brindisi, par le *Mont-Cenis*, le *Simplon*, et le col du *Saint-Gothard* ; — la voie qui unit Berlin à l'Italie par le *col du Brenner* ; — les voies qui unissent St-Pétersbourg, Vienne, Trieste et l'Italie par le *col de Tarvis*.

2° De l'ouest à l'est : la voie qui unit Lisbonne à Saint-Pétersbourg par Paris, Liége, Cologne et Berlin ; — la ligne de l'*Express-Orient*, qui mène de Londres et de Paris à Constantinople, par Strasbourg, Stuttgart, Munich, Vienne et Budapest : — la ligne qui va de Paris à Vienne par Bâle et Zurich.

412. Communications de l'Europe avec le reste du monde. — L'Europe est unie au monde entier par de grandes lignes de navigation.

Les principaux centres sont :

1° La mer *Baltique* et la mer du *Nord*, dont les grands ports sont Stockholm, Saint-Pétersbourg et Copenhague ; Hambourg, Amsterdam, Rotterdam, Anvers et Londres ;

2° L'océan *Atlantique* avec Glasgow, Liverpool, Southampton, Le Havre, Bordeaux, Lisbonne ;

3° La *Méditerranée* avec Barcelone, Marseille, Gênes, Naples, Trieste, Constantinople et Odessa.

413. L'Europe dans le monde. — L'Europe a vu naître les plus grandes inventions modernes. Elle préside au mouvement des idées, de l'art et de la littérature dans le monde.

L'Europe est le premier centre industriel du monde.

L'Europe a colonisé l'Inde, l'Indo-Chine, la Sibérie, l'Algérie, la Tunisie, la plus grande partie de l'Afrique, l'Australie et le Canada. Elle a peuplé toute l'Amérique. Elle impose peu à peu ses idées et sa civilisation au monde entier.

Grâce à sa situation, aux ressources de son sol, à la densité et à l'activité de sa population, à son développement économique, l'Europe est la première des parties du monde.

414. — LECTURE : L'Avenir de l'Europe. — Quelques prophètes signalent en Europe des marques de décadence.

Ils font remarquer que :

1° la natalité décroît à peu près partout avec le développement de la civilisation dans les divers pays ; seule, la Russie, nation neuve encore, continue à croître merveilleusement en population ;

2° quelques pays des autres parties du monde ont appris, à notre école, les secrets de la science et de l'industrie, et, devenus majeurs, aspirent graduellement à s'affranchir de notre tutelle politique et économique : ainsi ont fait les États-Unis, ainsi commencent à faire les Hindous et les Japonais, les Australiens ; ainsi feront les Chinois.

Après s'être soustraits à notre influence, ces pays ne deviendront-ils pas nos rivaux, ne nous feront-ils pas concurrence dans le reste du monde et peut-être sur nos propres marchés ?

Il est possible, en effet, que l'Europe voie, dans un avenir plus ou moins éloigné, ces pays lui susciter des difficultés ou des embarras.

Mais actuellement, c'est toujours le pays le plus avancé dans la voie de la science et du progrès.

Les géographes de la Renaissance représentaient sur leurs cartes l'Europe couronnée comme une reine ; elle est encore aujourd'hui la reine du monde.

Exercice. — Énumérer les grandes voies ferrées de l'Europe et décrire succinctement les régions que chacune d'elles traverse.

TROISIÈME PARTIE

LA FRANCE

I

NOTIONS GÉNÉRALES

415. La France. — La France s'appelait jadis la Gaule.

Elle doit son nom à la tribu germanique des Francs qui vint, avec son chef Clovis, s'établir sur les rives de la Seine, il y a plus de 1400 ans.

Elle est située dans l'hémisphère boréal, à peu près à égale distance du pôle et de l'équateur. Elle se trouve dans la moitié occidentale de l'Europe.

416. Limites. — Les limites de la France sont : au nord-ouest, la *Manche* ; à l'ouest,

Fig. 253. — FORMES ET LIMITES DE LA FRANCE.

La France a la forme d'un hexagone à peu près régulier : trois de ses côtés sont baignés par des mers, mer du Nord et Manche, Océan Atlantique, Méditerranée ; trois sont bordés par des terres, Espagne au sud-ouest ; Italie et Suisse à l'est, Allemagne et Belgique au nord-est.

l'*Océan Atlantique* : au sud, les *Pyrénées* et la *Méditerranée* : à l'est, les *Alpes*, le *Jura* et les *Vosges* : au nord-est, une *ligne conventionnelle*, allant des Vosges à la mer du Nord, et la *mer du Nord*.

La France, dans ces limites, présente la forme d'un hexagone à peu près régulier : trois de ses côtés sont baignés par la mer ; trois sont bordés par des terres.

Par ses frontières continentales la France

touche à l'*Espagne*, au sud-ouest ; à l'*Italie*, au sud-est ; à la *Suisse*, à l'est : à l'*Allemagne* et à la *Belgique*, au nord-est. Elle est voisine de l'Angleterre dont la Manche la sépare.

Avant 1871, la France possédait l'Alsace et la Lorraine tout entière ; elle longeait la rive gauche du Rhin depuis Huningue, près de Bâle, jusqu'au confluent de la Lauter. Au moment de la Révolution, elle s'étendit jusqu'au Rhin, de Bâle à la mer du Nord, et même le dépassa : le Rhin, ancienne limite de la Gaule, est considéré comme la frontière naturelle de la France au nord-est.

417. Étendue. — La France mesure environ 1000 kilomètres du nord au sud et 900 de l'ouest à l'est.

Sa superficie est de 536 000 kilomètres carrés, environ la millième partie de la surface du globe, terres et mers comprises, environ la dix-huitième partie de l'Europe.

418. — 1re LECTURE : Avantages de la situation de la France, sa configuration. — La situation de la France donne lieu aux remarques suivantes : 1° La France est placée dans l'hémisphère boréal qui renferme le plus de terre et est le plus peuplé, le plus civilisé ; on peut dire que la France est à peu près au centre des terres émergées ; — 2° Comprise entre 42 et 51 degrés de latitude, traversée par le 45e parallèle vers Bordeaux, Aurillac et Valence, elle est placée à égale distance du pôle et de l'équateur, à l'abri de l'extrême froid et de l'extrême chaud, au centre de la zone tempérée qui est, de toutes, la plus favorable au développement de la civilisation.

La configuration de la France est du reste très heureuse. Ses frontières, mers, Pyrénées, Alpes, Jura, Vosges, lui forment un cadre bien dessiné. Aussi longue que large, la France a pu réaliser assez vite son unité nationale. Aussi maritime que continentale et ayant jour à la fois sur les mers de l'Europe septentrionale, sur l'Océan Atlantique et sur la Méditerranée, elle a pu entrer, directement et sans longs détours, en relations avec les pays les plus divers.

419. — 2e LECTURE : Grandeur comparée de la France. — Quelle est, pour l'étendue, la place de la France parmi les États européens ?

Deux États sont plus étendus qu'elle : la *Russie*, qui est dix fois plus grande dans ses seules limites européennes ; l'*Autriche-Hongrie*, dont la France représente les cinq sixièmes.

Un État a la même étendue : l'*Allemagne* qui mesure 540.000 kilomètres carrés (France 536.000).

Fig. 254. — SITUATION DE LA FRANCE DANS LE MONDE.

La France est placée dans l'hémisphère boréal, le plus peuplé et le plus civilisé. Elle est comprise entre les 42 et 51 degrés de latitude, c'est-à-dire au milieu de la zone tempérée, la plus favorable au développement de la civilisation. Enfin, elle est à peu près au centre des terres émergées ; il y a à peu près la même distance de la France à l'Asie du Nord-Est et à l'Amérique du Nord-Ouest, de la France à la Nouvelle-Zélande et à la pointe de l'Amérique du Sud.

Deux États sont sensiblement plus petits :

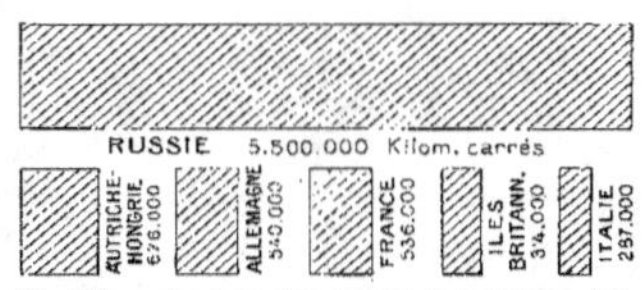

Fig. 255. — ÉTENDUE COMPARÉE DE LA FRANCE ET DES GRANDES PUISSANCES EUROPÉENNES.

La France est dix fois plus petite que la Russie qui occupe, à elle seule, la moitié environ de l'Europe ; elle est sensiblement plus petite que l'Autriche-Hongrie. La France a à peu de chose près la même étendue que l'Allemagne. La France est beaucoup plus étendue que les Îles Britanniques et que l'Italie.

les *Îles Britanniques* qui ont 58/100 de son étendue, l'*Italie* qui en a 53/100.

Exercices. — Dessiner la France, indiquer ses frontières et les pays limitrophes.

Comparer la configuration de la France avec celles de l'Allemagne et de l'Italie ; essayer de trouver les avantages que la France présente à cet égard sur ces deux pays.

II

GÉOLOGIE

420. Notions générales. — On classe les terrains qui constituent la surface de la terre, d'après leur ancienneté, en quatre grandes catégories, savoir : 1° les *terrains primitifs* et *primaires*, où dominent le schiste, le granit, la houille ; 2° les *terrains secondaires*, où dominent les calcaires et la craie ; 3° les *terrains tertiaires*, où dominent le calcaire, le sable, l'argile, le grès, la marne ; 4° les *terrains quaternaires*, limons, laves, etc.

Chacune de ces variétés de terrain a des propriétés spéciales. Les terrains primitifs et primaires sont les plus riches en minerais et en houille ; ils fournissent aussi l'ardoise et quelques bonnes pierres à bâtir, quoique difficiles à travailler, tel que le granit. Les terrains secondaires donnent la pierre de taille par excellence. Les terrains tertiaires et quaternaires, plus meubles, plus propres aux labours, constituent en général les meilleurs terrains de culture.

La France possède des variétés de terrains très diverses et de tous les âges.

421. Terrains primitifs et primaires. — Les terrains primitifs et primaires sont figurés en rose sur la carte géologique placée ci-dessous.

On voit qu'ils occupent principalement deux grandes régions : 1° vers le centre de la France, le *Massif central*, recouvert seulement, en outre des terrains primitifs et primaires, de quelques terrains volcaniques de l'âge quaternaire figurés sur la carte par deux ou trois taches rouges ; 2° à l'ouest, le *Massif armoricain* qui, outre la Bretagne, comprend la Vendée et le Cotantin.

On rencontre encore des terrains primitifs et primaires, mais en bien moindre étendue, dans l'*Ardenne* et dans les *Vosges*, au nord-est ; dans *quelques massifs des Alpes*, et notamment dans les monts des Maures et l'Estérel, sur les bords de la Méditerranée ; le long de l'axe principal des Pyrénées, au sud-ouest ; enfin la *Corse* en est presque entièrement formée.

L'ensemble de ces terrains comprend un tiers environ de la France.

422. Terrains secondaires. — Les terrains secondaires sont figurés en vert sur la carte ci-dessous.

Ils forment à l'est du Massif armoricain, au pied des Pyrénées et des Alpes, tout autour du Massif central, des bandes plus ou moins larges : ils constituent notamment les *Causses*, au sud du Massif central. La plupart des pays qui en sont formés portent le nom de *champagnes*, c'est-à-dire terres à champs, par opposition aux terres à prairies, etc.

Les terrains secondaires sont principalement étendus dans la France de l'est et du nord-est. Ils forment le *Jura*, une partie de la *Bourgogne*, la *Lorraine*, la *Champagne* proprement dite, la *Picardie* et l'*Artois*, ainsi que le *pays de Caux*, au nord de l'embouchure de la Seine.

L'ensemble des terrains secondaires couvre à peu près un tiers de l'étendue de la France.

423. Terrains tertiaires. — Les terrains tertiaires sont figurés en jaune sur la carte ci-contre.

On voit qu'ils sont répartis principalement en deux groupes qui sont : 1° au nord, le *vassin de Paris*, avec la Brie, la Beauce et la Sologne ; 2° au sud-ouest, la *plaine de la Garonne* ou *plaine de l'Aquitaine*, largement étendue entre les calcaires qui entourent le Massif central et ceux qui s'allongent au pied des Pyrénées.

Les terrains tertiaires forment encore plusieurs petits bassins, à l'est, dans la vallée de la Saône et le long du Rhône.

L'ensemble des terrains tertiaires couvre également un tiers environ de la France.

424. Terrains quaternaires. — Les terrains quaternaires sont figurés en blanc ou en rouge sur la carte ci-contre.

Ils se trouvent surtout le long des fleuves et sur les côtes, sous forme d'alluvions (terrains marqués en blanc), et en Auvergne sous forme de laves (terrains figurés en rouge).

425. — 1re LECTURE : Utilité de la connaissance de la géologie de notre pays. — Nous verrons que, s'il y a des différences de détail entre les climats des diverses régions françaises, elles n'empêchent pas que partout la température et l'humidité permettent une végétation abondante. Si toutes les régions de la France ne sont pas également riches, également recherchées par l'homme, cela tient beaucoup moins à leur climat qu'à la nature de leur sol.

Par exemple, dans le bassin de Paris, voici deux régions voisines l'une de l'autre, la Champagne et la Brie. Toutes deux ont sensiblement le même climat. Mais le sol de la Champagne est formé de craie pauvre et laissant filtrer l'eau. Elle n'offre que de maigres pâturages, bons tout au plus à nourrir quelques troupeaux de moutons. Aussi, ses vastes plaines sont-elles très peu peuplées ; les fermes y sont rares.

Au contraire, le sol de la Brie est formé d'une couche de calcaires et de limons fertiles. Une couche d'argile, qui se trouve en-dessous, retient l'eau et permet de se la procurer aisément. Conséquence : la Brie est un pays de riches pâturages et de céréales abondantes ; presque toutes les cultures des pays tempérés y prospèrent. La population y est dense et les fermes réputées pour leur richesse.

Entre la Champagne et la Brie c'est donc la nature du sol qui crée la différence. Cette différence, c'est la géologie qui nous l'explique.

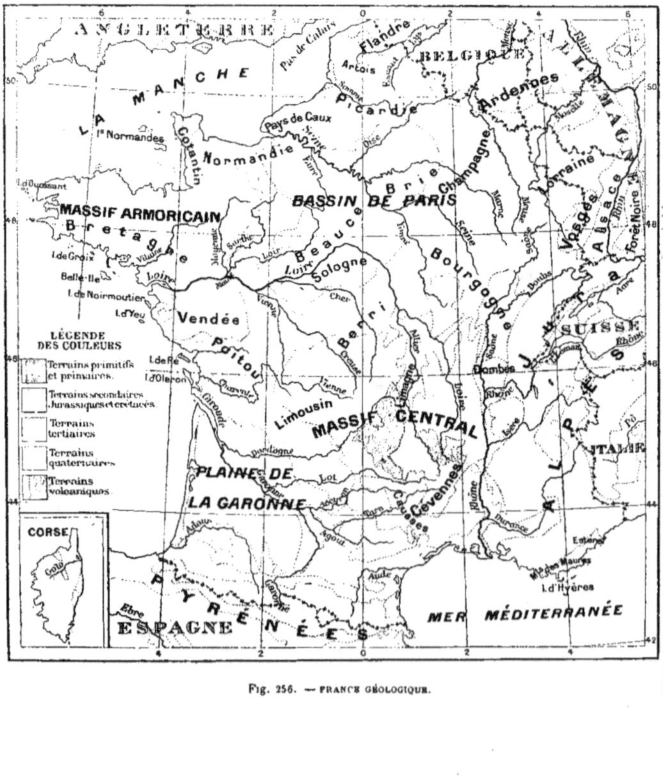

Fig. 256. — FRANCE GÉOLOGIQUE.

426. — 2ᵉ Lecture : De quoi est fait le sol de la France. — Le sol de la France est composé de toutes les roches : roches cristallines, calcaires, craie, argile, grès, etc. C'est là un premier avantage pour notre pays. Chaque roche, en effet, étant spécialement propre à une espèce de culture (vigne, céréales, pâturages, forêts, etc.), il en résulte qu'en France toutes les cultures des pays tempérés sont possibles, et que la France ne manque de rien.

D'autre part, les terrains sédimentaires l'emportent de beaucoup en France sur les roches cristallines. Or, ils sont généralement plus riches et plus fertiles que ces dernières.

Parmi les terrains sédimentaires, les calcaires, qui sont les plus riches en phosphate de chaux, dominent. Et dans certaines régions où la craie, pauvre et stérile, forme le sous-sol, il se trouve que cette craie est par bonheur recouverte d'un limon très fertile. Tel est le cas de la Picardie et de la Basse-Normandie.

En somme, la constitution géologique du sol français est donc des plus heureuses.

Exercices. — Faire la carte géologique de la France.

Comparer les qualités des roches cristallines et des roches sédimentaires. Comment les unes et les autres sont-elles réparties en France?

III

RELIEF DU SOL

1° Notions générales.

427. Origine du relief. — Le sol de la France a été plissé à deux reprises : le nord et le centre le furent à l'époque primaire; le sud, à l'époque tertiaire.

Ces plissements ont donné lieu à des montagnes. Ces montagnes sont aujourd'hui plus ou moins vieilles, par conséquent plus ou moins usées.

Leurs débris ont formé, exhaussé ou élargi les plaines.

428. Principaux massifs. — La France comprend, en totalité ou en partie, cinq grands massifs : 1° le *Massif central* au centre et les *Vosges* au nord-est, qui datent de l'époque primaire; 2° le *Jura*, à l'est: les *Alpes*, au sud-est: les *Pyrénées*, au sud, qui datent de l'époque tertiaire.

Seules, les Alpes et les Pyrénées sont assez élevées pour conserver sur leurs principaux sommets des neiges persistantes.

429. Massifs secondaires. — Les massifs secondaires de la France sont : 1° les *monts de Bretagne*; 2° les *collines du Maine*, de *Normandie* et du *Perche*: 3° l'*Ardenne*; 4° le *Morvan*, que l'on rattache généralement au Massif Central.

La plupart de ces massifs datent de l'époque primaire.

430. Plaines. — Les principales plaines de la France sont :

1° Au nord et au nord-ouest, le *bassin de Paris*, qui comprend la *Flandre*, la *Picardie*, la *Champagne*, la *Brie*, la *Beauce*, la *Sologne*, la *plaine Normande* et la *région de Paris*.

2° A l'ouest et au sud-ouest, la *plaine du Poitou* et la **plaine de la Garonne.**

3° A l'est et au sud-est, la *plaine de la Saône et du Rhône*, qui se prolonge par la *plaine du Bas-Languedoc*.

431. — 1ʳᵉ Lecture : L'âge des montagnes françaises. — Le Massif central, les Vosges et la plupart des massifs secondaires de la France datent de l'époque primaire. Au contraire, le Jura, les Alpes et les Pyrénées datent de l'époque tertiaire. La conséquence de cette différence d'âge est double :

1° Les montagnes anciennes sont formées de terrains primitifs et primaires, granit, gneiss, schiste ; elles sont peu fertiles, imperméables et surtout propres aux pâturages. Au contraire, dans les montagnes plus jeunes, on trouve des terrains sédimentaires, calcaires, grès, etc.

2° Partout les montagnes anciennes, exposées depuis plus longtemps à l'action de l'érosion, sont usées et basses. La géologie nous apprend que jadis des montagnes de plus de 1500 mètres s'élevaient sur l'emplacement des monts de Bretagne, qui, aujourd'hui, n'atteignent nulle part 400 mètres. Dans les vieilles montagnes, les formes de plateaux,

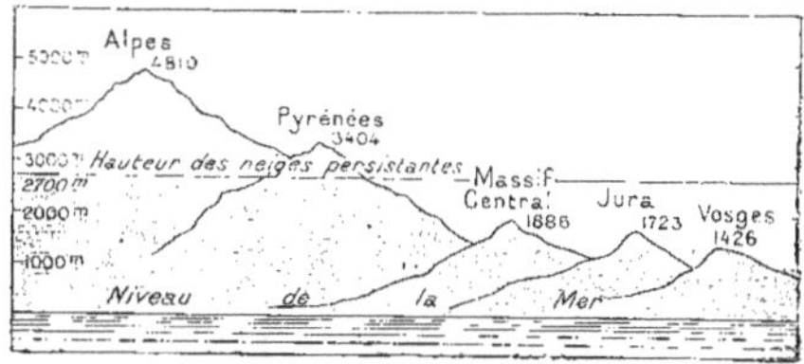

Fig. 267. — HAUTEUR COMPARÉE DES PRINCIPALES MONTAGNES FRANÇAISES.
La France n'a que deux grandes chaînes de montagnes, ayant des neiges persistantes et des glaciers : ce sont les Alpes (4810 m.) et les Pyrénées (3404 m.). Les autres montagnes sont des montagnes pastorales, couvertes jusqu'en haut de forêts ou de pâturages : Massif Central (1886 m.), Jura (1723 m.) et Vosges (1426 m.).

château d'eau intérieur, le Massif central envoie des rivières vers toutes les plaines et les mers françaises.

2° Les autres montagnes, *Pyrénées, Alpes, Jura, Vosges*, ainsi que l'*Ardenne* et les *monts de Bretagne*, sont situées sur le pourtour de la France et l'isolent des pays environnants; elles lui forment, pour ainsi dire, un cadre naturel et une véritable ligne de défense.

3° Les plaines forment, entre ce grand massif intérieur et ces montagnes du pourtour, un anneau de régions basses où il est facile de circuler et par où passent les grandes voies de relations, voies historiques et commerciales, grandes voies ferrées et grands canaux. La disposition générale des fleuves concourt à augmenter les avantages résultant de la disposition des plaines françaises.

Exercices. — Énumérer les montagnes françaises. Indiquer leur origine, leur âge et leur aspect général.

Montrer quelle est la disposition générale du relief français et les avantages qu'elle a pu présenter pour la marche générale de la civilisation en France.

Photo Lemercier.

Fig. 258. — LES AIGUILLES DE LA MEIJE, DANS LE MASSIF DU PELVOUX (ALPES FRANÇAISES).

les pentes douces dominent; dans les montagnes jeunes, ce sont les formes de pics aux crêtes vives, les chaînes en muraille et en dents de scie.

432. — 2° Lecture : La disposition générale du relief français. — D'une manière générale, le relief de la France présente une disposition très simple et qu'on peut résumer ainsi :

1° Au centre, se dresse un vaste massif montagneux, le *Massif Central*, qui couvre plus du septième de l'étendue totale de la France. Sorte de grand

Photo Homeyer et Ehret.

Fig. 259. — LE HOHNECK, VU DU TANNECK (VOSGES).

Fig. 258-259. — MONTAGNES JEUNES ET MONTAGNES VIEILLES.
Les Alpes sont des montagnes jeunes ; leurs formes sont élancées, hardies ; leurs sommets sont des pointes, des pics, des dents. Au contraire, les Vosges sont des montagnes anciennes, soumises depuis longtemps à l'usure : leurs sommets sont massifs, arrondis, ils furent bien plus élevés autrefois, mais les parties supérieures sont tombées, ont disparu ; il ne reste plus, pour ainsi dire, que le socle.

2° Massif central.

453. Étendue, importance, caractères. — Le Massif central est tout situé en

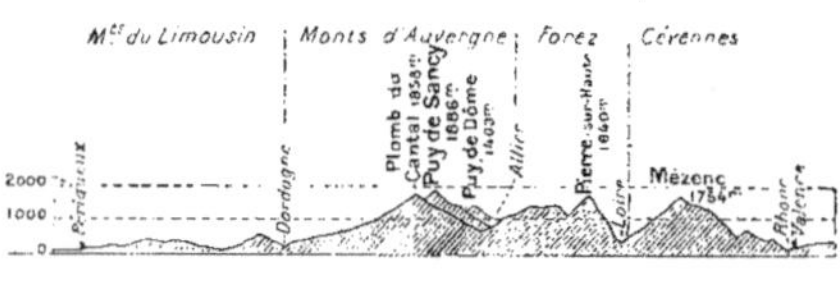

Fig. 260. — COUPE A TRAVERS LE MASSIF CENTRAL.

Cette coupe est faite de l'ouest à l'est. Elle montre que le Massif central s'abaisse lentement vers l'ouest, tandis qu'à l'est, où le point culminant est le Mézenc, il tombe brusquement sur la vallée du Rhône. On y distingue trois lignes de hauteurs, Cévennes (Mézenc), monts du Velay et du Forez (Pierre-sur-Haute), monts d'Auvergne (Plomb du Cantal, Puy de Sancy, Puy de Dôme).

France : c'est le seul des grands massifs montagneux français qui soit entièrement sur le sol français. Il couvre plus du septième de la superficie de notre pays.

Formé surtout de montagnes très anciennes, il ne comporte pas de très hauts sommets, sauf dans les monts d'Auvergne, qui sont au centre et ont une origine volcanique. Encore ces monts eux-mêmes ne sont-ils pas assez élevés pour porter des neiges persistantes et par conséquent des glaciers. De la fin de mai à la fin de septembre, on n'aperçoit guère de neige dans le Massif central.

Les chaînes dominent dans le Massif central à l'est et au centre; les plateaux, à l'ouest, au nord et au sud. Le Massif central enferme en outre quelques plaines peu étendues.

454. Principales chaînes. — On distingue trois séries de chaînes dans le Massif central :

1° À l'est, entre les vallées du Rhône et de la Loire, les chaînes des **Cévennes**, les monts du *Vivarais*, du *Lyonnais*, du *Beaujolais*, du *Charolais*. Toutes ces chaînes sont formées de terrains anciens. Elles sont parallèles entre elles et dirigées du sud-ouest au nord-est. Elles forment le talus oriental du massif et dominent de haut la plaine du Rhône et de la Saône. Les principaux sommets sont le *mont Lozère* et le *Mézenc* (1754 mètres).

2° Entre la Loire et l'Allier, les *monts du Velay* et les *monts du Forez*, un peu moins élevés que les Cévennes.

3° Au centre, les **monts d'Auvergne**, suite de hauteurs d'origine volcanique, alignées, du sud au nord, sur un socle de roches anciennes. Ils comprennent les plus hauts sommets du Massif central tout entier. On y distingue le *massif du Cantal*, le *Mont-Dore* avec le Puy-de-Sancy (1886 mètres), et la *chaîne des Puys*, dominée par le Puy-de-Dôme.

455. Principaux plateaux. — Les principaux plateaux sont :

1° Au nord-est, le *Morvan*, vaste table granitique, à peine ondulée et couverte de bois ;

2° À l'ouest, le *plateau de Millevaches*, de formation analogue, mais sillonné par des lignes de bombements bas et arrondis : *monts de la Marche, du Limousin*, qui sont couverts d'herbages et de bois; peu élevés du reste, ces monts et ces plateaux n'atteignent nulle part 1000 mètres.

5° Au sud, les *Causses*, vastes tables de roches calcaires, parfaitement horizontales, isolées les unes des autres par des vallées très étroites et très profondes (vallées du Tarn, du Lot, etc.).

L'altitude des Causses varie de 500 ou 600 mètres jusqu'à plus de 1200.

456. Plaines intérieures. — Les plaines intérieures sont rares et étroites.

On en distingue deux principales : la *Limagne*, située au pied des monts d'Auvergne et baignée par l'Allier ; — la *plaine du Forez*, plus à l'est, entre les monts du Forez et les monts du Lyonnais, baignée par la Loire.

Basses et formées d'alluvions tertiaires, ces deux plaines sont bien abritées, chaudes et fertiles.

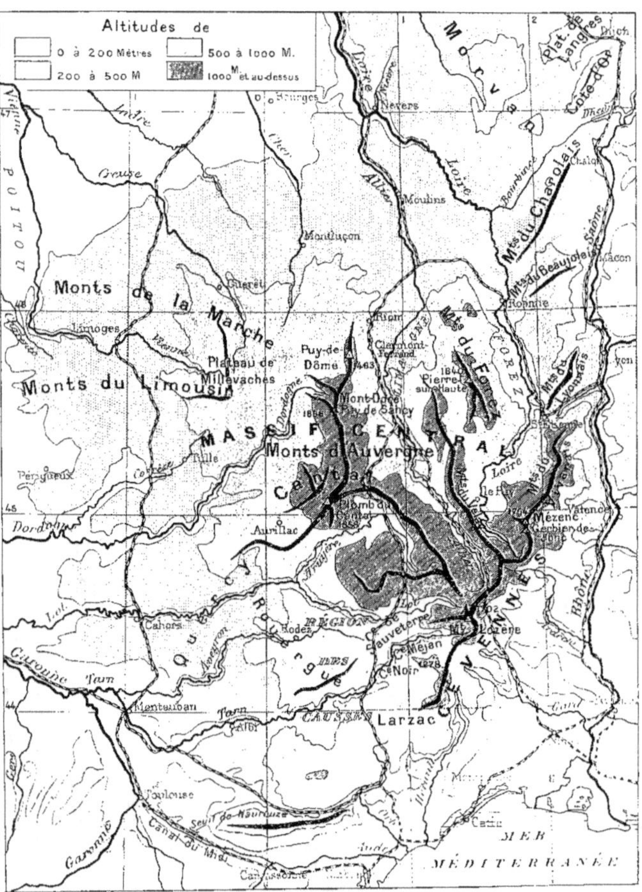

Fig. 261. — CARTE DU MASSIF CENTRAL.

Le Massif central couvre près d'un sixième de l'étendue totale de la France. Il comprend trois parties principales : 1° à l'ouest, des plateaux granitiques surmontés de bombements bas et arrondis, monts de la Marche et monts du Limousin ; 2° au sud, des tables calcaires appuyées aux Cévennes et découpées par des vallées creuses et étroites, les Causses ; 3° à l'est, trois séries de chaînes orientées du sud au nord, monts d'Auvergne, monts du Velay et du Forez, Cévennes et monts du Vivarais avec leurs prolongements. — Les grisés de la carte sont d'autant plus foncés que l'altitude est plus grande.

437. — 1re Lecture: Comment s'est formé le Massif central? — On peut dire que l'histoire de la formation du Massif central fut un gigantesque drame qui comporta trois actes principaux.

1er *acte* : à l'époque primaire. Les plissements, dits *hercyniens*, firent surgir un massif énorme et très haut qui s'étendait de la Bretagne actuelle aux Cévennes et des Cévennes aux Vosges, formant un formidable V.

2e *acte* : de l'époque primaire à l'époque tertiaire. Lentement l'action de la température, du vent, de la pluie et des eaux courantes rongea l'énorme massif, le brisa en certains points, sépara le Massif central actuel de la Bretagne et des Vosges et le réduisit à un plateau assez bas, incliné de l'est à l'ouest. A la fin de cette période, le Massif central présentait sans doute l'apparence d'un vaste îlot plat, dépassant à peine le niveau des mers qui l'entouraient.

3e *acte* : à l'époque tertiaire. Des fractures longitudinales, produites par des cataclysmes dans le massif, donnèrent passage à la matière ignée de l'intérieur de notre globe. De là une série de montagnes volcaniques, au centre du Massif : les monts d'Auvergne, formés de cônes éruptifs sur un socle presque horizontal de roches anciennes. De vastes champs de laves, appelés *chéires*, qu'on exploite pour construire les villes noires d'Auvergne, Clermont-

du Limousin sont moins des montagnes véritables que des bombements légèrement proéminents sur une vaste étendue de plateaux. Les vallées des rivières sont les seuls accidents très pittoresques de cette partie du Massif central.

Dans les régions volcaniques, au contraire, on trouve de hautes montagnes coniques, se dressant fièrement au-dessus du plateau, cratères d'anciens volcans à peine déformés par l'érosion. C'est ce que l'on appelle des *puys*, d'après un vieux mot de la langue d'oc, *puech*, qui signifie montagne. Le Gerbier de Jonc est un puy sans en porter le nom. Les puys sont particulièrement nombreux dans la région située à l'ouest de Clermont-Ferrand : on n'en compte

Les Causses du Rouergue, beaucoup moins sauvages, n'ont que de 500 à 700 mètres. Quant aux Causses du Quercy (ou Cahorcy, pays de Cahors), ils n'ont guère que 350 à 400 mètres; des champs et des cultures diverses les couvrent; ils apparaissent moins comme des plateaux que comme de hautes plaines, au climat doux, cultivables.

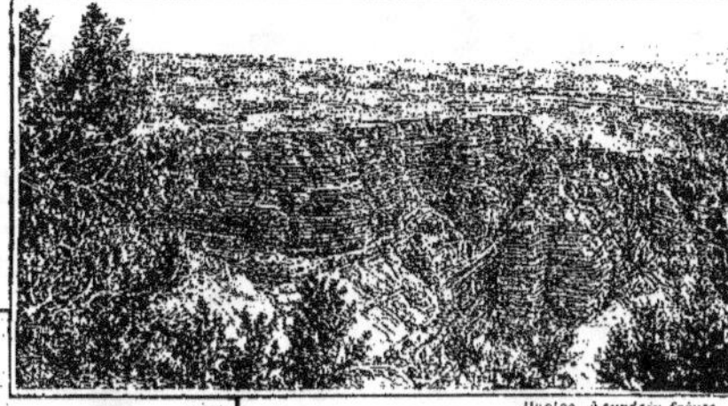

Photog. Neurdein frères.
Fig. 262. — LE CAUSSE DE BRAMABIAU (GARD).

440. — 4e Lecture: Le Massif central dans l'ensemble de la France. — Le Massif central forme, au centre de la France, une vaste protubérance dont l'importance historique et économique est très grande.

D'abord, il constitue entre le nord et le sud, entre l'ouest et l'est, une barrière assez difficilement franchissable. Longtemps le Massif central fut un obstacle aux relations. Les grandes routes de circulation le contournent, à l'ouest par le seuil du Poitou, à l'est par les percées de la Côte-d'Or, au sud par le seuil de Naurouze. Les premiers chemins de fer l'évitèrent, à cause des travaux d'art multiples que le relief montueux y rendait nécessaires. Seules, la vallée de la Loire et celle de l'Allier forment comme deux avenues qui pénètrent dans toute la masse du Massif central.

D'autre part, le Massif central, dressé comme un donjon sur notre sol, serait le dernier refuge en cas d'attaque. Il a souvent joué ce rôle dans les siècles passés. Son dédale de soulèvements et de plateaux élevés abrite de très vieilles populations qui s'y réfugièrent et s'y maintinrent après l'occupation des plaines environnantes. Au temps de la conquête romaine, le Massif central fut la région d'où partit le dernier soulèvement, celui de l'Arverne Vercingétorix. Il n'est pas facile de forcer un peuple résolu à se défendre dans ce chaos de monts abrupts et sauvages.

Le Massif central apparaît ainsi comme la citadelle intérieure de la France.

Exercices. — Carte du Massif central.

Énumérer les principales chaînes du Massif central et les comparer entre elles (origine, altitude, forme, etc.).

Comparer le Limousin et les Causses. Citer les principaux Causses. Quel est le plus élevé des Causses? Quels sont les plus bas d'entre eux?

Où trouve-t-on des régions volcaniques dans le Massif central? Les décrire. Qu'est-ce qu'un puy? Comment nomme-t-on les coulées de laves qui recouvrent les monts d'Auvergne?

Quel est le rôle général que joue le Massif central dans l'histoire générale de la France? Comment le tourne-t-on à l'ouest, à l'est, au sud? En quelle occasion fut-il le dernier centre de la résistance nationale contre les envahisseurs?

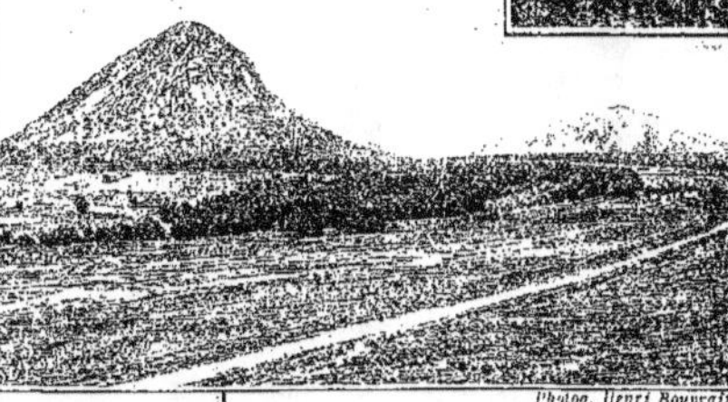

Photog. Henri Bouprain.
Fig. 263. — LE GERBIER DE JONC (ARDÈCHE).

pas moins d'une soixantaine alignés sur plusieurs rangées parallèles à la surface du plateau. Quelques-uns d'entre eux sont d'anciens volcans dont les cratères sont en état de conservation parfaite.

439. — 3e Lecture: Les Causses. — Au contraire de la plus grande partie du Massif Central, les Causses, qui en occupent la partie méridionale, sont formés de calcaire.

Ce calcaire, très perméable, laisse filtrer les eaux qui circulent dans l'intérieur des causses en formant des conduits souterrains, des grottes, et finalement se réunissent dans de grandes vallées très profondes, analogues au *cañon* du Colorado, en Amérique. Les Causses se présentent donc aujourd'hui comme une série de plateaux horizontaux, situés à des altitudes différentes, et séparés les uns des autres par des vallées qui sont de véritables fondrières. Quelques-unes de ces vallées ont plusieurs centaines de mètres de profondeur en contre-bas des plateaux qui les bordent.

Les principaux Causses sont : le *Causse de Sauveterre*, le *Causse Noir*, le *Causse du Larzac*, le *Causse Méjan*, au pied des Cévennes; les *Causses du Rouergue* et du *Quercy*, plus à l'ouest.

Les quatre premiers, ou Grands Causses, ont une altitude qui va jusqu'à 1000 mètres; le causse Méjan monte même à 1278 mètres.

Photog. Henri Bouprain.
Fig. 264. — LA GRAVENNE DE MONTPEZAT (ARDÈCHE).

Fig. 262-263-264. — LE MASSIF CENTRAL FRANÇAIS.

Le Massif central est formé, sur la majeure partie de son étendue, de roches anciennes, gneiss, granits, schistes cristallins. Mais, au sud, il est formé de roches calcaires qui ont l'apparence de grandes tables et qu'on appelle causses. Ces causses sont très poreux, très secs, et ont peu de végétation. Sur d'autres points, les roches anciennes ont été recouvertes de roches éruptives : le Gerbier de Jonc, d'où descend la Loire, est un cône de phonolithes (roches éruptives) qui fait saillie sur un soubassement faiblement ondulé de roches cristallines; la Gravenne de Montpezat (Ardèche), dans la même région, représente un ancien cratère de volcan encore bien conservé. Au dernier plan de la gravure qui représente le Gerbier de Jonc, on voit la selle du Mézenc (1754 mètres), point culminant des monts du Vivarais.

Ferrand, Riom, etc., représentent les coulées qui s'épanchèrent alors à la surface du sol.

438. — 2e Lecture: Différences entre les montagnes anciennes et les montagnes volcaniques. — Entre les régions cristallines et les régions volcaniques du Massif central, il n'y a pas seulement une différence de nature; il y a aussi une différence d'altitude et de forme.

Dans les régions cristallines, on trouve soit des plateaux faiblement ondulés, soit des croupes montagneuses basses, arrondies, témoignant d'une usure avancée. Les monts

5° Pyrénées.

441. Situation, longueur, divisions.

Les Pyrénées sont situées entre la France et l'Espagne. Elles forment un massif pic d'*Aneto* (3404 mètres) dans le massif de la *Maladetta*, en Espagne.

444. Pyrénées orientales.

Comme les Pyrénées occidentales, les Pyrénées orien- min de fer qui longe le bord même de la mer Méditerranée.

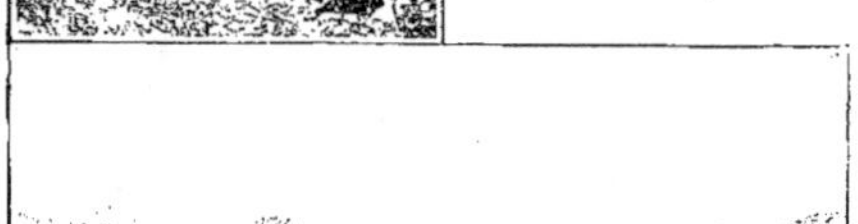

445. — 1ʳᵉ Lecture : La muraille des Pyrénées.

Les Pyrénées centrales forment une véritable muraille entre la France et l'Espagne. Les cols, très hauts, y sont rendus impraticables en hiver par les neiges. En toute saison, l'ascension en est difficile, possible seulement pour les piétons et les mulets, impossible pour les voitures. D'autre part, il n'existe dans les Pyrénées centrales aucune vallée analogue à celles des Alpes, qui pénètrent jusqu'au cœur du massif pour faciliter les communications et les échanges d'un versant à l'autre.

Les conséquences de cette structure des Pyrénées centrales sont multiples :

1° Tandis qu'à l'ouest et à l'est de la chaîne, Basques et Catalans habitent également les deux versants français et espagnol des Pyrénées, au centre il y a une barrière entre Aragonais et Castillans d'Espagne, Languedociens de France.

2° Les Pyrénées centrales forment une frontière stratégique tellement puissante, qu'à cette fortification naturelle on n'a jamais jugé nécessaire d'ajouter la moindre fortification artificielle.

3° Aucun chemin de fer ne traverse encore les Pyrénées centrales. Les relations entre les deux nations latines sont, de ce fait, diminuées.

Fig. 265. — CARTE DES PYRÉNÉES.

Les Pyrénées forment comme un mur qui sépare la France de l'Espagne ; elles barrent l'isthme, long de 420 kilomètres, qui s'étend entre la Méditerranée et le fond du golfe de Gascogne. On les divise en trois parties : Pyrénées occidentales, entre le golfe de Gascogne et le Somport ; Pyrénées centrales, entre le Somport et le col de la Perche ; Pyrénées orientales, entre le col de la Perche et la Méditerranée. C'est dans les Pyrénées centrales que se trouve le point culminant, le pic d'Aneto (3404 m.) dans le massif de la Maladetta, en Espagne.

beaucoup plus long (420 kilom.) que large.

La hauteur des sommets et la rareté des cols les rendent, malgré leur étroitesse, difficilement pénétrables.

Toutefois, il faut, à ce point de vue, distinguer dans les Pyrénées trois parties : les *Pyrénées occidentales*, les *Pyrénées centrales* et les *Pyrénées orientales*.

442. Pyrénées occidentales.

Les Pyrénées occidentales sont peu élevées et ne dépassent qu'en deux points 2000 mètres.

Leurs versants communiquent par des cols assez nombreux et d'un accès relativement facile : *col de Roncevaux, col du Somport.*

Entre la montagne et l'Océan Atlantique se trouve une route naturelle, par laquelle passe un chemin de fer.

443. Pyrénées centrales.

Les Pyrénées centrales forment plus de la moitié de la chaîne (172 kilomètres). Sur cette longue étendue, elles ne s'abaissent que rarement au-dessous de 3000 mètres.

Les seuls passages, ou *ports*, sont situés à une altitude très haute, voisine des neiges éternelles. Ils ne possèdent ni chemin de fer, ni même route carrossable. Les Pyrénées centrales sont une véritable muraille entre la France et l'Espagne.

Les sommets les plus hauts sont : le *Vignemale*, le *mont Perdu*, le pic *Posets* et le

tales sont plus basses, plus découpées et plus accessibles.

Leur plus célèbre sommet, le *Canigou* (2785 mètres), s'élève du voisinage de la mer.

Les Pyrénées orientales possèdent des cols très accessibles : *cols de la Perche, col du Perthus.* Elles possèdent en outre des vallées intérieures, basses, larges, bien abritées et fertiles. Ce sont le *Roussillon* et la *Cerdagne.*

Les Pyrénées orientales sont traversées par un che-

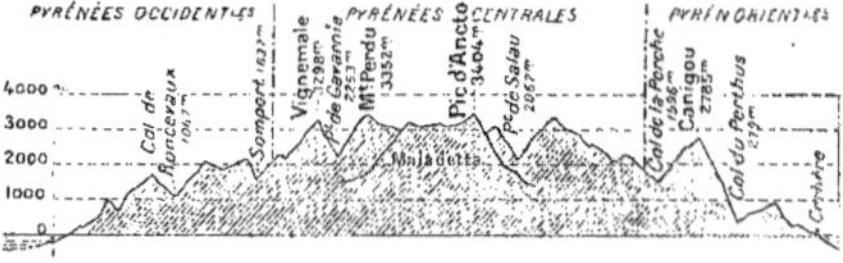

Fig. 268. — PASSAGES ET COLS DES PYRÉNÉES.

Les Pyrénées forment, entre la France et l'Espagne, une muraille qui ne s'abaisse qu'à ses deux extrémités. A l'Ouest, deux grandes routes passent par le col de Roncevaux et le Somport ; à l'est, sont deux autres grandes routes, celles du col de la Perche et du col du Perthus. Mais, au centre, la crête reste continuellement haute, et les passages ou ports sont très élevés, difficilement praticables.

446. — 2ᵉ Lecture. Les deux versants des Pyrénées.

Les Pyrénées ne sont pas relativement très élevées ; elles n'ont que peu de champs de neiges et l'étendue des glaciers qu'elles portent ne dépasse pas la septième partie de ceux qui couvrent le seul Mont-Blanc, dans les Alpes. Et pourtant elles sont difficiles à franchir parce que leurs cols ou ports sont rares et très élevés.

Tout diffère, dans les Pyrénées centrales, d'un versant à l'autre. Au nord, sur le versant français, règne un climat océanique, assez humide, aux pluies fines ; au sud, sur le versant espagnol, règne un climat continental, chaud et sec, aux averses brusques et drues. Au nord, coulent les gaves ; au sud, sont des torrents souvent presque à sec, mais parfois démesurément grossis. Au nord, c'est la végétation de la France centrale et méridionale, céréales, vignes, pâturages ; au sud, c'est celle de la Méditerranée et de l'Afrique, oliviers, figuiers de Barbarie.

Les Pyrénées centrales, suivant l'expression de Michelet, séparent deux mondes.

Exercices. — Carte des Pyrénées.

Quelles sont les divisions des Pyrénées ? Justifier cette division en comparant entre elles les différentes parties de la chaîne.

Fig. 266. LE PORT DE GAVARNIE. — Fig. 267. LES PYRÉNÉES VUES DE SAINT-JEAN-PIED-DE-PORT.

Fig. 266-267. — VUES DES PYRÉNÉES.

Les Pyrénées, vues de France, ont l'aspect d'une muraille à dents de scie, d'une sierra. Les parties déprimées de l'arête, échancrures à peine moins élevées que les sommets, sont les ports. Beaucoup d'entre eux situés à une altitude voisine des neiges éternelles et sont difficilement praticables. Aucune route carrossable ne traverse les Pyrénées centrales ; on n'y trouve que des sentiers raboteux et abrupts.

Fig. 269. — FRANCE HYPSOMÉTRIQUE.

4° Alpes.

447. Situation, importance. — Les Alpes sont le massif le plus considérable de l'Europe. Leurs massifs occidentaux sont

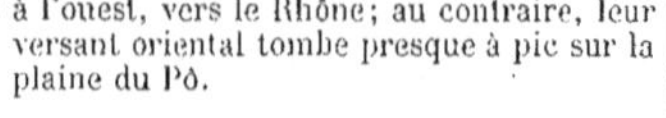

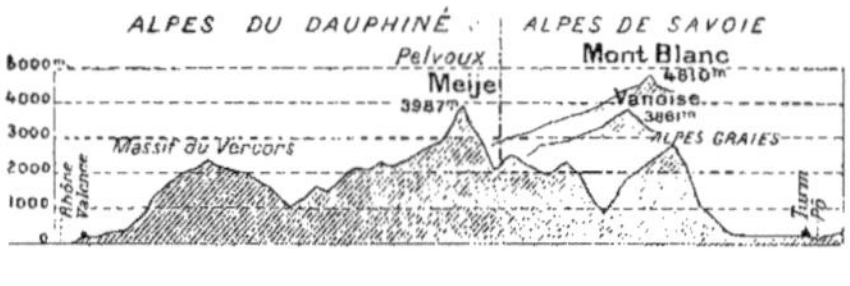

Fig. 270. — COUPE A TRAVERS LES ALPES FRANÇAISES.

Cette coupe est prise de Valence, sur le Rhône, à Turin, sur le Pô, en Italie. Elle montre que les Alpes ont la forme d'un vaste plan incliné qui s'élève graduellement de l'ouest vers l'est, depuis la vallée du Rhône jusqu'à la chaîne-frontière (Mont-Blanc, Vanoise, Alpes Graies); celle-ci tombe ensuite par une pente brusque sur la plaine du Pô.

situés entre la France et l'Italie sur une longueur de plus de 300 kilomètres.

Les Alpes ont leur longue pente inclinée à l'ouest, vers le Rhône; au contraire, leur versant oriental tombe presque à pic sur la plaine du Pô.

448. Caractères généraux. — Massif jeune relativement, les Alpes comportent de hauts sommets, les plus élevés de la France entière. Mais elles présentent trois avantages :

1° Formées à la fin de l'époque tertiaire, elles comprennent une certaine portion de roches sédimentaires (calcaires, etc.), qui sont relativement fertiles.

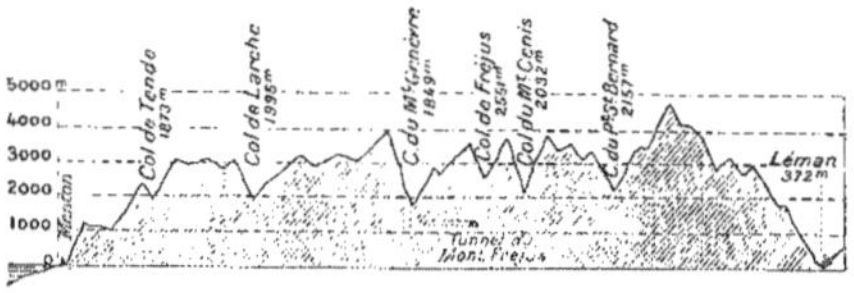

2° En outre, des vallées larges et abritées, allant du nord au sud et de l'est à l'ouest, divisent leur masse en massifs secondaires, permettant d'y pénétrer jusqu'au cœur et d'y développer les cultures.

3° Enfin, des cols beaucoup moins élevés que dans les Pyrénées offrent un passage facile d'un versant à l'autre.

449. Divisions, sommets et vallées. — On divise les Alpes françaises en trois grandes parties : *Alpes de Savoie, Alpes du Dauphiné, Alpes de Provence.*

1° Les **Alpes de Savoie** sont situées au nord, près du lac Léman ou de Genève. Elles comprennent : du côté de l'Italie, de très hauts massifs de granit, couverts de glaciers; et, du côté du Rhône, des massifs calcaires, plus bas mais très pittoresques, couverts de forêts, de pâturages et même de cultures, encadrant de jolis lacs.

Les principaux des grands massifs sont : le *Mont-Blanc* qui s'élève à 4810 mètres et les *Alpes Graies*, qui atteignent 4000 mètres. Entre ces massifs principaux se trouvent les vallées de la *Maurienne* et de la *Tarentaise*, qui y forment de grandes avenues.

Les massifs secondaires s'étendent jusqu'au lac Léman et jusqu'au Rhône; ils ont de 2000 à 3000 mètres, et renfer-

Fig. 272. — COLS ET PASSAGES DES ALPES FRANÇAISES.

Les Alpes françaises sont traversées par de nombreux cols; mais cinq seulement d'entre eux donnent passage à des grandes routes : ce sont les cols du Tende, de Larche, du Mont Genèvre, du mont Cenis et du Petit-Saint-Bernard. Deux voies ferrées les franchissent en tunnel, sous le col de Tende et sous le col de Fréjus.

2° Les **Alpes du Dauphiné**, ou partie centrale des Alpes, comprennent de même à l'intérieur de hauts massifs granitiques, couverts de glaciers, et, à l'extérieur, au delà de la large et riante vallée du Graisivaudan et de celle du Drac, des massifs calcaires moins étendus et moins élevés.

On peut citer : parmi les grands massifs, le *Pelvoux*, avec la Barre des Écrins (4105 mètres) et les *Alpes Cottiennes*, sur la frontière franco-italienne; parmi les massifs secondaires, le *massif de la Grande-Chartreuse*, au nord de Grenoble, et le *Vercors*, au sud de Grenoble, ceux-ci dépassant rarement 2000 mètres.

3° Les **Alpes de Provence**, situées au sud, près de la Méditerranée, sont moins élevées et portent peu de neiges et de glaciers. Elles sont formées principalement de massifs crayeux et calcaires, et se prolongent jusqu'à la mer en formant des promontoires escarpés et pittoresques.

Les principaux massifs sont le *mont Ventoux*, non loin du Rhône, les *Alpes Maritimes*, du côté de l'Italie, et, sur le bord de la mer, la *chaîne des Maures* et l'*Estérel* : au contraire de la plupart des autres, ces deux derniers massifs sont formés de roches éruptives anciennes.

On peut rattacher aux Alpes de Provence les *monts de la Corse*, qui ont les mêmes caractères que la chaîne des Maures et de l'Estérel, mais sont beaucoup plus élevés; ils atteignent 2700 mètres au monte Cinto.

450. Passages. — Les cols des Alpes sont nombreux et les plus importants d'entre eux n'atteignent pas ou dépassent à peine 2000 mètres, ce qui est relativement peu. Ils ouvrent ainsi des passages faciles entre la France et l'Italie. Plusieurs de ces passages des Alpes portent le nom de *monts*, c'est-à-dire endroits par où l'on monte.

Les principaux passages sont le *Petit-Saint-Bernard*, au nord; le *mont Cenis* et le *mont Genèvre*, au centre; le *col de Larche* et le *col de Tende*, au sud.

Deux voies ferrées traversent les Alpes : l'une par le tunnel de Fréjus, près du mont Cenis, — l'autre près de la Méditerranée.

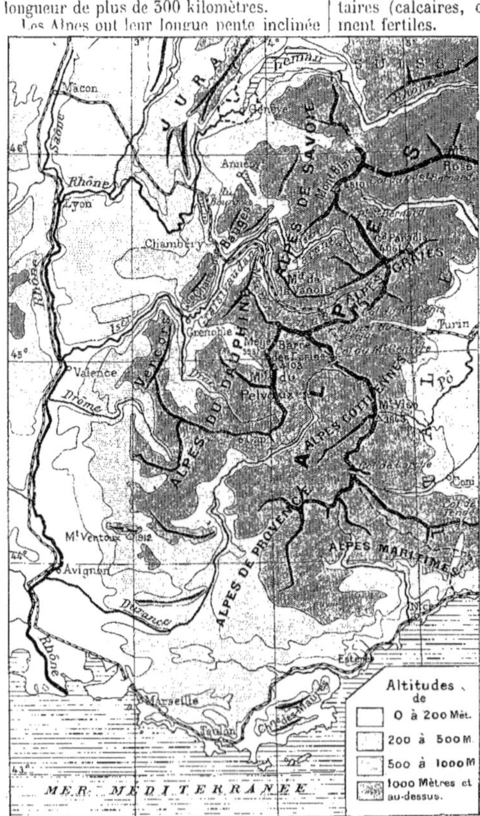

Fig. 271. — CARTE DES ALPES.

Les Alpes, du moins celles de France, ne sont pas une muraille comme les Pyrénées; elles sont formées d'une série de massifs qui séparent les vallées; ces vallées sont de véritables avenues qui permettent de pénétrer jusqu'au cœur même de cet immense pays montagneux couvert de neiges persistantes et de glaciers. La vallée de l'Isère et celle de la Durance sont les deux principales de ces vallées.

451. — 1re Lecture: **Les vallées alpestres.** — Au contraire des Pyrénées, les Alpes possèdent de nombreux cols qui facilitent les communications entre la France et l'Italie.

La disposition des vallées alpestres rend le même service. Ces vallées sont nombreuses, larges, abritées et d'accès facile. Elles sillonnent le massif dans tous les sens et le découpent en une série d'îlots montagneux entre lesquels l'homme peut trouver un passage aisé ou cultiver la terre.

Les principales de ces vallées sont: les deux vallées du nord où sont logés les *lacs du Bourget* et *d'Annecy*; la grande vallée de l'Isère moyenne, ou *Graisivaudan*, qui se prolonge plus avant dans le massif par la vallée de *la haute Isère* ou *Tarentaise* et par la vallée de *l'Arc* ou *Maurienne*; la vallée du *Drac*, affluent de l'Isère; enfin la grande vallée en forme d'arc, de la *Durance*. Les ressources et les populations, rares sur les sommets et sur les versants élevés, sont très abondantes dans les grandes vallées. En particulier, le Graisivaudan est très riche et peuplé.

Aussi les Alpes ne forment-elles pas un grand obstacle. On les a franchies souvent, même des expéditions militaires, depuis la traversée d'Annibal, deux siècles avant notre ère. Parmi les principaux guerriers qui ont passé les Alpes, on peut citer Pépin le Bref et Charlemagne, Charles VIII et François Ier, enfin Napoléon Ier qui les franchit au col du Grand-Saint-Bernard, au nord-est du Mont-Blanc. Les Alpes séparent si peu leurs deux versants que le français est parlé sur le versant oriental des Alpes jusqu'à l'entrée de la grande plaine de l'Italie septentrionale.

452. — 2e Lecture: **Dissymétrie des Alpes.** — Entre le versant des Alpes qui regarde la France et celui qui regarde l'Italie, il y a une grande différence. Le versant italien est court, sa pente est brusque. Les hauts massifs du *Mont-Rose*, en Suisse, du *Grand-Paradis*, en Italie, du *Mont-Viso*, en France, dominent presque à pic la plaine du Pô. Au contraire le versant français est très allongé; pour descendre des hauts massifs cristallins du *Mont-Blanc* ou du *Pelvoux* jusqu'à la plaine du Rhône, il faut passer par des massifs et des plateaux calcaires d'une étendue considérable (massifs des *Bauges*, de la *Chartreuse*, du *Ventoux*, plateau du *Vercors*, etc.).

De cette dissymétrie, il résulte qu'une armée venue de France et arrivée dans les hautes Alpes descendrait facilement en Italie; une armée venue d'Italie, et arrivée dans les hautes Alpes, se perdrait dans le dédale de massifs, de vallées et de cols facilement défendables, qui la séparerait du Rhône.

Remarquer, d'ailleurs, que les routes alpestres convergent toutes de France vers l'Italie. Que l'on parte de Chambéry par la vallée de l'Arc, ou que l'on parte de Marseille en remontant la vallée de la Durance, on débouche également en Italie, vers Turin. Cette convergence a une certaine importance stratégique; elle favorise une invasion de France en Italie; au contraire, elle rend plutôt difficile une invasion d'Italie en France. Les tentatives pour pénétrer en France de ce côté ont toujours échoué.

Fig. 273.
LE MONT-BLANC.

Photog. Ferraud.

Fig. 274. — LES PLATEAUX DU VERCORS.

Photog. Ferraud.

Fig. 275. — LA ROUTE DU MONT-CENIS.

Fig. 273-274-275. — VUES DES ALPES FRANÇAISES.

On distingue dans les Alpes : 1° des massifs cristallins, dont le principal est celui du Mont-Blanc, toujours couvert de neiges et de glaciers; 2° des plateaux calcaires, comme le Vercors, qui ne sont pas très accidentés, mais qui sont entaillés de vallées très creuses. Les Alpes sont très hautes, et cependant faciles relativement à franchir, à cause des vallées qui les découpent et de l'altitude relativement basse des cols; le col du Mont-Cenis est traversé par une grande route carrossable, l'une des principales des Alpes françaises; il mène de Modane, en France, à Suse, en Italie.

Exercices. — Carte des Alpes.

Quelles sont les grandes divisions des Alpes françaises? Citer les principaux massifs des Alpes de Savoie, des Alpes du Dauphiné, des Alpes de Provence.

Quelles sont les voies de communication naturelles à travers les Alpes françaises? Citer les principales vallées; citer les principaux cols.

Comparez les Alpes et les Pyrénées.

Qu'appelle-t-on la dyssimétrie des Alpes, et quelles sont les conséquences de cette disposition?

3° Jura.

453. Situation, étendue. — Le Jura s'étend en France, en Suisse et même en Allemagne. La partie française est celle où le Jura est le plus étroit et le plus haut.

454. Forme du Jura. — Le Jura a la forme d'un vaste arc de cercle. Il se compose d'une série de chaînes calcaires presque parallèles, plus hautes du côté de la Suisse que du côté de la France.

Photog. Toirraz.

Entre ces chaînes s'allongent des vallées ou s'étendent de vastes plateaux.

Au sud et au nord, il n'y a que des vallées étroites, et le Jura présente une forme effilée; au centre, il y a un grand nombre de vastes plateaux, et le Jura est large.

Effilé aux deux extrémités, élargi au milieu, le Jura présente ainsi l'apparence d'un croissant.

455. Montagnes et plateaux. — Le Jura ne comprend que des montagnes moyennes. Nulle part, il n'approche de l'altitude des neiges persistantes; on n'y trouve aucun glacier; des forêts et des pâturages en couvrent les pentes jusqu'au sommet. Mais, formé de roches calcaires perméables, le Jura renferme des cours d'eau souterrains et des grottes.

Les chaînes sont surtout hautes et serrées dans la portion orientale du massif. Le point culminant est le *Crêt de la Neige*, au sud-est (1723 mètres).

Dans la portion occidentale dominent les plateaux qui descendent en gradins jusqu'à la plaine de la Saône. Le rebord du plateau au-dessus de la plaine porte le nom de *Revermont*. Il porte presque partout des cultures riches et des vignobles.

456. — 1re Lecture : **Le Jura est une chaîne plissée.** — Le Jura est, avec le massif des Alleghanys dans l'Amérique du

Nord, le meilleur type de chaîne plissée. Les roches calcaires qui le composent ont été plissées longitudinalement et très régulièrement à l'époque des plissements alpins. Le Jura

Fig. 276. — LE JURA VU DE GENÈVE.

La vue ci-dessus est prise du confluent du Rhône et de l'Arve, à la sortie de Genève. Le Jura apparaît au loin comme une longue muraille presque rectiligne sur laquelle font légèrement saillie quelques points qui sont les crêts : l'un de ces points est le Crêt de la Neige, point culminant de tout le Jura.

est composé d'une série de chaînes parallèles séparées par des vallées, comme un champ labouré est divisé en sillons. Ces chaînes sont plus hautes et plus serrées à l'est; vers l'ouest, les plissements ayant été plus faibles, elles laissent la place à de vastes plateaux (plateaux de *Nozeroy*, de *Champagnole*, d'*Ornans*, de *Lons-le-Saunier*, etc.), dont le niveau est parfois presque complètement horizontal. Ces plateaux sont en général boisés; ils renferment les plus belles sapinières de toute la France.

On appelle *voûtes* les plis en relief, peu entamés par l'érosion; *crêts*, les parties saillantes de ces plis; *combes*, certaines parties de ces plis que l'érosion a creusées et qui ont produit des dépressions là où on attendrait des saillies; *vals*, les vallées longitudinales séparant les plis; *cluses*, des couloirs transversaux, morcelant les voûtes et unissant les vals.

Le calcaire du Jura est tout fissuré. L'eau de pluie s'y entonne par de vastes trous appelés *emposieux*, et, après avoir circulé dans le sol, elle se concentre et reparaît en sources puissantes appelées *douix*. Parmi les grottes les plus curieuses qui ont été formées par le travail des eaux souterraines, on peut citer celle d'Osselles, non loin de Besançon, et celle de Baume-les-Messieurs, non loin de Lons-le-Saunier.

457. — 2ᵉ LECTURE : La Trouée de Belfort. — Le Jura est limité au nord par la trouée de Belfort qui la sépare des Vosges.

Haute seulement de 344 mètres au point de partage des eaux, entre le Jura septentrional qui a 1000 mètres et les Vosges méridionales qui en ont 1250, la trouée de Belfort forme une véritable porte de communication entre la vallée française de la Saône et la plaine d'Alsace, sur le Rhin moyen, aujourd'hui à l'Allemagne.

La voie ferrée de Paris-Belfort-Mulhouse et le canal du Rhône au Rhin, y passent. La trouée de Belfort est défendue du côté français par la place forte de Belfort. Du côté alsacien, la grande ville la plus voisine est celle de Mulhouse.

Exercice. — Carte du Jura. — Définir et expliquer la structure du Jura. — Quelle est la signification des termes de crêt, combe, val, cluse?

Qu'est-ce que la trouée de Belfort? — D'où lui vient son importance?

6° Vosges.

458. Situation étendue. — Les Vosges sont séparées du Jura par la *trouée de Belfort*. Dirigées du sud au nord, elles se dressent entre la Lorraine à l'ouest, et l'Alsace à l'est. Jadis, avant la guerre de 1870-71, elles appartenaient à la France par leurs deux versants; aujourd'hui, elles ne sont plus à la France que par leur versant occidental et dans leur partie méridionale seulement.

459. Caractères des Vosges. — Les Vosges sont formées par une série de lignes de hauteurs parallèles dirigées du sud-ouest au nord-est, et séparées les unes des autres par des dépressions longitudinales ayant la même direction.

Ces hauteurs, formées de granit ou de grès très ancien, ont des sommets généralement arrondis, couverts de forêts et de pâturages.

Les sommets sont souvent appelés *ballons*; non pas parce qu'ils sont arrondis, mais parce que le mot ballon vient d'un ancien mot gaulois signifiant montagne.

Photog. Neurdein fr.

Fig. 277. — LE LAC DES PERCHES (HAUTE VALLÉE DE LA MOSELLE).

460. Principaux sommets. — Les plus hauts sommets des Vosges sont loin d'atteindre à la limite des neiges éternelles; ils sont moins élevés même que le Jura.

Ils se trouvent au sud, dans les **Hautes-Vosges**: ce sont le *Ballon d'Alsace*, le *Ballon de Guebwiller* (1426 mètres), le *Hohneck* et le *Donon*. Au-delà du Donon, en Alle-

magne, les Vosges se prolongent par des plateaux boisés ou couverts de landes, dépassant rarement 500 mètres.

461. Passages. — Malgré leur faible altitude, les Vosges sont difficiles à franchir; elles n'ont que peu de passages et tous relativement hauts.

Les canaux, les voies ferrées, et les grandes routes passent au nord par le *col de Saverne*, et au sud, par la *trouée de Belfort* : on tourne les Vosges plutôt qu'on ne les franchit.

462. — LECTURE: Les Vosges pittoresques. — Les Vosges n'ont pas l'aspect majestueux et terrible des sommets alpestres. Elles n'ont ni leurs hautes cimes dénudées, ni leurs neiges éternelles, ni leurs vastes champs de glace. Mais elles sont très pittoresques. Elles le doivent :

1° A la nature de leurs roches et principalement aux grès rouges, roses et bigarrés, qui y dominent, en affectant souvent des formes de vieux châteaux en ruines;

2° A leurs belles forêts, composées surtout de sapins, qui revêtent comme d'un manteau presque toutes les pentes;

3° A leurs rivières et à leurs lacs. Les Vosges ont été jadis couvertes de glaciers, qui ont laissé, au travers des vallées, des moraines qui les barrent. Les eaux retenues en amont de ces barrages forment de jolis lacs (lacs de *Gérardmer*, *Longemer*, *Retournemer*) ou s'en échappent par des cascades. L'une des plus remarquables est le *Saut des Cuves*, près de Gérardmer. Cette profusion d'eau est l'une des principales beautés des Vosges.

Exercices. — Carte des Vosges.

Quels sont les principaux sommets des Vosges? Quels en sont les passages principaux? Dire à quelles causes les Vosges doivent surtout leur beauté pittoresque?

Comparer les Vosges au Jura au point de vue de la nature des roches, de la forme des sommets et de la végétation?

Photog. Andrée.

Fig. 278. — LE PONT DE LA SAVOUREUSE, AU PIED DU BALLON D'ALSACE.

Fig. 277-278. — VUES DES VOSGES.

Les Vosges sont des montagnes anciennes : leurs sommets sont ronds, leurs formes massives. Elles n'en sont pas moins pittoresques, à cause des lacs nombreux qui s'y trouvent, à cause des claires rivières et cascades qui en descendent de toutes parts, enfin à cause des forêts de sapins qui en revêtent presque partout les pentes.

7° Montagnes secondaires.

465. Ardenne. — L'Ardenne n'est située que pour une faible partie en France.

Ancienne montagne, complètement usée par l'érosion, l'Ardenne est maintenant un vaste plateau schisteux, incliné vers l'ouest, dont l'altitude va de 400 à 700 mètres.

Les vallées, creusées par les rivières, y sont contournées, profondes et étroites: la principale est celle de la Meuse. Ces vallées constituent le principal obstacle aux communications; elles décomposent la région de l'Ardenne en compartiments séparés. Mais bien abritées, elles sont les seules régions relativement fertiles et peuplées.

464. Monts de Bretagne. — Les monts de Bretagne forment, en quelque sorte, l'ossature de la presqu'île de Bretagne. Ils se composent de deux grands bombements parallèles, l'un à la côte de l'océan Atlantique, l'autre à la côte de la Manche.

Ils sont surtout formés de roches cristallines. Le soulèvement méridional ne dépasse 200 mètres que dans le *Bocage vendéen* et dans la *Montagne Noire*. Le soulèvement septentrional atteint 391 mètres dans les *monts d'Arrée*. Peu élevées, mais couvertes de landes, ces montagnes ont une apparence relativement grandiose.

465. Collines du Maine, de Normandie et du Perche. — Ce groupe de collines est formé de roches cristallines à l'ouest, de roches sédimentaires à l'est. Elles sont très peu élevées, mais leurs rocs, leurs torrents et leurs forêts leur ont valu le nom de « petite Suisse ».

Leur point culminant est au mont des Avaloirs (417 mètres), où la Mayenne prend sa source.

L'ensemble du pays est vallonné, accidenté, plus que ne le laisserait supposer la faiblesse de l'altitude.

Exercices. — Expliquer la structure de l'Ardenne.

Décrire les monts de Bretagne; en quoi se rapprochent-ils, en quoi se distinguent-ils d'un massif également ancien comme le Massif central? Quelle est l'apparence des collines du Maine, de Normandie et du Perche? Quel en est le point culminant?

8° Plaines.

466. Bassin de Paris. — Le bassin de Paris présente la forme d'une cuvette, dont Paris occupe le fond, à 26 mètres au-dessus du niveau de la mer.

De tout le pourtour du bassin, on descend quand on se dirige vers le centre. Mais la pente n'est pas continue. Elle est interrompue par une série de lignes de hauteurs concentriques dont les principales sont à l'est, la *falaise de l'Ile-de-France*, entre l'Ile-de-France et la Champagne; la

Photog. Nels.

Fig. 279. — LA VALLÉE DE LA SEMOY, DANS L'ARDENNE FRANÇAISE.
L'Ardenne forme un vaste plateau schisteux presque horizontal. Les vallées des rivières, qui le décomposent en plateaux secondaires en y coulant en contre-bas, sont les principaux accidents du relief ardennais.

crête des Bars et l'*Argonne*, entre la Champagne et la Lorraine.

De même au nord, les *collines de l'Artois* séparent la Flandre de la Picardie; à l'ouest, les *collines du Perche* séparent le Maine de la Normandie.

C'est seulement au sud que l'on ne trouve

Photog. Hamonic.

Fig. 280. — LA VALLÉE DU GOUET, PRÈS DE SAINT-BRIEUC.
La Bretagne est, comme les Vosges et comme l'Ardenne, un pays de roches anciennes et de montagnes vieilles. Le relief en est lourd; les montagnes, ou mieux les collines, en sont trapues. Les vallées, généralement creuses, et en même temps boisées et riantes, découpent la Bretagne en cantons séparés et y rendent les communications assez difficiles.

aucune ligne de hauteur importante entre la Sologne, la Beauce, la Brie et l'Ile-de-France.

467. Plaine de la Garonne. — La plaine de la Garonne est encadrée, au sud, par les Pyrénées; à l'est et au nord, par le Massif Central. Elle s'ouvre largement à l'ouest, sur l'océan Atlantique.

Son relief décroît insensiblement depuis le *plateau de Lannemezan*, au sud, et les Causses du *Rouergue* et du *Quercy*, au nord-est, jusqu'à la mer. La majeure partie de la plaine est à moins de 200 mètres d'altitude.

La partie occidentale, ou *région des Landes*, a une horizontalité presque absolue. Elle est séparée de la mer par une ligne continue de dunes dont la hauteur s'élève sur quelques points à près de 100 mètres.

468. Plaine de la Saône et du Rhône. — Cette plaine, à la différence des deux précédentes, est formée par une série de plaines très étroites et très allongées.

La *plaine de la Saône* a la forme d'une cuvette oblongue, plus basse dans la région septentrionale que dans la région méridionale. Dans cette seconde partie, on distingue la *Bresse*, très fertile, et la *Dombes*, semée d'étangs et inculte.

La *plaine du Rhône* n'est, au nord, qu'un étroit couloir entre le Massif Central et les Alpes. Au sud, elle s'évase et forme la *Plaine du Languedoc*, la *Crau* et la *Camargue*. Cette dernière n'est autre chose que le delta même du Rhône.

469. Les issues des plaines. — Les grandes plaines de France communiquent entre elles autour du Massif Central:

1° par la *plaine du Poitou*, entre le bassin de Paris et la plaine de la Garonne;

2° par le *seuil de Naurouze*, entre la plaine de la Garonne et la plaine du Languedoc;

3° par les *passages de la Côte-d'Or* et le *seuil des Faucilles*, entre la plaine de la Saône et le bassin parisien.

Ainsi, un anneau continu de plaines plus ou moins larges, se déroule autour du Massif Central.

D'autre part, la *trouée de Belfort* conduit de la plaine Suisse et de la plaine du Rhin dans le bassin de Paris et dans la plaine de la Saône. Enfin, par la *Flandre*, le bassin parisien communique largement avec la grande plaine européenne, dont elle forme l'extrémité occidentale.

470. — 1ʳᵉ LECTURE: **Les crêtes orientales du bassin de Paris.** — Le bassin de Paris est formé d'auréoles concentriques de terrains sédimentaires de tous les âges, du secondaire et du tertiaire, les plus récents étant au centre. Or, la plupart de ces auréoles de terrains est limitée vers l'est par une ligne de hauteurs. On n'en compte pas moins de cinq depuis Paris jusqu'aux Vosges; ce sont: 1° les coteaux de la Brie et de la Champagne, formés dans les calcaires tertiaires; 2° la *forêt d'Othe* au sud, et l'*Ar-

gonne au nord, formées dans des argiles de l'époque crétacée ; 3°, 4° et 5°, la *crête des Bars*, les *côtes de Meuse* et les *côtes de Moselle* formées par divers étages de terrains de l'époque jurassique.

Ces crêtes ont une double importance, agricole et stratégique :

1° Leur versant oriental, exposé au soleil, est chaud et permet la culture de la vigne. Les côteaux Champenois produisent les vins de Champagne ; les côtes de Meuse et de Moselle, les vins gris de Lorraine.

2° Elles sont autant de lignes de fortifica-

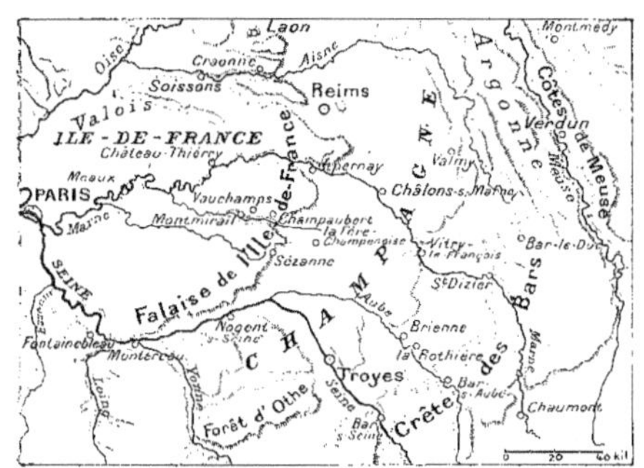

Fig. 281. — CRÊTES ORIENTALES DU BASSIN PARISIEN.

Le bassin parisien est limité, à l'est, par des crêtes qui forment autant de lignes de fortifications naturelles entre Paris et la frontière. De grandes batailles se sont livrées aux abords de ces crêtes chaque fois que la France a été envahie, notamment en 1792 et en 1814.

tions naturelles, de retranchements, de remparts, garantissant Paris contre un ennemi venant de l'est.

De grandes batailles se sont livrées au pied de ces falaises. Au pied de la première ligne de hauteurs, on trouve *Montereau, Nogent, Sézanne, La Fère, Vauchamps, Montmirail, Épernay, Craonne, Laon*, qui rappellent autant de batailles livrées par Napoléon aux alliés en 1814. Au pied de la seconde falaise, se trouvent *Troyes, Brienne*, la *Rothière*, célèbres par des batailles livrées à la même époque, et, plus au nord, en arrière de l'Argonne, *Valmy*, où Dumouriez battit les Prussiens en 1792, etc.

471. — 2° Lecture : Le centre du bassin de Paris. — La partie centrale du bassin de Paris en est la région la plus basse. C'est là que se trouve Paris. Paris est à 26 mètres d'altitude, au Champ de Mars.

Or, si l'on s'éloigne de Paris, dans toutes les directions, à l'est, au sud, à l'ouest, au nord, il faut monter. A l'est, la Brie est à 180 mètres d'altitude ; au sud, la Beauce est à 140 mètres ; à l'ouest, la Normandie est à 180 mètres ; au nord, le Valois et la Picardie sont à 200 mètres.

Le bassin parisien est donc bien une grande cuvette, dont Paris occupe le fond. Cette forme est mise en évidence par la direction des nombreuses rivières qui, parties de points opposés, confluent près de Paris : Seine, Oise, Marne, Yonne, Loing, Essonne, etc.

Exercices. — Carte du bassin parisien.

Quelles sont les grandes plaines de France, leurs caractères et leurs principales divisions ?

Comment ferez-vous pour faire le tour de France sans passer par aucune montagne ? — Décrire le bassin de Paris, énumérer les différentes crêtes qu'on y trouve à l'est, et indiquer le rôle joué par elles ?

IV

COURS D'EAU

1° Notions générales.

472. Les cours d'eau de la France. — La France est arrosée par quatre grands fleuves, par divers fleuves secondaires, enfin par trois cours d'eau importants, dont le cours supérieur seul lui appartient.

Les quatre grands fleuves sont : la *Seine*, la *Loire*, la *Garonne* et le *Rhône*.

Les fleuves secondaires sont : la *Somme*, l'*Orne*, la *Rance*, l'*Aulne*, le *Blavet*, la *Vilaine*, la *Sèvre Niortaise*, la *Charente*, l'*Adour*, la *Têt*, l'*Aude*, l'*Hérault*, le *Var* et le *Golo* (Corse).

Les trois cours d'eau importants, dont la France n'a que le cours supérieur, sont l'*Escaut*, la *Meuse* et la *Moselle*.

473. Les versants de la France. — Les cours d'eau de la France vont se jeter soit dans l'océan Atlantique et dans ses mers annexes (Manche et mer du Nord), soit dans la Méditerranée. Aussi peut-on dire que la France est divisée en deux grands versants :

1° le *versant du nord-ouest*, dont les eaux vont à l'océan Atlantique, à la Manche et à la mer du Nord ;

2° le *versant du sud-est*, dont les eaux vont à la Méditerranée.

Ces deux versants sont en certains points séparés l'un de l'autre par de hautes montagnes comme les *Pyrénées orientales* et les *chaînes orientales du Massif Central*. Mais en d'autres points, ils ne se sont séparés que par des bombements insignifiants, comme le *plateau de Langres*, ou par des dépressions, comme la région dite des *Faucilles*.

Les cours d'eau qui appartiennent au versant du nord-ouest sont : 1° l'Escaut, la Meuse et la Moselle, qui vont à la mer du Nord ;

2° La Somme, la Seine, l'Orne et la Rance, qui vont à la Manche ;

5° L'Aulne, le Blavet, la Vilaine, la Loire, la Sèvre Niortaise, la Charente, la Garonne et l'Adour, qui vont à l'Atlantique.

Les cours d'eau qui appartiennent au versant du sud-est sont : la Têt, l'Aude, l'Hérault, le Rhône, le Var, le Golo.

474. Importance des cours d'eau français. — Les fleuves de France ne sont remarquables ni par leur longueur ni par leur débit.

Le plus long, la *Loire*, a 1 000 kilomètres environ. Il est trois ou quatre fois plus court que la Volga, le plus long fleuve

d'Europe : il est six ou sept fois plus court que le Nil, le plus long fleuve du monde.

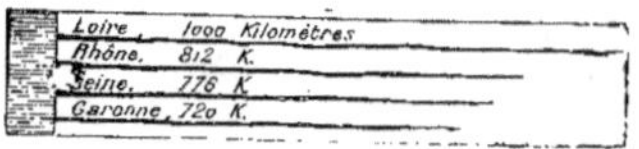

Fig. 282. — LONGUEUR COMPARÉE DES QUATRE FLEUVES FRANÇAIS.

Les quatre grands fleuves français sont la Seine, la Loire, la Garonne et le Rhône. Aucun d'eux ne compte parmi les grands fleuves du monde ou même de l'Europe. Le plus long est la Loire qui a 1000 kilomètres de longueur ; le moins long est la Garonne qui en a 720.

Le plus abondant, le *Rhône*, n'est qu'un maigre fleuve, comparé au Congo et au fleuve des Amazones.

475. Régime des cours d'eau français. — Les *cours d'eau du versant nord-ouest* ont en général les caractères des fleuves de l'Europe Atlantique : débit moyen, régime relativement régulier.

Les *cours d'eau du versant sud-est* ont en général les caractères des fleuves de

Fig. 283. — DÉBIT COMPARÉ DES QUATRE GRANDS FLEUVES FRANÇAIS.

Le Rhône, qu'alimentent les champs de neiges et de glaces du Rhône, est le plus abondant des fleuves français. La Garonne, qui apporte le tribut des Pyrénées, vient ensuite. La Loire et la Seine roulent beaucoup moins d'eau, parce qu'elles coulent dans des régions de montagnes moyennes et de plaines, où il n'y a que des neiges d'hiver.

l'Europe méditerranéenne : régime très irrégulier, variant, soit d'une saison à l'autre, soit même d'un jour à l'autre, entre un débit excessivement abondant et un débit excessivement maigre.

476. Disposition du réseau hydrographique de la France. — Grâce à l'anneau continu de vastes plaines ou de dépressions qui entoure le Massif Central, les cours d'eau français et leurs affluents forment autour de celui-ci une grande ceinture liquide à peine interrompue en quelques points.

Leur disposition compense ainsi, par les avantages qui en résultent, leur faible longueur relative et la médiocrité relative de leurs débits.

477. Lacs de France. — La France n'a que peu de lacs et tous sont petits, à l'exception du lac *Léman* ou de *Genève*, qu'elle partage avec la Suisse.

Les autres lacs français sont dans les montagnes : *lac d'Annecy* et *lac du Bourget*, dans les Alpes de Savoie ; *lacs de Gérardmer, de Longemer* et *de Retournemer*, dans les Vosges. Le principal lac de plaine est le *lac de Grandlieu*, au sud de l'estuaire de la Loire.

En outre, la France possède de grands étangs le long de la côte des Landes et de la côte du golfe du Lion.

478. — 1ʳᵉ Lecture: Influence du relief sur le cours des fleuves français. — Un

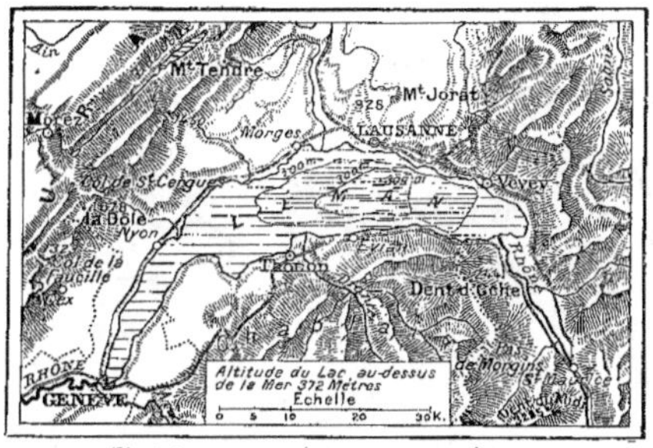

Fig. 284. — LE LAC LÉMAN OU LAC DE GENÈVE.

Le lac Léman, ou de Genève, que la France partage avec la Suisse, est le plus étendu de tous les lacs français. Il est traversé par le Rhône. Les lacs régularisent le régime des cours d'eau qui les traversent; ils absorbent leurs eaux de crue qui élèvent à peine leur niveau, si leur surface est grande; ils sont, en temps ordinaire, comme de vastes réservoirs qui soutiennent leur débit jusqu'au plus fort de la saison sèche. En aval d'un grand lac, les crues d'un fleuve sont beaucoup moindres qu'en amont, et jamais le fleuve ne connaît de très basses eaux.

fleuve qui coule en plaine a un cours régulier et paisible; pourvu que son débit soit suffisant,

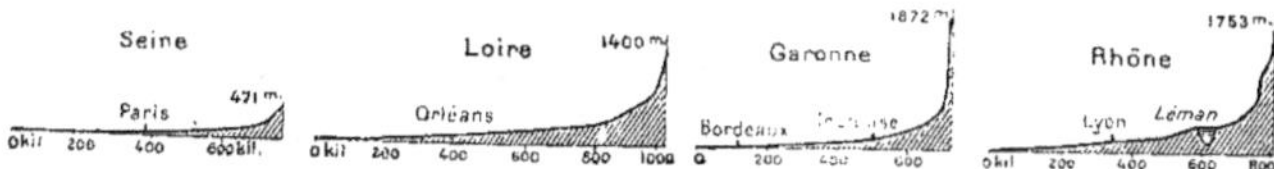

Fig. 285. — PENTE COMPARÉE DES QUATRE GRANDS FLEUVES FRANÇAIS.

Aucun des quatre grands fleuves français n'a une pente très forte : la Seine naît et roule en plaine sans interruption; la Garonne naît dans la chaîne des Pyrénées à une assez grande altitude, mais elle ne tarde pas beaucoup à couler en plaine. La Loire et le Rhône ont seuls des pentes un peu plus nettement marquées.

il est navigable. Un fleuve qui coule en montagne, a un cours irrégulier et violent, n'est pas navigable quel que soit son débit : ce sera un torrent plutôt qu'un fleuve.

Or, des quatre grands fleuves français, deux, la Seine et la Garonne, ont presque tout leur cours en plaine; le Rhône, dans sa partie française, coule surtout en plaine, toutefois avec une pente assez fortement marquée; seule, la Loire a la moitié de son cours en montagne.

Parmi les cours d'eau secondaires, les plus importants, c'est-à-dire la Moselle, la Meuse, l'Escaut, la Somme et la Charente, sont des fleuves de plaine. Quelques-uns d'entre eux sont remarquablement tranquilles; l'Escaut, la Somme et la Charente sont aussi lents que des canaux creusés de main d'homme.

479. — 2ᵉ Lecture: Les plaines et l'hydrographie de la France. — Les plaines de la France forment autour du Massif Central un anneau tantôt large, tantôt resserré, mais nulle part interrompu.

Dans ces plaines les fleuves français s'étalent à l'aise, ainsi que leurs affluents; entre deux fleuves ou entre leurs affluents ne s'élève aucune barrière infranchissable. Aucun accident de terrain ne sépare au nord les réseaux de la Somme, de l'Escaut, de la Meuse, de la Moselle et de la Seine. Par la dépression des Faucilles, ces trois derniers cours d'eau communiquent facilement avec le réseau du Rhône. Rien ne sépare celui-ci des petits fleuves méditerranéens. Ceux-ci communiquent par le seuil de Naurouze avec la Garonne, qu'aucune hauteur ne sépare de l'Adour et de la Charente. Le seuil du Poitou unit le réseau de la Charente au réseau de la Loire.

Par ces dépressions l'homme peut faire passer des canaux, unissant les uns aux autres ces réseaux pour n'en former qu'un seul, entourant le Massif Central. De ces canaux, les uns sont déjà faits (canaux entre la Seine et la Loire, entre la Seine et la Saône, entre la Loire et la Saône, entre le Rhône, l'Aude et la Garonne); les autres sont encore à faire (notamment à l'ouest, entre la Garonne, la Charente et la Loire.)

On voit combien cette disposition a favorisé le progrès des relations et du commerce dans notre pays.

480. — 3ᵉ Lecture: Les bassins. — Le bassin d'un fleuve est la portion de territoire dont les eaux sont recueillies soit par ce fleuve, soit par des affluents. A propos des bassins deux remarques sont nécessaires.

1° Lorsqu'une plaine est presque tout entière entourée de hauteurs et que la partie la plus basse se trouve au centre, il n'en résulte pas nécessairement que toutes les eaux de cette plaine se réunissent vers le centre pour former un seul fleuve et un seul bassin.

Exemple : Le bassin parisien est une plaine nettement circonscrite et en forme de cuvette; au centre se trouve la Seine. Or, toutes les eaux du bassin parisien ne vont pas à la Seine, le bassin de la Seine est beaucoup moins étendu que le bassin parisien. Une partie des eaux de celui-ci va à la Somme, à l'Escaut, à la Meuse, à la Loire et aux fleuves normands.

2° Le bassin d'un fleuve n'est pas nécessairement séparé du bassin voisin par une ligne de hauteurs. C'est ainsi qu'entre l'Oise, qui appartient au bassin de la Seine, et le bassin de la Somme, on ne trouve aucune hauteur. De même, entre la Seine et la Saône, la région dite des Faucilles n'est pas marquée par des hauteurs, mais au contraire par une dépression. De même encore entre Orléans, sur la Loire, et Pithiviers, sur un affluent de la Seine, on ne voit que les étendues toutes plates de la Beauce.

Au contraire, il existe parfois des hauteurs très élevées dans l'intérieur d'un bassin : c'est ainsi que les monts d'Auvergne sont situés en partie, non pas entre le bassin de la Loire et celui de la Garonne, mais dans l'intérieur même du bassin de la Loire.

La ligne de partage des eaux de deux bassins contigus ne suit donc pas toujours les plus hautes montagnes; elle n'est même pas toujours marquée par des montagnes.

481. — 4ᵉ Lecture: Pour bien connaître un fleuve, il faut connaître son bassin. — L'étude du bassin d'un fleuve est nécessaire pour comprendre son régime. Si le bassin possède une proportion considérable de montagnes et de terrains imperméables avec un climat irrégulier, il est naturel que le régime du fleuve soit irrégulier et celui-ci peu navigable. Il en va tout autrement si le bassin est surtout formé de plaines et de terrains perméables et doué d'un climat régulier. Nous verrons de nombreux exemples de cette diversité dans les chapitres qui vont suivre.

Aussi l'étude d'un fleuve doit être précédée de l'étude de son bassin, parce que celle-ci explique et éclaire celle-là.

Exercices. — Quels sont les fleuves français, leurs caractères généraux? — Citer les fleuves qui se jettent dans la mer du Nord, dans la Manche, dans l'océan Atlantique proprement dit, dans la Méditerranée? — Quel est le plus long fleuve français? Le plus volumineux? Le plus régulier? Le plus utile aux relations?

Qu'est-ce qu'un versant? Qu'est-ce qu'un bassin? En quoi la connaissance d'un versant et d'un bassin est-elle nécessaire pour bien connaître un fleuve?

Tracer la carte de la France par bassins, en indiquant la place respective des quatre grands fleuves et des fleuves secondaires?

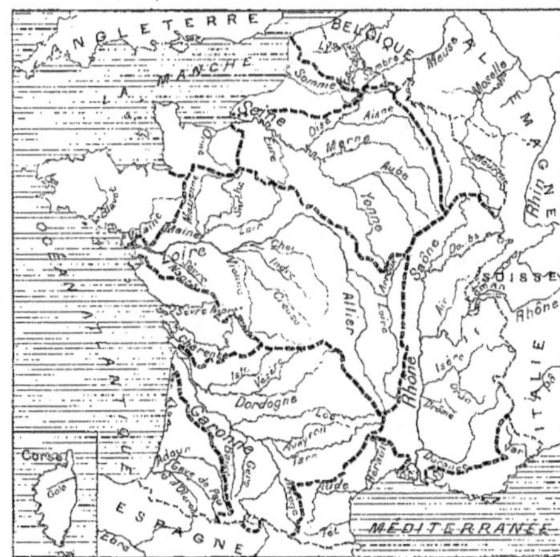

Fig. 286. — LA FRANCE PAR BASSINS.

Un bassin est comme une bouteille qui se déverserait dans la mer par une seule ouverture qui est l'estuaire ou le delta du fleuve. Un seul grand bassin français, celui de la Loire, d'ailleurs le plus étendu, s'étend tout entier en France. La Seine comprend un tout petit peu de Belgique (sources de l'Oise); tout le cours supérieur du Rhône se déroule en Suisse, dans le Valais; la Garonne a sa source dans le Val d'Aran qui appartient à l'Espagne.

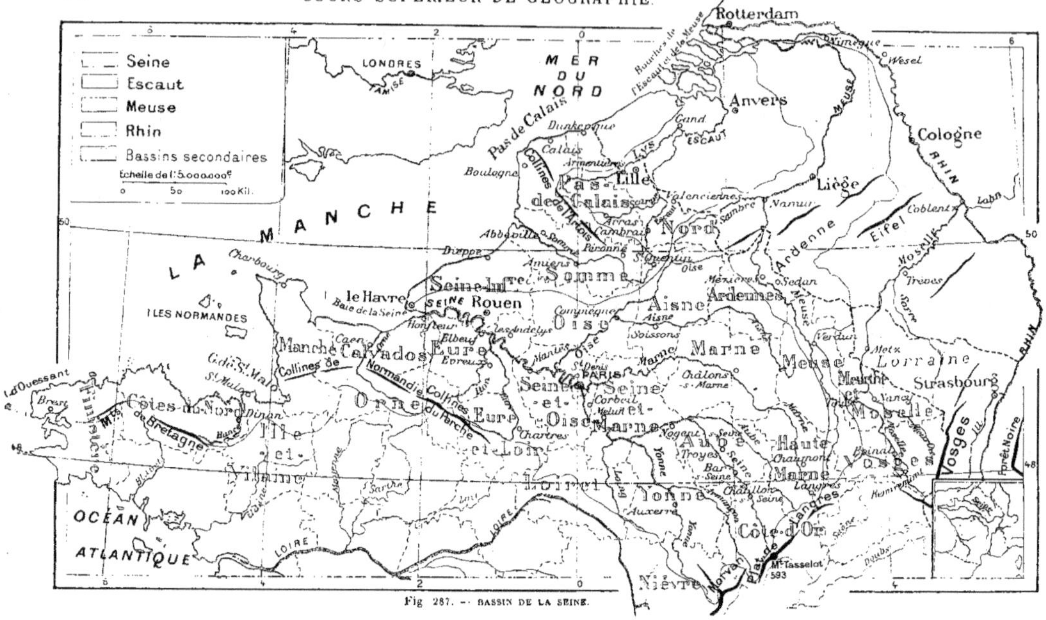

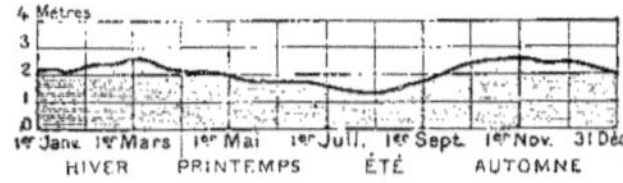

Fig. 287. — BASSIN DE LA SEINE.

2° La Seine.

482. Le cours de la Seine. — La *Seine* (776 kim.) prend sa source dans le plateau de Langres à une très faible altitude.

Elle coule d'abord dans la plaine de Champagne. Puis, après avoir longé et traversé la falaise de l'Ile-de-France, elle atteint le centre du bassin parisien. Elle n'est plus alors qu'à 26 mètres au-dessus du niveau de la mer.

En aval de Paris, elle se dirige vers la Manche en traçant des méandres nombreux entre des rives qui la dominent en falaises. Les principaux méandres sont situés près de Paris et près de Rouen.

La Seine se jette dans la Manche par un estuaire large de 10 kilomètres.

483. Affluents de la Seine. — La Seine reçoit :

1° Sur la rive droite : l'*Aube* et la *Marne*, issues du plateau de Langres; l'*Oise*, venue de Belgique, et grossie de l'*Aisne* ;

2° Sur la rive gauche : l'*Yonne*, qui descend du Morvan et reçoit l'*Armançon* ; le *Loing*; l'*Eure* et son affluent l'*Iton*, descendus des collines du Perche.

484. Régime de la Seine et de ses affluents. — Née à une altitude très faible, la Seine coule presque aussitôt en plaine ; elle a donc une pente très douce et un cours

très lent : c'est le plus lent des quatre fleuves français.

La Seine a presque tout son cours dans des terrains perméables (calcaires ou craies) ; coulant en plaine et dans des terrains perméables, elle a donc un régime relativement régulier.

Ces deux caractères sont aussi ceux de

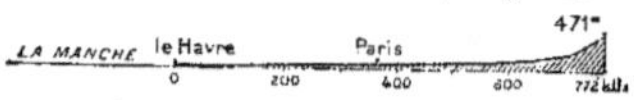

L'échelle des hauteurs est 150 fois plus grande

Fig. 288. — PENTE DE LA SEINE.

La Seine prend sa source à une très faible altitude, moins de 500 mètres, et presque aussitôt elle coule dans la plaine de Champagne : elle a donc une pente très faible ; de Paris à la mer, elle descend de 26 mètres seulement en 360 kilomètres.

presque tous ses affluents. Seule l'Yonne, née à une altitude plus forte et coulant

Fig. 289. — RÉGIME DE LA SEINE.

La Seine coule en plaine ; son bassin reçoit des pluies modérées ; le sol en est formé de terrains perméables. Toutes ces conditions concourent à valoir à la Seine un régime très égal : point de crues énormes et rapides ; jamais une baisse des eaux assez grande pour interrompre la navigation.

d'abord sur les terrains imperméables du Morvan, a un régime particulier; elle

est sujette parfois à de très fortes crues.

485. La Seine et l'homme. — Lente et régulière, la Seine est le plus navigable des fleuves français, et le plus utile à l'homme. Aucun cours d'eau français ne voit passer un plus grand nombre de bateaux et de chalands.

Aussi les populations et les villes sont-elles nombreuses sur ses bords. Les principales villes sont : *Troyes*, Melun, *Paris*, *Saint-Denis*, Mantes, les Andelys, Elbeuf, *Rouen*, Honfleur et *Le Havre*.

486. Les cours d'eau de l'est et du nord. — Ces cours d'eau sont la *Moselle*, la *Meuse* et l'*Escaut*.

1° La *Moselle*, affluent du Rhin, naît dans les Hautes-Vosges et traverse en France le plateau lorrain. Elle reçoit la *Meurthe*, venue aussi des Vosges.

Possédant une pente assez forte et un régime irrégulier, la Moselle n'est pas navigable, mais ses eaux produisent une force utilisée par l'industrie : elle arrose Remiremont, Épinal et Toul.

La Meurthe arrose *Nancy*.

2° La *Meuse* naît dans le plateau de Langres, et traverse en France le plateau lorrain avant de s'engager dans l'Ardenne. Elle ne reçoit pas en France d'affluent important : la *Sambre*, qui naît en France, ne la rejoint qu'en Belgique.

La Meuse n'a en France qu'un débit très maigre. Peu favorable au commerce et à l'industrie, elle baigne surtout des villes militaires : Verdun, Sedan, Mézières.

3° *L'Escaut* sort des collines de l'Artois et traverse en France la Flandre française. Il reçoit sur la rive gauche la *Scarpe* et la *Lys*, celle-ci en Belgique.

Rivières abondantes et régulières, l'Escaut et ses affluents favorisent la vie com-

Fig. 290. — LA SEINE AU CHATEAU-GAILLARD (EURE).

Le Château-Gaillard est une forteresse féodale qui soutint un siège fameux du roi Louis VI le Gros ; il domine la ville des Andelys, près de l'entrée de la Seine en Normandie. Le fleuve y coule entre une falaise élevée du côté concave de la courbe, et une rive basse, couverte de prairies, du côté convexe. La Seine, très lente, y embrasse des îles boisées.

merciale et industrielle des villes qu'ils arrosent. Les principales sont : *Cambrai* et *Valenciennes*, sur l'Escaut : *Arras*, sur la Scarpe ; *Armentières*, sur la Lys.

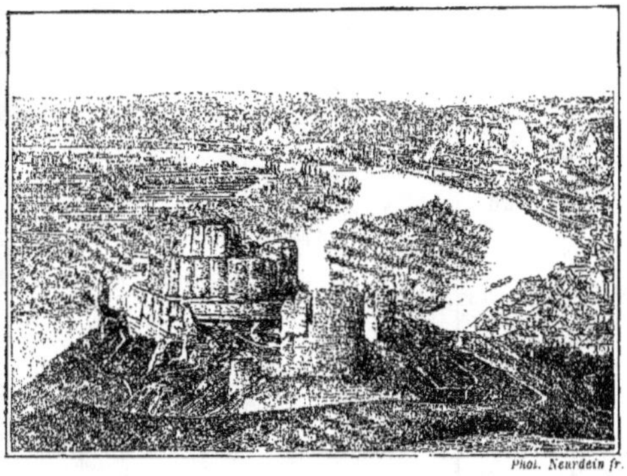

487. Fleuves secondaires du bassin parisien. — Les deux principaux sont la *Somme* et l'*Orne*.

1° La *Somme* traverse la plaine de Picardie. Très régulière et navigable, elle baigne de grandes villes industrielles : *Saint-Quentin* et *Amiens*. Malheureusement son embouchure est trop large ; ses eaux se perdent dans les sables à marée basse.

2° L'*Orne* traverse la Normandie ; elle n'est pas même navigable aux approches de la mer, et il a fallu la doubler d'un canal. Elle arrose *Caen*.

488. — 1re Lecture: « La Seine est une grande rue entre Le Havre et Paris ». — Le mot est de Napoléon Ier ; il est très juste. Du débit assez abondant et régulier, la Seine a toujours été une voie commerciale très fréquentée. Dès l'antiquité et le moyen âge, les nautonniers de Paris formaient une corporation puissante ; Paris a dû à la Seine une grande partie de son importance, et c'est pourquoi un navire figure dans ses armes.

La Seine doit une partie de son importance commerciale à son estuaire, qui a plus de 10 kilomètres de large. Entre les deux rives encombrées de bancs de sable, un chenal profond est creusé. Toutefois la navigation des petits navires y est gênée par le phénomène de la *barre* ou *mascaret*, rouleau écumeux qui se produit au point où les eaux du fleuve descendant vers la mer se heurtent

aux flots de la marée qui remontent vers l'intérieur. La rapidité de cette barre qui se déplace de l'aval vers l'amont a causé de nombreux naufrages dans la Seine maritime. Pour parer à cet inconvénient on a construit un canal unissant Le Havre à Tancarville et permettant de tourner la barre.

Grâce à la Seine, Paris est un grand port fluvial, le premier port de France ; des trains de bateaux y remontent sans cesse de la haute mer ou y descendent de la haute Seine. Il est question depuis longtemps de creuser entre Rouen et Paris un canal maritime qui permettrait aux gros navires d'accoster aux quais de la capitale. Le commerce de la Seine, et surtout celui de Paris, y gagneraient encore. Des canaux analogues ont été construits à l'étranger, notamment celui qui unit directement la ville anglaise de Manchester à la mer.

489. — 2e Lecture: Les rivières du nord de la France. — Les rivières du nord de la France sont la Sambre, affluent de la Meuse, l'Escaut et ses affluents, dont les principaux sont la Scarpe et la Lys.

Ces rivières ont un régime excellent. Coulant sur une plaine presque horizontale, en terrains généralement perméables, dans une région au climat maritime et humide, elles sont abondantes, régulières. Elles ont été facilement canalisées.

De plus, elles ont l'avantage de traverser une des principales régions industrielles de la France. Comme toutes les régions industrielles, celle-ci a besoin d'importer des matières premières (minerai de fer, laine, coton, etc.). De plus elle exporte beaucoup de houille. Pour le transport de ces matières lourdes, les rivières forment la voie la moins coûteuse et la plus utilisée. Les rivières du nord de la France ont donc assurément contribué pour une part à la prospérité de toute cette région.

490. — 3e Lecture : Méandres. — Certaines rivières, au lieu d'avoir un cours régulier et de couler droit et normalement selon la pente du pays qu'elles traversent, ont un cours sinueux formé d'une succession de courbes et de boucle. C'est ce qu'on nomme des *méandres* (du nom du fleuve Méandre, en Asie Mineure, célèbre dans l'antiquité par son cours sinueux).

La Seine, entre Paris et la mer, la Meuse

dans l'Ardenne, forment de nombreux méandres, encaissés dans les plateaux qu'elles traversent. Généralement dans un méandre, la rive concave est haute et escarpée ; le courant qui s'y heurte la creuse incessamment. Au contraire, la rive convexe est plate et basse ; les alluvions, galets, graviers, sables, apportés par la rivière, s'y déposent et forment une petite plate-forme qui s'étend sans cesse. La figure 290, qui représente la Seine à Château-Gaillard, en Normandie, montre un des méandres nombreux que le fleuve dessine entre Paris et la mer. Dans la vallée de la Meuse, c'est sur les rives convexes basses et alluviales que sont établies les cultures, les populations et les villes.

491. — 4e Lecture: Les marécages de la Somme. — La vallée de la Somme est beaucoup trop large pour la modeste rivière qui y coule aujourd'hui.

A des époques géologiques antérieures, une partie des rivières qui appartiennent aujourd'hui au bassin de la Seine, allaient se jeter dans la Somme, qui était alors un grand fleuve. Aujourd'hui cette rivière, appauvrie, ne remplit plus qu'une petite partie de son ancien lit, qui est semé d'étangs et de marécages, très abondants surtout dans la région d'Amiens.

Ces étangs ont une grande importance ; ils sont une des richesses de la vallée de la Somme. Ils servent, ainsi que la rivière, à irriguer le sol de toute cette vallée, qui est formée d'alluvions très riches, et y permet la culture des produits maraîchers. Toute la vallée de la Somme aux environs d'Amiens est couverte de jardins maraîchers qu'on appelle *hortillons*.

Exercices. — Carte du bassin de la Seine.
La Seine, son cours, ses affluents, son régime. — Importance de la Seine comme voie fluviale. — Comment pourrait-on augmenter encore l'importance commerciale de Paris?

Fig. 291. — LA SOMME, PRÈS D'AMIENS.

La Somme est la plus régulière des rivières françaises; elle coule, lente, large, profonde, dans une vallée basse que recouvrent en partie des marécages et des roselières. Près d'Amiens, ces marécages servent à des cultures maraîchères ; ils forment ce qu'on appelle les hortillons.

Les rivières du Nord, cours, affluents, régime, utilité.
Qu'est-ce qu'un méandre?
Comment se présente la rive concave d'un méandre, la rive convexe ? Où en trouve-t-on sur la Seine?
Quelle autre rivière du nord de la France en forme beaucoup?
Dessiner la carte de la Somme.

3° La Loire.

492. Cours de la Loire. — La *Loire* (1 000 km.) naît dans le Massif Central, au *Gerbier-de-Jonc*, à plus de 1 400 mètres d'altitude. Elle se termine dans l'océan Atlantique, au sud de la péninsule de Bretagne. C'est le plus long de tous les fleuves français.

Le cours de la Loire comprend trois parties principales :

1° Elle coule d'abord du sud au nord, jusqu'au Bec d'Allier, entre les chaînes

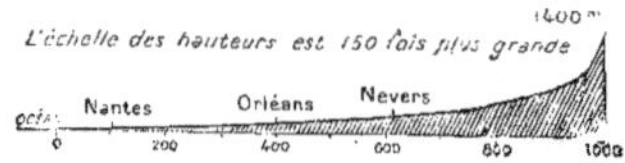

Fig. 292. — PENTE DE LA LOIRE.

La Loire a d'abord une pente très marquée dans le Massif Central jusqu'au bec d'Allier. A partir de ce point jusqu'au confluent de la Maine, sa pente reste encore relativement forte ; à Orléans, elle est cinq six fois supérieure à celle de la Seine vers Paris. C'est seulement dans son cours inférieur, à partir du confluent de la Maine, que la pente de la Loire devient faible.

orientales du Massif et les monts du Forez ; une ligne de hauteurs la sépare alors de la Saône et du Rhône qui coulent plus à l'est, parallèlement mais en sens inverse. La Loire a, dans cette première partie, un cours encaissé et une pente rapide.

2° Sortie du Massif Central, elle coule dans la plaine qui forme le bassin parisien. Elle y trace un grand coude, où sa vallée est large et sa pente plus douce quoique assez forte encore. Au sommet de ce coude, à Orléans, la Loire est relativement voisine de la Seine.

3° Elle traverse le sud du Massif armoricain. Sa pente devient insensible. Elle se termine par un large estuaire, que remonte la marée.

493. Affluents de la Loire. — La Loire reçoit :

1° Sur sa rive droite : le *Furens* et l'*Arroux*, torrents du Massif Central : la *Nièvre*, qui descend du Morvan ; la *Maine*, formée par la réunion de trois rivières notables, *Mayenne*, *Sarthe* et *Loir*, qui viennent des collines du Perche et de Normandie ;

2° Sur sa rive gauche : l'*Allier*, le *Loiret*, le *Cher*, l'*Indre*, la *Vienne*, grossie de la *Creuse*, et la *Sèvre Nantaise*.

L'Allier, le Cher, l'Indre, la Vienne et la Creuse coulent en entier ou en partie dans le Massif Central. Ce sont, avec la Maine, les affluents les plus importants de la Loire. Le Loiret, qui n'a que 12 kilomètres de longueur, n'est qu'un bras de la Loire communiquant avec elle par un lit d'abord souterrain.

494. Régime de la Loire et ses affluents. — Tout le cours supérieur de la Loire, tout celui de l'Allier, son principal affluent, enfin une partie plus ou moins longue de ceux du Cher, de la Vienne et de la Creuse sont situés dans des régions à fortes pentes et imperméables.

Aussi la Loire a-t-elle des allures torren-

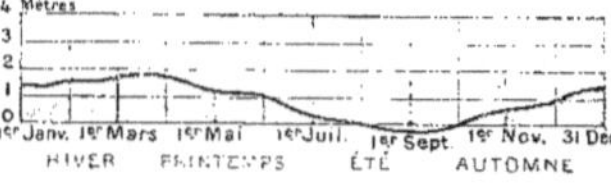

Fig. 293. — RÉGIME DE LA LOIRE.

La Loire a des pentes assez fortes dans son cours supérieur ; son haut bassin est formé presque exclusivement de roches imperméables ; enfin, si les montagnes où elle s'alimente reçoivent beaucoup d'humidité en hiver, elles ne sont point assez hautes pour conserver des neiges pendant l'été. Résultat : un fleuve très inégal, ayant assez d'eau pendant la moitié froide de l'année, presque à sec au cœur de l'été ; des crues rapides et énormes.

tielles. Elle est sujette à d'énormes crues lors de la fonte des neiges et après les pluies ; mais elle n'a presque pas d'eau en saison chaude.

La Loire est le plus inégal des fleuves français. On a vu son niveau monter de six ou sept mètres en quelques jours, et pendant une moitié de l'année elle n'a pas assez d'eau pour recouvrir les sables de son lit.

495. La Loire et l'homme. — La Loire n'est navigable que dans la partie inférieure de son cours aux abords de la mer.

Fig. 294. — LA LOIRE A LA DIGUE DE PINAY (LOIRE).

En amont du confluent de la Maine, la Loire devient de moins en moins praticable. A Orléans, c'est à peine si de faibles chalands pourraient naviguer pendant une moitié de l'année.

Jadis pourtant on put se contenter de cette navigation irrégulière. De grandes villes se sont donc élevées sur les bords de la Loire. On peut citer : Roanne et Nevers, dans le cours supérieur : Cosne, Gien, *Orléans*, Blois, *Tours*,

Saumur, dans le cours moyen ; Ancenis, *Nantes*, *Saint-Nazaire* et Paimbœuf, dans le cours inférieur et sur l'estuaire. Toutes ces villes souffrent aujourd'hui de la non-navigabilité de la Loire.

496. — 1re Lecture : Le rôle des divers affluents de la Loire. — Les grands affluents de la Loire qui lui viennent du Massif Central, c'est-à-dire l'Allier, le Cher, l'Indre et la Vienne grossie de la Creuse, sont irréguliers comme elle et contribuent à rendre ses crues encore plus dangereuses.

Par bonheur, les crues de ces rivières ne se produisent pas toutes en même temps. Quand la Loire et l'Allier ont leurs très grosses crues, la Vienne n'en a que de faibles ou même d'insignifiantes, et réciproquement. En outre, ces crues n'arrivent pas ensemble à leur point de confluence ; la crue de l'Allier avance généralement de quelques heures sur la crue de la Loire : celles du Cher et de la Vienne arrivent longtemps avant, parfois deux ou trois jours plus tôt ; et quand leurs torrents d'eau arrivent à la Loire, le gros de la crue de celle-ci est encore assez loin. Si toutes ces crues coïncidaient, le débit de la Loire inférieure en temps de crue serait effroyable.

Dernière circonstance favorable : la Loire est bordée dans son cours moyen de vals plats et bas où ses eaux en crue se répandent. Elles les inondent, en ravagent les cultures, en détruisent les habitations, mais c'est au détriment de leur volume total. Cette circonstance amortit les crues : une crue de 10 000 mètres cubes à Orléans n'est plus que de 8 000 à Ancenis. Les crues de la Loire supérieure vont en diminuant progressivement d'importance de Nevers à la mer.

497. — 2e Lecture : La navigabilité de la Loire. — La Loire est un fleuve très inégal : son débit à Orléans varie de 25 à

Fig. 295. — LA LOIRE A CHAMPTOCEAUX (MAINE-ET-LOIRE).

Fig. 294-295. — LA LOIRE EN MONTAGNE ET EN PLAINE.

La Loire dans le Massif Central n'est qu'un torrent très rapide et prodigieusement irrégulier, qui coule à travers de nombreux défilés : la digue de Pinay fut construite en amont de Roanne, dans un de ces défilés, pour retenir une partie de l'énorme masse d'eau que la Loire roule dans ses grandes crues. En plaine, la Loire s'étend largement dans sa vallée : ses eaux argentées se divisent autour d'îles riantes et boisées.

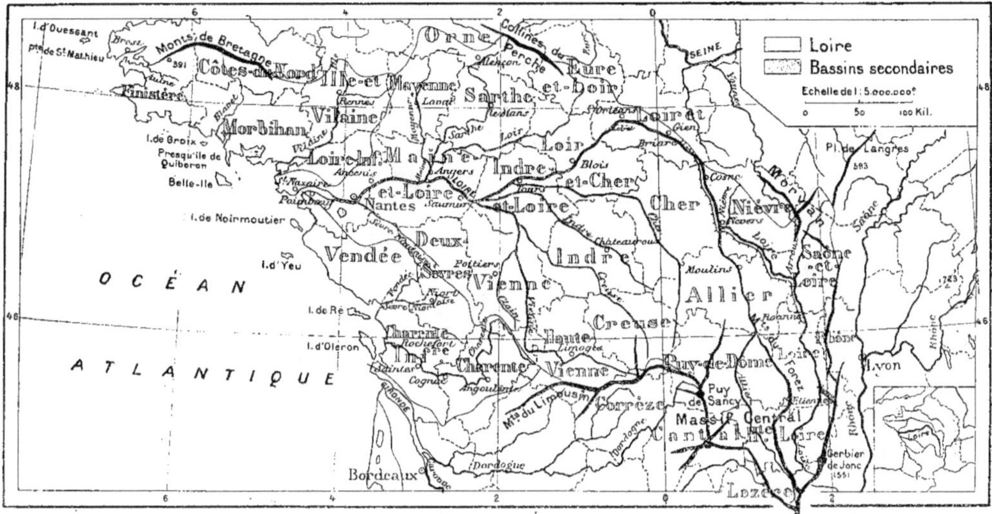

Fig. 296. — BASSIN DE LA LOIRE.

10000 mètres cubes. Pendant 220 jours de l'année, la Loire n'a pas plus de 0 m. 50 de hauteur d'eau. Son débit est tantôt trop pauvre, tantôt trop rapide pour permettre la grande navigation.

La batellerie n'a donc jamais trouvé sur la

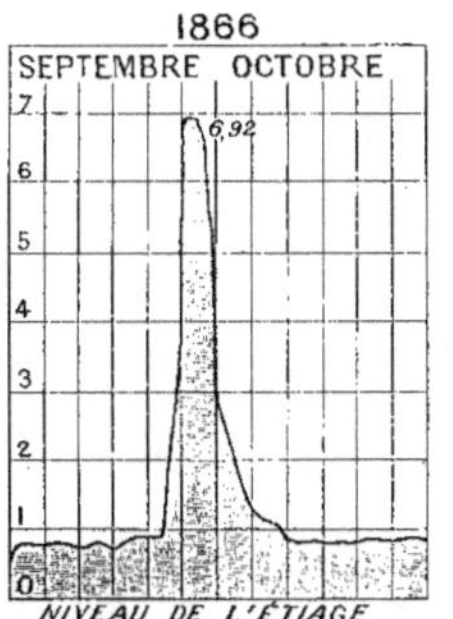

Fig. 297. — LA CRUE DE LA LOIRE A ORLÉANS EN 1866.

La Loire a des crues considérables et brusques, qui élèvent son niveau de plusieurs mètres en quelques jours et passent en crevant les digues riveraines, en inondant les villes et les parties basses voisines du fleuve. Les trois grandes crues de la Loire au XIXe siècle ont été celles d'octobre 1846, de mai-juin 1856 et de septembre 1866; cette dernière porta le niveau de la Loire à Orléans de 0m.90 à 6m.92 en 4 jours, du 22 au 25 septembre; le niveau du fleuve était redescendu à moins de 1 mètre le 10 octobre.

Loire de grandes commodités. Pourtant, avant l'usage du chemin de fer, quand la Loire n'avait à lutter que contre la concurrence de routes souvent mal entretenues, on s'en servait tant bien que mal. Des bateaux montaient et descendaient le fleuve depuis la mer jusqu'à Nevers et même jusqu'en Auvergne; c'étaient des bateaux à faible tirant d'eau, allant à la voile. Orléans était un port fluvial assez prospère et c'était, grâce à la Loire, une des principales places du commerce intérieur de la France. Mais la navigation resta toujours précaire; les chômages duraient parfois plus de la moitié de l'année, et les échouages étaient nombreux, surtout à la descente. Madame de Sévigné raconte un voyage accidenté qu'elle fit ainsi en descendant la Loire, d'Orléans à Nantes.

Le développement des chemins de fer a tué la navigation sur la Loire. La grande ligne de Paris à Orléans, Tours, Nantes et Saint-Nazaire fut complètement achevée en 1850; l'activité de la Loire, qui était grande encore, disparut alors complètement en quelques années. Aujourd'hui, on ne voit presque aucun bateau passer sur la Loire dans le cours moyen.

On a essayé d'améliorer le cours du fleuve, en élevant notamment des digues submersibles dans son lit, de façon à obliger les eaux à se concentrer au temps des basses eaux, dans un chenal réduit. Les résultats n'ont pas été aussi satisfaisants qu'on le pensait, et le système a été abandonné.

On a aussi projeté la construction, sur la haute Loire et sur l'Allier, de barrages de retenue. Ces barrages retiendraient une partie des eaux en temps de crue et les crues seraient diminuées d'autant; en laissant ensuite s'écouler les eaux retenues précédemment, ces barrages empêcheraient le fleuve de s'assécher presque complètement à l'époque de la saison chaude. Mais trois seulement de ces barrages ont été construits jusqu'à ce jour, entre autres le barrage de Pinay, dans le département de la Loire, en amont de Roanne.

Beaucoup jugent que ces améliorations resteront insuffisantes pour faire de la Loire un fleuve vraiment navigable. Ils réclament l'exécution d'un canal latéral à la Loire moyenne, de Briare à Nantes, comme il en existe déjà un sur la Loire supérieure, entre Roanne et Briare.

498. — 3e LECTURE : **Où sont bâties les villes de la Loire.** — A partir de Nevers, la Loire trace un certain nombre de courbes. Dans toutes ces courbes, la rive concave est toujours escarpée, la rive convexe est toujours plate. Cette dernière est protégée par une ligne presque ininterrompue de digues en pierres et en terre, ayant 5 à 7 mètres de hauteur et dont la construction remonte au moins à l'époque de Charlemagne. Ces digues ne forment qu'une protection insuffisante; elles sont rompues à chaque grande crue extraordinaire. On ne compta pas moins d'une centaine de brèches de ce genre pendant chacune des inondations de 1846, 1856 et 1866, les plus fameuses du XIXe siècle.

En prévision des inondations terribles du fleuve, les villes de la Loire se sont donc toujours bâties de préférence sur la rive haute, sur la rive concave.

Gien, Orléans, Blois, situés sur la grande courbe que la Loire fait vers le nord, sont bâties au nord du fleuve, sur sa rive droite, qui est ici sa rive concave et haute. Au contraire, Tours et Saumur, situées sur la courbe que la Loire fait ensuite vers le sud, sont bâties au sud du fleuve, sur la rive gauche, qui est là sa rive haute et concave.

Exercices. — Carte du bassin de la Loire.

La Loire : nature de son bassin (relief, sol, climat).

Conséquences pour son régime. La Loire est-elle navigable? L'a-t-elle été jadis? Quelles villes arrose-t-elle?

Les affluents de la Loire, leur nature, et leur vie.

Comparer la Loire et la Seine.

12**

4° Les fleuves secondaires de l'ouest.

499. Les fleuves bretons. — Les fleuves de la péninsule Armoricaine se jettent au nord dans la Manche, à l'ouest et

Fig. 298. — CARTE DES FLEUVES BRETONS.

La Bretagne, dont le climat est très humide, a de nombreux fleuves ; mais, en raison du peu de la largeur de la péninsule et de la place qu'y occupent les montagnes, tous ces fleuves sont courts et sont sans importance sauf aux abords de la mer, qui a creusé et élargi leurs estuaires. Les principaux fleuves bretons sont la Rance, l'Aulne, le Blavet et la Vilaine, grossie de l'Ille.

au sud dans l'océan Atlantique. Mais ils ont tous les mêmes caractères.

Les principaux de ces petits fleuves sont : au nord, la *Rance* ; à l'ouest, l'*Aulne*, qui se termine dans la rade de Brest ; au sud, le *Blavet* grossi du Scorff, et la *Vilaine*, grossie de l'*Ille*.

Les fleuves de Bretagne sont nombreux, mais courts et peu abondants. La plupart d'entre eux ne sont pas navigables. Mais ils se terminent par de vastes estuaires, que la mer creuse et élargit, et qui sont accessibles aux grands navires à marée haute. Leurs vallées sont très pittoresques.

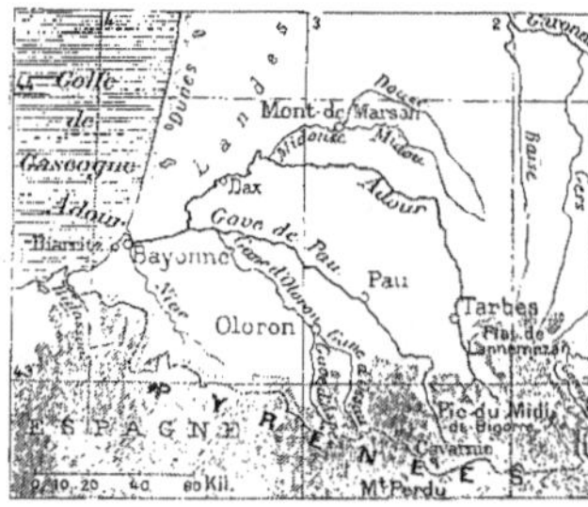

Photo Fougère.

Fig. 299. — L'ESTUAIRE DE LA RIVIÈRE DE MORLAIX.

La rivière de Morlaix est un type de rivière bretonne. Elle est toute courte, et n'a pas en tout 20 kilomètres depuis sa source jusqu'à son embouchure ; mais la mer y remonte jusqu'à Morlaix, à six kilomètres environ dans l'intérieur, et le cours d'eau, qui n'était qu'un torrent sans importance, s'élargit, se creuse, devient accessible à des bateaux de mer d'un moyen tonnage ; il existe un service régulier de bateaux à vapeur entre Morlaix et le Havre. La rivière est ici représentée presque à marée basse ; à marée haute, la mer s'élève jusqu'au milieu de la muraille qui borde la route.

500. — LECTURE : Les rias. — La plupart des fleuves bretons se terminent dans la mer par des échancrures de la côte, étroites, longues et profondes, que les savants appellent des *rias*, du nom dont on désigne ces sortes d'embouchures en Espagne, où on les a d'abord étudiées.

Les rias bretonnes sont assez semblables aux fjords norvégiens. Il est probable que ce sont d'anciennes vallées creusées par les eaux courantes, qui, le sol s'étant affaissé, ont été envahies par la mer. Quelques-uns de ces rias ont des profondeurs de 10 à 12 mètres et peuvent recevoir de grands navires. C'est ainsi que le port militaire de Brest, qui reçoit les cuirassés du plus gros tonnage, est établi dans l'estuaire d'un fleuve côtier qui n'a pas 10 kilomètres de longueur totale.

Rien n'est plus pittoresque que ces rias bretonnes : la plus connue est celle de la Rance, sur la côte septentrionale, près de Saint-Malo. Sur chacune d'elles est presque toujours située une petite ville qui est un petit port de commerce ; grâce à elles l'influence maritime se fait sentir sur toute la zone côtière de la Bretagne jusqu'à 6 ou 8 kilomètres de la mer, parfois même davantage.

Exercices. — Carte des fleuves bretons.
Indiquer les principaux caractères des fleuves bretons. Quelle est l'importance des estuaires des fleuves bretons ?

501. La Sèvre Niortaise et la Charente.

— Entre la Loire et la Gironde se jettent deux petits fleuves côtiers, la Sèvre Niortaise et la Charente. 1° La *Sèvre Niortaise* coule de l'est à l'ouest à travers la plaine du Poitou. Elle reçoit la *Vendée*, qui vient du Bocage vendéen. Elle se jette dans l'Océan en face de l'île de Ré.

Coulant en plaine et en terrain perméable, la Sèvre Niortaise a un régime très régulier. Elle sert à la navigation et à l'irrigation de la région très fertile qu'elle traverse (*Marais Poitevin*). Elle contribue ainsi à la prospérité de la ville de *Niort*.

2° La *Charente* naît dans le Limousin, à la limite occidentale du Massif Central. Mais elle coule presque aussitôt en plaine et en terrain calcaire perméable. Elle y reçoit des sources abondantes.

qui en font un fleuve de débit abondant et de régime régulier.

Aussi la Charente est-elle navigable. De plus, elle se termine par un large estuaire. Elle contribue à la prospérité commerciale de la ville d'*Angoulême*, établie sur son cours moyen, ainsi que des villes de Cognac et de Saintes, situées en aval d'Angoulême. À son embouchure est situé le port militaire de Rochefort.

502. — 1ʳᵉ LECTURE : Le Marais. — La

Fig. 300. — SÈVRE NIORTAISE ET CHARENTE.

Entre la Loire et la Gironde se jettent dans l'Océan deux petits fleuves côtiers : 1° la Sèvre Niortaise, qui coule au fond de l'ancien golfe du Poitou et reçoit la Vendée ; 2° la Charente qui vient du Limousin, traverse les plaines d'Angoulême, de Cognac et de Saintes, et se jette dans la mer un peu en aval de Rochefort. — Ces deux rivières, qui coulent en plaine et sur des terrains perméables, ont un régime très régulier.

Sèvre Niortaise, ainsi que la Vendée, son affluent, sont elles-mêmes des rivières peu importantes. Mais elles rendent de grands services à la culture. Toute la région qui s'étend entre le confluent des deux rivières et la mer est en effet formée par une plaine alluviale et marécageuse que l'on appelle le *Marais*. Cette région fut longtemps très pauvre et très malsaine. Le cardinal de Richelieu, qui fut évêque de Luçon, la définissait « l'évê-

Fig. 301. — LE BASSIN DE L'ADOUR.

Le bassin de l'Adour occupe la partie sud-ouest de la grande plaine d'Aquitaine ; il reçoit les eaux des Pyrénées occidentales et d'une partie des Pyrénées centrales. L'Adour lui-même, qui naît un peu en avant de la chaîne des Pyrénées, a un débit relativement faible, mais un régime régulier et une pente peu forte ; il est donc navigable. Les torrents pyrénéens, ou gaves, dont le principal est le Gave de Pau, sont énormes à la fonte des neiges, mais irréguliers et complètement inutilisables pour la navigation.

ché le plus pauvre et le plus crotté du royaume ». Jusque vers 1860, on n'y circula

guère qu'en bateaux, sur les canaux de dessé-
chement, ou en s'aidant de longues perches
pour franchir les fossés larges et boueux.
Certaines parties en étaient surnommées la
petite Hollande.

Aujourd'hui, le Marais a été drainé par de
grands canaux navigables, qui ont enlevé à la
terre le trop-plein de ses eaux et lui fournissent l'humidité aux temps de sécheresse.
La terre était d'ailleurs fertile et
le climat était tempéré. Le Marais
forme maintenant un véritable
potager, une des régions de cultures maraîchères les plus riches
de France. On y cultive en grand
presque tous les légumes.

La Sèvre Niortaise et la Vendée
rendent, en résumé, le même service ici que la vallée de la Somme
en Picardie.

503. — 2ᵉ Lecture : La Charente, type de rivière régulière.

La Charente est le type
de la rivière coulant dans une
plaine perméable. Elle coule à
travers le calcaire, qui lui prend
une partie de son eau en temps de
crue pour la lui rendre aux époques de sécheresse. Dès qu'elle
est sortie du Massif Central, elle
n'a plus que quelques mètres à
descendre sur un long parcours.
La pente est si faible que la marée remonte dans la Charente
jusqu'au-dessus de Saintes.

La Charente est presque aussi régulière
que la Somme. Son débit moyen est de près
de 100 mètres cubes; ses crues ordinaires
n'atteignent pas 150 mètres cubes.

Ses affluents, d'ailleurs peu importants, ont
tous le même caractère paisible.

Exercices. Carte des rivières de
l'Ouest.
Que savez-vous de la Sèvre Niortaise?
de la Charente? — Qu'est-ce que le Marais?

504. L'Adour.

L'*Adour*
naît en avant des Pyrénées, près
du pic du Midi de Bigorre. Il trace
un grand coude à travers la plaine
du Sud-Ouest, avant de se jeter
dans le golfe de Gascogne. Il reçoit : 1° sur la rive droite, la
Midouze; 2° sur la rive gauche, le
Gave de Pau, grossi du Gave
d'Oloron et de plusieurs autres
gaves descendus des Pyrénées.

L'Adour et la Midouze, qui coulent en plaine et en terrain perméable, ont un débit faible mais
un régime régulier : l'un et l'autre sont navigables sur leur cours
inférieur. Au contraire, les gaves
coulent en montagne ; ce sont des
torrents très irréguliers et inutilisables pour la navigation.

L'Adour arrose *Tarbes* et *Bayonne*. Le
gave de Pau arrose *Pau*.

505. — 1ʳᵉ Lecture : Qu'est-ce qu'un gave?

L'Adour est une rivière de plaine ;
elle est assez pauvre en eau, mais elle est
lente et navigable. Au contraire, les gaves
sont des torrents de montagnes, impétueux et
très irréguliers. Le gave de Pau a des eaux

cristallines, un cours bruyant, un lit encombré de rochers. Il naît au fond du cirque de
Gavarnie par une cascade haute de 400 mètres; il en sort, en aval de Lourdes, par une
gorge étroite et très pittoresque. Au printemps
et dans la première partie de l'été, pendant
tout le début de la saison chaude, la fonte
des neiges du Vignemale et des hauts sommets pyrénéens du voisinage, lui apporte des

Photo Labouche.

Fig. 302. — LE CIRQUE DE GAVARNIE (HAUTES-PYRÉNÉES)

Le cirque de Gavarnie, est un des points les plus pittoresques de la chaîne des Pyrénées. Le Gave de Pau y naît par une grande cascade qui n'a pas moins de 400 mètres de hauteur : c'est un énorme torrent pendant tout le début de la saison chaude, à la fonte des neiges.

torrents d'eau fraîche, qui en font une rivière
puissante et fantasque, magnifique mais inutile.

Quand le Gave et l'Adour se réunissent, le
Gave apporte bien plus d'eau, mais l'Adour,
pauvre rivière, porte des barques : c'est
pourquoi il a donné son nom à l'ensemble de

Photo Lalanne.

Fig. 303. — UN ÉTANG DANS LES LANDES.

Les Landes forment une plaine presque horizontale; le sous-sol est formé d'alios, sorte de grès imperméable qui es très dur. Les eaux de pluie séjournent donc à la surface en étangs et en marécages. Le plus grand nombre de ceux-ci a été desséché grâce à des rigoles d'écoulement, et les Landes assainies sont aujourd'hui une région de bois de pins qu'on exploite pour la résine.

leurs eaux. L'Adour est navigable dans son
cours inférieur et porte des navires jusqu'à
Bayonne; malheureusement une barre rend
l'entrée du fleuve assez difficile malgré les
efforts qui ont été faits pour l'améliorer. Le
fait est d'autant plus remarquable que toute
la côte voisine est inhospitalière, et que, des
Pyrénées jusqu'à l'estuaire de la Gironde, on
ne trouve pas un seul port pouvant servir de
bon abri.

506. — 2ᵉ Lecture : L'eau dans les Landes.

Entre la Gironde et l'Adour,
le long de la région des Landes, l'océan
Atlantique ne reçoit pas une seule rivière
notable. Les Landes, en effet, ne possèdent
pas de cours d'eau.

Leur sol, recouvert à la surface d'une couche
de sable, est formé en profondeur par une
sorte de grès très dur et imperméable, appelé
alios, et semblable à une cara-
pace. Sur ce sol, presque horizontal et imperméable, les pluies
d'hiver étendent de grandes fla-
ques d'eau qui formèrent longtemps marécages, condamnant le
pays à l'insalubrité et à la stérilité : longtemps on ne put circuler
dans les Landes qu'à l'aide de
grandes échasses. C'est seulement
de nos jours, qu'on a commencé à
drainer ces marécages, en creusant de grands puits ou *crastes*,
auxquels aboutissent de nombreuses rigoles d'écoulement.

Le pays s'est dès lors rapidement transformé. Auparavant,
toute mise en valeur du sol était
impossible, et l'on ne trouvait
dans les Landes, outre les marécages, que des bruyères, des
ajoncs et des genêts, un petit nombre de troupeaux de moutons. La
population était peu nombreuse,
souffreteuse, souvent ravagée par
la fièvre. Le dessèchement, commencé vers 1850, est maintenant
très avancé; la plupart des marécages superficiels ont disparu, et l'on a pu planter le sol
qui est aujourd'hui couvert de forêts de pins
d'un bon rapport.

La résine fournie par les pins des
Landes, constitue aujourd'hui une ressource
vraiment importante.

Mais il existe toujours une ligne
d'étangs parallèle à la côte. En effet,
les dunes qui bordent le littoral,
empêchent les eaux de l'intérieur
de pouvoir couler jusqu'à la mer.
Ces eaux s'arrêtent donc au pied des
dunes, et, en s'y accumulant, elles
y ont formé une ligne continue d'é-
tangs, dont le principal est celui de
Cazau. Tous ces étangs, allongés
au pied des dunes, parallèlement à
la mer, communiquent entre eux
par des canaux naturels assez
profonds et très lents, qui se déversent dans le bassin d'Arcachon,
lequel communique avec l'océan
Atlantique.

On a pensé qu'un aménagement
peu difficile permettrait d'en faire
une voie navigable unissant directement la Garonne avec l'Adour,
Bordeaux avec Bayonne.

Au milieu de la côte des Landes,
le *bassin d'Arcachon*, plat et vaseux,
est lui-même un grand étang; mais
cet étang communique avec la mer
par un passage du reste assez étroit,
et ses eaux sont salées.

Exercices. — Carte du bassin de l'Adour.
Quel est le cours de l'Adour?
Quels sont ses affluents?
Comparer l'Adour et le Gave de Pau.
L'eau dans les Landes. Quelle est son origine?
Pourquoi y séjourne-t-elle ?
Comment a-t-on fait pour dessécher le pays?
Quel était autrefois et quel est aujourd'hui l'aspec
de la régions des Landes?

5° La Garonne.

507. Cours de la Garonne. — La *Garonne* (720 kilomètres) naît dans la vallée d'Aran, dans les Pyrénées centrales, en Espagne. Mais elle entre presque aussitôt en France, au Pont du Roi. Elle se jette dans l'océan Atlantique au nord de la région des Landes, en face de l'île de Cordouan.

La Garonne coule d'abord du sud-est au nord-ouest, à travers les Pyrénées. Puis, arrêtée par le plateau de Lannemezan, elle tourne au nord-est.

Arrêtée une seconde fois, vers Toulouse, par les premières hauteurs du Massif Central, elle reprend la direction du nord-ouest qu'elle ne quitte plus ; elle arrive ainsi à la mer. Elle s'y jette par un estuaire très long et très large, qui porte le nom de *Gironde*.

La Garonne coule en plaine sur la plus grande partie de son cours.

508. Affluents de la Garonne. — Coulant dans un bassin encadré de hautes montagnes, la Garonne reçoit de nombreux affluents. Les principaux sont :

1° Sur la rive droite : l'*Ariège*, issu des Pyrénées ; le *Tarn*, qui reçoit l'*Agout* et l'*Aveyron* ; le *Lot*, grossi de la *Truyère* ; la *Dordogne* qui reçoit la *Vézère*, grossie de la Corrèze. Ces trois derniers affluents sont les plus importants de la Garonne : ils viennent du Massif Central.

2° Sur la rive gauche : la *Neste*, qui vient des Pyrénées ; le *Gers* et la *Baïse*, rivières du plateau de Lannemezan.

En résumé, d'après la région d'où ils viennent, les affluents de la Garonne se divisent en trois groupes principaux. On distingue : ceux qui viennent des Pyrénées, ceux qui viennent du plateau de Lannemezan,

et ceux qui viennent du Massif Central.

509. Régime de la Garonne et de ses affluents. — Coulant surtout en plaine, la Garonne a une pente plutôt douce :

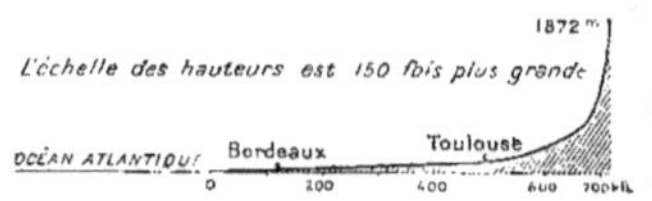

Fig. 305. — PENTE DE LA GARONNE.

La Garonne naît au milieu des Pyrénées centrales à une assez grande altitude ; sa pente commence donc par être très forte. Mais bientôt après, la Garonne entre dans la plaine, et dès lors sa pente, tout en étant supérieure à celle de la Seine, devient relativement douce.

sans être aussi faible que celle de la Basse-Seine, cette pente est bien moindre que celle de la Loire moyenne.

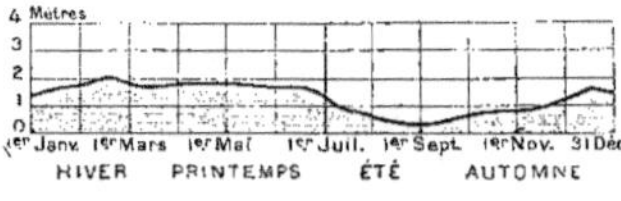

Fig. 306. — RÉGIME DE LA GARONNE.

La Garonne coule surtout en plaine et dans des terrains perméables. Mais son cours supérieur se déroule dans des montagnes hautes et inclinées ; en outre, ses affluents du Massif Central traversent une région accidentée et formée de roches imperméables en partie. Le régime de la Garonne est donc assez peu régulier. Le fleuve a parfois, à la fonte des neiges, des crues considérables : ex. en 1875. Toutefois, comme les neiges pyrénéennes alimentent la Garonne, celle-ci n'a guère que deux mois de faible débit, août et septembre, les neiges des montagnes étant alors presque fondues et la saison d'été y étant généralement très sèche.

Recevant, soit par elle-même, soit par ses affluents, les eaux du Massif Central et des Pyrénées, la Garonne a un débit abondant, même pendant une partie de l'été, grâce à la fonte des neiges pyrénéennes.

Mais, bien qu'elle coule principalement sur un terrain perméable, la Garonne est beaucoup moins régulière que la Seine. Ses affluents du Massif central, semblables à la Loire, ont des crues abondantes aux époques de pluie, printemps et automne. Les rivières pyrénéennes ont leurs débits les plus abondants au printemps, et

dans la première partie de l'année, quand fondent les neiges. La Garonne est sujette parfois à des inondations terribles. La plus connue est celle du mois de juin 1875 qui causa d'immenses ravages dans toute la région de la Garonne, et notamment à Toulouse.

510. La Garonne et l'homme. — La Garonne est navigable toute l'année sur une grande partie de son cours. Elle a assez d'eau pour alimenter un grand canal latéral. Elle est l'artère vivante de la grande plaine qu'elle traverse. Aussi, malgré ses inondations, les villes sont-elles nombreuses sur ses bords.

Les principales sont : Saint-Gaudens et Muret, dans le cours supérieur ; *Toulouse*, au coude que forme la Garonne vers l'est ; Agen, Marmande, La Réole et *Bordeaux* sur la Garonne inférieure ; enfin sur la Gironde sont Blaye, Pauillac et Royan.

511. — 1re LECTURE : Les affluents de la Garonne. — Les rivières qui forment la Garonne se répartissent en trois principaux groupes : celles qui viennent des Pyrénées, celles qui viennent du plateau de Lannemezan, celles qui viennent du Massif Central.

Celles qui viennent des Pyrénées sont la *Neste*, l'*Ariège* et la *Garonne* elle-même. Ce sont des torrents de montagnes à la pente rapide, au débit irrégulier, mais puissants. Ils ont leur maximum de débit au moment de la fonte des neiges qui couvrent les sommets pyrénéens, c'est-à-dire depuis la mi-février environ jusqu'en juin ou juillet. L'hiver, ils sont peu abondants parce qu'alors l'humidité tombe sur les sommets sous la forme de neige qui séjourne sur les pentes et ne coule pas immédiatement aux cours d'eau.

Celles qui viennent du plateau de Lannemezan sont le *Gers* et la *Baïse*. Elles sont aussi longues, mais bien moins abondantes que les rivières pyrénéennes. C'est qu'elles drainent l'humidité peu abondante d'une région peu étendue, et n'ont que des bassins de dimension restreinte. Ce sont les seules rivières notables de France dont on évalue le débit à la seconde en litres et non en mètres cubes. Elles ont du reste, rarement il est vrai, des crues soudaines et formidables.

Celles qui viennent du Massif Central sont le *Tarn*, le *Lot* et la *Dordogne*. Elles sont toutes fort longues, mais peu utilisables. Leur pente est trop marquée, leur débit est fort peu régulier. Ces rivières, qui ont beaucoup de ressemblance avec la Loire, roulent une assez grande quantité d'eau pendant la saison froide, d'octobre à avril ; mais, lorsque mai a fondu les dernières neiges qui couvraient le Massif Central, leurs lits s'assèchent ; on y voit émerger des plages de sable, ou des bancs de cailloux et de roches. Le Tarn n'est navigable que dans son cours inférieur, à partir d'Albi ; le Lot l'est un peu plus parce qu'on l'a aménagé, canalisé ; la Dordogne ne porte vraiment bateau qu'un peu en amont du bec d'Ambès, jusqu'à Bergerac.

Les différentes catégories d'affluents de la Garonne sont donc assez peu navigables par elles-mêmes. Mais leurs régimes se compensent, pour ainsi dire, et il en résulte que le fleuve formé par leur réunion présente une régularité relative de débit. Sans être aussi égale, à beaucoup près, que la Seine, la Ga-

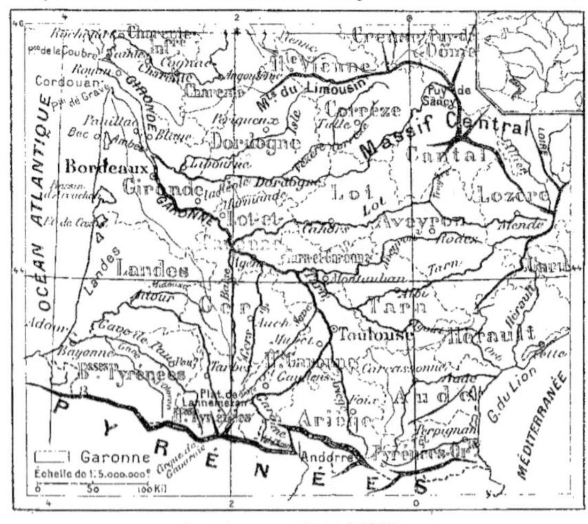

Fig. 304. — BASSIN DE LA GARONNE

ronne est cependant très supérieure à la Loire pour les services qu'elle rend.

512. — 2ᵉ LECTURE : Les inondations de la Garonne. — La Garonne n'est ni un fleuve tout à fait sauvage comme la Loire, ni un fleuve tout à fait docile comme la Seine. Elle a des inondations assez rares, mais terribles. Ces inondations se produisent généralement de décembre à juin, quand les pluies abondantes et tièdes fondent les neiges des Pyrénées. Au cours d'une de ces inondations, le niveau de la Garonne est monté de plus de 12 mètres à Castets.

La ville la plus souvent éprouvée par ces inondations est la ville de Toulouse. C'est que Toulouse est située en un point du cours du fleuve où toutes les eaux des Pyrénées sont venues confluer dans la Garonne et où les crues ont leur maximum d'intensité. De plus, le lit de la Garonne est, dans cette région, assez resserré, en sorte que le niveau du fleuve y monte encore plus rapidement qu'en amont et en aval.

L'inondation la plus terrible de celles que Toulouse ait éprouvée fut celle de juin 1875. Le faubourg Saint-Cyprien, situé sur la rive gauche (la plus basse) et qui comportait alors 20 000 habitants environ, fut presque entièrement rasé ; 7000 maisons furent détruites, plusieurs centaines de personnes noyées. Les pertes matérielles s'élevèrent à 85 millions de francs. La campagne, aux environs, fut recouverte de galets et de graviers qui la rendirent infertile pendant plusieurs années.

513. — 3ᵉ LECTURE : La Gironde. — La Gironde n'est autre chose que l'estuaire de la Garonne, lequel commence au bec d'Ambès, après que la Garonne a reçu son dernier grand affluent, la Dordogne.

La Gironde a 73 kilomètres de long, depuis le bec d'Ambès, jusqu'à son embouchure dans l'océan Atlantique, entre les pointes de la Coubre et de Graves, en face de l'îlot de Cordouan.

Elle possède deux rives très différentes. La rive droite est haute, formée de falaises crétacées qui prolongent la Saintonge et rappellent celles entre les-

quelles s'ouvre l'estuaire de la Seine. Au contraire, la rive gauche est basse, sableuse et marécageuse ; des dépôts d'alluvions fluviales s'y accumulent sans cesse : c'est déjà le pays des Landes qui commence ; on récolte sur cette rive les raisins qui donnent les vins fameux du Médoc.

L'estuaire lui-même a une largeur considérable qui varie de 2 kilomètres jusqu'à 12 kilomètres ; parfois d'une rive, on ne distingue pas la rive d'en face ; à l'embouchure, entre les pointes de la Coubre et de Graves, la Gi-

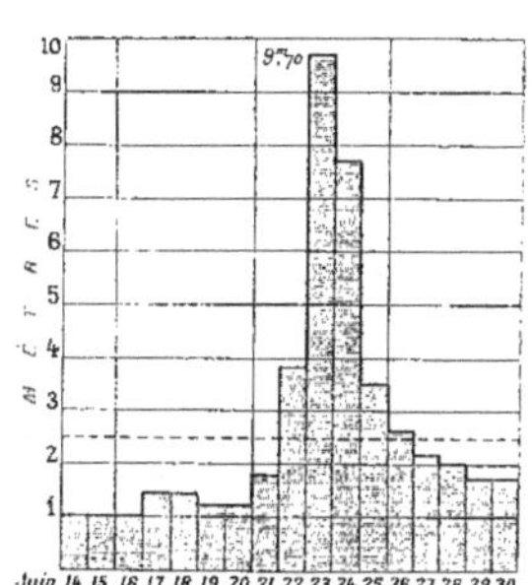

Fig. 307. — LA CRUE DE LA GARONNE A TOULOUSE EN JUIN 1875.

La crue de la Garonne en juin 1875 est une des plus fortes crues connues de ce fleuve ; elle fut causée par une fonte de neiges tardive accélérée par plusieurs jours de pluies tièdes, abondantes et continues. A Toulouse, elle causa des ravages épouvantables. Le niveau du fleuve, qui était à 1 mètre le 16 juin et à 1 m. 20 seulement le 20 juin, s'éleva brusquement à 1 m. 75 le 21, à 3 m. 80 le 22, à 9 m. 70 le 23 à 8 heures du soir. Puis le fleuve commença à descendre ; le 24, il ne marquait plus que 7 m. 70 ; le 25, il était à 3 m. 50 ; le 29, il était tombé à 1 m. 75 seulement.

Photo Labouche.

Fig. 308. — LA GARONNE AU PONT DU ROI (FRONTIÈRE ESPAGNOLE).

Fig. 308-309. — LA GARONNE.

La Garonne n'est encore qu'un torrent pyrénéen quand sortant du Val d'Aran, au Pont du Roi, elle quitte l'Espagne pour la France. A Bordeaux, un peu en amont du Bec d'Ambès où elle devient la Gironde, c'est un fleuve large et profond que remontent de gros navires ; grâce à la Gironde et à la Garonne, Bordeaux est le quatrième port de France.

mer. Elle mérite encore le nom de golfe marin par sa profondeur, par le degré de salure de ses eaux, et par la nature des animaux qu'on y trouve et qui sont des animaux marins.

C'est à la largeur et à la profondeur de la Gironde que Bordeaux doit d'être devenu un grand port de mer, bien que situé à près de 100 kilomètres de l'Océan Atlantique. Mais l'obligation pour les navires de se détourner de leur route pour atteindre Bordeaux en remontant l'estuaire de la Gironde nuit au dé-

ronde mesure un peu moins de 5 kilomètres. La Gironde est encombrée par les sables et les graviers apportés par la Dordogne et par la Garonne. Tandis que les courants de l'une et de l'autre, se continuant dans la Gironde sur la rive droite et sur la rive gauche, y tracent des chenaux profonds, de cinq et six mètres, assez pour donner passage à des navires d'un fort tonnage, le milieu s'encombre de plus en plus de bancs de sables qui semblent prolonger le bec d'Ambès et forment une ligne d'îles discontinues visibles aux basses eaux. Ces îles grandissent rapidement. La dernière apparue, l'île Saint-Louis, née en 1825, a déjà 32 hectares de superficie.

La Gironde est un véritable golfe marin. Non seulement elle est assez large pour donner véritablement l'illusion d'un bras de

veloppement de ce port qui a tendance à décliner. De moins en moins les navires y font escale malgré l'établissement d'un avant-port à Pauillac, sur la rive gauche de l'estuaire de la Gironde.

Exercices. — Carte du bassin de la Garonne. Le régime de la Garonne : l'expliquer et le comparer avec ceux de la Seine et de la Loire. La Gironde. Quels sont les affluents de la Garonne ? En combien de groupes peut-on les classer ? Quels sont les caractères généraux de ces différents groupes ? Que savez-vous des crues de la Garonne, et notamment de la grande crue de juin 1875 ? Pourquoi le port de Bordeaux fut-il longtemps un grand port de mer, et pourquoi a-t-il aujourd'hui tendance à décliner ?

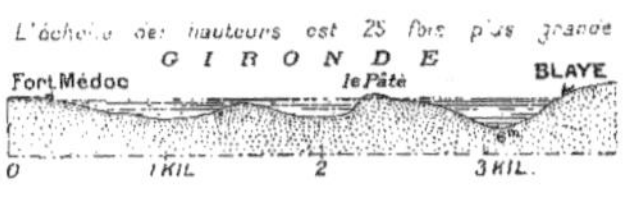

Fig. 310. — COUPE DE LA GIRONDE VERS BLAYE.

La Gironde a, vers Blaye, une largeur de 3 kilomètres et demi. A droite, du côté de la Saintonge, la rive du fleuve est haute ; à gauche, du côté du Médoc, elle est basse. Une rangée d'îles et de bancs de sable, prolongement du bec d'Ambès, sépare le fleuve en deux chenaux profonds qui semblent continuer, l'un la Dordogne et l'autre la Garonne. Les deux rivières coulent ainsi côte à côte jusqu'à la mer ne se mêlant qu'à la surface.

6° Le Rhône.

514. Cours du Rhône. — Le *Rhône* (812 kilomètres) prend sa source en Suisse; il sort d'un glacier, au pied du col de la Furka, sur le flanc occidental du massif du Saint-Gothard, un des principaux des Alpes suisses.

Pendant la première partie de son cours, c'est un torrent de montagne, boueux, inégal et fougueux, coulant dans une étroite vallée entre deux murs de hautes montagnes, et alimenté par d'autres torrents qui descendent aussi de glaciers alpestres. Il se jette, se clarifie et s'apaise dans le lac de Genève.

Sorti du lac de Genève, il entre en France. Il y serpente d'abord dans un couloir étroit, entre le Jura et les Alpes de Savoie. Puis il prend la direction de l'ouest. Mais, au point où il reçoit la Saône, il se heurte au Massif central et tourne brusquement au sud

L'échelle des hauteurs est 150 fois plus grande
1753 m
MÉDITERRANÉE — Arles — Lyon — Léman
0   200   400   600   800 kil

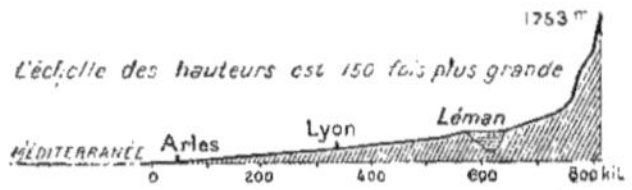

Fig. 311. — PENTE DU RHÔNE.

Le Rhône prend sa source dans le massif du Saint-Gothard, au milieu des Alpes centrales : sa pente à travers le Valais est très forte, mais le lac de Genève, calme la fougue du fleuve. Entré en France, il reste très incliné dans la traversée du Jura méridional, et, même après Lyon, sa pente est encore forte. deux fois supérieure à celle de la Loire, jusque vers Avignon: le Rhône ne s'apaise qu'à son entrée dans les régions alluviales. que ses apports ont conquises sur la mer. Michelet, à cause de la pente du fleuve et de sa rapidité, compare le Rhône à un taureau « qui bondit des Alpes à la mer ».

en dessinant un angle droit.

Dès lors, il coule droit à la Méditerranée, resserré entre le Massif central et les Alpes, rapide et même fougueux presque jusqu'aux abords de la mer. Il ne commence à s'apaiser qu'en Provence.

Le Rhône, bifurqué un peu en amont d'Arles, se termine par deux bras principaux : le *Grand-Rhône*, à l'est, et le *Petit-Rhône*, à l'ouest. Ils enserrent un vaste delta marécageux, la Camargue.

515. Affluents du Rhône. — Le Rhône reçoit en France comme affluents principaux :

1° Sur sa rive droite : l'*Ain*, qui reçoit une partie des eaux du Jura; la *Saône*, grossie de l'Ouche et du Doubs; l'*Ardèche* et le *Gard*, descendus des Cévennes ; — la Saône, principal affluent de la rive droite, apporte au Rhône toutes les eaux qui tombent dans la France orientale au sud des Vosges et à l'est du plateau de Langres et de la Côte d'Or.

2° Sur sa rive gauche : l'*Arve* venue du Mont Blanc; l'*Isère*, grossie de l'*Arc* et du *Drac* ; la *Drôme*, la *Sorgue* et la *Durance*. Tous ces affluents descendent des Alpes et sont alimentés par de nombreux et vastes glaciers.

Photo Victoire.

Fig. 313. LA SAÔNE A SAINT-RAMBERT, EN AMONT DE LYON. — Fig. 314. LE RHÔNE A BELLEGARDE (AIN). — Fig. 315. LE CAÑON DE LA BAUME, SUR L'ARDÈCHE.

Fig. 313-314-315. — LE RHÔNE ET SES AFFLUENTS.

La Saône est une douce et tranquille rivière; elle est navigable et reçoit facilement les bateaux de la compagnie de navigation Hâvre-Paris Lyon. Mais les autres rivières du bassin ont un caractère bien plus torrentiel, notamment le Rhône ; à Bellegarde, dans le Jura méridional, le Rhône se perd dans une fissure du Jura ; la vue ci-dessus représente la perte du Rhône. Quant à l'Ardèche. et aux autres torrents cévenols, ils ont une large vallée creusée entre deux murs à pic lors des crues formidables de ces rivières; le reste du temps, ils coulent en divaguant entre le pied des murailles riveraines et de vastes bancs de sable.

516. Régime du Rhône et de ses affluents. — Le Rhône, qui est très fougueux en Suisse, sort assagi du lac de Genève. Mais son régime est de nouveau troublé par le caractère des affluents qu'il reçoit ensuite.

Tous, sauf la calme Saône, ont la totalité ou la plus grande partie de leur cours en montagne, Jura, Alpes ou Massif central. Ils ont des crues énormes, soit à la fonte des neiges, soit après chaque époque de grandes pluies. Les affluents alpestres ont donc leurs crues surtout au printemps et dans la première partie de l'été; les affluents cévenols ont les leurs au printemps et lors des pluies souvent torrentielles d'automne.

Aussi le régime du Rhône n'est-il pas régulier. Comme son cours est, en outre, beaucoup trop rapide, le Rhône ressemble plus à un immense torrent qu'à un grand fleuve.

517. Le Rhône et l'homme. — Le

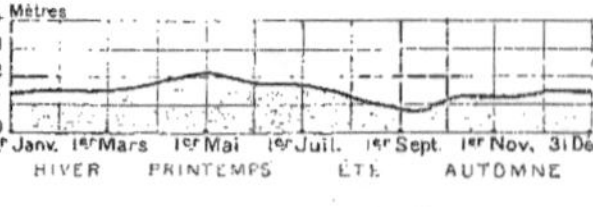

Fig. 312. — RÉGIME DU RHÔNE.

Le Rhône est formé par la réunion de nombreux cours d'eau qui tous, à l'exception de la Saône, sont des torrents. Mais ces torrents ont leurs crues échelonnées en général tout le long de l'année. Les affluents alpestres ont surtout de l'eau au printemps et dans la première moitié de l'été; les affluents cévenols en ont surtout à l'automne; la Saône en a surtout en hiver. Le Rhône a donc toujours assez d'eau : c'est le fleuve de France le plus abondant. Il a son maximum de débit au printemps à cause de la grande quantité de montagnes neigeuses qui sont situées dans son bassin.

Rhône est difficilement navigable; la descente est dangereuse en raison de la rapidité des eaux ; la remonte en est pénible. Il en est de même de tous ses affluents. sauf de la Saône et des rivières qui la grossissent.

La Saône, rivière de plaine, est utile à l'homme et au commerce des villes qu'elle baigne : Chalon-sur-Saône, Mâcon.

Au contraire, le Rhône sépare plutôt qu'il ne réunit les villes situées sur son cours, Vienne, Valence, Tournon, *Avignon*, Arles.

La grande ville du bassin du Rhône est *Lyon*, située au confluent du Rhône et de la Saône.

518. Fleuves secondaires. — Les fleuves secondaires de la Méditerranée sont :

La *Têt*, qui traverse la plaine du Roussillon et arrose Perpignan;

L'*Aude*, qui arrose Carcassonne ;

L'*Orb* et l'*Hérault*, qui descendent des Cévennes ;

Le *Var*, dans les Alpes de Provence;
Le *Golo*, rivière de Corse.

Toutes ces rivières sont des torrents au débit très inégal; elles ont parfois d'immenses crues et le plus souvent ont à peine quelques gouttes d'eau dans un vaste lit de sables et de graviers.

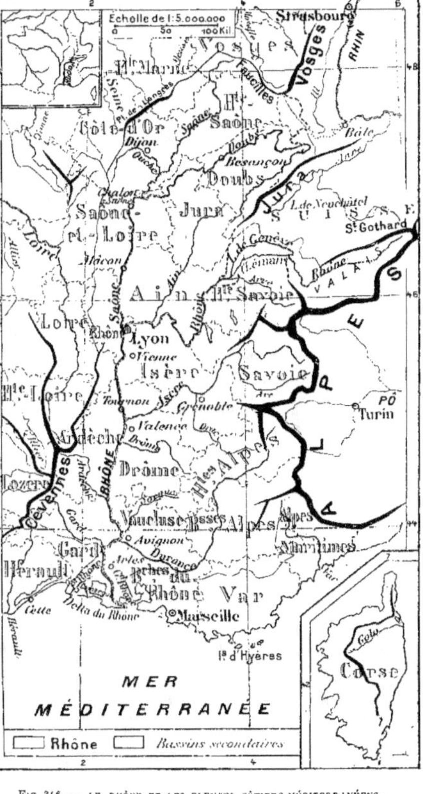

Fig. 316. — LE RHÔNE ET LES FLEUVES CÔTIERS MÉDITERRANÉENS.

519. — 1ʳᵉ Lecture : Le delta du Rhône. — Le Rhône est le seul fleuve en France qui se termine par un delta. Par l'effet de la rapidité et de la violence de son cours, le Rhône est de tous les fleuves français celui qui ronge le plus ses rives, qui roule le plus de matériaux et qui en dépose le moins dans son lit. Quand enfin, arrivant à une mer sans marée, sa pente diminue et son cours se ralentit, il dépose en bloc tous ses matériaux, galets, graviers et sable, et c'est ce qui explique l'importance de son delta.

Ce delta est de formation relativement récente : le Rhône a ainsi comblé un grand golfe qui jadis découpait la côte en ce point. On estime, que depuis le temps des Romains, le Rhône a doublé, par ses apports, la distance qui séparait Arles de la mer : il aurait donc comblé 58 mètres de longueur de terrain en moyenne par année.

La plupart des bras du Rhône sont aujourd'hui sans importance, ce sont des « Rhônes morts ». Les seuls qui comptent sont le *Petit Rhône* et surtout le *Grand Rhône*, qui à lui seul entraîne 86 pour 100 des eaux et dépose 21 millions de mètres cubes de matières chaque année.

520. — 2ᵉ Lecture : Un torrent cévenol : l'Ardèche. — De tous les torrents cévenols, l'Ardèche est le plus violent et le plus irrégulier. Ne roulant que 6 mètres cubes par seconde aux basses eaux, il lui arriva, en 1857, à la suite d'un orage, de rouler 7900 mètres cubes à la seconde, c'est-à-dire plus que la Seine qui est dix fois plus large. En quelques heures son niveau s'éleva de plus de 20 mètres en certains points rétrécis de sa vallée.

521. — 3ᵉ Lecture : La Saône. — La Saône est tout l'opposé du Rhône au point où elle conflue avec lui. Elle descend doucement des Faucilles par une vaste plaine, qui était jadis un lac au fond en pente douce. Lui descend bruyamment des grandes Alpes par des couloirs étroits, encombrés de rochers où il se brise.

Elle a un débit relativement faible : 60 mètres cubes aux basses eaux, 250 aux eaux moyennes, jamais plus de 4000 aux crues extraordinaires. Lui ne descend jamais audessous de 150 mètres cubes, a un débit moyen de 650 mètres cubes et des crues de 12 000 mètres cubes.

Elle a un cours si lent que, déjà dans l'antiquité, on disait qu'on ne savait parfois si elle coulait du nord au sud ou du sud au nord. Lui est le plus rapide des fleuves français et on l'a comparé à un « taureau furieux qui bondit des Alpes à la mer ».

La Saône est navigable; le Rhône avant Lyon ne l'est pas. Il est un torrent superbe; elle est une rivière utile.

522. — 4ᵉ Lecture : Importance de la situation de Lyon. — La ville de Lyon doit aujourd'hui son importance autant à sa proximité de pays qui produisent la soie et la houille, qu'à sa situation au confluent de la Saône et du Rhône; Lyon est connue avant tout comme la ville du monde où l'on fabrique les plus belles étoffes de soie. Mais au temps de ses origines, c'est seulement à sa situation, si favorable à un grand développement commercial, que Lyon dut sa grandeur.

A une époque, où de grandes routes n'existaient pas dans toute la Gaule, et où les Romains, venant du sud, voulaient conquérir et civiliser notre pays, Lyon, située au carrefour des deux grandes routes formées par

Fig. 317. — LE DELTA DU RHÔNE A L'ÉPOQUE ROMAINE ET AUJOURD'HUI.

Le Rhône jette à la mer d'énormes masses d'alluvions qui la comblent peu à peu dans les environs de l'embouchure du fleuve. Ces apports ont déjà modifié sensiblement le contour des côtes méditerranéennes sur ce point depuis l'époque romaine.

les deux vallées de la Saône et du Rhône, sur sur la route nécessaire pour aller de la Méditerranée vers les régions septentrionales et orientales de la Gaule, s'offrait comme la

Fig. 318. — PLAN DE LYON.

Avant tout, Lyon doit son importance à sa situation au confluent de la Saône et du Rhône, sur un lieu de passage nécessaire pour qui va de la France du nord ou de l'est à la Méditerranée, ou inversement. La ville s'établit d'abord sur le coteau de Fourvières, sur la rive droite de la Saône. Puis, quand elle s'agrandit, elle envahit toute la presqu'île comprise entre la Saône et le Rhône. Elle déborde même aujourd'hui sur la rive gauche du Rhône, qui porte des rues modernes, se coupant à angles droits.

capitale naturelle de la colonie romaine.

La ville alors s'étendait seulement sur les hauteurs de la rive droite, Vaise et Fourvières, parce qu'elle était surtout une forteresse contre les Barbares; on y a trouvé les ruines d'un ancien forum romain. Plus tard, en des temps plus pacifiques, elle s'étendit sur la presqu'île basse qui s'allonge entre le Rhône et la Saône. De nos jours, la ville, devenue industrielle et considérablement accrue, étend ses faubourgs ouvriers sur la rive gauche du Rhône. Lyon n'a donc cessé de croître et présente aujourd'hui comme une juxtaposition de plusieurs villes d'aspect assez différent.

Exercices. — Carte du bassin du Rhône.

Le régime du Rhône; l'expliquer et le comparer avec celui de la Loire.

Comparer entre eux le régime du Rhône et celui de ses divers affluents.

Le delta du Rhône : son origine, son importance.

Montrer les causes qui expliquent la prospérité de Lyon dans le passé et aujourd'hui.

7° Dernier coup d'œil sur les grands fleuves français.

523. Utilité générale des fleuves français. — Les cours d'eaux servent à deux fins :

1° Ils arrosent les régions qu'ils traversent et y permettent l'agriculture. A ce point de vue, la France possède un réseau de cours d'eau assez complet et assez serré pour qu'aucune région ne se trouve dépourvue d'eau.

2° Ils aident aux communications, ils sont des « chemins qui marchent ». A ce point de vue, nous avons constaté que tous les cours d'eau de France sont loin de se valoir. La navigabilité d'un fleuve dépend de l'abondance de son débit, de la lenteur de son cours, de la régularité de son régime. Or, le débit dépend du climat, la rapidité du cours dépend du relief, le régime dépend du climat, du relief et de la nature du sol : tous facteurs très variables d'un bout à l'autre de notre pays. Mais, d'une manière générale, si nos fleuves ne se prêtent pas toujours également d'eux-mêmes aux communications, il n'en est aucun que des améliorations ne puissent rendre utile.

524. Comparaison des fleuves français. — Au point de vue de l'utilité et des services qu'ils peuvent rendre, les différents fleuves français peuvent se classer dans l'ordre suivant : Seine, Garonne, Loire et Rhône.

De toutes les rivières françaises, les cours d'eau du bassin de Paris sont les plus favorisés. Eux seuls profitent d'un ensemble de conditions favorables : climat modérément et également humide, relief peu accentué consistant presque exclusivement en plaines, sol formé en majeure partie d'éléments perméables. La Seine et presque tous ses affluents sont navigables. La Seine, dit Michelet, est « le plus perfectible et le plus civilisable des fleuves français ». Parmi les fleuves côtiers de la même région, la Somme et l'Escaut présentent les mêmes avantages : ce sont de véritables canaux naturels.

Après eux, c'est la Garonne et ses affluents qui présentent, avec moins de netteté d'ailleurs, le plus d'égalité dans le régime et le plus de modération dans la pente. Si le climat est assez modérément humide, si les plaines et les terrains perméables dominent dans leur bassin, la chaîne des Pyrénées, d'où vient la Garonne,

et le Massif Central, d'où descendent les affluents principaux, ont des conditions moins avantageuses. En conséquence, la Garonne et ses afflents sont encore assez navigables et rendent des services, mais moins que la Seine.

Fig. 319. — PROPORTION DES TERRAINS AU-DESSUS ET AU-DESSOUS DE 500 MÈTRES DANS LES DIVERS BASSINS FRANÇAIS.

Le régime d'un fleuve dépend en grande partie de la pente de ce fleuve. Plus la pente est faible, et plus le régime est régulier. toutes choses égales d'ailleurs. On voit. par la comparaison des graphiques ci-dessus, que la Seine n'a qu'une infime partie de son bassin situé au-dessus de 500 mètres ; la Loire et la Garonne en ont déjà beaucoup plus ; mais le Rhône est, des quatre grands fleuves français, le plus mal partagé à cet égard ; un peu plus de la moitié de son étendue est situé au-dessus de 500 mètres d'altitude.

Au contraire, la Loire a contre elle le relief accidenté et l'imperméabilité de son bassin supérieur ; le Rhône a contre lui sa pente et celle de ses affluents alpestres, le climat aux variations brusques du bassin de ses affluents cévenols. Ce sont les deux moins favorisés des fleuves français. La

comparaison de leur régime avec celui des rivières du Nord, de la Seine et de la Garonne en fait foi. On a pu améliorer leurs conditions naturelles, mais on n'a point réussi jusqu'à ce jour à rendre ces deux fleuves vraiment navigables.

leur rôle historique a été considérab[le]

Ces fleuves, en effet, dessinent un anne[au] liquide autour du Massif Central et relie[nt] les différentes plaines les unes avec [les] autres.

La Seine et la Loire sont peu distant[es]

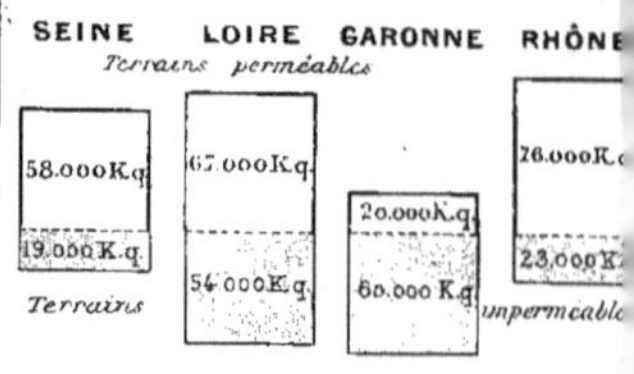

Fig. 320. — PROPORTION DES TERRAINS PERMÉABLES IMPERMÉABLES DANS LES DIVERS BASSINS FRANÇAIS.

La Seine, la Garonne et le Rhône, à des degrés diver[s] n'ont qu'une proportion assez restreinte de terrains i[m]perméables dans leurs bassins ; au contraire, la Loi[re] en renferme 45 pour 100, ce qui est relativement consi[dé]rable. Aussi la Loire est-elle beaucoup plus inégale [de] régime que la Seine et la Garonne. Quant au Rhô[ne,] bien que son bassin soit formé en majeure partie [de] terrains perméables, il a un régime inégal parce qu[e] la pente des versants rend illusoire le bénéfice de [la] perméabilité.

l'une de l'autre entre Paris et Orléans et [le] rapprochement de ces deux villes a été u[n] des éléments de leur croissance et de leu[r] prospérité.

La Loire et la Garonne, si éloignées pa[r] leurs sources se rapprochent dans leur[s] cours inférieures, entre Tours et Bordeaux[,]

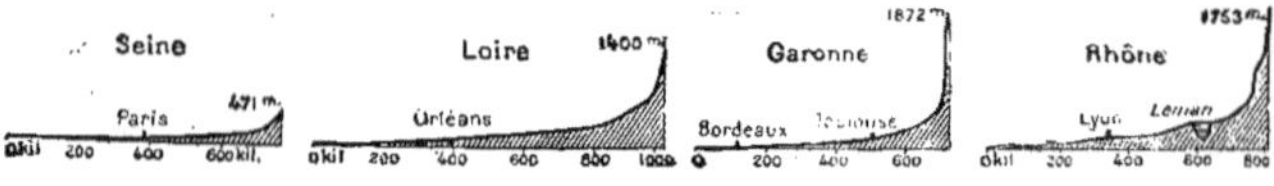

Fig. 321. — PENTES COMPARÉES DES QUATRE GRANDS FLEUVES FRANÇAIS.

Ces quatre graphiques, reproduction en petit de ceux qu'on a vus plus haut, montrent qu'au point de vue de [la] faiblesse de la pente, grande condition de la navigabilité d'un fleuve, les quatre grands fleuves français se placent dans l'ordre suivant : Seine, Garonne, Loire, Rhône. La Seine est un fleuve doux et paisible ; le Rhôn[e] est, au contraire, fougueux et violent ; la Garonne est une Seine moins calme ; la Loire est un Rhône moin[s] rapide.

qui communiquent par le passage du Poitou[.]

La source de la Seine est peu éloignée d[u] cours moyen de la Saône, et Dijon, qui es[t] bâtie dans l'intervalle des deux bassins doit son importance à cette situation inter[médiaire. Le Rhône inférieur se lie facile[ment à la Garonne, vers Toulouse, grâce [à] l'existence des fleuves côtiers méditerra[néens, de l'Aude en particulier, et grâce [au seuil de Naurouze.

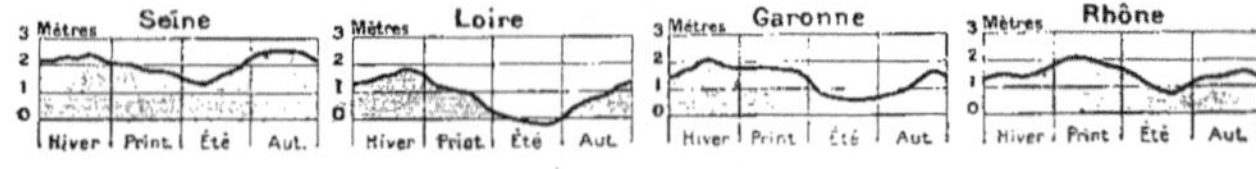

Fig. 322. — RÉGIMES COMPARÉS DES QUATRE GRANDS FLEUVES FRANÇAIS.

Ces quatre graphiques montrent qu'il existe un certain rapport entre les régimes des quatre grands fleuve[s] français, ce qui ne saurait beaucoup surprendre, puisqu'ils appartiennent à un même pays entre les différente[s] parties duquel il ne peut exister de grandes différences de climat. Tous ont leur période de hautes eaux en automne et en hiver ; cette période se prolonge pendant le printemps et le commencement de l'été pour la Garonne et pour le Rhône qui sont alimentés par la fonte de neiges et de glaciers. Août et septembre représentent pou[r] tous la période des plus basses eaux. C'est la Loire qui est de beaucoup le plus inégal des quatre grands fleuve[s] français.

525. Les fleuves français et l'unité nationale. — Les fleuves ont été partout les grands agents de la formation des unités nationales. Avant qu'il y eut des routes, et même après qu'il y en eut, ils ont servi de voies principales au commerce et au mouvement des hommes. En France,

La nature avait ainsi préparé l'unité du sol français et l'homme n'a eu qu'à complé[ter l'œuvre ébauchée par elle.

V

MERS ET COTES

1° Mers.

526. Les mers françaises. — La France est baignée par des mers au nord-ouest, à l'ouest et au sud-est, sur un peu

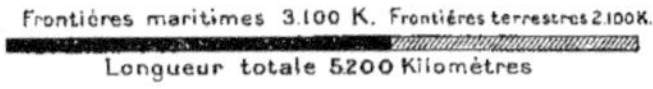

Frontières maritimes 3.100 K. Frontières terrestres 2.100 K.

Longueur totale 5200 Kilomètres

Fig. 323. — FRONTIÈRES MARITIMES DE LA FRANCE.
La France a 5200 kilomètres de frontières, dont 3100 (soit exactement trois cinquièmes) sont baignés par une mer.

plus de la moitié de son pourtour. Elle possède un peu plus de 3000 kilomètres de côtes.

Les mers qui baignent la France sont : la *mer du Nord*, la *Manche*, l'*Océan Atlantique* et la *Méditerranée*. Ainsi, la France a jour à la fois sur les deux systèmes marins qui baignent l'Europe.

527. Mer du Nord. — La mer du Nord ne baigne la France que sur une étendue de 70 kilomètres environ de la frontière de Belgique jusqu'au Pas-de-Calais.

Elle est peu profonde, encombrée de bancs de sable tout le long de la côte et sujette à de fortes tempêtes.

Mais grâce à sa situation entre l'Angleterre, les Pays-Bas et l'Allemagne, c'est une des mers les plus fréquentées du globe. De plus la pêche y est très abondante : les poissons abondent sur les bancs de sable qui parsèment cette mer, parfois presque jusqu'à la surface. C'est donc un avantage pour la France d'avoir une ouverture sur la mer du Nord.

528. Manche. — On passe de la mer du Nord à la Manche par le détroit du *Pas-de-Calais*, large de 32 kilomètres, entre la France et l'Angleterre.

La Manche est un couloir marin resserré à l'est, mais largement ouvert vers l'ouest, aux vents impétueux de l'Océan. La mer y est souvent houleuse, les marées fortes : c'est sur les côtes de la Manche dans la baie du Mont-Saint-Michel, que les marées atteignent la plus grande hauteur.

Mais la Manche est sur le chemin des navires qui vont de l'Europe centrale en Amérique et en Extrême-Orient. Aucune mer sur le globe n'est plus fréquentée. C'est un avantage pour la France d'être située en bordure de ce chemin.

529. Océan Atlantique. — L'Océan Atlantique baigne la France depuis le cap Saint-Mathieu, à l'ouest de la Bretagne, jusqu'à la frontière espagnole, au fond du golfe de Biscaye.

Il est presque toujours agité par les vents d'ouest, souvent couvert par des nua-

ges et soulevé par des tempêtes qui vont d'Amérique en Europe.

Mais grâce au courant chaud du Gulf-Stream, l'Océan Atlantique adoucit la température des côtes occidentales de la France, qui sont à cet égard privilégiées et possèdent des cultures que leur latitude ne comporterait pas.

De plus, grâce à l'Atlantique, la France a une porte largement ouverte sur le commerce du Nouveau Continent.

530. Méditerranée. — La Méditerranée baigne la France au sud-est, depuis le cap Cerbère, à l'extrémité orientale des Pyrénées, jusqu'aux Alpes-Maritimes, près de Menton.

Ses eaux sont en général d'un bleu intense. Comme toutes les mers fermées ou presque fermées, elle n'a que des marées insensibles. Mais ses tempêtes sont aussi terribles que celles de l'Océan : elles creusent la surface de la mer de vagues courtes et profondes, qui sont au moins aussi dangereuses que les longues ondulations de l'Océan.

La Méditerranée donne à la France une situation commerciale importante en la mettant en relations avec toute l'Europe méridionale, l'ouest de l'Asie et le nord de l'Afrique. Cette importance s'est accrue beaucoup depuis le percement de l'isthme de Suez qui a débouché le fond de la Méditerranée et en a fait la route de l'Inde et de l'Extrême-Orient.

531. — 1ʳᵉ LECTURE : Le Pas de Calais. — Le Pas de Calais unit la mer du Nord à la Manche et sépare la France de l'Angleterre.

Il n'a que 32 kilomètres de largeur dans sa partie la plus resserrée, et sa profondeur ne dépasse pas 54 mètres au maximum.

Plus près de l'Angleterre que de la France, il est sillonné par deux bancs de craie, la Varne et le Colbart, qui sont de dangereux écueils. De plus il est balayé par des courants violents et par des tempêtes fréquentes qui en rendent souvent la traversée difficile ou même impossible. Les brouillards enfin y sont fréquents.

Pour assurer les relations en tout temps entre les deux pays voisins, on parle depuis longtemps d'unir les deux rives du détroit, soit par un immense viaduc, assez élevé pour permettre aux plus hauts navires de passer dessous, soit par un tunnel souterrain dont le plan est tracé depuis longtemps, et qui s'abaisserait jusqu'à 110 mètres environ au-dessous du niveau de la mer dans son endroit le plus bas. Le tunnel paraît préférable, mais jusqu'à présent les Anglais n'ont pas consenti à en autoriser les travaux ; la question reste toujours à l'état de projet, et n'a pas fait un pas en avant depuis fort longtemps.

Aujourd'hui le service se fait par des paquebots très rapides qui franchissent le détroit, de Douvres à Calais, ou inversement, en une

heure et même un peu moins. On va en 7 heures de Paris à Londres par cette voie.

532. — 2ᵉ LECTURE : Le régime des mers françaises. — Les quatre mers qui baignent la France sont sujettes à de fortes tempêtes. Toutefois, tandis que l'Océan Atlantique et ses mers annexes sont presque constamment houleuses et que la Manche notamment est presque sans cesse agitée par les vents d'ouest qui s'y engouffrent, la Méditerranée a des tempêtes subites et terribles, mais presque toujours courtes ; le plus souvent elle s'étale en une immense nappe qu'aucun souffle ne ride : c'est alors la *mer d'huile*, comme disent les matelots.

L'Océan et ses mers annexes ont de fortes marées. Dans la baie du Mont-Saint-Michel, qui forme entonnoir entre le Cotentin et la Bretagne, elles montent parfois jusqu'à quinze et seize mètres au-dessus du niveau des basses mers ; aux grandes marées, la mer qui s'est retirée à perte de vue revient avec une très grande vitesse, et il n'est pas beaucoup exagéré de dire avec la vitesse d'un cheval lancé au galop ; il suffit de deux heures pour recouvrir entièrement l'immense étendue de sables plats qui forme la baie du Mont-Saint-Michel. Dans l'estuaire de la Seine, la pleine mer, la *mer étale* comme on dit, dure trois heures. Le jeu des marées permet aux gros navires de pénétrer dans les ports et même fort avant dans l'intérieur des terres, par les estuaires fluviaux : c'est grâce aux marées que les navires de mer peuvent remonter jusqu'aux quais de Rouen, de Nantes et de Bordeaux, ainsi que dans les petits fleuves côtiers, si courts et si indigents, de la côte bretonne.

Au contraire, la Méditerranée n'a que des marées insensibles, et les ports qu'elle baigne,

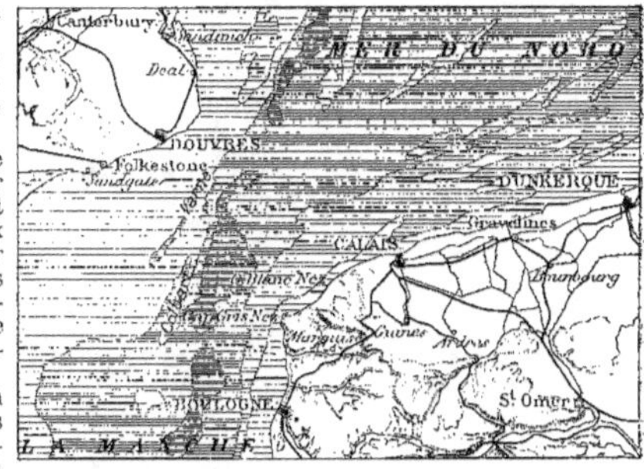

Fig. 324. — LE PAS DE CALAIS.
Le Pas de Calais unit la mer du Nord à la Manche en séparant la France de l'Angleterre. Il a 32 kilomètres de largeur en son point le plus resserré, entre le cap Gris-Nez et Douvres ; sa profondeur maxima est de 54 mètres. De Douvres à Calais (39 kil.), les paquebots font le trajet en 50 minutes. De Boulogne à Folkestone (52 kil.), la durée du trajet est d'environ 1 h. 15 à 1 h. 25.

ayant toujours la même hauteur d'eau, sont constamment accessibles aux navires, dans les mêmes conditions.

Exercices. — Quels sont les caractères des mers qui baignent la France ?
Comparer la Méditerranée et l'Océan Atlantique au point de vue des tempêtes et de la marée ?
Quels avantages la France retire-t-elle de ses mers ?

2° Côtes.

553. Les côtes de la France. —

Les côtes de la France sont tour à tour

Fig. 325. — CÔTE FRANÇAISE DE LA MER DU NORD.

La côte de la mer du Nord, en bordure sur la plaine de Flandre, est plate et alluviale. La mer y dépose sans cesse des sables que les courants alignent en cordons littoraux et que les vents amoncellent en dunes. Côte rectiligne et sans port naturel ; le port de Dunkerque nécessite un entretien constant, difficile et coûteux.

formées de roches dures ou de terrains tendres (argiles, sables), hautes ou basses, découpées ou formant de grandes lignes droites, hospitalières ou dénuées de ports naturels. L'aspect d'une côte dépend avant tout de la nature du pays auquel elle appartient.

554. Côte de la mer du Nord. —

La côte de la mer du Nord borde la plaine de Flandre. Elle est alluviale et plate comme elle. La mer y dépose sans cesse des sables que les courants alignent en *cordons littoraux* le long du rivage, ou que les vents amoncellent en *dunes* sur la côte elle-même. Par delà les dunes dans l'intérieur, s'étendent des plaines basses, ou *moërs*, qui sont d'origine récente et occupent la place où s'étendaient jadis les flots.

La côte de la mer du Nord forme une ligne droite, sans aucun port naturel. Les ports qui y existent ont été créés par l'homme : l'entretien en est difficile et coûteux : tel est le port de Dunkerque.

555. Côte de la Manche. —

La côte du *Pas de Calais* est rocheuse et accidentée. Les hauteurs du Boulonnais et de l'Artois s'y terminent en falaises qui font saillie : les deux principales sont le *cap Gris-Nez* et le *cap Blanc-Nez*. Elle possède deux bons ports : *Calais* et *Boulogne*.

La côte de la Manche proprement dite comprend trois parties :

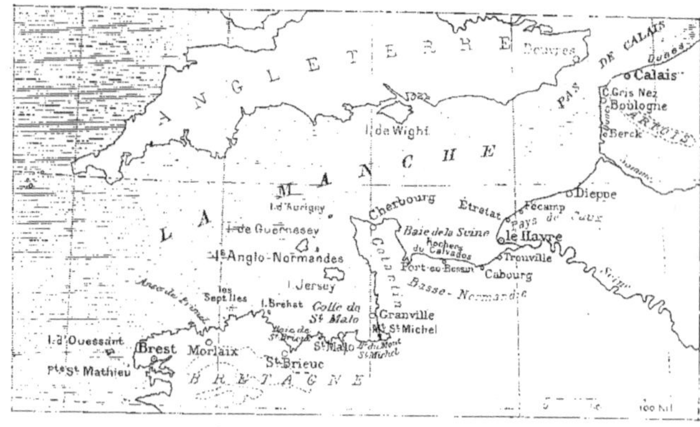

Fig. 326. — CÔTE FRANÇAISE DE LA MANCHE.

La Manche borde la France au nord-ouest, du Pas-de-Calais à la pointe Saint-Mathieu, en Bretagne. Au nord de l'embouchure de la Somme, la côte est alluviale, bordée de dunes (voir Dunes de Berck, fig. 332). Le long de la Basse-Normandie, de la Somme au Cotentin, la côte est bordée de hautes plaines aux échancrures rares (voir Port-en-Bessin, fig. 327). Le long du Cotentin et de la Bretagne, la côte est rocheuse et très découpée (voir Anse de Primel, fig. 328) : cette dernière partie de la côte est de beaucoup la plus favorable au développement de la vie maritime ; les bons ports naturels y abondent.

1° La côte picarde, du Boulonnais au pays de Caux, est assez semblable à la mer du Nord : elle est alluviale, plate, bordée de dunes, rectiligne et privée de bons ports. La seule échancrure importante est l'embouchure de la Somme, toujours ensablée.

On n'y trouve que des petits ports de pêche et des plages.

2° La côte de la Haute-Normandie, du pays de Caux au Cotentin est assez élevée. Elle est formée, soit de falaises de craie rectilignes (pays de Caux), soit de rochers de calcaire peu découpés (rochers du Calvados).

Dans la première partie les échancrures importantes sont les *valleuses* ou petites vallées qui débouchent de l'intérieur du pays : la principale est l'estuaire de la Seine. Tous les ports de cette côte sont situés à l'embouchure d'une valleuse (Dieppe, Fécamp, Étretat, le Hâvre). La côte du pays de Caux est du reste rongée par la mer : à cha

Photo Mousses père et fils

Fig. 327. — PORT-EN-BESSIN (CALVADOS).

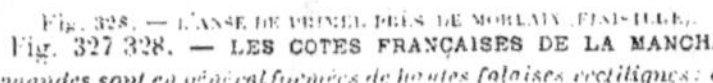

Photo Villard.

Fig. 328. — L'ANSE DE PRIMEL PRÈS DE MORLAIX (FINISTÈRE).

Fig. 327-328. — LES CÔTES FRANÇAISES DE LA MANCHE.

Les côtes normandes sont en général formées de hautes falaises rectilignes : aussi n'y trouve-t-on guère d'abris naturels et la vie maritime y est-elle relativement peu développée. Les côtes bretonnes sont, au contraire, très découpées ; elles abondent en anfractuosités qui abritent des ports de pêcheurs, des havres, quelques larques : la Bretagne est par excellence un pays de pêcheurs et de marins ; mais nulle part en France, la vie maritime n'est plus développée.

que tempête, des morceaux de falaises s'écroulent sous les flots.

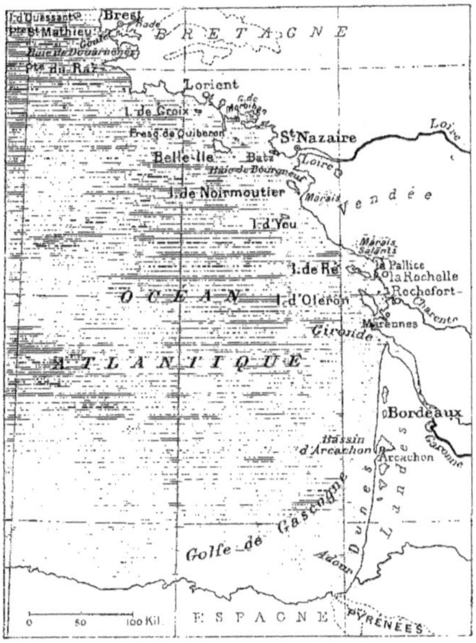

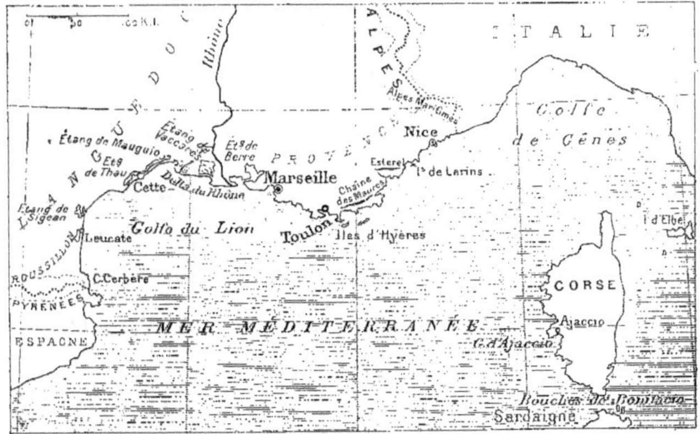

Fig. 329. — CÔTE FRANÇAISE DE L'OCÉAN ATLANTIQUE.

L'océan Atlantique baigne la France à l'ouest, de la pointe de Saint-Mathieu jusqu'aux Pyrénées. Sa côte est rocheuse le long de la Bretagne (rade de Brest, pointe du Raz, presqu'île de Quiberon). Elle est surtout basse et bordée de marais salants, entre les estuaires de la Loire et de la Gironde. Elle est sablonneuse, bordée de dunes et rectiligne, le long des Landes, au sud de l'embouchure de la Gironde : c'est la partie la plus inhospitalière des côtes de France; elle ne s'accidente de nouveau qu'au sud de l'Adour, aux abords des Pyrénées.

Dans la seconde partie, les falaises sont moins continues : les petits ports et les plages abondent (Trouville, Cabourg); mais les rochers en rendent l'abord difficile.

3° **La côte de la Basse-Normandie et de la Bretagne** est formée de roches cristallines : elle est bordée de falaises élevées et très découpée.

Les principaux accidents sont la *presqu'île du Cotentin* entre la baie de Seine et la baie du Mont-Saint-Michel; le *golfe de Saint-Malo* et la *baie de Saint-Brieuc*. Au large se trouvent les *îles anglo-normandes* (Aurigny, Guernesey, Jersey), l'île de *Bréhat*, les *Sept-Îles* et l'île de *Batz*.

Cette partie de la côte abonde en bons ports; les moindres anfractuosités abritent au moins un havre de pêcheurs. Les principaux sont *Granville, Saint-Malo* et *Morlaix*. Le port de Cherbourg, au nord du Cotentin, est un port artificiel.

536. Côte de l'Atlantique. — La côte de l'Atlantique comprend trois parties :

1° **La côte bretonne**, de la pointe Saint-Mathieu à l'embouchure de la Loire a les mêmes caractères que sur la Manche.

Les principaux accidents sont : la *pointe de Saint-Mathieu*, la *rade de Brest*, ouverte sur le large par un étroit goulet, la *baie de Douarnenez*, la presqu'île de Quiberon, le *golfe du Morbihan* et l'*estuaire de la Loire*. Au large se trouvent les îles d'*Ouessant*, de *Groix* et de *Belle-Île*, dont la côte occidentale, exposée directement au vent et à la houle du large, est appelée la côte sauvage.

Les ports principaux sont : *Brest, Lorient* et *Saint-Nazaire*.

2° **La côte de Vendée et de Charente**, depuis l'embouchure de la Loire jusqu'à celle de la Gironde, est formée tantôt de falaises, tantôt de plages basses; elle est très peu découpée. Les seules échancrures sont la *baie de Bourgneuf* et l'*embouchure de la Charente*. Au large s'étendent les îles de *Noirmoutier*, d'*Yeu*, de *Ré* et d'*Oléron*, ces dernières formant une sorte de golfe intérieur en avant de l'embouchure de la Charente.

Les parties basses sont occupées par des marais salants et par des parcs à huîtres (huîtres de Marennes).

Les principaux ports sont : *La Pallice, La Rochelle* et *Rochefort*.

3° **La côte des Landes**, au sud de l'embouchure de la Gironde, est rectiligne, sablonneuse, bordée de dunes qui séparent de la mer un certain nombre d'étangs. Le seul enfoncement est le *bassin d'Arcachon*. C'est la plus inhospitalière des côtes françaises. Les dunes de cette côte furent longtemps mobiles; on les a fixées à l'aide de plantations de pins maritimes.

C'est seulement au sud de l'Adour, aux abords des Pyrénées, que la côte s'accidente de nouveau, et qu'on retrouve des petits ports.

537. Côte de la Méditerranée. — La côte de la Méditerranée comprend deux parties différentes, correspondant l'une à la courbe concave qui forme le fond du golfe du Lion, l'autre à la courbe convexe qui se dessine au pi d des Alpes de Provence :

1° **De la frontière espagnole au delta du Rhône**, le long du Roussillon et du Languedoc, la côte, rocheuse au pied des Pyrénées, devient rapidement alluviale et plate. Elle est bordée d'étangs, dont les principaux sont : l'*étang de Thau* et l'*étang de Vaccarès*, dans le delta.

Les ports y sont rares et d'un entretien difficile et coûteux. Le principal est le port de *Cette*, de création toute artificielle, sur les bords de l'étang de Thau.

2° **Du delta du Rhône à la frontière italienne**, le long de la Provence, la côte est rocheuse et très découpée. Les monts des Maures et de l'Esterel, les Alpes maritimes y poussent de nombreux promontoires qui se prolongent au large par les *îles d'Hyères* et les *îles de Lérins*. Les baies y abondent et abritent d'excellents ports. Les principaux sont *Marseille, Toulon* et *Nice*.

3° Les **côtes de la Corse** présentent le type rocheux découpé au nord, à l'ouest et au sud, le type alluvial, à l'est. Les principales échancrures sont le *golfe d'Ajaccio* et les *Bouches de Bonifacio*.

Fig. 330. — CÔTE FRANÇAISE DE LA MÉDITERRANÉE.

La côte française de la Méditerranée comprend deux parties très distinctes : 1° à l'ouest du Rhône, une côte alluviale, plate, malsaine, aux ports rares et d'un entretien difficile (Cette); des étangs bordent la côte; 2° à l'est du Rhône, une côte rocheuse, découpée, aux promontoires et aux golfes nombreux. La Corse a une côte alluviale à l'est, une côte rocheuse partout ailleurs.

538. — 1re Lecture : **Les côtes françaises et la vie maritime.** — Les diverses espèces de côtes ne sont pas également favorables à la vie maritime, c'est-à-dire à la pêche ou au commerce. Il faut pour cela qu'elles

Fig. 331. — LA RADE DE VILLEFRANCHE (ALPES-MARITIMES).

La côte de la Provence et des Alpes-Maritimes est montagneuse ; les derniers contreforts des Alpes se terminent sur la mer en promontoires escarpés sur les flancs desquels on n'a pu établir qu'une route en corniche. Au pied de ces promontoires, la Méditerranée est très profonde et forme des baies bien abritées. La rade de Villefranche, près de Nice, reçoit près de la côte les plus grands navires de guerre.

possèdent de bons ports, c'est-à-dire qu'elles soient bien découpées.

Telle côte, comme la côte des Landes, plate et droite, ne possède qu'une population maritime très restreinte. Les Landais sont presque tous bergers ; très peu sont marins. Au contraire, dans les pays de côtes très découpées et très hospitalières, comme la Bretagne et la Provence, la grande majorité de la population s'est installée sur la côte et vit de la pêche ou du commerce par mer. Ce sont les pays des marins-nés, ceux qui fournissent la plus grande partie du contingent des *inscrits maritimes* pour notre flotte de guerre.

539. — 2e Lecture : **Les différentes sortes de ports.** — Il y a en France, outre les ports artificiels, créés par la main de l'homme, comme Dunkerque et Cherbourg, trois sortes de ports naturels :

1° Les *petits ports de pêche*, creusés dans les côtes rocheuses découpées, profonds et très bien abrités, mais trop petits et situés dans des régions trop excentriques ou trop pauvres pour s'ouvrir aux grands navires et au grand commerce. Tels sont la plupart des *ports bretons*.

2° Les *grandes rades*, vastes, profondes et abritées, comme celles de Brest, de Toulon ou de Marseille ; on y a établi de grands ports militaires ou de grands ports de commerce.

3° Les *estuaires des fleuves*, favorables au commerce parce que ce sont des abris sûrs et parce que le fleuve qui y aboutit est souvent une voie toute trouvée pour le transit des marchandises qui viennent du port ou qui y aboutissent. Tels sont les ports du *Havre*, de *Saint-Nazaire* et de *Bordeaux*, sur la Seine, la Loire et la Garonne.

540. — 3e Lecture : **Les côtes alluviales utiles.** — Certaines côtes alluviales, sans être favorables à la vie maritime, sont loin d'être complètement inutiles à l'homme.

1° Certaines, occupées par des prairies maritimes, à l'herbe drue et salée, entretiennent de superbes troupeaux : telles sont les plaines de la Flandre maritime, aménagées et drainées par des canaux qu'on appelle *wateringues* et transformées ainsi en *polders*, ou champs de cultures analogues à ceux de Hollande. Telles sont aussi certaines prairies maritimes de la Bretagne, où l'on élève le mouton dit de *pré-salé*.

2° D'autres de ces prairies, humides et fertiles, sont même employées, après aménagement et drainage, à des cultures maraîchères. Tel est le *marais poitevin*, qui produit l'angélique, des légumes renommés, des primeurs.

3° Certaines côtes alluviales ont été transformées par l'homme en *marais salants* ; aux grandes marées, par des rigoles munies de vannes, on y fait venir et on y retient l'eau de mer dans les bassins plats où le soleil l'évapore ensuite lentement, laissant le sel se déposer. On en trouve un grand nombre sur la côte qui s'étend entre l'embouchure de la Loire et celle

Fig. 332. — DES DUNES DE BERCK (PAS-DE-CALAIS).

Fig. 333. — LES MARAIS SALANTS DU BOURG DE BATZ (LOIRE-INFÉRIEURE).

Fig. 332-333. — DUNES ET MARAIS.

Les dunes de Berck forment de petites collines ayant jusqu'à 30 et 40 mètres de hauteur : ces dunes se déplaçaient naturellement sous l'effort du vent ; on les a fixées par des plantations de pins ou de joncs appelés oyats ; elles sont, du reste, infertiles. Les marais de Batz, au nord de l'embouchure de la Loire, sont presque les plus septentrionaux des marais salants de France ; au delà, vers le nord, les étés sont trop frais pour que la récolte du sel soit assez abondante et productive.

de la Gironde : on en trouve même au nord de l'embouchure de la Loire (marais du Bourg-de-Batz, fig. 333).

4° Enfin, l'élevage des *huîtres* est une dernière ressource des côtes alluviales. On trouve des *parcs à huîtres* très prospères sur certains points des côtes de la Charente et des Landes, notamment à *Marennes* et à *Arcachon*.

541. — 4e Lecture : **Les côtes alluviales inutiles.** — Ce sont celles qui sont bordées d'étangs ou de dunes. Telles sont la côte du Roussillon et du Languedoc (étangs de *Leucate*, de *Sigean*, de *Thau*, de *Maguelio*, de *Vaccarès*), et la côte des Landes, où les étangs sont séparés de la mer, avec laquelle ils communiquaient jadis, par une ligne continue de *dunes*.

Ces dunes forment un cordon long de près de 300 kilomètres, large de 4 à 5, et haut de 40 à 90 mètres. Elles sont couvertes aujourd'hui d'une épaisse forêt de pins, que l'on a commencé à planter au XVIIIe siècle, à la place, semble-t-il, de forêts plus anciennes qu'on avait imprudemment détruites. Ces pins fixent les dunes au sol et les empêchent de se déplacer vers l'intérieur, comme elles faisaient auparavant sous la poussée des vents : on a calculé que ces dunes, avant le reboisement, se déplaçaient de 20 à 25 mètres par an vers l'intérieur.

Dans le Languedoc, les hommes fuient le voisinage des étangs qui sont malsains, et d'une côte inhospitalière qui n'attire pas le commerce ; ils vivent dans l'intérieur, occupés d'agriculture et de viticulture ; parmi eux, il n'y a que très peu de pêcheurs et de marins.

Le Roussillon et le Languedoc sont uniquement connus comme deux pays viticoles.

Exercices. — Carte des côtes de la mer du Nord et de la Manche, de l'Océan atlantique et de la Méditerranée.

Les côtes rocheuses. Où y en a-t-il en France ? Pourquoi ? Comment sont-elles utilisées ? Les côtes alluviales. Où y en a-t-il en France ? Pourquoi ? Sont-elles utilisées ? Comment ?

VI
CLIMAT

542. Caractère général. — La France a un climat tempéré. Cela tient :

1° *A sa situation en latitude* : elle est située dans la zone tempérée, à peu près à égale distance du pôle nord et de l'équateur ;

2° *A son relief* : les plaines basses dominent dans l'intérieur ; les montagnes sont situées sur le pourtour et la garantissent des vents froids continentaux ;

3° *A sa situation par rapport à la mer* : ses plaines s'ouvrent largement à l'influence adoucissante, soit de l'océan Atlantique, au nord et à l'ouest du Massif central, soit de la Méditerranée, au sud et à l'est de ce massif.

543. Température. — La température de la France est partout modérée. La France n'a ni étés brûlants ni hivers glacés. Toutefois les hautes montagnes ont une température un peu plus rigoureuse ; et les régions éloignées de la mer ont un climat un peu plus excessif.

Les régions exposées à la Méditerranée ont une température généralement plus chaude que les régions ouvertes sur l'Atlantique.

544. Vents. — Sur le versant atlantique, les vents du sud-ouest, d'ouest et du nord-ouest, c'est-à-dire les vents marins, sont beaucoup plus fréquents que les vents du nord et d'est, c'est-à-dire que les vents continentaux. Les vents doux et humides l'emportent donc sur les vents secs et froids.

Sur le versant méditerranéen, on distingue les vents marins, doux et même chauds, et les vents de la montagne, terriblement froids (mistral). Les premiers sont beaucoup plus fréquents.

545. Pluies. — Les pluies que reçoit la France sont fréquentes, mais peu abondantes.

Sur le versant atlantique, elles tombent surtout en hiver sur la côte ; surtout en été et en automne, dans l'intérieur.

Sur le versant méditerranéen, les pluies sont plus rares : elles tombent surtout en hiver, sous formes d'averses torrentielles.

546. Climats secondaires. — Partout modéré, le climat de la France n'est pas partout absolument identique. On distingue plusieurs climats secondaires :

RÉGIONS DE CLIMAT TEMPÉRÉ MARITIME

- *Climat breton*, le plus humide et le plus tempéré ;
- *Climat girondin* (Charente et plaine de la Garonne), un peu moins humide et plus chaud, par l'effet de la latitude plus basse ;
- *Climat parisien* (Bassin de Paris), doux, frais, assez humide ; pluies de printemps et d'automne.

RÉGIONS DE CLIMAT RELATIVEMENT CONTINENTAL

- *Climat auvergnat* (Massif central), hivers rudes, vents violents, pluies abondantes, été chauds.
- *Climat vosgien* (Lorraine et Vosges) : hivers rudes et longs, étés chauds et orageux.
- *Climat lyonnais* (Plaine de la Saône, Jura, Alpes) : plus doux dans les plaines et dans les vallées, plus rude sur les montagnes ; partout inégal. Pluies d'été.

RÉGION MÉDITERRANÉENNE

- *Climat méditerranéen* (littoral et vallées inférieures du Rhône) : hivers tièdes, étés chauds et secs ; pluies violentes en hiver ; vent froid du mistral.

547. — 1re LECTURE : Modération du climat français. — C'est par des comparaisons entre le climat français et celui des pays situés sous la même latitude qu'on voit bien la modération de notre climat.

La France est placée sous la même latitude que la Russie Centrale. Or, la Russie a un climat beaucoup plus excessif que le nôtre. Les hivers y sont longs ; la neige persiste de novembre à avril ; la mer Noire reste gelée un ou deux mois par an en moyenne, le long des côtes russes. Par contre, les étés sont très chauds en Russie, même sur les bords de la mer Blanche.

On connaît la rigueur des hivers sibériens ; elle est telle qu'on croit la Sibérie très voisine du pôle, alors que ses parties méridionales sont sous la latitude de la France. Ce qu'on sait moins, c'est que les étés sibériens sont très chauds, même au nord. A l'est de la Sibérie, à Pékin, sous la latitude de Naples, la rivière Peï-Ho reste gelée pendant quatre à cinq mois l'hiver.

Il en est de même du climat canadien. Le Saint-Laurent reste gelé 120 jours en moyenne par an à Montréal (latitude de Tours) : que dirait-on si la Loire restait gelée 4 mois ?

548. — 2e LECTURE : Les climats de la France. — Tous les points de la France ne sont ni à la même latitude, ni à la même altitude, ni dans la même situation par rapport à la mer, ni au voisinage de la même mer. Il est donc naturel que toutes les régions françaises n'aient pas même climat. Les régions situées au nord du Massif Central sont plus froides ; les régions situées au sud plus chaudes. Les régions situées à l'ouest sont plus maritimes, les régions situées à l'est plus continentales. Les montagnes sont plus froides que les plaines ; les régions océa-

Fig. 334. — LES CLIMATS FRANÇAIS.

Il y a en France des pays septentrionaux et des pays méridionaux, des pays plats et des pays élevés, des pays maritimes et des pays continentaux. Ces différences permettent de distinguer sept climats secondaires principaux, savoir : trois climats tempérés maritimes, climat breton, climat girondin, climat parisien ; trois climats relativement continentaux, climat auvergnat, climat vosgien, climat lyonnais ; un climat particulier, chaud et sec, le climat méditerranéen.

niques sont plus arrosées que l'intérieur.

C'est ce qui explique la distinction, que l'on fait ordinairement en France, de sept climats secondaires. Mais il ne faut pas s'y tromper : il n'y a pas d'oppositions brusques et tranchées entre la plupart d'entre eux. C'est par transitions insensibles que l'on passe du climat absolument maritime de la Bretagne au climat semi-maritime du bassin de Paris, et de ce dernier au climat semi-continental des Vosges. L'opposition n'est assez accentuée qu'entre les pays océaniques frais et humides et les pays méditerranéens chauds et secs.

Exercices. — Pourquoi la France a-t-elle en général un climat tempéré ?

Expliquer les nuances de climat que l'on trouve dans les différentes régions de la France.

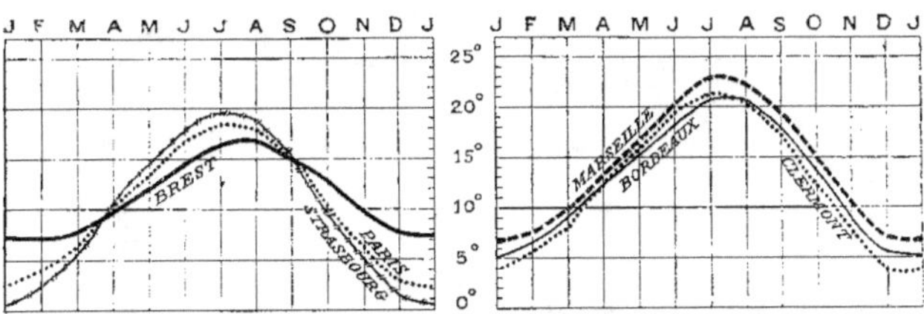

Fig. 335-336. — VARIATIONS ANNUELLES DE LA TEMPÉRATURE DANS QUELQUES VILLES FRANÇAISES.

Les deux croquis ci-dessus donnent la marche annuelle de la température moyenne dans trois villes de la moitié septentrionale (Brest, Paris, Strasbourg) et dans trois villes de la moitié méridionale (Bordeaux, Clermont-Ferrand, Marseille). Les premières ont naturellement un climat moins chaud que les secondes. Brest, qui a un climat très maritime, a des températures d'hiver beaucoup plus élevées que Paris et surtout que Strasbourg ; par contre, les étés y sont beaucoup moins chauds. Bordeaux a de même un climat plus égal que Clermont.

Fig. 337. — FRANCE PAR PROVINCES

VII

FRANCE ADMINISTRATIVE

1. Unité territoriale de la France.

549. Formation territoriale de la France. — La France forme un ensemble physique bien défini. Toutefois, les diverses régions qui forment son territoire n'ont été réunies qu'à la longue, à la suite de vicissitudes diverses.

La France a mis plusieurs siècles à réaliser son unité territoriale.

550. Les anciennes provinces. — Avant la Révolution de 1789, le territoire de la France était divisé en 52 gouvernements ou provinces (Corse non comprise). Ces provinces différaient par l'étendue et par la population. Leur organisation et leurs droits n'étaient pas les mêmes.

Mais le territoire de la plupart de ces provinces correspondait à une région naturelle ayant le même sol, le même climat, les mêmes ressources. Tous les habitants y avaient le même genre de vie et les mêmes mœurs.

Aussi, dans l'usage, la division en provinces a subsisté. Il est donc bon de connaître les noms des provinces.

551. Tableau des provinces. — Les 53 provinces de la France étaient :

1° AU NORD
La *Flandre*, capitale *Lille* ;
L'*Artois*, cap. *Arras* ;
La *Picardie*, cap. *Amiens* ;
L'*Ile de France*, cap. *Paris*.

2° A L'EST
La *Champagne*, cap. *Troyes* ;
La *Lorraine*, cap. *Nancy* ;
L'*Alsace*, cap. *Strasbourg* ;
La *Franche-Comté*, cap. *Besançon* ;
La *Bourgogne*, cap. *Dijon*.

3° AU SUD-EST
Le *Lyonnais*, cap. *Lyon* ;
Le *Dauphiné*, cap. *Grenoble* ;
La *Provence*, cap. *Aix* ;
La *Corse*, cap. *Bastia* ;
Le *Roussillon*, cap. *Perpignan* ;
Le *Languedoc*, cap. *Toulouse*.

4° AU SUD-OUEST
Le *Comté de Foix*, cap. *Foix* ;
Le *Béarn* et la *Navarre*, cap. *Pau* ;
La *Guyenne* et la *Gascogne*, cap. *Bordeaux*.

5° A L'OUEST
L'*Angoumois*, cap. *Angoulême* ;
L'*Aunis* et la *Saintonge*, cap. la *Rochelle* et *Saintes* ;
Le *Poitou*, cap. *Poitiers* ;
La *Bretagne*, cap. *Rennes* ;
La *Normandie*, cap. *Rouen* ;
Le *Maine*, cap. *Le Mans* ;
L'*Anjou*, cap. *Angers* ;
La *Touraine*, cap. *Tours*.

6° AU CENTRE
Le *Limousin*, cap. *Limoges* ;
L'*Auvergne*, cap. *Clermont* ;
La *Marche*, cap. *Gueret* ;
Le *Bourbonnais*, cap. *Moulins* ;
Le *Berry*, cap. *Bourges* ;
Le *Nivernais*, cap. *Nevers* ;
L'*Orléanais*, cap. *Orleans*.

Depuis la suppression des provinces, la France a acquis la *Savoie* et le *Comté de Nice* : elle a perdu l'Alsace et une partie de la Lorraine.

552 — 1re LECTURE : Comment s'est formé le territoire français? — La France ne s'est pas formée d'un coup : elle a mis 7 siècles à grouper les différents territoires qui la constituent.

Au XI° siècle, à l'avènement des premiers Capétiens, le domaine royal, premier noyau de l'état français, ne comprenait que le centre du bassin de Paris, c'est-à-dire *l'Ile-de-France et l'Orléanais* ; le reste formait des fiefs indépendants, nominalement vassaux du domaine royal.

Peu à peu les rois de France arrondirent leur domaine. Au XIII° siècle, ils acquirent la *Champagne* et le *comté de Toulouse*. Puis, au XV° siècle, grâce au résultat final de la guerre de Cent Ans, ils réunirent définitivement à la couronne la plus grande partie des domaines que l'Angleterre possédait sur le continent : *Guyenne, Poitou, Anjou, Normandie* ; un peu plus tard ils acquéraient la *Picardie* et la *Bourgogne*. Au XVI° siècle, ils gagnaient la *Bretagne*, à la suite d'un important mariage.

L'unité territoriale de la France s'acheva au XVII° et au XVIII° siècle par l'acquisition de provinces plus excentriques : *Bresse, Artois, Roussillon, Flandre, Franche-Comté, Alsace, Lorraine*, acquises presque toutes à la suite de guerres.

Au XIX° siècle même le territoire de la France s'est modifié à différentes reprises : il s'est augmenté en 1860 de la *Savoie* et du *comté de Nice*, mais il a été diminué en 1871

Fig. 338 339-340-341. — FORMATION TERRITORIALE DE LA FRANCE.

La France, c'est l'ancien domaine des ducs de France graduellement étendu. Au X° siècle, quand les ducs de France deviennent rois avec Hugues-Capet, la France ne comprend que le centre du bassin de Paris, c'est-à-dire l'Ile de France et l'Orléanais. Au XIV° siècle, avant la guerre de Cent Ans, la France, déjà bien accrue, comprend les grandes provinces du pourtour, Normandie, Champagne, Dauphiné, Languedoc, et presque toutes celles de l'intérieur. Au XVI° siècle, la Bourgogne et la Bretagne sont venues s'ajouter aux provinces précédemment acquises. En 178.., la Flandre, l'Artois, l'Alsace, la Lorraine, la Franche-Comté et le Roussillon avaient été réunis à leur tour. Sous la Révolution et sous l'Empire, la France s'étendit un moment jusqu'à ses frontières naturelles, c'est-à-dire presqu'aux frontières de l'ancienne Gaule, Océan, Pyrénées, Méditerranée, Alpes et Rhin.

14*

de l'Alsace et d'une partie de la Lorraine, perdues à la suite d'une guerre malheureuse avec l'Allemagne.

553. — 2e Lecture : Qu'était-ce qu'une province? — Les provinces étaient par leur constitution assez différentes entre elles. Les unes, que nous appellerons des *provinces géographiques*, étaient composées d'une seule région naturelle, ayant même climat, même sol, mêmes ressources. Les habitants y avaient le même genre de vie et par conséquent les mêmes mœurs. Telle était, par exemple, la *Bretagne*, au climat humide, au sol cristallin, aux ressources agricoles maigres, à la vie surtout maritime. Les habitants, agriculteurs et pêcheurs y avaient tous les mêmes mœurs, les mêmes traditions, les mêmes superstitions. La Bretagne était une province géographique. Encore aujourd'hui elle forme une région naturelle, une individualité précise.

D'autres provinces s'étaient formées au hasard des successions, des mariages et des conquêtes. Elles étaient composées de morceaux disparates. Tel était par exemple l'*Orléanais*, composé d'une partie de la Beauce, où l'on cultive le blé, de la forêt d'Orléans, peuplée de bûcherons, de la Sologne, formée de marais déserts, du val de Loire, pays de vignerons, etc. L'Orléanais n'était pas une province géographique. Formée par les circonstances historiques, c'était, dirons-nous, une *province historique*. Aussi l'Orléanais ne subsiste-t-il plus aujourd'hui, comme unité physique et géographique.

Exercices. — Définir une province.
Énumérer et situer les principales provinces françaises du nord, de l'est, du sud-est, du sud-ouest, de l'ouest, du centre.

2. Organisation administrative de la France

554. Gouvernement. — La France est une république centralisée. Elle est gouvernée par deux pouvoirs : un *pouvoir exécutif* et un *pouvoir législatif*.

Le *pouvoir exécutif* est chargé de faire exécuter les lois. Il appartient au *président de la République*, qui est nommé pour sept ans par les sénateurs et les députés. Le président de la République est assisté par des *ministres* qu'il choisit lui-même en s'inspirant de l'opinion de la majorité des sénateurs et des députés.

Le *pouvoir législatif* est chargé d'établir les lois et de voter le budget. Il appartient à deux chambres : le *Sénat* et la *Chambre des députés*. Les sénateurs sont élus pour neuf ans par le suffrage universel à deux degrés. Les députés sont élus pour quatre ans par le suffrage universel direct.

555. Administration civile. — La France est divisée, pour l'administration, en *départements*. Chaque département est divisé en *arrondissements*: chaque arrondissement, en *cantons*: chaque canton, en *communes*. Cette organisation, qui a remplacé la division en provinces, remonte à la Révolution française.

Le département est administré par un *préfet*, nommé par le gouvernement, exécutant ses ordres, et assisté d'un conseil de préfecture, — et par un *conseil général*, élu pour six ans au suffrage universel, à raison de un conseiller par canton.

L'arrondissement a de même un *sous-préfet* et un *conseil d'arrondissement*.

La commune est administrée par un *conseil municipal*, composé de 12 à 80 membres, selon l'importance de la population. Il est élu pour quatre ans au suffrage universel. Il est présidé par un *maire*, choisi par le conseil parmi ses membres.

556. Organisation judiciaire. — L'organisation judiciaire comprend :

1o Dans chaque canton, un *juge de paix*, qui juge les procès de peu d'importance ;

2o Dans chaque arrondissement, un *tribunal de première instance*, qui juge les procès civils et les délits correctionnels ;

3o Dans chaque département, une *cour d'assises*, qui se réunit périodiquement pour juger les crimes ;

Fig. 342. — LA FRANCE DIVISÉE EN COURS D'APPEL.

La France est divisée en 26 cours d'appel, chacune d'elles a dans son ressort plusieurs départements. Les cours d'appel revisent les jugements des tribunaux de première instance, dont il a été fait appel.

Les 26 cours d'appel sont : Agen, Aix, Amiens, Angers, Bastia, Besançon, Bordeaux, Bourges, Caen, Chambéry, Dijon, Douai, Grenoble, Limoges, Lyon, Montpellier, Nancy, Nîmes, Orléans, Paris, Pau, Poitiers, Rennes, Riom, Rouen, Toulouse (Alger en a une 27e).

26 *cours d'appel* revisent les jugements des tribunaux de première instance, sur appel des intéressés ou du ministère public.

Une *cour de cassation* siégeant à Paris, peut casser tous les jugements s'ils n'ont pas été rendus suivant les formes prescrites par la loi.

557. Instruction publique. — L'instruction publique comprend trois degrés qui sont :

1o L'Enseignement primaire, donné dans les *écoles primaires* et les *écoles primaires supérieures*. L'enseignement primaire est laïque, gratuit et obligatoire; il doit exister au moins une école primaire par commune ;

2o L'Enseignement secondaire, donné dans les *collèges* et les *lycées*. Chaque département possède un ou plusieurs collèges ou lycées ;

3o L'Enseignement supérieur, donné dans les *universités*. Il y a en France 17 universités.

En outre la France possède plusieurs grandes écoles spéciales, École normale supérieure, écoles Polytechnique et de Saint-Cyr, école Centrale, école Navale, etc.

Chaque université a à sa tête un recteur, qui dirige les trois enseignements dans le ressort de son université. Il a sous ses ordres un *inspecteur d'académie* par département, et des *inspecteurs de l'enseignement primaire*, au moins un par arrondissement.

558. Organisation religieuse. — L'État ne reconnaît plus et ne subventionne plus, en France, aucun culte : il vit sous le régime de la séparation des églises et de l'état. Mais il existe en France trois cultes principalement pratiqués : le *culte catholique*, le *culte protestant* et le *culte israélite*.

1o Le *culte catholique* est administré par l'église catholique, qui comprend 84 diocèses : 18 *archevêchés* et 72 *évêchés*. Chaque diocèse est divisé en *paroisses*. Le culte catholique est, des trois principaux,

Fig. 343. — LA FRANCE DIVISÉE EN UNIVERSITÉS.

Au point de vue universitaire, la France est divisée en 16 universités. Chacune d'elles est dirigée par un recteur, ayant sous ses ordres des inspecteurs d'académie, un par département, et des inspecteurs de l'enseignement primaire, au moins un par arrondissement.

Les 16 universités ont pour chefs-lieux : Aix, Besançon, Bordeaux, Caen, Chambéry, Clermont-Ferrand, Dijon, Grenoble, Lille, Lyon, Montpellier, Nancy, Paris, Poitiers, Rennes, Toulouse (Alger, 17e).

celui qui a de beaucoup le plus d'importance.

2o Le *culte protestant* est administré par l'*Église de la confession d'Augsbourg*, dirigée par un consistoire et un directoire, et par l'*Église réformée*, qui n'a pas de direction centrale.

3o Le *culte israélite* est administré par un *consistoire central* et un *grand rabbin*.

Exercices. — Définir l'administration centrale et l'administration provinciale de la France?
Quelles sont les différentes divisions administratives de la France (administration, justice, instruction publique, cultes)?

3. Départements.

559. Divisions actuelles de la France. — Depuis la révolution de 1789, qui a supprimé l'ancienne division en provinces, la France est divisée en départements ; ces départements sont subdivisés eux-mêmes en arrondissements, puis en cantons et communes. Sans être égaux, les départements français sont en général de dimensions comparables.

La France compte actuellement 86 départements et le territoire de Belfort, 360 arrondissements, environ 2 900 cantons et 36 000 communes.

La division en départements est assurément peu géographique, et certains départements se composent de morceaux très disparates qu'on a soudés arbitrairement les uns aux autres. Mais, toute notre organisation administrative et politique reposant sur cette division en départements et arrondissements, il est utile et même indispensable de la connaître aussi exactement que possible. C'est ainsi que s'explique la part réservée dans l'étude géographique de la France à la nomenclature des départements, chefs-lieux et sous-préfectures.

TABLEAU DES DÉPARTEMENTS, CHEFS-LIEUX ET SOUS-PRÉFECTURES

N. B. — Les sous-préfectures sont placées dans l'ordre de leur position géographique, du nord au sud. Les sous-préfectures les plus importantes sont en italique.

ANCIENNES PROVINCES	DÉPARTEMENTS	CHEFS-LIEUX	SOUS-PRÉFECTURES
RÉGION DU NORD			
FLANDRE . . . (1 dép.)	**Nord**	*Lille*	*Dunkerque*. Hazebrouck. Douai. Valenciennes. Cambrai. Avesnes.
ARTOIS . . . . (1 dép.)	**Pas-de-Calais.**	*Arras.*	Saint-Omer. *Boulogne.* Béthune, Montreuil. Saint-Pol.
PICARDIE . . . (1 dép.)	**Somme**	*Amiens.*	Doullens, *Abbeville*, Péronne, Montdidier.
NORMANDIE. . (5 dép.)	**Seine-Inférieure**	*Rouen.*	*Dieppe*, Neufchâtel, Yvetot, *le Havre*.
	Calvados	*Caen*	Bayeux. Pont-l'Évêque, Lisieux, Falaise, Vire.
	Manche	*Saint-Lô*	*Cherbourg*. Valognes, Coutances. Avranches. Mortain.
	Orne	*Alençon.*	Argentan, Domfront. Mortagne.
	Eure	*Évreux*	Pont-Audemer. les Andelys, Louviers, Bernay.
ILE-DE-FRANCE (5 dép.)	**Seine-et-Oise**	*Versailles.*	Pontoise. Mantes. Rambouillet. Corbeil. Étampes.
	Seine	*Paris.*	
	Seine-et-Marne.	*Melun.*	Meaux. Coulommiers, Provins. Fontainebleau.
	Oise.	*Beauvais*	Compiègne, Clermont, Senlis.
	Aisne	*Laon*	*Saint-Quentin*. Vervins. Soissons. Château-Thierry.
RÉGION DE L'EST			
CHAMPAGNE. . (4 dép.)	**Ardennes.**	*Mézières*	Rocroi, Sedan. Rethel. Vouziers.
	Marne.	*Châlons-s-Marne*	*Reims*, Sainte-Menehould, Épernay. Vitry-le-François.
	Aube.	*Troyes*	Arcis-sur-Aube. Nogent-sur-Seine. Bar-sur-Aube. Bar-sur-Seine.
	Haute-Marne.	*Chaumont.*	Vassy, Langres.
LORRAINE. . . (3 dép.)	**Meuse**	*Bar-le-Duc*	Montmédy. Verdun. Commercy.
	Meurthe-et-Mos^elle	*Nancy*	Briey, Toul. Lunéville.
	Vosges	*Épinal*	Neufchâteau. Mirecourt. Saint-Dié. Remiremont.
ALSACE . . . . (1 dép.)	**Belfort**	*Belfort*	
FRANCHE-COMTÉ (5 dép.)	**Haute-Saône**	*Vesoul*	Lure, Gray.
	Doubs.	*Besançon*	Montbéliard. Beaume-les-Dames. Pontarlier.
	Jura.	*Lons-le-Saunier*	Dôle, Poligny, Saint-Claude.
BOURGOGNE. . (4 dép.)	**Côte-d'Or.**	*Dijon*	Châtillon-sur-Seine, Semur, Beaune.
	Yonne.	*Auxerre*	Sens, Joigny, Tonnerre, Avallon.
	Saône-et-Loire	*Mâcon*	Autun. Chalon-sur-Saône, Louhans. Charolles.
	Ain	*Bourg.*	Gex, Nantua. Trévoux, Belley.
RÉGION DU SUD-EST			
LYONNAIS. . . (2 dép.)	**Loire**	*Saint-Étienne*	Roanne, Montbrison.
	Rhône	*Lyon*	Villefranche.
SAVOIE . . . . (2 dép.)	**Haute-Savoie.**	*Annecy*	Thonon. Saint-Julien. Bonneville.
	Savoie	*Chambéry*	Albertville, Moûtiers. Saint-Jean-de-Maurienne.
DAUPHINÉ. . . (3 dép.)	**Isère**	*Grenoble*	La Tour-du-Pin, *Vienne*. Saint-Marcellin.
	Drôme	*Valence.*	Die, Montélimar, Nyons.
	Hautes-Alpes.	*Gap.*	Briançon, Embrun.
COMTAT-VENAISSIN (1 d.)	**Vaucluse**	*Avignon*	Orange. Carpentras. Apt

ANCIENNES PROVINCES	DÉPARTEMENTS	CHEFS-LIEUX	SOUS-PRÉFECTURES
RÉGION DU SUD-EST (*Suite*)			
COMTÉ DE NICE (1 dép.).	**Alpes-Mariti**mes.	*Nice*	Puget-Théniers, Grasse.
CORSE. . . . . (1 dép.).	**Corse**	*Ajaccio*	*Bastia*, Calvi, Corte, Sartène.
PROVENCE . . (3 dép.).	**Basses-Alpes** . .	*Digne*	Barcelonnette, Sisteron, Forcalquier, Castellane.
	Var	*Draguignan*. . .	Brignoles, *Toulon*.
	Bouches-du-Rhône	*Marseille*	Arles, *Aix*.
LANGUEDOC. . (8 dép.).	**Haute-Loire** . .	*Le Puy*	Brioude, Yssingeaux.
	Lozère	*Mende*	Marvéjols, Florac.
	Ardèche	*Privas*	Tournon, Largentière.
	Tarn	*Albi*.	Gaillac, Lavaur, Castres.
	Gard	*Nîmes*	*Alais*, Uzès, le Vigan.
	Hérault.	*Montpellier* . .	Lodève, Saint-Pons, *Béziers*.
	Aude	*Carcassonne*. . .	Castelnaudary, *Narbonne*, Limoux.
	Haute-Garonne.	*Toulouse*	Muret, Villefranche-de-Lauraguais, Saint-Gaudens.
ROUSSILLON. . (1 dép.).	**Pyrén.-Orient**les	*Perpignan* . . .	Prades, Céret.
RÉGION DU SUD-OUEST			
COMTÉ DE FOIX (1 dép.).	**Ariège**	*Foix*	Pamiers, Saint-Girons.
BÉARN ET NAVARRE (1 d.).	**Basses-Pyrénées**	*Pau*.	Orthez, *Bayonne*, Mauléon, Oloron.
GUYENNE ET GASCOGNE (9 dép.).	**Htes-Pyrénées** .	*Tarbes*	Bagnères-de-Bigorre, Argelès.
	Gers	*Auch*	Condom, Lectoure, Lombez, Mirande.
	Landes	*Mont-de-Marsan*.	Saint-Sever, Dax.
	Lot-et-Garonne.	*Agen*	Marmande, Villeneuve-sur-Lot, Nérac.
	Tarn-et-Garonne.	*Montauban* . . .	Moissac, Castelsarrasin.
	Aveyron	*Rodez*.	Espalion, Villefranche-de-Rouergue, Millau, Saint-Affrique.
	Lot	*Cahors*	Gourdon, Figeac.
	Dordogne. . .	*Périgueux* . . .	Nontron, Ribérac, Sarlat, Bergerac.
	Gironde.	*Bordeaux*	Lesparre, Blaye, Libourne, la Réole, Bazas.
RÉGION DE L'OUEST			
AUNIS et SAINTONGE (1 d.).	**Charente-Infre** .	*La Rochelle*. . .	Saint-Jean-d'Angély, *Rochefort*, Marennes, *Saintes*, Jonzac.
ANGOUMOIS. . (1 dép.).	**Charente**	*Angoulême* . . .	Ruffec, Confolens, Cognac, Barbezieux.
POITOU. . . . (3 dép.).	**Vienne**	*Poitiers*.	Loudun, *Châtellerault*, Montmorillon, Civray.
	Deux-Sèvres . .	*Niort*	Bressuire, Parthenay, Melle.
	Vendée	*La Roche-s-Yon*.	Les Sables-d'Olonne, Fontenay-le-Comte.
ANJOU. . . . . (1 dép.).	**Maine-et-Loire** .	*Angers*	Segré, Baugé, Saumur, Cholet.
BRETAGNE . . (5 dép.).	**Loire-Inférieure**	*Nantes*	Châteaubriant, Ancenis, *Saint-Nazaire*, Paimbœuf.
	Morbihan. . . .	*Vannes*.	Pontivy, Ploërmel, *Lorient*.
	Finistère . . .	*Quimper*	Morlaix, *Brest*, Châteaulin, Quimperlé.
	Côtes-du-Nord .	*Saint-Brieuc* . .	Lannion, Guingamp, Dinan, Loudéac.
	Ille-et-Vilaine .	*Rennes*	*Saint-Malo*, Fougères, Vitré, Montfort, Redon.
MAINE. . . . . (2 dép.).	**Mayenne**. . . .	*Laval*	Mayenne, Château-Gontier.
	Sarthe	*Le Mans*	Mamers, Saint-Calais, la Flèche.
TOURAINE. . . (1 dép.).	**Indre-et-Loire** .	*Tours*	Chinon, Loches.
RÉGION DU CENTRE			
MARCHE. . . . (1 dép.).	**Creuse**	*Guéret*	Boussac, Aubusson, Bourganeuf.
LIMOUSIN . . . (2 dép.).	**Haute-Vienne** .	*Limoges*	Bellac, Rochechouart, Saint-Yrieix.
	Corrèze.	*Tulle*	Ussel, Brive.
AUVERGNE . . (2 dép.).	**Cantal**	*Aurillac*. . . .	Mauriac, Murat, Saint-Flour.
	Puy-de-Dôme . .	*Clermont-Ferran*d	Riom, Thiers, Ambert, Issoire.
BOURBONNAIS. (1 dép.).	**Allier**	*Moulins*.	*Montluçon*, Lapalisse, Gannat.
NIVERNAIS . . (1 dép.).	**Nièvre**	*Nevers*	Clamecy, Cosne, Château-Chinon.
BERRI. . . . . (2 dép.).	**Indre**	*Châteauroux* . .	Issoudun, le Blanc, la Châtre.
	Cher	*Bourges*.	Sancerre, Saint-Amand.
ORLÉANAIS . . (3 dép.).	**Loiret**.	*Orléans*.	Pithiviers, Montargis, Gien.
	Loir-et-Cher . .	*Blois*	Vendôme, Romorantin.
	Eure-et-Loir . .	*Chartres*	Dreux, Nogent-le-Rotrou, Châteaudun.

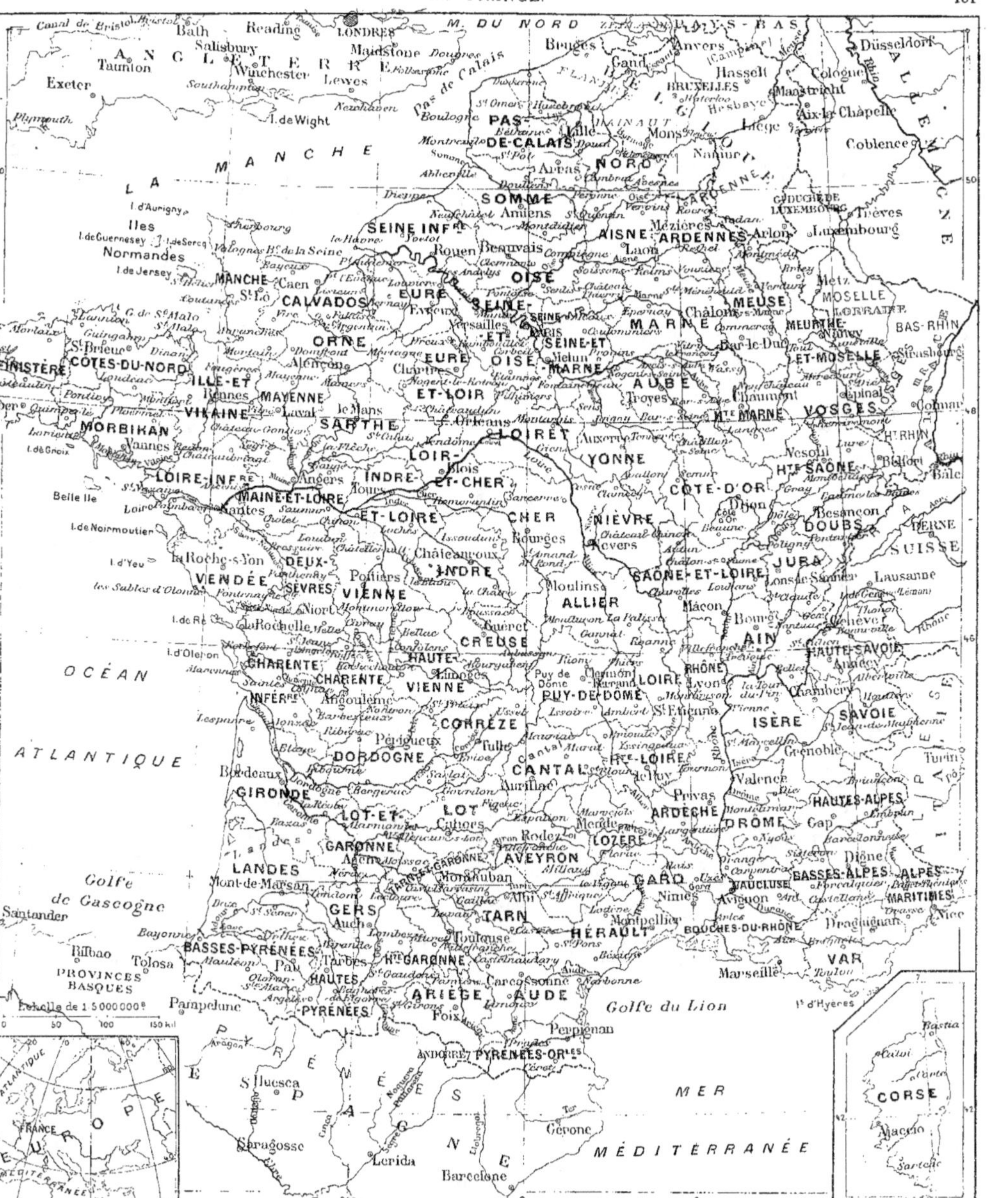

Fig. 344 — LA FRANCE DIVISÉE EN DÉPARTEMENTS

560. — Lecture : A quoi correspond la division en départements ? — La division de la France en départements est loin de correspondre à des réalités géographiques, comme le faisait en partie l'ancienne division en provinces. En effet :

1° *Elle divise ce que la géographie unit.* Par exemple, entre les départements de la Savoie et de la Haute-Savoie, il n'y a aucune différence géographique. Tous deux sont occupés par les Alpes de Savoie, qui, nous le verrons, forment une région naturelle. De même, pour prendre un exemple, en pays de plaine, la Sologne est divisée entre les départements du Loiret, du Loir-et-Cher et du Cher.

2° *Elle unit ce que la géographie distingue.* Par exemple le département de l'Aisne comprend une partie de la Champagne avec Château-Thierry, une partie de la Thiérache avec Vervins, une partie du Soissonnais avec Laon, une partie de la Picardie avec Saint-Quentin. Or, Saint-Quentin a plus de rapport avec Amiens, et Château-Thierry a plus de rapport avec Reims, que ces deux villes n'ont de rapports entre elles.

Cependant, il faut connaître les départements de la France, parce que pratiquement cette connaissance nous est utile.

Exercices. — Qu'est-ce qu'un département ? Donner les préfectures et les sous-préfectures de chaque département, dans la région du Nord, de l'Est du Sud-Est, du Sud-Ouest, de l'Ouest, du Centre.

4. Organisation militaire.

561. Organisation militaire. — Le service militaire est obligatoire. Tout Français valide doit le service militaire de 20 à

Fig. 345. — LA FRANCE DIVISÉE PAR CORPS D'ARMÉE.

Les forces militaires de la France sont divisées en 20 corps d'armée, dont 19 en France et 1 en Algérie. Le 1er corps d'armée est à Lille : les numéros des autres se suivent d'après une ligne sinueuse allant du nord au sud. Ni Paris, ni Lyon, sièges de deux gouvernements militaires ne sont chefs-lieux de corps d'armée.

Les chefs-lieux des 19 corps d'armée de France sont Lille, Amiens, Rouen, le Mans, Orléans, Châlons, Besançon, Bourges, Tours, Rennes, Nantes, Limoges, Clermont-Ferrand, Grenoble, Marseille, Montpellier, Toulouse, Bordeaux, Nancy.

45 ans. Il fait partie selon son lieu d'origine de l'*armée de terre* ou de l'*armée de mer.* Il fait partie selon son âge de l'armée active, de la *réserve de l'armée active,* de l'*armée territoriale* ou de la *réserve de l'armée territoriale.*

L'*armée de terre,* comprend en temps de paix 585 000 soldats et 28 000 officiers. Elle forme 20 régions militaires ou corps d'armée, y compris un corps dans l'Algérie-Tunisie. En temps de guerre le total des soldats s'élèverait à 3 800 000 hommes.

L'*armée de mer* comprend 50 000 hommes. En outre 20 000 hommes d'infanterie coloniale et 6000 hommes d'artillerie coloniale sont chargés de la garde des colonies françaises.

Les régions côtières, sont divisées en cinq arrondissements maritimes, qui ont pour chefs-lieux Cherbourg, Brest, Lorient, Rochefort et Toulon.

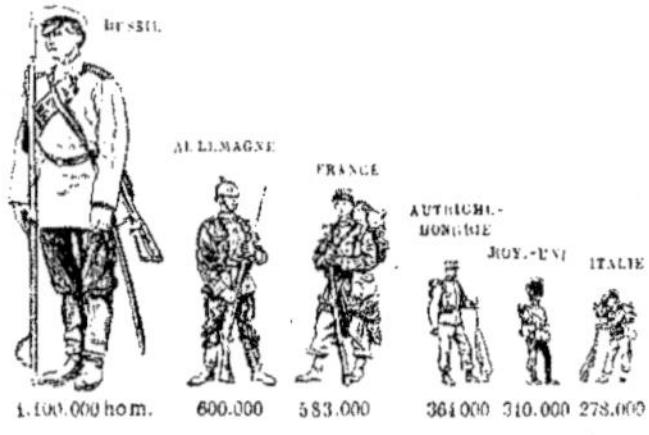
Fig. 346. — FORCE MILITAIRE COMPARÉE DES PRINCIPAUX ÉTATS DE L'EUROPE.

Les six grands États européens possèdent une armée nombreuse. La Russie est en tête comme nombre, grâce à sa population considérable ; puis viennent l'Allemagne et la France. Les trois dernières puissances, Autriche-Hongrie, Angleterre et Italie ne viennent qu'assez loin en arrière.

562. Défense des frontières de terre. — Pour défendre ses frontières, la France a construit des forts de grandes places fortes formant camps retranchés, où abondent les approvisionnements et les munitions.

Au *sud-ouest,* les **Pyrénées** forment entre la France et l'Espagne un mur presque infranchissable. Les fortifications, peu nécessaires, sont rares. Les principales places fortes sont *Bayonne* et *Perpignan,* dans les parties les plus basses, à l'ouest et à l'est.

Au *sud-est,* les **Alpes** sont plus faciles à franchir. Des forteresses bouchent l'accès de chaque vallée et de chaque col important. Telles sont : *Nice,* au sud ; *Briançon,* dans la vallée de la Durance ; *Albertville,* dans la vallée de l'Isère. En arrière sont les grandes places fortes de *Toulon, Grenoble* et *Lyon,* qui centralisent la défense de toute cette frontière.

A l'*est,* le **Jura** nous sépare très bien de la Suisse, qui est d'ailleurs un état neutre. Aussi les fortifications se réduisent-elles à la place forte de *Besançon,* et à quelques petits forts sans importance.

Au *nord-est,* la France est découverte : aucun obstacle naturel ne la sépare de la Belgique ; l'Allemagne possède le versant Est des Vosges : des vallées de rivières, celles de l'Escaut, de la Meuse et de la Moselle, ouvrent des routes de pénétration naturelles ; enfin la trouée de Belfort est une large porte ouverte vers l'intérieur de notre pays. Aussi a-t-on protégé cette frontière par une double ligne de défenses que relient d'innombrables voies ferrées pour les besoins de la mobilisation et de la concentration des vivres ou des munitions :

1° En première ligne, les camps retranchés de *Belfort, Épinal, Toul, Verdun, Maubeuge, Lille* et *Dunkerque,* reliés par une série de forts ;

2° En seconde ligne, les camps retranchés de *Besançon, Dijon, Langres, Reims, Laon* et *La Fère,* destinés à arrêter l'ennemi si la première ligne était forcée.

Fig. 347. — CARTE DE LA FRONTIÈRE DU NORD-EST.

La France n'a point de frontière naturelle au nord-est : elle a dû pourvoir à sa défense de ce côté par des défenses artificielles. La 1re ligne de défense est formée par les places fortes Belfort-Épinal et Toul-Verdun qui sont reliées deux à deux par des forts détachés, sauf une trouée entre Épinal et Toul. En arrière, Besançon, Dijon, Langres, Reims et Laon, La Fère forment une seconde ligne de défense. Paris, avec sa double ceinture de forts, forme un immense camp retranché.

3° Enfin Paris, entouré de deux ceintures de forts, forme un immense camp retranché de 150 kilomètres de tour. On calcule qu'il ne faudrait pas moins de 400 000 hommes pour investir actuellement Paris.

563. Défense maritime. — La défense maritime est double. Elle comprend :

1° La **défense fixe,** constituée par les forts qui garantissent les grands ports marchands et nos cinq ports militaires : *Cherbourg, Brest, Lorient, Rochefort, Toulon ;*

2° La **défense mobile,** assurée par la flotte de guerre, surtout par les *gardes-côtes* et les *torpilleurs.*

La *Corse* et l'*Algérie* offrent en outre à nos flottes des points d'appui et des refuges.

Exercices. — Quelles sont les principales frontières de terre de la France ? Les représenter par un croquis et en expliquer la défense.

Dessiner la frontière de l'Est ; en indiquer les places fortes de la première et de la seconde ligne de défense.

VIII

POPULATION DE LA FRANCE

564. Peuplement de la France. — Grâce aux avantages de sa géographie physique, de son relief modéré, de son climat, de ses ressources naturelles et principalement de ses ressources agricoles, la France s'est peuplée de bonne heure.

Dès l'époque préhistorique, elle eut des habitants; ce sont ces habitants qui élevèrent les monuments mégalithiques qu'on trouve en Bretagne, en Auvergne, etc. Depuis l'époque historique, elle a été peuplée successivement par les *Celtes*, les *Gaulois*, les *Romains* et les *Germains*.

Presque nulle part ces races ne sont demeurées à l'état pur.

565. Dénombrement de la population. — La France a tous les cinq ans des recensements réguliers pour sa population. Le recensement de 1906 a dénombré *39 252 000* habitants, soit 291 000 de plus qu'en 1901. La France a en moyenne 73 habitants par kilomètre carré.

Cette population n'augmente plus que très lentement.

Pourtant la France tient encore le 5e rang pour la population parmi les nations européennes. Elle vient après la Russie, l'Allemagne, l'Autriche-Hongrie et le Royaume-Uni; elle vient immédiatement avant l'Italie.

566. Répartition. — La population française est loin d'être répartie également

Fig. 348. — DENSITÉ DE LA POPULATION FRANÇAISE.

La population de la France n'est pas répartie également sur toutes les parties du territoire : certaines sont très peuplées, d'autres le sont très peu. Parmi les régions très peuplées sont la région du Nord, la région parisienne, la région de la Basse-Seine, les côtes bretonnes, la région lyonnaise, les côtes méditerranéennes. Les régions très peu peuplées sont les régions montagneuses et certaines plaines (Landes, Sologne, Dombes, etc.).

sur tout son territoire. La France renferme des régions très peuplées et des régions relativement désertes. La population de chaque région est d'autant plus abondante que ses ressources sont plus nombreuses et plus variées.

Les *régions très peuplées* sont :

1° Les régions minières et industrielles : le Nord, la région de Lyon et de Saint-Étienne, la Lorraine, la région de Rouen.

2° Les côtes hospitalières : Bretagne, Provence, estuaires de la Seine, de la Loire et de la Gironde.

3° Paris et ses environs, qui réunissent les avantages de l'industrie, des cultures riches et de la situation commerciale. Aussi le département de la Seine contient-il 7660 habitants au kilomètre carré.

Les *régions très peu peuplées* sont :

1° Les régions montagneuses, telles que la région des Alpes, les sommets pyrénéens, les parties les plus pauvres du Massif Central (Causses), la Corse ;

2° Certaines plaines pauvres, marécageuses ou au contraire trop sèches, telles que la Sologne, les Landes, la Camargue, la Champagne pouilleuse.

567. — 1re Lecture: Le peuple français. — Dès l'époque préhistorique, la France avait des habitants. On a trouvé des outils grossiers qui leur ont appartenu dans le Massif central, dans les Alpes et dans les Pyrénées. On leur doit également les dolmens, les menhirs, et autres monuments mégalithiques.

Plus tard la France a été traversée par les invasions de races très différentes. Toutes ont laissé des témoins de leur passage. Les principales de ces races sont :

1° Les *Celtes*, petits, trapus, bruns, que l'on retrouve en Bretagne et dans le Massif central ;

2° Les *Gaulois*, grands, blonds, que l'on trouve dans le nord de la France ;

3° Les *Latins*, petits, bruns, élégants, vifs, qui peuplent surtout le midi ;

4° Les *Germains*, grands, forts et roux, à l'est.

Aujourd'hui une longue vie en commun et de nombreuses alliances ont mélangé ces diverses races. Mais on peut dire que le type physique qui domine en France est celui du Celte et du Gaulois et que la civilisation qui s'est répandue partout avec la langue est celle des Latins : la langue française est une langue romane, c'est-à-dire dérivée de l'ancien latin que parlaient les Romains.

568. — 2e Lecture : La population française augmente lentement. — La popula-

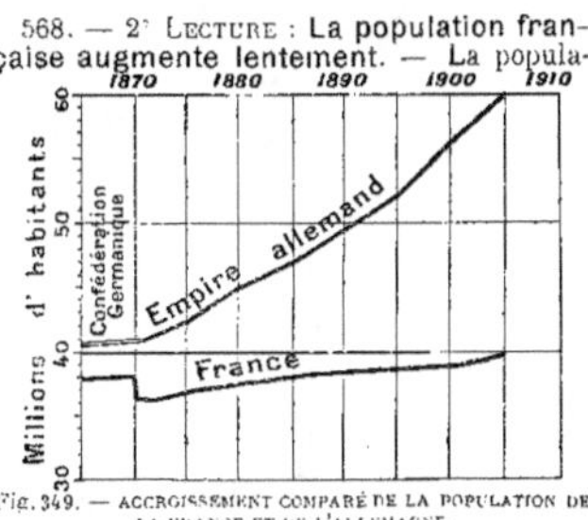

Fig. 349. — ACCROISSEMENT COMPARÉ DE LA POPULATION DE LA FRANCE ET DE L'ALLEMAGNE.

La population de la France augmente très lentement, beaucoup moins que celle de l'Allemagne. En 1871, les deux pays n'avaient qu'une légère différence de population (4 millions environ); la différence est aujourd'hui de 20 millions. Il y a là une cause de grosse inquiétude pour l'avenir de notre pays.

tion de la France augmente lentement. Entre les deux recensements de 1896 et de 1901, la population de la France n'a augmenté que de 800 000 habitants, soit à peine de 1 pour 46 habitants. Pendant le même espace de temps, la population de l'Allemagne a augmenté de 5 millions, c'est-à-dire dans la proportion de 1 pour 10 habitants. En 1860, les deux pays avaient même population : aujourd'hui, l'Allemagne compte un tiers d'habitants de plus que la France.

Le fait est d'autant plus significatif que les Français qui émigrent à l'étranger sont très peu nombreux. Si donc la population de la France augmente peu, c'est qu'il naît relativement peu de petits Français chaque année. En Allemagne, en Angleterre, en Italie, on émigre beaucoup et pourtant la population augmente.

Au xviie siècle la France était la nation la plus peuplée de l'Europe. Elle venait encore au second rang, immédiatement après la Russie, quand commença le dix-neuvième siècle. Elle n'occupe plus aujourd'hui que le cinquième rang et l'on peut prévoir le temps où l'Italie l'aura dépassée.

569. — 3e Lecture: Population des villes et des campagnes. — Si les Français émigrent peu de France, à l'intérieur la population française est sans cesse en mouvement.

En général les régions pauvres, en particulier les montagnes, se dépeuplent de plus en plus au profit des régions riches. Les Auvergnats, les Savoyards, les Limousins, les Bretons forment des colonies nombreuses dans les villes où ils s'exercent, en général, les métiers durs et pénibles.

Parmi les régions riches, les campagnes elles-mêmes se dépeuplent au profit des

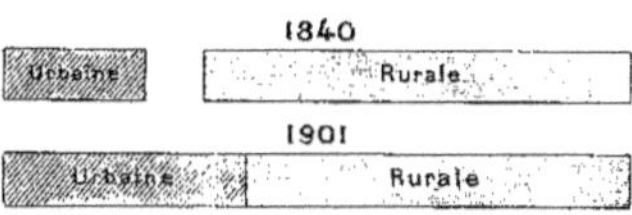

Fig. 350. — DÉPEUPLEMENT PROGRESSIF DES CAMPAGNES FRANÇAISES.

En France, depuis 1840, la population rurale ou des campagnes a diminué sensiblement au profit de la population urbaine ou des villes. Toutefois, le phénomène, dû surtout aux progrès de l'industrie, est beaucoup moins sensible en France qu'en certains autres pays, l'Allemagne par exemple.

régions industrielles et par conséquent des villes. La France a quinze villes ayant plus de 100 000 habitants. Au milieu du XIXe siècle la population rurale représentait les trois quarts de la population totale; aujourd'hui elle n'en représente plus que les trois cinquièmes environ.

Parmi les villes qui se sont le plus développées depuis un siècle, il faut citer : *Paris*, qui a passé de 714 000 à 2 763 000 habitants; *Roubaix*, de 9 000 à 121 000; *le Havre*, de 17 000 à 132 000; *Saint-Étienne*, de 9 000 à 146 000; *Lille*, de 13 000 à 205 000; *Marseille*, de 106 000 à 517 000; *Lyon*, de 139 000 à 472 000.

Exercices. — Quelle est la population de la France et comment est-elle répartie : régions peuplées et non peuplées, campagnes et villes.

Que faut-il penser de l'augmentation de la population française comparée avec celle de la population allemande? L'émigration est-elle très importante en France ?

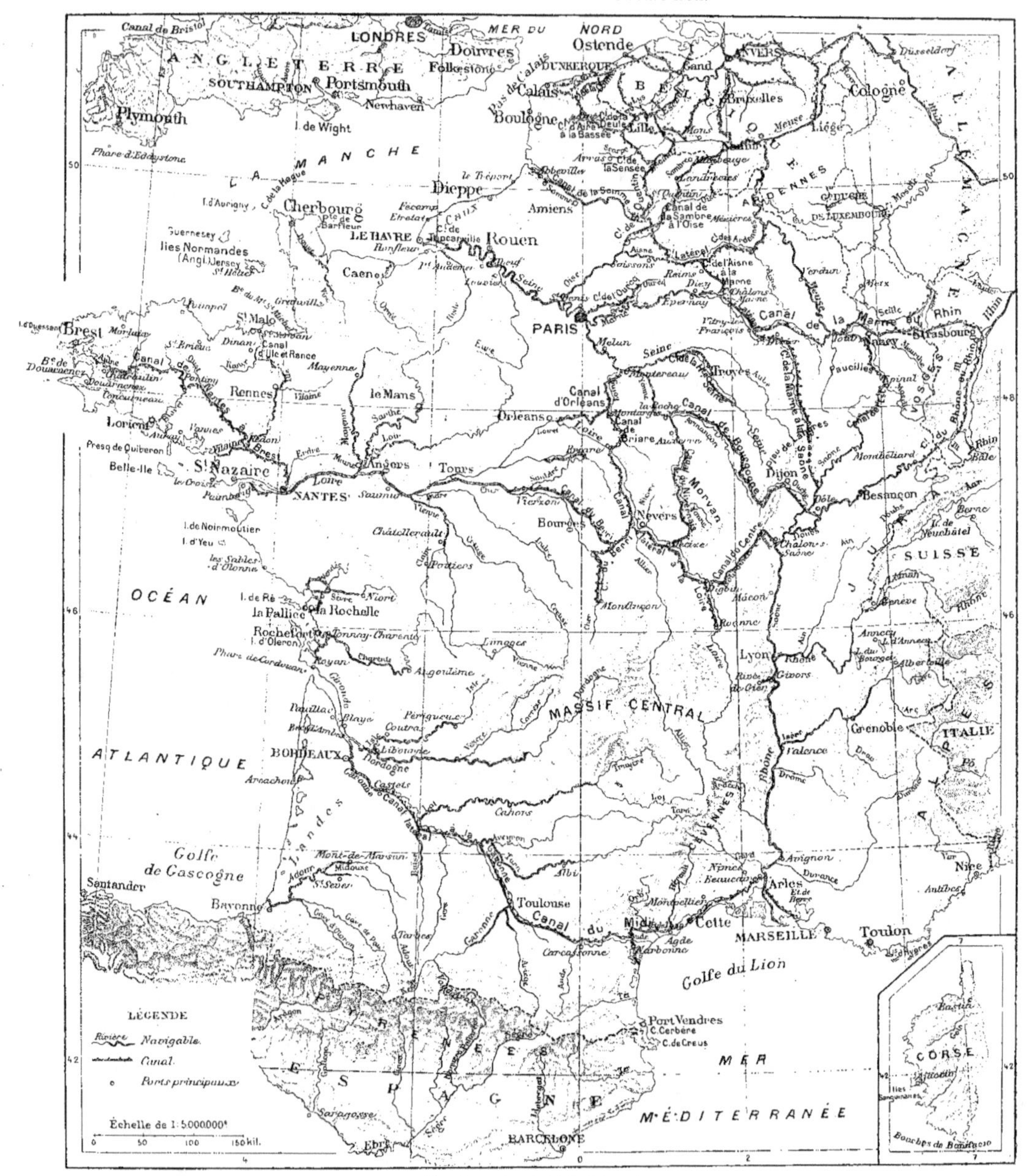

Fig. 351. — FRANCE : VOIES NAVIGABLES.

IX

VOIES DE COMMUNICATION

Grâce aux avantages de sa situation, de son relief, et de la disposition de ses cours d'eau, la France possède des voies de communication variées, nombreuses et commodes. Elle possède des routes, des voies navigables et des voies ferrées.

1. Routes.

570. — Les routes de la France. — Grâce à l'heureuse disposition de ses plaines et de ses vallées, la France a possédé dès l'antiquité de grandes routes qui la traversaient de part en part. En particulier, les Romains en construisirent un grand nombre.

Les grandes routes modernes datent surtout du xvi⁰ et du xvii⁰ siècle ; on fit alors les artères principales. Le réseau en a été complété de nos jours par la construction du réseau vicinal.

Ce réseau est le premier du monde :

1° *Par la quantité des routes* : près de 700 000 kilomètres ;

2° *Par la qualité des routes* : c'est-à-dire par leur largeur, leur solidité et leur bon entretien. Tout le monde s'accorde à reconnaître l'excellence du réseau routier français.

571. Différentes sortes de routes. — On distingue en France trois sortes de routes, savoir :

1° Les *routes nationales* (larges de 11 à 14 mètres), soit : 39 000 kilomètres ;

2° Les *routes départementales* (larges de 8 à 10 mètres), soit : 19 000 kilomètres.

3° Les *chemins vicinaux*, soit : 612 000 kilomètres, unissant les unes aux autres et desservant les communes rurales. En outre, la France possède plus de 1 million et demi de kilomètres de *chemins ruraux* ou de *chemins d'exploitation*.

Exercice. — Les routes de France : étendue du réseau ; diverses espèces de routes.

2. Voies navigables.

572. Les voies navigables de la France. — Le réseau des voies navigables est moins étendu et moins complet que le réseau des routes. Certaines régions en sont absolument dépourvues : ce sont les Pyrénées, les Alpes et le Jura, surtout le Massif central.

Pourtant la France possède plus de 13 000 kilomètres de voies navigables, ce qui la met au troisième rang des États européens, après la Russie et l'Allemagne.

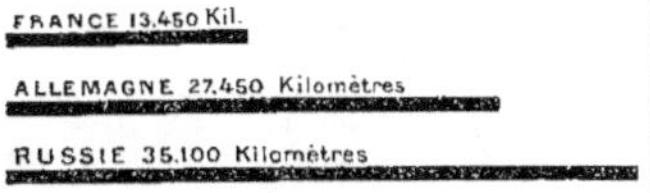

Fig. 352. — LONGUEUR COMPARÉE DES VOIES NAVIGABLES DANS QUELQUES PAYS D'EUROPE.

La France a 13 450 kilomètres de canaux et de rivières navigables ; c'est peu relativement à l'Allemagne, qui a son réseau de rivières si remarquablement aménagé, et relativement à la Russie qui a ses immenses fleuves de plaine. Or, c'est une grande infériorité, au point de vue économique, car les voies fluviales sont nécessaires pour les transports à bon marché des matières premières et des combustibles.

On peut distinguer en France quatre sortes de voies navigables :

Fig. 353. — TRAIN DE BATEAUX SUR LA SEINE, A PARIS.

La Seine est le plus navigable des fleuves français ; des trains de bateaux, remorqués par de petits vapeurs, y circulent incessamment. Paris est grâce à la Seine et grâce aux voies fluviales qui y convergent, le premier port de commerce de la France tout entière.

1° Les *rivières navigables*, soit naturellement, soit rendues telles par le travail de l'homme ;

2° Les *canaux latéraux*, établis à côté des cours d'eau que l'on ne pouvait améliorer suffisamment et alimentés par eux ;

3° Les *canaux de jonction*, creusés pour relier deux bassins fluviaux différents ;

4° Les *canaux maritimes*, établis à l'estuaire de certains fleuves pour faciliter l'entrée des navires.

573. Rivières navigables. — La France en possède plus de 8000 kilomètres.

Les rivières véritablement navigables sont celles qui ont, non seulement un débit abondant et régulier, mais un cours paisible et exempt de dangers. Ce sont :

1° Au nord, l'*Escaut*, la *Somme*, la *Seine*, l'*Oise* et la *Marne* ;

2° A l'est : la *Meuse*, la *Moselle* et la *Saône* ;

3° Au centre : le *Cher*, la *Maine* et les rivières qui la forment ;

4° A l'ouest : la *Charente*.

Le bassin de Paris est donc le mieux partagé de tous.

574. Canaux latéraux — On en trouve dans presque tous les bassins fluviaux.

Les principaux sont :

1° Les *canaux latéraux* de la *Haute-Seine*, de la *Haute-Marne*, de l'*Oise supérieure* et de la *Somme*, au nord ;

2° Les *canaux latéraux* de la *Haute-Loire* et du *Cher*, dans le bassin de la Loire ;

3° Le *canal latéral à la Garonne* ;

4° Divers canaux latéraux aux grands bras du *delta du Rhône*.

575. Canaux de jonction. — Les canaux de jonction sont très nombreux. Mais leur réseau présente deux défauts :

1° *Il n'est pas complet* : aucun canal n'unit le bassin de la Loire au bassin de la Garonne, par le seuil du Poitou, à l'ouest du Massif Central ;

2° *Il manque d'unité* : il a été construit à plusieurs époques depuis les premières années du xvii⁰ siècle, et les anciens canaux n'ont ni la largeur, ni la profondeur des nouveaux. Par suite, un même bateau ne peut pas circuler d'un bout à l'autre de la France sur tous les canaux indistinctement.

Les canaux de jonction sont très abondants dans le nord et dans l'est. Les principaux sont le *canal de Saint-Quentin* qui unit l'Oise à l'Escaut ; le *canal de la Sambre* ; le *canal des Ardennes*, entre l'Aisne et la Meuse ; le *canal de la Marne au Rhin*, le *canal de la Marne à la Saône* ; le *canal de l'Est*, qui unit la Meuse à la Moselle et à la Saône ; le *canal du Rhône au Rhin*, le *canal de Bourgogne*, entre la Seine et la Saône ; enfin, le *canal du Nivernais* et le *canal du Loing*. Tous ces canaux rayonnent autour de la Seine ; ils unissent la Seine et Paris, premier port fluvial de la France, aux diverses rivières du nord de la France, au Rhin, au Rhône, et à la Loire.

Le reste de la France est beaucoup moins bien partagé. Les principaux canaux y sont : le *canal du Midi* ou *des Deux Mers*, qui, prolongeant le *canal latéral de la Garonne*, unit l'océan Atlantique à la Méditerranée ; le *canal du Centre*, entre la Loire et la Saône ; le *canal du Berri*, entre la Loire et le Cher ; le *canal de Nantes à Brest* et le *canal d'Ille-et-Rance*, en Bretagne.

576. Canaux maritimes. — Les principaux sont le canal de Tancarville, construit dans l'estuaire de la Seine pour éviter la barre, et le *canal de la Loire maritime*, construit entre Nantes et Paimbœuf pour éviter les bancs de sable de l'estuaire du fleuve.

577. — 1ʳᵉ LECTURE : L'eau en France. — Les rivières servent à plusieurs fins. Elles servent d'abord à l'irrigation. Elles servent en second lieu de voies navigables. Mais, là où les rivières françaises ne sont pas navigables, elles peuvent encore servir à d'autres usages.

1° Elles servent au *flottage*. On appelle ainsi le transport des bois confiés au fil de l'eau et descendant de forêts situées à une assez grande altitude jusque dans les plaines

15*

où ils sont utilisés par l'industrie. Les troncs et les branches d'arbres, après avoir été abattus et découpés par les bûcherons, sont groupés en *trains de bois*. Un barrage les arrête dans le cours inférieur de la rivière; on les tire de l'eau; on les met à sécher sur la rive, puis on les scie et on les empile.

Le flottage est surtout actif sur l'Yonne,

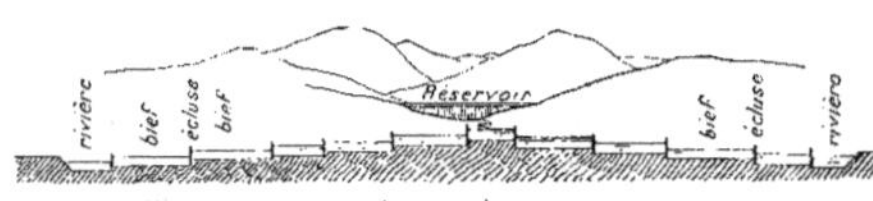

Fig. 354. — COUPE THÉORIQUE D'UN CANAL DE JONCTION.

Un canal de jonction est une sorte d'escalier hydraulique dont les paliers, ou biefs, communiquent les uns avec les autres par des écluses. Le difficile dans ces canaux, qui permettent aux bateaux d'aller d'un bassin fluvial à un autre bassin voisin, est de se procurer de l'eau au bief le plus élevé, ou bief de partage.

qui transporte vers Paris les bois du Morvan, et sur les rivières des Vosges et du Jura.

2° Les rivières font marcher les moulins à eau, les turbines de certaines usines.

3° Enfin les torrents peuvent, par la force qu'ils produisent, fournir de l'électricité et alimenter des usines. L'électricité fournie ainsi par les torrents des montagnes porte le nom de « houille blanche », par opposition à la houille noire que l'on extrait du sol. La houille blanche n'est utilisée d'une manière sérieuse que depuis un petit nombre d'années seulement; son emploi a permis, au cours de ces dernières années, d'installer des usines dans les Alpes du Dauphiné. Il y a là une cause nouvelle de prospérité apportée dans ce pays par les eaux. On pourrait installer aussi un grand nombre d'usines dans le Massif Central qui possède de nombreux cours d'eau à cascades et à chutes.

578. — 2° Lecture: Défauts et avantages des canaux. — Les canaux ont, par

Fig. 355. — LA MAYENNE A BOOTZ, PRÈS DE LAVAL.

La Mayenne était peu navigable par elle-même; pour la rendre telle, il a fallu l'écluser, c'est-à-dire diviser son cours en biefs que séparent des chutes d'eau et que font communiquer des écluses. Le barrage, qui fut cher à établir, donne, d'ailleurs une force motrice qu'utilisent, à gauche, une minoterie, à droite une filature de cotonnades.

rapport aux chemins de fer, des désavantages et des avantages.

1° Le transport par voie d'eau est toujours plus lent que le transport par voie ferrée. Mais, sur les canaux, il est encore ralenti par le passage des écluses, dont la manœuvre réclame toujours un certain temps.

2° Par contre, le transport par voie d'eau est beaucoup moins coûteux que le transport par voie ferrée. Il s'impose donc pour le transport des matières lourdes, telles que la houille, les minerais, la fonte, le ciment, la chaux, la pierre de taille, le bois, etc., représentent une valeur relativement faible pour un gros poids ou un gros volume.

Dans une région industrielle, où le transport des matières lourdes est considérable, un bon réseau de voies navigables est une précieuse ressource. La voie fluviale, rivière ou canal, amène le combustible et la matière première. Si la voie fluviale n'avait pas existé, le pays n'aurait pas pu se procurer la matière première et la houille dans des conditions suffisamment économiques, et jamais l'industrie n'aurait pu s'y développer.

En résumé, le canal et le chemin de fer se complètent. Le canal amène les matières lourdes et encombrantes que l'industrie travaille: le chemin de fer emporte ensuite les objets fabriqués et manufacturés. Les pays les plus prospères au point de vue économique sont ceux qui possèdent à la fois un réseau fluvial très développé et un important réseau ferré.

579. — 3° Lecture : Le réseau navigable du Nord. — Le Nord possède un réseau de voies navigables très complet. Il le doit :

1° A ses rivières, qui sont naturellement lentes, navigables et ont été facilement canalisées ;

2° A son relief uniforme, qui a permis de les relier aisément par des canaux de jonction.

Une goutte d'eau qui, prise dans le cours de l'Aisne, passerait dans le canal des Ardennes, arriverait ainsi dans l'Oise ; de la Somme, le canal de Saint-Quentin la mènerait à Cambrai dans l'Escaut, de là elle pourrait descendre l'Escaut jusqu'à Anvers et à la mer du Nord, ou bien, passant par les canaux de la Sensée, de la Deule, de la Bassée, de l'Escaut dans la Scarpe, et de la Scarpe dans la Lys, gagner par l'Aa canalisée Gravelines et se jeter dans le Pas de Calais. Tel serait l'extraordinaire voyage d'une goutte d'eau que la nature destinait à la Seine et à la Manche.

Or, le chemin que cette goutte d'eau parcourrait, une péniche peut, elle aussi, le parcourir. Grâce aux canaux du nord, les grandes régions industrielles du nord et du nord-est sont reliées par des voies de communications peu coûteuses que peuvent emprunter les matières lourdes (houille, minerai, etc.)

580. — 4° Lecture : Ce qui manque à notre réseau de canaux. — Notre réseau de canaux a deux défauts: 1° il manque d'unité ; 2° il est incomplet.

Il manque d'unité. La France possède des canaux depuis le commencement du XVIIe siècle ; c'est sous le règne de Henri IV que fut creusé le premier canal français, celui de Briare, entre la Loire et la Seine. Or, on ne pouvait prévoir alors l'extension ultérieure du commerce. Les premiers canaux furent de dimensions petites ; profondeur de 1 m. 20,

Fig. 356. — LES CANAUX DU NORD DE LA FRANCE.

La région du Nord est de toutes les régions de la France celle qui est le mieux pourvue de canaux ; d'ailleurs le relief en est très modéré et les rivières qui y coulent sont calmes et régulières. Ces canaux, dirigés parallèlement à la frontière franco-belge unissent les divers cours d'eau qui coulent, au contraire, perpendiculairement à cette frontière. Ils relient les rivières du Nord à l'Oise et à la Seine ; sur la mer, ils aboutissent à Calais et à Dunkerque, qui leur doit sa prospérité.

écluses longues de 32 mètres. Ceux qu'on fait aujourd'hui peuvent recevoir des bateaux calant 2 mètres et longs de 38 mètres.

De ce manque d'unité, il résulte qu'un bateau ne peut aller partout d'un bout à l'autre de la France. Si un petit bateau peut emprunter tous les canaux, les grands bateaux ne peuvent passer par les anciens canaux qui sont trop peu profonds et dont les écluses sont insuffisamment longues. On a rectifié quelques-uns des anciens canaux d'après les dimensions modernes ; mais il reste beaucoup à faire.

Il est incomplet. Seuls, le nord et l'est ont un réseau complet ; à l'ouest et au sud-est, il est tout à fait insuffisant. Les projets de canaux les plus urgents et les plus utiles sont :

1° Le projet d'un grand canal partant de la mer et permettant aux gros navires de remonter jusqu'à Paris;

2° Le projet d'un canal latéral au Rhône, qui rendrait la navigation, non seulement possible, mais effective, entre Paris et Marseille ;

3° Le projet d'un canal latéral à la Loire, qui ferait de Saint-Nazaire et de Nantes le débouché naturel de la France de l'est et même de la Suisse sur l'Océan.

Exercices. — Carte des voies navigables du Nord et de l'Est.

Quelles sont les rivières navigables de la France, et leurs canaux latéraux ? Détaillez le parcours qu'il vous faudrait faire pour aller, par voie d'eau douce, de Gravelines à Bordeaux; pour aller par voie d'eau douce ou salée, de Nantes à Orléans. Quelles considérations ces voyages vous inspireraient-ils sur notre réseau de voies navigables?

Le réseau des canaux français est-il parfait ? Quels sont ses défauts? Quels sont les travaux dont l'exécution permettrait de le compléter?

3. Chemins de fer.

581. Les chemins de fer de la France.
— Les chemins de fer ne datent que du XIXᵉ siècle. C'est surtout

Allemagne 60.624 Kilomètres

France 49.000 Kil.

Angleterre 37.465 Kil.

Italie 17.025 Kil.

Fig. 357. — LONGUEUR COMPARÉE DES RÉSEAUX FERRÉS DANS QUELQUES PAYS D'EUROPE.

La France a moins de voies ferrées que l'Allemagne qui n'est qu'un peu plus étendue, mais est beaucoup plus peuplée; elle en a beaucoup plus que le Royaume-Uni et que l'Italie, qui sont moins étendus, il est vrai. La France a un réseau complet relativement à sa superficie comme à sa population.

pendant la seconde moitié de ce siècle que fut construit le réseau français.

La France possède 49 000 kilomètres de voies ferrées. Elle occupe le troisième rang en Europe.

582. Forme et divisions du Réseau.
— À l'exception d'une seule, toutes les grandes lignes ferrées qui desservent la France partent de Paris pour rayonner dans toutes les directions vers les points principaux des frontières. La France possède donc un *réseau centralisé*.

L'ensemble de ces lignes se subdivise en six réseaux principaux : *Nord, Est, Paris-Lyon-Méditerranée, Orléans, Midi, État*. Les tarifs pour le transport des voyageurs et des marchandises sont contrôlés et approuvés par l'État.

583. Réseau du Nord.
— L'importance du réseau du Nord tient à deux causes :

1° Il dessert une des régions les plus riches et les plus peuplées de la France.

2° Il conduit vers l'Angleterre, la Belgique et l'Allemagne, c'est-à-dire vers les pays les plus riches et les plus peuplés de l'Europe.

Il comprend trois lignes principales :

1° *Paris à Boulogne et Calais*, par Creil et Amiens; c'est la grande ligne d'Angleterre, qui met Londres à 7 heures de Paris (1 heure de traversée);

2° *Paris à Lille*, par Creil et Arras; c'est la grande ligne de Belgique, qui met Bruxelles à 5 heures 1/4 de Paris;

3° *Paris à Maubeuge*, par Creil et Saint-Quentin; c'est la grande ligne de l'Allemagne du Nord, qui met Berlin à 25 heures et Saint-Pétersbourg à 58 heures de Paris.

584. Réseau de l'Est.
— Il dessert des régions françaises assez riches, et conduit vers l'Allemagne, la Suisse et l'Autriche-Hongrie. Ses lignes principales sont :

1° *Paris à Longwy*, par Reims et Mézières; cette ligne se prolonge vers Berlin à travers le Luxembourg;

2° *Paris à Strasbourg*, par Épernay,

Châlons, Bar-le-Duc, Nancy, Avricourt; cette ligne, dite de *l'Express-Orient*, traverse ensuite l'Allemagne du Sud, et conduit à Vienne en 26 heures, à Constantinople en trois jours et demi;

3° *Paris à Belfort*, par Troyes, Chaumont et Vesoul : c'est la ligne de Suisse qui met Paris à 14 heures et demie de Zurich.

585. Réseau Paris-Lyon-Méditerranée.
— Il couvre une partie de l'est et du sud et tout le sud-est de la France : c'est le réseau le plus étendu.

Il conduit en Suisse, en Italie, et surtout, par notre grand port de Marseille, vers les riches régions de la Méditerranée et de l'Extrême-Orient.

Les lignes principales sont :

1° *Paris à Lyon et à Marseille*, par Moret, Dijon, Mâcon, Lyon, Valence, Avignon et Arles. Cette ligne a trois embranchements : de *Dijon* sur Dôle, Pontarlier et la Suisse; de *Mâcon* sur Bourg, Culoz, la Savoie et Turin en Italie; de *Marseille* sur Toulon, Nice et Gênes en Italie. Turin est à 16 heures et demie de Paris.

2° *Paris à Nîmes*, par Moret, Nevers, Moulins et Clermont. Prolongement de Nîmes sur Cette.

586. Réseau d'Orléans.
— Il dessert une partie de l'ouest et du centre de la France. Ses lignes principales sont :

1° *Paris à Toulouse*, par Orléans, Châteauroux, Limoges et Brive;

2° *Paris à Bordeaux* par Orléans, Tours, Poitiers et Angoulême : c'est la grande ligne de Madrid (50 heures de Paris) et de Lisbonne (45 heures de Paris).

3° *Paris à Nantes et Saint-Nazaire*, par Orléans, Tours et Angers, avec prolongement sur Vannes, Lorient, Quimper et Brest.

587. Réseau du Midi.
— Il dessert le sud ouest et le sud de la France. Ses principales lignes sont :

1° *Bordeaux à Bayonne*, par Dax (ligne de Madrid et de Lisbonne);

2° *Bordeaux à Cette*, par Agen, Toulouse, Carcassonne et Béziers;

3° *Arvant à Perpignan*, par Millau, Béziers et Narbonne, avec prolongement sur Barcelone en Espagne (25 heures de Paris).

Le réseau du Midi est le seul qui ne touche pas à Paris.

588-589. Réseau de l'État.
— Formé par la réunion de l'ancien réseau de l'État et de l'ancien réseau de l'Ouest, il dessert presque toute la France occidentale depuis Dieppe jusqu'à Bordeaux. Il comprend :

I. Lignes de Normandie et de Bretagne :

1° *Paris au Havre*, par Mantes et Rouen, avec embranchement de Rouen sur Dieppe, qui met Londres à 9 heures de Paris (5 heures et demie de navigation, entre Dieppe et Newhaven).

2° *Paris à Cherbourg*, par Evreux, Caen;

3° *Paris à Brest*, par Versailles, Chartres, Le Mans, Laval, Rennes, Saint-Brieuc.

II. Lignes du Sud-Ouest :

1° *Paris à Bordeaux*, par Chartres, Saumur, Niort et Saintes.

2° *Nantes à Bordeaux*, par La Rochelle, Rochefort et Saintes.

590. — 1ʳᵉ LECTURE : La France possède un réseau centralisé.
— Toutes les grandes lignes ferrées sauf une (la ligne Bordeaux, Toulouse, Cette) partent de Paris pour rayonner dans toutes les directions. Toutes les grandes compagnies sauf une (la compagnie du Midi) touchent par une partie de leur réseau à Paris. Paris est donc le centre d'où partent et où aboutissent les grandes voies de la France.

Ce réseau est l'image de la France elle-

Fig. 358. — RECETTES DES CHEMINS DE FER.

Les différentes voies ferrées sont loin d'avoir toutes la même importance. Les lignes sur lesquelles il y a le trafic le plus considérable, et partant les plus grandes recettes, ce sont les grandes lignes transversales : par exemple, celle de Paris à Lyon et à Marseille, celles de Paris à Lille et à Calais, celles de Paris au Havre, celle de Paris à Bordeaux. Sur presque toutes les lignes, le trafic baisse graduellement à mesure qu'on s'éloigne de la capitale.

même, où Paris est le centre du gouvernement, des affaires et de la vie intellectuelle. Il est le réseau qui convient à un état centralisé. Mais il en résulte que si les communications sont rapides de ou pour Paris, elles sont moins directes et parfois fort longues dans les directions transversales (Bordeaux à Lyon, Nantes à Dijon, etc.). On a établi des services directs pour unir ces grandes villes, mais il y a néanmoins presque toujours avantage, pour aller vite de l'une à l'autre, à passer par Paris.

Les recettes des différentes lignes de chemins de fer établissent, d'ailleurs, que le trafic diminue progressivement à mesure qu'on s'éloigne de la capitale.

Les lignes sur lesquelles se fait le trafic le plus considérable, et partant les plus grandes recettes, sont les grandes lignes transversales correspondant aux anciennes voies historiques. On peut citer : en première ligne, la ligne de Paris à Lyon et à Marseille par les percées de la Côte-d'Or; puis celles de Paris à Lille, de Paris au Havre, de Paris à Bordeaux et de Paris à Nancy. Ces anciennes voies historiques sont restées les grandes voies modernes de circulation.

591. — 2ᵉ Lecture : La grande et la petite ceinture de Paris. — Paris est entouré d'un double cercle de voies ferrées :

1° *La ligne de Petite Ceinture*, qui fait le tour de Paris à l'intérieur même de ses fortifications. Cette ligne n'est, à proprement

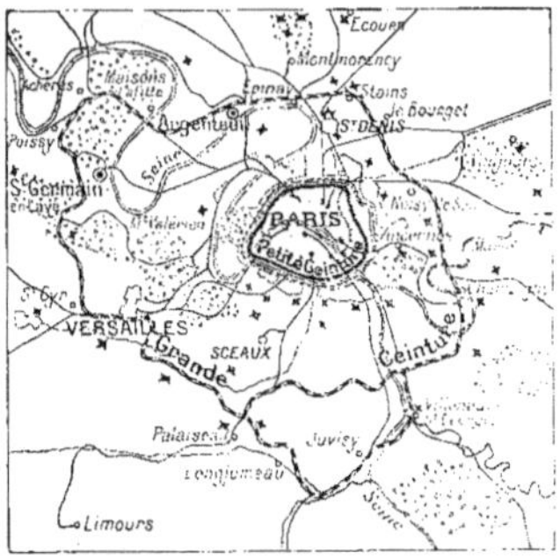

Fig. 359. — LA GRANDE ET LA PETITE CEINTURE DE PARIS.

Une voie ferrée fait le tour de Paris à l'intérieur même des fortifications : c'est la Petite Ceinture. Une autre voie ferrée fait le tour de la capitale à une distance moyenne de 10 ou 15 kilomètres de ces fortifications : c'est la Grande Ceinture, qui dessert ainsi la banlieue et fait le service des forts détachés qui protègent la capitale.

parler, qu'un moyen de transport pour les habitants des quartiers excentriques de la capitale.

2° *La ligne de la Grande Ceinture*, qui dessert la banlieue de Paris à 10 ou 15 kilomètres de distance moyenne des fortifications; elle passe par Versailles, Juvisy, Villeneuve-Saint-Georges, Noisy-le-Sec, Saint-De-

Fig. 360. — LE VIADUC DE MORLAIX (FINISTÈRE).

Clich Gruyer.

Le viaduc de Morlaix, sur la ligne de Paris à Brest, est l'un des ouvrages de ce genre les plus hardis qui existent. Tout en maçonnerie, il mesure 300 mètres de longueur; sa hauteur est de 56 mètres au-dessus des quais. Le viaduc de Chaumont, sur la ligne de Paris à Belfort, est également en maçonnerie et n'est pas moins remarquable.

nis, Argenteuil et Saint-Germain. Cette ligne a une double importance :

1° *Une importance économique* : elle relie entre elles les lignes principales des grandes compagnies et permet aux marchandises, sinon aux voyageurs, de tourner Paris sans y pénétrer;

2° *Une importance stratégique* : elle fait le service des forts détachés qui entourent la capitale. Cette ligne jouerait un rôle très important en cas de guerre.

592. — 3ᵉ Lecture : Les grands travaux. — La construction du réseau des chemins de fer français a nécessité de grands travaux, notamment dans les régions de montagnes : tunnels et tranchées, remblais et viaducs, etc.

Les plus importants et les plus connus sont :

1° *Le tunnel du Mont-Cenis*, sur la grande ligne Paris-Turin; ouvert en 1870, il ne mesure pas moins de 13 kilomètres de longueur, entre Modane et Bardonnèche;

2° *Le tunnel du Lioran*, dans le Massif central, percé sous le massif du Cantal, entre Arvant et Aurillac, et *le tunnel de la Nerthe*, entre Arles et Marseille;

3° *Le viaduc de Garabit*, dans le Massif Central, entre Arvant et Millau, au-dessus de la vallée de la Truyère, et le *Viaduc du Viaur*, de création plus récente, construit dans la même région, entre Rodez et Albi.

D'autres travaux, moins célèbres, sont très importants : par exemple, le *viaduc de Morlaix*, en Bretagne; celui de *Chaumont*, en Champagne; le *tunnel de Blaisy*, près de Dijon, ouvert au point de partage entre les bassins de la Seine et de la Saône, etc.

La ligne de France sur laquelle on rencontre peut-être la succession la plus nombreuse de tunnels et de viaducs est celle de Paris à Nîmes par Clermont-Ferrand et la haute vallée de l'Allier. A partir du point où la vallée de l'Allier se rétrécit, en amont de Brioude, la ligne ne comprend plus qu'une suite presque ininterrompue de tunnels et de viaducs : de Chanteuges à la Levade (près d'Alais), sur un parcours de 132 kilomètres (98 seulement à vol d'oiseau), on ne compte pas moins de 98 tunnels, d'une longueur totale de 24 916 mètres, et de 46 viaducs, dont 14 ont 10 arches et plus, sans compter les tranchées et remblais. Nulle part en France, le prix de revient du kilomètre n'a été si élevé.

L'ouest et le nord, régions de plaines, se prêtaient bien plus naturellement à l'établissement des voies ferrées, et les grands ouvrages y sont par suite beaucoup plus rares. De Paris à Brest, on ne trouve pas un seul tunnel, de même de Paris à Nantes, etc.

593. — 4ᵉ Lecture : Postes, télégraphes, téléphones. — Au nombre des moyens de communications et d'échange qui constituent l'outillage des pays civilisés modernes, il faut placer les postes, les télégraphes et les télé-

Fig. 361. — LE VIADUC DU VIAUR (TARN).

Le viaduc du Viaur, sur la ligne de Rodez à Albi, est un des beaux spécimens de viaducs métalliques. Il n'a pas moins de 250 mètres de long, et mesure une hauteur de 114 mètres au-dessus du Viaur, affluent de l'Aveyron. Aujourd'hui, c'est de préférence des viaducs métalliques qu'on construit : on obtient des ouvrages plus légers et moins longs à faire.

phones. Ils rendent les plus grands services et sont même indispensables aujourd'hui au commerce pour transmettre rapidement les ordres d'achat et de vente, les imprimés divers, les échantillons. Leur réseau s'étend rapidement de jour en jour dans tous les États civilisés.

La France possède 10 500 bureaux de postes, 13 000 bureaux télégraphiques et 75 000 stations et postes téléphoniques.

Le nombre des lettres et des cartes expédiées dans chaque pays est intéressant à noter, car d'une manière générale, il est en rapport à la fois avec le degré d'instruction populaire du pays et avec son activité commerciale. Chaque Français expédie annuellement 27 lettres ou cartes postales en moyenne, et 1 à 2 dépêches. Ces chiffres sont loin d'être les plus élevés qu'on puisse trouver.

Le nombre des lettres ou cartes postales expédiées par tête d'habitant et annuellement est, en moyenne, dans les Iles Britanniques de 65, en Allemagne de 41. Il s'élève en Suisse jusqu'à 95, mais il faut tenir compte du très grand nombre de lettres et de cartes écrites chaque année par le très grand nombre d'étrangers qui voyagent en Suisse.

La France est reliée au reste du monde par quelques câbles sous-marins français, et par d'autres câbles appartenant à des compagnies étrangères, en général anglaises. Les principaux câbles sous-marins français unissent la France à l'Angleterre, au Canada et aux Etats-Unis (Brest à Saint-Pierre-Miquelon et à New-York), à la Corse, à l'Algérie, à la côte occidentale d'Afrique.

Exercices. — Quels sont les caractères du réseau de voies ferrées de la France?

Quelles sont les grandes lignes ferrées de la France? Celles sur lesquelles se fait le trafic commercial le plus considérable?

Citer les principaux tunnels, les principaux viaducs qu'on rencontre en France? Quelle est l'importance de la Grande Ceinture? De la Petite Ceinture?

A quels pays les principaux câbles sous-marins français unissent-ils la France?

Aller en chemin de fer de Paris à Nîmes; dire les pays traversés, les fleuves, les villes. — Aller de même de Paris à Toulon; de Bordeaux à Marseille; de Nantes à Nancy par Paris, du Havre à Lyon par Paris.

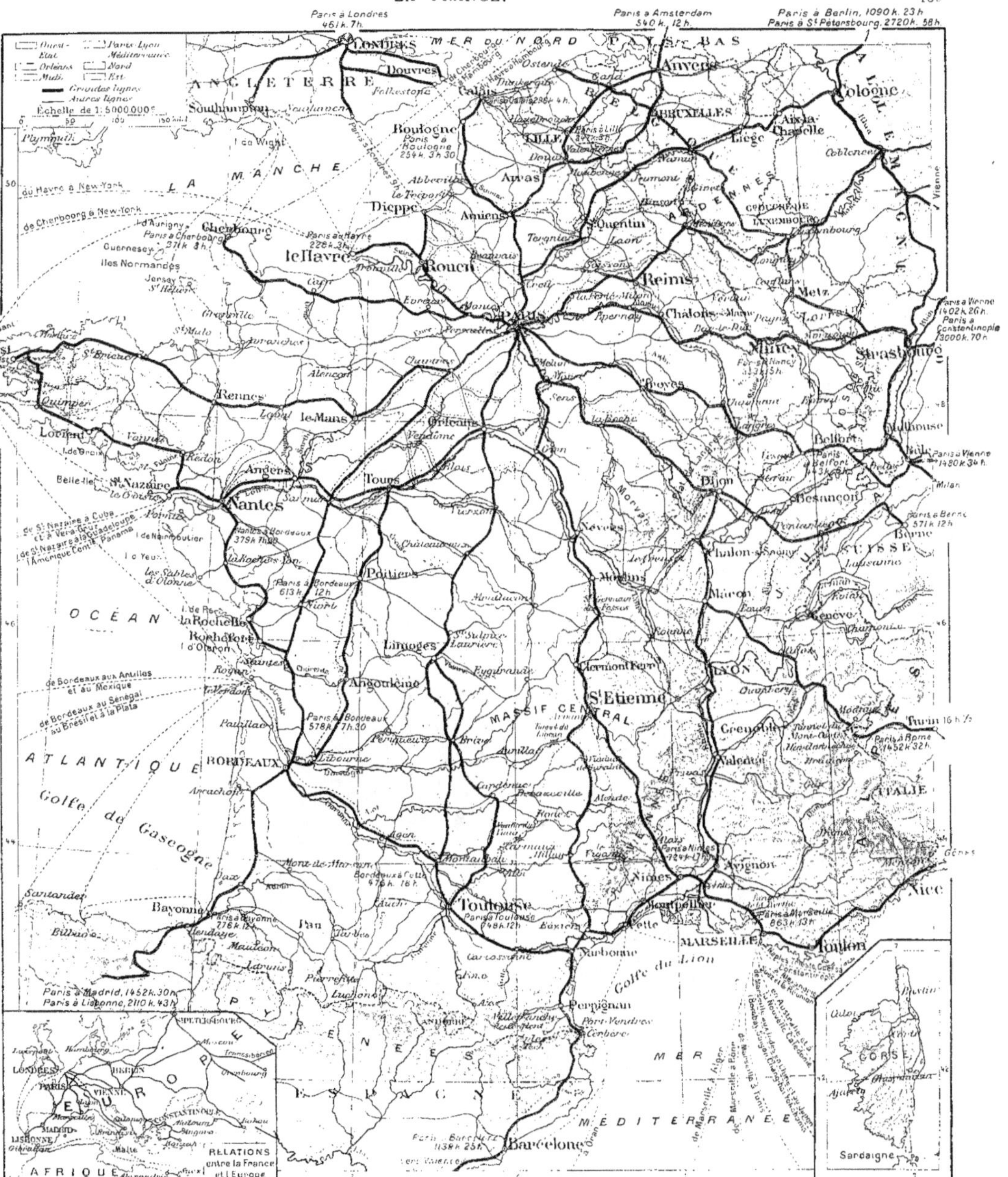

Fig. 362. — LES CHEMINS DE FER DE LA FRANCE.

X

AGRICULTURE

594. Zones de culture. — La France possède de nombreuses espèces de terrains, toutes les formes de relief, tous les climats de la zone tempérée. Aussi ses ressources végétales et agricoles sont-elles très variées.

D'après le climat, on distingue en France trois zones principales de végétation et de culture :

1° La *zone méditerranéenne*, au climat chaud, aux étés secs. Elle a peu de forêts et de prairies; elle est riche en *maquis*, ou fourrés broussailleux et épais. L'élevage y est peu abondant. Les principales cultures sont l'*olivier*, l'*oranger*, le *mûrier* et la *vigne*.

2° La *zone moyenne*, au climat plus humide et moins chaud. Les forêts et les prairies y sont abondantes, surtout dans les régions montagneuses. L'élevage y est facile. Les principales cultures sont le *maïs*, dans les régions les plus chaudes; le *blé* et la *vigne*.

3° La *zone du nord-ouest*, au climat humide et maritime, est surtout riche en prairies et comprend encore quelques forêts non défrichées. L'élevage y est très abondant. Les principales cultures sont le *blé*, la *pomme de terre*, la *betterave*, le *lin* et le *chanvre*.

À l'intérieur de chacune de ces zones, la nature du sol détermine de nouvelles différences de végétation et de culture.

595. Richesse agricole de la France. — Dans son ensemble, la France possède une grande richesse agricole. À cet égard, elle est sans contredit un des pays les mieux doués qui existent sur le globe. L'agriculture est la première et encore la principale source de fortune pour la France.

Cette richesse, déterminée d'abord par l'excellence du climat et la fertilité naturelle d'une grande partie du sol, a été augmentée, surtout au XIXᵉ siècle, par les travaux de l'homme :

1° *Par le défrichement, le drainage et l'assainissement de certaines régions incultes* : la Sologne, la Dombes, la Camargue, les Landes ont été défrichées, asséchées, améliorées de toute manière; sans être des régions très riches, ce ne sont plus aujourd'hui des pays réputés pour leur pauvreté et leur insalubrité;

2° *Par l'amendement des sols pauvres* : c'est ainsi que la Bretagne et le Limousin, régions pauvres parce que le sol manque de calcaire, ont été amendés et fertilisés par l'adjonction de chaux;

3° *Par le perfectionnement de l'outillage agricole*, qui permet une plus rapide et plus complète transformation du sol : on compte aujourd'hui un grand nombre de machines à vapeur servant à l'agriculture.

Si l'on excepte les hautes montagnes, il n'y a plus en France que 45 000 kilomètres carrés à l'état inculte.

Les richesses agricoles de la France comprennent : les produits alimentaires, la vigne, les produits de l'élevage, les cultures industrielles et les forêts.

596. Produits alimentaires. — Les principaux sont :

1° Les **céréales** et parmi elles principalement le *blé* : les céréales occupent 28 pour 100 du territoire français, plus que dans tout autre pays.

Le blé est cultivé presque partout en France. Mais les régions où la production totale et le rendement à l'hectare sont le plus considérables, sont : la Flandre, l'Artois, la Picardie, la Beauce et la Brie. La France produit, en moyenne, 117 millions d'hectolitres de blé par an, à peu près la quantité nécessaire pour la consommation totale du pays, qui fait du pain de froment une des bases de son alimentation.

Les autres céréales sont l'*avoine*, le *seigle*, le *sarrasin*, l'*orge* et le *maïs*.

2° Les **pommes de terre**, grande ressource pour les terrains sablonneux et secs. Elles servent à l'alimentation de l'homme et du bétail, aux industries de la féculerie et de la distillerie.

La pomme de terre est cultivée surtout dans le Massif central, l'Ouest, la Bre-

Fig. 363. — OLIVIERS PRÈS DE MENTON.

Fig. 364. — LA RADE D'AJACCIO.

Fig. 363-364. — LA VÉGÉTATION MÉDITERRANÉENNE.

La région méditerranéenne a un climat chaud, des étés secs. Sa végétation comprend des plantes des pays chauds, tels que les oliviers, les lauriers, les grenadiers, les myrtes; on y voit des palmiers. Les arbres poussent moins en forêts qu'en taillis, ou maquis, et leur feuillage est rarement opulent. La vigne, qui aime la chaleur et craint l'humidité, y trouve son pays de choix en France.

Fig. 365. — RÉGIONS VINICOLES DE LA FRANCE.

La vigne, qui aime les printemps et les étés chauds et ensoleillés, réussit particulièrement bien dans le Midi de la France : le Bas-Languedoc et le Bordelais sont les principales régions vinicoles pour la quantité produite. Plus au nord, on peut citer les pays de la Loire, la Bourgogne et la Champagne, qui produisent une moindre quantité de vin, mais donnent des vins aussi renommés que ceux de Bordeaux et beaucoup plus fins que ceux du Bas-Languedoc.

tagne et la région du Nord. On évalue la valeur annuelle de la récolte à un peu plus de un demi milliard de francs.

3° Les **légumes et cultures maraîchères** : légumes verts et secs, fruits (olives, pommes et poires à cidre, châtaignes, etc.) et fleurs. Ces produits sont cultivés comme primeurs dans le Midi, en Anjou et sur plusieurs points de la côte de Bretagne. Les environs de Paris constituent une grande région maraîchère.

597. Vigne. — La vigne est une des grandes richesses agricoles de la France. La production annuelle, très variable d'une année à l'autre, suivant la manière dont le climat se comporte, atteint actuellement une moyenne de 50 à 60 millions d'hectolitres.

Les principales régions vinicoles sont : le *Bas-Languedoc*, le *Bordelais*, les *pays de la Loire*, la *Bourgogne* et la *Champagne*.

Le Midi est la région vinicole par excellence. Ailleurs la vigne doit compter avec l'humidité et les gelées d'arrière saison : l'humidité engendre des maladies cryptogamiques pernicieuses à la récolte; il s'y produit au printemps des gelées tardives qui rendent souvent la récolte incertaine.

598. Élevage. — L'élevage comprend :

1° L'*élevage du cheval*, qui se fait surtout dans le nord-ouest (Boulonnais, Perche, Bretagne), dans les Landes et dans la Camargue;

Fig. 366. — FRANCE AGRICOLE.

2° *L'élevage des bœufs et des vaches*, qui se fait surtout au nord-ouest (Flandre, Normandie, Bretagne), ainsi que dans la plupart des pays de montagnes (Auvergne, Morvan, Charolais, Jura, Alpes);

3° *L'élevage du mouton*, qui se fait surtout dans les pays à pâturages secs : (Poitou, Berri, Champagne, Causses).

599. Cultures industrielles. — Les principales cultures industrielles sont :

1° Les **textiles**, *lin* et *chanvre*, qui poussent surtout dans les régions très humides du nord-ouest;

2° La **betterave à sucre**, cultivée surtout dans les sols riches de la Flandre, de l'Artois, de la Picardie et de l'Ile-de-France;

3° Des **cultures secondaires** : *colza, tabac, houblon, garance, safran*, etc., du reste en voie de disparition pour la plupart, par suite de raisons diverses.

600. Forêts. — Les forêts constituent une véritable ressource végétale par le bois qu'elles produisent et par l'aide qu'elles prêtent à l'agriculture dans les montagnes en y retenant la terre végétale et l'humidité.

La France a le sixième de sa superficie encore couvert de forêts.

Les plus belles forêts de France sont celles des montagnes (*Vosges, Jura, Dauphiné, Savoie*, etc.) et certaines forêts du bassin parisien (forêts de *Compiègne*, de *Fontainebleau*, d'*Orléans*, etc.). Certaines forêts sont l'œuvre de l'homme : telles sont les forêts de pins des *Landes*.

601. — 1ʳᵉ Lecture : La France est un pays de petite propriété. — La France est un pays de petite propriété. En Angleterre, la terre appartient à un petit nombre de propriétaires qui possèdent chacun un grand nombre d'hectares. En France, au contraire, la terre cultivée appartient à plus de 8 millions de propriétaires, qui possèdent généralement un très petit nombre d'hectares; le quart de la France est occupé par des propriétés de moins de 6 hectares.

La conséquence est que ces propriétaires ont une fortune très modique : ils sont souvent à la merci d'une mauvaise récolte et ne peuvent résister à plusieurs mauvaises années consécutives. Et surtout, à une époque de culture scientifique, où les machines, l'irrigation, les engrais chimiques jouent un si grand rôle, ils n'ont pas toujours les moyens d'employer ces procédés qui doublent le revenu de la terre. En France, les rendements à l'hectare de la plupart des cultures sont inférieurs à ceux qu'on obtient en certains pays étrangers.

602. — 2ᵉ Lecture : Quel est le prix de la terre dans notre pays? — Un hectare de terre en France valait en moyenne 500 francs en 1789. En 1850, il valait 1275 francs. Aujourd'hui il vaut en moyenne 1700 francs. Sa valeur a donc triplé depuis la Révolution française. De tous les pays d'Europe, la Belgique seule a des terres qui valent plus cher en moyenne : plus de 4000 francs l'hectare.

Toutes les terres de France sont loin d'avoir la même valeur. Dans les Alpes, la terre vaut à peine 400 francs; dans le nord elle vaut 5 600 francs. Les régions où la terre vaut le plus cher sont les terres à blé et à cultures industrielles ou maraîchères, c'est-à-dire la région du Nord (Flandre, Picardie), l'Ile-de-France, la Brie, la Beauce, la Normandie, ou encore les terres à primeurs de la Bretagne française.

Pour avoir un revenu suffisant, le paysan qui a payé sa terre un tel prix doit lui faire rendre le plus qu'il peut, au moyen d'un soin constant et d'assolements. Il ne peut se contenter des faibles rendements des États-Unis, où la terre, qui ne coûte presque rien, rapporte toujours assez. La France est donc un pays de *culture intensive*.

603. — 3ᵉ Lecture : Le blé. — Le blé est la céréale la plus cultivée dans le monde,

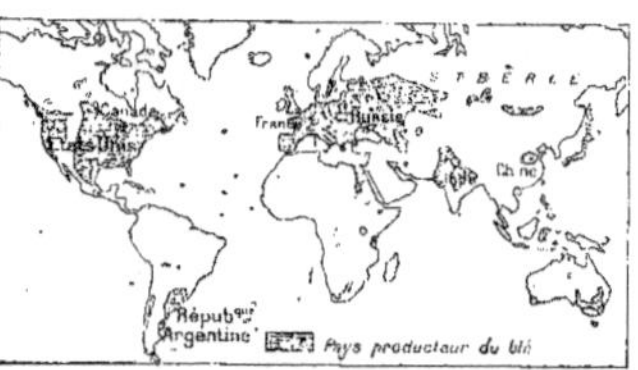

Fig. 367. — CARTE DES RÉGIONS A BLÉ DANS LE MONDE.

Le blé est la céréale des pays de température et d'humidité modérées. Il croît surtout dans la zone tempérée, États-Unis et Canada méridional, France et Europe centrale, Russie méridionale, Sibérie, Chine du Nord, République Argentine; on le trouve aussi dans la zone chaude (Inde) mais plus exceptionnellement.

avec le riz. Le riz est la céréale des pays chauds et humides; le blé est la céréale des pays de température et d'humidité modérées.

Le monde produit près de 800 millions d'hectolitres de blé en moyenne par an. Les

ETATS-UNIS	RUSSIE	FRANCE	INDE
232 Millions	141 Mil.	117 M.	57

Fig. 368. — PRINCIPAUX PAYS PRODUCTEURS DE BLÉ.

Les États-Unis, qui disposent d'une étendue considérable de bonnes terres pour une population encore relativement faible, et la Russie, également très étendue et peu peuplée, sont les pays de la terre qui produisent et qui exportent le plus de blé. La France est un grand pays producteur de blé, mais beaucoup moins étendu que les États-Unis et la Russie; elle vient après pour la quantité produite, bien qu'elle soit mieux cultivée; en outre, comme le Français est grand mangeur de pain, la France consomme tout le blé produit et doit même, dans les mauvaises années, en acheter au dehors.

États-Unis, la Russie et la France viennent au premier rang des pays producteurs.

Mais si la France en produit **absolument** moins que ses deux rivales (la moitié des États-Unis, les 2/3 de la Russie), elle en produit *relativement* plus qu'elles, si l'on compare l'étendue des territoires cultivés dans chaque pays.

C'est que la France a besoin de beaucoup de blé. Le Français est grand mangeur de pain; et les 117 millions d'hectolitres de blé que son pays produit en moyenne par an ne lui suffisent pas. Les années de mauvaise récolte, la France doit acheter du blé à la Russie.

En France, les grandes régions à blé sont la Flandre et la Picardie; la Beauce, la Brie et l'Ile-de-France; la plaine toulousaine et la Limagne.

604. — 4ᵉ Lecture : La vigne. — La vigne est peu exigeante pour le sol : toutefois, les terrains calcaires lui sont surtout favorables. Elle supporte aisément les hivers froids, mais il lui faut des printemps et des étés non seulement chauds, mais ensoleillés. Le midi méditerranéen, par exemple, est en France son pays d'élection; mais elle pousse très bien sur les pentes des coteaux calcaires de la Côte-d'Or, de la Champagne et de la Moselle, qui sont exposés au levant.

La *France* est le plus grand producteur de vins du monde. Son vignoble, menacé entre 1875 et 1890, par le phylloxéra, est aujourd'hui reconstitué. Sa production varie entre 30 millions d'hectolitres, les mauvaises années, et 70 millions, les bonnes années. Les grands crus français sont les vins du Bordelais, de Bourgogne et de Champagne. D'autres régions produisent des vins moins

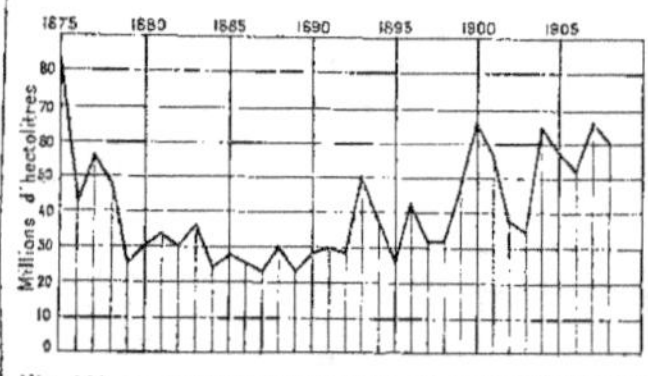

Fig. 369. — PRODUCTION VINICOLE DE LA FRANCE DEPUIS 1875

La France est le premier pays vinicole du monde. La production atteignit son maximum (82 millions d'hectolitres), en 1875. Dès lors le phylloxéra ravagea les vignes et la production tomba à 22 millions d'hectolitres en 1887. Les vignes ont été depuis lors reconstituées et la production dépasse normalement 60 millions d'hectolitres.

renommés, mais en quantités très considérables : telles sont le Languedoc, les Charentes, les pays de la Loire.

Les *eaux-de-vie* de vin sont aussi un produit important de la vigne : les principales sont les eaux-de-vie d'Armagnac et de Cognac.

Les autres pays grands producteurs de vins sont l'*Italie*, et l'*Espagne*. Notre colonie l'*Algérie* possède déjà un vignoble important et qui se développe sans cesse.

605. — 5ᵉ Lecture : Les cultures industrielles. — Les cultures industrielles sont sujettes à de grandes variations.

Le *tabac* ne s'étend pas, parce que la loi en réglemente étroitement la culture en déterminant les seuls départements où elle est permise et les conditions dans lesquelles elle peut se faire.

Le *houblon*, qu'on cultive pour la brasserie, principalement dans le Nord et l'Est (Flandre, Bourgogne, Lorraine), ne varie pas davantage.

Mais le *colza*, la *garance* et le *safran* sont beaucoup moins cultivés qu'autrefois. L'huile de colza n'a pu supporter la concurrence du pétrole, du gaz d'éclairage et de l'électricité; la garance et le safran, plantes tinctoriales qui servaient à teindre en rouge et en jaune, sont négligés depuis qu'on tire les matières colorantes de la houille.

Exercices. — Quelles sont les principales zones de culture de la France?
Les terres cultivées sont-elles nombreuses en France?
Quels sont les principaux produits cultivés en France? — Comment sont-ils répartis sur le territoire français?

XI

INDUSTRIE

606. — En général, l'industrie française est gênée par la rareté relative de la houille et le manque de certains minerais utiles. Elle est favorisée par la facilité des communications de la France avec le dehors, par l'abondance de ses capitaux et par l'avancement de sa civilisation.

1. Industries extractives.

607. — Les industries extractives sont celles qui extraient du sol les minéraux bruts utiles à l'industrie, c'est-à-dire la houille, les minerais, les matériaux de construction, etc.

608. **Houille.** — La France produit annuellement 36 millions de tonnes de houille, 10 millions environ de moins qu'elle ne consomme. Elle est de beaucoup dépassée par les Etats-Unis, l'Angleterre et l'Allemagne.

La France possède quatre grands bassins houillers. Ce sont : 1° *le bassin du Nord et du Pas-de-Calais*, qui se continue en Belgique par le Borinage. Les principaux centres sont Lens.

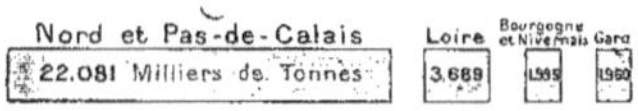

Nord et Pas-de-Calais : 22.081 Milliers de Tonnes — Loire : 3.689 — Bourgogne et Nivernais : 1.565 — Gard : 1.960

Fig. 370. — PRODUCTION COMPARÉE DES QUATRE GRANDS BASSINS HOUILLERS FRANÇAIS.
La France a quatre bassins houillers principaux : 1° le bassin du Nord et du Pas-de-Calais, (Anzin, Lens) qui produit à lui seul 61 pour 100 de la production houillère totale de la France ; 2° le bassin de la Loire, développé surtout autour de Saint-Etienne ; 3° le bassin de Saône-et-Loire, autour du Creusot ; 4° le bassin du Gard, autour d'Alais.

Aniche, Anzin, Valenciennes. C'est de beaucoup le plus riche des bassins français ; — 2° *le bassin de la Loire*, avec Saint-Etienne, Firminy, Rive-de-Gier ; — 3° *le bassin de Bourgogne et Nivernais*, avec Montceau-les-Mines et Montchanin ; — 4° *le bassin du Gard*, avec Alais et la Grand'Combe.

Les bassins houillers secondaires sont surtout situés dans les terrains anciens du Massif Central.

609. **Minerais.** — La France ne possède qu'une très minime quantité de zinc, d'étain, de nickel, de pétrole, de cuivre et de plomb. Elle ne possède plus de métaux précieux.

Seul le *minerai de fer* y est assez abondant. Il se trouve surtout en Lorraine, en Franche-Comté, en Bourgogne, en Bourbonnais et dans le Morvan. Encore la France ne produit-elle que les deux tiers de la quantité de fer qu'elle emploie.

La France est assez mal partagée sous le rapport minier.

610. **Matériaux de construction.** — La France n'a pas moins de 35 000 carrières. Les principaux matériaux de construction qu'elle possède sont : les *granits* de Bretagne, du Cotentin, des Vosges, du Massif Central et des Alpes ; — les *ardoises* d'Angers et de l'Ardenne ; — les *marbres* des Pyrénées, des Alpes, des Vosges et de l'Ardenne ; — la *lave* d'Auvergne ; — les *calcaires* ou *pierres de taille*, du bassin de

Phot. Neurdein fr.

Fig. 371. — LES ARDOISIÈRES DE TRÉLAZÉ, PRÈS D'ANGERS.
Les ardoisières de Trélazé, près d'Angers, sont les plus importantes de France : elles fournissent environ les deux tiers des ardoises qui sont employées dans notre pays. Les plus connues ensuite sont celles de l'Anjou, dans l'Ardenne.

Paris, du Poitou et de la Gironde. Ces matériaux s'extraient en creusant dans le sol des carrières.

La France possède en outre des carrières de *grès* (Vosges, forêt de Fontainebleau), de *plâtre*, de *chaux*, de *phosphates de chaux*, d'*argile à brique* et d'*argile à poterie*, notamment des exploitations de kaolin, ou terre à porcelaine, près de Limoges.

611. **Sels.** — La France tire du sel, soit des *marais salants* qu'elle possède le long des côtes alluviales de la Méditerranée et de l'Atlantique, soit des *mines de sel gemme* : les principales de celles-ci se trouvent en Lorraine et en Franche-Comté.

612. **Eaux minérales.** — Les sources d'eaux minérales sont une des richesses de la France, qui en possède plus d'un millier. Elles sont presque toutes situées dans les régions montagneuses, Pyrénées, Alpes, Jura, Vosges et Massif Central.

Ces sources sont surtout alcalines, sulfureuses ou ferrugineuses.

613. — 1re LECTURE : **Les eaux minérales.** — La France possède à l'heure actuelle 1 027 sources minérales en exploitation. Leur débit cumulé monte à environ 50 000 litres par minute.

Les principales sont :

1° *dans les Pyrénées* : Eaux-Bonnes, Eaux-Chaudes, Cauterets, Barèges, Bagnères-de-Bigorre, Bagnères-de-Luchon, Amélie-les-Bains ;

2° *dans les Alpes* : Aix-les-Bains, Evian, Saint-Gervais, Uriage ;

3° *dans le Jura* : Salins ;

4° *dans les Vosges et en Lorraine* : Plombières, Luxeuil, Bourbonne, Vittel, Contrexéville ;

5° *dans le Massif Central* : Vals, Saint-Galmier, Mont-Dore, la Bourboule, Royat, Vichy, Néris, Saint-Honoré, Pougues.

On peut citer encore les eaux de Bagnoles, en Normandie.

Ces sources sont une richesse pour les pays où elles se trouvent ; attirant un grand nombre de malades en été, elles ont suscité la formation de véritables villes, dont la population double et triple pendant la saison des eaux. Certaines sont de grandes villes riches et luxueuses, comme Vichy et Aix-les-Bains.

614. — 2e LECTURE : **Importance de la houille.** — La houille est le plus utile de tous les combustibles minéraux.

Elle est d'un emploi fort ancien. D'après une tradition, elle n'aurait été employée, dans le nord de la France et la Belgique tout au moins, que depuis le XIe ou le XIIe siècle. Mais il semble bien qu'elle fut connue et exploitée bien avant les temps historiques.

La houille se présente dans le sol sous la forme de couches d'épaisseur variable, intercalées dans des bancs de roches qui forment le terrain carbonifère. A Mons (Belgique), il

ETATS-UNIS : 34 % — ANGLETERRE : 28 % — Allemagne : 19 % — Autr. : 5 % — France : 4 % — Belg. : 3 % — Divers : 7 %

Fig. 372. — PRINCIPAUX PAYS PRODUCTEURS DE HOUILLE.
Les trois grands pays producteurs de houille sont actuellement : 1° les Etats-Unis, qui donnent 34 pour 100 de la production mondiale ; 2° l'Angleterre, 28 pour 100 de cette production ; 3° l'Allemagne, 19 pour 100. — Viennent ensuite l'Autriche-Hongrie, la France et la Belgique, qui en produisent beaucoup moins et comptent peu auprès d'eux. La Chine a de très riches gisements de houille, mais elle en commence à peine l'exploitation.

existe 156 couches de houille superposées, d'une épaisseur variant de 0^m,10 à 1^m,20. A Anzin, le nombre des couches est de 70 et ces couches alternent avec des lits d'autres roches ayant une épaisseur de 10 à 20 mètres. On appelle *morts-terrains* l'épaisseur du terrain qui sépare les couches de houille de la surface extérieure.

La houille nous donne la chaleur, et on en retire du gaz, c'est-à-dire la lumière : elle constitue donc une nécessité essentielle, quotidienne, de la vie humaine. Elle sert, en outre, à chauffer les machines à vapeur et à produire la vapeur, le grand moteur industriel : on a justement surnommé la houille *le pain de l'industrie*. Actuellement, l'industrie ne saurait se passer de houille.

De là, l'importance de la houille et l'avantage pour un pays d'en posséder des gisements. Les pays producteurs de houille sont à la tête de l'industrie du globe, et à la tête de la civilisation.

Malheureusement la France, sans être tout à fait dépourvue de houille, est loin de figurer parmi les pays qui en produisent le plus. Ses houillères ne lui fournissent même pas assez de houille pour les besoins de sa consommation et la France est obligée d'en acheter chaque année 10 millions de tonnes environ à l'Angleterre (Cardiff), à la Belgique (Charleroi) et même à l'Allemagne.

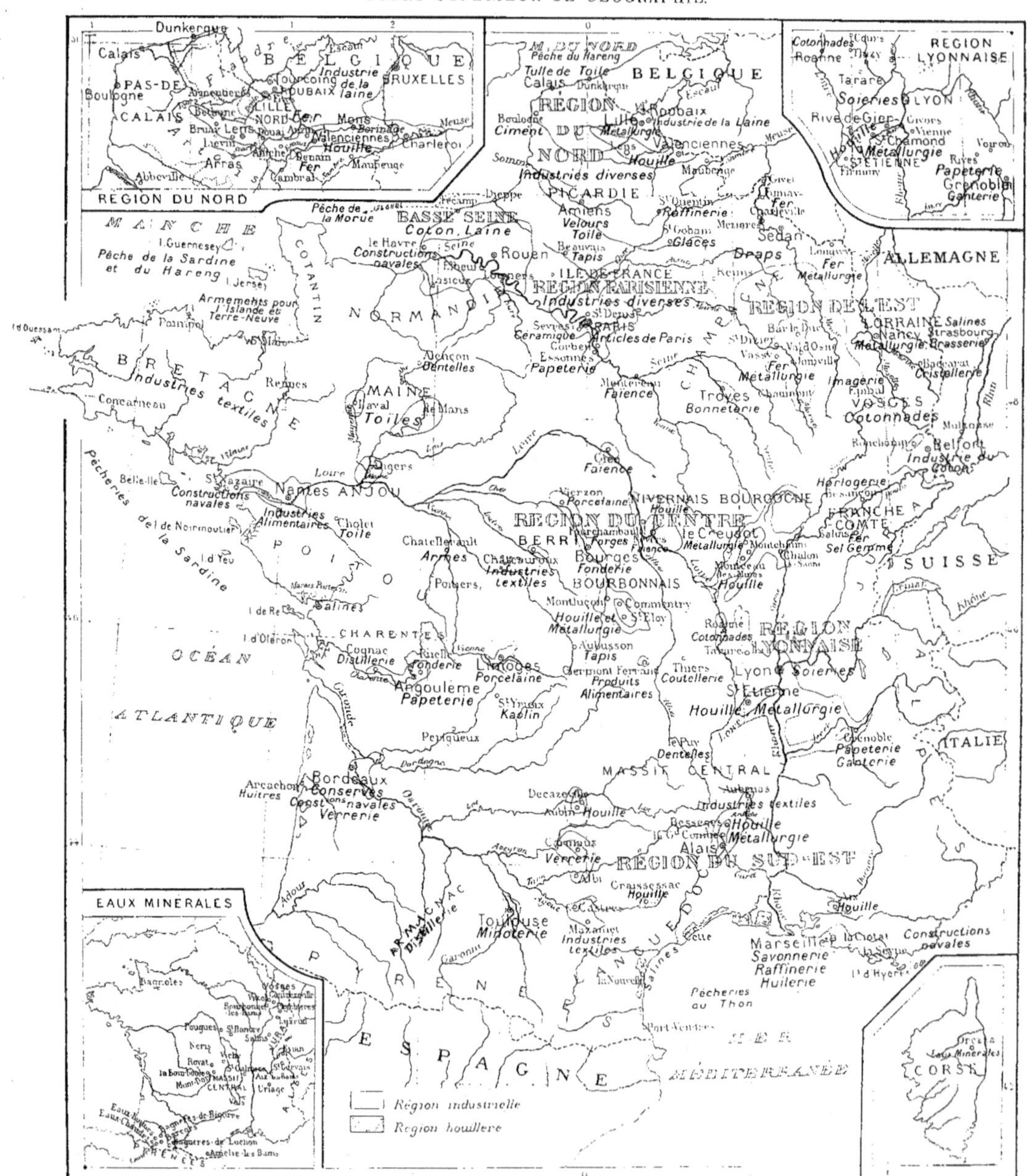

Fig. 373. — LA FRANCE INDUSTRIELLE

2. Industries de transformation.

Les industries de transformation ont pour objet de transformer en objets manufacturés les matériaux bruts tirés du sol, minéraux ou végétaux.

615. Industries mécaniques. — Elles ont pour objet la transformation des minerais de fer en fonte, fer, acier, et la fabrication des machines de toutes sortes.

Les trois grandes régions métallurgiques de la France sont :

1° *Le groupe du Nord* : Maubeuge, Denain, Valenciennes, Fives et Lille ; il est le plus important pour la production des fers et de l'acier.

2° *Le groupe du Centre* : région du Creusot, région de Saint-Étienne, région de Commentry.

3° *Le groupe de l'Est* : Lorraine (Nancy, Longwy), Champagne (Saint-Dizier, Joinville), Franche-Comté, etc.

En somme, l'industrie métallurgique s'est groupée dans les régions qui produisent soit la houille, soit le fer.

L'industrie métallurgique en France est dépassée de loin par celle des États-Unis, de la Grande-Bretagne et de l'Allemagne. La France est obligée d'importer un grand nombre de machines diverses.

616. Industries alimentaires. — Les principales sont la meunerie, la fabrication du sucre de betterave, la production des boissons hygiéniques, de l'alcool.

La *meunerie* et la fabrication des pâtes

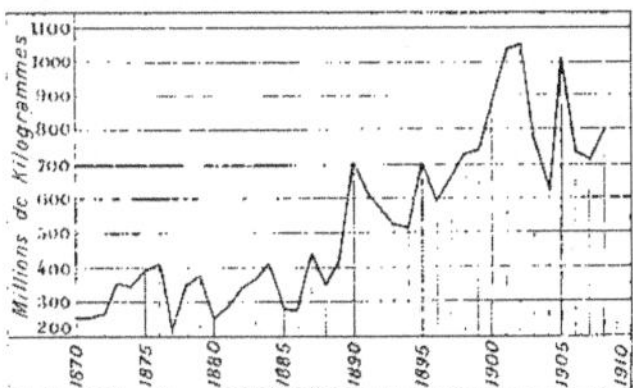

Fig. 374. — PROGRÈS DE LA FABRICATION DU SUCRE DE BETTERAVE EN FRANCE.

Cette fabrication, dont la découverte date du blocus continental, sous Napoléon Ier, a commencé à se développer vers 1820. Elle était encore relativement faible vers 1870 ; mais, depuis lors, elle n'a cessé d'augmenter, moins cependant que dans quelques autres pays, notamment l'Allemagne.

alimentaires est répandue dans toutes les grandes régions de céréales.

La *fabrication du sucre de betterave* a fait en France d'énormes progrès, moins toutefois qu'en plusieurs autres pays, Allemagne et Autriche-Hongrie, qui l'ont aujourd'hui dépassée : elle est localisée toute dans le nord de la France : Flandre, Artois, Picardie.

La *fabrication de la bière* (Nord et Est) et du *cidre* (Normandie et Bretagne) est loin d'atteindre celle du *vin*, qui demeure la seule boisson hygiénique d'exportation.

La *fabrication de l'alcool* augmente rapidement. La France produit surtout de l'alcool de betterave et de substances farineuses. Les alcools de vins, si renommés (cognac, armagnac, etc.), ne représentent que le soixantième de la production totale.

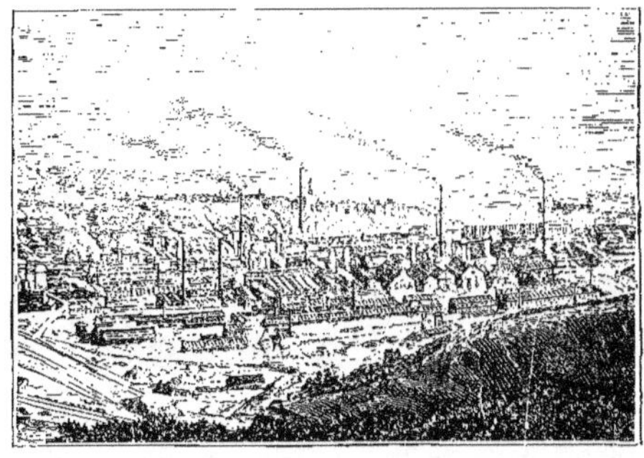

Fig. 375. — LE CREUSOT (SAÔNE-ET-LOIRE).

Le développement de l'industrie a amené un déplacement des populations. Des villes nouvelles, dominées par de hautes cheminées d'usines, se sont élevées dans le voisinage des mines de houille ou de minerais, et elles ont grandi vite. Le Creusot est l'une de ces villes. Elle n'existait pas en 1791, quand on fit la division en départements, cantons et communes, et aujourd'hui elle compte 33 000 habitants. Elle a surtout des industries métallurgiques, fabriques de machines, rails, matériel de chemins de fer, etc.

617. Industries textiles. — Les industries textiles sont les plus prospères de toutes les industries françaises.

1° *L'industrie du lin et du chanvre* (toiles, linons, tulles, dentelles) a ses grands centres dans les régions qui produisent la matière première, c'est-à-dire dans la Flandre, l'Artois et le Cambrésis : toiles de Cambrai, linons de Valenciennes, grosses toiles de Dunkerque, tulles de Calais, toiles d'Amiens. Elle est répandue aussi dans le Maine, l'Anjou (Cholet), la Bretagne.

Cette industrie reste stationnaire ou même décroît par suite de l'usage de plus en plus répandu des étoffes de coton.

2° *L'industrie de la laine* (draps de laine) possède trois grands centres : le *Nord* (Lille, Roubaix, Tourcoing), la *Normandie* (Rouen, Elbeuf, Louviers, Lisieux), la *Champagne* (Reims, Sedan). On peut citer encore les groupes secondaires du Languedoc (Aubenas, Mazamet, Castres), et du Berri (Châteauroux).

Cette industrie s'est établie jadis dans ces régions parce qu'elles étaient riches en moutons à laine. Mais aujourd'hui la plus grande partie de la matière première est importée, principalement de la République Argentine et de l'Australie.

Pour cette industrie, la France vient au premier rang avec l'Angleterre : elle lui est inférieure pour la confection des étoffes communes, et l'emporte pour celle des étoffes soignées de luxe et de demi-luxe.

3° *L'industrie du coton* (toiles, draps, velours) possède aussi trois grands centres : le *Nord* (Lille, Amiens, Saint-Quentin), la *Normandie* (Rouen, le Havre), et les *Vosges* (Épinal, Belfort). On peut citer encore les groupes secondaires de la Loire (Roanne), du Beaujolais (Tarare, Thizy, Cours), de l'Isère (Vienne), etc.

Là où elle existe, l'industrie du coton s'est ajoutée ou substituée à une industrie locale qui périclitait. Malgré les progrès de l'industrie cotonnière en France, cette industrie est loin d'y être aussi développée qu'aux États-Unis, en Angleterre et en Allemagne.

4° *L'industrie de la soie* est limitée au sud-est de la France, région du mûrier et du ver à soie. Le grand centre en est *Lyon*, dont dépendent Saint-Étienne et Roanne. De nombreux ateliers de dévidage et de moulinage existent dans tout le Midi, dans l'Ardèche (Aubenas), l'Isère (Voiron, Bourgoin), le Gard ; ils transforment les soies brutes en fils de soie qui sont expédiés à Lyon où on en fait des étoffes.

La France est le premier pays du monde entier pour l'industrie de la soie.

618. Industries secondaires. — Les principales industries secondaires sont :

La *papeterie* (Île-de-France, Vosges, Charente, Isère) ;

La *céramique* (faïences et porcelaines de Limoges, Nevers, Gien, Sèvres, etc.) ;

La *verrerie* (verreries du Nord, des Vosges et du Massif Central, cristallerie de Baccarat, glaces de Saint-Gobain) : la fabrication du verre nécessitant un chauffage intense et coûteux, la plupart des verreries sont établies à proximité d'un bassin houiller.

619. Les grandes régions industrielles. — Presque toute l'industrie de la France est concentrée dans sept régions, favorisées par leur richesse en matières premières ou par leur situation. Ce sont :

La *région du Nord* (métallurgie, raffinerie, tissages, etc.) : elle possède des industries de toute sorte qui y ont été favorisées par l'abondance des mines de houille du sous-sol.

La *région de la basse Seine* (tissages).

La *région parisienne*, où l'existence de Paris a causé l'éclosion de presque toutes les industries, éclosion facilitée par la multiplicité des moyens de transport.

La *région de l'est* (métallurgie, draps, verrerie, papeterie).

La *région du centre* (métallurgie).

La *région lyonnaise* (métallurgie, soierie), favorisée par les houilles de Saint-Étienne et la proximité de la zone du mûrier.

La *région du sud-est* (lainages, métallurgie, verrerie).

En résumé, presque toutes les industries se trouvent réparties au nord et à l'est de la France. Une carte de la répartition des industries en France montre qu'une ligne tirée de l'embouchure de la Seine à Paris et à Perpignan divise le pays en deux parties : une moitié orientale où il existe un nombre considérable d'industries diverses, et une moitié occidentale où l'on n'en trouve pour ainsi dire pas du tout.

620. — 1ʳᵉ Lecture : La substitution d'un textile à un autre. — En règle générale, les industries textiles se sont établies dans certaines régions à l'origine parce que ces régions possédaient la matière première nécessaire à ces industries. C'est ainsi que l'industrie de la laine s'est établie en Normandie, dans les Flandres et dans la région de Reims, parce que ces pays possédaient de nombreux moutons à laine et que les deux premiers pouvaient en outre se procurer facilement la laine des moutons d'Angleterre. De même, l'industrie des toiles de la Flandre s'explique par le lin qui croît à merveille dans la vallée de la Lys. De même encore, l'industrie de la soie de la région lyonnaise s'explique par la culture du mûrier et l'élevage du ver à soie dans les régions voisines de la vallée du Rhône et du Bas-Dauphiné, du Languedoc et de la Provence.

Mais avec le développement de la grande navigation, s'est introduit l'usage d'un nouveau textile venu des pays chauds : le *coton*. Les étoffes de coton ont rapidement fait une concurrence victorieuse, d'une part aux toiles de lin et de chanvre, de l'autre aux étoffes de laine. On s'est mis à tisser le coton là où l'on tissait déjà d'autres textiles. On a vu l'industrie du coton se substituer en partie à celle de la laine ou de la toile en Normandie (Rouen) et en Flandre (Roubaix); on a vu dans la région lyonnaise (Saint-Étienne et Roanne) fabriquer autant de rubans et de velours de coton que de soie.

Aussi l'on peut dire que l'industrie du coton s'est établie dans ces différents pays, parce que ceux-ci travaillaient déjà antérieurement le lin, la soie ou la laine.

621. — 2ᵉ Lecture : Le sucre de betterave. — La betterave sert de fourrage aux bestiaux, et on la cultive depuis longtemps pour cet usage. Mais une de ses espèces est plus importante que les autres : c'est la betterave à sucre.

La betterave aime les climats tempérés et assez humides. Elle ne réussit que dans les

ALLEMAGNE	AUTR-HONGRIE	RUSSIE	FRANCE
2.100.000 tonnes	1.400.000 t.	1.300.000 t	750.000 t

Fig. 376. — Principaux pays producteurs de sucre de betterave.

La France fut jadis le principal producteur de sucre de betterave; mais, depuis 1875, d'autres pays se sont mis à en fabriquer à leur tour. Aujourd'hui l'Allemagne (Saxe) vient de beaucoup au premier rang; l'Autriche-Hongrie (Bohême) vient ensuite; la France a le troisième rang, mais la Russie, qui a de nombreuses raffineries dans la région de la Terre-Noire, la suit de près.

terres bien meubles, profondes, tenues constamment propres par des binages répétés, et surtout abondamment fumées. Son sol de prédilection est le limon, comme on en trouve dans les plaines du nord de la France, en Belgique, en Westphalie, en Hanovre, en Saxe, et en Hongrie. Aussi ce sont là les régions d'Europe qui produisent le plus de betteraves, et où l'industrie sucrière est le plus développée.

Au milieu du dernier siècle, la production du sucre de betterave n'était que le sixième de la production du sucre de canne. En 1887, la production du sucre de betterave et celle du sucre de canne étaient sensiblement équivalentes. Aujourd'hui, la production de sucre de betterave est le double de la production du sucre de canne, et elle va augmentant de plus en plus.

L'industrie sucrière est aujourd'hui très perfectionnée. La fabrication du sucre comprend trois actes et se fait dans trois usines différentes : 1° Les betteraves sont râpées dans une *râperie*; le jus est exprimé de la pulpe, laquelle sert à nourrir les bestiaux. — 2° Le jus est transporté dans une *sucrerie*, où, par certains procédés, il est transformé en sucre brut. — 3° Le sucre brut est transporté dans une *raffinerie*, où il est raffiné, c'est-à-dire épuré et transformé en ce sucre blanc et cristallin qui se trouve dans le commerce.

La betterave sert aussi à fabriquer une grande partie des alcools industriels.

La culture de la betterave est une culture de grand avenir, parce que la consommation du sucre ne cesse d'augmenter. Elle est actuellement de 42 kilogrammes par habitant et par an en Angleterre, de 30 kilogrammes aux États-Unis, de 17 en France, de 16 en Allemagne. D'une manière générale la consommation du sucre est plus grande dans les pays du nord que dans ceux du midi.

622. — 3ᵉ Lecture : L'industrie française s'est concentrée au XIXᵉ siècle. — Pendant le XVIIIᵉ siècle, il y avait surtout en France de la *petite industrie*, c'est-à-dire un grand nombre de petites fabriques. Par exemple l'industrie métallurgique, la fonte du minerai de fer se faisant alors au feu de bois, était exercée par un grand nombre de petites usines situées au voisinage du combustible, c'est-à-dire dans les bois. Lorsque l'usage de la fonte à la houille s'est propagé, les petites usines des régions de forêts, trop éloignées de la houille, ont périclité. De grandes usines se sont installées au voisinage des mines de houille, ou au voisinage des canaux par où la houille arrivait. Exemple : au XVIIIᵉ siècle l'industrie du fer dans la Haute-Marne comptait une centaine de petites usines dans les bois; — aujourd'hui, elle compte une dizaine de grandes usines entre Chaumont et Saint-Dizier, sur les bords du canal de la Marne, qui amène la houille du Nord.

La houille et la vapeur ont développé l'usage des machines. Certaines industries qui se pratiquaient jadis à domicile, comme l'industrie des montres et des pièces d'horlogerie, se sont concentrées dans de grandes usines où la force des machines a remplacé la main de l'homme.

En résumé, on dénombrerait, en France,

peut-être moins d'établissements industriels aujourd'hui qu'il y a un siècle, et cependant la production industrielle a certainement plus que décuplé; mais les établissements actuels sont immenses, et renferment de puissantes machines-outils effectuant un travail considérable.

623. — 4ᵉ Lecture : Où sont les grands centres industriels? — L'industrie était

Photo Havet.

Fig. 377. — LA LYS A ARMENTIÈRES.

Les rivières du Nord, lentes et coulant à fleur de terre, sont des canaux naturels; elles rendent les plus grands services au commerce et à l'industrie. Des usines couvrent leurs rives; des chalands y apportent la houille et les matières premières qui alimentent leur activité. Toutes les rivières et tous les canaux de cette région forment autant de grandes rues industrielles bordées d'usines et de manufactures.

jadis éparpillée et chaque ville produisait elle-même la majeure partie de tous les produits dont elle avait besoin; aujourd'hui, les usines se groupent seulement dans un certain nombre de régions qui sont particulièrement favorisées pour telle ou telle raison.

Les grands centres industriels ne sont pas placés au hasard. Ils se sont installés :

1° *dans les régions houillères*, où le combustible nécessaire pour actionner les machines ne coûte aucun transport : telle est la région du Nord en France;

2° *dans les régions à matières premières*, soit minerais, soit textiles, etc. Telles sont la Lorraine, riche en minerai; le Lyonnais, voisin des centres de sériciculture; la vallée de la Lys, qui produit le lin;

3° *dans les régions de voies navigables*, qui peuvent importer à peu de frais le combustible et la matière première : telle la région parisienne;

4° *dans les environs des grands ports*, qui importent les matières premières exotiques comme le coton, la laine. Exemple : la région du Havre et de Rouen, qui travaille le coton, et la région du Nord, en arrière de Dunkerque, qui travaille la laine.

On conçoit que l'industrie soit particulièrement prospère dans les régions qui jouissent en même temps de plusieurs de ces avantages. Si la région du Nord est de beaucoup la plus importante de toutes les régions industrielles de la France cela tient à ce qu'elle est remarquablement favorisée; 1° elle renferme la houille; 2° elle produit le lin; 3° elle abonde en rivières navigables et nulle part en France il n'y a plus de canaux; 4° elle est située en bordure sur la mer et possède le port de Dunkerque par où arrivent les laines de la République Argentine.

Exercices. — La houille en France. — Où est répartie en France l'industrie métallurgique, et pourquoi? — Où sont réparties en France les industries textiles, et pourquoi? — La betterave en France : culture, emplois.

XII

COMMERCE

624. Il faut distinguer : 1° le *commerce intérieur*, qui comprend les échanges des Français entre eux ; — 2° le *commerce extérieur*, qui se fait avec les pays du dehors, étranger ou colonies.

1. Commerce intérieur.

625. Le commerce intérieur se fait par les *routes*, par les *voies navigables* et par les *voies ferrées*. Son importance est difficile à apprécier exactement, car certains produits, consommés par le producteur, ne font l'objet d'aucun échange, tandis que d'autres sont vendus et revendus plusieurs fois avant de disparaître du marché.

626. **Transports par routes.** — Avant la construction des chemins de fer, le commerce par route se faisait surtout sur les grandes routes, de grande ville en grande ville.

Depuis la construction des chemins de

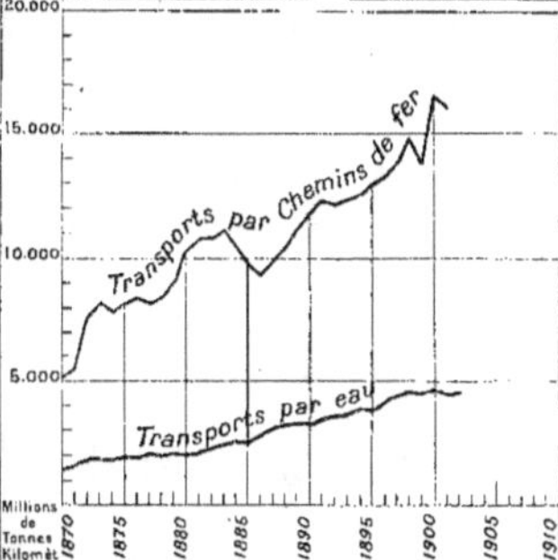

Fig. 378. — AUGMENTATION COMPARÉE DU TRAFIC PAR EAU ET PAR VOIE FERRÉE DEPUIS 1875.

Le trafic par eau et par voie ferrée n'a cessé d'augmenter en France depuis 1875. Toutefois le trafic par eau a moins augmenté que le trafic par voie ferrée et le premier ne présente actuellement que 30 pour 100 environ du second.

fer, qui suivent en général le même itinéraire que les anciennes grandes routes et les ont par suite dépossédées de leur trafic, ce commerce se fait surtout sur les chemins vicinaux, entre les points non desservis par une voie ferrée.

Le trafic par routes a donc changé de direction, mais il n'a pas diminué : il représente le quart environ du trafic total qui se fait à l'intérieur de la France.

627. **Transports par voies d'eau.** — Ils ne représentent que le septième du trafic intérieur de la France. Pourtant ils ont sur les chemins de fer l'avantage d'un prix très modique pour les matières lourdes et encombrantes (houille, minerais, pierre de taille, grès, ciment, bois, etc.).

Toutefois, le trafic par eau a doublé depuis trente ans. Il est surtout actif dans les régions industrielles du nord, de l'est et des environs de Paris. Partout ailleurs les défauts du système fluvial, qui, on l'a vu, est incomplet et manque d'homogénéité, gênent les transactions commerciales, ce qui est très regrettable.

628. **Transports par chemins de fer.** — L'augmentation du trafic par les chemins de fer a été continue et considérable. Les voies ferrées transportent chaque

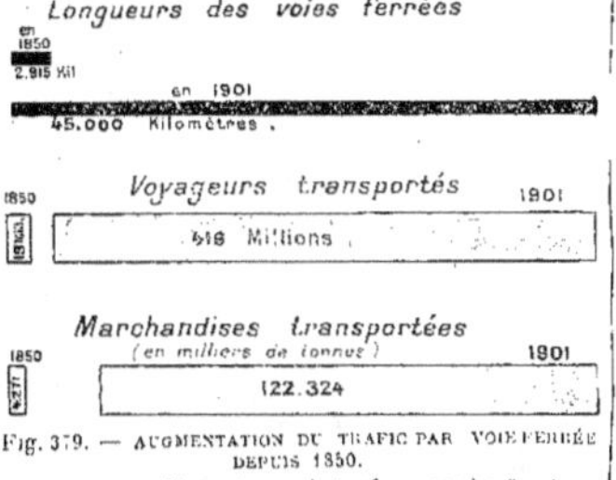

Fig. 379. — AUGMENTATION DU TRAFIC PAR VOIE FERRÉE DEPUIS 1850.

Depuis 1850, l'importance du trafic par voies ferrées a augmenté progressivement. La longueur du réseau ferré a passé de 2915 à 40 000 kilomètres ; le nombre des voyageurs transportés, de 19 millions à 419 millions ; le tonnage des marchandises transportées de 4 millions à 122 millions de tonnes.

année à l'intérieur de la France plus de 400 millions de voyageurs et plus de 120 millions de tonnes de marchandises.

Les voies les plus fréquentées sont : la ligne de Paris à Lyon et à Marseille, les lignes de Paris à Lille et à Maubeuge, la ligne de Paris au Havre, la ligne de Paris à Bordeaux, la ligne de Bordeaux à Cette. Ce sont les grandes voies historiques qui traversent la France en diagonales, celles par où sont passés de tout temps les races, les armées et les commerçants. (Voir plus haut, figure 358, *Recettes des chemins de fer*.)

629. — LECTURE : **Progrès dans la rapidité des communications et des transports.** — Les découvertes scientifiques modernes ont eu pour résultat de réduire beaucoup le temps et l'espace. Les premiers carrosses datent du XVI° siècle ; c'étaient d'énormes machines tirées par sept ou huit chevaux, qui n'effectuaient pas plus de 2 à 3 kilomètres à l'heure.

Vers 1660, les premières voitures publiques firent leur apparition : c'étaient des charrettes assez semblables à celles de nos pays sans, longues de 5 à 6 mètres, qu'on remplissait de paille et qu'on recouvrait d'une bâche ; on s'y entassait, accroupi sur les planches du fond, ou assis sur les montants ; dans les côtes, tout le monde descendait et poussait aux roues ; on mit alors en moyenne cinq jours en été, six en hiver,

pour aller par ces voitures de Paris à Lyon.

Dans la première moitié du XIX° siècle, la diligence, lourde machine pesant chargée 4 500 kilogr., ne parcourait pas plus d'une lieue et demie à l'heure en 1810, de deux lieues et demie vers 1845. Aujourd'hui, par rapide, on met 7 h. 20 pour aller de Paris à Lyon, ce qui représente une vitesse moyenne de 69 kilomètres par heure.

2. Commerce extérieur.

630. **Le commerce extérieur de la France.** — Le commerce extérieur de la France s'élève à 12 milliards et demi de francs environ.

Ce commerce, après avoir été stationnaire, augmente aujourd'hui faiblement.

La France, qui fut longtemps la première puissance commerciale après l'Angleterre,

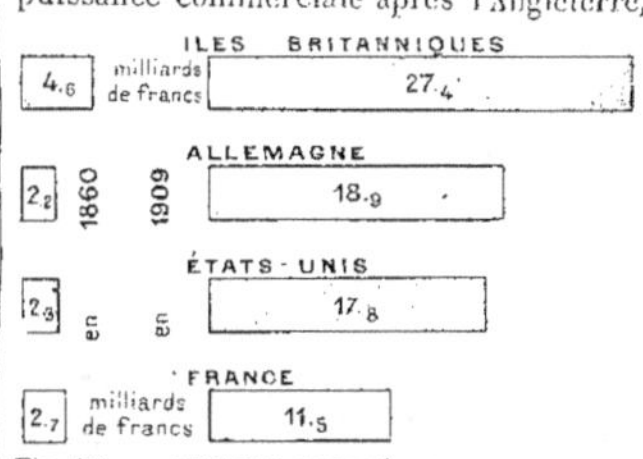

Fig. 381. — COMMERCE COMPARÉ DE LA FRANCE ET DES AUTRES GRANDES PUISSANCES.

Vers 1860, la France était la seconde puissance commerciale du monde ; l'Angleterre seule lui était supérieure. Depuis lors, la France a développé son commerce, mais beaucoup moins que les États-Unis et que l'Allemagne qui la reléguent aujourd'hui au quatrième rang, assez loin derrière elles.

ne vient plus, pour le commerce extérieur, qu'au quatrième rang, après les Iles-Britanniques, les Etats-Unis et l'Allemagne.

Les pays avec lesquels elle fait le plus de commerce sont, outre ses colonies : la Grande-Bretagne, les Etats-Unis, l'Allemagne et la Belgique.

Les *importations* s'élèvent à 6 400 millions de francs ; les *exportations* à 6 100 millions. La France achète donc à l'étranger à peu près autant qu'elle lui vend.

631. **Importations** — La France importe surtout quelques produits ali-

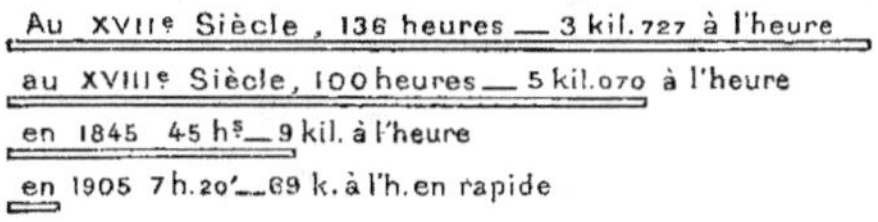

Fig. 380. — PROGRÈS DANS LA RAPIDITÉ DES COMMUNICATIONS DE PARIS A LYON.

Les voyages sont devenus de plus en plus rapides depuis deux siècles. De Paris à Lyon, par voiture, on mettait 136 heures au XVII° siècle, ce qui représente une vitesse de 3 kil..7 à l'heure. Au XVIII° siècle, on ne mettait plus que 100 heures pour faire le même trajet, soit une vitesse de 5 kilomètres à l'heure. En 1845, par diligence, le trajet ne durait plus que 45 heures (vitesse 9 kil.). Aujourd'hui, en rapide, il se fait en 7 h. 20, soit avec une vitesse de 69 kilomètres par heure.

mentaires, quelques objets fabriqués et de nombreuses matières nécessaires à l'industrie.

Les *produits alimentaires* sont : les

céréales et surtout le *blé*, qu'elle achète aux Etats-Unis et à la Russie, dans les années de mauvaise récolte; des *animaux* et des *viandes* d'Angleterre, des Etats-Unis, de la République Argentine; le *café* des colonies et du Brésil; les *vins* d'Espagne et d'Algérie; les *denrées coloniales* et des fruits exotiques.

Les *objets fabriqués* sont surtout des *tissus* et des *machines* qu'elle importe presque exclusivement d'Angleterre.

Les *matières nécessaires à l'industrie* représentent à elles seules près des trois quarts des importations de la France. Ce sont la *houille* d'Angleterre et de Belgique; le *cuivre* du Chili; les *bois* de Norvège; le

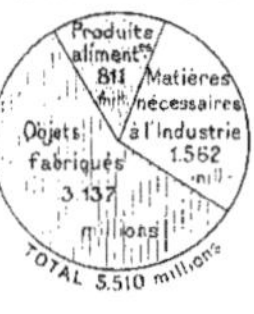

Fig. 382. — DÉTAILS DES IMPORTATIONS ET DES EXPORTATIONS.

Le commerce extérieur de la France comprend, en proportions à peu près égales, des importations et des exportations. Comme dans les pays les plus civilisés, les importations comprennent surtout des matières nécessaires à l'industrie, houille, minerais divers, coton, laine, soie grège; au contraire, les exportations comprennent surtout des objets fabriqués, tissus, confections, nouveautés, machines.

lin de Russie; la *soie* d'Italie et d'Extrême-Orient; le *coton* des Etats-Unis, de l'Inde et de l'Egypte; la *laine* de la République Argentine, d'Australie et du Cap. Ces deux derniers produits passent le plus souvent, avant de nous parvenir, par les entrepôts de Londres et de Liverpool.

En somme, pays industriel avancé, la France n'achète au dehors que peu d'objets fabriqués, parce qu'elle fabrique elle-même la majeure partie de ce dont elle a besoin; elle y achète surtout en très grandes quantités les matières premières, les minéraux et les substances alimentaires qu'elle ne produit pas en suffisance.

632. Exportations.

La France exporte surtout des produits alimentaires et des objets fabriqués.

Les *produits alimentaires* sont : les *vins*, surtout pour l'Angleterre et les Etats-Unis; les *beurres et fromages*, pour l'Angleterre et l'Amérique du Sud; les *liqueurs*, pour l'Angleterre, les Etats-Unis et tous les pays septentrionaux.

Les principaux *objets fabriqués* sont : les *tissus de coton*, de *laine* et de *soie*, pour la plupart des états voisins; et les *confections, nouveautés et articles de Paris*, pour le monde entier : le succès de nos confections et nouveautés à l'étranger atteste la supériorité de notre goût; les hautes classes de tous les pays civilisés du monde sont tributaires du goût et des modes de France.

En somme, la France garde pour les

travailler elle-même toutes les matières premières qu'elle produit, et elle exporte surtout des produits de son industrie, comme il est naturel pour un pays très civilisé.

633. — LECTURE : A qui achetons-nous? A qui vendons-nous? — Sur les 9 milliards et demi de commerce extérieur que fait la France, elle fait près de 2 milliards avec

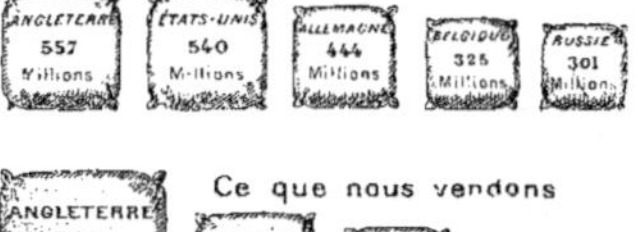

Fig. 383. — CE QUE NOUS ACHETONS, CE QUE NOUS VENDONS.

Les ballots blancs représentent ce que nous achetons à quelques pays, et les ballots noirs ce que nous vendons nous-mêmes. La comparaison montre que nous vendons deux fois plus de marchandises à l'Angleterre que nous ne lui en achetons; au contraire, nous achetons beaucoup plus aux Etats-Unis que nous ne leur vendons. Avec l'Allemagne les achats et les ventes se compensent à peu près.

l'Angleterre seule. L'Angleterre est d'ailleurs notre meilleure cliente, car elle nous achète deux fois plus qu'elle ne nous vend ; la balance de commerce avec elle, comme on dit, est tout à notre avantage.

Ensuite, viennent les Etats-Unis, l'Allemagne et la Belgique, qui font avec nous de 750 à 900 millions d'affaires. Mais, tandis que la Belgique nous achète un peu plus qu'elle ne nous vend, l'Allemagne nous vend à peu près autant qu'elle nous achète, et les exportations des Etats-Unis chez nous sont le double de nos exportations dans les Etats-Unis. C'est que les Etats-Unis sont grands producteurs de matières alimentaires ou de matières premières, en particulier de blé et de coton, que la France importe, tandis qu'ils s'appliquent de plus en plus à se suffire eux-mêmes en fabriquant tous les objets dont ils ont besoin.

Après ces quatre clients principaux, viennent l'Algérie, l'Espagne, la Suisse, l'Italie. et enfin la Russie. La Russie nous vend sept fois plus qu'elle ne nous achète. Nos importations en Russie n'atteignent pas annuellement 40 millions; en Angleterre, elles dépassent 1 200 millions, c'est-à-dire 30 fois plus. C'est que la Russie, qui nous vend ses blés et ses lins, achète les objets fabriqués dont elle a besoin surtout à l'Allemagne, dont elle est plus voisine. La France n'importe guère en Russie que des vins.

3. Marine et ports marchands.

634. La marine marchande de la France. — Les deux tiers du commerce extérieur de la France se font par la voie de mer, qui est la plus économique.

La France possède environ 15 000 navires de commerce, représentant un tonnage de 1 255 000 tonnes environ. Sa flotte de commerce est la quatrième du monde. Elle vient après celles de la Grande-Bretagne, de l'Allemagne et des Etats-Unis.

Depuis quarante ans, c'est uniquement la flotte *à vapeur* et *au long cours* qui s'est développée en France.

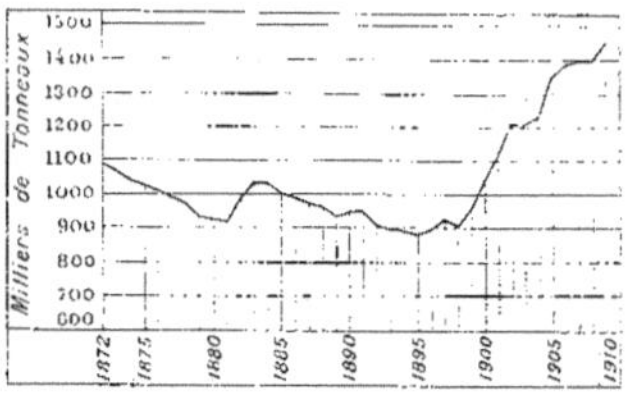

Fig. 384. — PROGRÈS DE LA MARINE MARCHANDE EN FRANCE DEPUIS 1860.

La marine marchande de la France compte à peu près le même nombre de navires aujourd'hui qu'en 1860, et leur tonnage a même diminué légèrement. Mais les navires à voiles, qui existaient presque seuls en 1860, ont été remplacés graduellement par des vapeurs qui vont deux ou trois fois plus vite et effectuent par suite des transports deux ou trois fois plus grands.

635. Grandes Compagnies maritimes.

Cette flotte au long cours est construite et exploitée par des *Compagnies de services maritimes*. Les principales sont :

1° Les *Messageries maritimes*, dont les grandes lignes desservent les principaux

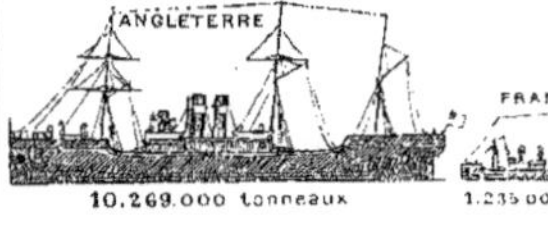

Fig. 385. — COMPARAISON DES FLOTTES MARCHANDES DE QUELQUES GRANDS ÉTATS.

La flotte marchande de la France ne vient qu'au 7e rang comme voiliers; elle vient au 4e rang comme vapeurs. Dans l'ensemble, elle est très inférieure à celle de l'Angleterre, et reste aussi sensiblement au dessous de celles de l'Allemagne et des Etats-Unis. D'une manière générale, son importance décroît; la France décline sur les mers.

points de la Méditerranée, de l'océan Indien, de l'Extrême-Orient, de l'Afrique occidentale et de l'Amérique du Sud;

2° La *Compagnie Générale Transatlantique*, dont les grandes lignes conduisent aux Etats-Unis, dans l'Amérique centrale et en Algérie-Tunisie;

3° La *Compagnie des Chargeurs Réunis*, qui conduit en Indo-Chine et à la Plata.

636. Les ports marchands. — La France a quatre grands ports principaux : *Marseille*, centre des relations avec la Méditerranée, le Levant, l'Afrique orientale, l'Inde, l'Océanie et l'Extrême-Orient; — le *Havre*, centre des relations avec l'Amérique du Nord et débouché de la région parisienne; — *Dunkerque*, port d'approvi-

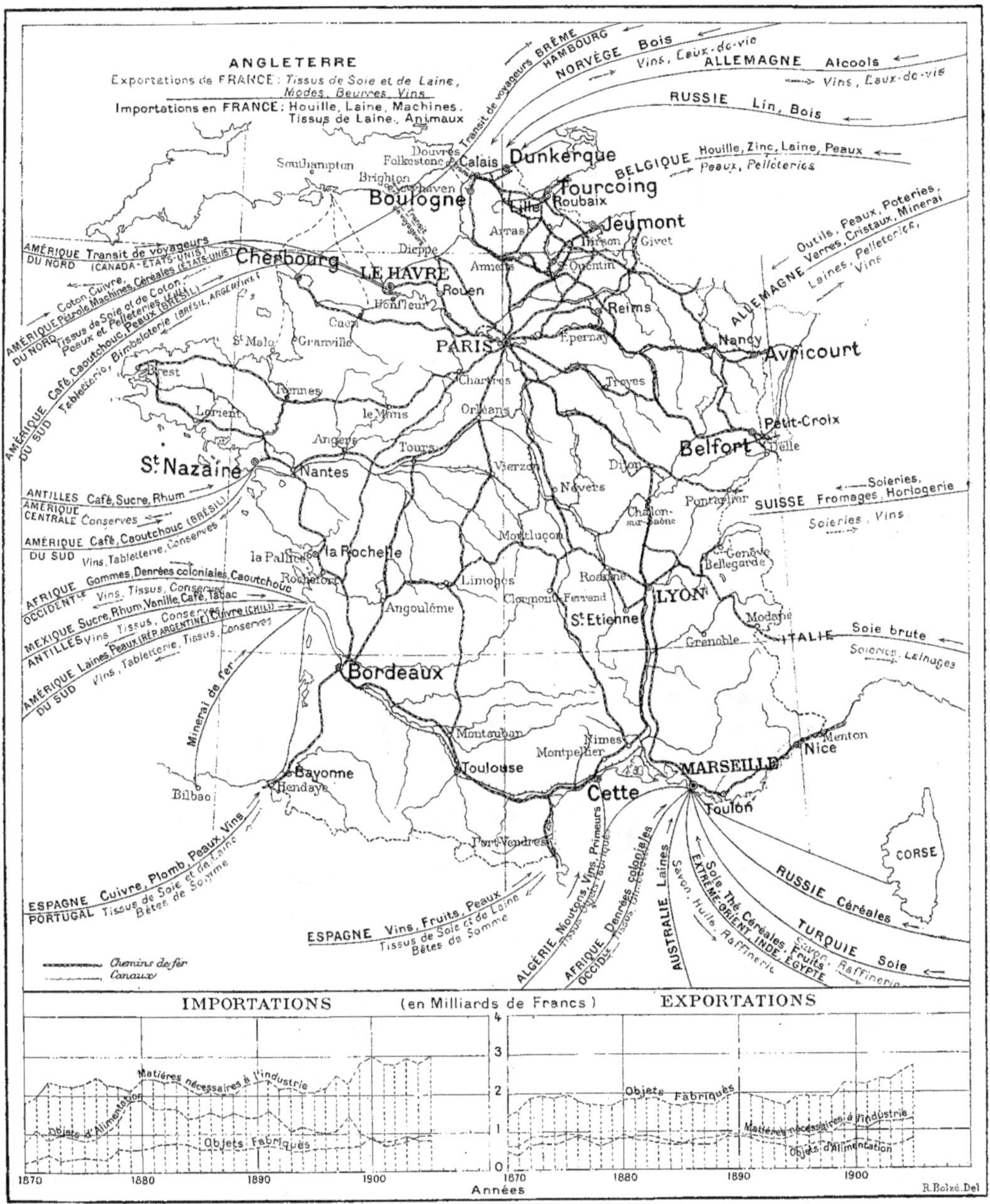

Fig. 386. — LA FRANCE COMMERCIALE.

sionnement et débouché de la région française du Nord; — *Bordeaux*, débouché de la plaine du Sud-Ouest.

Viennent ensuite comme ports secondaires importants : *Cette*, dont le commerce consiste surtout en exportations de vins; — *Rouen*, qui importe des charbons et des cotons pour son industrie; — *Saint-Nazaire*, débouché de la France centrale sur l'Océan et centre des relations avec l'Amérique centrale; — *Boulogne, Calais, Dieppe*, ports de passage pour l'Angleterre; — *la Pallice*, le nouveau port de La Rochelle.

637. — 1ʳᵉ Lecture : Le port de Marseille. — L'excellente situation et la sûreté de la baie de Marseille en firent dès l'anti-

Photo *Neurdein frères.*
Fig. 387. — LA RADE DE MARSEILLE.

quité un port renommé. Marseille était déjà une grande ville au temps des Grecs. Depuis lors, sa prospérité s'est toujours maintenue.

Aujourd'hui, Marseille est le premier port de France et un des plus importants du monde. Son port, agrandi sans cesse par la construction de nouveaux bassins, a plus de 16 kilomètres de quais et peut recevoir à la fois 1 000 navires moyens. Le Vieux-Port, devenu insuffisant, a été complété par la construction de bassins nouveaux dont le plus important est celui de la Joliette.

Marseille fait presque tout le commerce de la France avec les États européens de la Méditerranée, avec l'Afrique septentrionale et orientale, l'Inde et l'Extrême-Orient. C'est aussi une ville industrielle, possédant des usines métallurgiques, et surtout des raffineries, des huileries, des fabriques de savon qu'alimentent les graines oléagineuses amenées des pays étrangers en particulier de l'Afrique.

638. — 2ᵉ Lecture : Le Havre et les autres ports de l'Europe occidentale. — Le port du Havre date seulement de François Iᵉʳ. Il a pris de nos jours une grande extension. C'est, après Marseille, notre premier port de commerce.

Le Havre fait à lui seul le cinquième du trafic maritime de la France. Il importe surtout des tissus de soie, de coton, de laine et des articles de Paris. Il a des relations régulières avec l'Angleterre, les États-Unis et les principaux ports de l'Europe septentrionale.

Le Havre doit son importance à sa situation au débouché de la vallée de la Seine qui ouvre une grande voie de pénétration vers le cœur de la France ; il la doit aussi à ce fait que, par suite du jeu des marées, il a le privilège de garder la mer haute, non pas pendant une demi-heure comme les autres ports, mais trois heures durant.

Cependant le Havre vient loin derrière Londres, Hambourg et Anvers, et il se développe beaucoup moins vite. Cette infériorité de notre port a plusieurs causes :

1° Le Havre est par sa nature un moins bon port que les trois autres. S'il garde longtemps la mer haute, il est menacé sans cesse par des ensablements et l'envahissement des galets, qui nécessitent des travaux fréquents. De plus, les gros navires n'entrent aisément dans le port qu'à marée haute; à Anvers et à Hambourg, ils

Fig. 388. — LE PORT DE LA JOLIETTE, A MARSEILLE.
Marseille doit sa fortune à sa situation assez rapprochée du Rhône pour profiter de l'admirable voie de pénétration qu'il ouvre vers la France orientale et septentrionale, assez éloignée pour n'avoir point à redouter les ensablements du fleuve. Marseille occupe, du reste, une remarquable position au fond d'une rade que ferment, du côté du large, une série d'îlots dont le plus connu porte le château d'If qui fut prison d'État. Le port de la Joliette est le plus moderne des ports de Marseille, il en est le plus important.

port est celui de la Joliette.

Marseille fait presque tout le commerce de la France avec les États européens de la Méditerranée, avec l'Afrique septentrionale peuvent entrer à toutes les heures du jour.

2° Anvers et surtout Hambourg sont plus rapprochés des marchés de l'Europe Centrale. Les marchandises qui y sont déposées font donc, pour les atteindre, moins de chemin de fer, transport coûteux.

3° Hambourg exporte presque la totalité des produits de l'Allemagne industrielle; Anvers la totalité des produits de la Belgique industrielle. Le Havre n'exporte, parmi les produits de la France, que ceux qui vont à l'Angleterre et à l'Amérique du Nord. Le reste part des ports de l'Océan et surtout de Marseille.

639. — 3ᵉ Lecture : La richesse de la France. — La France est un pays riche; on évalue à 200 milliards de francs la richesse de tous les Français. Seuls les États-Unis et l'Angleterre sont plus riches. Mais les États-Unis ont une population deux fois plus considérable. Et la richesse de l'Angleterre, est beaucoup moins bien répartie entre tous les habitants du pays. L'Angleterre compte des fortunes colossales et des misères excessives; elle a huit millionnaires pour un en France,

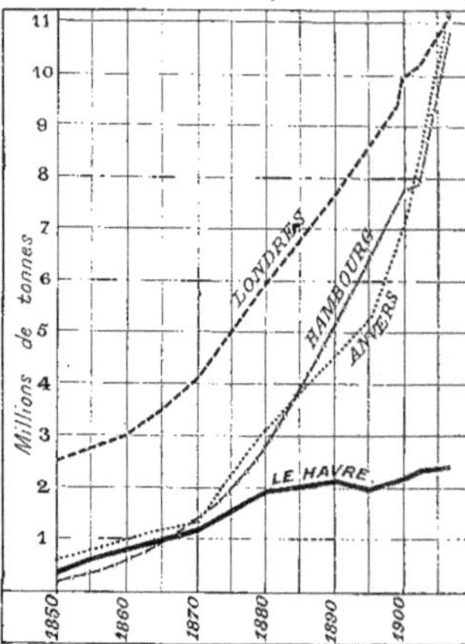

Fig. 389. — PROGRÈS COMPARÉS DES PORTS DU HAVRE, DE LONDRES, DE HAMBOURG ET D'ANVERS
Le port du Havre a fait des progrès constants grâce à sa situation au débouché de la vallée de la Seine; mais ces progrès paraissent bien faibles et bien lents si on les compare à ceux de Londres, de Hambourg et d'Anvers. Il y a 35 ans, le Havre faisait un commerce presque aussi important que celui de Hambourg ; et maintenant son commerce est quatre fois plus faible.

mais le nombre de pauvres qui vivent de la charité publique y est trois à quatre fois plus élevé. La France compte surtout des petites fortunes.

La richesse de la France est d'ailleurs inégalement répartie dans toutes les régions.

Fig. 390. — COMMERCE COMPARÉ DES PORTS DU HAVRE, DE LONDRES, DE HAMBOURG ET D'ANVERS.
Le Havre est le second port de France, mais son commerce ne représente que 0,26 de celui de Londres, 0,47 de celui de Hambourg, 0,29 de celui d'Anvers.

Les régions les plus riches sont : 1° les régions industrielles (Nord, etc.), qui comptent quelques grosses fortunes: 2° les riches régions agricoles (Ile-de-France, Normandie, etc.), qui comptent un grand nombre de fortunes moyennes.

La France trouve dans cette accumulation de capitaux une source importante de revenus. L'industrie française pourrait y trouver une réserve importante pour ses entreprises.

Exercices. — Comparer les transports par voie d'eau et par voies ferrées à l'intérieur de la France. — Importations et exportations de la France: leur valeur. leur objet? D'où viennent-elles? où vont-elles? — Les grands ports français.

XIII

LES RÉGIONS NATURELLES DE LA FRANCE

640. La France comprend un certain nombre de régions qui diffèrent entre elles par leur situation, la nature de leur sol,

Fig. 391. — LA FRANCE PAR RÉGIONS NATURELLES.

Les différences de situation, de relief, de sol et de climat, permettent de distinguer en France 14 grandes régions naturelles, c'est-à-dire quatorze régions qui diffèrent par les ressources et les conditions générales de la vie.

leur climat, leurs produits et leurs habitants. C'est ce que l'on appelle des régions naturelles.

On peut distinguer en France 14 grandes régions naturelles. Ce sont :

1° Au centre :
Le Massif Central.

2° Au sud-est :
La région du Jura ;
La plaine de la Saône ;
La région des Alpes ;
La région méditerranéenne.

3° Au sud-ouest :
La région des Pyrénées ;
La plaine de la Garonne.

4° A l'ouest :
La région de l'Ouest ;
La Bretagne ;
Les pays de la Loire ;
La Normandie.

5° Au nord :
La région Parisienne ;
La région du Nord.

6° A l'est :
La région de l'Est.

641. — LECTURE : Qu'est-ce qu'une région naturelle ? — Une région naturelle est une région qui se distingue de ses voisines

par l'ensemble de son relief, de la nature de son sol, de son climat et de ses productions. Ainsi, quand on parle de la Bretagne, on se représente tout de suite à l'esprit un pays maritime, au relief accidenté, au sol de roches dures, au climat doux et humide, couvert principalement de taillis, de prairies et de landes. La Normandie éveille l'idée d'un autre sol, d'autres aspects, d'une autre végétation et d'autres ressources. La Bretagne et la Normandie sont deux régions naturelles.

Les habitants d'une même région naturelle sont naturellement soumis aux mêmes conditions de vie ; disposant des mêmes matériaux de construction, ils se bâtissent des maisons analogues, ils se nourrissent des mêmes aliments, ils portent des vêtements semblables, ils pratiquent en général des métiers analogues. Comme les échanges, soit des objets de commerce, soit des idées, sont très actifs entre eux et que ces échanges, faute de routes, furent longtemps presque impossibles avec les autres pays, il est naturel qu'après plusieurs siècles de vie commune et isolée, ils aient peu à peu acquis les mêmes modes, les mêmes coutumes, les mêmes traditions et les mêmes façons de penser. Ainsi dans les régions naturelles, ce n'est pas seulement la nature qui a partout les mêmes aspects, c'est aussi l'homme. C'est pour cette raison que les noms de Provençal, de Gascon, de Limousin, de Breton, de Normand, signifient quelque chose. Ils représentent des types particuliers, des mœurs spéciales, des manières de vivre, etc. Les hommes y ont été façonnés, pour ainsi dire, à la longue d'une manière un peu uniforme par le milieu où ils vivaient.

Il est donc très intéressant, après avoir étudié séparément la géographie physique, politique et économique de la France, d'étudier ensuite la géographie physique, politique et économique de chacun de ces êtres vivants, de ces petites Frances, que sont dans la grande France les régions naturelles. Cette étude permet d'entrer plus intimement dans la connaissance du pays et du peuple français.

1. Le Massif Central.

642. Limites. — Cette région comprend tout le massif montagneux qui couvre le centre de la France. Elle s'étend, d'une part, du Morvan au seuil de Naurouze, à l'est de Toulouse, et, d'autre part, de la Charente au Rhône.

Le Massif Central s'étend sur près de la sixième partie de la superficie totale de la France.

643. Le sol. — Cette région comprend surtout des *terrains cristallins*, gneiss, granits, schistes cristallins, roches dures et froides, donnant d'assez médiocres terres pour la culture. Seuls font exception : la

région des monts d'Auvergne composée de *terrains volcaniques*, les Causses, formés de *terrains sédimentaires*, enfin la plaine de la Limagne et du Forez, anciens lacs comblés par des alluvions quaternaires.

Le *relief* est accidenté. Il est formé de montagnes et de hauts plateaux, *monts du Velay*, du *Forez*, d'*Auvergne*, de la *Marche* et du *Limousin*, *Cévennes*, *plateaux des Causses*. Ces montagnes, sauf quelques exceptions, ne dépassent pas 1 400 à 1 500 mètres, et leur point culminant, le *Puy de Sancy*, dans les monts d'Auvergne, n'atteint que 1886 mètres ; elles n'ont point de glaciers, mais c'est assez pour qu'elles restent couvertes de neige pendant une notable partie de l'année.

Les seules plaines importantes sont celles de la Limagne et du Forez, qu'encadrent les monts d'Auvergne et du Forez.

Le *climat* est presque partout rude : les hivers sont froids, les gelées d'arrière-saison fréquentes ; les journées chaudes de l'été sont suivies de nuits fraîches. L'humidité est abondante, surtout sur les versants exposés à l'ouest ; elle se précipite pendant tout l'hiver sous forme de neige.

Les seules exceptions à ce climat sont : les plaines de la Limagne et du Forez, qui sont comme enchâssées dans les montagnes, sont plus abritées et plus chaudes, et la région des Cévennes, douée du climat méditerranéen.

Les *rivières* sont nombreuses, mais généralement irrégulières, torrentielles et peu navigables. Elles coulent vers tous les points de l'horizon : au nord, vers la *Loire* qui y prend sa source, par l'*Allier*, le *Cher*, la *Vienne* et son affluent la *Creuse* ; à l'est, vers l'Océan par la *Charente* ; au sud-ouest, vers la Garonne par la *Dordogne*, le *Lot*, et le *Tarn* ; au sud-est, vers la Méditerranée ou vers le Rhône par l'*Orb*, l'*Hérault*, le *Gard*, l'*Ardèche*.

Tous ces cours d'eau sont plus ou moins des torrents, au cours très rapide dans la traversée du Massif, aux crues désastreuses ; aucun d'eux ne peut rendre de services pour la navigation ; mais leurs chutes produisent une importante force motrice et pourraient contribuer beaucoup au développement de l'industrie.

644. Les ressources. — Le sol, le relief et le climat du Massif Central sont peu favorables aux productions végétales. Le Massif Central est pauvre comme agriculture ; c'est avant tout un pays de landes, de prairies et de forêts.

Les *ressources agricoles* principales sont : 1° l'*élevage*, qui se pratique un peu partout, bœufs du Cantal, chevaux du Limousin, moutons des Causses ; 2° la *culture des céréales*, qui se borne généralement au seigle et au sarrasin, sauf dans les plaines de la Limagne et du Forez, dont le sol riche et le climat tempéré favorisent la culture du blé, de la vigne et des arbres fruitiers. Dans le Limousin, la châtaigne fut longtemps la nourriture principale, comme le pain des habitants.

Les *ressources minérales* ont plus d'importance. Elles comprennent surtout :

1° Des gisements de *houille*, disposés en lignes parallèles orientées du sud-ouest au nord-est ou du nord-ouest au sud-est.

Les principaux sont : A l'est, les bassins du Creusot, de Saint-Etienne et d'Alais ; — Au nord, le bassin de Commentry et de St-Eloy ; — Au sud : les bassins de Carmaux et d'Aubin.

Le Massif Central est la région la plus riche en houille de la France, après la région du Nord.

2° Des *gisements de minerai de fer*, voisins en général des gisements qui renferment la houille.

5° *Des sources d'eaux minérales.* Ce sont les plus abondantes de France. Elles sont nombreuses et toutes situées dans les terrains volcaniques ou dans leur voisinage.

Les principales sont : A l'est, les sources de Vals et de Saint-Galmier ; — Au centre : les sources de Vichy, de Royat, de la Bourboule et du Mont-Dore.

Les *voies de communication* ont été

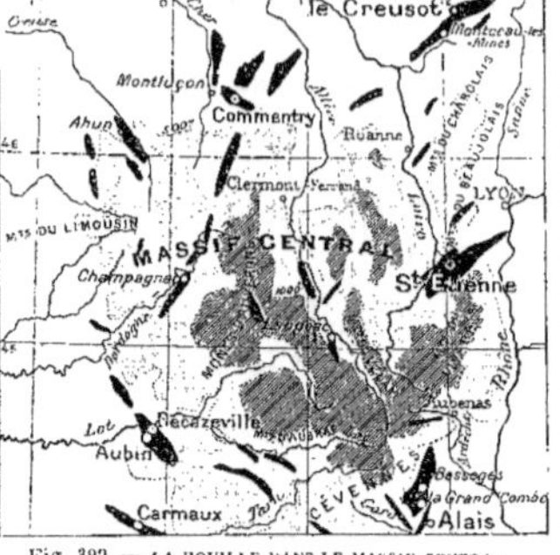

Fig. 392. — LA HOUILLE DANS LE MASSIF CENTRAL

Les gisements houillers sont nombreux dans le Massif Central. Leur disposition est particulièrement remarquable : ils forment des lignes parallèles orientées du sud-ouest au nord-est, ou du nord-ouest au sud-est. Les trois plus importants sont les gisements situés sur le rebord oriental du Massif : celui de Saint-Etienne, à l'extrémité est ; celui du Creusot au nord-est ; celui d'Alais, à l'extrémité sud-est.

très rares pendant longtemps, à cause des accidents du relief et du manque de voies navigables. Aujourd'hui le Massif Central est sillonné par des routes et par trois grandes voies ferrées : celle de *Paris à St-Etienne et à Lyon*, par la vallée de la Loire ; celle de *Paris à Clermont et à Nîmes* par la vallée de l'Allier, et celle de *Paris à Limoges et à Toulouse*, par les plateaux du Limousin. Ces grandes lignes sont reliées par de nombreuses lignes secondaires.

645. Population. — Le Massif Central est beaucoup moins peuplé que la moyenne de la France. Sauf dans la Limagne et les

Fig. 393. — PAYSAN LIMOUSIN.

régions industrielles, la densité de la population y est partout faible, en particulier sur les hauts plateaux du Limousin, de l'Auvergne et des Causses.

L'établissement de ces lignes a nécessité de grands travaux comme les viaducs de Garabit, sur la Truyère, et du Viaur (voir figure 561), et comme le tunnel du Lioran, sous le Massif du Cantal.

Ses habitants, *Cévenols, Auvergnats, Limousins*, appartiennent à des races très anciennes, robustes et rustiques. Beaucoup émigrent vers les plaines, les régions industrielles du voisinage et les grandes villes où ils exercent les rudes métiers de maçons, de manœuvres, de charbonniers, etc.

Le Massif Central est ainsi pour la France comme une région de réserves. Les terres de ses montagnes, entraînées par les eaux, s'en vont remblayer les plaines voisines ; ses cours d'eau vont les arroser ; ses habitants vont les peupler.

646. Principaux centres économiques. — Assez pauvre en richesses naturelles, en dehors des grandes voies de communication, le Massif Central ne comprend que de rares centres importants au point de vue économique :

1° Les régions houillères, avec les villes d'*Alais* au sud-est ; de *Saint-Etienne* (146 000 h.) et *Roanne*, à l'est ; du *Creusot* et de *Montceau-les-Mines*, au nord-est ; de *Montluçon* et de *Commentry* au nord ; de *Decazeville*, *Aubin* et *Carmaux* au sud.

Les principales industries y sont la métallurgie, la fabrication des armes, et l'industrie des tissus (rubans de Saint-Etienne, cotonnades de Roanne, etc.).

2° Les régions de plaines, qui ont comme ressources les produits agricoles et les sources d'eaux minérales. On y trouve des villes assez riches, comme *Clermont-Ferrand*, dans la Limagne

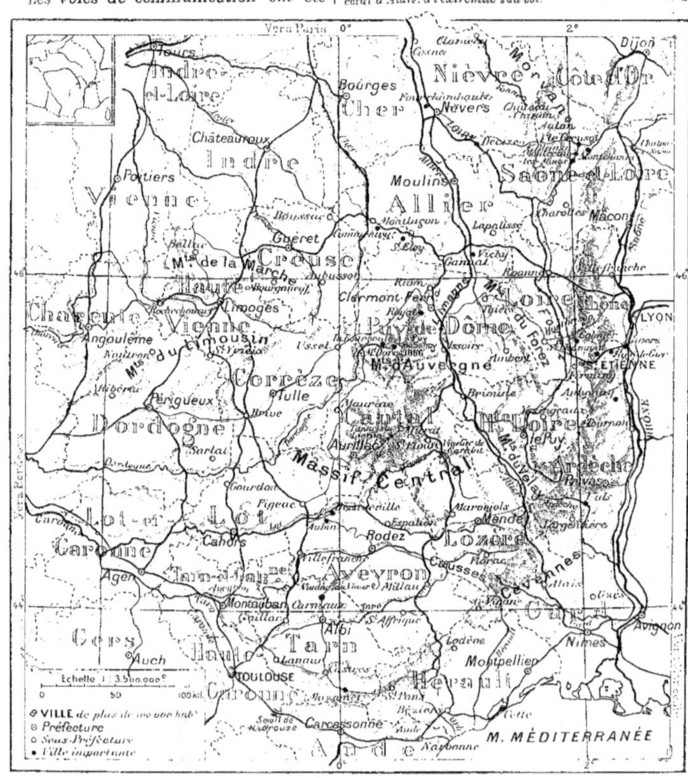

Fig. 394. — LE MASSIF CENTRAL.

d'Auvergne; *Moulins* sur l'Allier, et *Vichy*, ville d'eau très fréquentée, également sur l'Allier.

5° **La région de Limoges**, avec *Limoges* (88 000 h.) dont l'importance tient entre autres causes à l'industrie de la porcelaine.

4° Le reste du Massif Central est pauvre et ne possède que de petites villes comme *Nevers*, au nord; *Guéret* et *Périgueux*, à l'ouest; *Tulle*, *Brive*, *Aurillac*, au centre; *Cahors*, *Albi* et *Rodez*, au sud.

647. — Iʳᵉ Lecture: L'émigration du Massif Central. — Le Massif Central est généralement pauvre. Le Limousin, les monts d'Auvergne, les Causses, les Cévennes et le Morvan se dépeuplent de plus en plus.

Leurs habitants ne s'en vont pas à l'étranger: souvent même ils n'émigrent pas définitivement du pays. Ils vont soit à Paris, soit à Lyon, soit dans d'autres grandes villes, exercer les métiers de maçons, charbonniers, porteurs d'eau, etc. Au bout d'un certain nombre d'années, quand ils ont amassé un petit pécule, ils viennent finir leurs jours dans leur pays. Il existe des colonies d'Auvergnats et de Limousins dans toutes nos grandes villes.

D'autres, les maçons en particulier, n'émigrent que pendant la belle saison. Ils partent au printemps, travaillent tout l'été dans les plaines voisines pour ne revenir que quand les gelées rendent presque impossible le travail du maçon. C'est la femme qui, en leur absence, cultive le champ. Pendant l'hiver, où l'on travaille peu et où l'on dépense beaucoup, ils reviennent à la montagne.

648. — 2ᵉ Lecture : La Limagne. — La Limagne d'Auvergne, qui s'étend sur les deux rives de l'Allier à l'est du Puy-de-Dôme est une région très riche au milieu du pauvre Massif Central. Elle doit sa richesse :

1° *A son sol.* Ancien fond de lac, la Limagne est recouverte d'alluvions tertiaires très riches par elles-mêmes. En outre, l'érosion a décomposé une partie des roches volcaniques des montagnes voisines et les a transportées dans la Limagne, où elles forment un humus excellent; les vents d'ouest, qui sont les vents dominants dans ce pays, jettent sans cesse sur la Limagne les poussières volcaniques qui couvrent les monts d'Auvergne et continuent ainsi à refaire la fécondité du sol à mesure que celle-ci s'épuiserait à force de produire.

2° *A son climat.* Région basse entre de hautes montagnes, chaude et abritée, elle peut produire la vigne, le blé et les cultures maraîchères qui ne pousseraient pas à l'altitude des monts d'Auvergne. Elle est couverte d'arbres fruitiers dont les produits servent à confectionner les fruits confits d'Auvergne.

La Limagne est le « grenier de l'Auvergne ». De nombreuses sources minérales, au contact de la Limagne et de la chaîne des Puys, augmentent encore sa richesse.

649. — 3ᵉ Lecture: Les régions de Saint-Etienne et du Creusot. — Les régions

Fig. 395. — DANS LES MONTS DE LA MARGERIDE.

Fig. 396. — SUR LES CAUSSES.

Fig. 395-396. — PAYSAGES DU MASSIF CENTRAL.

Le Massif Central présente surtout l'aspect d'un vaste plateau surmonté de bombements peu proéminents en général. Mais il faut distinguer : 1° les plateaux de roches anciennes, comme celui de la Margeride, qui sont plus humides et partant couverts de pâturages et de forêts; 2° les plateaux calcaires, comme les Causses, où l'eau disparaît vite dans l'intérieur, absorbée par le sol, et où l'on ne trouve que des pâturages secs et des moutons. On y conserve l'eau dans des mares cimentées avec soin et bordées de murs; ces mares sont appelées lavognes.

dépressions. Celles-ci présentent ainsi l'apparence de deux grandes *rues* industrielles.

Dans la première, où passe une des grandes voies ferrées qui unissent Paris à Lyon, on trouve *Saint-Etienne*, *Firminy*, *Saint-Chamond*, *Rive-de-Gier*, *Givors*; plus de 250 000 hommes y vivent agglomérés tout au long. Dans la seconde, où passe le canal du Centre qui relie la Loire et la Saône, le *Creusot*, *Blanzy*, *Montchanin*, *Montceau-les-Mines*. Ces deux dépressions comptent parmi les plus actives de toute la France. Des chemins de fer, des lignes de tramways, des passages de bateaux y entretiennent un mouvement presque discontinu. Saint-Etienne et le Creusot sont au nombre des principales villes industrielles de France.

Exercices. — Quelles sont les diverses régions du Massif Central? — Étude détaillée des principaux centres économiques du Massif Central. — Les plaines du Massif Central. — Pourquoi la Limagne est-elle la plus fertile du Massif Central? Que savez-vous des Causses? — L'émigration dans le Massif Central. Pourquoi les habitants de cette région quittent-ils leur pays? Où vont-ils? Quelles professions exercent-ils? N'y a-t-il pas lieu de distinguer deux sortes d'émigration, l'une définitive, l'autre périodique?

de Saint-Etienne et du Creusot sont toutes deux logées dans deux de ces dépressions, orientées du sud-ouest au nord-est, qui séparent les chaînes orientales du Massif Central. La première est dans la dépression sillonnée par le Furens, affluent de la Loire, et le Gier, affluent du Rhône. La seconde est dans la dépression sillonnée par la Dheune, affluent de la Saône et la Bourbince, affluent de la Loire.

Dans ces deux dépressions qui forment des passages naturels importants entre les pays de la Loire et ceux du Rhône, l'existence des couches de houille a déterminé l'établissement d'industries nombreuses et de bourgs ou villes qui s'allongent d'une manière presque continue au fond de ces

Fig. 397. — SAINT-ETIENNE, USINE ET VOIE FERRÉE.

Saint-Etienne est la principale ville du Massif Central; elle s'élève pourtant dans une région de montagnes (Mont-Pilat, 1 400 mètres). Mais, d'abord, elle se trouve dans un couloir où passe, entre la Loire et le Rhône, l'une des grandes lignes de Paris à Lyon; ensuite, elle occupe le centre de dépôts houillers très importants et elle a pu devenir, grâce à cette houille, une importante cité industrielle (soieries, rubans, armes blanches, fusils).

2. La région du Jura.

650. Le sol. — La région du Jura comprend : 1° à l'est, des chaînes calcaires parallèles, séparées par des *vals* et coupées par des *cluses* ou couloirs transversaux qui mènent d'un val à l'autre : ces chaînes n'atteignent nulle part l'altitude de 1 800 mètres ; 2° à l'ouest, des plateaux calcaires, plus vastes et plus bas.

N'ayant pas l'altitude des Alpes, le Jura ne possède ni neiges persistantes, ni glaciers. Pourtant le climat est généralement froid, sa rigueur diminuant avec l'altitude, c'est-à-dire de l'est à l'ouest.

Ses rivières principales sont : le *Doubs*, affluent de la Saône, et l'*Ain*, affluent du Rhône. Pas plus que leurs affluents, ces cours d'eau ne sont navigables ; mais leurs chutes peuvent être utilisées par l'industrie à laquelle elles fournissent une force motrice importante.

651. Les ressources. — Les ressources du Jura sont surtout végétales. Elles varient avec l'altitude. On peut y distinguer, de l'est à l'ouest, trois zones principales :

1° A l'est : la *montagne*, région de forêts et de pâturages ; le Jura renferme les plus belles sapinières de toute la France, et on y fabrique d'excellents fromages analogues à ceux de Gruyère, en Suisse ;

2° Au centre : les *plateaux*, autre région de forêts et de pâturages ;

3° A l'ouest, en bordure, le *vignoble*, qu'on appelle aussi le Bon Pays, parce qu'on y trouve à la fois des vignes et des champs de céréales prospères (vins d'Arbois, de Salins, etc.).

La montagne possède en outre des salines et des minerais de fer qui, grâce aux chutes d'eau, ont favorisé l'éclosion d'un assez grand nombre de petits centres industriels.

652. Population et villes. — La population du Jura est un peu inférieure à la moyenne. Rare sur les crêtes et les plateaux, elle se masse principalement le long des vallées. Cette population est très industrieuse et active. Elle vit :

1° De l'*élevage* et des industries du lait (fromages, beurres, laits condensés, etc.) ;

2° De l'*horlogerie* et de quelques autres petites industries (industrie du bois, taille du cristal de roche, lunetterie, etc.). Ces industries sont généralement pratiquées à domicile.

Les villes sont rares et peu importantes. Citons : au nord, *Besançon* (56 000 h.), place forte, horlogerie, et *Montbéliard* ; — au centre, *Pontarlier*, qui commande la bifurcation des deux grandes voies ferrées menant en Suisse ; — au sud, *Morez*, *Saint-Claude* ; — à l'ouest, *Dôle* et *Lons-le-Saunier*.

653. — LECTURE : **L'horlogerie dans le Jura.** — Comme toutes les régions montagneuses, à l'heure actuelle, le Jura ne possède presque pas de grande industrie. Mais il possède une industrie qui se pratique dans presque tous les villages : l'industrie de l'horlogerie.

Cette industrie est très ancienne, mais elle s'est développée surtout depuis l'époque de la Révolution. Elle s'est établie dans cette région très boisée au temps où l'on fabriquait surtout des horloges en bois. Quand l'industrie des montres vint à se développer, le montage des pièces, opération très minutieuse, convenait à ces habitants de la montagne, désœuvrés pendant les longues journées d'hiver.

Ainsi s'est fondée, sans usines, une industrie très importante. Les pièces d'acier et les ressorts sont fabriqués en gros dans les régions métallurgiques. Ils sont expédiés dans les principales villes du Jura, surtout à Saint-Claude. Les habitants des villages viennent en prendre livraison et le montage des montres se fait à domicile ; puis les montres prêtes à être vendues sont de nouveau concentrées dans les villes.

C'est vers l'époque de la Révolution que cette industrie a commencé à se développer en France. Aujourd'hui, elle occupe, dans la région du Jura, plus de 60 000 personnes qui, d'ailleurs, font non des montres, mais seulement une partie de l'objet fabriqué ; chaque ouvrier est spécialiste dans la fabrication d'une des pièces ; une montre passe par trente mains avant d'être *établie*.

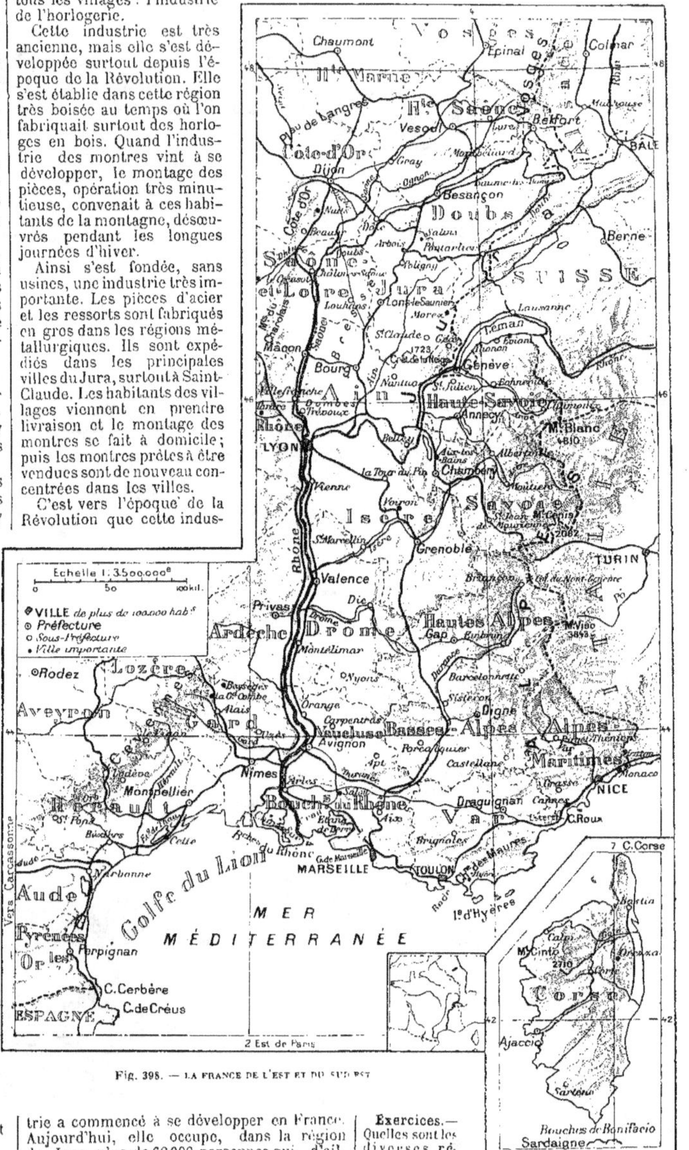

Fig. 398. — LA FRANCE DE L'EST ET DU SUD-EST.

3. La plaine de la Saône.

654. Le sol. — La plaine de la Saône a la forme d'une conque ovale, allongée entre le Jura, les Vosges et le Massif Central.

Elle a un climat continental : étés chauds, hivers froids ou même rigoureux. Elle est parcourue par un seul réseau hydrographique, formé de la *Saône* et de ses affluents : *Ouche*, *Dheune* et *Doubs*. La plaine de la Saône a

Fig. 399. — LA COMBE DE MIJOUX (DOUBS).

Fig. 400. — LE SAUT DU DOUBS.

Les combes sont des espèces de cirques ouverts au milieu du Jura : ils forment des entonnoirs de pâturages verts au milieu des coteaux, chargés de belles forêts de sapins, qui les enclosent. Ces pâturages, qui nourrissent des troupeaux nombreux, sont l'une des principales richesses du Jura. Le Jura est en même temps très pittoresque; les eaux s'y perdent dans le sol et forment dans l'intérieur des grottes, des baumes; ailleurs elles forment des cascades dont la force motrice est utilisée pour faire mouvoir des usines; la plus connue de ces cascades est le saut du Doubs, près de la frontière suisse.

donc une unité bien marquée dans son cadre de montagnes.

Toutefois, on peut y distinguer, d'après la nature du sol : 1° à l'ouest, la *Côte-d'Or*, collines calcaires exposées au soleil vers l'est et le midi; 2° au centre, la plaine proprement dite; 3° au sud de la plaine, la *Bresse*, formée d'alluvions fertiles; 4° enfin, au sud de la Bresse, la *Dombes*, formée d'argile et marécageuse.

655. Les ressources. — Les ressources sont presque exclusivement agricoles, mais ces ressources agricoles sont importantes. La Côte-d'Or donne des *vins* renommés (vins de Bourgogne) : la plaine produit des céréales, *blé* et *maïs*; la Bresse produit en outre des *volailles* réputées.

Seule la Dombes est inculte, mais on a entrepris le dessèchement de ses étangs et sa mise en culture : des résultats importants ont été obtenus déjà.

656. Populations et villes. — Cette région riche est assez peuplée, bien qu'on n'y trouve point ces concentrations d'hommes qui sont propres aux régions industrielles. Elle formait jadis la *Bourgogne*, un des duchés les plus puissants de l'ancienne France.

Les populations et les villes populeuses sont surtout :

1° Dans la Côte-d'Or, où l'on trouve *Dijon* (71000 h.) : au centre de la région vinicole et sur la route qui mène dans le bassin de la Seine, les principaux vignobles sont situés au sud de Dijon, au pied du versant oriental des monts de la Côte-d'Or.

2° Sur la Saône où se trouvent *Chalon-sur-Saône* et *Mâcon*, grands marchés de vins et de céréales de la région;

3° Au débouché de la plaine vers le sud, où se trouve *Lyon* (472000 h.), au confluent de la Saône et du Rhône, troisième ville de France par sa population : une grande banlieue industrielle et peuplée en augmente l'importance

657. — Lecture : L'industrie lyonnaise. — La région lyonnaise est, avec la région parisienne et la région du Nord, une des trois principales régions industrielles de la France.

La grande industrie de Lyon, c'est celle des soieries. Elle y fut apportée au moyen âge par des ouvriers émigrés d'Italie. Lyon s'est approvisionné d'abord en soie dans les régions séricicoles du Midi de la France (Gard, Ardèche, Vaucluse, Dauphiné), où le mûrier prospère et où l'élevage du ver à soie se fait en grand. Cela aujourd'hui ne lui suffit plus : elle achète une abondante matière première en Italie et en Extrême-Orient.

De Lyon, l'industrie de la soie s'est répandue dans toutes les régions environnantes qui, au point de vue économique, dépendent de Lyon. Les fabricants lyonnais envoient de la soie à tisser à de nombreuses usines du Dauphiné. Mais surtout l'industrie de la soie s'est répandue à l'ouest, dans la vallée de *Saint-Étienne*, et, par cette vallée, jusque dans la vallée de la Loire : *Roanne* est, comme Saint-Étienne, une ville de rubannerie. Dans tous les monts du Vivarais et du Lyonnais, de nombreuses petites villes tissent la soie pour les fabricants de Lyon.

Par son industrie, Lyon est bien le centre de toute la France du Sud-Est. Toute la région des Alpes inférieures, des Cévennes orientales, de la Provence et du Bas-Languedoc élève le ver à soie et recueille les cocons de soie grège : une grande partie de la population rurale, y compris les femmes et les enfants, est occupée à ce travail. Les cocons de soie grège sont ensuite manipulés dans des moulinages où l'on transforme la soie grège en fils de soie. Ces fils sont alors envoyés à Lyon et dispersés de là dans les villes voisines pour y être tissés en étoffes. Lyon est sans contredit la première ville du monde pour la fabrication des belles étoffes de soie.

Exercices. — Quelles sont les diverses régions de la plaine de la Saône, leurs ressources et leurs villes ?

Détailler la région industrielle de Lyon, et montrer comment presque tout le Sud-Est français est tributaire de l'industrie lyonnaise. Nommer les principales satellites industrielles de Lyon.

Rappeler la situation de Lyon et montrer comment cette ville est devenue tout naturellement une grande ville de commerce.

Fig. 401. — LYON.

Lyon est une très ancienne ville; elle eut pour berceau le coteau de Fourvières, sur lequel s'élèvent aujourd'hui une basilique et une tour qui dominent toute la ville. Lyon doit son importance : 1° à sa situation au confluent de la Saône et du Rhône, sur la route qui mène de la Méditerranée vers la France du Nord; 2° à l'industrie des soieries. Elle vient après Paris et Marseille pour la population; c'est la troisième commune de France.

4. La région des Alpes.

658. Le sol. — La région des Alpes est entièrement montagneuse. Toutefois les Alpes sont sillonnées de vallées nombreuses et larges, qui facilitent le passage des hommes et leur permettent de subsister au cœur de la montagne. Les principales sont : la *Tarentaise*, la *Maurienne*, le *Graisivaudan*, la *vallée de la Durance*.

Le climat est rude. Il est plus froid en Savoie qu'en Dauphiné; plus humide en Dauphiné qu'en Provence.

659. Les ressources. — Les ressources végétales varient avec l'altitude. Dans les fonds des vallées la *culture des céréales* est possible (blé, orge, seigle); sur les pentes moyennes, s'étendent de belles *forêts* et des *pâturages*; au-dessus de 2 000 mètres, on ne trouve plus que de maigres pacages.

Les ressources minérales consistent surtout en quelques sources d'eau minérale.

Les voies de communication (vallées et cols) sont nombreuses à travers les Alpes : routes du Mont-Cenis, du Mont-Genèvre; chemin de fer de Fréjus, etc.

660. Populations et villes. — Les Alpes sont habitées par une population laborieuse et énergique, mais pauvre et peu nombreuse. Cette population, fuyant les sommets, est groupée surtout dans les vallées.

C'est là que se trouvent les deux villes : *Annecy*, dans la vallée du lac d'Annecy; *Chambéry*, dans la vallée du lac du Bourget; *Albertville* et *Moutiers*, dans la Tarentaise ; *St-Jean-de-Maurienne*, dans la Maurienne; *Grenoble* (75 000 h.), dans le Graisivaudan; *Briançon* et *Embrun*, dans la vallée de la Durance; *Gap*, dans une petite vallée latérale; *Vienne* et *Valence*, dans la vallée du Rhône.

661 — 1re LECTURE : Le Graisivaudan. — Le Graisivaudan est de toutes les vallées des Alpes la plus large et la plus riche. Son sol, creusé dans des masses liasiques et abondamment pourvu par l'Isère d'alluvions plus fertiles encore, est très propice à la culture des céréales. Son climat est relativement doux en hiver, chaud en été. C'est une grande région de vignes, de pâturages et de céréales.

De plus, le Graisivaudan est une importante voie de communication; il pénètre jusqu'au cœur des Alpes.

Le Graisivaudan est très peuplé; il possède une grande ville : *Grenoble*.

Fig. 402. — FEMME DE LA MAURIENNE.
Phot. Pittier à Annecy.

662. — 2e LECTURE: L'élevage dans les Alpes. — L'élevage est la ressource la plus abondante et la plus répandue des Alpes de Savoie et du Dauphiné. Elles possèdent en effet de gras pâturages dans les fonds de vallées, et des pacages plus maigres, mais excellents en été, dans les hautes régions montagneuses, au-dessus des forêts. On élève surtout dans les Alpes des bœufs et des vaches; le petit bétail est peu abondant.

L'élevage a donné lieu, dans les Alpes

Fig. 403. — LA VALLÉE DU GRAND REPOSOIR (SAVOIE).
Phot. F. Bosson.

comme dans le Jura, à une grande industrie alimentaire : celle des aliments à base de lait, fromages, beurre, etc.

Comme dans le Jura, les propriétaires recueillent individuellement trop peu de lait pour fabriquer le fromage et le beurre en gros. Ils se sont alors formés en groupes. Chaque groupe a fondé une *fruitière*, c'est-à-dire une fabrique où chaque jour le lait de tous les troupeaux est réuni et transformé en fromages et en beurres qui sont partagés entre tous les propriétaires au prorata de la quantité de lait qu'ils ont fournie.

663. — 3e LECTURE : La déforestation dans les Alpes. — Les forêts sont une richesse des Alpes : elles retiennent l'eau et la terre arable. Enlever les arbres, c'est condamner la montagne aux inondations, aux éboulements et à l'aridité.

Les Alpes de Savoie et du Dauphiné sont très riches en arbres. Il n'en est pas de même des Alpes de Provence où le climat plus sec fait les forêts plus maigres. Les habitants ont encore exagéré cet inconvénient en détruisant inconsidérément les parties boisées, et en développant l'élevage des moutons : or ceux-ci ne coupent pas, ils arrachent jusqu'aux racines l'herbe ou les pousses dont ils se nourrissent, détruisant l'espoir des végétations futures.

Exercices. — Rôle des vallées dans les Alpes. Les ressources des Alpes.

Fig. 404. — LA VALLÉE DE MODANE.

Fig. 403-404. — PAYSAGES ALPESTRES.

Les vallées alpestres concentrent presque toute la vie de la région : il faut distinguer, du reste, les vallées purement pastorales et les vallées industrielles. La vallée du Grand Reposoir est un type de vallée pastorale. La vallée de Modane, au pied du tunnel du Mont-Cenis, est un type de vallée industrielle. Les industries se sont beaucoup développées dans toute la région des Alpes depuis l'utilisation de la houille blanche, c'est-à-dire de la force motrice des chutes d'eau qui y sont très nombreuses.

5. La région méditerranéenne.

664. Le sol. — Ce qui donne de l'uniformité à la région méditerranéenne, c'est son climat partout sec et chaud. Mais au point de vue du relief et de la nature du sol, il faut distinguer :

1° Les *Alpes maritimes* ou *Provence* (Alpes, monts des Maures et de l'Esterel), accidentées, découpées par des torrents comme le Var, et se terminant par une côte rocheuse et découpée;

2° La *région du delta du Rhône*, plate, alluviale, couverte de cailloux dans la *Crau*, et de sables dans la *Camargue*;

3° Le *Bas-Languedoc*, région de collines se terminant par une côte alluviale et bordée d'étangs.

665. Ressources. — Les ressources sont surtout agricoles. Le Bas-Languedoc produit surtout des *vins*; la Provence, plus riche, produit surtout des *oranges*, des *fleurs* et des *olives*; la Camargue est favorable à l'*élevage*, la Crau est inculte. Enfin la côte offre les ressources de la pêche et du commerce.

666. Populations et villes. — Les populations méditerranéennes sont vives, énergiques et exubérantes.

Dans la région montagneuse, la population est surtout groupée sur la côte, où se trouvent les principales villes : *Nice* (154 000 h.), *Toulon* (105 000 h.), *Mar-*

seille (517 000 h.). Elle est dense et vit de la pêche, du commerce et de la culture des primeurs et des fleurs.

Dans la région du delta, la population. moins dense, vit surtout sur les bords du Rhône, où se trouvent *Aix* et Arles.

Dans le Bas-Languedoc, la côte est inhospitalière : on n'y trouve qu'une seule grande

Fig. 405. — LE VILLAGE DE GOURDON (ALPES-MARITIMES).

ville, *Cette*. La grande majorité de la population vit de la culture de la vigne et des vers à soie. Elle est groupée à l'intérieur, où l'on trouve : *Carcassonne, Béziers, Narbonne, Montpellier* (77 000 hab.) et *Nîmes* (80 000 h.).

667. Corse. — La Corse est aussi une région méditerranéenne. Escarpée, montagneuse, couverte de forêts et de *maquis*, elle est peu fertile et peu peuplée. La population, rude et violente, se compose surtout de pâtres presque nomades et de pêcheurs.

Les principales villes sont, sur la côte : *Bastia*, au nord-est, et *Ajaccio*, à l'ouest.

668. — 1ʳᵉ LECTURE : La Côte d'azur. — La côte de la Provence, très découpée et pittoresque, très chaude et dotée d'un climat presque sans hiver, est une des régions les plus agréables de la France. Les orangers et les palmiers y poussent en pleine terre. Les fleurs y ont trouvé leur pays de prédilection.

Fig. 407. — UNE ARLÉSIENNE.

Le long de la Côte d'azur s'échelonnent une série de villes de luxe qui sont en hiver ce que sont en été les villes d'eaux. Ce sont Hyères, Cannes, Grasse, Nice, Menton, etc. La population de ces villes augmente beaucoup en hiver : on y vient surtout de France, d'Angleterre, des États-Unis et de Russie.

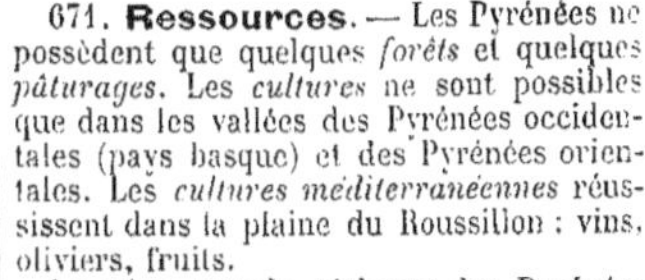

669. 2ᵉ LECTURE : Crau et Camargue. — La Crau et la Camargue sont deux régions assez différentes l'une de l'autre.

La Crau est située en dehors du delta proprement dit. Formée surtout de cailloux et de galets amenés jadis par le Rhône, elle est demeurée complètement inculte jusqu'au XVIᵉ siècle. Depuis, des travaux d'irrigation l'ont transformée : elle possède des pâturages, de la vigne et sur-

Fig. 406. — BEAULIEU, DANS LA BANLIEUE DE NICE.

Fig. 405-406. — LA PROVENCE.

La Provence, a dit Michelet, jette ses habitants à la mer. L'intérieur, en effet, en est rocheux, sec, aride ; les habitants y sont rares ; les villages sont juchés sur les sommets d'où ils pouvaient, aux temps tourmentés de jadis, braver les invasions ennemies. La côte, au contraire, a les ressources de la pêche et du commerce par mer ; des colonies grecques ou phéniciennes s'y établirent jadis. Aujourd'hui la côte n'est qu'une suite de villes d'hiver et de villas où affluent les étrangers, attirés par la tiédeur du climat et le charme du paysage.

tout des oliviers : *Salon*, en Crau, possède d'importantes huileries.

La Camargue est demeurée sauvage en grande partie. L'irrigation en a déjà transformé une petite partie, au nord, où il existe des vignobles. Elle est et restera surtout propre à l'élevage.

Exercices. — Comparer entre elles les diverses régions méditerranéennes.

6. La région des Pyrénées.

670. Le sol. — La région pyrénéenne est tout entière montagneuse, si l'on excepte la *plaine du Roussillon*, qui s'ouvre à l'est sur la Méditerranée.

Les vallées y sont peu nombreuses ; aucune ne traverse complètement le massif. Les cols sont hauts et peu praticables. Le climat est très rude.

671. Ressources. — Les Pyrénées ne possèdent que quelques *forêts* et quelques *pâturages*. Les *cultures* ne sont possibles que dans les vallées des Pyrénées occidentales (pays basque) et des Pyrénées orientales. Les *cultures méditerranéennes* réussissent dans la plaine du Roussillon : vins, oliviers, fruits.

La plus grande richesse des Pyrénées consiste dans ses *sources thermales* ou *minérales*. Les principales sont les Eaux-Bonnes, les Eaux-Chaudes, Cauterets, Barèges, Bagnères-de-Luchon.

Les voies de communication sont rares : elles ne comprennent que deux chemins de fer, aux deux extrémités, et deux grandes routes qui passent par le *col de la Perche* et par le *col du Somport*.

672. Populations et villes. — Les populations des Pyrénées sont très rares et diminuent de plus en plus par l'émigration. Elles se composent surtout de *Basques*, à l'ouest, et de *Catalans*, à l'est, populations rudes et énergiques.

Les montagnards vivent surtout de l'élevage et de la contrebande ; les seules populations agricoles sont dans le Roussillon.

Les villes sont rares. Comme les populations, elles sont surtout installées aux deux extrémités : *Bayonne, Pau* et *Tarbes*, à l'ouest ; *Foix, Perpignan* et *Port-Vendres*, à l'est. Les autres villes sont des villes d'eaux.

673. LECTURE : L'émigration de la montagne. — Comme toutes les montagnes, les Pyrénées, déjà peu peuplées, se dépeuplent encore. L'émigration des Basques, en particulier, est relativement considérable.

En général, les montagnards du Massif central et des Alpes qui émigrent ne quittent pas la France : ils se rendent dans les grandes villes, où ils pratiquent de rudes métiers. Les Basques, eux, émigrent hors de France. Ils se rendent surtout dans l'Amérique du

Fig. 408. — L'OBSERVATOIRE DU PIC DU MIDI DE BIGORRE.

Le pic du Midi de Bigorre, haut de 2877 mètres et dressé en avant de la chaîne des Pyrénées, est surmonté d'un observatoire particulièrement bien situé pour l'étude du climat dans ces régions.

Fig. 409.
LE LAC D'ESPINGO (HAUTE-GARONNE).

Les Pyrénées sont moins hautes que les Alpes, mais elles ne sont pas moins pittoresques. Leurs lacs sont une de leurs beautés. Dans les vallées se trouvent des sources d'eaux minérales qui attirent chaque année de nombreux étrangers : la vallée de Cauterets est l'une des plus fréquentées.

Fig. 410.
LA VALLÉE DE CAUTERETS (HAUTES-PYRÉNÉES).

Fig. 409 410. — LA RÉGION PYRÉNÉENNE.

Sud, dans la République Argentine et dans l'Uruguay, où ils se livrent à la culture et à l'élevage.

Le port où s'embarquent les Basques émigrant vers l'Amérique du Sud est Bordeaux.

Fig. 412. — UN BASQUE.

Exercices. — Quelles sont les ressources des Pyrénées? Quelles en sont les principales villes? Où traverse-t-on les Pyrénées? La population des Pyrénées : comment est-elle répartie ? de quoi vit-elle ? Que savez-vous de l'émigration basque ?

7. La plaine de la Garonne.

674. Le sol. — La plaine de la Garonne se compose de petits plateaux et de plaines secondaires et tertiaires. Voisine de l'Océan et méridionale, elle jouit d'un climat tiède, tempéré et humide.

Elle est traversée par une grande artère navigable, la Garonne.

Toutefois, les différentes parties de cette plaine ne sont pas également riches. Au nord, les *plateaux du Périgord*, au sud, le *plateau de Lannemezan* sont moins fer-tiles que les basses *plaines du Toulousain* et *du Bordelais*. La *plaine des Landes*, formée de sable, est pauvre et se termine par une côte plate et infertile.

675. Les ressources. — Les ressources de la plaine de la Garonne sont uniquement agricoles. Elles sont abondantes et variées. La région de Toulouse est couverte de maïs, de blé, d'arbres fruitiers et de vignes. Les vignobles d'*Armagnac*, au sud, donnent d'excellentes eaux-de-vie. Le Bordelais n'est qu'un immense vignoble, aux produits très réputés (Médoc). Enfin la plaine des Landes, longtemps couverte uniquement de landes et de marécages, a été desséchée et a maintenant des bois de pins maritimes qui sont d'un bon rapport (bois, résine).

676. Populations. — Comme toutes les régions agricoles, la plaine de la Garonne n'a, malgré sa richesse, qu'une densité de population inférieure à la moyenne de la France. La région des Landes est une des moins peuplées de notre pays. Au sud et au nord de la Garonne, les villes sont peu nombreuses et médiocres : *Périgueux*, au nord ; *Auch* et *Mont-de-Marsan*, au sud.

La vallée de la Garonne est la région la plus vivante et la plus peuplée du pays. On y trouve les deux grandes villes du Sud-Ouest, *Toulouse* (149 000 h.) et *Bordeaux* 251 000 h.), ainsi que *Agen*, *Montauban*, *Marmande*, etc.

677 LECTURE : Toulouse et Bordeaux.
Toulouse est l'antique capitale du royaume

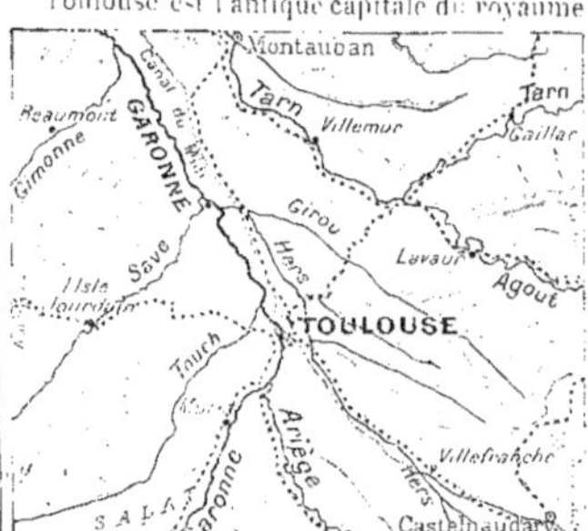

Fig. 411. — CONVERGENCE DES ROUTES VERS TOULOUSE.
Toulouse doit sa fortune à sa situation au point de convergence de plusieurs routes : celles de la Garonne supérieure, du Salat et de l'Ariège, qui viennent des Pyrénées ; celle du seuil de Naurouze, qui vient de la Méditerranée ; celle du Tarn moyen, qui vient du Massif central ; celle enfin de la Garonne moyenne.

des Wisigoths, qui s'étendait sur toute l'Aquitaine. Quand la monarchie franque se fut étendue sur tout le pays, Toulouse est demeurée la capitale intellectuelle de tout le Midi, la métropole des pays de *langue d'oc*.

Elle doit encore aujourd'hui son importance à sa situation au milieu d'une plaine très fertile et sur la grande voie navigable qui unit l'océan Atlantique à la Méditerranée.

Bordeaux est aussi une ville antique. Mais, presque détruite au moyen âge, elle n'a retrouvé sa puissance qu'après la découverte de l'Amérique et le développement de la navigation au long cours. Bordeaux fait surtout du commerce avec l'Afrique occidentale et l'Amérique du Sud. C'est un grand port d'émigrants. C'est enfin le plus grand entrepôt des vins du Bordelais.

Exercices. — Les régions riches de la plaine de la Garonne. — Les régions du pourtour.

8. La région de l'Ouest.

678. Le sol. — La région de l'Ouest est

Fig. 413. — DANS LE BOCAGE VENDÉEN.
À l'ouest de la France, on trouve plusieurs régions appelées bocages. Bocage Vendéen, Bocage Breton, Bocage Normand. Ce sont des pays de haies plantées d'arbres, de chemins creux et de routes ombragées.

comprise entre l'estuaire de la Loire et l'estuaire de la Garonne, entre le Massif Central et l'Atlantique. Exposée tout entière à l'influence océanique, elle jouit d'un climat maritime, tempéré et humide.

Mais la nature du relief et du sol permet d'y distinguer plusieurs régions :

1° Le *Bocage Vendéen*, haut plateau de terrains primaires, qui prolonge la Bretagne au sud de la Loire; il se termine par une côte rocheuse;

2° Le *Marais Poitevin*, vaste bassin d'alluvions baigné par la Sèvre-Niortaise et la Vendée; il se termine par une côte alluviale et basse;

3° Le *Seuil du Poitou*, vaste dépression calcaire entre les massifs cristallins de l'Armorique et du Massif Central; il unit les pays de la Loire au pays des Charentes :

4° Le *Pays des Charentes*. *Aunis, Angoumois* et *Saintonge*, pays de collines et de plateaux calcaires, arrosés par la *Charente* et se terminant par une côte alluviale que prolongent les îles de *Ré* et d'*Oléron*.

679. Les ressources. — Le Bocage Vendéen, formé de roches cristallines, est un pauvre pays de landes et de bruyères.

Le Marais Poitevin est favorable aux cultures maraîchères, depuis qu'on l'a drainé et sagement irrigué.

Le sol calcaire du Poitou et des Charentes est favorable à la culture des céréales.

D'autre part, sur les coteaux qui bordent la Charente, sont des *vignobles* renommés qui donnent les *eaux-de-vie de Cognac*.

Sur la côte se trouvent des *marais salants* et des *parcs à huîtres*.

Enfin le Seuil du Poitou a toujours été un lieu de passage important entre le bassin de Paris et le bassin aquitain.

680. Populations et villes. — La région de l'Ouest est donc en général plutôt riche au point de vue agricole; mais elle n'a point de ressources minérales

et industrielles. Elle est assez peuplée.

La population est peu nombreuse en Vendée, où l'on ne trouve qu'une seule ville notable : *les Sables-d'Olonne*. Mais elle est assez dense :

1° En Poitou, où l'on trouve *Poitiers*, *Niort*, grand marché de légumes, et *Châtellerault*, où s'est installée l'industrie des couteaux;

2° Dans le Marais, où il n'y a guère que des maisons isolées de maraîchers;

3° Dans les Charentes, grâce au commerce de l'eau-de-vie, dont le centre est *Cognac*, et à l'industrie du papier, dont le centre est *Angoulême* :

Fig. 415. — L'HÔTEL DE VILLE DE LA ROCHELLE.

La Rochelle fut, au XVIe siècle, un des plus grands ports de France : elle possédait une flotte nombreuse et respectée; c'était le centre du commerce avec le Canada, « la Nouvelle France ». De cette époque datent de nombreux monuments, et notamment l'Hôtel de Ville, qui est un des chefs-d'œuvre de l'art de la Renaissance.

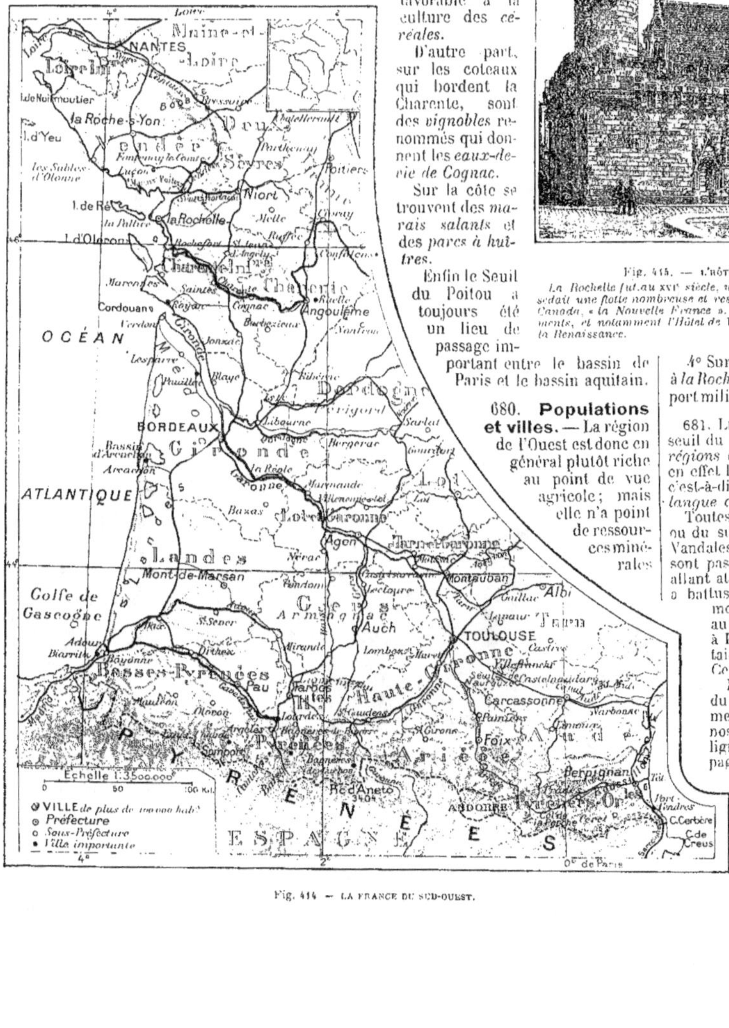

Photo Rousselet

4° Sur la côte, grâce aux marais salants, à *la Rochelle*, port de commerce, à *Rochefort*, port militaire, et à *Royan*, station balnéaire.

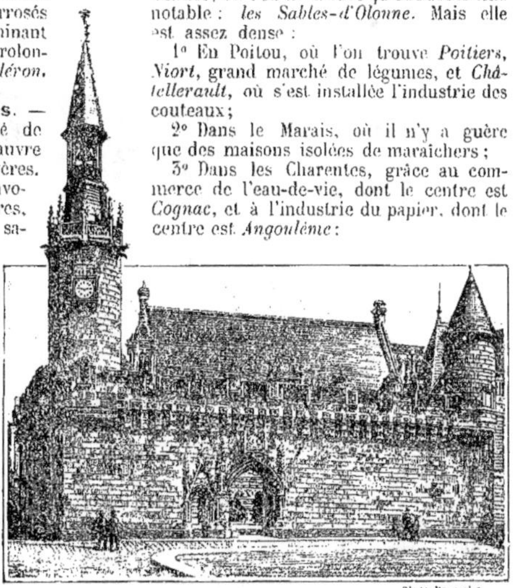

681. Lecture : **Le seuil du Poitou.** — Le seuil du Poitou est une des plus importantes *régions de passage* de la France. Elle unit en effet le bassin parisien au bassin aquitain, c'est-à-dire le nord au midi, les pays de *langue d'oïl* aux pays de *langue d'oc*.

Toutes les invasions allant du nord au sud ou du sud au nord sont passées par là. Les Vandales, allant de Germanie en Espagne, sont passés par le seuil du Poitou. Clovis, allant attaquer les Wisigoths d'Aquitaine, les a battus à Vouillé en Poitou. Les Arabes, montant d'Espagne vers le nord, furent au VIIIe siècle vaincus par Charles Martel à Poitiers. Les Anglais, venant d'Aquitaine, vainquirent pendant la guerre de Cent ans Jean le Bon à Poitiers.

En nos temps plus pacifiques, le seuil du Poitou est une grande route commerciale. Il est traversé par une de nos plus grandes lignes ferrées : la ligne de Paris à Bordeaux et en Espagne.

Exercices. — Quelles sont les différentes régions de l'Ouest? Quels sont leurs traits communs et leurs traits distinctifs?

Quelles sont les principales villes de la région de l'Ouest? Quelle est l'importance du seuil du Poitou? Quels faits historiques rappelle-t-il?

Fig. 414 — LA FRANCE DU SUD-OUEST.

Fig. 416. — BRETON.

Photo Hamonic

Fig. 417. — DOLMEN DE LOCMARIAQUER (MORBIHAN).

Fig. 418. — BRETONNE.

9. La Bretagne.

682. Le sol. — La Bretagne est une presqu'île, baignée de trois côtés par la mer. Son climat est uniforme, partout maritime, tiède et très humide.

Son sol est assez uniforme : il est surtout formé de roches cristallines (granit, granulite), de grès et de schistes, généralement pauvres.

Son relief est peu varié. Il se décompose en deux bombements peu élevés, l'un au nord, l'autre au sud, et en une série de bassins déprimés qui s'allongent au centre.

Les cours d'eau sont nombreux, mais courts, surtout au nord, et peu utilisables (*Rance, Aulne, Blavet, Vilaine*).

La caractéristique la plus importante du sol breton, c'est le *développement de ses côtes*, rocheuses et très découpées, en *rias* au nord, en vastes bassins à l'ouest (baies d'Audierne et de Douarnenez), en bassins plus petits et fermés, au sud-ouest (baie du Morbihan). Au sud est l'estuaire de la Loire.

683. Ressources. — L'intérieur est pauvre : les roches cristallines sont couvertes de landes et de bruyères et n'admettent que les céréales pauvres : seigle et sarrasin. Aucune richesse minière.

Au contraire, la côte offre de multiples ressources : pêche, élevage des prés-salés, enfin culture des primeurs, grâce à un climat extraordinairement régulier et tiède. Cette côte a mérité le nom de *Ceinture dorée*.

684. Populations et villes. — La Bretagne est très peuplée, mais sa population est très inégalement répartie. Très dense sur la côte, où elle se compose de pêcheurs, de marins et de maraîchers, elle est très rare et misérable à l'intérieur.

A l'exception de *Rennes* (75 000 h.), ville administrative, les rares villes de l'intérieur sont petites et sans avenir : *Châteaulin, Pontivy, Loudéac, Ploërmel*.

Au contraire, les villes sont nombreuses et populeuses sur la côte : *Saint-Malo, Saint-Brieuc, Morlaix, Brest* (85 000 h.), *Quimper, Lorient, Vannes, Saint-Nazaire, Nantes* (135 000 h.). Ces villes sont unies par une ligne presque continue de gros bourgs, qui sont des ports de pêche prospères, comme *Paimpol, Roscoff, Douarnenez, Concarneau*.

La Bretagne est une des provinces de France où l'on retrouve le plus de ces monuments qu'on appelle mégalithiques, dolmens ou tables de pierre, menhirs ou pierres debout, etc. Le dolmen de Locmariaquer ou table des Marchands, près de l'entrée du golfe du Morbihan, non loin des fameux alignements de Carnac, est l'un des dolmens les mieux conservés qu'on possède.

685. — 1ʳᵉ LECTURE : Le peuple breton. — Le peuple breton est de pure race celtique.

Le type en est très caractéristique : taille petite et trapue, tête ronde, teint brun, yeux clairs. Le peuple breton est rude, travailleur et énergique. La dure vie maritime a encore augmenté sa faculté de résistance et son intrépidité.

Il a longtemps vécu isolé dans cette presqu'île très éloignée du centre de la France, et qui semble regarder vers la mer plutôt que

Fig. 419. — CLOCHER DU CREIZKER, A SAINT-POL-DE-LÉON (FINISTÈRE).

Les Bretons sont un peuple très religieux, les églises de leurs moindres bourgs sont souvent d'une architecture remarquable. Le clocher du Creizker, le clocher à jour que chantent les chansons populaires bretonnes, est un chef-d'œuvre de grâce et de légèreté : il a 77 mètres de hauteur.

vers l'intérieur. Il y a longtemps conservé intacts ses mœurs, ses usages, ses traditions, sa langue et son costume. Naguère encore, il y avait un très grand nombre de Bretons qui ne parlaient ni ne comprenaient le français ; ils parlaient une langue d'origine celtique, assez semblable à celles que parlent en Irlande et dans le pays de Galles les populations celtiques de la Grande-Bretagne.

Les communications avec l'extérieur n'ont véritablement commencé qu'avec les chemins de fer. Elles sont devenues très nombreuses grâce aux côtes bretonnes, qui attirent chaque année une multitude de baigneurs et de touristes. A leur contact, le peuple breton perd lentement son originalité : il entre dans le courant de la vie moderne.

686. — 2ᵉ LECTURE : La pêche. — La Bretagne est, avec la côte normande et la Flandre, la grande région des pêcheurs. La pêche maritime comprend deux principales sortes de pêches :

1° La *pêche côtière*. En Bretagne ainsi qu'en Vendée, le grand produit de la pêche côtière est celui des *sardines*, qui passent en bancs nombreux à certaines époques de l'année. Si, une année, le passage manque, toute la côte bretonne est dans la misère. Dans la mer du Nord, la grande pêche côtière est la pêche des *harengs*. Les pêcheurs bretons pêchent en outre les langoustes et les homards, les crevettes. La pêche côtière se fait, soit parmi les rochers ou à marée basse, soit sur mer avec des barques non pontées. Chaque jour des flottilles de barques croisent ainsi au large des côtes bretonnes.

2° La *grande pêche*. Elle se fait dans les mers lointaines, avec des goélettes pontées, et dure toute une saison, de mars à septembre. Nos marins de la Manche et de la mer du Nord vont surtout pratiquer la grande pêche soit dans les parages de l'*Islande*, soit dans les parages de l'île de Terre-Neuve. L'objet de la grande pêche fut jadis la *baleine*, aujourd'hui devenue rare ; c'est maintenant la *morue*. La plupart des poissons salés qui sont consommés en France proviennent de la pêche en Islande ou à Terre-Neuve. La mer est souvent rude et obscurcie de brouillards dans la région de Terre-Neuve : de là, les dangers de la pêche de la morue et les deuils qu'elle occasionne chaque année.

687. — 3ᵉ LECTURE : La Ceinture dorée. — Les Bretons distinguent l'*Argoat*, ou pays des forêts, à l'intérieur, de l'*Armor*, ou pays de la mer sur la côte.

L'Armor est bien plus riche que l'Argoat. Le climat y est plus doux, grâce au voisinage de la mer, et les gelées y sont rares, presque

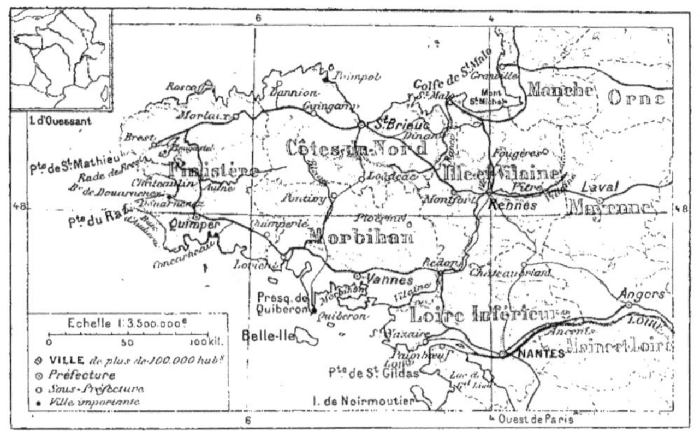

Fig. 420. — LA BRETAGNE.

inconnues. La terre, amendée par des algues et des engrais de mer, porte des champs de blé ou de primeurs : les jardins de Roscoff où l'on cultive les choux-fleurs et les artichauts, et les champs de fraises de Plougastel sur la baie de Brest, sont bien connus. Si l'on ajoute à ces profits ceux de la pêche et du commerce par mer, on voit combien est privilégiée par comparaison la zone maritime de la Bretagne. On l'appelle avec raison la *Ceinture Dorée* : non que toutes les régions en bordure sur la mer soient également fertiles; mais la plupart le sont sensiblement plus que les régions de l'intérieur qui les avoisinent.

La preuve en est que la population bretonne est groupée pour la plupart dans la région côtière. A l'intérieur, s'étendent de vastes espaces presque déserts, sans bourgs, presque sans maisons isolées; sur les côtes les bourgs et les petites villes se succèdent presque sans interruption; d'un village on aperçoit d'autres villages dans toutes les directions, et des maisons se rencontrent presque à chaque pas dans la campagne. La population y est plus nombreuse que dans la plupart des autres régions françaises les plus riches; elle dépasse presque partout 100 hab. par kil. carré.

Exercices. — Importance de l'influence exercée par la mer sur la Bretagne. Quelles ressources la Ceinture Dorée doit-elle à la proximité de la mer? La population de la Bretagne : caractère, densité, vie, agglomération. Quelles sont les principales villes de la Bretagne, à l'intérieur? sur les côtes septentrionales? sur les côtes méridionales?

Fig. 421. — DENSITÉ DE LA POPULATION DE LA BRETAGNE.

En Bretagne, les ressources, rares à l'intérieur, abondent sur les côtes : c'est donc le long des côtes que se concentre la vie. La densité de la population y dépasse partout la moyenne de la France; elle atteint par endroits jusqu'à 150 habitants au kilomètre carré. Dans l'intérieur, notamment dans les landes qui couvrent les monts d'Arrée et la Montagne Noire, la densité est beaucoup plus faible et ne dépasse pas 40 à 50 habitants.

10. Pays de la Loire.

688. Le sol. — La région de la Loire est située au nord du Massif Central. Elle comprend les vallées de la Loire moyenne et de ses principaux affluents : Cher, Indre, Vienne et Maine.

Son climat est moyennement humide et tempéré; c'est le climat semi-maritime du bassin parisien.

Le relief est presque nul. Certaines régions, comme la *Beauce*, sont même exceptionnellement plates.

Le sol, uniquement secondaire et tertiaire, se compose, soit de calcaires et de craies perméables et fertiles, soit de sables et d'argiles imperméables et infertiles. Les premières formations recouvrent : le *Maine*, l'*Anjou*, la *Touraine*, la *Beauce*, le *val de Loire* et le *Berri* : les secondes, la *forêt d'Orléans*, au nord de la Loire, la *Sologne* et la *Brenne*, au sud.

689. Ressources. — Peu de ressources minérales : du minerai de fer dans le Berry.

Quant aux ressources végétales, elles varient avec le sol. La Beauce est une des plus grandes régions à blé de la France. Le sol fertile et le climat très doux de la Touraine et de l'Anjou en font un pays de vignobles, de vergers et de jardins. Le val de

Fig. 422. — CHATEAU DE CHAMBORD (LOIR-ET-CHER).

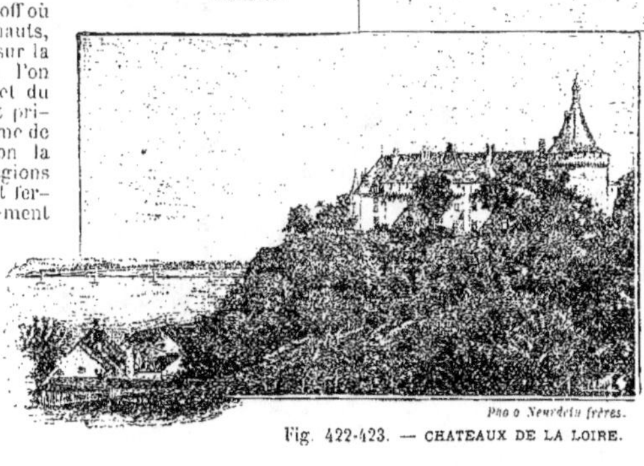

La vallée de la Loire, avec ses horizons larges et doux, son ciel bien plus lumineux que celui du bassin parisien, fut le séjour préféré des rois et de la cour à l'époque de la Renaissance. C'est de cette époque que datent les châteaux de la Loire, Chambord, Blois, Chaumont, Amboise, Chenonceaux, Azay-le-Rideau, etc. Chambord fut bâti par François Ier, à la lisière de la Sologne, non loin de Blois. Chaumont, en aval de Blois, occupe une situation remarquable par la vue dont on y jouit

Fig. 423. — CHATEAU DE CHAUMONT (LOIR-ET-CHER).

Fig. 422-423. — CHATEAUX DE LA LOIRE.

Loire est riche en vignes. Le Berri, au sol moins riche et plus sec, est surtout favorable à l'élevage du mouton. Enfin, la Sologne et la Brenne, très marécageuses, sont infertiles : pourtant, la Sologne est déjà drainée en partie.

La Loire n'est pas navigable et n'offre point de ressources au commerce.

690. Populations et villes. — Comme dans tout pays purement agricole, la population est un peu inférieure à la moyenne. Elle se groupe surtout sur les bords de la Loire où s'élèvent *Orléans* (68 000 habitants), *Blois*, *Tours* (67 000 habitants), *Saumur*, *Angers* (82 000 habitants).

Les autres villes sont : au nord, *Le Mans* (65 000 habitants) et *Laval*; au sud, *Bourges* et *Châteauroux*.

691. — Lecture : Beauté des pays de la Loire. — Au temps de la Renaissance, les pays de la Loire étaient célèbres par leur charme. Les rois de ce temps, Charles VIII, Louis XII, François Ier, Henri II, François II, se plaisaient à passer la plus grande partie de l'année dans ces régions aimables, où la nature n'a pas la beauté farouche des hautes montagnes, mais offre aux regards de riches campagnes et les contours gracieux des rives d'un grand fleuve. Ils y bâtirent un grand nombre de châteaux, qui comptent parmi les plus belles pièces d'architecture de notre pays. Ce sont les châteaux de *Chambord*, non loin de la Loire, à l'entrée de ce riche pays de chasse qu'est la Sologne; *Blois*, *Chaumont*, *Amboise*, sur les coteaux qui bordent la Loire en amont de Tours; *Chenonceaux*, sur le Cher; *Valençay*, etc. Ces châteaux firent de la région de la Loire le centre de l'histoire de France pendant près d'un siècle.

Aujourd'hui, ces campagnes riantes et fraîches ne nous paraissent pas comparables en beauté aux grandes montagnes ni aux côtes sauvages. Mais elles nous plaisent toujours par un caractère coquet et élégant que les châteaux de leurs rives contribuent à leur donner.

Une grande partie de la vie publique du seizième siècle s'est déroulée dans la région de la Loire moyenne, entre Orléans et Saumur.

Exercice. — Comparer la Touraine, la Beauce, le val de Loire et la Sologne.

11. Normandie.

692. Le sol. — La Normandie, baignée par la Manche, jouit tout entière d'un climat maritime, tempéré et humide. Mais la nature de son sol permet d'y distinguer deux régions :

1° La *Basse Normandie*, dont le sol cristallin ne fait que prolonger la Bretagne à l'est. Elle comprend la *presqu'île du Cotentin* et les *collines de Normandie*. Sa côte est très découpée.

2° La *Haute Normandie*, formée de terrains secondaires et tertiaires, calcaires ou craie, recouverts de limons : tels sont le *Calvados*, le *Perche* et le *pays de Caux* au nord de la Seine. La côte est beaucoup moins

Fig. 424. — LE MONT SAINT-MICHEL.

Le Mont Saint-Michel est un petit îlot au milieu de la vaste baie de sable qui sépare la Normandie de la Bretagne. Il est dominé par une remarquable abbaye qui en occupe tout le sommet.

découpée; elle est formée de plaines hautes et souvent rectilignes, notamment dans le

Photo Lamblin.

Fig. 425. — LA CATHÉDRALE DE ROUEN.

Rouen est une des villes les plus intéressantes de France par ses monuments et ses souvenirs, comme par son activité commerciale et industrielle. La cathédrale de Rouen est un chef-d'œuvre d'architecture; elle est surmontée d'une flèche moderne qui n'a pas moins de 152 mètres d'élévation et qui est l'un des monuments les plus élevés du monde.

pays de Caux. L'accident principal est l'estuaire de la Seine qui ouvre une large voie de pénétration vers l'intérieur de la France.

693. Ressources. — La Haute et la Basse Normandie ne se distinguent pas par la nature des cultures, mais uniquement par la prospérité de ces cultures, plus grande dans la Haute que dans la Basse-Normandie.

La principale ressource, c'est partout l'élevage, grâce à l'humidité du climat qui entretient les prés et les pâturages verts toute l'année : chevaux du Perche, bœufs normands, beurre d'Isigny, fromages de Camembert, de Pont-l'Évêque, etc. La culture du *pommier à cidre* est très développée. Des haies plantées d'arbres séparent les pâturages et donnent à la campagne l'aspect d'un bocage.

Les autres ressources sont : dans le Cotentin, la pêche; dans les parties calcaires, une pierre de taille estimée, la pierre de Caen; des plages nombreuses et très fréquentées; enfin un peu partout, mais principalement le long de la Basse-Seine, des industries importantes, cotonnades, rouenneries.

694. Populations et villes. — La Normandie est peuplée depuis le xe siècle par les Normands, hommes de race scandinave.

La population est nombreuse surtout le long de la Seine maritime, région industrielle et commerçante. On y trouve *Elbeuf* draps; *Rouen* (118 000 habitants), port important, industrie des cotonnades; *Dieppe* et le *Havre* (132 000 habitants), premier port de la France sur les mers océaniques et second port de la France entière; *Fécamp*.

Dans le reste du pays, uniquement agricole, la densité de la population est inférieure à la moyenne de la France et s'abaisse d'année en année; la Normandie se dépeuple presque partout. Les principales villes sont : au centre, *Caen*, *Lisieux*, *Alençon*; dans le Cotantin, *Coutances*, *Saint-Lô*, *Granville*; aucune ne se développe, à l'exception du port militaire de *Cherbourg*, à l'extrémité septentrionale du Cotantin.

695. — Lecture : Rouen et Le Havre. — Les deux principales villes de Normandie sont situées sur la Basse-Seine; c'est Rouen à près de 100 kilomètres de la mer, et Le Havre, auprès du cap de la Hève, sur la rive septentrionale de l'estuaire.

Rouen est une ville très ancienne. Elle renferme de remarquables monuments des époques passées, le palais de justice qui est une merveille d'architecture, la cathédrale et de nombreuses églises. Rouen est un port important où remontent des bateaux calant 5 à 6 mètres. Mais c'est avant tout une grande ville industrielle : c'est le centre cotonnier le plus important de la France.

Le Havre est une ville nouvelle; elle date de François Ier qui la créa pour remplacer les ports de l'estuaire, Honfleur, Harfleur, ensablés ou devenus insuffisants. Sa situation au débouché de la vallée de la Seine en fait le port de toute la région parisienne. Mais il faut des travaux continuels pour l'empêcher d'être envahi par les sables et les galets.

Exercice. — Quelles sont les diverses ressources que la Normandie doit à son sol, à son climat et à sa situation géographique?

12. La région parisienne.

La région parisienne n'a pas de limites précises. Elle se lie insensiblement aux régions voisines du Nord, de la Normandie, de la Loire et de l'Est.

696. Le sol. — Cette région forme comme un vaste cirque, dont les gradins sont marqués par des cercles de collines qui séparent les unes des autres des régions différant par le sol et par l'altitude. Au cen-

Fig. 426. — PARIS ET SA BANLIEUE.

Paris se continue en dehors de ses murailles par une banlieue très peuplée à laquelle elle est unie par de nombreuses voies ferrées et des lignes de tramways. Les principales agglomérations sont Boulogne, Neuilly, Levallois, Clichy et Asnières, à l'ouest; Saint-Ouen, Saint-Denis et Aubervilliers au nord; Montreuil et Vincennes à l'est. C'est la banlieue sud qui renferme les agglomérations les moins populeuses.

tre est l'*Ile de France*; autour, dans un premier cercle qui en occupe la partie la plus basse, la *Brie*, le *Soissonnais*; dans une région plus excentrique, la *Beauce*, qui va jusqu'à la Loire, le *Gâtinais*, la *Champagne*, déjà engagée dans l'Est, la *Picardie*, déjà engagée dans le Nord.

Le climat est partout semi-maritime, tempéré, mais déjà assez froid en hiver; les pluies sont modérées et même assez rares dans la région située à l'est de Paris.

Un des avantages de la région parisienne est son admirable réseau de rivières égales, *Seine, Aube, Marne, Oise, Yonne* et *Loing*, dont les principales convergent vers Paris. Toutes, sauf l'Yonne, sont lentes, tranquilles, navigables.

697. Ressources. — Les ressources végétales sont considérables : *céréales* de la Beauce et de la Brie, *vignobles* de la Champagne, *cultures industrielles* (betterave, lin,

chanvre) du Soissonnais et de la Picardie, *cultures maraîchères* des environs de Paris.

Mais les ressources minérales se réduisent à la pierre de taille et à quelques autres matériaux de construction; la région parisienne ne recèle ni houille ni minerai d'aucune sorte. Aussi l'industrie ne s'y est-elle développée que comme une conséquence de l'agriculture (industries agricoles, meunerie, raffinerie de sucre, minoterie) ou au voisinage de Paris, parce que sur ce point la convergence des voies fluviales et ferrées amène une concentration facile des matières premières et des combustibles.

698. Populations et villes. — Considérée dans son ensemble, la région parisienne n'a qu'une population peu nombreuse, étant donnée son étendue. Presque tous les pays qui la composent ont moins d'habitants que la moyenne. Mais, au centre, se dresse *Paris* (2 763 000 habitants) dont la banlieue est aussi très peuplée, en sorte que le petit département de la Seine a une densité de 7 660 habitants au kilomètre carré.

Les villes sont nombreuses d'ailleurs dans toutes les parties de la région parisienne. Les principales sont : *Étampes, Corbeil, Fontainebleau, Auxerre,* et *Sens* au sud de Paris; *Troyes* (53 000 habitants), *Reims* (109 000 habitants), *Châlons-sur-Marne* et *Épernay*, à l'est de Paris, en Champagne; *Soissons, Beauvais, Laon, Saint-Quentin* et *Amiens* (90 000 habitants), au nord de Paris; enfin, à l'ouest de Paris, *Versailles*, qui fait partie de la banlieue de la capitale.

699. — 1ᵉ LECTURE : Paris et sa banlieue. — Paris est située au centre de la vaste cuvette que forme le bassin parisien. Elle est bâtie sur des alluvions déposées par la Seine, d'où pointent un certain nombre de buttes, *Buttes-Chaumont, Butte-Montmartre, Montagne Sainte-Geneviève*.

Ce n'était, sous le nom de *Lutèce*, qu'une petite ville quand les Romains arrivèrent en Gaule; l'île de la Cité et l'île Saint-Louis, au milieu de la Seine, furent ses berceaux. Mais, pendant le moyen âge, elle grandit vite et elle n'a cessé depuis lors d'élargir progressivement la ceinture de ses fortifications. L'enceinte actuelle date de la moitié du dix-neuvième siècle. Elle ne suffit pas à contenir la capitale qui déborde de toutes parts sur une banlieue immédiate qui ne fait qu'un avec elle. Les principales agglomérations sont: *Boulogne, Neuilly, Levallois-Perret, Clichy* et *Asnières*, à l'ouest; *Saint-Ouen, Saint-Denis* et *Aubervilliers* au nord; *Montreuil, Vincennes, Charenton* à l'est; *Montrouge* et *Fontenay* au sud.

Outre cette banlieue immédiate, Paris possède une grande banlieue séparée de lui par des bois, des cultures maraîchères et des usines, mais reliée par un réseau de chemin de fer très complet. Paris, qui a 2 763 000 habitants dans ses murailles, forme avec sa banlieue une agglomération de 3 600 000 habitants.

700. — 2ᵉ LECTURE : Comment se groupent les populations dans la région pari-

sienne. — La répartition de la population dans le Bassin parisien dépend, dans chaque région, de la facilité avec laquelle on peut se procurer de l'eau.

En Beauce, où le calcaire laisse filtrer l'eau en profondeur, on ne trouve l'eau qu'à de très grandes profondeurs; pour en avoir, il faut creuser des puits de 60 à 80 mètres parfois. De tels puits étant coûteux, un particulier ne peut en creuser un pour son usage personnel. Aussi il n'y a guère en Beauce que des puits communaux. On recueille aussi les eaux de pluie dans des mares cimentées, où elles servent à abreuver les animaux. Peu d'habitations isolées; seulement des hameaux de plusieurs fermes groupées, des villages et des bourgs.

En Brie, grâce à une couche d'argile imperméable s'étendant sous le limon, l'eau est

Fig. 427. — UNE FERME DE BRIE.

La ferme de Brie, formée de bâtiments nombreux qui encadrent une cour intérieure sur laquelle donnent presque toutes les ouvertures, comprend la maison d'habitation, les écuries et remises, la basse-cour, les greniers : de dehors, ses murs nus et sans ouverture donnent l'impression d'une forteresse où l'on n'accède que par la porte charretière; à l'intérieur, elle est gaie, vivante, avec son va-et-vient, ses bruits d'animaux, ses poulets sur le fumier.

partout presque à fleur de terre. Les puits sont peu profonds et peu coûteux. Aussi les fermes de Brie ne sont-elles pas groupées, mais éparses dans la campagne : chacune a son puits ou ses puits. La ferme de Brie, entourée de hautes murailles, sans ouverture sur le dehors, à l'exception de la grande porte, a comme un aspect de forteresse.

En Champagne, pas d'eau sur le plateau, beaucoup d'eau dans les vallées, Marne, Aube, Seine. Conséquence : le plateau n'a presque pas d'habitations; toutes les maisons, ainsi que les villages et les villes, se sont groupées dans les vallées, qui sont comme de grandes rues animées au milieu d'un désert.

Exercice. — Comparer entre elles les différentes parties de la région parisienne.

13. Le Nord.

701. Le sol. — La région du Nord est le quadrilatère qui fait face à l'Angleterre, entre la Manche, la mer du Nord, la région parisienne et la Belgique. Elle comprend la Picardie, l'Artois et la Flandre.

C'est un pays de formations secondaires et tertiaires; il est constitué de craie, d'argile, de calcaires et de sables, recouverts en certains points de limons. Le sol en est généralement fertile.

Le relief est peu accentué, marqué seulement par les collines de l'Artois, bombe-

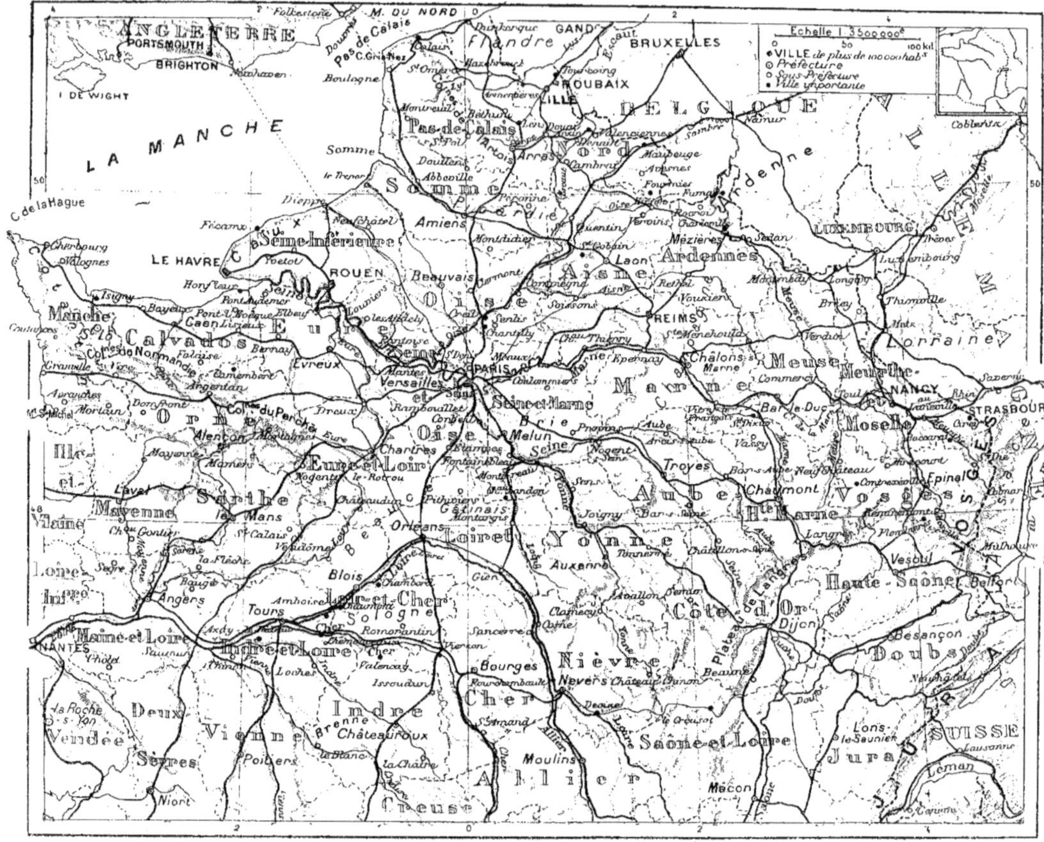

Fig. 428. — PAYS DE LA LOIRE, NORMANDIE, FRANCE DU NORD ET DU NORD-EST.

ment peu important de craie, haut de 200 mètres au maximum, qui s'étend entre les plaines picarde et flamande, mais ne les sépare pas. En ces pays de plaines, les rivières sont exceptionnellement courtes et paisibles : ce sont la *Somme*, l'*Escaut*, avec ses affluents, *Scarpe* et *Lys*, la *Sambre*, affluents de la *Meuse*. Ces cours d'eau ont naturellement l'aspect de canaux.

Le climat est très humide et déjà assez froid en hiver. Les étés sont encore chauds mais courts. Tel qu'il est, ce climat ne permet plus la culture des plantes qui aiment la chaleur, comme le maïs et la vigne ; il n'en favorise pas moins d'autres riches cultures.

702. Ressources.

La région du Nord abonde en ressources de toutes sortes ; peu de pays sont mieux doués.

L'*agriculture*, grâce surtout aux limons superficiels, riches et faciles à travailler, est très prospère. Elle se borne à la production des plantes qui se contentent d'une chaleur moyenne : blé et betterave, dans les terrains perméables ; lin et chanvre dans les terrains imperméables et dans les vallées des fleuves. Comme la vigne n'y croit plus, la boisson ordinaire des habitants est le cidre en Picardie, la bière en Flandre.

L'*industrie* est favorisée par l'existence d'un grand gisement houiller qui s'étend de Béthune à Lens, à Anzin, à Valenciennes et à la Belgique, et qui est la plus riche de France : ce bassin houiller est le plus important des bassins français ; il fournit à lui seul trois cinquièmes de la production houillère totale de la France.

Le *commerce* est développé par la proximité de deux mers, par la navigabilité des rivières et par la modération du relief qui a permis l'établissement d'un réseau fluvial et d'un réseau ferré très complets : la proximité de la mer du Nord, de la Manche et du Pas-de-Calais constitue un autre avantage pour le commerce.

La région du Nord était déjà très riche au moyen âge et les villes de Flandre étaient les plus prospères du royaume : témoins tant de beffrois et d'hôtels de ville monumentaux. Le développement moderne de l'industrie a décuplé cette richesse. Le département du Nord est le premier département de France pour la richesse agricole et pour la richesse industrielle.

703. Populations et villes.

La région du Nord est la plus peuplée de France, après les environs immédiats de Paris. Le département du Nord compte 325 habitants au kilomètre carré.

La population urbaine l'emporte sur la

population rurale. Les villes sont extraordinairement nombreuses et populeuses. Dans cette région partout très peuplée, les régions les plus peuplées et, pourrait-on dire, *surpeuplées* sont :

1° La vallée de la Somme, avec les deux villes industrielles d'*Amiens* et de *Saint-Quentin*, sur la Somme ;

2° La région houillère, où les villes de 15 000 à 40 000 habitants se succèdent d'une manière presque continue, *Béthune*, *Lens*, *Douai*, *Valenciennes*, *Anzin*, *Denain*, *Fourmies*, *Maubeuge*.

3° La région lilloise, avec *Lille* (205 000 hab.), *Roubaix* (121 000 hab.) et *Tourcoing* (81 000 hab.) ;

4° La vallée de la Lys, où les tissages abondent, avec *Armentières*.

5° La côte, avec les ports de *Calais*, *Boulogne* et *Dunkerque*.

Les régions purement agricoles et moins peuplées sont l'Artois, avec *Arras*: la Flandre proprement dite avec *Hazebrouck*; le Cambrésis avec *Cambrai*.

704. — 1ʳᵉ Lecture : L'agglomération lilloise. — Les villes de Lille, de Roubaix et de Tourcoing sont tellement rapprochées l'une de l'autre qu'elles ne forment à vrai dire qu'une ville : de Lille à Roubaix s'étend une ligne de maisons continue. Quant à Roubaix et à Tourcoing, ils se touchent. Le jour où la ville de Lille aura perdu ses fortifications, elle se rejoindra facilement à la ville de Roubaix.

Avec les nombreuses communes qui les environnent, ces trois villes forment une

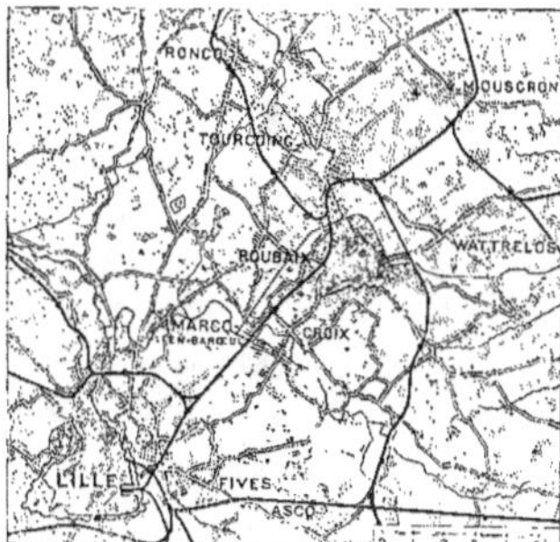

Fig. 429. — L'AGGLOMÉRATION LILLOISE.

L'agglomération lilloise est la plus importante de toute la France après l'agglomération parisienne. Lille, Roubaix, Tourcoing, ne forment, pour ainsi dire, qu'une seule ville de 600 000 habitants. Les maisons se succèdent sans interruption sur les routes, les canaux et les rivières, dans toutes les directions.

énorme ruche industrielle de 600 000 habitants, sillonnée de voies ferrées, de lignes de tramways, de canaux ou de rivières navigables, où le mouvement est incessant.

On rencontre dans la région lilloise les industries les plus diverses : des industries métallurgiques, concentrées principalement dans le faubourg de Fives-Lille ; des tissages de lin et de coton, des fabriques de toiles, de draps, de velours. Les industries textiles y sont de beaucoup les plus répandues et les plus importantes.

705. — 2ᵉ Lecture : Le pays minier. — Le pays minier s'étend comme une longue bande noire de l'ouest à l'est du Pas-de-

Fig. 430. — UNE CITÉ OUVRIÈRE : LES CORONS DE LA COMPAGNIE D'ANZIN.

La région minière et industrielle du Nord est couverte de cités ouvrières formées de corons, c'est-à-dire de maisons toutes semblables, alignées en longues lignes régulières des deux côtés des rues. Ces maisons sont en briques souvent noircies par la fumée ; elles n'ont qu'un rez-de-chaussée et des mansardes ; toutes possèdent par derrière un étroit jardin.

Calais jusqu'à l'Ardenne. Les principaux bassins de cette région sont ceux de Lens, Béthune, Valenciennes, Anzin, Denain.

Le paysage du pays minier est partout le même : un vaste pays plat et noirci, où les seuls accidents sont la haute cheminée du *puits* de la mine, et les *terris*, ou amas de débris rocheux et de mauvaise houille, qui forment comme de petites collines auprès des puits d'extraction. Des villages s'agglomèrent tout autour des puits de mines ; ils sont formés de *corons*, c'est-à-dire des lignes droites et monotones que tracent les maisons basses des mineurs, se touchant les unes les autres, toutes bâties sur le même plan et ayant le même aspect avec la même disposition, toutes possédant par derrière un étroit jardin. Les lignes de corons, d'où entrent et sortent sans cesse des équipes de mineurs qui se relaient jour et nuit, donnent bien l'impression d'une grande ruche industrielle.

Exercices. — Quelles sont les multiples richesses de la région du Nord. — La population dans le Nord de la France. — Où s'étend le pays minier ? En décrire l'aspect, les villes.

14. L'Est.

706. Le sol. — La région de l'Est est montueuse : elle comprend les Vosges, le plateau lorrain, l'Ardenne ; nulle part, le plateau lorrain qui en est la partie la plus basse, ne descend au-dessous de 550 mètres.

Dans toutes ces régions, l'altitude s'ajoute à la situation continentale pour rendre le climat rigoureux. Les hivers sont longs, froids, humides et neigeux ; la plupart des maisons sont bardées à l'extérieur d'écailles de bois pour empêcher l'humidité d'envahir l'intérieur. Les étés sont chauds, mais courts et orageux.

Les principaux cours d'eau sont : la *Moselle*, la *Meurthe*, son affluent, et la *Meuse*. Ils coulent du sud au nord et, au lieu de se diriger vers le centre du bassin de Paris, ils s'en éloignent par des coudes brusques qui les dévient vers le nord-est. Cette circonstance a contribué à faire de la région de l'Est une région excentrique.

707. Ressources. — L'*agriculture* n'est pas très florissante. Les forêts non défrichées sont nombreuses, non seulement dans les Vosges mais sur le plateau lorrain. Dans les parties cultivées, on trouve le blé, la vigne. Mais le sol est souvent bien pierreux pour le blé, et les gelées printanières sont souvent funestes à la vigne.

Au contraire, l'*industrie* est assez active, en particulier la *métallurgie*, à cause de l'abondance des minerais de fer. La houille, qui manque dans le pays, est amenée par les canaux qui unissent l'est au nord.

Cette région est admirablement pourvue de canaux qui vont de l'ouest à l'est, au contraire des rivières. Les deux principaux sont : le *canal de l'Est* et le *canal de la Marne au Rhin*. Les chemins de fer sont également très nombreux à travers le plateau lorrain, en raison de sa situation de pays-frontière où l'on peut avoir besoin de concentrer rapidement des troupes nombreuses.

708. Populations et villes. — Située entre la France et l'Allemagne, cette région a souvent servi de champ de bataille. Le peuple en est sérieux et actif, un peu âpre et batailleur. Il est composé de *Lorrains* auxquels se sont mêlés de nombreux *Alsaciens*, émigrés d'Alsace après 1871.

L'Ardenne est peu peuplée : ses plateaux couverts de bois et d'étangs ou *fagnes*, n'ont que des villages ou des bourgs. Les habitants se pressent dans la vallée de la Meuse, où l'on trouve les villes industrielles de *Sedan* et de *Mézières-Charleville*. Il en est de même du plateau de Langres où les seules villes sont *Langres* et *Chaumont*, ainsi que les Vosges, qui ont cependant dans leurs vallées de nombreux bourgs industriels et manufacturiers.

La population et les villes sont surtout nombreuses sur le plateau lorrain. On y trouve *Nancy* (110 000 habitants), sur la Meurthe, ville industrielle et artistique ; *Épinal* et *Toul*, sur la Moselle ; *Lunéville*, sur la Meurthe ; *Commercy* et *Verdun*, sur la Meuse.

Exercices. — Qu'est-ce qui distingue la région de l'Est de la région parisienne ? Les ressources et la population de l'Est.

Fig. 431. — PLANISPHÈRE DES COLONIES FRANÇAISES.

L'empire colonial de la France eut pour centres principaux, au milieu du XVIII° siècle, l'Amérique du Nord (Canada et Louisiane) et l'Inde : ces colonies furent perdues en 1763. La France a refait au XIX° siècle un second empire colonial qui comprend, lui aussi deux centres principaux, savoir : l'Afrique du Nord-Ouest (Algérie-Tunisie, Sénégal et Soudan, Congo français), et l'Indo-Chine orientale (Cochinchine et Tonkin). En outre la France possède Madagascar, et différents territoires moindres éparpillés un peu partout.

XIV

LES COLONIES FRANÇAISES

1. L'empire colonial français.

709. Colonies et protectorats. — La France possède, en dehors de l'Europe, différents pays formant des colonies ou des protectorats.

Une *colonie* est un territoire que le pays possesseur, ou *métropole*, administre et régit à sa guise.

Un *protectorat* est un territoire qui garde son administration et son gouvernement particuliers sous le contrôle de l'État protecteur.

710. Étendue actuelle de l'empire colonial français. — L'empire colonial actuel de la France comprend principalement :

1° En Afrique :
L'Algérie-Tunisie ;
La Somalie française ;
Madagascar et les îles de l'océan Indien.
L'Afrique équatoriale française.
L'Afrique occidentale française.

2° En Asie :
L'Inde française (5 terr.)
L'Indo-Chine franç. { Cochinchine, Cambodge, Annam, Tonkin.

3° En Océanie :
La Nouvelle-Calédonie ;
Tahiti.

4° En Amérique :
Saint-Pierre et Miquelon ;
La Guadeloupe ;
La Martinique ;
La Guyane française ;

En résumé, l'empire colonial français mesure 9 100 000 kilomètres carrés (17 fois

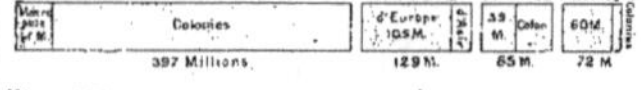

Fig. 432. — ÉTENDUE COMPARÉE DES PRINCIPAUX EMPIRES COLONIAUX.

La France, qui a 536 000 kilomètres carrés d'étendue, a des dépendances extérieures qui, Sahara compris, dépassent 9 millions de kilomètres carrés : seules la Grande-Bretagne et la Russie ont des dépendances extérieures plus vastes.

la France) et compte 46 millions d'habitants (France : 39 millions). L'Angleterre

Fig. 433. — POPULATION COMPARÉE DES PRINCIPAUX EMPIRES COLONIAUX.

La France, avec ses habitants et ceux de ses colonies, compte 85 millions de sujets ; c'est beaucoup moins que la Russie (140 millions) et surtout que la Grande-Bretagne (397 millions), 1/4 de la population du globe).

et la Russie sont les deux seuls États européens ayant plus de dépendances hors d'Europe.

711. — LECTURE : Formation de l'empire colonial français. — On distingue trois moments principaux dans l'histoire du développement colonial de la France.

1° Du XIV° au XVIII° siècle, la France colonise le Sénégal, en Afrique ; le Canada, en Amérique ; l'Inde, en Asie : vers 1750, elle est une puissance coloniale de premier ordre.

2° De 1750 à 1815, elle perd au cours de luttes contre l'Angleterre presque tout son empire colonial. Louis XV lui cède le Canada, la Louisiane, les Antilles, l'Inde. Napoléon perd des colonies moins importantes. En 1815, la France ne possède plus que le Sénégal, la Guyane, quelques Antilles et cinq comptoirs dans l'Inde.

3° De 1815 à nos jours, la France a reconstitué son empire colonial. Sous Louis-Philippe, elle a conquis l'Algérie et quelques petits archipels dans l'Océanie ; sous Napoléon III, elle a acquis la Cochinchine et le Cambodge, dans l'Indo-Chine orientale. Enfin la troisième république nous a donné successivement : la Tunisie, le Tonkin, le Congo, Madagascar et le Soudan.

La France est ainsi redevenue une puissance coloniale très importante : elle possède des territoires plus ou moins étendus et riches dans toutes les parties du monde. Ces territoires lui fournissent des matières utiles à son alimentation ou à son industrie (café, sucre de canne, riz, fruits, caoutchouc, coton, ivoire, arachides, etc.) ; en même temps, ils forment des débouchés où elle écoule les produits de son industrie.

Exercices. — Énumérer les colonies françaises ; où se trouvent-elles ?
Raconter la formation de l'empire colonial français et dire à quoi ses colonies servent à la France.

2. L'Algérie-Tunisie.

712. — L'Algérie-Tunisie comprend, au nord-ouest de l'Afrique, les parties centrale et orientale du Maghreb, dont la partie occidentale est formée par le Maroc.

Fig. 434. — LE TELL ALGÉRIEN A BOUGIE (VUE DU CAP BOUAK).

Le Tell algérien, ou zone littorale de l'Algérie, ressemble à notre Provence : terre rocheuse, au climat sec, chaud et lumineux, aux cultures en terrasses, aux vergers d'arbres fruitiers (oliviers, orangers, etc.).

Ces deux pays, situés à 780 ou 800 kilomètres de la côte française de Provence, ont à eux deux une fois et demie environ l'étendue de la France.

713. Géographie physique. — L'Algérie-Tunisie présente les caractères physiques des pays montagneux qui forment la zone méditerranéenne.

1° Le **relief** est caractérisé par l'existence de deux soulèvements montagneux qui la traversent d'ouest en est. Ces deux soulèvements, orientés dans la direction de la côte septentrionale, ne sont pas absolument parallèles : très éloignés à l'ouest, ils se rapprochent à l'est et sont très voisins en Tunisie.

Ces deux soulèvements sont : au nord, près la Méditerranée, l'**Atlas Tellien**, avec les *Monts de Tlemcen*, l'*Ouarsenis*, le *Djurdjura* (2508 m.); au sud, vers l'intérieur, l'**Atlas Saharien**, avec le *Djebel-Amour* et l'*Aurès* (2531 m.). L'un et l'autre soulèvements sont médiocrement élevés : ils ne portent de neige que pendant une partie de l'année, et n'ont aucun glacier.

Ces deux chaînes isolent les unes des autres trois régions différentes d'aspect, de climat et de production : au nord, une série de plaines côtières discontinues, le *Tell*; au centre, une région plus élevée, les *Hauts-Plateaux*, d'une altitude de 500 à 1000 mètres; au sud, le *Sahara*, région de plaines peu uniformes.

2° Les **côtes** sont en général assez peu découpées : elles diffèrent assez sensiblement au nord et à l'est.

Au nord, alternent des anses largement ouvertes, baignant les plaines côtières, et séparées par des promontoires rocheux. Les principales sont : à l'ouest le *golfe d'Oran*; au centre, le *golfe d'Alger*, le *golfe de Bougie*, le *golfe de Philippeville* et le *golfe de Bône*; à l'est, le *lac de Bizerte* et le *golfe de Tunis*. Tous sont trop largement ouverts aux vents et à la houle du large.

A l'est, la côte est plus sablonneuse et moins découpée : elle ne comprend que les *golfes de Hammamet* et *de Gabès*; sur plus d'un point, les bateaux de moyen tonnage ne peuvent, faute de profondeur, s'approcher de la côte.

3° Le **climat** est, dans l'ensemble, le climat méditerranéen, c'est-à-dire plutôt chaud et sec : il varie avec les régions.

Sur le Tell s'exerce l'influence adoucissante de la Méditerranée : étés attiédis, hivers suffisamment pluvieux.

Les hauts plateaux sont déjà plus secs, plus froids en hiver, plus chauds en été.

Sur le Sahara règne le climat tropical sec : pluies presque nulles, journées torrides, nuits fraîches.

sont le *Chelif*, la *Seybouse* et la *Medjerda*, qui se jettent dans la Méditerranée.

La région saharienne ne possède que des *oueds* ou rivières qui n'ont de l'eau que par intermittence. Elles descendent en général des hauts plateaux et se perdent dans le sable ou dans des *chotts* (lacs) salés. Très étendus pendant la saison des pluies, ces chotts diminuent beaucoup par évaporation pendant la saison sèche.

5° Les **ressources végétales** de l'Algérie-Tunisie varient avec le climat et l'altitude. On peut y distinguer trois zones de végétation :

La **zone du Tell**, où l'on trouve tous les caractères de la zone méditerranéenne : forêts, maquis, cultures en terrasses, vergers d'arbres fruitiers.

On y cultive les *céréales* (blé, orge et maïs), la *vigne*, l'*olivier*, l'*oranger*, les *fruits*, le *tabac*.

La **zone des hauts plateaux.** Elle ne possède pas de forêts. La culture des céréales et de la vigne est presque impossible. Les grandes ressources sont l'*élevage du mouton* et la récolte de l'*alfa*, sorte de jonc, dont la fibre sert à fabriquer des cordes, des objets de vannerie et du papier.

La **zone saharienne**, qui a les caractères du reste du Sahara : plateaux pierreux, dunes de sables, lacs salés, végétation très rare, sauf dans les oasis, dont la plus grande ressource est le *palmier dattier*.

6° Les **ressources minérales** se bornent à quelques gisements de fer, de plomb, de cuivre et surtout de phosphates : ceux-ci se trouvent dans la région des Hauts-Plateaux de l'Algérie orientale et de Tunisie. La houille manque.

Fig. 435. — OASIS ALGÉRIENNE.

Une oasis, c'est un coin de verdure au milieu des sables arides. Le Sahara est dénudé partout où l'eau manque. Mais partout où il y a une source, une mare, le sol se couvre d'une végétation abondante, cultures et arbres fruitiers qui prospèrent sous le dôme des palmiers.

4° L'**hydrographie** varie elle aussi avec les régions.

Les cours d'eau des hauts plateaux et du Tell sont des torrents à pente forte et à débit très inégal. Ils ne peuvent servir à la navigation; mais ils permettent d'irriguer les cultures de leurs rives. Les principaux

714. Populations. — Avant la conquête française, l'Algérie était peuplée par deux races :

1° Les **Berbères** ou **Kabyles**, la race la plus anciennement établie dans le pays. Ils vivent en général de l'agriculture, sont actifs, âpres au gain et attachés au sol qu'ils cultivent. On les trouve en grand nombre dans les massifs montagneux de la côte et dans certains massifs de l'intérieur, notamment dans l'Aurès.

2° Les **Arabes**, arrivés dans le pays vers la fin du vii° siècle et vainqueurs des Kabyles qu'ils ont convertis à l'islamisme. Ils sont plus nombreux que les Kabyles, et vivent surtout à l'état de nomades pasteurs de moutons. Ils sont indépendants et musulmans fanatiques. On les trouve principalement dans la région des Hauts-Plateaux.

Depuis la conquête, commencée en 1830, les *Européens* sont venus en grand nombre s'établir dans un pays dont le climat leur convient très bien, et qui rappelle par tant de côtés l'Europe méridionale. Ce sont surtout des *Français*, des *Italiens* à l'est, et des *Espagnols* à l'ouest.

On trouve les Français établis un peu partout; les Espagnols sont nombreux principalement à l'ouest, en face des côtes espagnoles; les Italiens se rencontrent principalement à l'est, en face de la Sicile et de l'Italie méridionale. Presque tous ces Européens sont dans la région du Tell, la seule qui soit colonisée jusqu'à ce jour. Les Européens ne représentent encore qu'un sixième environ de la population totale.

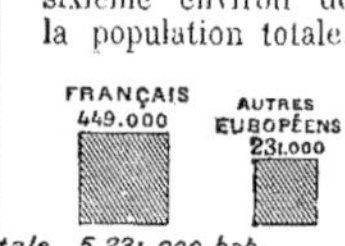

Fig. 436. — PROPORTION DES INDIGÈNES, DES FRANÇAIS ET AUTRES EUROPÉENS EN ALGÉRIE.

Les indigènes (Berbères ou Kabyles et Arabes) forment cinq sixièmes de la population de l'Algérie. Parmi les Européens, les Français sont de beaucoup les plus nombreux; viennent ensuite les Espagnols (un Espagnol contre trois Français), les Italiens (un Italien contre douze Français), etc.

715. **Algérie**. — L'Algérie est administrée par un gouverneur général et divisée en trois départements ayant chacun à sa tête un préfet, le *département d'Oran*, le *département d'Alger* et

Fig. 437. — UN MARABOUT

Les Arabes sont des musulmans fanatiques; leur fanatisme est même l'un des principaux obstacles que notre colonisation rencontre en Algérie. Les marabouts sont des musulmans réputés pour leur piété et leur sainteté.

le *département de Constantine*. Chacun d'eux comprend une partie du Tell, des hauts plateaux et du désert.

1° L'Algérie possède 5 251 000 habitants. Les indigènes représentent les cinq sixièmes de cette population; les Français, un sixième seulement.

Cette population s'accroît assez rapidement. Elle est nombreuse et en grande partie sédentaire dans le Tell; elle est très rare et en grande partie nomade sur les hauts plateaux et dans le Sahara.

La plupart des villes sont dans le Tell et sur la côte. Telles sont : à l'ouest, **Oran** (106 000 h.), port actif, et *Mostaganem*; au centre, *Alger*, qui compte 112 000 h. dans ses murs et plus de 154 000 avec sa banlieue; à l'est : *Bougie, Philippeville* et *Bône*. Ces villes sont commerçantes et modernes; elles se développent assez vite.

Dans l'Atlas tellien on trouve aussi des villes, sièges des anciens sultans arabes : *Tlemcen, Mascara* et *Sidi-Bel-Abbès*, à l'ouest; *Blida* et *Médéa*, au centre; *Constantine* et *Sétif*, à l'est. Elles sont en général moins prospères que celles de la côte et se développent peu.

2° Grâce aux grands efforts du gouvernement et des colons, l'Algérie est devenue une colonie prospère.

L'œuvre du gouvernement a consisté à assurer la tranquillité du pays et à créer partout des voies de communication. L'Algérie possède aujourd'hui 14 000 kilomètres de routes et 4000 kilomètres de voies ferrées, dont une grande ligne Oran-Alger-Tunis, et deux lignes menant à l'ouest et à l'est de la côte dans le désert. L'œuvre des colons a consisté à mettre en valeur les richesses naturelles du pays après l'avoir, au préalable, assaini.

L'agriculture est pratiquée presque exclusivement dans le Tell; elle est prospère malgré les grêles, les sauterelles et les sécheresses d'été. Plus de 5 millions d'hectares sont cultivés en blé; la vigne couvre 200 000 hectares; les oliviers sont nombreux. L'Algérie produit, en outre, de nombreux *moutons*. Seule, la grande industrie n'est pas développée.

Le *commerce* est en progrès constant. Le commerce extérieur atteint plus de 600 millions de francs, dont les quatre cinquièmes avec la France. Les exportations sont presque aussi importantes que les importations; les premières consistent surtout en produits agricoles, et les secondes surtout en produits fabriqués.

En résumé, l'Algérie est la plus belle colonie française.

716. **Le protectorat de la Tunisie.** — La Tunisie est gouvernée par le *bey de Tunis* sous le protectorat de la France,

Fig. 438. — ALGER.

Alger occupe le fond d'une baie du littoral algérien, à peu près à mi-chemin entre le Maroc et la Tunisie, en face de Marseille : de là son importance. C'est, du reste, une ville mi-européenne, avec des quartiers modernes à côté des anciens quartiers musulmans.

représentée par un *résident général*, avec l'aide de fonctionnaires français et sous la garantie d'un corps d'armée d'occupation.

1° La Tunisie renferme 2 100 000 habitants, en très grande majorité indigènes (90 pour cent). Parmi les non-indigènes, les Italiens sont de beaucoup les plus nombreux. Il n'y a, en Tunisie, qu'un Français pour trois Italiens; il est vrai que les Français appartiennent aux classes dirigeantes, sont chefs d'entreprises, banquiers, ingénieurs, contremaîtres, tandis que les Italiens ne sont, pour la plupart, que des ouvriers

Fig. 439. — PROPORTION DES INDIGÈNES, FRANÇAIS ET AUTRES EUROPÉENS EN TUNISIE.

Les indigènes forment 90 pour 100 de la population totale de la Tunisie. Parmi les Européens qui y sont établis, le premier rang est aux Italiens : on compte en Tunisie trois Italiens pour un seul Français; il est vrai que les Italiens sont le plus souvent de condition infime et que les colons et les Français appartiennent surtout aux classes dirigeantes.

et des manœuvres, illettrés, sans autorité, qu'on peut du reste assimiler par l'instruction.

La population est surtout concentrée dans la région des plaines côtières, la plus humide et la plus fertile. C'est là que sont situées les villes : au nord, *Bizerte*, sur un

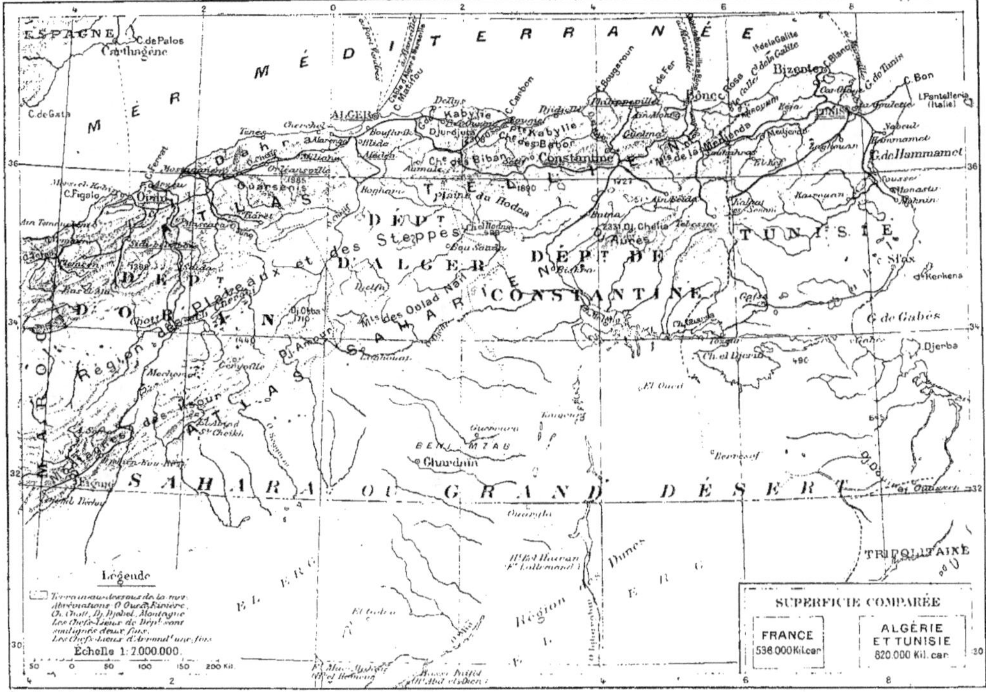

Gravé par Erhard F^res

Fig. 440. — L'ALGÉRIE-TUNISIE.

ine profond et sûr ; au nord-est, *Tunis* (188.000 hab.), au fond d'un golfe bien abrité, près des ruines de l'ancienne Carthage ; à l'est, *Sousse, Sfax* et *Gabès*. Les deux principales villes de l'intérieur sont : la ville sainte de *Kairouan* et l'oasis de *Gafsa*, tout au sud.

2° La Tunisie s'est améliorée, comme l'Algérie, sous la domination française. Parmi les grands travaux qui y ont été exécutés figurent la construction de voies ferrées (Tunis à Alger, Bizerte à Tunis et vers le sud), l'amélioration des ports de Tunis et de Bizerte, l'éclairage des côtes, etc.

Les ressources de la Tunisie sont analogues à celles de l'Algérie : une agriculture active (blé, vigne, oliviers, moutons), peu d'industrie. Son commerce extérieur s'élève à 149 millions de francs, dont les deux tiers avec la France.

En somme, la Tunisie est plus prospère encore que l'Algérie : c'est qu'elle possède une population proportionnellement plus nombreuse et beaucoup moins de terrains inutilisables. Mais elle est loin encore de cette prospérité qui, dans l'antiquité, au temps des Carthaginois et des Romains, en fit une des plus riches contrées du bassin méditerranéen.

717. — 1re LECTURE : Histoire de la conquête de l'Algérie-Tunisie. — La conquête de l'Algérie-Tunisie a compris plusieurs périodes.

1° Sous Louis-Philippe, la France, qui ne possédait alors qu'Alger, conquise au début de 1830, s'étendit par une série d'expéditions successives dans tout le Tell et dans l'Atlas tellien. Les expéditions les plus difficiles furent menées contre le sultan de Constantine dans une région très montagneuse. Le pays fut organisé militairement, notamment par le maréchal Bugeaud.

2° Sous Napoléon III, l'administration régulière et la colonisation commencent. Nous affermissons notre pouvoir sur les hauts plateaux. La France doit réprimer un certain nombre de révoltes violentes, notamment celle d'Abd-el-Kader, émir de Mascara.

3° Sous la troisième république, l'Algérie est définitivement dotée d'un gouvernement régulier. L'administration militaire est réservée aux parties du Sahara que nous annexons et où nous fondons des postes militaires, pour protéger contre les Touaregs pillards le commerce des caravanes. En 1882, l'extension de notre protectorat sur la Tunisie complète à l'est notre œuvre dans le Maghreb.

718. — 2e LECTURE : Les Arabes et la colonisation. — L'Arabe est foncièrement rebelle à la colonisation pour deux causes.

1° *Il est indolent.* Très sobre, il se contente de peu et n'a pas le désir de s'enrichir. Il est donc hostile à l'extension des cultures, au défrichement des terres, à l'industrie, au commerce, à tout ce qui donne une richesse qu'il estime inutile.

2° *Il est fanatique.* Il est intellectuellement hostile aux *roumis*, c'est-à-dire aux chrétiens. Le premier devoir d'un gouvernement colonisateur est de respecter ses convictions religieuses, ses mosquées et ses marabouts.

Le Kabyle est travailleur et soumis. L'Arabe a assisté presque en étranger à la colonisation de son pays par la France. Comme avant la conquête, la plupart des Arabes vivent en pasteurs nomades. Dans les villes, ils ont des quartiers à eux, les *Kasbahs*, qui sont juxtaposés aux villes européennes et non fondus avec elles.

Exercices. — Carte de l'Algérie-Tunisie.
Quelles sont les différentes régions du Maghreb et leurs ressources ?
La population du Maghreb.
La colonisation de l'Algérie : histoire et résultats économiques.
Le protectorat de la Tunisie : histoire et résultats économiques.

21*

3. Autres colonies d'Afrique.

719. Les autres colonies françaises d'Afrique sont : la *Côte française des Somalis*, à l'est; *Madagascar* et quelques îles voisines, au sud-est; le *Congo français*, à l'ouest; enfin le *Soudan français*, au nord-ouest.

On a vu que la France était le pays d'Europe qui possédait la plus grande étendue de colonies en Afrique.

720. La côte française des Somalis. — La côte française des Somalis, appelée jadis territoire d'Obok, est située autour du *golfe de Tadjoura*, à la sortie méridionale de la mer Rouge.

Par elle-même cette colonie n'a aucune valeur : c'est un désert. Mais, outre qu'elle

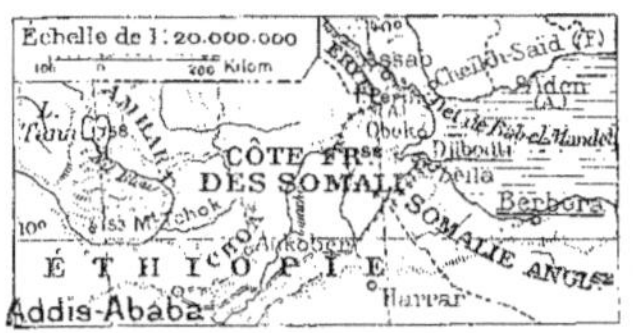

Fig. 441. — LA CÔTE FRANÇAISE DES SOMALIS.
La France possède, à la sortie de la mer Rouge, sur la côte africaine, un petit territoire, qui n'est point très important par lui-même, mais qui forme escale sur la route de l'Extrême-Orient et ouvre une porte à la France sur l'Ethiopie. Une voie ferrée à moitié construite doit unir bientôt notre port de Djibouti à la capitale de l'Ethiopie, Addis-Ababa.

forme une escale importante sur la route de l'Extrême-Orient, elle est un des points où aboutissent les caravanes venant de la riche Ethiopie.

La ville de la colonie est *Djibouti*, le port le plus important de la région avec le port anglais de Zeila. Djibouti a remplacé l'ancien poste d'Obok, moins bien placé pour les relations avec l'intérieur.

Un chemin de fer est en construction pour relier Djibouti à la capitale de l'Ethiopie, Addis-Ababa.

721. — Lecture : Le chemin de fer de Djibouti à Harrar et à Addis-Ababa. — Le chemin de fer qui doit unir Djibouti à Addis-Ababa, capitale de l'Ethiopie, va déjà jusqu'à Addis-Harrar, non loin de la ville de Harrar, l'un des principaux marchés de cette région africaine; il accomplit donc la moitié du parcours.

Ce chemin de fer rendra de grands services. Il drainera vers notre port de Djibouti la plus grande partie des riches produits de l'Ethiopie : café, coton, ivoire, ci-

Fig. 442. — FEMME HOVA.

vette, etc. D'autre part, il est certain que, lorsque l'Ethiopie aura un débouché assuré pour ses produits, l'activité de ses populations ne fera qu'augmenter.

Le chemin de fer de Djibouti n'est donc pas seulement une source future de richesse pour la France; il l'est également pour l'Ethiopie.

722. Madagascar. — L'île de Madagascar, dans l'océan Indien, est séparée de l'Afrique par le *canal de Moçambique*, large, au minimum, de 180 kilomètres. Son étendue (592000 kmq.) dépasse celle de la France.

1° Le relief de Madagascar est très accidenté. L'île est formée par une ligne de massifs et de plateaux qui s'allonge du sud-ouest au nord-est, *Monts Tsiafajavona*, plateaux d'*Imérina* et des *Betsiléos* : ces montagnes ne dépassent guère 2500 mètres et la plus grande partie des plateaux n'est guère qu'à 1000 mètres environ d'altitude.

Cette haute région domine en abrupt une étroite plaine côtière à l'est; à l'ouest, elle s'abaisse en pente douce vers la mer. C'est ce versant qui possède les plus longues rivières: mais ces rivières

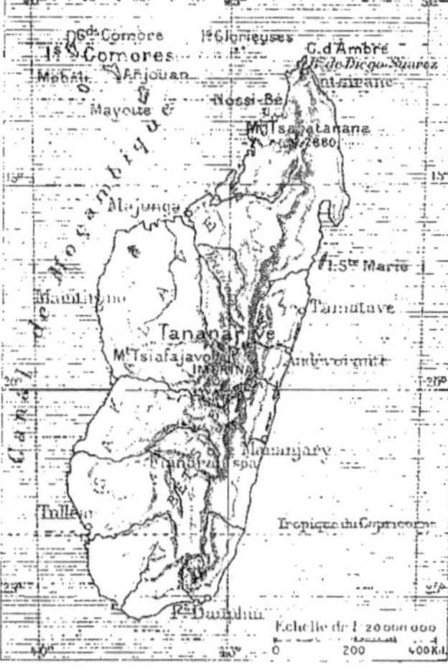

Fig. 443. — MADAGASCAR.
L'île de Madagascar, au sud-est de l'Afrique, dans l'océan Indien, a une superficie de 592 000 kilomètres carrés. Une arête montagneuse, dirigée du nord au sud, le long de la côte orientale, la divise en deux versants inégaux. La capitale, Tananarive, est située sur les plateaux de l'intérieur d'où l'on commande la majeure partie de l'île.

sont torrentielles et inutilisables, sauf aux abords de la côte.

2° Le *climat* est tropical : il est chaud, humide et néfaste aux Européens dans la région côtière. Mais dans les hautes régions de l'intérieur, où l'altitude combat l'effet de la latitude, il est relativement sec, frais et salubre.

3° Les *ressources végétales* varient avec les régions.

Les plus précieuses pour la colonisation se trouvent dans la région basse : *forêts à caoutchouc, riz, café, canne à sucre*. Les massifs et les plateaux ont une végétation généralement plus pauvre, mais ils con-

Fig. 444. — TANANARIVE.
Tananarive, capitale de Madagascar, est bâtie en amphithéâtre sur un plateau de 1200 mètres d'altitude. La ville est dominée par l'ancien château royal des Hovas.

viennent à l'élevage et renferment des richesses minérales abondantes, *or, cuivre, fer*.

4° La *population* est peu nombreuse; elle ne dépasse pas 2 505 000 habitants, dont 16 000 Européens. Elle se compose de *Sakalaves* et de *Betsiléos* ainsi que de *Hovas*. Ces derniers sont les moins nombreux, mais les plus énergiques. Ils arrivèrent dans l'île, il y a trois siècles environ, amenés par les courants de l'océan Indien. Ils gouvernaient le pays avant la conquête française, et nous en veulent de les avoir dépossédés.

Ils sont, avec le climat, le plus grand obstacle que rencontre notre colonisation à Madagascar.

Les villes sont pour la plupart sur la côte : *Majunga*, au nord-ouest; *Diégo-Suarez*, au nord, et *Tamatave*, au nord-est. Mais la capitale, *Tananarive* (61000 h.), est sur le plateau d'où les Hovas dominaient tout le pays comme d'une forteresse.

5° La France possédait des postes et comptoirs à Madagascar depuis 1642; mais c'est seulement depuis 1896 que cette île est devenue colonie française.

Son climat fait qu'elle ne sera jamais une colonie de peuplement,

Fig. 445. — SAKALAVE.

sauf sur les plateaux de l'intérieur. Mais nous en tirerons et nous en tirons déjà de riches produits : or, caoutchouc, etc. D'autre part, le commerce français y trouvera d'importants débouchés. Les importations dépassent déjà 100 millions, dont plus de la moitié au profit de la France.

La France possède plusieurs archipels autour de Madagascar, entre autres les *Comores* et *la Réunion*. Cette dernière île, qui produit du café et du sucre de canne, renferme 173 000 habitants; sa capitale est Saint-Denis-de-la-Réunion, sur la côte septentrionale.

725. L'Afrique équatoriale française.

— L'Afrique équatoriale française comprend notre ancienne colonie du Gabon, le Congo, et se prolonge vers le nord-est jusqu'au lac Tchad.

C'est un pays de montagnes et de plateaux, aboutissant à une côte généralement alluviale et plate, mais avec quelques

Fig. 446. — L'AFRIQUE ÉQUATORIALE FRANÇAISE.

Elle ne comprit d'abord que le pourtour de l'anse de Gabon, sur le littoral atlantique. Après 1870, les explorations de Brazza étendirent notre colonie sur tout le bassin de l'Ogooué et jusqu'à la rive droite du fleuve Congo. Diverses explorations, qui se sont succédé depuis 1890, l'ont étendue vers le nord-est jusqu'au Tchad. Le Congo français a pour limites la Guinée espagnole et le Cameroun allemand au nord, la colonie belge du Congo à l'est et au sud.

bonnes baies, dont l'anse du Gabon est la meilleure. Le climat est équatorial, c'est-à-dire chaud et très humide, malsain pour les Européens.

Il est traversé par le fleuve *Ogooué*, qui se termine par un delta et est encombré de rapides. Ce fleuve n'est donc navigable que sur certains points.

Les *ressources végétales* sont très abondantes : *bois de teinture, caoutchouc*, etc. Il y faut ajouter la chasse à l'éléphant et la récolte de l'*ivoire*.

La *population* se compose de *Nègres*. On l'évalue à 10 millions, mais il est impossible de la dénombrer avec exactitude. Les principaux établissements sont : *Libreville*, sur la côte ; *Franceville*, près des sources de l'Ogooué ; *Brazzaville*, sur le Congo ; *Bangui*, sur la route qui mène vers le lac Tchad. Notre colonie est assez prospère, mais elle est encore loin d'atteindre la

prospérité du Congo belge qui l'avoisine à l'est.

724. — LECTURE : Congo français et Congo belge. — Le Congo français n'atteint pas la prospérité du Congo belge, qui n'est séparé de lui, à l'est, que par le fleuve Congo, et qui n'a pourtant pas l'avantage de se développer le long de la mer. Il y a plusieurs causes à cette infériorité.

1° Le Congo français est beaucoup moins étendu. Il a surtout moins de forêts, où l'on trouve le caoutchouc et l'ivoire, les deux principaux articles de commerce en ces régions ;

2° Le Congo français n'est pas traversé par un grand fleuve navigable, semblable au

fleuve Congo qui arrose le Congo belge ; il manque, en outre, de voies de communication rapides : on parle d'y construire une grande voie ferrée allant de la côte au fleuve Congo ; mais, tant qu'elle ne sera pas établie, le commerce de notre colonie sera difficile, en amont du Stanley-Pool.

3° Le Congo français n'est qu'une faible partie de l'empire colonial français. La France n'a dû lui réserver qu'une partie de son effort. Au contraire, tout l'effort d'expansion et de colonisation de la Belgique s'est porté vers le Congo, sa seule dépendance extérieure.

725. L'Afrique occidentale française.

— L'Afrique occidentale française est la plus vaste, sinon la plus riche de nos colonies. Elle s'étend entre la Tripolitaine et les États barbaresques au nord, les pays du Tchad à l'est, l'océan Atlantique à l'ouest, englobant un certain nombre de colonies anglaises (Gambie, Sierra-Leone, Côte de l'Or, Nigeria)

et allemandes (Cameroun et Togo). L'Afrique occidentale française a environ 2 millions de kilomètres carrés, c'est-à-dire plus de trois fois l'étendue de la France.

On peut partager cette colonie en six grandes régions :

1° Le **Soudan** proprement dit, ou bassin supérieur et moyen du Niger. Il est surtout formé de plaines au climat torride, mais plus humide au sud, plus sec au nord.

Avec l'humidité diminue la luxuriance de la végétation. Le Soudan méridional est surtout une région de forêts, où l'on trouve l'*ivoire*, le *caoutchouc*, l'*huile de palme*, les *graines oléagineuses* ; le Soudan septentrional est une région de savanes, de buissons et de steppes, dont le produit principal est la *gomme* ; dans les parties arrosées du Soudan septentrional, on a introduit la culture du coton qui a pleinement réussi.

Le Soudan a l'avantage d'être traversé par un large fleuve,

Fig. 447-448. — TIMBOUCTOU OU TOMBOUCTOU.

Cette ville, située près du Niger, à la limite du Sahara et du Soudan français, fut explorée pour la première fois par le Français René Caillié en 1829. C'était alors un grand centre commercial ; il a perdu beaucoup de son importance. La ville se dresse au milieu des sables arides, extrémité du Sahara ; un mur l'entoure ; elle paraît à moitié ruinée au pied de sa haute tour. Sa situation au contact de deux régions aussi différentes que le Sahara et le Soudan pourrait lui valoir pourtant un regain d'activité commerciale lorsqu'une voie ferrée transsaharienne unira le Niger à l'Algérie.

le *Niger*, qui est très facilement navigable de Bammako à Tombouctou, sur plus de 1 000 kilomètres, mais est ensuite malheureusement coupé de rapides en aval. Il possède, à l'est, le *lac Tchad*, qui est peu profond mais vaste. Ce sont là les deux principaux centres d'attraction pour les populations.

Ces *populations* se composent : au nord, d'*Arabes* et de *Touareg*, surtout nomades ; au sud, de *Nègres* (Ouolofs, Bambaras, Mandingues), sédentaires, dociles et relativement laborieux. Il est difficile d'évaluer leur nombre avec quelque précision ; toute-

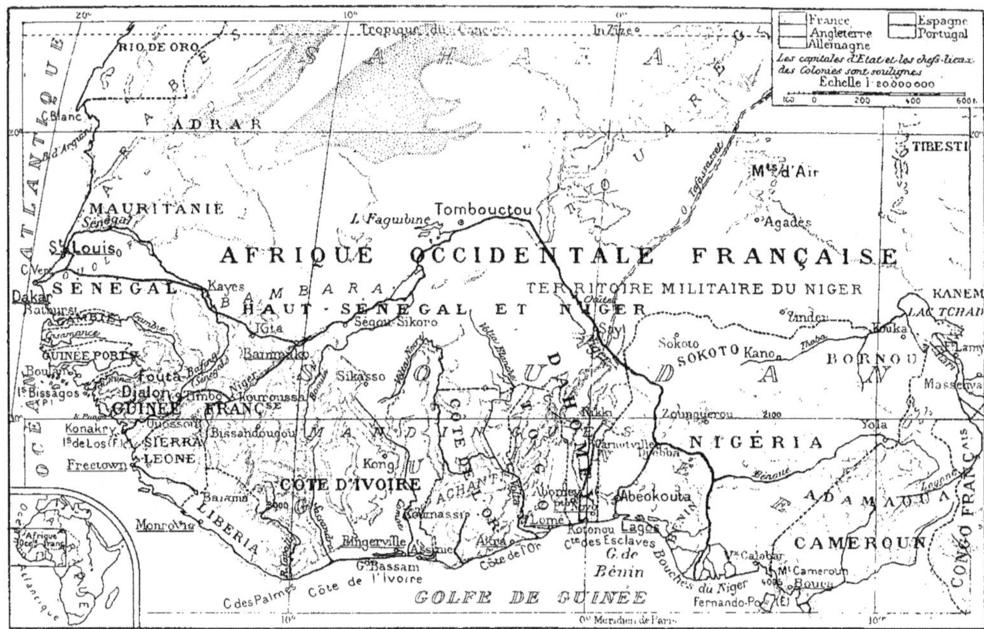

Fig. 135. — L'AFRIQUE FRANÇAISE.

fois le pays semble assez peuplé et les voyageurs y ont trouvé un grand nombre de villages, voire même de villes importantes. Les Européens s'y acclimatent difficilement et sont peu nombreux.

En somme, le Soudan est une belle colonie, surtout dans sa partie méridionale. Pour l'instant, la France en est encore à l'occupation militaire. Les principaux postes qu'elle occupe sont *Bammako*, *Ségou-Sikoro*, et *Tombouctou* ou *Timbouctou*, dans la région du Niger. Tombouctou, sur les confins du Sénégal et du Soudan, est le plus grand marché du pays.

2° Le **Sénégal** est notre première possession en cette région. Il est constitué par une partie de la côte occidentale du Soudan et par le bassin du fleuve Sénégal.

Il a les mêmes caractères et les mêmes ressources que le Soudan; mais, par sa position en latitude, il se rapproche plutôt du Soudan septentrional, le plus pauvre. D'autre part, il a l'avantage appréciable d'être situé sur la mer et de communiquer plus facilement avec la France.

Plus anciennement occupé par nous que le Soudan, le Sénégal est une véritable colonie. Sa capitale est *Saint-Louis* (25000 h.); sa ville principale, le port de *Dakar*, près du Cap Vert. Une voie ferrée unit Dakar à Saint-Louis. Une autre voie ferrée l'unit à Kayes et Bammako, sur le Niger.

3° La **Guinée française**, située sur la côte de l'océan Atlantique, au sud du territoire anglais de la Gambie, forme un petit territoire traversé par les rivières qui descendent du versant méridional du *Fouta-Djalon* vers la mer.

Les principales de ces rivières sont la *Casamance*, le *rio Nunez*, le *rio Pongo*, etc.; elles se terminent par des estuaires larges et profonds, propices au commerce. Les produits sont ceux du Soudan méridional. Les deux villes principales sont *Konakry*, sur la côte, port récent et déjà prospère, et *Timbo*, au centre du Fouta-Djalon. Une voie ferrée unit Konakry au Niger.

4° Les **Etablissements de la Côte d'Ivoire**, peu importants, sont situés sur la côte septentrionale du golfe de Guinée.

Les principaux d'entre eux sont : *Bingerville* et *Grand-Bassam*, sur la lagune Ebrié; *Assinie*, sur une autre lagune voisine.

5° Les **Etablissements de la Côte des Esclaves** sont également situés sur la côte septentrionale du golfe de Guinée, en avant de l'ancien royaume du Dahomey. Cette région est riche et bien exploitée. Une voie ferrée, déjà longue de 450 kilomètres, doit la traverser jusqu'au Niger.

Les principaux comptoirs ou postes sont : sur la côte, *Kotonou* et *Porto-Novo*; à l'intérieur, *Abomey* et *Carnotville*, sur la route de la côte au Niger.

6° Le **Sahara**, pays désert à cause de la sécheresse de son climat et ayant peu d'importance économique.

726. — 1re Lecture : Les royaumes du Tchad et la France. — La France n'a pas conquis sans difficultés le Soudan. Elle a rencontré le principal obstacle à sa conquête dans ces royaumes éphémères formés par des sultans ambitieux et pillards, comme on en trouve tant en Afrique. Les plus dangereux de ces sultans furent *Samory*, *Ahmadou* et *Rabah*. La France dut entrer en lutte contre eux et les réduire.

A l'égard des autres sultans, moins puissants et moins belliqueux, la France a usé de procédés plus diplomatiques. Elle leur a laissé leur puissance assez illusoire, à la condition qu'ils reconnaîtraient la suzeraineté de la France, favoriseraient son commerce et garantiraient les intentions paisibles de leurs sujets.

Néanmoins, le Soudan est encore aux mains de l'administration militaire, et la colonisation véritable en est à peine commencée. Tout récemment, on a introduit dans la vallée du Sénégal et dans celle du Niger, où l'irrigation est facile, plusieurs cultures et entre autres celle du coton qui a donné des résultats satisfaisants. Le Soudan peut devenir ainsi une utile colonie d'exploitation.

727. 2e Lecture : La France en Afrique. — La France possède aujourd'hui un domaine considérable en Afrique. La plus grande partie de notre empire colonial s'y trouve. Seule l'Angleterre y possède un empire qui puisse rivaliser en étendue et en richesse avec le nôtre.

Si l'on excep'e Madagascar et Obok, tout notre empire colonial africain est situé dans la partie septentrionale et occidentale de

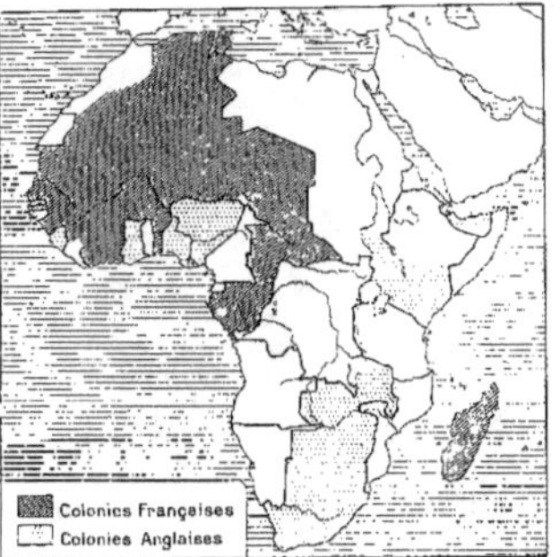

Fig. 450. — COLONIES ANGLAISES ET FRANÇAISES EN AFRIQUE.

L'Angleterre et la France occupent en Afrique deux domaines différents. L'Angleterre a son empire colonial africain (sauf la Nigéria) presque tout à l'est et au sud; celui de la France (Obok et Madagascar exceptés) est tout à l'ouest. Il n'y a contact entre les deux que sur le Niger.

l'Afrique. On peut aller d'Alger au Congo par terre (soit 7000 à 8000 kilomètres) sans quitter le territoire français.

Au contraire, si l'on excepte la Nigeria et des territoires sans importance, tout l'empire africain de l'Angleterre est situé dans la partie orientale et méridionale de l'Afrique. On peut aller d'Alexandrie au Cap par terre sans presque quitter le territoire anglais.

Il y a là une raison pour que les deux empire coloniaux de la France et de l'Angleterre puissent se développer sans se nuire.

Exercices. — Carte de l'Afrique française. Quelles sont en Afrique nos possessions de la zone tropicale? La colonisation de Madagascar.

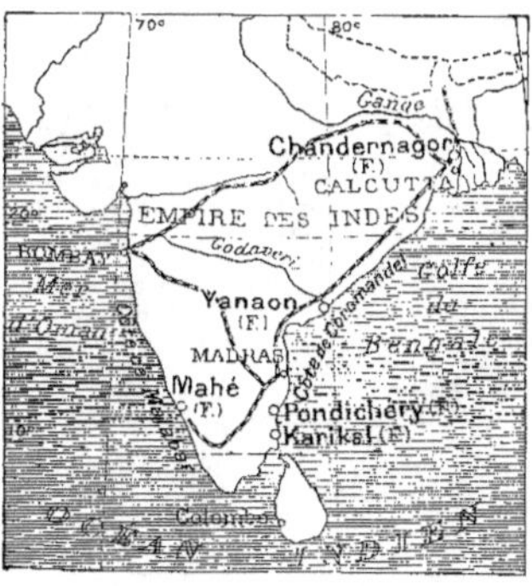

Fig. 451. — L'INDE FRANÇAISE.

La France posséda jadis une grande partie de l'Inde; elle n'y a plus que cinq territoires ou villes sur les côtes : Chandernagor, Yanaon, Pondichéry et Karikal, sur la côte est; Mahé, sur la côte ouest.

4. Colonies d'Asie.

728. La France en Asie. — La France fonda, au XVIIIᵉ siècle, un grand empire dans l'Inde: elle l'a perdu entièrement en 1765, sauf cinq petits comptoirs.

De nos jours, elle a réparé cette perte en annexant la partie orientale de la presqu'île indo-chinoise qui forme aujourd'hui l'Indo-Chine française.

729. L'Inde française. — L'Inde française comprend cinq territoires peu étendus et sans cohésion, ayant 275 000 habitants.

Ce sont: *Chandernagor*, *Yanaon*, *Pondichéry* et *Karikal*, sur la côte orientale ou de Coromandel; *Mahé*, sur la côte occidentale ou de Malabar.

750. L'Indo-Chine française. — L'Indo-Chine française comprend la partie orientale de la péninsule indo-chinoise, sur une étendue supérieure à celle de la France.

1ᵒ La *géographie physique* permet de distinguer trois parties différentes :

Au nord, le **Tonkin**, situé au sud de la Chine sur le golfe du Tonkin. C'est avant tout la vallée et le delta du *Song-Koï* ou *Fleuve rouge*, qui naît en Chine et se jette dans le golfe du Tonkin. Formé d'alluvions, humide et chaud, le Tonkin a une végétation luxuriante consistant en riz, cannes à sucre, coton. champs de céréales, paturages et forêts. Il possède d'abondantes richesses minérales, notamment de la houille, et le Tonkin semble appelé à jouer, à cet égard, un rôle important dans tout l'Extrême Orient.

Au centre, le **plateau d'Annam**, longue table rocheuse, surplombant un étroit cordon littoral que la mer a découpé en nombreuses baies, pour la plupart excellentes (baie de Tourane). L'Annam a des rizières dans sa zone littorale, des forêts sur ses plateaux. Moins riche que le Tonkin, il est plus salubre en raison de son altitude.

Au sud, le **delta du fleuve Mékong** ou **Cambodge**, vaste plaine, formée d'alluvions, traversée par les nombreux bras du fleuve qui l'a créée par ses apports, et occupée en partie par un vaste lac, le

Tonlé-Sap, situé au nord-ouest. Le climat est particulièrement chaud, humide et malsain, dans ce delta et l'on n'y voit point de mines. Mais les richesses végétales abondent comme au Tonkin: rizières, champs de canne à sucre, cocotiers, etc.

2ᵒ La *population* est relativement nombreuse. L'Indo-Chine française renferme environ 19 millions d'habitants. Les régions deltaïques sont les plus peuplées de toutes.

Fig. 452. — L'INDO-CHINE FRANÇAISE.

L'Indo-Chine française comprend toute la moitié orientale de la péninsule indo-chinoise, sur une étendue plus grande que la France. Elle est arrosée par deux grands fleuves, le Mékong ou Cambodge et le Fleuve-Rouge ou Song Koï. Elle est riche et compte 20 millions d'habitants. Elle comprend, du nord au sud, le Tonkin, l'Annam, la Cochinchine et le Cambodge.

Les habitants appartiennent à deux races : la *race annamite*, qui domine au nord et à l'est, est une race jaune très civilisée, ayant beaucoup de rapports avec la civilisation chinoise; la *race cambodgienne*, qui domine au sud-ouest, est aussi une race jaune, également civilisée, mais ayant surtout des rapports avec la civilisation hindoue.

Les *Européens* ne représentent qu'une infime minorité de la population; le climat ne leur convient pas, surtout dans la moitié méridionale; l'Indo-Chine ne sera jamais une colonie de peuplement. La plupart de ces Européens sont des Français.

3ᵒ La *colonisation* a fait de grands progrès. Grâce à ses produits, l'Indo-Chine est une excellente *colonie d'exploitation*. En outre, elle est très bien située pour servir de transit entre la Chine du sud-ouest et la mer. Administrée par un gouverneur général résidant à Hanoï, elle comprend, au point de vue politique et colonial :

Le Tonkin, qui compte 6 451 000 habitants, groupés pour la plupart dans le delta : la population y est si nombreuse qu'on n'y compte pas moins de 400 habitants par kilomètre carré. Les principales villes sont : *Hanoï* (150 000 hab.), la capitale, sur un des bras du *Fleuve-Rouge*, et *Haï-Phong*, le port où aboutissent les paquebots d'Europe.

Le Tonkin est desservi par de nombreuses lignes de navigation et traversé par plusieurs voies ferrées. D'autres sont en construction.

L'Annam, qui est la région la plus pauvre et la moins peuplée ; il ne compte, en effet, que 7 millions d'habitants sur une vaste étendue. La capitale est *Hué* (50 000 h.), sur un petit fleuve côtier ; autre ville principale, *Tourane*, port sur la baie du même nom.

La Cochinchine qui compte 2 970 000 habitants. Elle comprend le delta du Mékong. Elle ne forme qu'une vaste rizière : la population indigène y est très dense, mais le climat est funeste aux Européens. Capitale : *Saïgon* (47 000 h., dont 4 000 Européens) ; c'est une ville malsaine, mais un port important sur un petit fleuve côtier, voisin du Mékong : les paquebots qui viennent d'Europe y font escale sur la route du Tonkin et de l'Extrême-Orient.

Le Cambodge, au nord-ouest de la Cochinchine, sur les rives du Mékong et du Tonlé-Sap. Il a 1 332 000 habitants. Sa capitale est *Pnom-Penh* (50 000 h.), situé à la tête du delta du Mékong.

Le Cambodge est gouverné par un roi absolu, qui est, depuis 1862, placé sous le protectorat français.

4° La France n'occupe l'Indo-Chine d'une manière complète que depuis 1885, et pourtant le pays s'est déjà transformé. L'amélioration des ports et la construction de voies ferrées nombreuses sont les deux faits qui ont le plus contribué à ces progrès.

Aujourd'hui des chemins de fer rayonnent autour d'Hanoï jusqu'à la frontière de Chine ; d'autres lignes sont en voie d'exécution et en projet.

731. — 1ʳᵉ Lecture : La conquête de l'Indo-Chine. — Déjà, sous Louis XIV, la France avait eu des rapports avec le souverain de Siam, au centre de l'Indo-Chine. Ces rapports devinrent plus intimes sous Louis XVI ; la France aida un empereur d'Annam détrôné à reconquérir son trône.

Mais notre établissement définitif en Indo-Chine ne vint que longtemps après, dans la deuxième moitié du dix-neuvième siècle. Il comprend plusieurs périodes :

1° En 1858, après le massacre de plusieurs missionnaires français, nous obtenons la basse Cochinchine (provinces de Bien-Hoa, de Saïgon et de Mytho), puis, bientôt après, le protectorat du Cambodge.

2° En 1867, à la suite d'incidents nouveaux, nous acquérons trois nouvelles provinces de la Cochinchine (celles de Vinh-Long, Chaudoc et Hatien).

3° Entre 1873 et 1885, à la suite d'expéditions nombreuses et d'une guerre véritable contre la Chine, la France se fit céder d'une manière définitive le protectorat de l'Annam et la possession complète du Tonkin.

4° Enfin, en 1893, à la suite de difficultés avec le royaume de Siam, le traité de Bangkok a fixé le fleuve Mékong comme limite occidentale des possessions françaises d'Indo-Chine. Sur certains points même, notre frontière dépasse le Mékong.

Depuis 1885, l'organisation économique du

Fig. 453. — PAYSAGE DU TONKIN.

Le Tonkin comprend principalement un delta qui est formé de terres alluviales et dont le climat est à la fois chaud et humide. Aussi la végétation en est-elle extrêmement luxuriante, rizières, champs de cannes à sucre, bambous, forêts épaisses et touffues. On trouve au Tonkin toute l'opulence de la végétation équatoriale.

pays a commencé. Un grand projet a été dressé pour la construction de voies ferrées nombreuses. Le réseau comprendrait principalement une grande ligne centrale reliant Saïgon, Hué et Hanoï jusqu'à la frontière chinoise ; plusieurs lignes transversales s'embrancheraient sur cette grande ligne. En même temps des travaux ont été faits pour améliorer la navigation sur le Mékong et le Song-Koï, qui pourraient rendre tant de services et qui sont malheureusement coupés de rapides. Enfin, on projette d'établir un grand port dans la baie d'Along, sur la côte du Tonkin. L'Indo-Chine est une des colonies sur lesquelles la France peut le plus légitimement fonder des espérances d'avenir.

732. — 2ᵉ Lecture : Le Mékong. — Le fleuve Mékong prend sa source au sud-est du plateau du Thibet ; il traverse la partie sud-ouest de la Chine, puis l'Indo-Chine du nord au sud pour venir se terminer dans notre colonie de Cochinchine.

Quand elle s'établit en Cochinchine, la France pouvait donc espérer que ce fleuve lui servirait de route commerciale pour atteindre les marchés de la Chine du sud-ouest. Une mission française explora donc le Mékong, sous la conduite de Doudart de Lagrée et de Francis Garnier.

Malheureusement le Mékong ne répondait pas aux espérances qu'on avait fondées sur lui. Il se compose de plusieurs biefs où les eaux sont profondes et navigables ; mais ces différents biefs sont séparés les uns des autres par des rapides qui rendent presque impossible la navigation entre eux. Les rapides les plus connus sont ceux de Khong, dans l'Indo-Chine centrale. Il en existe d'autres en amont, à Préapatang.

On essaie depuis quelques années d'aménager ces rapides : peut-être est-il possible de les rendre plus franchissables par la suppression de quelques obstacles et par l'exécution de différents ouvrages. Des résultats ont été obtenus, et les rapides de Khong ont pu être remontés par des canonnières d'un faible tirant d'eau.

Le Song-Koï, au Tonkin, est un fleuve à rapides, comme le Mékong ; mais ses rapides sont moins longs et moins impraticables. Quelques travaux ont déjà permis de créer une navigation régulière entre Hanoï et Laokay sur la frontière chinoise. On en fera plus aisément que du Mékong une importante voie commerciale.

733. — 3ᵉ Lecture : Les deux deltas. — Les deux deltas du Song-Koï et du Mékong constituent la partie la plus importante de nos colonies d'Indo-Chine :

1° *Par leurs produits* : riz, coton, canne à sucre, etc., c'est-à-dire ce qui fera la richesse unique de l'Indo-Chine tant que les magnifiques gisements miniers des montagnes du Tonkin ne seront pas exploités d'une manière plus méthodique et plus active. Le Tonkin, et surtout la Cochinchine, qui est beaucoup moins peuplée que le Tonkin pour une étendue cultivable presque égale, sont parmi les grands producteurs et exportateurs de riz de l'Extrême-Orient : la Cochinchine approvisionne partiellement de riz le Japon et quelques autres archipels voisins du Pacifique.

2° *Par leur population* : ils renferment plus des trois quarts de la population totale de l'Indo-Chine. Cette population, habituée depuis longtemps à l'agriculture, est laborieuse et docile. Le Tonkin est particulièrement très peuplé ; les villages se succèdent sans interruption dans le delta du Song-Koï ; la densité de la population s'y élève à 400 habitants par kilomètre carré, densité cinq à six fois supérieure à la densité moyenne de la France.

C'est cette abondance de produits, conséquence d'un climat chaud et humide, et c'est cette densité de la population qui font du Tonkin, comme de la Cochinchine, des colonies d'exploitation mais non de peuplement.

Exercices. — Carte de l'Indo-Chine.

Quelles sont les différentes régions de l'Indo-Chine ?

Comparer les deux deltas entre eux et avec les autres régions de l'Indo-Chine. Pourquoi l'Indo-Chine est-elle une colonie d'exploitation et ne peut-elle devenir une colonie de peuplement.

5. Colonies d'Océanie.

734. La France possède en Océanie la Nouvelle-Calédonie, l'archipel de la Société, les Marquises, les Touamotou, les Gambier, les Toubouaï, etc. Seules, les deux premières de ces colonies ont quelque importance.

755. La Nouvelle-Calédonie. —
La Nouvelle-Calédonie est une île montagneuse dominée par le *Mont Humboldt* (1650 m.). Elle n'a ni grande vallée, ni rivière navigable. Une ceinture de coraux en rend l'abord difficile.

Son *climat* humide et doux convient aux Européens. Les cultures de *maïs*, de *canne*

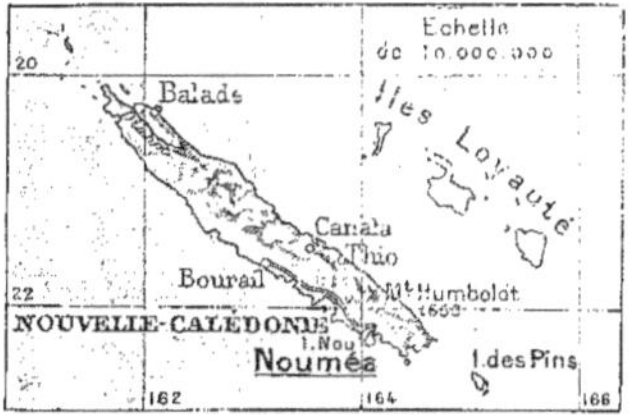

Fig. 454. — LA NOUVELLE-CALÉDONIE.

La Nouvelle-Calédonie, située à 1900 kilomètres à l'est de l'Australie, est la plus importante de nos colonies d'Océanie. Petite, montagneuse, mais de climat salubre, propre aux cultures des pays chauds (café, céréales), abondant en minerais et surtout en nickel, elle est à la fois une colonie de peuplement et d'exploitation.

à sucre, de *café* et de *vigne*, y réussissent très bien. L'*élevage* y est facile. Le sous-sol est riche en *minerais* et en *houille*.

La population s'élève à 62 000 habitants. Les indigènes, qui sont des *Canaques*, comptent pour la moitié environ. Parmi les Français, il faut compter 10 000 déportés, condamnés de droit commun.

Le chef-lieu de l'île est *Nouméa*.

Fig. 455. — PAYSAGE A TAHITI.

Tahiti, colonie française au milieu de l'Océan Pacifique, est une petite île montagneuse, d'origine volcanique, au climat délicieux, au sol très riche. Les voyageurs la représentent comme une sorte de paradis terrestre, et c'est en effet un pays très riant, peuplé par une population intelligente et aimable.

756. L'archipel de la Société. —
Il comprend plusieurs îles, dont deux grandes :

1° *Tahiti*, île montagneuse, d'origine volcanique, au climat délicieux, au sol très fertile. Elle a 12 000 habitants. Chef-lieu : *Papeiti*.

2° *Mooréa*, chef-lieu : *Papétoaï*.

6. Colonies d'Amérique.

757. La France possède en Amérique : Saint-Pierre et Miquelon, la Guadeloupe, la Martinique et la Guyane française.

758. Saint-Pierre et Miquelon.
— Ce sont deux petits îlots voisins de la grande île de Terre-Neuve. Leur climat est rude, leur sol stérile.

Ils n'ont que 6500 habitants, presque tous pêcheurs.

Ces îlots servent de point d'appui aux bateaux flamands, normands et bretons, qui viennent chaque été y pêcher la morue.

759. Guadeloupe. — La Guadeloupe

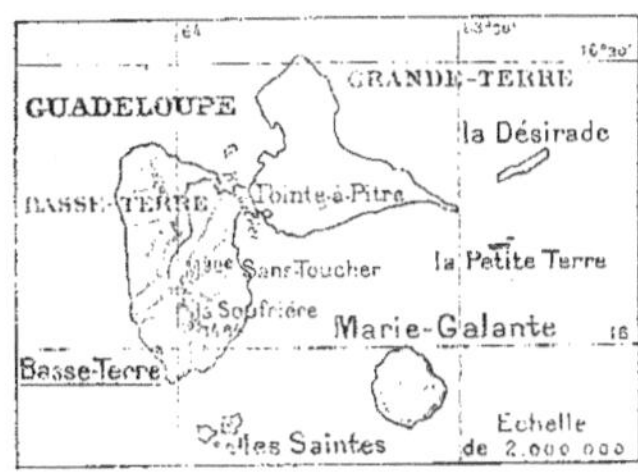

Fig. 456. — GUADELOUPE.

La Guadeloupe est formée de deux îles différentes, qu'un isthme étroit relie : à l'ouest, Basse-Terre, montagneuse, volcanique, humide, verdoyante ; à l'est, Grande-Terre, formée de plaines, calcaire, sèche, moins riante quoique fertile.

est l'une des petites Antilles. Elle est formée de deux masses, *Basse-Terre* et *Grande-Terre*, reliées par un isthme étroit. Toutes deux sont montagneuses. Elles produisent le café, le cacao et le tabac, mais principalement la canne à sucre.

La Guadeloupe est très peuplée. Elle renferme 170 000 habitants, soit 106 au kilomètre carré. Ce sont des Français, des créoles et des nègres.

Chef-lieu : *Basse-Terre* (12 000 h.); ville principale : *Pointe-à-Pitre*.

740. Martinique. —
La Martinique est aussi une des petites Antilles. Elle est également montagneuse, volcanique, et fournit les mêmes produits que la Guadeloupe.

Elle est encore plus peuplée : 189 000 habitants, soit 191 au kilomètre carré.
Chef-lieu : *Fort-de-France* (16 000 h.).

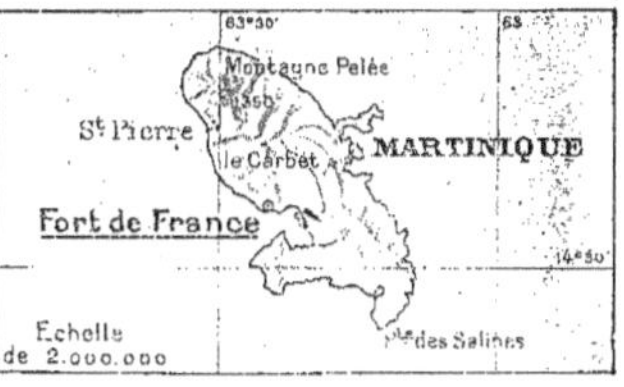

Fig. 457. — MARTINIQUE.

La Martinique est toute montagneuse et volcanique. Sa montagne la plus élevée et la plus connue, la montagne Pelée, détruisit Saint-Pierre au cours d'une éruption en mai 1902.

La ville qui était la plus peuplée, *Saint-Pierre* (29 000 h.), a été détruite, en 1902, par une éruption de la montagne Pelée.

741. Guyane française. — La Guyane française n'est encore bien connue que dans la région côtière.

Située presque sous l'équateur, elle a un climat très chaud, très humide et très malsain. Sa végétation est exubérante. La

Fig. 458. — GUYANE FRANÇAISE.

La Guyane française, au nord de l'Amérique du Sud, est malsaine et peu peuplée, mais elle manque pas de ressources : forêts, gisements aurifères. Elle se prêterait à toutes les cultures tropicales.

Guyane contient des bois précieux et paraît favorable à toutes les cultures tropicales. Elle possède des gisements minéraux divers, qui sont peut-être très riches, en particulier de l'or.

Mais la Guyane manque de colons libres pour exploiter ces richesses. Elle est surtout une colonie pénitentiaire.

Elle a 50 000 habitants, dont 27 000 Français ou mulâtres. Chef-lieu : *Cayenne* (12 500 h.).

Exercices. — Énumérer et caractériser nos colonies d'Océanie et d'Amérique.
Que savez-vous de la Nouvelle-Calédonie ? des Antilles françaises ? de la Guyane ?

TABLE DES MATIÈRES

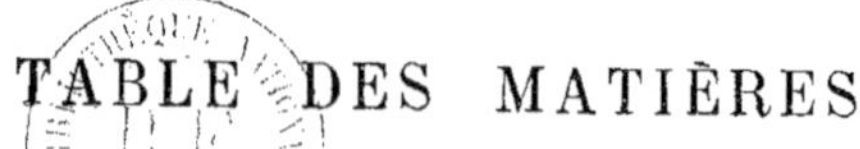

LISTE DES CARTES

Les cartes en couleurs sont indiquées en caractères gras.

Texte tiré par l'Imprimerie KAPP. — Cartes en couleurs tirées par les Établissements ERHARD Frères,
PARIS

61347. — Imprimerie LAROUSSE, rue de Piastres, 17, à Paris. — 1911 — 10.000